JOANNIS CALVINI
OPERA SELECTA

Ediderunt

PETRUS BARTH

GUILELMUS NIESEL

In hoc volumine typis exscribendo stipe adiuti sumus munificentia et liberalitate societatis Germanicae sublevandis litterarum studiis (Deutsche Forschungsgemeinschaft) nobis collata.

JOANNIS CALVINI

OPERA SELECTA

VOLUMEN II

Tractatus Theologicos minores ab anno 1542
usque ad annum 1564 editos continens

Ediderunt

PETRUS BARTH †

DORA SCHEUNER

WIPF & STOCK · Eugene, Oregon

Wipf and Stock Publishers
199 W 8th Ave, Suite 3
Eugene, OR 97401

Joannis Calvini Opera Selecta, vol. II
Tractus Theologicos minores ab anno 1542 usque ad annum 1564 editos continens
By Calvin, John and Barth, Petrus
ISBN 13: 978-1-61097-174-4
Publication date 1/20/2011
Previously published by Christian Kaiser, 1952

Editori Operum selectorum Calvini, D. Petro Barthio non iam evenit, ut operi suo superstes esset. Optimam partem vitae suae summa patientia ad id contulit, ut opera Reformatoris Genavensis ratione atque disciplina elaborata maiori orbi hominum doctorum nota redderet. Sibi enim persuaserat profundae cognitioni et scientiae theologiae studiosis et candidatis fore, si Calvini institutione uterentur, ut ab eo in Scripturam Sacram introducerentur. Facultas theologica Universitatis Marburgiensis studia Petri Barthii dignitate Doctoris theologiae oblata approbavit.

Quo honore affectus vix coeperat editionem huius secundi, re vera ultimi voluminis editionis nostrae praeparare, cum secundum bellum ad totum orbem terrarum pertinens ortum est quo opera activa in vico Madalestvilari (Madiswil) necessaria reddita sunt et studium Calvini repressum est. Sed ex hoc officio quoque et ex omnibus curis gravibus evocatus est in conspectu gentis antichristianae quae tum progrediebatur. Post gravem morbum Dominus eum in d. XII.Kal. Julias a. p. Chr. n. 1940 in aeternam pacem vocavit.

Prius autem hoc volumen perficiendum ad Doram Scheuner, adiutricem ministerii ecclesiastici Bernensis, detulerat, qua auxiliatricem magis idoneam invenire non potuerat. Quae iam in edenda Institutione officia maxime egregia praestiterat et omnino hoc labore certissime concreverat. Gravissimis condicionibus hoc munus nunc perfecit. Gratissima stipe, quam Ecclesia Germaniae Evangelica contulit, volumen diu expectatum imprimi et totum opus praeter unum iam restans volumen perfici potest.

Scolariae ineunte anno 1951

D. Guilelmus Niesel

Index huius secundi voluminis.

I. De editione nostra IX
    a) De tractatibus eligendis X
    b) De singulorum tractatuum editionibus X
    c) De prooemiis X
    d) Apparatus criticus noster XI
    e) Loci scriptorum a Calvino allati unde deprompti sint indicatur XI
    f) De abbreviationibus XII

II. Index librorum a nobis allatorum XIII

III. Textus tractatuum 1
    a) La Forme des Prieres et Chantz ecclesiastiques, auec la maniere d'administrer les Sacremens, et consacrer le Mariage: selon la coustume de l'Eglise ancienne. 1542 . 1
    b) Catechismus Ecclesiae Genevensis, hoc est formula erudiendi pueros in doctrina Christi. Argentorati 1545 . . 59
    c) De Scandalis, quibus hodie plerique absterrentur, nonnulli etiam alienantur a pura Euangelii doctrina. Genevae 1550 159
    d) Consensio mutua in re sacramentaria ministrorum Tigurinae ecclesiae et D. Ioannis Caluini ministri Genevensis ecclesiae, iam nunc ab ipsis authoribus edita. Turici (1551) 241
    e) Defensio sanae et orthodoxae doctrinae de Sacramentis, eorumque natura, vi, fine, usu, et fructu: quam pastores et ministri Tigurinae Ecclesiae et Genevensis antehac breui Consensionis formula complexi sunt: una cum refutatione probrorum quibus eam indocti et clamosi homines infamant. Genevae 1555 259
    f) Optima ineundae Concordiae Ratio, si extra contentionem quaeratur veritas. Genevae 1560 289
    g) Confession de foy, faicte d'un commun accord par les Eglises qui sont dispersees en France, et sabstiennent

VIII INDEX HUIUS SECUNDI VOLUMINIS

 des idolatries Papales. Avec une preface contenant re‑
 sponce et defence contre les calumnies dont on les charge.
 1559 297

h) Les Ordonnances Ecclesiastiques de l'Eglise de Geneve.
 Item l'Ordre des Escoles de ladicte cite. a Geneve 1561 325

i) De l'Usure. (Sine loco et anno) 391

k) Discours d'Adieu aux Mambres du Petit Conseil. 1564 397
 Discours d'Adieu aux Ministres. 1564 401

CORRIGENDA

 p. 22,16 *lege:* paternelle *pro* paterenelle

 p. 143,15 *lege:* debentne pastores *pro* debent nepastores

 p. 146 tit. column. *lege:* CATECHISMUS
        pro CATCEHISMUS

De editione nostra.

Cum Petrus Barth aestate anni p. Chr. n. 1940 ex opere huius edendi voluminis morte abriperetur, solum initia magnarum partium operis exstiterunt. Perfectio operis duabus rebus impediebatur. Subita enim morte editoris fieri non poterat, ut de singulis rebus operis accuratius colloqueremur. Saepe quidem de hoc secundo volumine edendo inter nos collocuti eramus, sed non tanta diligentia, quanta in tradendo in alias manus opere opus fuerat. Aliae difficultates bello ortae sunt. Finibus terrarum in nescio quot annos obserratis fieri non poterat, ut cum bibliothecis exterarum gentium communicaremus. Quin etiam nonnullos fines usque ad hoc tempus petere non possumus. Rogamus igitur eos, qui hoc opus lecturi sunt, ut indulgeant, si in operum locis indicandis omissa quaedam inveniantur. Contigit autem nobis, ut exemplaria editionum primarum compararemus, quibus ad conferendum opus erat. Hae bibliothecae interrogationibus nostris responderunt: Die schweizerischen Kantons- und Universitätsbibliotheken, Staatsbibliothek Berlin, Provinzialbibliothek Amberg, Universitätsbibliothek Breslau, Kreisbibliothek Dillingen, Sächsische Staatsbibliothek Dresden, Universitätsbibliothek Erlangen, Stadtbibliothek Frankfurt a. M., Universitätsbibliothek Göttingen, Herzogliche Bibliothek Gotha, Universitätsbibliothek Heidelberg, Universitätsbibliothek Jena, Landesbibliothek Kassel, Universitätsbibliothek Königsberg, Bayerische Staatsbibliothek München, Bibliothek des Nationalmuseums Nürnberg, Provinzialbibliothek Neuburg a. d. Donau, Staatliche Bibliothek Regensburg, Württembergische Landesbibliothek Stuttgart, Universitätsbibliothek Tübingen, Nassauische Landesbibliothek Wiesbaden, Herzog August-Bibliothek Wolfenbüttel, Stadtbibliothek Worms, Österreichische Staatsbibliothek Wien, University Library Cambridge, National Library Edinburgh, Library of the New College Edinburgh, University Library Glasgow, National Central Library London, Bodleian Library Oxford, Christ Church Library Oxford, Bibliothèque Nationale Paris, Bibliothèque St. Geneviève Paris, Bibliothèque de l'Arsenal Paris, Bibliothèque Nationale Strasbourg, Bibliothèque de l'Internat St. Guillaume Strasbourg, Bibliothèque du Musée de la Réformation Genève, Biblioteca nazionale centrale Firenze, Biblioteca nazionale centrale Roma, Biblioteca Apostolica Vaticano Roma, Biblioteca nazionale Torino, Koninklijke Bibliotheek 'S-Gravenhage, Bibliotheek d. Rijksuniversiteit te Leiden, Bibliotheek d. Rijksuniversiteit te Utrecht, Bibliothek der Pazmany Universität Budapest.

a) De tractatibus eligendis.

Pro multitudine tractatuum Calvini non facile tam circumscriptum numerum eligere poteramus, quam hoc volumine capi potest. Electione nostra quam plurimas operum Calvini partes praebere nobis in animo erat. Tum vero nobis gravius esse videbatur Calvinum his scriptis maxime ministri ecclesiae loco ecclesiam nostram horum temporum alloqui. Itaque ordimur in interiore orbe ecclesiae a liturgia, a catechismo, a meditatione de offensione singulorum membrorum pergimus in latiorem locum historiae ecclesiae tribus operibus de unitate ecclesiarum Helveticarum et de disputatione cum ecclesia lutherana, denique finem facimus ordine legali ab evangelio destinato, qui, qua ad interiorem partem pertinet, ordinem ecclesiae se praestat, qua autem ad exteriorem partem pertinet, demonstrat, qua ratione unicuique intra populum res publica curae esse debeat (De Usuris). Orationes valedictionis autem summa totius operis sunt.

b) De singulorum tractatuum editionibus.

Semper ab antiquissima editione prima orditi sumus. Huius et omnium cum ea collectarum editionum in prolegomenis descriptionem accuratam praebemus. In editionibus, quas ipsi non introspeximus, in descriptionem CR demonstramus. Recentissimas editiones (i. e. post Calvini mortem) magna ex parte omisimus, cum in volumine insequenti finali, quod praeparatur, praeter multiplicem indicem tabula quoque omnium ad Calvinum pertinentium librorum, qui post annum 1900 editi sunt, invenietur.

c) De prooemiis.

Cum non iam ut in volumine III–V de uno opere agatur, nonnullae res in hoc volumine componendo praemissis voluminibus contrariae mutatae sunt. Prolegomena singulis scriptis ipsis praeponuntur neque uno prolegomeno initio voluminis. Unumquodque horum prolegomenorum historiam textus orientis continet, deinde descriptionem textuum cum singulis notis de nostra editione.

d) **Apparatus criticus noster.**

1. Litteris adscriptis a textu ad adnotationes apparatus critici reicitur.

2. Hic omnes variationes et additamenta posteriorum (nonnumquam etiam priorum) editionum adnotantur, quoad non iam in ipso textu adiecta sunt.

3. Quaecumque in apparatu critico a nobis addita non ad textum pertinent, ad quem nota referuntur, litteris cursivis scripta sunt.

4. Ubi de toto progressu textuum agitur, velut in La Forme des Prieres et des Chantz et in Ordonnances Ecclesiastiques, numeri annales in exteriore margine adscripti additamenta in textum asserta indicant.

5. In interiore margine intra uncos angulares inveniuntur numeri uniuscuiusque voluminis et paginae CR.

e) **Loci scriptorum a Calvino allati unde depromti sint indicatur.**

1. Numeris e textu ad adnotationes biblicas et theologicas reicitur.

2. Sigla locorum biblicorum ad normam translationis Lutheranae exacta sunt; si qua non accurate vel emendose scripta erant, in adnotationibus correcta sunt (errata sine dubio typographica correximus); sigla in apparatu critico posita ibi amplificantur aut corriguntur. Si quod siglum loci Biblici in editionibus veteribus deest, unde ille locus depromptus sit, monstramus, quod fere non fit, nisi locum ex Sancta Scriptura allatum esse in textu expressis verbis significatur.

3. Loci scriptorum antiquorum, Patrum, Scholasticorum in margine notati a nobis explorati sunt et, unde hausti sint, in adnotationibus demonstratum est. Loci Patrum quo commodius reperiantur, editiones optimas, quae nunc in usu sunt, evolvimus. Quae in hoc genere in CR inveniuntur, admodum manca sunt.

4. Accedit quod, quaecumque in textu ut sententiae aliorum afferuntur, unde manaverint, explorare tentavimus, sive auctores nominibus vocantur, sive non nominantur. Sunt perpaucae sententiae antiquae, quas invenire Thesauro linguae Latinae adiuvante non potuimus.

5. Supervacuum est commemorare alienum esse a proposito huius editionis, ubi verba et sententiae tractatuum e scriptis aliorum pendeant, demonstrasse.

f) De abbreviationibus.

+ = addit (-unt). > = plus quam, deest in. CR = Corpus Reformatorum.

Denique nos iuvat gratias agere. Imprimis gratias agimus Dr. Egon Kirchner (†), olim munere Lectoris in Academia Ecclesiastica Wuppertalensi fungenti et Dr. Wilhelm, qui prolegomena in sermonem Latinum transtulerunt, ut viri docti omnium nationum editionem adire possint. Deinde obnoxios nos esse confitemur bibliothecis Bernensi, Turicensi, Basiliensi, Berolinensi, quarum ministri temporibus gravibus exemplari modo nos votorum compotes facere studuerunt. Praeterea gratiam habemus quam maximam dominis Ferdinando Aubert, qui in bibliotheca Genavensi additus est et Guilelmo Hoffmann, directori bibliothecae Stutgardiensis. Denique autem recordamur de fide amicorum Gerti et Rudolphi Pestalozzi (Turici), qui nos his annis adiuverunt, sine quibus hoc opus perfici non potuit.

Proinde hoc volumen pervulgetur et ecclesiae christianae nostrae denuo fundamentum demonstret, quo solo quippe ecclesia Dei verbo reformata vivere, agere, si tempus postulat, pati potest. Tum hoc opere efficitur, quod editori caelo reddito semper maximae curae fuit.

Bernae, a. d. VII. Kal. Mai. a. 1951

Dora Scheuner
adiutrix ministerii
Bernensis

Index librorum a nobis allatorum.

Adam J.: vide Ernst.

Anrich G., Straßburg und die calvinische Kirchenverfassung (Rektoratsrede), Tübingen 1928.

Aymon Jean, Tous les Synodes Nationaux Des Eglises reformees de France. À la Haye 1710.

Baum Guilelmus, La Maniere et Fasson quon tient es lieux que Dieu de sa grace a visites. Première liturgie des églises réformées de France de l'an 1533 publiée d'après l'original par Jean-Guillaume Baum, Strasbourg et Paris 1895.

Bekenntnisschriften und Kirchenordnungen der nach Gottes Wort reformierten Kirche, ed. W. Niesel, München 1938.

Bekenntnisschriften die, der evang.-lutherischen Kirche, herausg. vom Deutschen evang. Kirchenausschuß, Göttingen 1930.

Beza Theod., Epistolae et Responsa ed. Beza, editio Genavensis 1575, Lausannensis 1576, Hanoviensis 1597, editio Vignon et Chouet 1616.

Biel Gabriel, Epythoma pariter et collectorium circa quattuor sententiarum libros, s. l. et a.

Bonaventura: vide Deperius.

Bonet Maury G., Französisches Glaubensbekenntnis RE.

Bonnet J., Lettres françaises de Jean Calvin, Paris 1854.

Bulletin de la société de l'histoire du Protestantisme français, Paris 1853 sqq.

Bullingerus Heinr., Absoluta de Christi Domini et catholicae eius ecclesiae sacramentis tractatio, apud Froschowerum, Turici 1547.

— An den durchlüchtigen Hochgebornen Fürsten und Herrn Albrechten Marggrauen zu Brandenburg. . . . Ein Sendbrieff und vorred der Dieneren des wort Gottes zu Zürich, Turici 1532.

— Anklag und ernstliches ermanen Gottes Allmechtigen zu einer gemeinen Eydgnoschafft das sy sich vonn jren sünden zu jm keere. 1528.

— Brevis ANTIBOΛH sive responsio secunda ad maldicam implicatamque Ioannis Cochlei de Scripturae et ecclesiae authoritate Replicam, una cum Expositione De sancta Christi catholica ecclesia, Turici 1544.

XIV INDEX LIBRORUM A NOBIS ALLATORUM

— De origine erroris, in negocio eucharistiae, ac missae, Basileae 1528.

— In sacrosanctum Iesu Christi Domini nostri Euangelium secundum Matthaeum, Commentariorum libri XII, Tiguri 1542.

— In sacrosanctum Euangelium Iesu Christi Domini nostri secundum Marcum, Commentariorum libri VI, Turici 1545.

— In luculentum et sacrosanctum Euangelium Domini nostri Iesu Christi secundum Lucam, Commentariorum libri IX, Turici 1546.

— In divinum Iesu Christi Domini nostri Euangelium secundum Ioannem, Commentariorum libri X, Turici 1543.

— Uff Johannsen Wyenischen Bischoffs trostbüchlin trostliche verantwurtung, Turici 1532.

— De scripturae sanctae authoritate, certitudine, firmitate et absoluta perfectione, deque Episcoporum, qui verbi dei ministri sunt, institutione et functione, contra superstitionis tyrannidisque Romanae antistites, ad Sereniss. Angliae Regem Heinrychum VIII., Turici 1538.

— Von dem einigen und ewigen Testament oder Pundt Gottes, Turici s. a.

— Wahrhaffte Bekanntnuss der Dieneren der kirchen zu Zürich / was sy uss Gottes wort / mit der heiligen allgemeinen Christenlichen Kirchen gloubind und leerind / in sonderheit aber von dem Nachtmal unsers Herren Iesu Christi: mit gebührlicher Antwort uff das unbegründt ergerlich schmähen / verdammen und schelten D. Martin Luthers / besonders in sinem letsten Büchlin / Kurtze bekenntniss von dem heiligen Sacrament / genannt / ussgangen, Turici 1545.

Burkhardt, Die Gefangenschaft Johann Friedrichs, des Großmütigen, Ztschr. v. W. f. thüring. Geschichte I p. 395 sqq, Weimar 1863.

Calvinus, Ioannes, Dilucida explicatio sanae doctrinae de vera participatione carnis et sanguinis Christi in sacra coena ad discutiendas Heshusii nebulas, Genevae 1561.

— Editiones Calvini operum omnium:
Ioannis Caluini opuscula omnia, Genevae 1552 (editio Gallasii).
Ioannis Calvini Tractatus theologici, Genevae 1576 (editio Bezae lat.).
Ioannis Calvini Tractatus theologici omnes, Genevae 1611 (editio Stoerii).
Ioannis Calvini opera omnia, Amstelodami 1667 (Editio Amstelodamensis).
Institutio christianae religionis, vide ed. nostra vol. I, III–V.
Thesauri epistolici calviniani CR X–XXI.

INDEX LIBRORUM A NOBIS ALLATORUM

Canones et decreta Tridentini, ed. Aemil. Ludov. Richter, Lipsiae 1853.

Cochläeus Io,, De authoritate ecclesiae et scripture, Libri Duo... Adversus Lutheranos. 1524.

— De Canonicae scripturae et Catholicae Ecclesiae Autoritate, ad Henricum Bullingerum... Libellus. 1543.

— De libero arbitrio hominis, adversus locos communes Philippi Melanchthonis, libri duo. 1525.

— De sacris reliquiis Christi et sanctorum eius, Brevis contra Ioannis Calvini calumnias et blasphemias Responsio. 1549.

— De sanctorum invocatione et intercessione, deque imaginibus et reliquiis eorum pie riteque conlendis... adv. Henric. Bullingerum. Ingolstadii 1544.

— De veneratione et invocatione sanctorum ac de honorandis eorum reliquiis brevis Assertio. 1534.

Christ P., Der Zürcher Consens, RE.

Christie R., Etienne Dolet, Le Martyr de la Renaissance, sa vie et sa mort, Paris 1886.

Chrysostomus Io., Opera omnia ed. Bernh. de Montfaucon, ed. altera, emendata et aucta, Paris 1834–40.

CIC = Corpus iuris canonici ed. Aem. Friedberg, Lipsiae 1879–1881.

Confessio Augustana ed. P. Tschackert, Lipsiae 1901.

Courvoisier J., Bucer et l'oeuvre de Calvin. Revue de théol. et de philosoph., Lausanne.

— Le Catéchisme de Genève et de Strasbourg. Etude sur le développement de la pensée de Calvin. Bulletin de la soc. de l'Histoire du Protestantisme français 84, Paris 1935.

C R Calvin opp. = Corpus Reformatorum. Ioannis Calvini opera quae supersunt omnia. Brunsvigae, Berolini 1863–1900.

Crespin Jean, Histoire des vrays Tesmoins de la verité de l'evangile, qui de leur sang l'ont signée, depuis Jean Hus iusques autemps present. s. l. 1570.

CSEL = Corpus scriptorum ecclesiasticorum latinorum. Vindobonae, Lipsiae 1866 sqq.

Deperius B., Oeuvres Françoises de Bonaventure Des Periers, ed. M. Louis Lacour, Paris 1856.

— Cymbalum Mundi, En Françoys Contenant Quatre Dialogues Poetiques Fort antiques Joyeux et facetieux. Parisiis 1537.

XVI INDEX LIBRORUM A NOBIS ALLATORUM

Denzinger-Bannwart, Enchiridion symbolorum et declarationum de rebus fidei et morum, ed 18–20, ed. Umberg. Friburgi Brisgoviae 1932.

Douen O., Clément Marot et le psautier Huguenot. Paris 1879.

— Les premieres Professions de foi des Protestants français. Avec N. Weiss. Bulletin hist. et litt. de la soc. de l'hist. du Prot. franç., Paris 1894.

Doumergue E., Jean Calvin, Lausanne 1899.

Duns Scotus Io., Opera omnia, Parisiis 1891–1895.

Eckius Io., Enchiridion locorum communium ... adversus Martinum Lutherum et asseclas eius, aliquot nunc adauctum materiebus. Coloniae 1532.

— Opera ... contra Ludderum. 2 Part. Augustae Vindelicorum 1530–1531.

— De primatu Petri adv. Ludderum, 1520.

Erasmus Des., De libero arbitrio ΔΙΑΤΡΙΒΗ sive collatio ed. v. Walter Leipzig 1910 (Quellenschriften zur Gesch. des Protestant. ed. C. Stange. 8. Heft).

Erichson A., L'église française de Strasbourg au seizième siècle, Strasbourg 1886.

Ernst A. u. Adam J., Katechetische Geschichte des Elsasses bis zur Revolution, Straßburg 1897.

Eusebius Caesariensis, Opera rec. Guil. Dindorfius, Lipsiae 1867.

Faber Io., Opuscula quaedam. Lipsiae 1537.

Friedberg Aem., vide CIC.

GCS = Die griechischen christlichen Schriftsteller der ersten drei Jahrhunderte, herausgegeben von der Kirchenväter-Commission der Berliner Akadamie der Wissenschaften, Leipzig 1897 sqq.

Goveanus Ant., Antonii Goveani Epigrammata. Eiusdem Epistolae quatuor, Lugduni 1540.

Hackenschmidt K., Hesshusen, Tilemann RE.

Heitz P., Elsaessische Büchermarken, 1892.

— Genfer Buchdrucker- und Verlegerzeichen, 1908.

Henry P., Das Leben Johann Calvins des großen Reformators, Hamburg 1844.

Herminjard A.-L., Correspondance des réformateurs dans les pays de langue française, Genève 1866–1897.

Heshusius Tilemannus, De praesentia corporis Christi in coena Domini contra sacramentarios, Ienae 1560.

Horatius Fl., Opera rec. O. Keller et A. Holder, Lipsiae 1864.

Hospinianus Rod., Historia sacramentaria: Hoc est libri quinque de Coenae Dominicae prima institutione, Tiguri 1595.

Hubert F., Die Straßburger liturgischen Ordnungen im Zeitalter der Reformation, Göttingen 1900.

Josephus Fl., opera ed. Bened. Niese, Berolini 1887–1895.

Launoy de Jean, Academia Parisiensis illustrata, Parisiis 1582.

Lavather Ludov., Historia de origine et progressu controuersiae sacramentariae de Coena Domini, ab anno natiuitatis Christi MDXXIIII usque ad annum MDLXIII deducta. Tiguri 1563.

Lucianus Samosat., Luciani Samosatensis opera. Basileae 1545.

— Lucian ed. A. M. Harmon (ed. Heinemann, London), 1927.

Mansi = Sacrorum conciliorum nova et amplissima collectio ed. J. D. Mansi, Florent. Venet. 1759 sqq.

Meiners C., Lebensbeschreibungen berühmter Männer, 1795.

Moenckeberg C., Joachim Westphal und Johannes Calvin, Hamburg 1865.

Morhofius Dan. Georg., Polyhistor, Lubecae 1688.

MSG = J. P. Migne, Patrologiae cursus completus. Series graeca, Parisiis 1857–1866.

MSL = J. P. Migne, Patrologiae cursus completus. Series latina, Parisiis 1844–1864.

Mueller Karl, Die Bekenntnisschriften der reformierten Kirche, Leipzig 1903.

Nettesheim a, Agrippa, Apologia pro defensione declamationis, Lugduni 1550.

— De incertitudine et vanitate scientiarum atque artium declamatio, Lugduni 1550.

Niemeyer H. A., Collectio Confessionum in Ecclesiis Reformatis publicatarum, Lipsiae 1840.

Niesel W., vide Bekenntnisschriften.

Origenes, Opera ed. C. H. E. Lommatzsch, Berolini 1831–1848.

Pannier Jacques, Les origines de la Confession de foi et la discipline des églises réformées de France, Paris 1936. (Etudes d'hist. et de

INDEX LIBRORUM A NOBIS ALLATORUM

philos. relig. publ. par la Faculté de théologie protestante de Strasbourg).

Recherches sur la formation intellectuelle de Calvin. Revue d'hist. et de philos. religieuse, Strasbourg 1930.

Pestalozzi Carolus, Heinrich Bullinger, Leben und ausgew. Schriften, Elberfeld 1858.

Pighius Albert., De libero hominis arbitrio et divina gratia, Libri decem. Coloniae 1542.

— Controversiarum praecipuarum in comitiis Ratisbonensibus tractatarum, et quibus nunc potissimum exagitatur Christi fides et religio, diligens, et luculenta explicatio. Coloniae 1542.

Pindarus, Pindari carmina cum fragmentis selectis ed. Schroeder, Lipsiae 1908.

Plato, Opera omnia ed. Imm. Bekker, Berolini 1831.

Plutarchus, opera ed. Dübner, Parisiis 1855.

Rabelaesius Franc., Oeuvres de François Rabelais, ed. Abel Lefranc, Paris 1913-1931.

— La Vie Tres Horrifique Du Grand Gargantua, Lyon 1542.

— Pantagruel Roy des Dipsodes, Lyon 1542.

— Pantagrueline Prognosticon, s. l. 1556.

RE (3) = Realencyklopaedie für protestantische Theologie und Kirche. 3. Aufl. ed. A. Hauck, Leipzig 1896-1913.

Sadolet Iac., Opera omnia, Veronae 1737.

— Commentarius in Epist. S. Pauli ad Romanos, Lugduni 1535-1537.

Sammarthanus, Scaevola, Gallorum doctrina illustrium elogia, 1602.

Samouillan Alex., De Petro Brunello Tolosano eiusque amicis, Parisiis 1891.

Scheuner D., Calvins Genfer Liturgie und seine Straßburger Liturgie textgeschichtlich dargestellt. Festschrift A. Schädelin, Bern 1950.

Sententiae et proverbia ex poetis Latinis. His adiecimus Leosthenis Coluandri sententias prophanas, ex diuersis Scriptoribus, Lugduni 1541.

Tertullianus, Qae supersunt omnia, ed. F. Oehler, Lipsiae 1854.

WA = D. Martin Luthers Werke. Kritische Gesamtausgabe. Weimar 1883 sqq.

Weiß N., vide Douen.

Westphal Joach., Farrago, confusanearum et inter se dissidentium opinionum de coena domini, ex Sacramentariorum libris congesta, Magdeburgae 1552.

— Recta fides de coena Domini, ex verbis apostoli Pauli, et evangelistarum demonstrata ac communita, Magdeburgae 1553.

— Collectanea sententiarum Divi Aurelii Augustini episcopi Hipponensis de coena domini. Ratisponae 1555.

Zahn Ad., Die beiden letzten Lebensjahre von Johann Calvin, Stuttgart 1898.

Zwinglius Huldr., Opera ed. M. Schulerus et Io. Schulthessius (SCH & SCH), Turici 1828–1842.

La Forme des Prieres et Chantz ecclesiastiques.

Primum ostendimus tractationem textuum, qui ad musicam ecclesiasticam pertinent omissam esse, cum haec res illis, qui musicae sacrae periti sunt permittenda sit, qui iam saepius hoc munus susceperunt[1]. In nostra editione non tam, ut id adhuc facere solebamus, liturgiam, quam Calvinus a. p. Chr. n. 1542 pro Genava scripsit, exponamus et eius progressum in posterioribus editionibus a. 1547 et in biblia Gallica a. 1559 describamus quam necessarium esse arbitramur simul exponere, qua ratione tota liturgia Calvini orta sit. Qua de causa praeter liturgiam Genavae etiam textus liturgicos Argentorati inserimus. Hoc non solum fit, ut liturgiae et nascentes et crescentes perlustrari possint, sed etiam demonstrare volumus quomodo priore liturgia Argentorati consilium Calvini conventus maxime participis proponendi multo constantius perfectum sit quam in posteriore liturgia Genavae a. 1542[2]. Dum rationem textuum Argentorati habemus, efficimus sane, ut liturgiam Calvini progredientem perspiciamus.

Optima et praecipua liturgia Calvini nominatur **La Forme des Prieres et Chantz ecclesiastiques** a. 1542 (No. 1)[3], quae pro Genava ipsa scripta est. Quam repetere ab antiquioribus cogitationibus Calvini, quas Argentorati habebat, argumento sunt illa verba, quae Calvinus in valedictione apud sacerdotes Genavae fecit: Quant aux prieres des dimanches, ie prins la forme de Strasbourg et en empruntay la plus grande partie. Des autres, ie ne les pouvois prendre d'eux, car il n'y en avoit pas un mot, mais ie prins le tout de l'Escriture. Ie fus constrainct aussi de faire le formulaire du Baptesme estant à Strasbourg ... Ie fis alors ce formulaire rude ...[4]. Magis necessarium esse nobis editionem Argentorati a. 1545 perscrutantibus videbatur antiquiorem formam quam Genavensem exquirere. In cuius prolegomenis Calvinus ipso verbo editor prolegomenorum nominatur, sed non solum textus Genavensis a. 1542, sed magnae varietates dictionis et amplificationes inveniuntur. Prolegomena quoque amplificata sunt et significata sunt miro

---

1) O. Douen, Clément Marot et le psautier Huguenot, Paris 1879 et alii   2) D. Scheuner, Calvins Genfer Liturgie und seine Straßburger Liturgie textgeschichtlich dargestellt, Festschrift Schädelin, Bern 1950   3) Numeris inclusis is numerus indicatur, sub quo postea descriptio nostrae editionis datur   4) Vide p. 403 40 sqq.

dato: De Geneve, ce 10 de Iuing. 1543. Deinde ante partem, qua de psalmis agitur, alia prolegomena inseruntur. Editores CR haec additamenta Calvini esse negant et Ioanni Guarnier adscribunt, qui tum sacerdos Argentorati erat et hanc recentem editionem curavisse dicitur.

Nobis iam textus Argentorati prospiciendi sunt, qui antea editi sunt. 1540 Calvinus Argentorati versatus liturgiam composuerat, cuius chirographum non iam exstat, quam autem a Valerando Pollano in linguam Latinam translatam a. 1551 e manibus Reformatorum Britannorum recepimus. Quae complectitur praeter textus liturgicos etiam ordinem ecclesiae, quem in exponendo libello Ordonnances Ecclesiastiques commemoravimus[1]. Editores autem CR iam sciebant hanc primam liturgiam Argentorati a. 1542 denuo editam fuisse et mira ei accidisse. Sacerdos quidam Argentorati, Petrus Alexander, a. d. VIII. Kal. Junias apud magistratum Argentorati questus est 600 exemplaria huius secundae editionis liturgiae typis exscripta Metensibus missa ibi a magistratu retenta esse, quod is, qui librum typis exscripserat „us unbesonener gewarsamkeit… us onberathenem überigem vleis" originem libri Calvinisticam dissimulavisse et indicio: Imprime a Rome par le commandement du Pape, par Theodore Bruess Allemant, son imprimeur ordinaire. Quam editionem pseudoromanam (No. 2), quae adhuc dicitur, editores CR putabant a Joanne Gerard oriri et hodie omnino perditam esse. Tredecim annis autem ab O. Douen admoniti sunt hanc editionem existere. Qui eam accurate in opere, quod inscribitur: Clément Marot et le psautier Huguenot 1879[2], quatenus ad textus musicae ecclesiasticae pertinet. Difficile est igitur intellectu, qua de causa CR (opp. Calvin. XXII) 1880, additamento adiecto Institution puerile[3] quam illa editio pseudoromana complectitur, referat, eam autem Calvini esse neget neque uno verbo textuum liturgicorum mentionem faciat. Qua in re semper mirum erat, Calvinum tam sero pueros ita inquisivisse. Sed iam parum accurate textus consideranti perspiciendum erat additamenta editionis a. 1545, quae plane Calvini auctoritatem profert, verbotenus cum hac editione Argentorati a. 1542 consentire, 1545 igitur contaminationem liturgiae veteris Argentorati Calvini cum liturgia Genavensi subesse.

Postquam iam O. Douen hanc editionem pseudoromanam esse demonstravit, M. Will cum centesimus annus ecclesiae

---

1) Vide p. 325 29 sqq. 2) ibid. I p. 333 sqq. 3) A nobis cum Catechismo Genavensi editum, vide p. 152 sqq.

Argentorati reformatae sollemnibus frequentaretur, denuo quo
ordine illae liturgiae inter se cohaererent exposuit[1]. Quod in
hac editione a. 1542 liturgia et decreta aegrotis visitandis
statuta desunt, argumento est ea minus sacerdotibus quam
universae ecclesiae destinata fuisse. Quod ad commutatam
editionem typographi attinet, Douen censet re vera Jean Knob-
loch et editionem a. 1545 et editionem hanc pseudoromanam
typis exscribendam curavisse. Res adhuc approbata non est.
Corruptio hactenus sollers fuit, ut editio liturgiarum catholi-
carum, quae tum typis exscribebantur, (son imprimeur ordinaire) penes familiam Prüss esset, quae ex Suebia (Allemant)
immigraverat. Theodorus Prüss quidem non nominatur, sed
Joannes Prüss iunior[2].

Nunc iam quaeritur, qua de causa Calvinus a. 1542 recentem
liturgiam Genavae scripserit, quoniam eodem anno liturgia
Argentorati denuo edebatur. Ut omittam Calvinum Genavae
formam amplificatam cupivisse, textus Argentorati ob eam
rem quoque eius non intererat, quod et illam ominosam notam
pseudoromanam habebat et a magistratu Metensi retentus erat.
Quamquam nescimus, quamdiu retentus sit, tamen arbitramur
nobis licere, ut ex miro dato editionis a. 1545 (De Geneve,
ce 10. de Iuing, 1543) quaedam concludamus. Quaeri enim
potest an editio pseudoromana e custodia emitteretur, dum
mense Junio a. 1543, novis prolegomenis instructa prolegomenis a. 1545 receptis cum prolegomenis liturgiae Genavensis
coniuncta est. Qua in re fortasse falsum datum a. 1543 in
editionem a. 1545 irrepsit. Quantum alia coniectura augurari
possumus, editio pseudoromana omnino vulgata non est et
a. 1543 aut tertium exemplar typis exstructum liturgiae Argentorati orta est aut iam compositio textus Argentorati et Genavae, qualem editio a. 1545 praebet, ut iam 1545 editio secunda
fieret. Mirum est imprimis editionem a. 1545 etiam prolegomena editionis pseudoromanae, sane non priore loco quam ante
caput psalmorum, in se continere.

Non ignoramus autem Argentorati iam ante Calvinum liturgiam pervarie mutatam esse. In opere supra laudato M. Will
ostentat, Psalterium (Psalter mit aller Kirchenübung) a. 1539,
quod Calvino exemplo fuerat, iam 19. formam variationis textuum liturgicorum Argentorati fuisse, ex quo in libro „Teutsche
Mess" 1524 initium ceperunt. Ponendum igitur est in liturgis

---

1) M. Will, La première liturgie française. Bull. soc. hist. du Prot.
franç., 1938, p. 367 sqq. Paris   2) Heitz, Paul: Elsaessische Büchermarken, p. XVII–XVIII, Straßburg 1892

Calvini quoque antiquiores formas receptas esse, ut dictum eius in peroratione demonstrat. Si verba nostri textus cum verbis librorum liturgicorum antehac Argentorati editorum congruit, editionem librorum illorum a Friederico Hubert emissam[1] apparatu critico afferimus. At in libello Colladoni[2], quo de liturgia Genavensi verba facit: „Il receillit aussi... la forme des prieres ecclesiastiques" haec ratio colligendi ita explananda non est, Calvinum maxima ex parte nihil aliud nisi antiquiores textus collegisse et tradidisse. Unum ex antiquioribus fontibus, quibus Calvinus usus est, nobis certe notum, ut numerus fontium compleatur, comparavimus: liturgiam illam notam, quae nomini Farelli addicta a. 1533 edita est. Cum hic non de textu Calvini agatur, censebamus nos idiographum praetermittere posse et nos editione spectatae fidei, quam Baum curavit (No. 6), uti[3]. Ex quo intelligi poterat non solum exempla nuptiarum conciliationis, sed etiam alia, imprimis id, quo de baptismo agitur, multas dictiones textus a. 1533 in se continere.

Posteriores editiones a. 1547 (No. 4) et 1559 (No. 5) generatim ad editionem Genavensem a. 1542 se applicare neque quicquam novi praebere commemoramus. Quibus locis inter se differant, notabimus. Cum editio Argentorati ex anno 1545 duos sententiarum ordines, et veteris liturgiae Argentorati et liturgiae Genavensis servaverit, posteriores editiones Genavenses liturgiam primariam a. 1542 sequebantur, sane lege conventus, quo omnia sunt referenda, carentes. Magno igitur momento sunt historiae liturgiae Calvini ante omnes editiones usque ad 1545 et ea, quae a. 1545 vulgata est. Quo momento nostra explicatio circumscripta est.

De editione nostra.

Ut exstructionem liturgiae Calvini explicaremus, textus a. 1533 (quatenus liturgiae Calvini ab iis repetunt et sine liturgia a. 1539) usque ad 1545 aliam in aliam composuimus. Numeri in externo margine designati numeros annales editionum indicant. Editio pseudoromana Argentorati 1542 A (Argentoratum) significatur, liturgia Genavensis eiusdem anni nonnisi 1542. Si qui locus textus in compluribus editionibus invenitur, secundum

---

1) Hubert, Friedr.: Die Straßburger liturgischen Ordnungen im Zeitalter der Reformation, Göttingen 1900   2) CR opp. Calvin. XXI 67   3) La Maniere et Fasson quon tient es lieux que Dieu de sa grace a visites. Premiere liturgie des églises réformées de France de l'an 1533 d'après l'original par Jean-Guillaume Baum, Strasbourg et Paris 1859

liturgiam Genavensem affertur. Si textus quidam in 1542 A et 1545 occurrit, non in 1542, secundum 1542 A exponitur, quandoquidem hunc textum 1542 A ex exteriore quoque parte quam fidissime exprimere studuimus, quod nunc primum haec editio
5 pseudoromana (praeter partem, quae ad Catechismum et Psalterium pertinet) tota praebetur. Minores varietates quae usque ad 1545 et omnes ab a. 1547 usque ad a. 1559 inveniuntur, in superiore cavea notarum significatae sunt. Verba textuum antiquiorum cum nostro congruentium apparatu critico sub voce
10 Hubert oculis subiiciemus.

Efficitur ergo haec imago viae descriptionis atque ordinis:

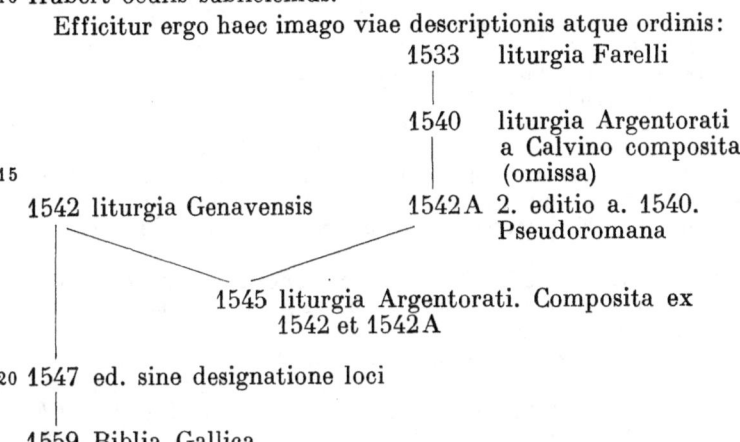

Descriptio editionum:

1. Editio Genavensis 1542. f. [a 1]ʳ: LA FORME ‖ DES PRIERES ET ‖ CHANTZ ECCLESIASTI- ‖ ques, auec la
25 maniere d'administrer les Sacre- ‖ mens, & consacrer le Mariage: selon la cou- ‖ stume de l'Eglise ancienne. ‖ [emblema] ‖ Psalme 159. ‖ *Chantez au Seigneur chanson nouuelle, ひ ‖ que sa louënge soit ouye en la Congregation ‖ des debonnaires.* ‖ Psalme 150. ‖ *Que tout ce qui respire, louë le Seigneur.* ‖ M. D. XLII. ‖
30 f. [a 1]ᵛ inane ‖ f. a 2ʳ – [a 5ʳ]: EPISTRE AV ‖ LECTEVR. ‖ Comme c'est une chose bien re- ‖; lin. 25: ‖ uoir intelligence de tout ce qui a esté or- ‖; f. [a 5]ʳ, lin. 25: ‖ auons parlé. ‖ f. [a 5]ᵛ inane ‖; f. a 6ʳ – [i 5ʳ]: PSALME I: ‖ Qvi au conseil des malings n'a ‖; lin. 5: ‖ prise De l'Eternel, & en est desireux, ‖
35 f. [i 5]ʳ, lin. 14: ‖ Vueilles noz coeurs conformer. ‖ FIN. ‖ f. [i 5]ᵛ: Les faultes, qui se pourront trouuer aux Psal- ‖ mes cy de-

uant. ||; lin. 13: || *Au psal. 138, couplet premier, ligne 8. haulte, lisez haulcé.* ||; f. i 6ʳ – [k 7ᵛ]: LA FORME DES || PRIERES ECCLE- || siastiques. || *Le iours ouuriers, le Ministre faict telle exhor-* ||; lin. 21: || nous sommes paoures pecheurs, conceuz || f. [k 7]ᵛ, lin. 27: || *pres le sermon.* ||; f. k 8ʳ – [1 4ᵛ]: LA FORME || D'ADMI- NISTRER || le Baptesme. || *Il est à noter, qu'on doit apporter les enfans* ||; lin. 22: || stre nature soit renouuellee, pour auoir en- || f. [1 4]ᵛ, lin. 9: || *mesme.* ||; f. l 4ᵛ – [1 8ʳ]: lin. 10: LA MANIE- || RE DE CELE- || brer la Cene. || *Il fault noter, que le Dimanche deuant que la* ||; lin. 23: || *iour qu'on l'a faict, le Ministre en touche en la fin* || f. [1 8]ʳ, lin. 28: || Car c'est la reformation, que S. Paul nous monstre. ||; f. l 8ᵛ – [m 3ᵛ]: LA MANIERE DE || celebrer le sainct Mariage. || *Il fault noter, que deuant que celebrer le Maria-* ||; lin. 23: || *stes d'iceluy, & en forma Eue: donnant en-* || f. [m 3]ᵛ, lin. 18: || ensemble longuement & sainctement. ||; f. m 3ᵛ – [m 4ᵛ]: lin. 19: DE LA VISITATION || *des malades.* || L'office d'vn vray & fidele Ministre est ||; lin. 24: || pour Pasteur: mais entant, que faire se peult,|| f. [m 4]ᵛ, lin. 25: || monstrant à tous vray exemple de charité. || FIN. ||

Forma: 8⁰. – 92 f. (11½ quaterniones); 27 lineae; Sign.: a 2–m 3; f. 6, 7, 8 in quaternionibus signata non sunt; f. k 1, f. l 1, f. m 4 signata non sunt.

Typi romani. Typi cursivi inveniuntur: f. i 5ᵛ lin. 3–13; f. i 6ʳ lin. 3–8 et 11; f. i 6ᵛ lin. 24–25; f. i 7ʳ lin. 1–9; f. k 2ᵛ lin. 13–14; f. k 3ᵛ lin. 1–2 et 22–23; f. k 4ʳ lin. 5–24; f. k 4ᵛ lin. 1–10; f. k 7ʳ lin. 23–26; f. k 7ᵛ lin. 25–27; f. k 8ʳ lin. 4–11 et 16–17; f. l 3ᵛ lin. 23–24; f. l 4ʳ lin. 1–26; f. l 4ᵛ lin. 1–9 et 13–23; f. l 5ʳ lin. 1–8; f. l 7ᵛ lin. 18–25; f. l 8ʳ lin. 1–27; f. l 8ᵛ lin. 3–9; f. m 1ᵛ lin. 16–17 et 24; f. m 2ʳ lin. 7 et 18–19; f. m 2ᵛ lin. 5–6; f. m 3ᵛ lin. 20.

Exemplar exstat: Württembergische Landesbibliothek Stuttgart (unicum!).

Imprimatum: Prob. apud Io. Gerardum genavensem typographum, vide CR opp. Calvin. V p. LVII et VI p. XV.

Inveniuntur hi Psalmi: 1, 2, 3, 4, 5, 6, 7, 8, 9, 10, 11, 12, 13, 14, 15, 19, 22, 24, 25, 32, 36, 37, 38, 46, 51, 91, 103, 104, 113, 114, 115, 130, 137, 138, 143 et Cantique de Symeon; L'oraison de nostre Seigneur; Les articles de la foy; Les dix commandemens, Exode 20.

2. Editio Pseudo-Romana 1542. f. [1]ʳ: LA MANYE || *re de faire prieres aux eglises Francoy-* || *ses. tant deuāt la predicatiō cõme apres,* || *ensemble pseaulmes ℧ canticques franco* ||

ys q̃uon chãte aus dictes eglises, apres sen ‖ suyt lordre et facon d'administrer les Sa- ‖ crementz de Baptesme, ⌣ de la saincte ‖ Cene de nostre Seigneur Iesu Christ. de es ‖ pouser ⌣ confirmer le mariage deuant ‖ lassemblee des fideles. auecques le sermon ‖
5 tant du baptesme que de la cene. Le tout ‖ selon la parolle de nr̃e seigneur. ‖ S. Paul aux Coloſceñ. 3 ‖ Enſeignez & admoneſtez l'un l'autre en ‖ pſeaulmes en louêges et chanſons ſpiri = ‖ tuelles auec grace. Chantans au ‖ ſeigneur en voſtre cueur. ‖ M. D. XLII. ‖
f. [1]ᵛ: Imago ligno sculpta: Paulus apostolus librum et
10 gladium tenens. Titulus: Sainct Paul. p. [3]: ‖ Au lecteur Crestien Salut ‖ et paix en Iesucrist. ‖ lin. 29: ‖ La paix du ſeigneur Jeſucriſt ſoit auecques toy. ‖ lin. 30: ‖ Amen. ‖; p. 4 [–10]: ‖ Pour le dimanche matin. ‖; p. 10, lin. 18: ‖ & vous conduise en bonne prosperite. Amen. ‖; p. 11 [–120]: ‖ Psaulme
15 Premier. ‖ Qui au conseil des malings n'a ‖ lin. 6: ‖ contempl' et prise. De l'Eternel / ‖; p. 120, lin. 4: ‖ le luy a. Alleluya. ‖; p. 121 [–131]: ‖ Institution puerile de ladoc- ‖ trine chrestienne faicte ‖ par maniere de ‖ dyalogue. ‖; lin. 26: ‖ choses / que sa puissance & son action sõt espãdues ‖; p. 131, lin. 25: ‖
20 mais. AMEN. ‖; p. 132 [–141]: ‖ Du Sacrement de ‖ Baptesme. ‖; lin. 25: seignant telles choses. ‖; p. 141, lin. 6: ‖ Amen. Dieu soit auecques vous a iamais. ‖; p. 141 [–153], lin. 7: Du Sacrement de la Cene. ‖; p. 153, lin. 26: ‖ la benedictiõ come le Dimanche. ‖; lin. 27: ‖ Fin. ‖; p. 154 [–158]: ‖ La Forme de
25 confirmer les Maria- ‖ ges deuant L'eglise des Fideles. ‖; lin. 27: ‖ ordre / toute la cõpaignie des Nopces doibt ētrer ‖; p. 158, lin. 29: ‖ conueniens e troubles. ‖; p. 159: ‖ Registre des Psalmes de Dauid: ‖ contenuz au present liure, selon ‖ l'ordre de l'alphabet. ‖; lin. 27 [–29]: ‖ Imprime a Rome par le commandement ‖
30 du Pape. par Theodore Bruß Allemant. son im- ‖ primeur ordinaire. Le. 15. de feburier. ‖; p. 160 (non numeratum): ‖ S. Paul aux thessalon. ‖; lin. 11: ‖ A un seul Dieu, tant que seray. ‖

Forma: 12⁰. – 160 p. (p. 1, 2, 160 non numeratae) + 6 f. non
35 numerata, (10 quaterniones), 29 lineae; Sign. A 3–K. Errata numerorum pag.: 67 legitur pro 76, 701 pro 107; 67 resecatum.

p. 1, lin. 1–12 et 18 et p. 3 lin. 1–2: Typi romani. p. 2 et 3, lin. 3 – p. 160: Typi schwabachenses.

Exemplar exstat: Bibliothèque du Musée hist. de la Ré-
40 formation à Genève.

Imprimatum: Vide Heitz Paul: Elsaessische Büchermarken, Strassburg 1892, p. XVII/XVIII.

Inveniuntur hi Psalmi: 1, 2, 3, 4, 5, 6, 7, 8, 9, 10, 11, 12, 13, 14, 15, 19, 22, 24, 25, 32, 36, 37, 38, 43, 46, 50, 90, 103,

104, 113 (bis), 137, 138, 142, 143 et Cantique de Simeon; Les dix commandemens; Les XII Articles de la Foy; L'oraison dominicale.

3. Editio Argentoratensis 1545: LA FORME || DES PRIERES ET || CHANTZ ECCLESIA-|| STIQUES. || *Auec la maniere d'administrer les Sacremens, et con-* || *sacrer le Mariage; selon la coustume de* || *L'eglise ancienne.* || || S. Paul aux Coloss. 3. Chap. || *Enseignez et admonestez l'un l'autre, en Pseaulmes* || *en louenges et chansons spirituelles,* || *auec grace, chantans au Sei-* || *gneur en nostre cueur.* || || Imprime a Strasbourg || *L'an* 1545. ||

Exemplar (unicum!) bibliothecae Argentoratensis a. 1870 bello deletum est. Ergo textum CR modo comparare potuimus, quod additamenta huius editionis in margine textus a. 1542 (Genavensis) praebet. Descriptionem voluminis vide CR opp. Calvin. VI p. XV sq.

4. Editio (Genavensis?) 1547: f. [A 1]ʳ: LA FORME DES || PRIERES || Ecclesiastiques, auec la maniere d'ad || ministrer les Sacremēs, & celebrer || le Mariage, & la visitation || des malades. || || LVC XVIII. || Il faut tousiours prier, & ne se lasser point. || 1547. ||

f. [A 1]ᵛ: inane || f. A 2ʳ – [B 6ʳ]: LA FORME DES || PRIERES ECCLE- || siastiques. || Les iours ouuriers, le Ministre fait tel- || lin. 21: recognoissons sans fein- || f. B 6ʳ, lin. 16: ceste marque. R. ||; f. B 6ᵛ – [C 4ᵛ]: LA FORME|| D'ADMINI- ||strer le Baptesme. || Il est à noter, qu'on doit apporter les || lin. 20: quelle poureté & misere nous ||; f. c 4ᵛ, lin. 24: que Dieu mesme. ||; f. C 5ʳ – [D 1ᵛ]: LA MANIERE || DE CELEBRER || la Cene. || Il faut noter, que le Dimanche de- || lin. 23: Puis apres auoir fait les prieres & la||f. D 1ᵛ, lin. 24: monstre. ||; f. D 2ʳ – [D 6ʳ]: LA MANIERE || DE CELEBRER || le Mariage. || Il faut noter, que deuant que celebrer || lin. 21: rie sur les bestes de la terre, les pois- || f. D 6ʳ, lin. 15: sainctement. ||; f. D 6ʳ, lin. 16 – [D 7ᵛ]: DE LA VISI- || TATION DES || malades. || L'office d'vn vray & fidele Mi- || lin. 21: seigner publiquement le peuple, || f. D 7ᵛ, lin. 14: exemple de cha- || rité. || || FIN. || f. D 8ʳ⁺ᵛ: inane.

Forma: 8⁰ minima – 32 f. (4 quaterniones); 25 lineae; sign.: A 2–D 4; f. 6, 7, 8 in quaternionibus signata non sunt. Sine loco et nomine typographi, sed prob. imprimatum apud Io. Gerardum Genavensem typographum, vide CR opp. Calv. VI p. XVI.

Typi romani. Tituli columnarum: A 2ᵛ – B 6ʳ: PRIERES, B 7ʳ – C 4ᵛ: DV BAPTESME, C 5ᵛ – D 1ᵛ: DE LA CENE, D 2ᵛ – D 5ᵛ: DV MARIAGE, D 6ʳ et D 7ᵛ: DE LA VIS. DES MAL., D 6ᵛ: DE LA

VISITAT., D 7ʳ: DES MALADES — f. A 1ʳ verba LA FORME DES ||
PRIERES || ornamentis arabicis quae dicuntur circumdata sunt.
f. A 2ʳ Initiale S ligno exsculptum invenitur.
Exemplar exstat: Bibliothèque universitaire de Strasbourg.

5 5. Catalogus bibliothecae nationalis Parisiensis et Library of
the British Museum London textum a. 1549 commemorat,
quem CR solum in praefatione ad Catechismum commemorat.
Ipsi textum sub oculos non habuimus.

6. Editio Genavensis 1559: f. [1]ʳ: LA BIBLE || *qvi est* ||
10 Toute la saincte Escriture, ascauoir le vieil & nou- || ueau
Testament: || DE NOVVEAV REVEVE, AVEC AR- || gumēs sur
chacū liure, nouuelles annotatiōs en marge, fort uti || les: par
lesquelles on peut sans grād labeur, obtenir la vraye in || telligēce
du sēs de l'Escriture, auec recueil de grāde doctrine. || *Il y a*
15 *aussi quelques figures ↄ cartes chorographiques de grande utilite,*
l'usage || *desquelles pourrez voir en l'epistre suyuante.* || Emblema
(Vide Heitz, Paul: Genfer Buchdrucker- und Verlegerzeichen
No. 9) || Par Nicolas Barbier, & Thomas Courteau. ||M.D.LIX. ||

p. 2 (non numerata): L'ORDRE DES LIVRES DV VIEIL || &
20 nouueau Testament, auec le nombre de || chapitres d'iceux. ||
p. 3 [–4] (non numerata): L'IMPRIMEVR AVX LE- || cteurs,
touchant l'utilite des argumens, annota – ||; p. 4, lin. 26: || fica-
tion de son Eglise. Amen. ||; p. 5 [–6] (non numerata): AVTRE
EPISTRE AVX LECTEVRS ||; p. 6, lin. 58: || *honneur.* ||; p. 7 [–8]
25 (non numerata): LA SOMME DE TOVT CE QVE || p. 8, lin. 57: ||
Esprit soit honneur & gloire eternellement. Ainsi soit-il. ||

Sequuntur: *Tota scriptura sacra* f. 1–117. f. 117ᵛ [–119ᵛ] (non
num.), lin. 10: RECVEIL D'AVCVNS MOTS ET || f. 120ᵛ – [122ʳ]
(non num.): INTERPRETATION DES NOMS PROPRES || f. 122ʳ –
30 [130ᵛ] (non num.): INDICE DES PRINCIPALES MATIERES. ||

Sequuntur: f. 1ᵛ [–32ᵛ]: PSEAVMES DE DAVID, TRADVITS ||
f. 32ʳ: TABLE DE PSEAVMES || *Sequuntur:* f. 1ʳ [–5ʳ] (Sign.
A₁–A₄): LA FORME DES PRIERES || ECCLESIASTIQVES.||; f. 1ᵛ
[–3ʳ]: Prieres || lin. 1 a: || Les iours ouuriers le Ministre fait telle
35 exhorta || f. 3ʳ, lin. 40 b: stre Roy & Legislateur. ||; f. 3ʳ [–4ʳ],
lin. 41: || La forme d'administrer le Baptesme. || f. 4ʳ, lin. 46 b:
voulons pas estre plus sage que Dieu mesme. ||; f. 4ʳ [–5ʳ] lin. 47:
La maniere de celebrer la Cene. || f. 5ʳ, lin. 5 b: *que sainct Paul*
nous monstre. ||; f. 5ʳ [–5ᵛ] lin. 6: La forme de celebrer le
40 Mariage. || f. 5ᵛ, lin. 16 b: || semble longuement & sainctement,
Amen. ||; f. 5ᵛ, lin. 17: De la visitation des Malades. || lin. 46:
Fin des prieres. ||

5 f. numerata. 70 lin. Orationes: Typi romani minimi. Texti declarativi: Typi cursivi minimi. Tituli et confessio [f. 4^v]: Typi romani minores. Tituli columnarum: f. 1^r–2^r: Prieres; f. 3: Du Baptesme; f. 4: De la Cene; f. 5^r: Du Mariage; f. 5^v: De la visitation des malades.

Sequuntur: f. 6^r [–16^v]: LE CATECHISME. ||

Forma: 4⁰; 635 f. numerata, 24 f. non numerata (82 quaterniones + 1 bin.). Biblia diversis imaginibus ornata est. Tegumentum libri eleganter corio vestitum et auro impressum.

Exemplaria exstant: Bibliothèque du Musée hist. de la Réformation à Genève; Zentralbibliothek Zürich; Württembergische Landesbibliothek Stuttgart; Bibliothèque nationale de Strasbourg.

7. Editio Farelli 1533 (ed. Baum): La Maniere et Fasson quon tient es lieux que Dieu de sa grace a visites. Premiere Liturgie des églises réformées de France de l'an 1533 d'après l'original par Jean-Guillaume Baum, Strasbourg et Paris 1859.

8. Editio Genavensis 1552: Descriptionem libri vide CR Opp. Calvin. VI p. XVII. Exemplaria exstant: Bayerische Staatsbibliothek München, University Library Cambridge.

LA MANYE

re de faire prieres aux eglises Francoyses. tant deuant la predication comme apres, ensemble pseaulmes & canticques francoys quon chante aus dictes eglises, apres sensuyt lordre et facon d'administrer les Sacrementz de Baptesme, & de la saincte Cene de nostre seigneur Iesu Christ, de espouser & confirmer le mariage deuant lassemblee des fideles. auecques le sermon tant du baptesme que de la cene. Le tout selon la parolle de nostre seigneur.

S. Paul aux Coloscen 3[1].

Enseignez & admonestez l'un l'autre en pseaulmes en louenges et chansons spirituelles auec grace. Chantans au seigneur en vostre cueur.

M. D. XLII.

LA FORME
DES PRIERES ET CHANTZ ECCLESIASTIQUES,

avec la maniere d'administrer les sacremens et consacrer[a] le mariage[b] selon la coustume de l'Eglise ancienne

[c] Psalme 159[2]

Chantez au Seigneur chanson nouvelle, et que sa louenge soit ouye en la Congregation des debonnaires

Psalme 150[3]

Que tout ce qui respire, louë le Seigneur[c].

M. D. XLII.

---

a) *1547:* et celebrer   b) *1547:* et la visitation des malades
c) *1547:* Luc. XVIII. Il faut tousiours prier, et ne se lasser point.

1) Col. 3, 16   2) sic! Ps. 96, 1; 98, 1; 11, 1; Luc. 18, 1   3) Ps. 150, 6

1542A
1545
¹Au lecteur Crestien Salut et paix en Jesucrist[a].

Pource quil est tresutile et necessaire d'ouir et mediter iour et nuict la saincte parolle de Dieu, tant pour la consolation de noz espritz, que pource quelle nous donne la vraye congnoissance du seigneur dieu, et de son Crist, ce quil est nostre vie & salut. Jay bien voulu crestien lecteur faire imprimer ce peu de Psaulmes que i'ay peu recouvrer, avecques leur chant. Affin que tu eusse chansons honnestes t'enseignantes l'amour & crainte de dieu, au lieu de celles que communement on chante qui ne sont que de paillardise et toute villenie. En quoy me semble qu'auras grande utilite tant pour la saincte doctrine louenges & graces a dieu, exhortations a esperer a la bonte[b] et misericorde diuine, & semblables choses que tu trouveras en ces pseaulmes. que pour le bon exemple que tu pourras donner a ton prochain, pour l'exciter a lire la saincte escripture, & comme s. Paul nous enseigne chanter & dire pseaulmes au seigneur, louenges & chansons spirituelles, rendans tousiours graces a dieu pour toutes choses, au nom de nostre seigneur Jesu Crist[1]. J'y ay adiouste des petitz traictez de la saincte cene de nostre seigneur et du sainct baptesme, lesquelz comme i'estime ne te seront poinct inutiles a lire. Je te prie de prendre en bonne part ce petit livret, & en faire ton prouffit. La Paix du seigneur Jesucrist soit auecques toy. Amen.

1542 1545
      1559
¹EPISTRE AU LECTEUR[c].

Comme c'est une chose bien requise en la Chrestienté, et des plus necessaires, que chascun fidele observe et entretienne la communion de l'Eglise en son endroit, frequentant les assemblees, qui se font, tant le Dimanche que les aultres iours, pour honnorer et servir Dieu: aussi est-il et expedient, et raisonnable, que tous congnoissent et entendent ce qui se dict, et faict au Temple, pour en recevoir fruict et edification. Car nostre Seigneur n'a pas institué l'ordre que nous devons tenir, quand nous convenons en son Nom, seulement pour amuser le monde à veoir et regarder: mais plustost a voulu, qu'il en revint profit à tout son peuple; comme sainct Paul tesmoigne, commandant que tout ce qui se faict en l'Eglise soit rapporté à l'edification

---

a) *1545 haec praefatio psalmis praemittitur* (fol. 16)   b) *1542 A falso:* labonte   c) *1547 om. epistulam ad lectorem*

1) Eph. 5, 19. 20

commune de tous[1]. Ce que le serviteur ne commanderoit pas, que telle ne fust l'intention du Maistre. Or cela ne se peult faire, que nous ne soyons instruictz pour avoir intelligence de tout ce qui a esté ordonné pour nostre utilité. Car de dire que nous puissions avoir devotion, soit à priere, soit à ceremonie, sans y rien entendre, c'est une grande moquerie: combien qu'il se dict communement. Ce n'est pas une chose morte ne brutifve, que bonne affection envers Dieu: mais est un mouvement vif, procedant du sainct Esprit, quand le coeur est droictement touché, et l'entendement illuminé. Et de faict, si on pouvoit estre edifié des choses qu'on voit, sans congnoistre ce qu'elles signifient, sainct Paul ne defendroit pas si rigoureusement de parler en langue incongneue: et n'useroit de ceste raison, qu'il n'y a nulle edification, sinon ou il y a doctrine. Pourtant, si nous voulons bien honnorer les sainctes ordonnances de nostre Seigneur, desquelles nous usons en l'Eglise, le principal est de scavoir, qu'elles contiennent, qu'elles veullent dire, et à quelle fin elles tendent: afin que l'usage en soit utile et salutaire, et par consequent droictement reiglé. Or, il y a en somme trois choses, que nostre Seigneur nous a commandé d'observer en noz assemblees spirituelles. Assavoir, la predication de sa parolle: les oraisons publiques et solennelles: et l'administration des ses Sacremens. Ie me depporte de parler des predications pour ceste heure, d'autant qu'il n'en est pas question. Touchant les deux aultres parties qui restent: nous avons le commandement expres du sainct Esprit, que les oraisons se facent en langue commune et congneue au peuple[a]. Et dit l'Apostre, que le peuple ne peult respondre, Amen, à la priere qui a esté faicte en langue estrange [1. Co. 14][2]. Or est-il ainsi que puis qu'on la faict au nom et en la personne de tous, que chascun en doit estre participant. Parquoy, ce a esté une trop grande impudence à ceux qui ont introduict la langue Latine par les Eglises, où elle n'estoit communement entendue. Et n'y a subtilité ne cavillation, qui les puisse excuser, que ceste faceon ne soit perverse et deplaisante à Dieu. Car il ne faut presumer, qu'il ait aggreable se qui se faict directement contre son vouloir, et comme par despit de luy. Or, on ne le sauroit plus despiter, que d'aller ainsi alencontre de sa defence, et se glorifier en ceste rebellion, comme si c'estoit une chose saincte et fort louable. Quand est des Sacremens, si nous regardons bien leur nature,

---

a) *1533:* toute en langaige commun a ceulx qui sont presens (*p. 8 ed. Baum*)

1) 1. Cor. 14, 26   2) 1. Cor. 14, 16

nous congnoistrons, que c'est une coustume perverse de les celebrer en telle sorte, que le peuple n'en ayt sinon la veuë, sans exposition des mysteres qui y sont contenuz. Car si ce sont parolles visibles, comme sainct Augustin les nomme[1], il ne faut pas qu'il y ait seulement un spectacle exterieur: mais que la doctrine soit conioincte avec, pour en donner intelligence. Et aussi nostre Seigneur, en les instituant, a bien demonstré cela; car il dit, que ce sont tesmoignages de l'alliance qu'il a faicte avecque nous, et qu'il a confermee par sa mort [Mat. 26. Luc. 22. 1. Cor. 11][2]. Il faut bien donc, pour leur donner lieu, que nous scachions et congnoissions, ce qui y est dict. Aultrement ce seroit en vain, que nostre Seigneur ouvriroit la bouche pour parler, s'il n'y avoit oreilles pour escouter. Combien qu'il n'est ia mestier d'en faire longue dispute. Car quand la chose sera iugee de sens rassis, il n'y aura celuy, qui ne confesse, que c'est une pure bastellerie, d'amuser le peuple en signes, dont la signification ne luy soit point exposée. Parquoy il est facile de veoir qu'on profane les Sacremens de JESUS Christ, les administrant tellement, que le peuple ne comprenne point les parolles, qui y sont dictes. Et de faict, on veoit les superstitions qui en sont sorties. Car on estime communement, que la consecration, tant de l'eaue au Baptesme, que du pain et du vin en la Cene de nostre Seigneur, soit comme une espece d'enchantement; c'est à dire quand on a soufflé[a] et prononcé de bouche les parolles, que les creatures insensibles en sentent la vertu; encores que les hommes n'y entendent rien. Or, la vraye consecration est celle qui se faict par la parolle de Foy, quand elle est declaree er receue, comme dit sainct Augustin [Homil. 80. in Jo: etc.][3] Ce qui est expressement comprins aux parolles de JESUS Christ. Car il ne dict pas au pain, qu'il soit fait son corps: mais il adresse sa parolle à la compagnie des fideles, disant: Prenez, mangez etc. Si nous voulons donc bien celebrer le Sacrement, il nous fault avoir la doctrine, par laquelle, ce qui y est signifié nous soit declaré. Ie scay bien, que cela semble advis fort estrange à ceux qui ne l'ont pas accoustumé:

---

a) *1533:* Ainsi fault entendre de leaue adiuree et enchantee, sur laquelle les prestres soufflent (*p. 9*)

1) Aug., In Ioh. tract. 80, 3 MSL 35, 1840; Contra Faustum XIX. 16 MSL 42, 356 sq. CSEL 25 I 513, 8 sq.   2) Matth. 26, 26 sqq.; Luc. 22, 14 sqq.; 1. Cor. 11, 23 sqq.   3) Aug., In Ioh. tract. 80, 3 MSL 35, 1840; cf. Quaest. in Hept. III 84 MSL 34, 712 sq. CSEL 28 II 304, 20; cf. Contra Faustum XIX. 16 MSL 42, 356 sq. CSEL 25 I 513, 8 sq.

comme il en advient en toutes choses nouvelles. Mais c'est bien raison, si nous sommes disciples de JESUS Christ, que nous preferions son institution à nostre coustume. Et ne nous doit pas sembler advis nouveau, ce qu'il a institué dés le commence-
5 ment.
   Si cela ne peult encores entrer en l'entendement d'un chascun: il nous fault prier Dieu, qu'il luy plaise illuminer les ignorans, pour leur faire entendre, combien il est plus sage que tous les hommes de la terre; afin qu'ilz apprennent de ne s'arrester
10 plus à leur propre sens, ny à la sagesse folle et enragee de leurs conducteurs, qui sont aveugles. Cependant, pour l'usage de nostre Eglise, il nous a semblé advis bon, de faire publier comme un formulaire des prieres et des Sacremens: afin que chascun recongnoisse, ce qu'il oyt dire et faire en l'assemblée
15 Chrestienne. Combien que ce Livre ne profitera pas seulement au peuple de ceste Eglise: mais aussi à tous ceux qui desireront scavoir, quelle forme doyvent tenir et suyvre les fideles, quand ilz conviennent au Nom de JESUS Christ. Nous avons donc recueilly en un sommaire la faceon de celebrer les Sacremens,
20 et sanctifier le mariage: semblablement des prieres et louenges, desquelles nous usons. Nous parlerons puis apres des Sacremens. Quant est des prieres publiques, il y en a deux especes. Les unes se font par simple parolle: les aultres avec que chant. Et n'est pas chose inventee depuis peu de temps. Car des la
25 premiere origine de l'Eglise, cela a esté; comme il appert par les histoires.[1] Et mesmes sainct Paul ne parle pas seulement de prier de bouche, mais aussi de chanter[2]. Et à la verité, nous congnoissons par experience, que le chant a grand force et vigueur d'esmouvoir et enflamber le coeur des hommes, pour
30 invoquer et louer Dieu d'un zele plus vehement et ardent. Il y a tousiours à regarder, que le chant ne soit pas legier et volage: mais ait pois et maiesté, comme dit sainct Augustin[3]. et ainsi il y ait grande difference entre la musicque qu'on faict pour resiouyr les hommes à table et en leur maison: et entre les
35 psalmes, qui se chantent en l'Eglise, en la presence de Dieu et de ses anges. Or quand on vouldra droictement iuger de la forme qui est icy exposee: nous esperons qu'on la trouvera saincte et pure: veu qu'elle est simplement reiglee à l'edification, dont nous avons parlé. |combien que l'usaige de la 1545
40 chanterie s'estende plus loing. C'est que mesme par les maisons

---

1) Euseb., Hist. eccl. V 28, 5 (ed. Schwartz 215 sq.); cf. VII 30, 10 (p. 303); Theodoret., Eccl. hist. II 24 (ed. Gaisford p. 208); III 10 (p. 260).   2) Eph. 5, 19; Col. 3, 16.   3) Aug., Conf. X 33 MSL 32, 799 sq. CSEL 33, 263

et par les champs ce nous soit une incitation et comme un organe à louer Dieu, et eslever noz cueurs à luy pour nous consoler, en meditant sa vertu, bonté, sagesse et iustice. Ce qui est plus necessaire qu'on ne sçauroit dire. Pour le premier, ce n'est pas sans cause que le Sainct Esprit nous exhorte si soigneusement par les sainctes escritures, de nous resiouyr en Dieu[1], et que toute nostre ioye soit là reduite, comme à sa vraye fin. Car il congnoist combien nous sommes enclins à nous resiouyr en vanité. Tout ainsi doncques que nostre nature nous tire et induit à cercher tous moyens de resiouyssance folle et vicieuse: aussi au contraire, nostre Seigneur, pour nous distraire et retirer des allechemens de la chair et du monde, nous presente tous moyens qu'il est possible, afin de nous occuper en ceste ioye spirituelle laquelle il nous recommande tant. Or entre les autres choses, qui sont propres pour recreer l'homme et luy donner volupté, la Musicque est, ou la premiere, ou l'une des principalles: et nous faut estimer que c'est un don de Dieu deputé à cest usaige. Parquoy, d'autant plus devons nous regarder de n'en point abuser, de peur de la souiller et contaminer, la convertissant en nostre condamnation où elle estoit desdiée a nostre proffit et salut. Quand il n'y auroit autre consideration que ceste seule, si nous doit elle bien esmouvoir à moderer l'usage de la musicque, pour la faire servir à toute honnesteté et qu'elle ne soit point occasion de nous lascher la bride à dissolution, ou de nous effeminer en delices desordonées, et qu'elle ne soit point instrument de la paillardise ne d'aucune impudicité. Mais encore y a il d'avantage. Car à grand peine y a il en ce monde qui puisse plus tourner ou flechir cà et là les meurs des hommes, comme Plato l'a prudemment consydere[2]. Et de fait nous experimentons qu'elle a une vertu secrete et quasi incredible à esmouvoir les cueurs en une sorte, ou en l'autre.

Parquoy nous devons estre d'autant plus diligens à la reigler, en telle sorte qu'elle nous soit utile et nullement pernicieuse. Pour ceste cause, les Docteurs anciens de l'Eglise se complaignent souventesfois de ce que le peuple de leur temps estoit addonné à chansons deshonnestes et impudiques, lesquelles non sans cause ilz estiment et appellent poison mortelle et Satanique pour corrompre le monde[3]. Or en parlant maintenant de la

---

1) Phil. 3, 1; 4, 4   2) Plato, Polit. III 12, St. 401 B sqq. ed. Bekkeri Pars III, vol. I p. 135 sq.; Leg. II 8, St. 664 B, ed. Bekkeri Pars III, vol. II p. 253 sq.   3) Aug., In Psal. 18 enarrat. 2, 1 MSL 36, 157; Sermo 9, 4, 5 MSL 38, 79; Chrysost., In Psal. 41, 1. 2 tom. 5, 157 sq.; In Matth. hom. 68, 4 tom. 7, 760 sq.; hom. 27, 5 tom. 7, 474

Musicque, ie comprens deux parties, asçavoir la lettre, ou subiect et matiere. Secondement le chant, ou la melodie. Il est vray que toute parolle mauvaise (comme dit sainct Paul) pervertit les bonnes meurs[1], mais quand la melodie est avec, cela transperce beaucoup plus fort le cueur et entre au dedans tellement que comme par un entonnoir le vin est iecté dedans le vaisseau, aussi le venin et la corruption est distillé iusques au profond du cueur, par la melodie. Or qu'est-il doncq question de faire ? c'est d'avoir chansons non seulement honnestes, mais aussi sainctes: lesquelles nous soyent comme esguillons pour nous inciter à prier et louer Dieu, à mediter ses oeuvres, afin de l'aymer, craindre, honnorer et glorifier. Or ce que dit S. Augustin est vray, que | nul ne peut chanter choses dignes de Dieu, sinon qu'il ait receu d'iceluy[2]: parquoy quand nous aurons bien circuy par tout pour cercher cà et là, nous ne trouverons meilleures chansons ne plus propres pour ce faire, que les Pseaumes de David: lesquelz le sainct Esprit luy a dictz et faitz. Et pourtant, quand nous les chantons, nous sommes certains que Dieu nous met en la bouche les parolles, comme si luy-mesmes chantoit en nous pour exalter sa gloire. Parquoy Chrysostome exhorte tant hommes que femmes et petis enfans, de saccoustumer à les chanter, afin que cela soit comme une meditation pour s'associer à la compagnie des Anges[3]. Au reste, il nous faut souvenir de ce que dit S. Paul, que les chansons spirituelles ne se peuvent bien chanter que de cueur[4]. Or le cueur requiert l'intelligence. Et en cela (dit sainct Augustin) gist la difference entre le chant des hommes et celuy des oyseaux[5]. Car une Linote, un Roussignol, un Papegay, chanteront bien, mais ce sera sans entendre. Or le propre don de l'homme est de chanter, sachant qu'il dit: apres l'intelligence doit suivre le cueur et l'affection, ce qui ne peut estre que nous n'ayons le cantique imprimé en nostre memoire pour ne iamais cesser de chanter.

Pour ces raisons ce present livre mesme pour ceste cause, oultre le reste qui a esté dit, doit estre en singuliere recommandation à chascun qui desire se resiouyr honnestement et selon Dieu, voire à son salut et au proffit de ses prochains. Et ainsi n'a point de mestier d'estre beaucoup recommandé de par moy, veu qu'en soymesmes il porte son pris et son los: seullement que le monde soit si bien advisé qu'au lieu de chansons en partie

---

1) 1. Cor. 15, 33   2) Aug., In Psal. 34 sermo 1, 1 MSL 34, 323
3) Chrysost., In Psal. 41, 1. 2 tom. 5, 156 sqq.   4) Eph. 5, 19; Col. 3, 16   5) Aug., In Psal. 18 enarrat. 2, 1 MSL 36, 157

vaines et frivolles, en partie sottes et lourdes, en partie salles et vilaines, et par consequent mauvaises et nuysibles, dont il a usé par cy devant, il s'accoustume cy apres à chanter ces divins et celestes Cantiques avec le bon Roy David. Touchant de la melodie, il a semblé advis le meilleur qu'elle fust moderée, en la sorte que nous l'avons mise pour emporter poidz et maiesté convenable au subiect, et mesme pour estre propre à chanter en l'Eglise selon qu'il a esté dict.

De Geneve, ce 10 de Iuing, M D XLIII.

LA FORME DES PRIERES ECCLESIASTIQUES.

Les iours ouvriers, le Ministre fait telle exhortation à prier, que bon[a] *luy semble: l'accomodant au temps et à la matiere, qu'il traicte en sa predication.*

Pour les Dimanches au matin, on use communement de la forme qui s'ensuit.

Nostre aide soit au Nom de Dieu, qui a faict le Ciel et la terre, Amen.

Confession.

Mes freres, qu'un chascun de vous[b] se presente devant la Face du Seigneur, avec confession de ses faultes et pechez, suyvant de son coeur mes parolles.

Seigneur Dieu, Pere eternel et tout puissant: nous confessons et recongnoissons sans feinctise, devant ta saincte Maiesté, que nous sommes paovres pecheurs, conceuz et nez en iniquité et corruption: enclins à mal faire, inutiles à tout bien: et que de nostre vice, nous transgressons, sans fin et sans cesse, tes sainctz commandemens. Enquoy faisant, nous acqueons, par ton iuste Jugement, ruine et perdition, sur nous. Toutesfois Seigneur, nous avons desplaisir, en nous mesmes, de t'avoir offencé, et condemnons nous et noz vices, avec vraye repentence, desirans, que ta grace[c] subvienne à nostre calamité. Vueille donc avoir pitié de nous, Dieu et Pere tresbening, et plain de misericorde, au Nom de ton Filz JESUS Christ, nostre Seigneur. Et en[d] effaceant[e] noz vices et macules, eslargis nous et augmente de iour en iour, les graces de ton sainct Esprit: afin, que recongnoissant de tout nostre coeur nostre iniustice,

---

a) > *1547*   b) *1542 A:* nous   c) *1542 A:* + et ay de   d) et en > *1542 A:*   e) *1542 A:* + donc

nous soyons touchez de desplaisir, qui engendre droicte penitence, en nous: laquelle nous mortifiant à tous pechez, produise
en nous[a] fruictz de iustice et innocence, qui te soyent aggreables,
par iceluy JESUS Christ, etc.[b]

[1]Icy dit le ministre quelque parolle de lescrip- 1542A
ture pour consoler Les consciences et[c] fait lab- 1545
solution en ceste manyere.

Ung chascung de vous se recognoisse vrayement pecheur
s'humiliant devant dieu, et croye que le pere celeste luy veult
estre propice en Jesus Christ. A tous ceulx qui en ceste manyere
se repentent et cerchent Jesus Christ pour leur salut, ie denonce
labsolution[d] au nom du pere du filz et du sainct esperit, amen.

Icy leglise chante[e], puys dit le ministre.

Le Seigneur soit avecques vous[f], faisons pryeres au seigneur.
Pere celeste plein de bonte et de grace, comme il te plaist
de declarer ta saincte volunte a tes pouvres serviteurs, et les
instruyre en la iustice de ta loy vueille la aussi tellement
escripre et imprimer en nos cueurs, qu'en toute nostre vye nous
ne cherchions qu'a te servyr et obeyr, ne nous imputans point
les transgressions quavons commises contre ycelle affin que
sentans ta grace multiplye sur nous en telle abondance, nous
ayons matyere de te louer et glorifyer, par Jesus Christ ton
filz nostre seigneur[g].

Icy ce pendant que leglise chante[h], le Ministre
va en la chaire et a lors se[i] font pryeres en la
sorte qui sensuyt par le ministre au commencement du sermon[k].

Nous invocquerons nostre pere celeste, pere de toute bonte
et misericorde, luy suppliant de iecter loeil de sa clemence sur
nous ses[l] pouvres serviteurs, ne nous imputans point tant de
faultes et offences qu'avons commises qui sont trop indignes
pour provocquer[m] son ire alencontre de nous, mais nous regardant en la face de son filz, Ihesuchrist nostre seigneur, comme

---

a) en nous > *1547*   b) par ... etc. *1542 A; 1542 A:* + Amen; *ad
hanc confessionem vide* Hubert p. 91, 19 sqq. et 92, 7 sqq.   c) *1545:*
+ puys   d) *1545:* + des pechez estre faicte   e) *1545:* + les commandemens de la premiere table   f) *1545:* nous   g) *1545:* + Ainsi
soit il.   h) *1545:* + le reste des commandemens   i) *1542A falso:* ce
k) par ... sermon > *1545*   l) *1542A falso:* ces   m) qui ... provocquer
> *1545:* par lesquelles avons provocqué

il la constitue mediateur entre luy et nous le prirons, comme toute plenitude de sapience et lumyere est en luy, nous vouloyr diriger p. son s. esprit; a la vraye intelligence de sa saincte doctrine, la fayre fructifyer en nous en tous fruitz de iustice a la gloyre et honneur[a] de son nom, ainsy que recognoissant luy estre deu une telle obeissance que doibvent rendre serviteurs a leur maistre & enfans a leur pere le pryerons ainsy comme nostre bon maistre nous a en seignez[b]. Nostre pere qui es es cieux etc.[1]

Cela faict, on chante en l'assemblee quelque Pseaulme: puis le Ministre commence derechef à prier, pour demander à Dieu la grace de son sainct Esprit: afin, que sa parolle soit fidelement exposée à l'honneur de son Nom, et à l'edification de l'Eglise: et qu'elle soit receue en telle humilité et obeissance, qu'il appartient. La forme est à la discretion du Ministre.

En la fin du sermon, le Ministre apres avoir faict les exhortations à prier, commence en ceste maniere[c]:

DIEU tout puissant, Pere celeste, tu nous as promis de nous exaulcer en noz requestes, que nous te ferions au Nom de ton Filz JESUS Christ, bien-aimé, nostre Seigneur:[2] et aussi nous sommes instruictz, par la doctrine de luy et de ses Apostres, de nous assembler en son Nom, avec promesses, qu'il sera au milieu de nous[3], et qu'il sera nostre Intercesseur envers toy, pour impetrer et obtenir[d] toutes choses, dont nous consentirons sur la terre[4].

Premierement, nous avons ton commandement de prier pour ceulx que tu as constitué sur nous, Superieurs et gouverneurs[5]: en apres, pour toutes les necessitez de ton peuple, et mesmes de tous les hommes[6]. Parquoy, en confiance de ta saincte doctrine et de tes promesses, d'aultant que devant ta Face, et au Nom de ton Filz, nostre Seigneur JESUS, nous sommes icy congregez: nous te supplions, affectueusement, nostre bon Dieu et Pere, au Nom de nostre Saulveur unique et Mediateur, vueille nous, par ta clemence infinie, gratuitement pardonner noz offences[e]: et tellement attirer et eslever à toy noz pensées et

---

a) *1545:* exaltation   b) ainsy ... seignez *1545:* et a l'instruction et edification de son Eglise, et le prierons au nom et en la faveur de son Filz bien aymé Iesus Christ, ainsi que par luy sommes aprins en disant: c) En ... maniere *1542A:* Sensuyt apres le sermon lexhortation en priant en ceste manyere.   d) et obtenir > *1547*
e) *1542A et 1545:* noz faultes et offences

1) Matth. 6, 9–13   2) Joh. 16, 23   3) Matth. 28, 20   4) Matth. 18, 19 sq.   5) 1. Tim. 2, 2   6) 1. Tim. 2, 1

noz[a] desirs, que de tout nostre coeur nous[b] te puissions requerir et invoquer[c], voire selon ton bon plaisir et voulunté, laquelle seule est raisonnable[d]. Nous te prions doncques, Pere celeste, [176] pour[f] tous[e] princes et seigneurs tes serviteurs, auxquels tu as
5 commis le regime de ta iustice: et singulierement pour les seigneurs de ceste Cité, qu'il te plaise leur communiquer ton Esprit, seul bon et vrayement principal, iournellement leur augmenter, tellement que recongnoissant en vraye Foy JESUS Christ ton Filz, nostre Seigneur estre le Roy des roys et Seigneur sur tous
10 seigneurs[1]: comme tu luy a donné toute puissance au Ciel[f] et en la terre[2]: ilz cherchent de le servir, et exalter son Regne en leur domination conduisant et[g] gouvernant[h] leurs subietz, qui sont les creatures de tes mains, et brebis de ta pasture[3], selon ton bon plaisir: afin, que tant icy, que par toute la terre, estans main-
15 tenuz en bonne paix et tranquilité[i], nous te servions en toute saincteté et honnesteté[4]: et estans delivrez et asseurez[k] de la crainte de noz ennemis[5], te puissions rendre louënge en toute nostre vie. Amen[l].

Aussi nous te prions, Pere veritable et Saulveur, pour tous
20 ceulx que tu as ordonné Pasteurs à tes fidelles, et auxquelz tu as commis la charge des ames et la dispensation de ton sacré Evangile, que tu les dirige et[m] conduise par ton sainct Esprit: afin qu'ilz soyent trouvez fideles et loyaux Ministres de ta gloire: ayans tousiours ce but, que toutes les paouvres ouailles errantes
25 et[n] esgarées, soyent[o] recueillies et reduictes au Seigneur JESUS CHRIST, principal Pasteur, et Prince des Evesques[6]: afin que de iour en iour elles profitent et accroissent en[p] luy à toute iustice et saincteté. D'aultrepart, vueilles delivrer toutes les[q] Eglises de la gueulle des loups ravissans[7], et de tous mercen-
30 naires[8], qui cherchent leur ambition ou[r] profit, et non point l'exaltation de ton sainct Nom tant seulement et le salut de ton troupeau.

Apres, nous te prions, Dieu tresbening et Pere misericordieux, pour tous hommes generallement, que comme tu veulx estre
35 recongneu Saulveur de tout le monde, par la redemption faicte

---

a) > *1542A*   b) > *1542A*   c) et invoquer > *1547*   d) *1547 add. in marg. notam* R; *cf. infra p. 30 adn. c*   e) *1542A:* + noz
f) *1542A:* ceulx   g) conduisant et > *1547*   h) et gouvernant
40 > *1542A*   i) et tranquilité > *1547*   k) et asseurez > *1547*
l) > *1542A et 1547*   m) dirige et > *1547*   n) errantes et > *1547*
o) *1542A:* + de toutes pars   p) *1542A:* a   q) *1547:* tes   r) *1542A:* et

1) 1. Tim. 6, 15; Apoc. 17, 14   2) Matth. 28, 18   3) Ps. 100, 3
4) 1. Tim. 2, 2   5) Luc. 1, 74   6) 1. Petr. 2, 25; 5, 4   7) Matth. 7, 15
8) Joh. 10, 12

de ton Filz JESUS Christ, que ceulx qui sont encores estranges[a] de sa congnoissance, estans en tenebres et captivité d'erreur et[b] ignorance, par l'illumination de ton sainct Esprit, et la predication de ton Evangile, soyent reduictz à[c] la droicte voye de salut: qui est de te congnoistre seul vray Dieu, et celuy que tu [l]as envoyé JESUS Christ[1]. Que ceulx que tu as desia visité par ta grace, et illuminé par la congnoissance de ta parolle, croissent iournellement en bien, estans enrichis de tes benedictions spirituelles: afin que tous ensemble t'adorions d'un coeur et d'une bouche, et donnions honneur et hommage à ton Christ, nostre Maistre, Roy et Legislateur.

Pareillement, o Dieu de toute consolation, nous te recommandons tous ceux que tu visite et chastie, par croix et tribulation[d], soit par paouvreté, ou prison, ou[e] maladie, ou bannissement, ou autre calamité de corps, ou affliction d'esprit, que tu leur vueille faire congnoistre et[f] entendre ton affection paterenelle, qui est de les chastier pour leur amendement: afin, que de tout leur coeur ilz se convertissent à toy, et estans convertis[g], receoyvent entiere consolation, et soyent delivrez de tous maulx.

1559 [l]Singulierement nous te recommandons tous nos povres freres, qui sont dispersez sous la tyrannie de l'Antechrist, estans destituez de la pasture de vie, et privez de la liberté de pouvoir invoquer publiquement ton Nom: mesme qui sont detenus prisonniers et persecutez par les ennemis de ton Evangile: qu'il te plaise, o Pere de grace, les fortifier par la vertu de ton Esprit, tellement qu'ils ne defaillent iamais, mais qu'ils persistent constamment en ta saincte vocation: les secourir et leur assister, comme tu cognois qu'il en est besoin: les consoler en leurs afflictions, les maintenir en ta garde contre la rage des loups, les augmenter en tous les dons de ton Esprit, afin qu'ils te glorifient tant en la vie qu'en la mort.

1542 A
1542 1545 [l]Finalement, O Dieu et Pere, concede nous aussi à nous, qui sommes icy congregez[h] au Nom de ton Filz JESUS, à cause de sa Parolle (et de sa saincte Cene)[i] que nous recognoissions, droictement, sans hypocrisie, en quelle perdition nous sommes naturellement: et quelle condemnation nous meritons, et accu-

---

a) *1542A:* estrangiers   b) d'erreur et > *1547*   c) *1542A:* en   d) *1547:* + les peuples que tu affliges par peste, ou famine: les personnes battus de povreté   e) > 1542A   f) congnoistre et > *1547*   g) *1542A:* + à toy   h) *1542A:* assemblez   i) *1547: Nota marg.:* Ce qui est enclos par ces deux marques () ne se dit que le iour de la Cene

1) Joh. 17, 3

mulons de iour en iour sur nous, par nostre malheureuse et
desordonnée vie; afin, que voyant et entendant[a], qu'il n'y a
rien de bien en nous: et que nostre chair et nostre sang, ne sont
point capables de posseder en heritage ton Royaulme: de toute
nostre affection, et en ferme fiance, nous nous rendions du tout[b]
à ton cher Filz JESUS[c], nostre Seigneur, seul Saulveur et
Redemp|teur[d]: afin que luy habitant en nous, mortifie nostre
vieil adam, nous renouvellant en une meilleure vie[e], |par la-
quelle ton Nom soit sanctifie etc.[1]

    Jcy le ministre explique en brief loraison domini-
calle / et icelle finie on chante ung psaulme apres
lequel le ministre envoye lassemblee disant.

Dieu vous benisse et vous conserve / le seigneur illumine sa
face sur nous, & nous fasse misericorde, le seigneur retourne son
visaige vers vous, et vous conduise en bonne prosperite. Amen[2f].
|(Afin, que luy habitant en nous, mortifie nostre vieil adam,
nous renouvellant en une meilleure vie,) par laquelle ton Nom,
selon qu'il est saincte et digne, soit exalté et glorifié, par tout
et en toutes places[g]: que nous, avec toutes creatures, te rendions
vraye et parfaicte obeissance: ainsi que tes Anges et messagiers[h]
Celestes, ne demandent sinon d'executer tes commandemens: et
ainsi, que ta volunté soit accomplie, sans quelque contradiction:
et que tous se rengent à te servir et complaire, renonceant à leur
propre vouloir, et à tous desirs de leur chair. En ceste sorte[i],
que tu ayes la Seigneurie et le gouvernement sur nous tous: et
que iournellement de plus en plus, nous apprenions de nous sub-
mettre et assubiectir à ta Maiesté. Tellement, que tu sois Roy
et Dominateur, par tout: conduisant ton peuple, par le sceptre
de ta parolle, et par la vertu de ton Esprit: confondant tes
ennemis, par la force de ta verité et iustice.

---

    a) et entendant > *1547*   b) *1547:* entierement   c) > *1542 A*
d) *Tota haec oratio usque ad vocem Redemptoris invenitur apud* Hubert p. 105, 9–107, 22. *Pro explicatione Orationis Dominicae oratio
ipsa sequitur.*   e) meilleure vie *1542A:* vie nouvelle; *1547 insert
asteriscum et in margine literam* N (*vide pag. 29 adn. b*). *In marg.:*
Ton Nom soit sanctifié   f) *1542 A: Hic sequuntur 44 psalmi et* Institution puerile de la doctrine chrestienne faicte par manyere de
dyalogue.   g) que nous … de leur chair *1547 sequuntur post verba*
apparoistras en iugement   h) et messagiers > *1547*   i) *1547*
pareillement; *in marg.:* Ton Regne adviene

1) Matth. 6, 9–13   2) Num. 6, 24–26

Et ainsi, que toute puissance et haultesse, contrevenante à ta gloire, soit de iour en iour destruicte et abolie[1]: iusque à ce, que l'accomplissement de ton Royaume soit revelé, quand tu apparoistras en iugement[a]. Que nous cheminans en l'amour et en la crainte de ton Nom, soyons nourris de ta bonté[b]: et que tu nous administre toutes choses, qui nous sont necessaires et expedientes, pour manger nostre pain paisiblement: afin, que voyans, que tu as soing de nous, te recongnoissions mieux nostre Pere, et attendions tous biens de ta main, ostant et retirant nostre fiance de toutes creatures, pour la mettre entierement en toy et en ta benignité.

Et pource que[c] durant ceste vie mortelle, nous sommes paovres pecheurs, si pleins de fragilité, que nous defaillions assiduellement, et nous forvoyons de la droicte voye, qu'il te plaise nous pardonner noz faultes, par lesquelles, nous sommes redevables à ton Iugement: et que par ceste remission, tu nous delivres de l'obligation de mort eternelle en laquelle nous sommes. Qu'il te plaise donc destourner ton ire de nous, et[d] ne nous imputer point le mal qui est en nous: tout ainsi, que ⏐ par ton commandement, nous oublions les iniures, qu'on nous faict[e]: et au lieu de chercher vengeance, procurons le bien de noz ennemis. Finallement, qu'il te plaise, pour l'advenir, nous soubstenir par ta vertu: afin, que par l'infirmité de nostre chair, nous ne tresbuchions[f]. Et d'autant, que de nousmesmes, nous sommes si debiles, que nous ne pourrions demourer fermes une minute de temps: d'aultrepart, que nous sommes circuis et assaillis continuellement, de tant d'ennemis: que le Diable, le monde, le peché, et nostre propre chair, ne cessent de nous faire la guerre: vueille nous fortifier par ton sainct Esprit, et nous armer de tes graces: afin que puissions constamment resister à toutes tentations, et perseverer en ceste bataille spirituelle, iusques à ce que obtenions pleine victoire, pour triompher une fois à[g] ton Royaulme, avec nostre Capitaine et Protecteur, nostre Seigneur JESUS Christ.

1545 A la fin on chante un Psaulme apres lequel le Ministre envoye l'assemblée disant: Le Seigneur vous benisse et vous conserve. Le Seigneur illumine sa face sur vous et vous fasse misericorde.

---

a) *1547 in marg.:* Ta volonté soit faite   b) *1547 in marg.:* Donne nous nostre pain cotidien   c) *1547 in marg.:* pardonne nous noz offenses   d) destourner ton ire de nous > *1547*   e) *1547 in marg.:* Mat. 6(12)   f) *1547 in marg.:* Ne nous induis point en tentation   g) *1547:* en

1) 2. Cor. 10, 4 sq.

Le Seigneur retourne son visaige vers vous et vous conduise en bonne prosperité. Amen[1].

Le iour qu'on doit celebrer la Cene, on adiouste au precedant ce qui s'ensuit. 1542

Et comme nostre Seigneur JESUS, non seulement t'a une fois offert en la croix son corps et son sang, pour la remission de noz pechez: mais aussi les nous veult communiquer, pour nourriture en vie eternelle: faiz nous ceste grace, que de vraye sincerité de coeur, et d'un zele ardent, nous recevions de luy un si grand benefice et don[a]: c'est qu'en certaine Foy nous recevions son corps et son sang: voire luy tout entierement: comme luy estant vray Dieu et vray homme, est veritablement le sainct pain Celeste, pour nous vivifier: afin, que nous ne vivions plus en nousmesmes, et selon nostre nature, laquelle est toute corrumpue et vitieuse: mais, que luy vive en nous, pour nous conduire à la vie saincte, bien-heureuse et sempiternelle[b]: par ainsi, que nous soyons faictz vrayement participans du nouveau et eternel Testament: assavoir l'alliance de grace: estans certains et asseurez, que ton bon plaisir est de nous estre eternellement Pere propice, ne nous imputant point noz faultes: et comme à tes enfans et heritiers bien aimez, de nous pourvoir de toutes choses necessaires, tant au corps comme à l'ame: afin que incessamment, nous te rendions gloire et action de grace, et magnifions ton Nom, par oeuvres et par parolles. Donne nous donques en ceste maniere, Pere celeste, de celebrer auiourd'huy la memoire et recordation bien-heureuse de ton cher Filz, nous exerciter en icelle, et annoncer le benefice de sa mort: afin que recevant nouvel accroissement et fortification en Foy et tout bien, de tant plus grande fiance nous te renommions nostre Pere[c], et nous glorifions en toy. Amen.

Apres avoir achevé la Cene, on use de ceste action de grace, ou semblable.

PERE celeste, nous te rendons louenges et graces eternelles, que tu nous as eslargy un tel bien, à nous paovres pecheurs, de nous avoir attiré en la communion de ton Filz JESUS Christ, nostre Seigneur, l'ayant livré, pour nous, à la mort, et le nous

---

a) et don > *1547*   b) *1547:* perpetuelle   c) Et comme nostre Seigneur ... nostre Pere *vide* Hubert p. 107, 22–108, 16. *Ibi textus Orationis Dominicae sequitur*

1) Num. 6, 24-26

donnant en viande et nourriture de vie eternelle. Maintenant aussi octroye nous ce bien, de ne permettre, que iamais nous ne[a] mettions en oubly ces choses: mais plustost les aiant imprimees en noz coeurs, nous croissions et augmentions assiduellment en la Foy, laquelle besogne en toutes bonnes oeuvres: et en ce faisant, ordonnions et poursuyvions toute nostre vie à l'exaltation de ta gloire, et edification de nostre prochain, par iceluy JESUS Christ ton Filz, qui en l'unité du sainct Esprit, vit et regne, avec toy Dieu eternellement, Amen[b].

La benediction qu'on fait au depart du peuple: selon que nostre Seigneur l'a ordonné, Nomb. 6[1].

Le Seigneur vous beneisse, et vous conserve. Le Seigneur illumine sa Face sur vous, et vous face misericorde. Le Seigneur retourne son viaire[c] envers vous, et vous maintienne en bonne prosperité, Amen. | Allez en paix, L'esprit de Dieu vous conduise en la vie eternelle.

| *D'Autant que l'Escripture nous enseigne, que pestes, guerres, et aultres telles adversitez, sont visitations de Dieu, par lesquelles il punit noz pechez: quand nous les voyons venir, il nous fault recongnoistre, que Dieu est courroucé contre nous: et lors, si nous sommes vrays fideles, nous avons à recongnoistre noz faultes pour nous desplaire en nousmesmes, retournans* | *au Seigneur, en penitence et amendement de vie, et en vraye humilité le prier: afin d'obtenir pardon.*

A ceste cause, si nous voyons quelque fois, que Dieu nous menace: afin de ne tenter sa patience[d], *plustost prevenir son iugement, lequel aultrement, nous voyons estre lors appareillé: il est bon d'avoir un iour ordonné toutes les sepmaines, auquel specialement ces choses sont remonstrées: auquel on face prieres et supplications, selon l'exigence du temps. Dont s'ensuit une forme propre à cela.*

Pour le commencement du sermon, il y a la confesse[e] *generalle des Dimanches, cy dessus mise.*

En la fin du sermon, ayant faict les remonstrances, comment Dieu afflige maintenant les hommes à cause des choses[f], *qui se commette sur toute la terre, et que le monde est abandonné à toute iniquité: apres aussi avoir exhorté le peuple à se reduire, et amen-*

---

a) > *1547*   b) Pere celeste … Amen *vide* Hubert p. 112, 13-22
c) *sic 1542, 1547, 1559. 1545:* visaige   d) *1547:* + mais   e) *1545:* confession   f) *1547:* crimes

1) Num. 6, 24-26

der sa vie, pareillement à prier Dieu, pour impetrer mercy: on use de la forme d'oraison qui s'ensuit.

DIEU tout puissant, Pere celeste, nous recongnoissons en nousmesmes, et confessons, comme la verité est, que nous ne
5 sommes pas dignes de lever les yeulx au Ciel, pour nous presenter devant ta Face: et que nous ne devons pas tant[a] presumer, que noz oraisons doyvent estre[b] exaulcees de toy, si tu regarde ce qui est en nous. Car noz consciences nous accusent, et noz pechez rendent tesmoignage contre nous: et nous scavons, que
10 tu es iuste Iuge, qui ne iustifie pas les pecheurs et iniques: mais punis les faultes de ceux qui ont transgressé tes commandemens. Ainsi Seigneur, en considerant toute nostre vie, nous sommes confus en noz coeurs et ne pouvons aultre chose, sinon nous abattre et desesperer, comme si nous estions desia es abismes de
15 mort. Toutesfois, Seigneur, puis qu'il ta pleu, par ta misericorde infinie, de nous commander, que nous t'invoquions, mesmes du profond des enfers: et d'autant plus que nous defaillons en nousmesmes, que nous ayons nostre recours et[c] refuge à ta souveraine bonté: puis aussi, que tu nous a promis de recevoir noz re-
20 questes et supplications, non point en sonsiderant, que ce soit de[d] nostre propre dignité: Mais au Nom et par le merite de nostre Seigneur JESUS Christ, lequel tu nous as constitué Intercesseur et Advoat: renonceant à toute [f] fiance humaine, nous prenons[e] hardiesse en ta seule bonté, pour nous addresser devant
25 ta Maiesté, et invoquer ton sainct Nom, pour obtenir grace et misericorde.

Premierement, Seigneur, oultre les benefices infinis, que tu distribue communement à tous hommes de la terre, tu nous a faict tant de graces speciales, qu'il nous est impossibles de les
30 reciter, ne mesmes suffisamment comprendre.

Singulierement, il t'a pleu, nous appeler à la congnoissance de ton sainct Evangile, nous retirant de la miserable servitude du Diable ou nous estions: nous delivrant de la mauldicte idolatrie, et des superstitions, ou nous estions plongez, pour nous con-
35 duire en la lumiere de ta verité. Et neantmoins, par ingratitude et mescongnoissance, ayant oublié les biens, que nous avions receu de ta main, nous avons decliné, nous destournant de toy apres noz concupiscences: n'avons pas rendu l'honneur ne l'obeissance a ta saincte parolle, comme[f] nous devions: ne
40 t'avons point exalté et magnifié, comme il appartenoit. Et combien, que tu nous aye tousiours fidelement admonnesté, par ta

---

a) > *1547* b) *1547:* soyent c) recours et > *1547* d) *1547:* quelle est e) *1547:* prenions f) *1547:* telle que

parolle, nous n'avons point escouté tes remonstrances. Nous avons donc peché, Seigneur, nous t'avons offencé. Pourtant nous recevons confusion sur nous, et ignominie, recongnoissant, que nous sommes griefvement coulpables devant ton Iugement : et que si tu nous voulois traicter selon que nous sommes dignes, que nous ne pouvons attendre que mort et damnation : Car quand nous vouldrions nous excuser, nostre conscience nous accuse : et nostre iniquité est devant toy, pour nous condemner. Et de faict, Seigneur, nous voyons comment par les chastimens, qui nous sont desia advenus, tu as esté à bon droict courroucé contre nous. Car puis que tu es iuste et equitable : ce n'est pas sans cause, que tu afflige les tiens. Ayans donc esté battus de tes verges, nous recongnoissons, que t'avons irrité alencontre de nous. Et maintenant, nous voyons encores ta main levee, pour nous punir ; car les glaives, dont tu as accoustumé d'executer ta vengeance, sont maintenant desployés : et les menaces, que tu fais contre les pecheurs et iniques, sont toutes appareillees.

Or, quand tu nous punirois beaucoup plus rigoreusement, que tu n'as faict iusques à ceste heure, et que pour une playe, nous en aurions à recevoir[a] cent : mesmes, que les maledictions, desquelles tu as aultrefois corrigé les faultes de ton peuple d'Israel, tomberoyent sur nous : nous confessons, que ce seroit à bon droict : et ne contredisons pas, que nous ne l'ayons bien merité.

Toutesfois, Seigneur, tu es nostre Pere, et nous ne sommes que terre et fange : tu es nostre Createur, et nous sommes les oeuvres de tes mains : tu es nostre Pasteur, nous sommes ton trouppeau : tu es nostre Redempteur, nous sommes le peuple, que tu as rachepté : tu es nostre Dieu, nous sommes ton heritage. Parquoy ne te courrouce point contre nous, pour nous corriger en ta fureur ; que tu n'aye point memoire de nostre iniquité, pour la punir : mais chastie nous doulcement en ta benignité. Pour noz desmerites ton ire est enflambee : mais, qu'il te souvienne, que ton Nom est invoqué sur nous, et que nous portons ta marque et ton enseigne. Entretiens plustost l'oeuvre que tu as commencé en nous par ta grace : afin que toute la terre congnoisse, que tu es nostre Dieu et nostre Sauveur. Tu scais que les morts, qui sont es enfers, et ceulx que tu auras deffaictz et confonduz, ne te loüeront point[1] : mais les ames tristes et desolees, les coeurs abatus, les consciences oppressees du sentiment de leur mal, et affamees du desir de ta grace, te donneront

---

a) *1547:* nous aurions à en recevoir

1) Ps. 115, 17

gloire et louënge. Ton peuple d'Israel t'a provoqué à ire plusieurs fois, par son iniquité: tu l'as affligé par ton iuste iugement: mais quand il s'est reduict à toy, tu l'as tousiours receu à pitié. Et quelques griefves que fussent ses offences, pour
5 l'amour de ton alliance, que tu avois faicte avec tes serviteurs Abraham, Isaac et Iacob, tu as destourné tes verges et maledictions, lesquelles leur estoyent preparees, tellement que leurs oraisons n'ont iamais esté repoulsees de toy. Nous avons, par ta grace, une alliance beaucop meilleure, que nous te pouvons
10 alleguer: c'est celle que tu nous a faicte et establie, en la main de JESUS Christ, nostre Sauveur, laquelle tu as voulu estre escripte de son sang, et ratifiee par sa mort et passion. Pourtant, Seigneur, renonceant à nousmesmes, et à toute esperance humaine, nous recourons à ceste alliance bien-heureuse par laquelle
15 nostre Seigneur Jesus, t'offrant son corps en sacrifice, nous a reconcilié à toy. Regarde donc Seigneur, en la Face de ton Christ, et non pas en nous: afin que par son intercession ton ire soit appaisee, et que ton visage reluise sur nous, en ioye et en salut: et doresnavant vueille nous recevoir en ta saincte conduicte, et
20 nous gouverner par ton Esprit, qui nous regenere en une meilleure vie, etc.ᵃ

[184] ¹*Icy fault adiouster la paraphrase, qui est mise cy dessus, en la fin des prieres, qu'on faict les Dimanches, apres qu'on a dict le sermon*ᵇ: *puis on dict, ce que s'ensuit*ᶜ.

25 Et combien que nous ne soyons pas dignes d'ouvrir la bouche, pour nousmesmes, et pour te requerir en nostre necessité: neantmoins puis qu'il t'a pleue nous commander de prier, les uns pour les aultres: nous te prions pour tous noz paovres freres et membres, lesquelz tu visite de tes verges et chastimens: te sup-
30 pliant de destourner ton ire d'eulx: nommément, pour N. et N. Qu'il te souvienne, Seigneur, qu'ilz sont tes enfans, comme nous: et s'ilz t'ont offensé, que tu ne laisse point de poursuyvre sur eulx ta bonté et misericorde, laquelle tu as promis devoir estre perpetuelle envers tous tes fidelles. Vueille donc regarder
35 en pitié toutes tes Eglises, et tous les peuples, que tu as maintenant affligé, ¹ les personnes battues de tes verges, soit de maladie, prison ou povretez, les consolant tous, selon que tu cognois qu'ils en ont besoin: et en leur faisant proufiter tes chasti-

───

a) > *1547* b) apres ... sermon *1547:* depuis ceste marque;
40 *in marg. lit.* N, *vide supra p.* 23 *adn.* e   c) *Biblia Gallica 1559:* par laquelle ton Nom (*p.* 23, *8*) ... Capitaine et Protecteur, nostre Seigneur JESUS Christ (*p.* 24, *34*) *iteratur.*

mens à leur correction: les confermer en bonne patience, et
moderer ta rigueur: et en la fin en les delivrant, leur donner
pleine matiere de se resiouir en ta bonté, et benir ton S. Nom.
Singulierement qu'il te plaise d'avoir l'oeil sur ceux qui travaillent pour la querelle de ta verité, tant en general qu'en particulier, pour les confermer en constance invincible, les defendre,
leur assister en tout et par tout: renversant toutes les pratiques
et complots de leurs ennemis et les tiens: tenans leur rage bridée:
les rendant confus en l'audace qu'ils entreprennent contre toy,
et les membres de ton Fils. ¹ (Vueille donc regarder en pitié
toutes les Eglises, et tous les peuples, que tu as maintenant
affligé) ou par peste, ou par guerre, ou par tes aultres verges:
et ne permets, que la Chrestienté soit du tout desolee: ne permets, que la memoire de ton Nom soit abolie en terre: ne permetz, que ceulx, sur lesquelz tu as voulu ton Nom estre invoqué,
perissent tous: et que les Turcs et payens ᵃ se glorifient, en te
blasphemant.

*La reste est mise cy dessus, en la deuxiesme*ᵇ *page des prieres,
qu'on faict les Dimanches, apres le sermon*ᶜ.

¹Fin des prieres.

Du Sacrement de Baptesme.

¹Attendu que le Baptesme est un signe et Symbole, per le
quel nostre Seigneur / nous testifie qu'il nous veult recepvoir
au nombre de son peuple et des heritiers de son royaulme. Et
qu'il nous veult faire remission de noz pechez, par la purgation
qu'a faict Jesus Christ en son sang, et nous regenerer par la
sainctification de son esprit: le ministre de l'eglise mettra devant les yeulx / et diligemment admonnestera ceulx qui luy
apportent lenfant pour estre Baptise de ceste miserable servitude et de la paovre condition / et estat de la nativité de l'homme: Et leur declarera noz enfans estre malades de semblable
maladie sans qu'ilz puissent aulcunement estre guaris et venir
à convalescence / sinon quilz soyent secourus par la salutaire
medecine de lesprit de Dieu, et illuminez. Et pource il faut
quilz prient le Seigneur vouloir ayder et assister a cest enfant,
et qu'il le ramene de la damnation eternelle / en la vie eternelle,
selon sa voluntaire et gratuite election. Et affin que plus com-

---

a) *Biblia Gallica 1559:* Turcs, Payens, Papistes   b) *1545:* quatriesme; *1547:* septiesme   c) *1547:* soubz ceste marque R (*vide supra p. 21 adn. d*); *Biblia Gallica 1559:* Nous te prions (*p. 21, 32*) ... et Legislateur (*p. 22, 11*) *iteratur*

ET CHANTZ ECCLESIASTIQUES 31

modement il se face par le ministre. Nous avons icy mis une briefve exhortation enseignant telles choses.

|Nostre aide soyt au Nom de Dieu, qui a faict etc.   1542A

|LA FORME
D'ADMINISTRER   1542 1545
le Baptesme.

Il est à noter qu'on doit apporter les enfans pour baptiser, ou le Dimanche, à l'heure du Catechisme, ou les aultres iours au sermon, afin, que comme le Baptesme est une reception solennelle en l'Eglise, qu'il se face en la presence de l'Assemblée.

Le sermon achevé, on presente l'enfant. Et lors le Ministre commence à dire.

|Nostre aide soit au Nom de Dieu, qui a faict le Ciel et la terre, Amen.   1533 1542 1545

Presentez[a] vous cest enfant[b] pour estre baptisé[c] ?

Respondent[d],   Ouy.

|*Le Ministre*[e].   1542A 1542 1545

NOSTRE Seigneur[f] nous monstre, en quelle paovreté et misere nous naissons tous, en nous disant, qu'il nous fault renaistre[1]. Car s'il[g] fault[1] que nostre nature soit renouvellee, pour avoir entree au Royaulme de Dieu: c'est[h] signe, qu'elle est du tout perverse et mauldicte. En cela donques, il nous admoneste de nous humilier, et nous desplaire en nousmesmes: et en ceste maniere, il nous prepare à desirer et requerir sa grace: par laquelle toute la perversité et malediction de nostre premiere nature, puisse estre abolie. Car nous ne sommes point capables de la recevoir, que premierement, nous[i] ne soyons vuides de toute fiance de nostre vertu, sagesse, et iustice: iusques à condemner tout ce qui est en nous.

Or, quand il nous a remonstré nostre malheurté: il nous console semblablement, par sa misericorde, nous promettant, de nous regenerer par son sainct Esprit, en une nouvelle vie[k], laquelle nous soit comme une entrée en[l] son Royaulme. Ceste

---

a) *1533:* Puis dit: Presentez   b) *1533:* + a Dieu, et a sa saincte eglise et congregation   c) *1533:* demandans qu'il soit baptise? d) *1547:* response   e) > *1542A*   f) *1542A:* + parlant a Nicodesme (ainsi qu'escript sainct Jehan en son iii cap.)   g) *1542A:* il h) *1542A:* + donq   i) > 1542A   k) *1542A:* vie nouvelle l) *1542 A:* a

1) Joh. 3, 3

regeneration consiste en deux parties; c'est que nous renoncions à nousmesmes, ne suyvant point nostre propre raison, nostre[a] plaisir, et propre volunté: mais subiugant et[b] captivant nostre entendement et nostre coeur, à la sagesse et iustice de Dieu, mortiffions[c] tout ce qui est de nous et de nostre chair: puis apres, que nous suyvions la lumiere de Dieu, pour complaire et obtemperer à son bon plaisir, comme il nous le monstre par sa parolle, et nous y conduict et dirige[d] par son Esprit. L'accomplissement et de l'un et de l'aultre est en nostre Seigneur JESUS, duquel la mort et passion a telle vertu et efficace[e] qu'en participant à icelle, nous sommes comme ensepvelis à peché: afin que noz concupiscences charnelles soyent mortifiées. Pareillement, par la vertu de sa resurrection, nous ressuscitons[f] en nouvelle vie, qui est de Dieu: entant que son Esprit nous conduict et gouverne, pour faire en nous les oeuvres, lesquelles[g] luy sont[h] agreables. Toutesfois le premier et le principal poinct de nostre salut, c'est que par sa misericorde, il nous remette et pardonne[i] toutes noz faultes, ne nous les imputant point, mais en effaceant la memoire, afin qu'elles ne nous viennent point en compte, en son Iugement. Toutes ses graces nous sont conferées, quand il luy plaist nous incorporer en son Eglise par le Baptesme. Car en ce sacrement, il nous testifie la remission de noz pechez. Et pour ceste cause, il a ordonné le signe de l'eaue, pour nous figurer, que comme par cest element les ordures corporelles sont nettoyées: ainsi, il veult laver et purifier noz ames, afin, qu'il n'y apparoisse plus aucune macule. Puis apres, il nous y represente[k] nostre renouvellement, lequel gist, comme dict a esté en la mortiffication de nostre chair, et la vie spirituelle, laquelle il produict et suscite[l] en nous.

Ainsi, nous recevons double grace et benefice de nostre Dieu[m], au Baptesme: moyennant, que nous ne aneantissions point[n] la vertu de ce sacrement, par nostre ingratitude. C'est que nous y avons certain tesmoignage, que Dieu nous veult estre Pere propice, ne nous imputant point toutes noz faultes[o] et offences. Secondement, qu'il nous assistera par son sainct Esprit, afin que nous[p] puissions batailler contre le Diable[q], le peché, et les concupiscences de nostre chair, iusques à en avoir victoire, pour vivre en la liberté de son Regne, qui est le Regne de iustice.

---

a) > *1542A* b) subiugant et > *1547* c) *1542A et 1545:* mortifians
d) et dirige > *1547* e) et efficace > *1547* f) *1542A:* ressuscitions
g) *1542A:* qui h) *1542A:* + plaisantes et i) et pardonne > *1547*
k) *1547:* presente l) et suscite > *1547* m) de nostre Dieu > *1542A*
n) aneantissions point *1542A:* que nous ne rendions aneantie et vaine o) > *1542A* p) > *1542A* q) le Diable > *1542A*

Puis donc, que ainsi est, que ces deux choses sont accompliees en nous, par la grace de JESUS Christ: il s'ensuit, que la verité et substance du Baptesme est en luy comprise[a]. Car nous n'avons point d'aultre lavement, que son sang; et n'avons point d'aultre renouvellement, qu'en sa mort et resurrection. Mais, comme il nous[b] communique ces richesses et benedictions, par sa parolle: ainsi[c] il nous les distribue par ses Sacremens.

Or nostre bon Dieu, ne se contenant[d] point de nous avoir adopté pour ses enfans et receu en la communion de son Eglise[e], a voulu encores estendre plus amplement sa bonté sur nous. C'est, en nous promettant, qu'il sera nostre Dieu, et de nostre lignée, iusques en mille generations[1]. Pourtant, combien que les enfans des fideles soyent de la race corrumpue d'Adam: si ne laisse il point toutesfois[f] de les accepter, par la vertu de ceste alliance, pour les advouer au nombre de ses[i] enfans. A ceste cause, il a voulu dés le commencement, qu'en son Eglise, les enfans receussent le signe de la circoncision, par lequel il representoit lors tout ce qui nous est auiourdhuy monstré par[g] le Baptesme[2]. Et comme il commandoit qu'ilz fussent circoncis: aussi il les advouoit pour ses enfans, et se disoit estre leur Dieu, comme de leurs peres.

Maintenant donc, puis que le Seigneur JESUS est descendu en terre, non point pour amoindrir la grace de Dieu, son Pere; mais pour espandre l'alliance de salut par tout le monde, laquelle estoit pour lors enclose entre le peuple Iudaique: il n'y a[h] doubte, que noz enfans ne soyent heritiers de la vie, qu'il nous a promise. Pour ceste cause sainct Paul dit que Dieu les sanctifie des le ventre de la mere[3], pour les separer et[i] discerner d'entre les enfans des payens et infideles. Pour[k] ceste raison, nostre Seigneur JESUS Christ a receu les enfans, qu'on luy presentoit, comme il est escrit au dix neufviesme chapitre[l] de sainct Matthieu: Lors luy furent presentés etc.[m][4] des petis[n] enfans, afin qu'il mist les mains sus eux[o], et qu'il priast. Mais les disciples les reprenoyent[p]. Et Iesus leur[q] dit: Laissez les petis[n] enfans venir à moy, et ne les empeschez point[r]: car a telz

---

a) *1542A:* accomplie   b) > *1542A*   c) *1542A:* aussi   d) *1542A:* contente   e) *1542A:* + mais   f) > *1542A*   g) *1542A:* per   h) *1542A:* + nulle   i) separer et > *1547*   k) *1542A:* et a   l) > *1542A*   m) *1542A:* + des enfans et les benissant leur imposoit les mains etc.   n) > *1533*   o) *1533:* iceux   p) *1545:* tensoyent   q) > *1533*   r) *1533:* et ne les defendez point de venir à moy

1) Gen. 17, 7; Exod. 20, 6   2) Gen. 17, 9 sqq.   3) 1. Cor. 7, 14   4) Matth. 19, 13-15

1533 1542A
1542 1545 est le Royaume des Cieux. |Puis, qu'il denonce, que le Royaulme des Cieulx leur appartient, qu'il leur impose les mains et les recommande à Dieu son Pere: il nous instruict suffisamment, que nous ne les devons point exclurre de son Eglise. En suyvant[a] donques ceste reigle, nous recevrons cest enfant en son Église[b] pour le faire participant de tous les biens, qu'il a promis à ses fideles. Et premierement, le luy presenterons par nostre oraison, disans tous de coeur humblement:

SEIGNEUR Dieu, Pere eternel et tout puissant, puis qu'il t'a pleu, par ta clemence infinie, nous promettre, que tu seras Dieu de nous et de noz enfans[c]: nous te prions, qu'il te plaise de conferrer ceste grace en l'enfant present, engendré de pere et de mere, lesquelz tu as appellé en ton Eglise; et comme il t'est offert et consacré de par nous, que tu le vueilles recevoir en ta saincte protection, te declarant estre son Dieu et Sauveur, en luy remettant le peché originel, duquel est coupable toute la lignée d'Adam: puis apres le sanctifiant[d] par ton Esprit: afin que quand il viendra en eage de cong|noissance, il te recongnoisse et adore, comme son seul Dieu[e], te glorifiant en toute sa vie, pour obtenir tousiours de toy remission de ses pechez[f]. Et afin qu'il puisse obtenir telles graces, qu'il te plaise l'incorporer en la communion de nostre Seigneur Jesus, pour estre participant de tous ses biens, comme l'un des membres de son corps. Exaulce nous Pere de misericorde: afin que le Baptesme, que nous luy communiquons selon ton ordonnance, produise son fruict et sa vertu[g], telle qu'elle nous est declarée par ton Evangile:

1545 1547
 1559 Nostre Pere, qui es és Cieulx etc. |Ton Nom soit sanctifié. Ton Regne adviegne. Ta volunté soit faicte en la terre comme au ciel. Donne nous auiourd'huy nostre pain quotidien. Et nous quitte noz debtes, comme nous quittons à ceux qui nous doy-

---

a) *1542A:* en ensuyvant b) *1533:* pour ce tant qu'il est en nous, nous luy presenterons cest enfant en le recepvant par le baptesme en son eglise c) *1533:* Dieu tout puissant, pere eternel, plein de toute misericorde, qui de ta bonte nous a promis d'estre notre Dieu et de noz enfans d) *1542A:* sanctifier e) *1533:* que tu donnes à cest enfant ton sainct esperit ... affin que au temps que tu as ordonne, il te congnoisse comme son Dieu, te adorant et servant toy seul f) pour ... pechez > *1542A* g) *1542A:* + qu'il nous est declarie par ton Evangile au Nom de ton filz nostre Seigneur JESUCHRIST. Ainsi soit il. *1545:* + déclarée en l'Evangile par Jesus Christ son Filz, nostre Seigneur, au Nom duquel nous te prions en disant

vent. Et ne nous induis point en tentation, mais nous delivre du mal. Amen[1].

|En apres demandera le ministre aux parens de l'enfant: 1542 A 1545

5 Voulez vous[a] cest enfant estre[b] Baptisé au Nom du Pere, et du Filz, et du sainct Esprit.

Iceux respondront.   Ouy.

Le Ministre.

|Puis qu'il est question de recevoir cest enfant en la compag- 1542 A
10 nie de l'Église Chrestienne: vous promettez[c], quand il viendra 1542 1545
en eage de discretion, de l'instruire en la doctrine, laquelle est receue au[d] peuple de Dieu, comme elle est sommairement comprise[e] en la confession de Foy, que nous avons tous.

Je croy en Dieu le Pere[f] |tout puissant, Createur du ciel et 1545 1547
15 de la terre. Et en Jesus Christ son seul Filz, nostre Seigneur. 1559
Conceu du sainct Esprit, nay de la vierge Marie. A souffert soubz Ponce Pilate, crucifié, mort et ensevely. Est descendu aux enfers. Le tiers iour est ressuscité des mortz. Est monté aux cieux, seant à la dextre de Dieu le Pere tout puissant. Et de là
20 viendra iuger les vifz et les mortz. Ie croy au sainct Esprit.
[190] La saincte Eglise universelle. La commu|nion des Sainctz. La remission des pechez. La resurrection de la chair. La vie eternelle. Amen.

|Dont le sens est telle. Que nous protestons d'avoir un seul 1542 A 1545
25 Dieu / lequel nous adorons, auquel nous rendons toute louange et gloyre / lequel seul nous invoquons en toutes noz necessites et auquel nous rendons action de graces de tous les biens qui nous viennent. En apres que en une seulle essence divine / nous recongnoissons le Pere le Filz & le sainct Esprit. Pareillement
30 que nous recepvons pour certaine verité L'histoire qui est escripte en L'Evangile touchant la conception, Nativite, Mort, Resurrection et Ascension de J HuChrist, Et quil le fault attendre une fois / Iuge de tout le monde: et pource que tout ce quil a faict & souffert pour nous / ne doibt pas estre en vain ne
35 inutile / il convient que nous tenions la somme et toutes les

---

a) *1545:* + que   b) *1545:* soit   c) *1542 A:* promettrez   d) *1542 A:* du   e) *1542 A:* comprise sommairement   f) *1542 A:* + tout puissant, Createur etc.; *1542:* etc.

1) Matth. 6, 9-13.

parties de nostre salut situees en ces choses qui sont icy referees. Item que par la grace & vertu du sainct Esprit / nous sommes faictz participans de JesuChrist et de tous ses biens. Et pour ceste cause nous adioustons / que nous croyons La Saincte Eglise: car Dieu nous regenere de son esprit en son eglise par le Ministere de sa parolle et de ses sacremens. Item que nous esperons / que Dieu par sa misericorde remettra tousiours les faultes à tous les membres de son eglise, les entretenens et conservans iusques a la resurrection bienheureuse / par laquelle ilz entreront en la vie eternelle.

1542A |Et aussi luy apprendrez, la saincte doctrine de nostre Seigneur, et l'instruyrez en la saincte loy d'iceluy luy enseignans les commandemens qu'il a donne a Moyse[1], luy commandans qu'il les donnast a son peuple / et veult que chascun les garde, quand il dict *Je suis le Seigneur ton Dieu: qui etc.*[a].

1542 1545 |Vous promettez donques, de mettre peine de l'instruire en toute ceste doctrine, et generallement en tout ce qui est contenu en la saincte Escriture du vieil et nouveau Testament: à ce qu'il le reçoyvent comme certaine parolle de Dieu, venant du Ciel. Item, vous l'exhorterez à vivre selon la reigle, que nostre Seigneur nous a baillée en sa loy[b], laquelle sommairement consiste en ces deux poinctz: que nous aimions Dieu de tout nostre sens, nostre coeur, et puissance: et nostre prochain comme 1533 1542A nousmesmes[c][2]. |Lenseignerez aussi[d] comme vray Chrestien de 1533 1542A renoncer à soymesme abandonnant tout pour suyvre |Jesus[e] 1545 son Filz[f], portant sa croix[g][3], c'est adire les tribulations et afflictions que nostre Seigneur luy envoyra[h], tellement que toute sa vie soit à l'honneur de Dieu et ledification[i] de tous[k]. Et pourtant l'exhorterez et admonesterez / le corigeant ou il fauldra[l], ainsi que un chascun est tenu à son[m] frere Chrestien / en sorte quil soit nourry & enseigné en la saincte doctrine de Dieu. Et ainsi le promettez. Et ils respondent. Ouy.

---

a) *1533:* Pourtant vous promettez devant Dieu et sa congregation, que vous tacherez et prandrez peine d'instruire et enseigner cest enfant en la saincte doctrine de nostre seigneur, en sa saincte loy et foy, luy enseignant les commandemens de Dieu qu'il a commande qu'on garde quant il a dit: Je suis ton seigneur Dieu   b) *1547:* + (in marg.) Exod. 20 Deut. 5   c) *1547:* + (in marg.) Matt. 22 Marc. 12   d) l'enseignerez aussi > *1533*   e) *1545:* +Christ   f) *1533* > son Filz; *1545:* + en   g) *1545:* + apres luy   h) *1545:* qu'il plaira au Seigneur luy envoyer   i) *1533:* edification   k) de tous *1545:* de son Eglise   l) *1533:* faillira   m) *1533:* + prochain et

1) Exod. 20, 1-17   2) Matth. 22, 37-40   3) Matth. 16, 24

|Pareillement{a} selon les admonitions{b}, qu'il a faicte par ses Prophetes et Apostres, à ce que renonceant à soymesme et à ses propres concupiscences, il se dedie et consacre à glorifier{c} le Nom de Dieu et de JESUS Christ, et à edifier ses prochains{d}.

|Oyez{e} L'evangile comment on doibt presenter les enfans à nostre Seigneur selon s. Mat. XIX{f 1}.

Les petitz enfans furent presentez a JHsChrist{g} / affin qu'il mist les mains sur eux, et qu'il priast pour eux{h}. Et{i} les disciples les reprenoient: Mais{k} Jesus leur{l} dict. Laissez les petitz{m} enfans et ne les empeschez{n} de venir à moy, car a telz est le royaume des cieux. Et en mettant ses{o} mains sur eux faysoit oraison pour eux{p}.

Veu que par ce lieu est tout notoyre que Dieu ne reiecte point les petitz enfans / par ce qu'il est leur Sauveur / nous luy offrons cest enfant entant que a nous est / le recepvans en l'eglise exterieure, et le tenans du nombre d'icelle{q}.

Desirez{r} vous doncques que cest enfant soit Baptise. Les parens{s} respondront{t}. Ouy. Le ministre{u} Nommez le. Les parens{v}. N.

|*Apres la promesse faicte, on impose le nom à l'enfant: et lors le Ministre le baptise.*

|En apres{w} le ministre le baptizera{x} luy mettant de l'eaue pure et nette sur la teste en disant{y}.

---

a) *1545:* + l'enseignerez à vivre comme vray Chrestien   b) *1545:* + exhortations   c) *1545:* + et exalter   d) et ... prochains > *1545 et sequuntur verba supra laudata (p. 36, 25 sqq.)*   e) *1533:* + le sainct   f) selon ... XIX > *1533*   g) Les ... Christ *1533:* Lors luy furent presentez des enfans   h) pour eux: > *1533*   i) *1533:* Mais   k) *1533:* Et   l) leur > *1533*   m) > *1533*   n) *1533:* defendez point   o) *1533:* Et mist les   p) faysoit ... eux *1533:* et les benist   q) Veu ... icelle *1533:* Vous avez ouy comme nostre seigneur veult que les enfans luy soyent presentez: car il est aussi bien pere et sauveur des enfans comme des grandz, pour ce, tant quil est en nous, nous luy presenterons cest enfant, en le recepvant par le baptesme en son eglise et communion.   r) *1533:* Demandez s) les parens > *1533*   t) *1533:* respondent   u) *1533:* serviteur   v) Les parens > *1533*   w) *1542:* et lors   x) *1542:* baptise; *Biblia gallica 1559:* + disant: N. Je te baptise   y) en disant > *1545;* luy ... disant > *1542*

1) Matth. 19, 13-15

^{1533 1542A} ¹Au Nom du Pere, et du Filz, et du sainct Esprit[a].   [191]
^{1542 1545}

¹⁵³³ ¹Puis luy avoir mis sur la teste avec la main d'eaue pure et nette, sans sel ne huyle, ne crachatz, dit en ceste maniere.

^{1533 1542A}   ¹**Puis dict encores le ministre**[b].
¹⁵⁴⁵

Nostre Seigneur Dieu / par sa grace et bonte face que cest enfant qu'il a cree et forme à son ymage et semblance / soit vray membre de JesuChrist son Filz / portant fruictz dignes comme enfant de Dieu. Amen[c]. Dieu soit avecques vous a iamais[d].

^{1542 1545} ¹*Le tout se dit à haulte voix, en language vulgaire: d'autant, que le peuple, qui assiste là, doit estre tesmoing de ce qui s'y fait: à quoy est requise l'intelligence; et aussi, afin que tous soyent edifiez, en recongnoissant et reduisant en memoire, que l'est le fruict de l'usage de leur Baptesme.*

Nous sçavons qu'on faict ailleurs beaucoup d'aultres ceremonies, lesquelles nous ne nyons pas avoir esté fort anciennes; mais pource qu'elles ont été inventées à plaisir, ou pour le moins, par quelque consideration legiere; quoy qu'il soit, puis qu'elles ont esté forgées sans la parolle de Dieu, d'aultre part, veu que tant de superstitions en sont sorties: nous n'av^lons point faict difficulté de les abolir, [192] *afin qu'il n'y eust plus nul empeschement, qui destournast le peuple, d'aller droictement à JESUS Christ. Premierement, ce qui ne nous est point commandé de Dieu, est en nostre liberté; d'avantage tout ce qui ne sert de rien à edification ne doit estre receu en l'Eglise, et s'il avoit esté introduict, il doit estre osté. Par plus forte raison, ce qui ne sert que à scandaliser, et est comme instrument d'idolatrie et de faulses opinions, ne doit estre nullement toleré. Or, il est certain, que le cresme, luminaire, et telles aultres pompes, ne sont point de l'ordonnance de Dieu: mais ont esté adioustées par les hommes, et en la fin sont venues iusque là, qu'on s'y est plus arresté, et les a on eu en plus grand'estime, que la propre institution de JESUS Christ. Pour le moins, nous avons telle forme de Baptesme que JESUS Christ a ordonnée, que les Apostres ont gardée et suyvie, que l'Eglise primitive a eu en usage: et ne nous peult on reprendre d'autre chose, sinon que nous ne voulons pas estre plus sage, que Dieu mesme.*

---

a) *1542A:* + Ainsi soit il.   b) Puis . . . ministre > *1533*
c) *1533:* + Allez en paix   d) a iamais > *1533 et 1545; 1533:*
+ Faites bonne garde de l'enfant.

¹Du Sacrement de la Cene. 1542A

[193] ¹L'Eucharistie est la communication du corps et du sang du 1542A 1545
Seigneur^a, ainsi que S. Paul tesmoigne¹: laquelle se doit prendre
a celle fin que nous demourions / et vivions plus amplement en
5 Christ: et quil vive / et demoure plus amplement en nous²
Pource il conviendra^b faire toutes choses en la celebration de
ceste saincte Cene / affin que de plus en plus nous desirions de
vivre et demourer en Christ (cest a dire de manger la chair et
boire le sang du Seigneur) / et que recevions ceste viande et
10 breuvaige avecques plus grand fruict et religion. Il fauldra doncques instituer et moderer ceste action en ceste maniere / affin
que le peuple soit deument instruict et admonnesté combien il
luy est necessaire de communicquer souventes fois a la chair^c
et au sang du Seigneur: et combien grands sont les biens que
15 nous recepvons de ceste communication / et manducation.

De cecy il sensuyt premierement / que la Cene se doibt seulement bailler a ceux lesquelz sont capables et desirent grandement la chair^d, et le sang du Seigneur / et qui desia vive au
Seigneur^e & l'ont vivent en eux: et aussi qui desirent que ceste
20 vie de Christ soyt augmentée, & faicte plus grande en eux:
(pour autant que la communication du corps et du sang de
Christ se donne en ceste sacree Cene affin que nous vivions entierement en luy, et quil vive en nous)². Pource il est necessaire
aux bons et fideles dispensateurs des misteres de Dieu de con-
25 gnoistre (autant quil est requis a la charite chrestienne, et a la
religion la^f saincte administration) ceux ausquelz ils veulent
bailler la Cene du Seigneur estre desia incorporez par le Baptesme au seigneur Christ^g: et quilz sont ses vrays / et vifz membres, et quilz ont faim de ceste viande de vie eternelle, et soif de
30 ce sainct breuvage. Les aultres pource quilz^h ne peuvent communiquer au sacrement sinon qu'à leur condemnation / il les
fault chasser de la sacree Cene (ainsi comme L'ancienne Eglise
commandoit) par le dyacre, que ceux qui n'estoient pas encores
pleinement instruitz en la religion chrestienne et les mechansⁱ,
35 et ceux qui fesoient penitence et nestoient pas encores receuz en
grace eussent a sortir de l'eglise. Pour ceste raison nostre Seigneur a aussi^k donné la premiere Cene seullement aux plus^l esleuz

---

a) *1545:* + Jesus Christ   b) *1545:* + à   c) *1545:* au corps
d) *1545:* le corps   e) *1545:* en luy   f) *1545:* ceste   g) *1545:* en
40 Jesus Christ   h) *1542A falso:* quil   i) *1545:* + menans vie scandaleuse   k) *1545:* aussi a   l) > *1545*

1) 1. Cor. 10, 16   2) Joh. 6, 56

disciples. Car il ne fault donner la chose saincte aux chiens[1] / ne bailler la viande de vie eternelle à ceux qui n'en ont point fain. Pourtant la Cene du Seigneur ne doibt point estre administree sinon a ceux qui sont congneuz et esprouvez (comme desia est dict) par la reigle de charité et religion: laquelle on doit avoyr en ceste saincte administration, ¹ Laquelle aussi requiert la confession de bouche et que en nostre vie il n'y ayt rien contraire à icelle. Les ministres doncques font sainctement / et ce qui est digne / tant de leur ministere / que de la dignité diceluy / lesquelz ne recoipvent personne aux sacrementz sinon que premierement ilz soyent eprouvez et instruitz. Ausurplus (pour autant que ceste viande et ce breuvaige de vie eternelle ne doibvent point estre administrez sinon à ceux qui grandement le desirent) il sensuyt que le peuple auquel on doibt administrer la Cene doibt estre en icelle admonnesté en toutes sortes de congnoistre[a] et sentir combien il luy est necessaire de profiter par[b] la communication de Christ et d'en acquerir tousiours une plus grande[c] / et quelz biens luy sont offertz en icelle. Pour ceste cause nous commenceons tresbien le mistere[d] de la Cene par la confession de noz pechez, et y adioustons les lecons de la Loy / et de L'evangile avecques pseaulmes / affin que par la confession de noz pechez et l'explication de la Loy divine (laquelle ordonne peines presentes / et eternelles aux pechez[e] / et donne seullement aux bons les biens tant presens que futures) nous soyons attirez en plus grande congnoissance / et sentiment d'iceux: et aussi que par iceux nous avons deservy la damnation eternelle. Car quand nous considerons combien toute nostre vie est contraire à la loy de Dieu / et non point seullement aulcunes de noz oeuvres / et que le peché a encores si grande domination en nostre chair que nous ne faisons pas le bien lequel nous voulons / mais le mal que nous hayssons[2], en cela nous congnoissons combien il[f] est necessaire que[g] la communication du corps et du sang du Seigneur soit augmentee en nous. Lesquelz seulz chair et sang de Christ ont en eux iustice & vie[h]: Veu que en nostre chair et nostre sang il n'y a aucun bien[3] parquoy[i] ne peuvent pour ceste cause posseder le Royaulme de Dieu. Il est doncq convenable que en la sacree Cene / oultre la confession des pechez, on prie pour avoir pardon diceux, on lise et explicque

---

a) *1545:* + soymesme et combien pour sa faute il est à Dieu redevable   b) *1545:* participer à   c) et ... grande > *1545*   d) *1545 falso:* ministere   e) *1545:* pecheurs   f) *1545:* nous   g) > *1545*   h) soit ... vie > *1545*   i) *1545:* pourquoy

1) Matth. 7, 6   2) Rom. 7, 15   3) Rom. 7, 18

la Loy divine / on chante pseaulmes magnifians la maiesté de
Dieu / explicquans la Loy & demandans à Dieu pardon. Or
pource que par la predication de L'evangile, nous congnoissons
que JesusChrist nostre Seigneur vray Dieu et vray homme a
en la croix satisfaicte à Dieu son Pere pour noz pechez / par
l'oblation de son corps & de son sang: et par la communication
diceux il luy plaist nous donner, que nous vivions en luy / et
luy en nous[1], aussi par cela nous congnoissons quelz excellentz
biens nous sont offers par la communication du corps et du
sang du Seigneur[a]. Premierement nous sommes asseurez de la
remission de noz pechez, et sommes certains de la grace du
Pere / lequel nous a adoptez pour ses enfans, et heritiers par
son filz[b] nous pardonnant toute nostre iniquité / tant celle qui
est originelle, que celle quavons desia commise, et nous pardonne
noz pechez toutes les foys que nous l'offensons et[c] humblement
nous luy demandons pardon / et ce par sa grande misericorde.
De cela vient qu'en nous confiant en la[d] paternelle benevolence
et soing de Dieu[e] en toute adversité nous linvocquons avec
plus grande hardiesse, et luy demandons tous biens[f]. En apres
nous sommes asseurez que comme JesusChrist est[g] la iustice / et
la vie en soy et quil vit pour le Pere lequel la envoye / et donne
aux siens la vie de Dieu, la vie bien heureuse et eternelle affin
quilz[h] vivent en luy / et luy en eulx. Nous apprenons aussi
cela, que par la communication de la chair et du sang de
JesusChrist / nous avons tousiours plus abondamment la vie &
iustice de Dieu, cest a dire toute felicite. Car dautant quil nous
donne que plus amplement nous vivions en luy / et luy en
nous, qui sans cela n'avons point de bien en nous / daultant
plus amplement nous est communicquee sa vie: qui est la vie
de Dieu, iustice et felicite. Ainsi nous summes iustes en Jesus
Christ et vivons en nouvelle vie par iceluy Jesus Christ. Affin
doncques que nous considerions ces choses avec plus grande
diligence et que nous soyons rendus plus ardans et convoyteux
à recepvoir ceste saincte viande et breuvaige de vie eternelle,
nous adioustons tresbien / avecques pseaulmes et hymmes
laudatoires[i], la lecture de l'evangile / la confession de la Foy /
et les sainctes oblations et offrandes: lesquelles choses declarent,
ou[k] ce qui nous est donné en Christ / et quelz / et combien sont

a) sont ... Seigneur *1545:* y sont offers et communiquez
b) *1545:* + Jesus Christ   c) nous ... et > *1545*   d) *1545:* sa
e) et... Dieu > *1545*   f) tous biens *1545:* ayde et secours   g) *1545:* a
h) *1542A falso:* quil   i) *1545:* de louange   k) > *1545*

1) Joh. 6, 56

grandz les biens que nous recepvons par la communication de sa chair et de son sang: ou bien ilz nous admonnestent a dignement estimer ces choses / et de^a les louer par louenges vrayes et ardente action de graces: et aussi de les rendre louables & precieuses envers les aultres. Et n'avons point pourneant adiouste les oblations, a ce qu'avons dit par cydevant. Car quand nous reduisons en memoire (excitez et esmeuz par la lecture et explication de L'evangile / et la confession de nostre Foy, laquelle on faict puis apres) que Jesus Christ nous est donné de l'infinie bonté du Pere celeste / et avecques luy toutes choses: cest à scavoir / la remission des pechez / l'alliance de^b salut eternel / la vie et iustice de Dieu, et finallement toutes choses desirables lesquelles sont adioustées aux enfans de Dieu, cest à scavoyr a ceux qui cerchent le Royaulme d'iceluy et sa iustice: à bonne et iuste cause nous nous offrons et nous submettons du tout à Dieu le Pere / et à nostre Seigneur JesusChrist en recongnoissance de tant et si grandz biens. Et testifions cela par offrandes et dons sainctz (ainsi que la charité chrestienne requiert) lesquelz sont administrez a JesusChrist en ses plus petitz / cest à scavoyr à celuy qui a fain / qui a soif / qui est nud qui est estrangier, qui est malade / et qui est detenu en prison. Car tous ceux qui vivent en Christ et l'ont demourant en eux font voluntairement ce que la Loy leur commande. Or icelle commande qu'on n'apparoisse point sans offrande devant Dieu. Il nous est aussi monstré en cela que nul ne se dict subiect à son seigneur charnel ou à son bienfacteur sans recongnoissance qui^c est faicte par don. Tiercement il sensuyt que nous debvons faire oraison pour le salut de tous les hommes (pour ce que la vie de Jesuchrist doibt estre grandement enflambée & vigoreusse en nous). Or la vie de Christ consiste en cecy, cest à scavoyr / cercher ce qui est perdu et le sauver. A bon droict doncques on prie pour tous les estatz. Or pour autant^d que nous recepvons vrayement JesusChrist en ce Sacrement / à bonne cause nous l'adorons en esprit et verité en ceste saincte Cene^e: et recepvons l'eucharistie avecques grande reverence, et parachevons tout ce mistere avecques louenges et action de graces. Ainsi doncques toute^f l'ordre et la rayson d'administrer la Cene nous est notoyre par la nature et institution de la Cene / icelle^g aussi convient^h avecques l'administration de l'Eglise ancienne des Apostres / des Martirs / et des

---

a) > *1545*   b) *1545:* du   c) *1545:* laquelle   d) *1545:* Et pource
e) en . . . Cene > *1545*   f) *1545:* tout   g) la nature . . . icelle *1545:* l'institution d'icelle   h) > *1545*

sainctz Peres, avecques lesquelz cecy[a] convient pareillement / que en l'administration de tous les Sacrementz nous usons[b] de langue vulgaire et populaire.

    Car tout ce qui est dict et faict appartient à tous ceux qui sont presens, et doibt confirmer et esveiller nostre Foy et enflamber le desir de Dieu en toutes choses. Pour ceste cause, quand nous admonnestons le peuple de se[c] preparer devant que venir a ce sacre banquet / nous l'enseignons et admonnestons tousiours de ces quatre choses. Premierement que nous summes tellement perduz par le peché d'Adam / et les nostres propres qu'il nya aulcun bien de soy en toute nostre nature ny en nostre chair. Pourtant nostre chair et nostre sang ne peuvent acquerir en heritaige le Royaulme de dieu: et de la vient que nous debvons estre esmeuz à congnoistre noz pechez / et amander nostre mauvaise vie, affin que nous confessions de vray cueur noz offences et en demandions pardon. Secondement / que Jesus Christ est seul lequel nous a merité la remission de noz pechez / et l'impetre du Pere par sa Mort / et l'effusion de son sang precieuz: Lequel aussi excite en nous sa iustice / quand il nous faict vivre en luy / et quil vit en nous. Tiercement que Christ se communique en ce sacrement de la Cene / car en donnant le pain / et le vin / il dict, Pregnez et mangez, ce est mon corps, etc. Il baille donques vrayement son corps avecques le pain / & avecques le calice son sang. Pourquoy ? En la remission des pechez / et la confirmation du nouveau testament. Car il dict, Lequel est livré pour vous. Et apres, Lequel est espandu pour vous[d] en la remission des pechez. Et dict encores, Cecy est le nouveau testament / et l'alliance de grace eternelle affin que Dieu nous soit pere propice par JesusChrist / et nous luy soyons enfans. JesusChrist donques se donne en ce sacrement / affin quil vive en nous / et nous en luy: et par cela nous sommes asseurez de la remission de noz pechez pour l'amour de luy, de la confirmation de la nouvelle alliance pour estre enfans de Dieu / et quil nous soyt pere. Cest doncques unemesme race[e] / mesme esprit / et unemesme nature. Et tout ce qui defauldra de cecy le Seigneur JesusChrist le supplyra. Pource nous ne debvons pas avoir regard au ministre ne aux choses externes, mais à la parolle de JesusChrist / à son faict / et sa puissance: affin que nous ne doubtions point / que par ce sacrement Jesus nous donne son corps / et son sang pour vivre en luy / et quil vive en nous, en nous asseurant que par luy nous avons l'entiere abolition de noz pechez, et la

---

a) avecques ... cecy > *1545*   b) *1545:* usions   c) *1542 A falso:* ce   d) *1545:* nous   e) *1545:* + ung

confirmation de grace du Pere celeste, et l'alliance eternelle, que nous sommes enfans de Dieu / quil est nostre pere / et qu'il nous donne tous biens. Or deux choses nous sont icy données. La premiere est terrestre / qui est le pain et le vin, La seconde est celeste / qui est la communion de Christ, cest ascavoir le corps et le sang d'iceluy : et ces deux choses nous sont données pour deux raysons pour la remission des pechez / et pour augmenter la vie de Christ en nous, cest à dire la confirmation de l'alliance nouvelle. Finallement nous enseignons / quil fault rendre graces au Seigneur JHs pour ces grandz benefices icy de cueur / de parolles / et de faict, et quil nous fault grandement louer et exalter la memoire de JHsChrist et de tous ses benefices cest à sçavoir de son Incarnation Passion Resurrection / Ascencion / de la mission du sainct Esprit / de son Advenement pour iuger le monde, et finallement de tout ce quil est[a] quil a fait pour nous / et ordonne en nous. pource en delaissant toutes disputations frivoles et debatz / faisons et cercheons principalement en la Cene ce qui est dict par cy devant / affin que nous congnoissions combien il est necessaire que Christ vive en nous / et nous en luy : affin aussi que nous croyons quil se donne soymesme en ce sacrement icy à nous / pour vivre en luy, et luy en nous / pour obtenir remission de noz pechez et accomplir la vie de Dieu en nous / et aussi pour pardonner[b] le deffault du bien que nous n'a^lvons point. La fin doncques et le principal en tout ce mistere de la Cene est, que nous vivions en Christ / et quil vive en nous. Cecy nous concede le Pere celeste par Christ. Amen.

1542 1545   *Il fault noter, que le Dimanche devant que la Cene soit celebree, on le denonce au peuple, premierement: afin que chascum se prepare et dispose à la recevoir dignement, et en telle reverence, qu'il appartient. Secondement, qu'on n'y presente point les enfans, sinon qu'ilz soyent bien instruits et ayent faict profession de leur foy en l'Eglise[1]. Tiercement, afin que s'il y a des estrangiers, qui soyent encores rudes et ignorans, qu'ilz viennent se presenter, pour estre instruictz en particulier. Le iour qu'on l'a faict, le Ministre en touche en la fin du sermon, ou bien si mestier est, en faict le sermon entierement, pour exposer au peuple ce que nostre Seigneur veult dire et signifier par ce mystere, et en quelle sorte il le nous fault recevoir.*

---

    a) quil est > *1545*   b) *1545:* supplir

    1) Vide: Ordonnances pg. 356 25 sqq.

ET CHANTZ ECCLESIASTIQUES 45

¹Au iour de la Cene les prieres acoustumees acomplies^a on chante le symbole des Apostres^b, ce pendant le Ministre prepare le pain et le vin sur la table. Puis apres le Ministre^c prie en ceste forme.

Puis que nous avons faict confession de nostre Foy pour nous testifier enfans de Dieu aussi esperans quil nous exaulcera comme un bon pere nous le prirons comme il nous a apris disans^d.

Nostre Pere qui es es cieux etc.

Et^e comme nostre Seigneur JesusChrist non seullement a une foys offert en la croix son corps / et son sang, pour la remission de noz pechez / mais aussi le nous veult communicquer pour nourriture en vie eternelle / fais nous^f ceste grace que de vraye sincerité de cueur / et d'un zele ardant nous recepvions de luy ung si grand don et benefice, et^g que en certaine foy nous recepvions son corps et son sang / voire luy tout entierement / comme luy estant vray Dieu et vray homme est veritablement le sainct pain celeste pour nous vivifier. Affin que nous ne vivions plus en nousmesmes et selon nostre nature / laquelle est toute corrumpue et vitieuse, mais que luy vive en nous pour nous conduire à la vie saincte bienheureuse et sempiternelle par ainsi que nous soyons faictz vrayement participans du nouveau et eternel testament asscavoir l'alliance de grace / estans certains et asseurez que ton bon plaisir est de nous estre eternellement pere propice ne nous imputans point noz faultes: et comme à tes enfans et heritiers bien aymez / de nous provoir^h de toutes choses necessaires tant à l'ame / comme au corps: affin que incessamment nous te rendions gloyre et action de grace: et magnifions ton Nom par oeuvres et par parolles. Donne nous doncques en ceste maniere Pere celeste de celebrer, auiourd'huy la memoire et recordation bienheureuse de ton cher Filz, nous exciterⁱ en icelle: et annoncer le benefice de sa mort. Affin que recepvans nouvel accroissement et fortification

---

a) Au ... acomplies *1545:* Puis apres avoir fait les prieres accoustumées l'Eglise faisant confession de la Foy   b) *1545:* + pour testifier que tous veulent vivre et mourir en la doctrine et religion Chrestienne   c) le Ministre > *1545*   d) comme ... disans *1545:* en disant   e) Nostre ... Et *1545:* Pere celeste plain de toute bonté et misericorde, nous prions que   f) *1545:* nous faire   g) *1545:* c'est   h) *1545:* pourveoir   i) *1545:* exerciter

en Foy et en[a] tous biens / de tant plus grande fiance, nous te renommions nostre Pere / & nous glorifions en toy. |Par iceluy Jesus Christ ton Filz, nostre Seigneur, au Nom duquel nous te prions ainsi que par luy summes aprins.

Nostre pere qui es és etc.

[b] |*Puis apres avoir faict les prieres et la confession de Foy, pour testifier au nom du peuple, que tous veulent vivre et mourir en la doctrine et Religion chrestienne, il dit à haulte voix:*

|Le Ministre[c]. Escoutons[d] comme JESUS Christ nous a institué sa saincte[e] Cene selon[f] que sainct Paul le recite en[g] l'unziesme chapitre de la premiere aux Corinthiens.

I'ay receu, dit-il[h], du Seigneur ce que ie vous ay baillé[i]. C'est, que le Seigneur JESUS en la nuict qu'il[k] fust livré, print du[l] pain, et apres avoir[m] rendu[l] graces le rompit, et dict: Prenez, mengez, cecy[n] est mon corps, qui est rompu[o] pour vous: faictes cecy[n] en memoire de moy[p]. Semblablement[q], apres avoir[r] souppé, print le Calice[s], disant: Ce Calice[t] est le nouveau Testament en mon sang. Faictes cecy[n] toutes fois et quantes que vous en[u] beuvrez, en memoire de moy. C'est, que quand[v] vous mengerez de ce pain, et beuvrez de ce Calice[t], vous annoncerez la mort du Seigneur, iusques à ce qu'il vienne. |Pourtant, quiconques mengera de ce pain, ou beuvra de ce Calice indignement, il sera coupable du corps et du sang du Seigneur; mais que l'homme s'espreuve soymesme, et ainsi, qu'il menge de ce pain, et boive de ce Calice. Car, quiconques en menge et boit indignement, il prent sa condemnation, ne discernant point le corps du Seigneur[1].

Nous avons ouy, mes freres, comme[w] nostre Seigneur faict sa Cene entre ses disciples: et par cela nous demonstre, que les estrangiers, et ceulx qui ne sont pas de la compagnie de ses

---

a) en > *1545* b) *1542A et 1545 vide pg. 45 6* c) le Ministre > *1542;1545:* Puis le Ministre dit. d) *1542A:* Oyons e) comme ... saincte *1542A:* l'institution de la f) *1542A:* de nostre Seigneur ainsi g) *1542A:* l'escrit a h) dit-il > *1542A* i) *1542A:* donne k) *1542A:* en laquelle il l) *1542A:* le m) apres avoir *1542A:* ayant n) *1542A:* ce o) *1542A:* livre p) *1542A:* + Et q) *1542A:* + le hanap r) *1542A:* quil eut s) print le Calice > *1542A* t) *1542A:* hanap u) fois ... en *1542A:* les fois que le v) C'est, que quand *1542A:* Car toutes les fois que w) *1547:* comment

1) 1. Cor. 11, 23 sqq.

fideles, n'y doivent point estre admis. Parquoy, suyvant ceste reigle, au Nom et en l'aucthorité de nostre Seigneur JESUS Christ : ie excommunie tous idolatres, blasphemateurs, contempteurs de Dieu, heretiques, et toutes gens qui font sectes à part, pour rompre l'unité de l'Eglise, tous periures, tous ceux qui sont rebelles à peres et à meres, et à leurs superieurs, tous seditieux, mutins, bateurs, noiseux, adulteres, paillars, larrons, ravisseurs, avaricieulx, yvrongnes, gourmans et tous ceulx qui meinent vie scandaleuse et dissolue : leur denonceant qu'ilz ayent à s'abstenir de ceste saincte Table, de paour de polluer et contaminer les viandes sacrées, que nostre Seigneur JESUS Christ ne donne sinon à ses domestiques et fidelles.

Pourtant, selon l'exhortation de sainct Paul, qu'un chascun espreuve et examine sa conscience, pour sçavoir, s'il a vraye repentance de ses faultes, et se desplaist de ses pechez, desirant de vivre doresenavant sainctement et selon Dieu. Sur tout, s'il a sa fiance en la misericorde de Dieu, et cherche entierement son salut en JESUS Christ : et renonceant à toute inimitié et rancune, a bonne intention et courage de vivre en concorde et charité fraternelle avec ses prochains.

Si nous avons ce tesmoignage en noz coeurs devant Dieu, ne doubtons nullement qu'il ne nous advoue pour ses enfans, et que le Seigneur JESUS, n'adresse sa parolle à nous, pour nous introduire à sa Table, et nous presenter ce sainct Sacrement, lequel il a communiqué à ses disciples.

Et combien que nous sentions en nous beaucoup de fragilité et misere : comme de n'avoir point la Foy parfaicte : mais estre enclins à incredulité et defiance : comme de ne estre point entierement si adonnez à servir à Dieu, et d'un tel zele que nous devrions : mais avoir à batailler iournellement contre les concupiscences de nostre chair : neantmoins, puis que nostre Seigneur nous a faict ceste grace, d'avoir son Evangile imprimé en nostre coeur, pour resister à toute incredulité : et nous a donné ce desir et affection, de renoncer à noz propres desirs, pour suyvre sa iustice et ses sainctz commandemens : soyons tous certains, que les vices et imperfections, qui sont en nous, n'empescheront point, qu'il ne nous receoyve, et nous face dignes d'avoir part en ceste Table spirituelle. Car nous n'y venons point, pour protester, que nous soyons parfaictz ne iustes en nousmesmes : mais aucontraire en cherchant nostre vie en JESUS Christ, nous confessons, que nous sommes en la mort. Entendons donc, que ce Sacrement est une medicine, pour les paovres malades : et que toute la dignité, que nostre Seigneur requiert de nous : c'est de nous bien recongnoistre, pour nous desplaire en noz vices, et avoir tout nostre plaisir, ioye, et contentement en luy seul.

Premierement donques, croyons à ses promesses, que JESUS Christ, qui est la verité infaillible, a prononcé de sa bouche; assavoir qu'il nous veult vrayement faire participans de son corps et de son sang: afin que nous le possedions entierement; en telle sorte, qu'il vive en nous, et nous en luy. Et combien que nous ne voyons que du pain et du vin: toutesfois que nous ne doubtions point, qu'il accomplit spirituellement en noz ames, tout ce qu'il nous demonstre exterieurement, par ces signes visibles: c'est à dire qu'il est le pain celestiel, pour nous repaistre et nourrir à vie eternelle. Ainsi, que nous ne soyons point ingratz à la bonté infinie de nostre Sauveur, lequel desploie toutes ses richesses et ses biens en ceste Table, pour nous le distribuer. Car, en se donnant à nous, il nous rend tesmoignage, que tout ce qu'il a, est nostre. Pourtant, recevons ce Sacrement comme un gage, que la vertu de sa mort et passion, nous est imputee à iustice, tout ainsi, que si nous l'avions souffert en noz propres personnes. Que nous ne soyons point donques si pervers de nous reculer, où JESUS Christ nous convie si doulcement, par sa parolle. Mais, en reputant la dignité de ce don precieulx, qu'il nous fait, presentons nous à luy d'un zele ardent: afin qu'il nous face capables de le recevoir.

[1]Pour ce faire eslevons noz espritz et noz coeurs en hault, ou est JESUS Christ en la gloire de son Pere, et dont nous l'attendons en nostre redemption. Et ne nous amusons point à ces elemens terriens et corruptibles, que nous voyons à l'oeil, et touchons à la main, pour le chercher là, comme s'il estoit encloz au pain ou au vin. Car lors noz ames seront disposees à estre nourries et vivifiees de sa substance, quand elles seront ainsi eslevees, par dessus toutes choses terrestres, pour attaindre iusque au Ciel, et entrer au Royaulme de Dieu, ou il habite. Contentons nous donques, d'avoir le pain et le vin, pour signes et tesmoignages, cherchans spirituellement la verité, où la parolle de Dieu promet que nous la trouverons.

1542A [1]Ces parolles dictes le Ministre prononce sentence d'excoincation contre ceux qui sont en pechez publiques et n'en font penitence. Daultrepart exhorte les fideles a recepvoir la Cene de nostre Seigneur comme un don singulier de Dieu comme dict est desia par cy devant, Cela faict le Ministre recoipt, puis le dyacre, en apres les aultres:

|Ce faict, les Ministres^a distribuent le pain et le Calice au 1542 1545
peuple^b, ayant adverty^c qu'on y^d vienne^e avec reverence et^f par
bon^g ordre |et modestie Chrestienne, il reçoit le premier le pain 1545
et le vin, puis le donne au Diacre et consequemment à toute
5 l'eglise, disant:* Prenez, mangez, le corps de Iesus, qui a esté
livré à la mort pour vous.

Et le Diacre presente le Calice en disant:
C'est le Calice du nouveau Testament au sang de
Iesus, qui a esté respandu pour vous.
10 |Cependant l'eglise chante le Psal^h. 1542A 1545
Louenge et graceⁱ etc. La Cene finye^k.

S'ensuyvent^l graces apres la Cene.

Pere celeste nous te rendons louenges et graces eternelles,
que tu nous as eslargy un tel bien à nous paouvres pecheurs /
15 de nous avoir attiré en la communion de ton Filz JHs Christ
nostre Seigneur l'ayant livré pour nous à la mort et le nous
donnant en viande et nourriture de vie eternelle. Maintenant
aussi ottroye nous ce bien, de ne permettre que iamais nous
mettions en oubly ces choses: Mais plustost les ayant imprimees
20 en noz cueurs / nous croissions et augmentions assiduellement
en la foy. Laquelle besogne en toutes bonnes oeuvres: et en ce
faisant ordonnions et poursuyvions toute nostre vie à l'exaltation
de ta gloyre / et edification de nostre prochain. Par iceluy JHs
Christ ton Filz qui en l'unité du S. Esprit vit et regne avec toy
25 Dieu eternellement. Amen.

|*En la fin on use d'action de grace, comme il a esté dict.* 1542

|*Les graces finies. On chante^m. Maintenant* 1542A 1545
Seigneur Dieu etc. Puis le ministre envoye
l'assemblee faisant la benediction comme le
30 *Dimanche. Finⁿ.*

|*Nous sçavons bien quelle occasion de scandale plusieurs ont* 1542 1545
[201] *pris du changement, que nous avons| faict en cest endroict. Car*

a) *1545:* le Ministre   b) distribuent ... peuple > *1545*   c) 1545:
+ le peuple   d) y > *1545*   e) *1545:* + à la saincte Table   f) et
35 > *1545*   g) *1545:* bonne   h) *1545:* le Pseaume   i) *1545:* + ie te
k) La Cene finye > *1545*; Cependant ... finye 1542: Cependant,
on chante quelques Psalmes, ou on lit quelque chose de l'Escripture,
convenable à ce qui est signifié par le Sacrement.   l) S'ensuyvent
> *1545*   m) *1545:* + le cantique de Symeon   n) > *1545*

pource, que la messe a esté long temps en telle estime, qu'il sembloit advis au paovre monde, que ce fust le principal poinct de la Chrestienté: ce a esté une chose bien estrange, que nous l'ayons abolie. Et pour ceste cause, ceulx qui ne sont pas deuëment advertis, estiment, que nous ayons destruict le Sacrement. Mais, quand on aura bien consideré ce que nous tenons, on trouvera, que nous l'avons restitué en son entier. Que ainsi soit, qu'on regarde quelle conformité il y a entre la messe et l'institution de Jesus Christ. C'est chose clere, qu'il y a autant à dire comme du iour à la nuict. Combien que ce ne soit pas^a *nostre intention de traicter icy au long cest argument. Toutesfois, pour satisfaire à ceulx*[1] *qui par simplicité se scandaliseroyent de nous, il nous a semblé advis bon de toucher*^b *en passant: comme voyant le Sacrement de nostre Seigneur corrumpu de tant de vices et horribles abus, qu'on avoit introduict: nous avons esté constrainctz, pour y remedier de changer beaucoup de choses, lesquelles avoyent esté mal introduictes, ou pour le moins destournées en mauvais usage. Or, pour ce faire, nous n'avons trouvé meilleur moyen, ne plus propre, que de revenir à la pure institution de Jesus Christ, laquelle nous ensuyvons simplement, comme il appert. Car c'est la reformation, que S. Paul nous monstre.*

1533 ## Declaration du sainct Mariage.

1542 A ¹**La Forme de confirmer les Mariages devant L'eglise des Fideles.**

1542 1545 ## LA MANIERE DE CELEBRER LE SAINCT^c MARIAGE.

1542 A 1545 ¹La Publique & solennelle ceremonie de confirmer les mariages a esté instituee par les chrestiens / affin que le vray et legitime mariage fust en plus grand honneur reverence & estime / & qu'il ne se commist fraude aucune ne tromperie entre les parties / mais que tout se feist avec bonne foy & loyaulté: & que L'eglise prie pour le salut des Mariez. Parquoy l'office des ministres de L'eglise est de annoncer publicquement en la chaire ceulx qui veullent estre conioinctz ensemble par mariage approuver & confirmer ledict mariage devant toute lassemblée / & leur monstrer la dignité & excellence de l'estat de Mariage par les sainctes lettres.

---

a) > *1547*   b) *1547*: d'en toucher   c) > *1547*

En apres leur declairer quel est l'office des Mariez qui est comment le Mary doibt traicter la femme, semblablement la femme le Mary / affin qu'ilz^a ne soyent qu'un. Et selon linstitution de Dieu contenue en Genese chap. 2, Mat. 19. 1. Corinthi.
5 7. Colos. 3. 1. à Timothé. 3^b. Tit. 2. 1. Pierre. 3. Desquelz lieux ne sera point impertinent ny inutile / que le Ministre preigne et cueille^c les adhortations et consolations / faisantes & servantes à cest affaire & matiere. Et affin que toutes choses se facent honnestement / sainctement & deuement par bon & decent
10 ordre / toute la compaignie des Nopces doibt entrer au temple sans tabourin ny aultres instrumens de musicque / auquel lieu le ministre de la parolle de Dieu ou le dyacre apres que le sermon ou exhortation soit achevee: Demandera a ceulx qui sont la presens pour estre conioinctz par mariage / en ceste
15 forme^d.

¹*IL fault noter, que devant que celebrer le Mariage, on le publie* 1542 1545
en l'Eglise par trois Dimanches: afin, que si quelqu'un y scavoit empeschement, qu'il le vint denoncer de bonne heure: ou si aucun y avoit interest, qu'il s'y peult opposer.
20 *Cela faict, les parties se viennent presenter au commencement du sermon. Lors le Ministre dit:*

¹Nostre aide soit au Nom de Dieu, qui a fait le Ciel et la 1533 1542
terre. Amen. 1545

DIEU nostre Pere, apres avoir cree le Ciel et la terre, et
25 tout ce qui est en iceulx: il crea et forma l'homme à son image et semblance, qui eut la domination et seigneurie sur les bestes de la terre, les poissons de la mer, les oyseaulx du Ciel: disant apres avoir cree l'homme: Il n'est pas bon, que l'homme soit
[204] seul: faisons luy une aide semblable à luy. Et nostre Seigneur
30 fit tomber un gros sommeil sur Adam: et ainsi qu'Adam dormoit, Dieu print une des costes d'iceluy, et en forma Eve [Gene. 2]¹: donnant entendre, que l'homme et la femme ne sont qu'un corps, une chair et un sang. Parquoy l'homme laisse pere et mere, et est adherant à sa femme [Mat. 19]²: laquelle il
35 doit aimer, ainsi que JESUS aime son Eglise [Ephe. 5]³, c'est

---

a) *1542 A falso:* quil b) 3 > *1545* c) *1545:* recueille d) auquel ... forme *1545:* pour ouyr et escouter la saincte Parolle de Dieu, qui leur sera administrée.

1) Gen. 2, 21-22   2) Matth. 19, 5   3) Eph. 5, 28 sq.

à dire les vrais fideles et Chrestiens, pour lesquelz il est mort
¹⁵³³ |et de son sang quil a espandu les a lavez, purgez et nettoyez
1533 1542 pour les rendre a soy sans macule, ride ne souillure. |Et aussi
¹⁵⁴⁵ la femme doit servir et obeir à son mary [Colos. 3][1], en toute
saincteté et honnesteté. Car elle est subiecte [1. Tim. 2;
1. Pier. 3][2], et en la puissance du mary, tant qu'elle vit avec
luy. Et ce sainct Mariage honnorable [Hebr. 13][3], institué de
Dieu est de telle vertu, que par iceluy le mary n'a point la
puissance de son corps [1. Cor. 7][4]: mais la femme: aussi la
femme n'a point la puissance de son corps: mais le mary.
Parquoy conioinctz de Dieu ne peuvent estre separez, fors, que
par aucun temps du consentement de l'un et de l'autre, pour
vaquer à ieusne et oraison, gardant bien, qu'ilz ne soyent tentez
de Satan par incontinence. Et pourtant, doyvent retourner
ensemble. Car, pour eviter fornication, un chascun doit avoir
sa femme, et une chascune femme son mary: tellement que
tous ceulx qui ne se peuvent contenir, et qui n'ont le don de
continence, sont obligez, par le commandement de Dieu, de
se marier: afin, que le sainct Temple de Dieu: c'est à dire noz
corps ne soyent violez et corrompuz. Car puis, que noz
corps sont membres de Jesus Christ [1. Cor. 6][5], ce serait un
trop grand oultrage[a] d'en faire membres de la paillarde. Parquoy, on les doit garder en toute saincteté; car si aucun viole
¹⁵³³ le Temple de Dieu, Dieu le destruira [1. Cor. 3][6] |et singuliere-
ment au sainct estat de mariage, comme nostre seigneur bien
demonstre, commandant que la femme qui rompt son mariage,
qu'elle meurt de mort, elle et le paillard.

1542A |Desirez vous vivre ensemble au sainct estat de
mariage & le tesmoigner & confirmer icy devant
Dieu & son Eglise & assemblee.

1533 1542 |Vous donc (*nommant l'espoux et l'espouse*) N. et N. ayans[b] [205]
¹⁵⁴⁵ congnoissance, que Dieu ainsi l'a[c] ordonné, voulez vous vivre
en ce sainct estat de Mariage, que Dieu a si grandement honnoré? avez vous un tel propos, comme vous tesmoignez icy
devant sa saincte Assemblée, demandans, qu'il soit approuvé?

1533 1542A |*Respondent*[d]:   Ouy.
1542 1545

a) ce ... oultrage *1533:* grandement nous est deffendu
b) *1547:* + et   c) *1547:* l'a ainsi   d) *1542A:* Jceux respondront

1) Colos. 3, 18   2) 1. Tim. 2, 12; 1. Petr. 3, 1   3) Hebr. 13, 4
4) 1. Cor. 7, 1 sqq.   5) 1. Cor. 6, 15   6) 1. Cor. 3, 17

Le Ministre^a.

JE vous^b prens^c tous, qui estes icy presens en tesmoingz^d, vous priant en^e avoir souvenance: toutesfois s'il y a^f aucun^g, qui sache quelque^h empeschement¹ ¦par lequel ce mariage icy / 1542A
ne se puisse parachever / ains doibve estre rompu & dissoubz / soit quil procede dune cognation & parente ou affinite deffendue par les sainctes lettres: soyt que lune des parties ayt promis mariage alleurs / icelluy en charite chrestienne le declaire & manifeste icy publiquement. ¦Ou que aucun d'eux soit lié par 1533   1542
Mariage avec aultre, qu'il le die^k. 1545

¦**Sil ny a qui dise mot / ou y mette aucun** 1542A
empeschement / le Ministre pourra dyre.

¦*Si personne n'y contredit, le Ministre dit ainsi:* 1542   1545

¦Puis qu'il n'y a personne qui contredise, et qu'il n'y a point 1533 1542A
d'empeschement¹, nostre Seigneur Dieu conferme^m vostreⁿ 1542   1545
sainct propos, qu'il vous a donné: ¦Et icelluy mesme qui a cree 1542A
& faict le ciel & la terre / vueille donner accroissement a voz commencemens & les rendre heureux. ¦Et vostre commencement 1533   1542
soit au Nom de Dieu, qui a faict le Ciel et la terre. Amen. 1545

¦*Le Ministre parlant^o à l'espoux, dit ainsi:* 1542A
1542   1545

¦Vous N. confessez icy devant Dieu et sa saincte Congre- 1533 1542A
gation, que vous avez prins et prenez, pour vostre femme et 1542   1545
espouse N. icy presente, laquelle promettez garder, en l'aimant et entretenant fidelement, ainsi que le devoir d'un^p vray et fidele mary est à^q sa femme: vivant sainctement avec elle, luy gardant Foy et loyaulté en toutes choses, selon la saincte parolle de Dieu, et son sainct Evangile?

Respond: Ouy.

---

a) *1542A:* Lors le Ministre dyra   b) *1542A:* + en appelle donc- ques &   c) *1542A:* + pour tesmoings vous   d) en tesmoingz > *1542A*   e) *1542A:* et vous prie qu'en vueillez   f) *1542A:* + icy   g) *1542A:* + present   h) *1542A:* & congnoisse aucun   i) *1533:* + selon que Dieu a deffendu   k) *1533:* + par bonne charite   l) personne ... empeschement *1542A:* nul qui empesche vostre mariage / ne qui y contredise   m) *1542A:* vueille confirmer   n) *1542A:* le   o) Le ... parlant *1542A:* En apres il demandera   p) le devoir d' > *1542A:*   q) est à *1533 et 1542A:* doit faire

Puis[a] parlant à l'espouse, dit[b]:

Vous N. confessez icy devant Dieu, et sa saincte Assemblée, que vous avez prins et prenez N. pour vostre legitime mary, auquel promettez obeir, luy servant et estant subiecte, vivant sainctement, luy gardant foy et loyaulté en toutes choses, ainsi qu'une fidele et loyalle espouse doit à son mary, selon la parolle de Dieu et le sainct Evangile?

Respond: Ouy.

Si tous deux y ont consenty le Ministre dict.

Dieu qui vous a conioinct par tressainct mariage / vous doint son sainct Esperit / affin que vous regliez et instituez vostre vie selon la volunté dicelluy. Ainsy soit il.

Puis le Ministre dit:

Le Pere de toute misericorde, qui de sa grace vous a appellez à ce sainct estat de Mariage, pour l'amour de JESUS Christ son Filz, qui par sa saincte presence a sanctifié le Mariage, faisant là le premier signe devant ses Apostres [Jehan. 2.], vous doint son sainct Esprit, pour le servir et honnorer[c] en ce noble estat[d], Amen.

Escoutez[e] l'Evangile[f] comme[g] nostre Seigneur veult que le sainct Mariage soit gardé: et comme il est ferme et indissoluble, selon qu'il est escript en sainct Matthieu au dix neufviesme chapitre[1].

Les Pharisiens s'approcherent de luy[h], le tentant, et disans: Est-il loisible[i] à l'homme de laisser sa femme pour quelconque occasion[k]? Et respondant[l], leur dist: N'ayez vous point leu, que celuy qui fait l'homme dés le commencement[m], il fait le masle et la femelle[n] et dist: Pour ce l'homme delaissera[o] pere et mere, et s'adioindra à sa femme: et seront deux en une chair: et[p] par ainsi[q], ilz ne sont plus deux mais une chair. Donques

---

a) *1542A:* + le Ministre   b) *1542A:* dyra   c) le ... honnorer *1533:* parfaire   d) *1533:* + sa saincte volunte   e) *1542A:* Ouyez   f) l'Evangile > *1533*   g) *1542A:* comment   h) *1542A:* vindrent à Jesuchrist   i) *1542A:* permis   k) *1542A:* cause que ce soit   l) *1542A:* Lequel respondit &   m) *1542A:* au commencement l'homme   n) *1542A:* il les feit masle et femelle   o) *1542A:* pour ceste cause delaissera l'homme   p) > *1542A*   q) *1542A:* + doncques

1) Matth. 19, 6

ce que Dieu a conioinct, l'homme ne^a separe point [Mar. 10.; Gene. 2.]¹.

|Croyez à ces sainctes parolles / & ayez memoyre que Dieu 1542A
vous a conioinct en ce tresheureux estat & vous aymez lung
5 laultre vivant sainctement ensemble / selon le commandement
du Seigneur. De quoy il vous en doint sa grace.

|Croyez à ces sainctes parolles, que nostre Seigneur Jesus a 1533 1542
proferees, comme l'Evangeliste^b les recite^c: et soyez certains, 1545
que nostre Seigneur Dieu vous a conioinctz en ce sainct estat
10 de Mariage: parquoy vivez sainctement ensemble, en bonne
dilection^d, paix et union, gardans vraye charité, Foy et loyauté
l'un et^e l'autre, selon la^f parolle de Dieu |de quoy nostre 1533
Seigneur vous en doit la grace.

|Prions donc tous d'un coeur nostre Pere^g: 1533 1542A
15 DIEU tout puissant, tout bon et^h tout sage: qui des le   1542 1545
commencement as preveu, qu'il n'estoit point bon que l'homme
feust seul: à cause de quoy, tu luy as cree une aide semblable
à luy, et as ordonné, que deux feussent un. Nous te prions, et
humblement requerons: puis qu'il t'a pleu appeller ceulx icy
20 au sainct estat de Mariage, que de ta grace et bonté leur
veueilles donner et envoyer ton sainct Esprit: afin, qu'en vraye
[207] et ferme Foy, |selon ta bonne volunté, ilz vivent sainctement^i,
surmontans toutes mauvaises affections: et vivans purement,
edifians les aultres en toute honnesteté et chasteté, leur donnant
25 ta benediction, ainsi que à tes fideles serviteurs Abraham, Isaac
et^k Iacob: que ayans saincte lignée, ilz te louent te servent,
[208] apprenans icelle, et la nourrissant en ta louenge^l et gloire, et à
l'utilité du prochain, en l'advancement et exaltation de ton
sainct Evangile. Exaulce nous, Pere de misericorde, par nostre
30 Seigneur JESUS Christ ton treschier Filz, Amen.

Nostre Seigneur vous remplisse de toutes graces, et en tout
bien vous doint vivre ensemble longuement et sainctement.
|Allez en paix. Dieu soyt tousiours auec vous. Amen.   1533 1542A

|*Pour plusieurs causes et raisons que peuvent advenir il serait* 1533
35 *bon escripre le nom de ceulx qu'on baptise, et le iour quilz sont*

---

a) *1542A et 1547:* + le   b) *1533:* le sainct Evangeliste; *1547:*
l'Evangile   c) *1533:* les a recitees   d) dilection > *1533*   e) *1533 et
1547:* à   f) *1533:* + saincte   g) nostre Pere > *1542A:* + Dysans
h) et > *1542A*   i) *1533 et 1542A:* au sainct estat de mariage
40 k) et > *1542A*

1) Marc. 10, 9; Gen. 2, 23-24

baptisez, et aussi le nom de ceux quon espouse et pareillement le iour, en ung petit livret.

1542A |Jl ne sera aussi impertinent d'escripre les noms des Mariez: pour obvier a plusieurs erreurs / inconveniens & troublee[a].

Fin.[b]

S. Paul aux thessalon[1].

N'esteignez point l'esprit sainct et loyal.
La prophetie aussi ne contemnez.
Esprouvez tout, ce qui bon est tenez.
Ostez de vous toute espece de mal.

1. Timo. 1[2].

A un seul Dieu gloyre et honneur,
Qui est sur tous Roy et Seigneur.

Psal.[c] 104[3].

Psalme et chanson ie chanteray
A un seul Dieu, tant que seray.

1533 1542 1545 |**De la Visitation des malades.**[4]   [209]

(1533) 1542 1545 L'Office d'un vray et fidele Ministre est non seulement d'enseigner publiquement le peuple, auquel il est ordonné pour Pasteur: mais en tant que faire se peult, d'admonester, exhorter,
1542 1545 reprendre et consoler un chascun en particulier[d]. |Or, le plus grand besoing, qu'a iamais affaire[e] l'homme de la doctrine spirituelle de nostre Seigneur, est quand il est visité de nostre Seigneur en afflictions, soit de maladies, ou aultres maulx; principallement à l'heure de la mort: car lors il se sent plusfort, qu'en toute sa vie, pressé en la conscience, tant du Iugement de Dieu, auquel il se voit presentement estre appellé, que des

---

a) *1542A: sequuntur* Registre des Psalmes de David: contenuz au present livre, selon l'ordre de l'alphabet. *Sequuntur 44 psalmi.*
b) *1542A:* + Imprime a Rome par le commandement du Pape. par Theodore Bru(e)ss Allemant. son imprimeur ordinaire. Le 15. de feburier.   c) *1542A falso:* Plal.   d) L'office ... particulier *1533:* Jl n'est pas assez quil enseigne a lassemblee, mais aussi doibt enseigner par les maisons et par tout   e) > *1547*

1) 1. Thess. 5, 19-22   2) 1. Tim. 1, 17   3) Ps. 104, 33   4) p. 355 19 sqq.

assaulx du Diable, lequel faict adonc tous ses effors, pour abbatre la paovre personne, et la deietter en confusion. Et pourtant le devoir des Ministres[a] est de visiter les malades, et les consoler, par la parolle du Seigneur: |leur remonstrant, que tout ce qu'ilz souffrent et endurent, vient de la main de Dieu, et de sa bonne providence, lequel n'envoye rien à ses fideles, sinon pour leur bien et salut[b]. |Et prendra les tesmoignages de l'Escripture à ce convenables. D'avantage, s'il les voit en maladie dangereuse, de leur donner consolation, qui passe encores oultre, et ce selon qu'il les verra touchez en leur affection: c'est assavoir, s'il les congnoist estre| espouvantez de l'horreur de la mort, de leur remonstrer, qu'en icelle il n'y a nulle matiere de desolation aux fideles, lesquelz ont Jesus Christ leur ducteur et protecteur, qui par icelle les conduira à la vie, en laquelle il est entré. Et par semblables remonstrances leur oster ceste crainte et terreur, qu'ilz ont du Iugement de Dieu. |S'il ne les voit point assez abatuz de la conscience de leur pechez, leur declairer quelle est la iustice de Dieu, devant laquelle ilz ne peuvent consister: sinon par sa misericorde embrassans JESUS Christ pour leur salut[c]. Au contraire les voyant affligez en leurs consciences, et troublez de leurs offences, qu'il leur monstre et represente JESUS Christ au vif: et comment en luy tous paovres pecheurs, qui se deffians d'eulx-mesmes se reposent en sa bonté, trouvent soulaigement et refuge[d]. Donc un bon et fidele Ministre aura à considerer le moyen, qu'il sera bon de prendre, pour consoler les patiens et affligez, selon l'affection qu'il verra en eulx, et le tout par la parolle de nostre Seigneur. |Et mesme, si le Ministre a quelque chose, dequoy il puisse[e] aussi consoler et aider[f] corporellement

---

a) *1547:* d'un Ministre   b) remonstrant... salut *1533:* soy recommandant et commettant du tout en la main du seigneur, qui selon sa bonne volunte face son bon plaisir du corps et de lame   c) S'il... salut *1533:* Sil a sa fiance a ses bonnes oeuvres quil a faict, lui monstrant que par icelles il ne peult eviter le iugement, qu'il ne soit condemne devant Dieu et que tout ne luy serviroit de rien, si Dieu ne luy faisoit misericorde et grace, par laquelle il doibt esperer salut en Jesuchrist et non en aultre   d) Au contraire... refuge *1533:* Sil a peur du iugement de Dieu, de lire et fureur diceluy, lui fault annoncer les sainctes promesses, que nostre seigneur a faict a tous ceulx qui viennent et a luy et linvocquent de cueur, et comme par nostre sauveur Jesus, le pere nous promet pardon en luy demandant   e) *1533:* + le   f) et aider > *1533*

les paovres affigez[a], il n'y espargnera rien, monstrant à tous vray exemple de charité.

FIN[b].

---

a) les paovres affligez *1533:* comme de pain, vin, confitures, ou aultre chose   b) *1545:* + des Sacremens; *Biblia gallica 1559:* + des prieres

Catechismus Ecclesiae Genevensis

A primo Catechismo Calviniano anno 1537/38 confecto eximium illum Catechismum Genavensem annis 1542 et 1545 editum aliquantum differre constat non modo disserendi genere – nam in Genavensi minister verbi cum discipulo inducitur colloquens –, sed etiam doctrinae quasi progressu. Recte enim J. Courvoisier[1] videtur monuisse Calvinum, cum antea ratione magis Lutherana de lege primum, tum de fide, denique de oratione disputasset, in Genavensi Catechismo propria quadam et ad suam sententiam apta dispositione fidem ante legem et orationem posuisse, quem eundem theologiae progressum in Institutionis recensionibus posterioribus inter se differentibus apparere. Quod repugnat opinioni in qua fuerunt E. Doumergue[2], qui dixit libellum illum anno 1536 confectum omnia continuisse, quae utilia vel necessaria esse reformatori deberent inter pugnas illas horrendas inde ab anno 1541 usque ad annum 1564 faciendas („le petit livret ... de 1536 se trouve avoir contenu tout ce qui devait être utile ou nécessaire au Réformateur, ... dans le monde au milieu de toutes les luttes terribles de 1541 à 1564") et J. Pannier[3], qui Calvini cogitationes nulla aliorum hominum auctoritate vel opibus adiutas („indépendamment de suggestions et influences étrangères") processisse contendit. Intellegit enim Courvoisier[4], quantum ad Calvini doctrinam conformandam valuerint Argentoratenses theologi et maxime Bucerus, cum demonstrat dispositionem Catechismi Genavensis multum consentire cum catechismo Buceri a Capitone oriundo, qui inscribitur „Brevis explicatio scripta in usum puerorum et adulescentulorum (Kurtze schrifftliche erklärung für die Kinder und angohnden)", anno 1534 edito et iterum anno 1537 divulgato cum hac inscriptione: „Brevis catechismus et explicatio XII articulorum fidei Christianae, Orationis Dominicae nec non Decalogi, in usum discipulorum aliorumque puerorum Argentoratensium composita per praedicatores eiusdem civitatis (Kurtzer Katechismus

---

1) J. Courvoisier, Le Catéchisme de Genève et de Strasbourg. Bull. de la soc. de l'hist. du Protestantisme français, Paris 1935, 84, p. 105–121   2) E. Doumergue, Jean Calvin, t. V p. 40   3) J. Pannier, Recherches sur la formation intellectuelle de Calvin. Revue d'hist. et de philos. religieuse, Strasbourg 1930, p. 168   4) J. Courvoisier, Bucer et l'oeuvre de Calvin. Revue de théol. et de philos., Lausanne, t. XXI p. 66

und erklärung der XII stücken christliches glauben, des Vatter unsers und der zehen gepotten. Für die schüler und andere kinder zu Strassburg. Durch die prediger daselbst gestellet)."

Sed nobis, etsi tempore Argentorati consumpto Calvinum multum profecisse in theologia sua percolanda idque ex eius operibus intellegi posse iam in praefatione Liturgiae[1] et Ordinationis ecclesiasticae[2] diximus, tamen Catechismus Genavensis non tam e Bucerano cum amplificatione transscriptus quam cum alio quodam libro Argentoratensi Gallice conscripto comparandus videtur; quo libro facilius uti Calvinus poterat, quia parum eum scivisse Germanice notum est. Inscribitur autem hic liber „Institutio doctrinae Christianae puerilis facta per modum dialogi (Institution puerile de la doctrine chrestienne faicte par maniere de dyalogue)" et invenitur in Editione Pseudoromana Liturgiae[3]. Quae Pseudoromana cum pro ea quae a viris doctis requiritur Calvini liturgia Argentoratensis habenda videtur[4], iam haud scio an eo progrediendum sit, ut eam quam diximus Institutionem puerilem ab ipso Calvino iudicemus conscriptam et quasi medium locum tenere inter eum illius doctrinae statum, qui fuit anno 1537, et eum, qui fuit anno 1542. Nam et hic fidem excipiunt lex et oratio. Quod ut statuamus, aliis quoque duabus rebus impellimur. Una est, quod iam anno 1541 in Ordinatione ecclesiastica[5] Calvinus postulavit, ut pueri de summa catechismi interrogarentur; quo quidem tempore ipsius Catechismus nondum exstabat, neque ante annum 1553 quaestiones ad id ipsum idoneae Catechismo Genavensi subiunctae sunt[6], eo tamen spectantes ut, qui recte responderent, ad Domini cenam admitterentur; cum Calvino ea quoque mens fuisset, ut singulis diebus dominicis pueri de summa fidei sic fere interrogarentur, ut est in Institutione illa puerili. Altera est, quod ex adulescentis cuiusdam epistula anno 1545 Argentorati versati cognoscimus ecclesiam ibi Gallorum, cuius antea parochus Calvinus fuerat, hac Institutione puerili usam esse perpetuo; quae enim ille narrat, cum Institutionis verbis congruunt[7], atque huic Gallorum ecclesiae eodem tempore in usu

---

1) Vide p. 1, 10 sqq. 2) Vide p. 325 sqq. 3) Vide p. 2, 29 sqq. 4) Vide p. 2, 6 sqq. D. Scheuner, Calvins Genfer Liturgie und seine Straßburger Liturgie textgeschichtlich dargestellt, Festschrift f. A. Schädelin, Bern 1950 5) Vide p. 356 25 sqq. 6) CR opp. Calvin. VI p. 147 sqq. 7) Lettres de Conrad Hubert, les Archives du Chapitre de St. Thomas à Strasbourg, Tiroir 21, liasse 3; Ernst, A. und Adam, J.: Katechetische Geschichte des Elsasses bis zur Revolution, Straßburg 1897; A. Erichson, L'église française de Strasbourg au seizième siècle, Strasbourg 1886

fuit Liturgia anni 1545, cuius auctor aperte nominatur Calvinus. Quo magis admonemur, ut Institutionem puerilem a Calvino statuamus esse conscriptam; quo efficiatur ut inde, quatenus Calvini doctrina inter annum 1537 et annum 1542 mutata sit,
5 testimonium capere possimus. Ideo post Catechismum Genavensem etiam Institutionem puerilem exscribendam curavimus.
   Argentorato reversus anno 1542 Genavae Calvinus catechismum Gallica lingua composuit, quem deperditum investigare nullo modo potuimus. Qui quanta cum festinatione raris
10 schedulis exscriptus ad typothetas raptus sit, ipse Calvinus narrat in oratione quam domi suae apud parochos Genavenses habuit anno 1564[1]; unde conicitur ipsius autographum diutius permanere vix potuisse[2]. Ex epistula tamen Calvini ineunte anno 1542, ut videtur, conscripta[3], quo tempore prima illa
15 editio facta sit, licet iudicare. Quo fit, ut earum quae supersunt catechismi editionum Gallicarum vetustissima sit anni 1545; cuius unicum exstat exemplar in bibliotheca ducali Gothana. Quem librum cum eodem anno Calvinus latine vertisset, uterque textus proximis annis identidem typis expressus atque
20 etiam aliis linguis est redditus. Qua in re ipsa Calvini verba, dum vivebat, commutata non sunt; postea vero ad extremum librum saepius preces adiectae sunt, quas Calvini non esse constat.

De editione nostra.

25 Quamquam textus Gallicus anni 1545 paulo ante Latinam versionem divulgatus sit, tamen in hac editione Latinum textum exhibere visum est; quo fore speramus ut hoc opus ecclesiis reformatis carissimum a cuiusvis linguae theologis facilius intellegatur. Id eo magis licere nobis putavimus, quod edito
30 libro gallico statim versionem Latinam ab ipso Calvino constat esse confectam. Sed ut hunc quoque Calvini librum, quamvis cum gallicis verbis consentiat, non duram et exsanguem illorum imitationem sed novum potius et quasi vividum opus esse doceamus, in annotationibus omnia vel minutissima, quae cum
35 gallicis verbis discrepant, exhibemus. Quod facere cum saeviente bello constituissemus, exemplari Gothano iam pridem restituto, multa conantes efficere non potuimus, ut iterum nobis unicum hoc exemplar commiteretur. Itaque in adnotatio-

---

1) Vide p. 403 34   2) Pfisterer, E., Le Catéchisme de l'Eglise de
40 Genève (1545), in: Bekenntnisschriften und Kirchenordnungen der nach Gottes Wort reformierten Kirche, München 1938   3) CR opp. Calvin. XI p. 364

nibus egregium illud exemplum libri Gothani secuti sumus, quod typis exscribendum curavit E. Pfisterer[1].

Praeterea, quoniam altero bello universali factum est, ut ea quae in bibliothecis servatur librorum copia immutaretur, quam accuratissime studuimus indicare, ubinam invenirentur exemplaria Catechismorum Calvini, quae quidem illo vivente typis essent expressa. Igitur in praefatione duabus illis libris, quos praecipue contulimus, diligenter descriptis reliquas quoque Catechismorum recensiones et versiones usque ad annum 1564 editas secundum annorum seriem persecuti sumus; sed fusius eas describere non erat in animo, – praesertim cum multas earum inspicere non liceret, – sed hoc potius indicare, ubi terrarum hodie exemplaria invenirentur. De qua re apud plurimas bibliothecas sciscitati sumus.

1. Editio latina Argentoratensis 1545: cuius textus a nobis praebetur. f. [A 1]: CATECHISMUS || ECCLESIAE GENEVENSIS, || hoc est, formula erudiendi || pueros in doctrina || Christi. || *Authore Ioan. Caluino.* || Emblema || ARGENTORATI APVD VVEN – || *delinum Rihelium. Anno* || 1545. ||
f. A 2ʳ [–A 6ᵛ]: IOANNES CALVI= || NVS FIDELIBVS CHRISTI MINI- || stris, qui per Frisiam Orientalem || puram Euangelij doctrinam || annunciant. || lin. 6: CVM huc modis omni || lin. 21: sia propriam habeat, non est uehemen || p. A 6ᵛ, lin. 17: Geneue. 4. Calendas || Decembris. || 1545. || f. A 6ʳ [–D 7ᵛ]: DE FIDE. || lin. 2: Minister. || lin. 23: P. Quia || f. D 7ᵛ, lin. 16: Quam autem uiuendi regulā nobis || profuit ? || f. D 7ᵛ, lin. 18 [–G2ᵛ]: DE LEGE. || lin. 22: Quid ea continet ? || f. G 2ᵛ, lin. 19: uerbis, alibi fusius & plenius exequit. || f. G 2ᵛ, lin. 20 [–I 2ʳ]: DE ORATIONE. || f. I 2ʳ, lin. 13: orandi normam referatur. || f. I 2ʳ, lin. 14 [–L 3ʳ]: DE SACRAMENTIS || lin. 21: agnoscamus bonoʀ?, omniū authorē, || f. L 3ʳ, lin. 19: à communicatione || reijciant. || f. L 3ᵛ [– L 4ᵛ]: PRECATIO || Matutina. || lin. 21: mum meum, is mihi semper sit propo / || situs || f. L 4ᵛ, lin. 19: deducat me in ter – || ra recta. || f. L 5ʳ [–L 6ʳ]: Cum adeunda est schola. || lin. 22: det spiritum, inquam, intelligenteɼ, ueri || f. L 6ʳ, lin. 3: & foedus suum notum illis faciet. || f. L 6ʳ, lin. 4 [–L 6ᵛ]: Benedictio mensae. || lin. 22: spiritualem doctrinae tuae panem, quo || f. L 6ᵛ, lin. 6: ni sermone, qui procredit ex ore Dei. || f. L 6ᵛ, lin. 7 [– L 7ʳ]: Post partum gratiarum actio. || lin. 22: melioris uitae, quā nobis sacro tuo Eu = || f. L 7ʳ, lin. 8: nostram appareat. Amen. || f. L 7ʳ, lin. 9 [–L 7ᵛ]: Sub noctem,

---

1) Vide supra p. 61 adn. 2

cum itur dor- || mitum. || lin. 21: meae inherere semper debet, bonitatis, || f. L 7^v, lin. 21: filium tuum. || Amen. || FINIS. || Forma: 8^0. – 88 fol. non numerata (11 quatern.); Sign. A 2–L 5, Lin.: 23; Tituli columnarum: f. A 3^v–A 6^v: PRAEFATIO. A 6^r–D 8^v: DE FIDE. D 8^r–G 3^v: DE LEGE. G 3^r–I 2^v: DE ORATIONE. I 2^r–L 3^r: DE SACRAMENTIS. L 4^v–L 7^r: v: PRECATIONES. r: PIAE. L 8^v: PRECATIONES PIAE. Typi: Romani maiores. f. A 2^r et A 6^r: initiale ligno exsculptum. Emblema: A 1^r: v. Paul Heitz, Elsaessische Büchermarken p. 58 tab. XXIX, 3; L 9^v: p. 58 tab. XXIX, 2.

Exemplaria exstant: Bibliothèque nationale de Strasbourg, Preußische Staatsbibliothek Berlin, Sächsische Landesbibliothek Dresden, Bibliothèque publique de Genève, Universitätsbibliothek Heidelberg, Library of the British Museum London, Provinzialbibliothek Neuburg a/Donau, Stadtbibliothek (Vadiana) St. Gallen, Oesterreichische Staatsbibliothek Wien, Zentralbibliothek Zürich.

A nobis mutata sunt: P. (Puerum) et M. (Ministrum) omisimus, sed quaestionem a responsione linea separavimus. Per dies Dominicas totus textus 52 c. divisus est. Quaestiones omnes numeratae et capitula gallica margini adscripta sunt.

2. Editio gallica Genavensis 1545: p. [1]: Le catechisme de || L'EGLISE DE GENE- || ue: c'est à dire, le Formulaire d'in- || struire les enfans en la Chrestienté: || faict en maniere de dialogue, ou le Mi- || nistre interrogue, & l'enfant respond. || Par *I. Caluin.* || Emblema || EPHES. II. || Le fondement de l'Eglise, est la doctrine des || Prophetes & des Apostres. || 1545. ||

p. 2^v: EPISTRE AV || LECTEVR. || Ce a esté une chose, que tousiours l'Eglise a eu || lin. 25: du tout cor – || rompue. p. 2r (–25v): DES ARTICLES || DE LA FOY. || Le ministre. || lin. 26: Par cela donc, nous voyons qu'il n'y a a || p. 25v. lin. 12: Quelle reigle nous a -il doñé pour nous || gouuerner? p. 25v (–41r), lin. 15: La Loy Sa Loy. || lin. 26: DIEV mesme: qui l'a donnée escrite à || p. 41r, lin. 15: partie de l'honnorer: parlons de la troi || siesme. || p. 41r (–55v), lin. 18: nous auons dict, que c'est de l'inuoquer || en toutes noz necessitez. || lin. 26: Si ainsi est. en quelle sorte nous est-il loi || p. 55v. lin. 26: Quel est le moyen de paruenir à un tel || bien? || p. 55r (–69v), lin. 2: Pour ce faire, il nous a laissé sa saincte || lin. 26: Le ministre || 69v. lin. 17: Fin du Catechisme. || f. I 5^r [– I 6^r]: ORAISON POVR DIRE || au matin en se leuant. || lin. 26: trauaillant tellemẽt pour mon corps & || f. I 6^r, lin. 8: droict chemin. || f. I 6^r [– I 7^r], lin. 25: tout le

cours de ma vie, vueilles aussi illu || f. I 7ʳ, lin. 17: stre alliance. ||
f. I 7ʳ [–I 8ᵛ], lin. 18: ORAISONS POVR || dire deuant le repas. ||
lin. 26: rassasiées de biens. || f. I 8ᵛ, lin. 17: bouche de Dieu. ||
f. I 8ᵛ [– I 8ʳ], lin. 18: ACTION DE GRA- || ces apres le repas.
lin. 26: nonces, de tous les benefices, que nous || f. I 8ʳ, lin. 13:
paroisse en nostre redemption. Amen. || f. I 8ʳ [–I 9ᵛ], lin. 14:
ORAISON POVR DI- || re deuant que dormir. || lin. 26: iamais, ie ne
t'oublie: mais que le souuenan || f. I 9 v., lin. 24: gneur Jesus
Christ, Amen. || FIN. ||

Forma: 8⁰. – 68 fol. numerata, 4 fol. non numerata (9 quatern.), lineae: 26. Sign. A 2–I 5. Errata numerorum pag.: legitur 5 pro 3, 9 pro 5, 12 pro 18, 51 pro 50, 55 pro 52, 59 pro 54, 63 pro 56. Tituli columnarum: p. 2ʳ: DES ARTICLES DE LA FOY. p. 5v–25v: v: DES ARTICLES r: DE LA FOY. p. 25ʳ: LES DIX COMMAND. p. 26v–41r: v: DES DIX r: COMMAND. p. 42v–54r: D'ORAISON. p. 55v–68r: v: DES r: SACREMENS. p. 69v: DES SACREMENS. Capitula margini adscripta. Typi: Romani minores. Epistre au lecteur: Typi Romani minimi. p. 2r: initiale ligno exsculptum. Emblema: p. 1r: Paul Heitz, Genfer Buchdrucker- und Verlegerzeichen, 1908, no. 103. Exemplar exstat: Bibliotheca Ducalis Gothana.

In eodem volumine inveniuntur: 1. La Somme || de Lescripture saincte. || ... || Nouuellement reueuee & || corrigee. 1544 (p. 288) [2. Catechisme] 3. ADVERTIS- || SEMENT TRES VTILE || ... *Par M. Iehan Caluin.* 1544 (p. 110) 4. La confession et raison de Maistre Noel Beda [A 1–H 4] 6. Petit traicte de la saincte Cene de nostre Seigneur Jesus Christ. Par Iean Calvin. 1542 (p. 70).

3. Catechismo cio e Formulario per ammaestare i fanciulli ne la religione christiana fatto in modo di dialogo. s. l. 1545.

Hanc primam editionem italicam esse videtur et in CR non nominatur.

Exemplar exstat: Bibliothèque du Musée hist. de la Réformation à Genève.

4. Catechismus ecclesiae Geneuensis, hoc est, formula erudiendi pueros in doctrina Christi. – Authore Ioanne Caluino. – Augustae Vindelicorum apud Philippum Vlhardum. (MDXLVII) Exemplaria exstant: Bayerische Staatsbibliothek München (2 exempl.), Oesterreichische Staatsbibliothek Wien, Bibliothèque du Musée hist. de la Réformation à Genève.

5. LE CATE- || CHISME || De Geneue: c'est a dire, || le Formulaire || d'instruire les enfans en la Chre- || stiente fait en maniere de || dialogue, ou le Ministre || interrogue, et l'enfant respond. || || Par Iean Caluin. || Ephes. 2. || Le fondement de l'Eglise est la

CATECHISMUS ECCLESIAE GENEVENSIS

doctrine || des Prophetes et des Apostres. || A GENEVE PAR || Iean Girard. || 1548. ||
Forma: 16⁰ minor., fol. A – I (9 quaternion.), paginae: 133 numeratae, 11 non numeratae. Adnotationem manu Eduardi Reuss scriptam continet: in nulla alia bibliotheca publica exstare videtur.
Exemplar exstat: Bibliothèque nationale de Strasbourg (unicum).

6. Le catechisme de Geneve, C'est a dire le formulaire d'instruire les enfans en la chrestienté, fait en maniere de dialogue, ou le ministre interrogue, et l'enfant respond. Geneve, Iean Girard, 1549.
Exemplaria exstant: Bibliothèque du Musée de la Réformation à Genève, Bayerische Staatsbibliothek München.

7. Ad calcem Institutionis totius Christianae religionis, Genevae, ex officina Ioannis Gerardi Typographi, 1550, p. 679 – 735 Catechismus Latinus recusus est. Vide vol. III p. XXVI. Forma: 4⁰.
Exemplaria exstant: University Library Cambridge, Kreisbibliothek Dillingen, Bibliothek des Nationalmuseums Nürnberg, Bodleian Library Oxford, Bibliothèque nationale de Paris, Bibliothèque nationale de Strasbourg.

8. Eodem modo Catechismus Latinus ad calcem Institutionis a. 1550 sed apud Rob. Steph. impressus invenitur. Exemplar exstat: Universitätsbibliothek Göttingen.

9. CATECHISMUS || Ecclesiae Geneuēsis, || HOC EST, FORMULA || erudiendi pueros in doctrina Christi. || || IO. CALVINO AUTHORE. || || GENEVAE || M. D. L. ||
p. 132: EXCUSUM GENEVAE, A- || PUD IOANNEM CRI- || SPINUM, CONRADI || BADII OPERA. AN- || NO M. D. L. PRIDIE || NON. IVNII. ||
Forma: 8⁰ minor, sig. A2–I2 (8 quaternion.), paginae: 132 numeratae; Typi: Romani.
Exemplaria exstant: Zentralbibliothek Zürich, Stadtbibliothek Bern, University Library Cambridge, Kantonsbibliothek Chur, Biblioteca nazionale centrale Firenze, Bayerische Staatsbibliothek München, Bodleian Library Oxford, Oesterreichische Staatsbibliothek Wien, Bibliothèque publique de Genève.

10. CATECHISMO || A SABER ES FORMULARIO || para instruyr los mochachos en la Chri- || stianidad: Hecho a manera de Dia- || logo, donde el Ministro de la Yglesia pregunta, y || el mochacho re- || sponde. || || Transladado de Frances en Espanol. || || Ephe. 2. || El fundamento de la Yglesia, es la doctri- || na de los Prophetas y Apostoles. || || 1550. ||

Forma: 8⁰, sign. A2–H2 (7 Quaternion.), paginae: 115 numeratae, 3 non numeratae; erratum: p. 62 pro 61, Typi: Romani. Sine typographo et loco.
Exemplaria exstant: Zentralbibliothek Zürich, University Library Cambridge, Sächsische Landesbibliothek Dresden, Universitätsbibliothek Göttingen, Bibliothèque du Musée hist. de la Réformation à Genève.

11. CATECHISMUS || Ecclesiae Gene- || uensis, hoc est, Formula erudiendi pueros in doctrina Christi. || IOANNE CALVINO AUTHORE || || GENEVAE. || *Ex officina Ioannis Crispini.* || M. D. LI. ||
Forma: 8⁰ minor., fol. A–H (8 Quaternion.), paginae: 127 numeratae, ultima vacua.
Exemplaria exstant: Bibliothèque du Musée hist. de la Réformation à Genève, Oesterreichische Staatsbibliothek Wien.

12. Στοιχείωσις τῆς Χριστιανῶν πίστεως. Rudimenta fidei christianae. Libellus apprime utilis, nunc primum in lucem aeditus. Παρὰ Ρωβέρτῳ Στεφάνῳ, ᾳφνά (1551).
Forma: 8⁰.
Exemplaria exstant: Preußische Staatsbibliothek Berlin, Bibliothèque publique de Genève, Universitätsbibliothek Göttingen, Bodleian Library Oxford, Bibliothèque nationale de Paris, Württembergische Landesbibliothek Stuttgart.

13. Bibliotheca Stuttgartensis exemplar simile a. 1551, Genevae, sine typographo, praebet.

14. Catechismo, cio e formolario per ammaestrare é fanciulli nella Christiana religione: fatto in modo di dialogo: oue il Ministro della chiesa dimanda, e'l fanciullo rispondo. Compesto in Latino & Frances. per Gioanni Caluino. & tradotto fedelemente in Italiano per G. Domenico Gallo Caramagnese. Geneva: Adamo & Giouanni Riueriz 1551.
Forma: 8⁰; paginae: 150.
Exemplaria exstant: University Library Cambridge, Biblioteca nazionale centrale Firenze, Herzog August-Bibliothek Wolfenbüttel.

15. Le Catechisme de Geneve, c'est à dire, Le formulaire d'instruire les enfans en la Chrestienté. Londini. 1552.
Forma: 8⁰.
Exemplaria exstant: Library of the British Museum London, Bodleian Library Oxford.

16. Catechismus gallicus a. 1552, sed Genavae impressus.
Exemplaria exstant: University Library Cambridge, Oesterreichische Staatsbibliothek Wien.

17. Catechismus graeco-latinus (vide No. 12) a. 1552, apud Robertum Stephanum.
Form : 8^0.
Exemplar exstat: Bodleian Library Oxford.

18. Catechismus Ecclesiae Geneuensis habetur in: Ioannis Caluini opuscula omnia in vnum volumen collecta. Genevae apud Ioannem Gerardum 1552. p. 152 sqq.
Exemplar exstat: Universitätsbibliothek Heidelberg.

19. Catechisme || c'est a dire le formu- || laire d'instruire les enfans en la Chrestien- || te, faict en maniere de dialogue, ou le Mi- || nistre interrogue, & l'enfant respond || par iehan calvin. || (Emblema Stephanorum) || L'Oliue de Robert Estienne. || M. D. LIII. || ephes. II. || Le fondement de l'Eglise est la doctrine des Prophetes, & des || Apostres. ||
Forma: 8^0 minor.; sign. a–h (quaternion. $7^1/_2$), paginae: 117 numeratae. Sequitur: La maniere d'interroguer les enfans qu'on veut recevoir à la Cene de nostre Seigneur Iesus Christ.
Exemplaria exstant: Bibliothèque publique de Genève, Bibliothèque universitaire de Lausanne, Bibliothèque nationale de Paris.

20. Le catéchisme, c'est-à-dire le formulaire d'instruire les enfans en la chrestienté. s. l., 1553, apud A. et E. Riveriz.
Forma: 18^0.
Exemplar exstat: Bibliothèque publique de Genève.

21. Catechismus gallicus Parisiensis a. 1553.
Exemplar exstat: Sächsische Landesbibliothek Dresden. Descriptio nobis deest.

22. Catechismus latinus ad calcem Institutionis recusus, Genevae, Oliua Roberti Stephani, 1553. Vide: Editio nostra vol. III p. XXX.
Exemplar exstat: Bodleian Library Oxford.

23. Le Catechisme latin – françois. c'est à dire Le Formulaire d'instruire les enfans en la Chrestienté. – M. D. LIIII.
Exemplar exstat: Oesterreichische Staatsbibliothek Wien. Descripto nobis deest.

24. Catechismus sive christianae religionis institutio, Hebraice versus ab Imman. Tremellio. Parisiis, R. Stephanus. 1554.
Forma: 16^0.

Exemplaria exstant: University Library Cambridge, Bibliothèque publique de Genève, Württembergische Landesbibliothek Stuttgart, Bibliothek der Universität Basel.

25. The Catechisme or manner to teache children the Christian religion, wherein the Minister demandeth the question, and the childe maketh answere. Geneva, Iohn Crespin 1556.
Paginae: 155.
Exemplaria exstant: University Library Cambridge, National Library Edinburgh, Library of the British Museum London, Bodleian Library Oxford.

26. Catechismus / oder Fragstucken / Jo. Caluini. Der Christlichen Jugend vast nützlich. – Getruckt zu Basel, by Jacob Kündig / durch Jacob Derbilly / im jar M. D. LVI. im Höwmonat.
Forma: 8^0.
Exemplaria exstant: Bibliothèque du Musée hist. de la Réformation à Genève, Staatliche Bibliothek Regensburg, Württembergische Landesbibliothek Stuttgart, Oesterreichische Staatsbibliothek Wien, Bibliothek der Universität Basel.

27. Le Catechisme, ad calcem editionis Bibliorum Gallicorum, apud Nic. Barbier et Thom. Courteau, Genevae, 1559 impressorum.
Exemplar exstat: Bibliothèque nationale de Strasbrurg.

28. CATECISMO, || QUE SIGNIFICA, || FORMA DE IN- || strucion ... (que contiene los principios de la religion de Dios, util y necessario para todo fiel Christiano: compuesto en manera de dialogo, donde pregunta el maestro, y responde el discipulo.) || (Emblema Ioannis Crispini) || PSAL. CXIX || NVEVAMENTE IMPRESSO || Año de || 1559. || (s. l.)
Forma: 8^0; paginae: 164 numeratae, erratum: p. 155 pro 164.
Exemplaria exstant: Bibliothèque du Musée hist. de la Réformation à Genève, Bibliothèque nationale de Strasbourg.

29. Catechismus Ecclesiae Geneuensis. Excudebat N. Barbirius & T. Courteau. Genevae. 1560.
Exemplaria exstant: Library of the British Museum London, Universitätsbibliothek Jena (partem huius textus possidens).

30. Versio anglica: by Ihon Kingston 1560.
Altera editio ante a. 1565.
Exemplar exstat: University Library Cambridge.

31. CATECHISMVS || LATINO – GALLICUS.

LE CATECHISME || LATIN – FRANCOIS: || C'eſt a dire, || Le formulaire d'instruire les enfans en || la Chrestiente. || Auquel eſt adiouſtee la maniere d'adminiſtrer les || Sacremens et de celebrer le Mariage: || auec les prieres Eccleſiaſti– || ques, et autres oraiſons Chreſtiennes. || Le tout Latin – François. || (Emblema Barbirii) || par Nicolas Barbier et Thomas Courteau, || M. D. LXI. ||

Forma: 8⁰ minor.; sign. b–q (14 quaternion.), paginae: paginae numeratae a p. 17 usque ad p. 250. Ceteram descriptionem vide CR opp. Calvin. VI p. XI sq.

Exemplaria exstant: University Library Edinburgh, Library of the British Museum London, Herzog August-Bibliothek Wolfenbüttel.

32. Versio anglica: Included in The forme of prayers and administration of the sacramentes, &c. used in the Englishe Congregation at Geneva. 1561.

Exemplar exstat: University Library Cambridge.

33. Le catéchisme, c'est-à-dire le formulaire d'instruire les enfans en la chrestienté, fait en manière de dialogue. Par J. Rivery, 1561.

Forma: 8⁰. Catechismus textum Liturgiae Genavensis sequitur.

Exemplar exstat: Bibliothèque publique de Genève.

34. Catechismus gallicus, in editione Psalmorum Clementis Maroti et Theodori Bezae, excudebat Franciscus Iaquy pour Antoine Vincent. 1562. (s. l.)

Forma: 8⁰. In exemplari bibliothecae Argentoratensis manu XIX. saec. scriptum est: à Lion.

Exemplaria exstant: Bibliothèque nationale de Strasbourg, Library of the British Museum London, Bibliothèque nationale de Paris.

35. In CR (opp. Calvin. VI p. XII) de eadem editione cum Novo Testamento gallico eiusdem anni et officinae ligata legimus, sed a nobis inveniri non potest.

36. Catechismus ecclesiae Geneuensis. Excudebat Poulandus Halleus. Londini. 1562.

Forma: 8⁰.

Exemplar exstat: Bodleian Library Oxford.

37. Catechismus ecclesiae genevensis hoc est formula erudiendi pueros in doctrina Christi. Genevae excudebat Nic. Barbirius et Th. Courteau, 1562.

Forma: 8⁰.

Exemplaria exstant: University Library Cambridge, Bibliothèque publique de Genève.

38. Le Catechisme, c'est à dire le Formulaire d'instruire les enfants en la chrestienté, fait en manière de dialogue, où le ministre interrogue et l'enfant respond. Apud J. Rivery. 1563.
Exemplar exstat: Bibliothèque nationale de Paris.

39. Catechismus gallicus in nova editione Psalterii inter Liturgiam et Confessionem Fidei: A LYON || Par Jan de Tournes. || POUR ANTOINE VINCENT. || – M. D. LXIII. ||
Forma: 8⁰. Sign. d5–o3, paginae: 155 numeratae.
Exemplaria exstant. Bibliothèque nationale de Strasbourg, Library of the British Museum London, Bodleian Library Oxford.

40. Duae bibliothecae eandem editionem (No. 39), sed forma quaternaria, possident.
Exemplaria exstant: Bibliothèque nationale de Paris, Bibliothèque nationale de Strasbourg.

41. Aliam editionem catechismi cum Psalterio excudebat 1564 Gabriel Cotier, Lugdunensis.
Forma: 8⁰.
Exemplar exstat: Bodleian Library Oxford.

42. ΣΤΟΙΧΕΙΩΣΙΣ ΤΗΣ || Χριστιανῶν πίστεως, ἢ κατηχισμός, || κατὰ τὴν παλαιὰν ὀνομασίαν. || Τούτῳ καὶ τύπος τῶν ἐκκλησιαστικῶν προσε – || τέθη εὐχῶν. || RUDIMENTA FIDEI || Christianae, vel Rudis et elementa- || ria quaedam institutio: quam Cate- || chismum veteres appellarunt. || Huic addita est Ecclesiasticarum precum || formula. || Graece et Latine. || (Emblema) || ANNO M. D. LXIII. || EXCUDEBAT H. STEPH. || illustris uiri Huldrici Fuggeri typogr. ||
Forma: minima; sign. A–Y (22 quaternion.); paginae: 352 numeratae. Emblema: Oliva Stephanorum. Praefationes duae graecae, altera pedestri sermone, altera iambis concepta, translatoris Henrici Stephani praemittuntur. Hic legimus: Posterior haec Catechismi graeci editio ea a priore differt, quod illa gallico, haec autem latino autoris catechismo magis respondentem interpretationem habeat. – Ergo Oxonii exemplar (Bodleian Library Oxford) a. 1552 (No. 17), textum a. 1551 iterum impressum esse videtur.
Exemplaria exstant: Bibliothèque publique de Genève, Library of the British Museum London, Bibliothèque nationale de Paris, Bibliothèque nationale de Strasbourg, in quo exemplari manu Eduardi Reuss falso, id unicum esse, scriptum est.

43. Catechismus, der evangelischen Kirchen in Frankreich gestelt in Frag und Antwort. Heydelberg, gedruckt durch Johannem Mayer, 1563.
Forma: 8^0 minor.
Exemplaria exstant: University Library Cambridge, Bibliothèque publique de Genève.

44. Denique Bibliotheca Argentoratensis libellum possidet, qui Catechismum inter Liturgiam et Confessionem Fidei Genavensem continet. Titulo libri deficiente annum natalem ignoramus, sed ex confessionis textu non ante annum 1558 scriptum esse videtur. CR (opp. Calvin VI p. XI) textum Genavae impressum esse putat.

LE || CATECHISME, || C'EST A DIRE || Le formulaire d'instruire les en- || fans en la Chrestienté, fait en maniere de Dialogue ,ou le Ministre || interrogue, ⁊ l'enfant respond. ||

Forma: minima; sign. A–L (11 quaternion.), paginae: 173 numeratae. Textus catechismi invenitur: p. 48–142. Manu Eduardi Reuss scriptum est: Exemplar unicum.

Exemplar exstat: Bibliothèque nationale de Strasbourg (unicum).

IOANNES CALVINUS, FIDELIBUS CHRISTI MINISTRIS, QUI PER FRISIAM ORIENTALEM PURAM EVANGELII DOCTRINAM ANNUNCIANT.

Cum huc modis omnibus eniti nos conveniat, ut inter nos reluceat illa, quae tantopere a Paulo commendatur fidei unitas ad hunc certe finem potissimum solennis fidei professio, quae Baptismo communi annexa est, debebat referri. Proinde hic non perpetuum modo inter omnes consensum in pietatis doctrina constare: sed unam quoque ecclesiis omnibus esse Catechismi formam optandum esset: Verum, quia multas ob causas vix unquam id poterit obtineri, quin suam quaeque ecclesia propriam habeat, non est vehementius pugnandum: modo tamen ea sit in docendi modo varietas, qua ad unum Christum dirigamur omnes, cuius veritate inter nos copulati, sic in unum corpus coalescamus unumque spiritum, ut eodem simul ore, quaecunque ad fidei summam spectant, praedicemus. Ad hunc scopum qui non intendunt Catechistae, praeterquam quod dissidii materiam in religione serendo capitaliter nocent ecclesiae, impiam quoque baptismi profanationem inducunt. Quae enim amplius baptismi utilitas, nisi maneat hoc fundamentum, ut consentiamus omnes in unam fidem? Quo diligentius cavere debent, qui Catechismos edunt in publicum, ne quid temere proferendo, non in praesens modo, sed etiam ad posteros, tum gravem pietati noxam, tum exitiale Ecclesiae vulnus infligant. Hoc ideo praefari volui, ut id me quoque, sicuti par erat, non postremo loco spectasse, testatum esset lectoribus, ne quid in isto meo catechismo traderem, nisi receptae inter omnes pios doctrinae consentaneum. Atque id ipsum, quod profiteor, non vanum esse comperient, qui candorem in legendo sanumque iudicium adhibuerint. Certe me consequutum esse confido, ut labor meus bonis omnibus, si non satisfaciat, gratus tamen sit, ut qui utilis ab ipsis censeatur. Quod autem latinum feci, in eo si forte quibusdam non probabitur meum consilium, eius tamen multae rationes mihi constant, quas nunc referre omnes nihil attinet: eas tantum eligam, quae ad vitandam reprehensionem sufficere videantur. Primum in hoc tam confuso dissipatoque Christiani nominis statu, utile esse iudico, exstare publica testimonia, quibus ecclesiae, quae longis alioqui locorum spaciis dissitae, consentientem habent in Christo doctrinam, se mutuo

agnoscant.. Praeterquam enim quod ad mutuam confirmationem non parum istud valet: quid magis expetendum, quam ut sibi ultro citroque gratulantes, piis votis aliae alias Domino commendent? solebant olim in hunc finem Episcopi, quum adhuc
5 staret inter omnes vigeretque fidei consensus, synodales epistolas trans mare mittere: quibus, tanquam tesseris, sacram inter ecclesias communionem sancirent. Quanto nunc, in hac tam horrenda Christiani orbis vastitate, magis necesse est, paucas ecclesias, quae Deum rite invocant, et eas quidem dispersas, et
10 undique circumseptas profanis Antichristi synagogis, hoc sanctae coniunctionis symbolum dare vicissim et accipere, unde ad illum, quem dixi, complexum incitentur? Quod si hoc adeo est hodie necessarium: quid de posteritate sentiemus? De qua ego sic sum anxius, ut tamen vix cogitare audeam. Nisi enim mira-
15 biliter Deus e coelo succurerit, videre mihi videor extremam
[7.8] barbariem impendere orbi. Atque¹ utinam non paulo post sentiant filii nostri, fuisse hoc verum potius vaticinium, quam coniecturam. Quo magis elaborandum nobis est, ut qualescunque ecclesiae reliquias, quae post mortem nostram restabunt,
20 vel etiam emergent, scriptis nostris colligamus. Et alia quidem scriptorum genera, quis noster omnium fuerit in religione sensus, ostendent: sed illustriore documento, quam inter se habuerint ecclesiae nostrae doctrinae concordiam, perspici non poterit, quam ex catechismis. Illic enim non modo quid semel docuerit
25 unus homo, aut alter, apparebit: sed quibus a pueritia rudimentis imbuti perpetuo fuerint apud nos docti simul atque indocti: ut haberent hoc omnes fideles, quasi solenne Christianae communionis symbolum. Atque haec sane praecipua mihi fuit edendi huius catechismi ratio. Valuit tamen non parum haec
30 quoque altera, quod eum a plurimis desiderari audiebam, quia lectu non indignum fore sperarent. Iudicione id an errore, pronunciare non est meum: sed eorum tamen voto morem gerere aequum fuit. Quin etiam iniecta mihi propemodum necessitas erat, ne liceret impune detrectare. Nam quum ante annos sep-
35 tem edita a me esset brevis religionis summa sub Catechismi nomine: verebar nisi hoc in medium prolato anteverterem, ne illa, quod nolebam, rursum excuderetur. Bono igitur publico si vellem consultum, curare me opportuit, ut hic, quem ego praeferebam, locum occuparet. Praeterea ad exemplum pertinere
40 arbitror, re ipsa testatum fieri mundo, nos qui Ecclesiae restitutionem molimur, ubique in hanc partem fideliter incumbere, ut saltem catechismi usus, qui aliquot antehac saeculis sub Papatu abolitus fuit, nunc quasi post liminio redeat. Nam neque satis pro sua utilitate commendari potest sanctum hoc institu-

tum: nec Papistis satis exprobrari tam flagitiosa corruptela, quod illud in pueriles vertendo ineptias, non modo sustulerunt e medio, sed eo quoque ad impurae et impiae superstitionis praetextum turpiter sunt abusi. Adulterinam enim illam confirmationem, quam in eius locum subrogarunt, instar meretricis magno caeremoniarum splendore, multisque pomparum fucis sine modo ornant: quin etiam dum ornare volunt, exsecrandis blasphemiis adornant, dum sacramentum esse iactant baptismo dignius: vocantque semichristianos, quicunque foetido suo oleo non fuerint infecti: interim vero tota eorum actio nihil quam histrionicas gesticulationes continet: vel potius lascivos simiarum lusus, absque ulla aemulationis arte.

Vos autem fratres mihi in Domino chariss(imi), quibus ipsum nuncuparem, ideo elegi, quia praeterquam quod me amari a vobis, et plerosque etiam vestrum scriptis meis delectari nonnulli ex vestro coetu mihi indicaverant: id quoque nominatim postularant a me per literas, ut hunc laborem sua gratia susciperem. Alioqui una illa satis iusta futura erat ratio, quod pridem ex piorum et gravium virorum relatu ea de vobis intellexi, quae animum vobis meum penitus obstringerent. Nunc vero, quod vos sponte facturos confido, peto tamen a vobis, ut hoc benevolentiae erga vos meae testimonium boni velitis consulere. Valete. Dominus vos sapientiae, prudentiae, zeli et fortitudinis spiritu indies magis ac magis augeat in ecclesiae suae aedificationem. Genevae. 4. Calendas Decembris. 1545.

DE FIDE.

c. 1.

1. Quis humanae vitae praecipuus est finis? — Ut Deum, a quo conditi sunt homines[a], ipsi noverint. — *La fin de nostre vie*

2. Quid causae habes, cur hoc dicas? — Quoniam nos ideo creavit, et collocavit in hoc mundo, quo glorificetur in nobis. Et sane vitam nostram, cuius ipse est initium, aequum est in eius gloriam referri.

3. Quod vero est summum bonum hominis? — Illud ipsum.

4. Quamobrem id tibi summum bonum habetur? — Quia eo sublato, infoelicior est nostra conditio, quam quorumvis brutorum. — *Le souverain bien des hommes*

5. Ergo vel inde satis perspicimus, nihil posse homini infoelicius contingere, quam Deo non vivere. — Sic res habet.

6. Porro, quaenam vera est ac recta Dei cognitio? — Ubi ita cognoscitur, ut suus illi ac debitus exhibeatur honor.

7. Quaenam vero eius rite honorandi est ratio? — Si in eo sita sit tota nostra fiducia: si illum tota vita[b] colere, voluntati eius obsequendo, studeamus: si eum, quoties aliqua nos urget necessitas, invocemus, salutem in eo quaerentes, et quidquid expeti potest bonorum: si postremo, tum corde, tum ore, illum bonorum omnium solum authorem agnoscamus. — *La maniere de bien honnorer Dieu gist en 4 poinctz*

c. 2.

8. Verum, ut haec discutiantur ordine, et fusius explicentur: quod in hac tua partitione[c] primum est caput? — Ut totam[d] in Deo fiduciam nostram collocemus. — *Le premier poinct pour honnorer Dieu est se fier en luy*

9. Qualiter autem id fiet? — Ubi omnipotentem noverimus, et perfecte bonum.

10. Satisne hoc est? — Nequaquam.

11. Quamobrem? — Quia indigni sumus, quibus adiuvandis potentiam exserat, et in quorum salutem[e], quam bonus sit, ostendat.

---

a) a quo ... homines > *cat. gall.*   b) tota vita > *cat. gall.*
c) *1545 falso:* petitione; in ... partitione > *cat. gall.*   d) > *cat. gall.*   e) in ... salutem > *cat. gall.*

12. Quid ergo praeterea opus est ? – Nempe ut cum animo suo quisque nostrum statuat, ab ipso se diligi, eumque sibi et patrem esse velle, et salutis authorem.

13. Unde autem nobis id constabit ?–Ex verbo ipsius scilicet, ubi suam nobis misericordiam in Christo exponit, et de amore erga nos suo testatur.

Fondement pour avoir confiance (Joh. 17,3) **14.** Fiduciae ergo in Deo collocandae fundamentum ac prinpium est, eum in Christo novisse. – Omnino.

15. Nunc, quaenam sit huius cognitionis summa, paucis audire abs te velim[a]. – In fidei confessione, vel potius in formula confessionis[b], quam inter se communem habent Christiani omnes, continetur. Eam vulgo symobolum Apostolorum vocant[c], quod ab initio Ecclesiae recepta semper fuerit inter omnes pios[d]: et quod vel ab ore Apostolorum excepta fuerit, vel ex eorum scriptis fideliter collecta.

Le Symbole des Apostres **16.** Recita.[1] – Credo in Deum patrem omnipotentem, creatorem coeli et terrae: et in Iesum Christum filium eius unicum, Dominum nostrum, qui conceptus est e Spiritu sancto, natus ex Maria virgine, passus sub Pontio Pilato, crucifixus, mortuus, et sepultus, descendit ad inferos, tertia die resurrexit ex mortuis, ascendit in coelum, sedet ad dexteram Dei patris omnipotentis, inde venturus ad iudicandum vivos et mortuos. Credo in spiritum sanctum, sanctam Ecclesiam catholicam, sanctorum communionem, remissionem peccatorum, carnis resurrectionem, vitam aeternam, Amen.

c. 3.

17. Ut penitius intelligantur singulae[e]: in quot partes hanc confessionem dividemus ? – In quatuor praecipuas.

4 parties **18.** Eas mihi recense[f]. – Prima ad Deum patrem spectabit: Secunda erit de filio eius Iesu Christo, quae etiam totam redemptionis humanae[g] summam complectitur. Tertia erit de spiritu sancto. Quarta de Ecclesia et divinis in ipsam beneficiis.

De la Trinité **19.** Quum non nisi unus sit Deus: cur hic mihi tres commemoras, patrem, filium, et spiritum sanctum ? – Quoniam in una Dei essentia patrem intueri nos convenit, tanquam principium et originem, primamve rerum omnium causam: deinde filium,

---

a) paucis ... velim > *cat. gall.*   b) vel ... confessionis > *cat. gall.*   c) *cat. gall.*: + pource que c'est un sommaire de la vraye creance   d) inter ... pios *cat. gall.*: en la Chrestienté   e) *cat. gall.*: ceste confession par le menu   f) eas ... recense *cat. gall.*: Quelles?   g) *cat. gall.*: nostre

qui sit aeterna eius sapientia: postremo spiritum sanctum, tanquam eius virtutem[a] per omnia[b] quidem diffusam, quae tamen perpetuo in ipso resideat.

20. Inde significas, nihil esse absurdi, si in una divinitate distinctas[c] constituamus has tres personas, Deumque propterea non dividi. — Ita est.

21. Recita iam primam partem. — Credo in Deum patrem omnipotentem, creatorem coeli et terrae. *Le premiere partie*

22. Cur patrem nominas? — Christi primum quidem intuitu: qui et sapientia eius[d] est, ab ipso genita ante omne tempus, et missus[e] in hunc mundum[f], declaratus fuit eius filius. Hinc tamen colligimus, quum Deus Iesu Christi sit pater, nobis quoque esse patrem. *Pere*

23. Quo sensu nomen illi omnipotentis tribuis? — Non hoc modo potentiam ipsum habere, quam non[g] exerceat: sed omnia[h] ipsum habere sub potestate et manu: providentia sua gubernare mundum arbitrio suo omnia constituere: omnibus creaturis, prout visum est, imperare[i]. *Qu'emporte la puissance de Dieu*

24. Itaque non ociosam Dei potentiam fingis: sed talem esse reputas[k], quae manum operi semper admotam habeat: sic ut nihil, nisi per ipsum, eiusque decreto[l], fiat. — Sic est. *La puissance de Dieu ne est pas oysive*

c. 4.

25. Quorsum addis creatorem coeli et terrae? — Quoniam per opera se nobis patefecit: in illis quoque nobis quaerendus est. Neque enim essentiae eius capax est mens nostra. Est igitur mundus ipse veluti speculum quoddam, in quo eum possimus inspicere: quatenus eum cognoscere nostra refert. *Ps. 104 m Rom. 1, 20 Miroir pour contempler Dieu*

26. Per coelum et terram an non quidquid praeterea creaturarum[n] exstat, intelligis? — Imo vero: sed his duobus nominibus continentur omnes[o], quod aut coelestis sint omnes aut terrenae.

---

a) *cat. gall.*: + et puissance   b) *cat. gall.*: sur toutes creatures   c) *1545 falso:* distincta   d) sapientia eius *cat. gall.*: la Parolle eternelle   e) *cat. gall.*: manifesté   f) *cat. gall.*: + approuvé et g) *cat. gall.*: ne ... plus   h) *cat. gall.*: toutes creatures   i) providentia ... imperare *cat. gall.*: qu'il dispose toutes choses par sa providence: gouverne le monde par sa volunté: et conduit tout ce qui se fait selon que bon luy semble.   k) talem ... reputas *cat. gall.*: emporte davantage   l) *cat. gall.*: son congé et son ordonnance   m) *1545 falso:* 14   n) *cat. gall.*: le residu des creatures   o) > *cat. gall.*

de la providence de Dieu

27. Cur autem Deum creatorem duntaxat nuncupas? Cum tueri conservareque in suo statu creaturas multo sit praestantius, quam semel condidisse? – Neque vero hac particula indicatur tantum, sic opera sua Deum semel creasse, ut[a] illorum postea curam abiecerit. Quin potius sic habendus est, mundum, ut semel[b] ab eo fuit conditus, ita nunc ab eo conservari: nec aliter[c] et terram, et alia omnia stare, nisi quatenus eius virtute et quasi manu sustinentur[d]. Praeterea, cum sic omnia sub manu habeat, inde etiam conficitur, summum esse moderatorem omnium ac Dominum[e]. Itaque, ex quo creator est coeli ac terrae, intelligere convenit, eum esse unum qui sapientia, bonitate, potentia[f], totum naturae cursum atque[g] ordinem regat: qui pluviae simul ac siccitatis, grandinum, aliarumque tempestatum, ac serenitatis[h] sit author[i]: qui benignitate sua terram foecundet, eamque rursus, manum suam reducendo, sterilem reddat: a quo sanitas simul ac morbi proveniant[k]: cuius denique imperio subiaceant omnia et nutui obsequantur[l].

Des diables

28. De impiis autem et diabolis[m] quid sentiemus? an eos quoque dicemus illi subesse? – Quanquam spiritu eos suo non gubernat: sua tamen potestate, tanquam freno, eos coercet: ut ne movere quidem se queant, nisi quoad illis permittit. Quinetiam voluntatis suae facit ministros, ut inviti ac praeter suum consilium exsequi, quod illi visum fuerit, cogantur.

Le diable ne peut rien sans Dieu

29. Quid ad te ex eius rei cognitione utilitatis redit? – Plurimum. Male enim ageretur nobiscum, si diabolis et impiis hominibus praeter Dei voluntatem quidquam liceret. Adeoque tranquillis animis nunquam essemus, nos eorum libidini[n] expositos esse cogitantes. Verum, tunc demum tuto conquiescimus[o], ubi frenari eos Dei arbitrio, et tanquam in arce[p] contineri scimus[q], ne quid, nisi eius permissu, possint: quum praesertim Deus ipse nobis se tutorem fore, salutisque praesidem receperit[r].

---

a) *cat. gall.:* + de les delaisser   b) *cat. gall.:* au commancement   c) *cat. gall.:* + le ciel   d) et ... sustinentur > *cat. gall.*   e) summum ... Dominum *cat. gall.:* qu'il en a le gouvernement et maistrise   f) *cat. gall.:* bonté, vertu, et sagesse   g) cursum atque > *cat. gall.*   h) *cat. gall.:* + fertilité et sterilité, santé et maladies   i) sit author *cat. gall.:* envoye   k) qui ... proveniant > *cat. gall.*   l) et ... obsequantur *cat. gall.:* pour s'en servir selon qu'il luy semble bon.   m) impiis ... diabolis *cat. gall.:* des diables et des meschans   n) *cat. gall.:* dangier   o) *cat. gall.:* + et resiouir   p) *1545 falso:* arte   q) et ... scimus > *cat. gall.*   r) salutisque ... receperit *cat. gall.:* et de nous deffendre

c. 5.

30. Nunc ad secundam partem veniamus. — Ea est: credere nos in Iesum Christum filium eius unicum, Dominum nostrum[a]. — La 2. partie

[20] 31. Quid praecipue complectitur?[b] — Filium Dei nobis esse servatorem[c]: simulque I modum explicat, quo nos a morte redemerit, vitamque[d] acquisierit.

32. Quid sibi vult nomen Iesu, quo eum appellas? — Quod Graecis significat nomen σωτῆρος Latini proprium nomen non habent, quo bene vis eius exprimatur. Itaque[e] salvatoris vocabulum vulgo receptum fuit. Porro filio Dei[f] hanc appellationem indidit angelus, ipsius Dei iussu. — Mat. 1, 21

33. Estne hoc pluris, quam si homines illi indidissent? — Omnino. Nam quum sic nuncupari velit Deus, talem quoque esse prorsus necesse est.

34. Quid deinde valet nomen Christi? — Hoc epitheto melius etiamnum exprimitur eius officium. Significat enim unctum esse a patre in regem, sacerdotem[g] ac prophetam. — Qu'emporte le tiltre de Christ

35. Qui scis istud? — Quoniam ad hos tres usus[h] scriptura unctionem accommodat. Deinde haec tria, quae diximus, saepe Christo tribuit.

36. Sed quo olei genere unctus fuit? — Non[i] visibili: quale in consecrandis[k] antiquis Regibus, Sacerdotibus et Prophetis fuit adhibitum, sed praestantiori[l]: hoc est spiritus sancti gratia, quae veritas est externae illius unctionis[m]. — Esa. 61, 1 Psal. 45, 8

37. Quale vero hoc eius[o] regnum est, quod commemoras? — Spirituale, quod verbo et spiritu Dei continetur: quae iustitiam et vitam secum ferunt[p]. — Royaume de Christ

38. Sacerdotium vero? — Officium est ac praerogativa, sistendi se in Dei conspectum, ad obtinendam gratiam[q]: et sacrificii, quod illi acceptum sit, oblatione iram eius placandi. — Prestrise de Christ

39. Iam quo sensu prophetam Christum nominas? — Quia quum in mundum descendit, patris se legatum apud homines, — Christ Prophete

---

a) Ea ... nostrum *cat. gall.*: Et en Iesus Christ, son Filz unique, etc.
b) *cat. gall.*: + que nous recongnoissons   c) *cat. gall.*: + nostre
d) *cat. gall.*: et salut   e) Quod ... Itaque > *cat. gall.*   f) *cat. gall.*: luy   g) *cat. gall.*: + or Sacrificateur   h) *cat. gall.*: choses
i) *cat. gall.*: + d'une huile   k) > *cat. gall.*   l) fuit ... praestantiori > *cat. gall.*   m) *cat. gall.*: + qui se faisoit le temps passé   n) *cat. gall. falso*: Psal. 44   o) > *cat. gall.*   p) quod ... ferunt *cat. gall.*: et consiste en la parolle et en l'Esprit de Dieu, qui contiennent iustice et vie.   q) *cat. gall.*: + et faveur

<small>Esa. 7, 14;
Ebr. 1, 1 sq.</small> et interpretem professus est[a]: idque lin eum finem, ut patris[b] [22] voluntate ad plenum exposita finem poneret revelationibus omnibus et prophetiis.

c. 6.

40. Sed percipisne inde fructum aliquem? — Imo non alio spectant omnia haec, nisi in bonum nostrum. Nam his donatus <small>Jehan 1,16</small> est Christus a patre[e] ut nobiscum ea communicet, quo ex eius plenitudine hauriamus omnes.

41. Edissere hoc mihi paulo fusius. — Spiritu sancto repletus, <small>Ephe. 4, 7
Christ
fontaine
de tout
bien</small> perfectaque omnium eius donorum[d] opulentia cumulatus fuit[e], quo nobis ea[f] impertiat, cuique scilicet pro mensura[g], quam nobis convenire novit pater. Ita ex eo[h], tanquam unico fonte, haurimus quidquid habemus bonorum spiritualium.

<small>De quoy
nous sert
le Royaume de
Christ</small> 42. Quid nobis confert eius regnum? — Nempe quod eius beneficio ad pie sancteque vivendum vindicati in libertatem conscientiarum[i], spiritualibusque eius divitiis instructi[k], potentia quoque armamur[l], quae ad perpetuos[m] animarum nostrarum hostes, peccatum, carnem, Satanam, et mundum[n], vincendos[o] sufficiat.

43. Ad quid autem sacerdotium conducit? — Primum, quod <small>Prestrise
de Christ
Ebr. 7. 8. 9.
10
Ebr. 13,
13—16</small> hac ratione mediator est noster, qui nos patri[p] reconciliet: deinde, quod per eum accessus nobis patefactus est ad patrem, ut in eius conspectu cum fiducia prodeamus[q], ipsi quoque nosque et nostra[r] omnia illi in sacrificium offeramus. Atque ita collegas nos quodammodo suos facit in sacerdotio.

<small>Prophetie
de Christ</small> 44. Restat prophetia. — Quum filio Dei[s] magisterii collatum sit[t] munus in suos: finis est, ut vera eos patris cognitione illu-

---

a) patris ... est *cat. gall.*: il a esté Messagier et Ambassadeur souverain de Dieu son Pere   b) *cat. gall.*: d'iceluy   c) a patre > *cat. gall.*   d) *1545 falso:* domus   e) perfectaque ... fuit *cat. gall.*: avec toutes ses graces en perfection   f) *cat. gall.*: + eslargir et   g) *cat. gall.*: + et portion   h) *1545 falso:* ea   i) ad ... conscientiarum *cat. gall.*: mis en liberté de consciences   k) *cat. gall.*: remplis; *cat. gall.*: + pour vivre en iustice et saincteté   l) *cat. gall.*: avons   m) > *cat. gall.*   n) peccatum ... mundum *cat. gall.*: le diable, le peché, la chair et le monde   o) *1545 falso:* vincendis   p) *cat. gall.*: à Dieu son Pere   q) per ... prodeamus *cat. gall.*: par son moyen nous avous accez pour nous presenter aussi à Dieu; r) et nostra omnia *cat. gall.*: avec tout ce qui procede de nous   s) *cat. gall.*: Seigneur IESUS   t) magisterii ... sit *cat. gall.*: estre Maistre et Docteur

minet^a, erudiat eos in^b veritate, et domesticos Dei discipulos efficiat.

45. Huc ergo redeunt quae dixisti omnia, Christi nomen tria officia comprehendere, quae in filium contulit pater, ut vim^c eorum ac fructum^d in suos transfundat. – ⎪Sic est.

c. 7.

46. Cur filium Dei unicum nuncupas, cum hac quoque appellatione nos omnes dignetur Deus ?^e – Quod filii Dei sumus, non id habemus a natura: sed adoptione et gratia duntaxat: quod nos eo loco habeat^f Deus. At Dominus Jesus, qui ex substantia patris est genitus, uniusque cum patre essentiae est, optimo iure filius Dei unicus vocatur: quum solus sit natura.

Christ filz unique de Dieu
Ephes. 1
Jehan 1, 1–18
Ebr. 1

47. Intelligis ergo^g, hunc honorem eius esse proprium, qui naturae iure illi debeatur: nobis eum autem gratuito beneficio communicari, quatenus sumus eius membra. – Omnino. Itaque eius communicationis intuitu, alibi nominatur primogenitus inter multos fratres.

Rom. 8, 29
Colo. 1, 15

54^h. Qualiter Dominum esse nostrum intelligis? – Sicut a patre constitutus est: ut sub imperio suo nos habeat, ut Dei regnumⁱ administret in coelo et in terra, sitque hominum caput et angelorum^k.

Christ nostre Seigneur
Eph. 5, 23
Col. 1, 15 sqq.

48. Quid sibi vult quod postea sequitur? – Modum ostendit, quo filius unctus est a patre, ut nobis esset salvator. Nempe, quod assumpta carne nostra iis perfunctus est omnibus^l, quae ad salutem nostram erant necessaria: sicut hic recensentur.

Onction de Christ

49. Quid his duabus sententiis significas, conceptum esse ex spiritu sancto, natum ex Maria virgine? – Formatum in utero virginis fuisse, ex eius substantia, ut esset verum^m semen Davidis, qualiter vaticiniis prophetarum^o praedictum fuerat: id tamen mirifica arcanaque^p spiritus virtute^q fuisse effectum, absque virili coitu.

Christ vray homme
Psal. 132 11, n
Mat. 1
Luc. 1, 26–38

---

a) *cat. gall.*: de nous introduire   b) erudiat eos in *cat. gall.*: et de sa   c) *cat. gall.*: fruict   d) *cat. gall.*: vertu   e) cum ... Deus *cat. gall.*: veu que Dieu nous appelle tous ses enfans   f) eo ... habeat *cat. gall.*: veut reputer telz   g) *cat. gall.*: Tu veux donc dire   h) *haec quaestio cum responsione in catechismo gallico falso hic omissa et post quaestionem 53 inserta est.*   i) *cat. gall.*: + et la seigneurie   k) hominum ... angelorum *cat. gall.*: chef des Anges et des fideles   l) *cat. gall.*: les choses   m) > *cat. gall.*   n) *cat. gall. falso:* •32   o) vaticiniis prophetarum > *cat. gall.*   p) > *cat. gall.*   q) *cat. gall.*: operation

6

50. Eratne igitur operae precium, ut carnem nostram indue-
ret? – Maxime. Quia inobedientiam ab homine admissam in
Deum necesse erat in humana quoque natura expiari. Nec vero
aliter mediator esse noster poterat, ad conciliationem Dei[a] et
hominum[b] peragendam.

51. Christum ergo oportuisse hominem fieri dicis: ut, tanquam in persona nostra, salutis nostrae partes[c] impleret. – Ita sentio. Nam ab ipso mutuemur oportet, quidquid nobis apud nos deest: quod fieri aliter nequit.

52. Verum, cur id a spiritu sancto effectum est, ac non potius communi usitataque generationis forma? – Quoniam penitus corruptum est humanum semen: in generatione filii Dei[d] intercedere spiritus sancti opus decuit: ne hac contagione attingeretur, sed esset puritate perfectissima praeditus[e].

53. Hinc ergo discimus, eum qui alios sanctificat, immunem ab omni macula esse puritateque, ut ita loquar[f], originali fuisse ab utero praeditum, ut totus Deo sacer esset, nulla humani generis labe[g] inquinatus[h]. – Sic intelligo.

c. 8.

55. Cur a natalibus protinus ad mortem, omissa totius vitae historia, transsilis? – Quia hic non tractantur, nisi quae redemptionis nostrae ita sunt propria, ut eius substantiam quodammodo in se contineant[i].

56. Cur non simpliciter uno verbo mortuum fuisse[l] dicis: sed praesidis quoque nomen adiicis[k], sub quo sit passus? – Id non ad historiae fidem modo spectat, sed ut sciamus[l] mortem eius coniunctam[m] cum damnatione fuisse.

57. Expone hoc clarius[n]. – Mortuus est, ut poena nobis debita defungeretur[o]: atque hoc modo ab ea nos eximeret. Cum autem omnes[p] nos, sicuti peccatores sumus, obnoxii essemus Dei iudi-

---

a) *cat. gall.*: + son Pere   b) *cat. gall.*: nous   c) salutis ... partes *cat. gall.*: l'office de Sauveur   d) in ... Dei *cat. gall.*: en ceste conception   e) ne ... praeditus *cat. gall.*: pour preserver nostre Seigneur de toute corruption, et le remplir de saincteté   f) ut ... loquar > *cat. gall.*   g) *cat. gall.*: corruption universelle   h) *cat. gall.*: subiect   i) quae ... contineant *cat. gall.*: ce qui est proprement de la substance de nostre redemption   k) sed ... adiicis *cat. gall.*: mais est parlé de Ponce Pilate   l) *cat. gall.*: est aussi pour signifier   m) *cat. gall.*: emporte   n) *cat. gall.*: Comment cela?   o) *cat. gall.*: souffrir   p) > *cat. gall.*

cio, quo vicem nostram subiret[a], sisti in conspectum terreni iudicis voluit, damnarique eius ore, ut coram coelesti Dei[b] tribunali[c] absolveremur.

58. Atqui insontem Pilatus eum pronunciat: itaque non damnat pro malefico[d]. – Utrunque animadvertere convenit. Ideo enim eius innocentiae testimonium reddit iudex, ut testatum fiat, non ob propria ipsum maleficia[e] plecti, sed nostra: solenni tamen ritu interea damnatur eiusdem sententia, ut palam fiat, iudicium quod merebamur, tanquam vadem nostrum subire, quo nos a reatu liberet.

Mat. 27, 23.24 Luc. 23, 4. 14 sq. 22 Christ condamné pour nous. Christ nostre pleige

59. Bene dictum. Nam si peccator esset, non idoneus vas[f] esset, ad solvendam alieni peccati poenam[g]. Ut tamen eius damnatio nobis in absolutionem[h] cederet, censeri eum inter maleficos oportuit. – Sic intelligo.

Esa. 53, 12

c. 9.

60. Quod crucifixus fuit, an plus habet momenti, quam si alio quolibet mortis genere affectus foret? – Omnino: quemadmodum etiam[i] admonet Paulus[k], dum in ligno suspensum scribit[l], ut nostram in se maledictionem susciperet, quo ab ea solveremur. Genus enim illud mortis exsecratione damnatum[m] erat.

JESUS Christ faict subject à malediction pour nous en delivrer Deut. 21, 23 Gal. 3[n], 13

61. Quid? an non irrogatur filio Dei contumelia, cum dicitur maledictioni fuisse subiectus, etiam coram Deo? – Minime. Siquidem eam recipiendo abolevit[o]: ¹nec vero desiit interea esse benedictus, quo nos sua benedictione perfunderet.

62. Prosequere. – Quando quidem mors supplicium[p] erat homini impositum, peccati causa, eam filius Dei[q] pertulit, et perferendo vicit. Atque ut melius[r] patefieret vera morte ipsum defungi[s], collocari in sepulchro, instar aliorum hominum, voluit.

Christ en endurant la mort, l'a vaincue

63. Verum, non videtur quidquam ad nos utilitatis ex hac victoria redire, quum nihilominus moriamur. – Nihil id obstat.

Mort des fideles est passage à la vie

---

a) quo ... subiret *cat. gall.:* pour representer nostre personne
b) *cat. gall.:* Iuge c) *cat. gall.:* Throne d) pro malefico *cat. gall.:* comme s'il en estoit digne e) *1545:* maledicta f) > *cat. gall.*
g) solvendum ... poenam *cat. gall.:* souffrir la mort pour les autres
h) *cat. gall.:* delivrance i) > *cat. gall.* k) *cat. gall.:* l'Apostre
l) *cat. gall.:* disant m) exsecratione damnatum *cat. gall.:* maudict de Dieu n) *1545 falso:* 5 o) *cat. gall.:* + par sa vertu p) *cat. gall.:* malediction q) *cat. gall.:* Iesus Christ r) > *cat. gall.*
s) *cat. gall.:* c'estoit

Neque enim aliud nunc est mors fidelibus, quam transitus[a] in vitam meliorem.

64. Hinc sequitur, non amplius exhorrendam esse mortem ac si res esset formidabilis: sed intrepido animo[b] sequendum esse ducem nostrum, Christum[c]: qui sicut non periit in morte, ita perire nos non patietur[d]. — Sic agendum est.

c. 10.

descente de Christ aux enfers.
65. Quod de eius ad inferos descensu mox adiectum est, quem sensum habet? — Eum non communem[e] tantum mortem fuisse perpessum, quae est animae a corpore separatio: sed
Act. 2, 24 etiam[f] dolores mortis, sicut Petrus vocat. Hoc autem nomine horribiles angustias intelligo, quibus eius anima constricta fuit[g].

66. Cedo mihi huius rei causam ac modum. — Quia ut pro peccatoribus satisfaceret, coram Dei tribunali[h] se sistebat, torqueri[i] hac anxietate eius conscientiam oportebat, ac si derelictus a Deo esset: imo ac si Deum haberet infestum. In his
Mat. 27, 46
Marc. 15, 34 angustiis erat, cum exclamaret ad patrem[k]: Deus meus, Deus meus, ut quid dereliquisti me?

67. Eratne igitur illi offensus pater? — Nequaquam. Sed hanc in eum severitatem exercuit[l], ut impleretur quod praedictum
Jsai. 53, 4 fuerat per Iesaiam: ipsum percussum fuisse manu Dei[m] propter [32]
1. Pier. 2, 24 peccata nostra: vulneratum propter[n] iniquitates nostras.

68. Verum Deus cum sit, qui potuit eiusmodi pavore corripi[o], ac si derelictus a Deo esset? — Sic habendum est: secundum humanae naturae affectum, eo redactum fuisse necessitatis. Quod ut fieret, paulisper interea delitescebat[p] eius divinitas, hoc est, vim suam non exserebat.

69. Qui tamen fieri rursum potest, ut[q] Christus qui salus est mundi, huic damnationi subiectus[r] fuerit? — Non ita illam

---

a) *cat. gall.:* + pour les introduire   b) *cat. gall.:* voluntairement
c) ducem ... Christum *cat. gall.:* nostre Chef et Capitaine Iesus Christ   d) qui ... patietur *cat. gall.:* qui nous y precede: non pas pour nous faire perir, mais pour nous sauver.   e) *cat. gall.:* naturelle
f) *cat. gall.:* + que son ame a esté enserrée en angoisse merveilleuse
g) hoc ... fuit > *cat. gall.*   h) > *cat. gall.*   i) *cat. gall.:* sentist
k) ad patrem > *cat. gall.*   l) *cat. gall.:* l'affligeast   m) *cat. gall.:* Pere   n) vulneratum propter *cat. gall.:* a porté   o) *cat. gall.:* estre en   p) *cat. gall.:* + pour un peu de temps   q) *cat. gall.:* + Iesus   r) *cat. gall.:* esté en

subiit^a, ut sub ea maneret. Sic enim istis, quos dixi^b, pavoribus correptus^c fuit, ut non fuerit oppressus: sed potius^d luctatus cum potestate inferorum, eam subegit ac fregit.

70. Hinc colligimus, quid differat conscientiae^e tormentum quod sustinuit ab eo quo crucientur^f peccatores, quos Dei irati manus persequitur^g. Nam quod in illo temporarium fuit, in his est perpetuum: et quod illi vice duntaxat aculei fuit ad eum pungendum, his est lethalis^h gladius, ad cor, ut ita dicam, sauciandumⁱ. — Sic est. Neque enim eiusmodi angustiis obsessus^k filius Dei^l sperare in patrem^m desiit. At peccatores, Dei iudicioⁿ damnati, in desperationem ruunt, fremunt adversus ipsum, et usque ad apertas blasphemias prosiliunt^o.

Torment de Christ et des pecheurs en quoy differe

c. 11.

71. Hincne possumus^p elicere, quem ex Christi morte fructum percipiant fideles? — Omnino. Ac principio quidem videmus esse sacrificium, quo peccata nostra^q expiavit coram^r Deo, atque ita placata ira Dei^s, nos cum eo in gratiam reduxit. Deinde, sanguinem eius lavacrum esse, quo animae nostrae maculis omnibus purgentur. Postremo, deletam esse peccatorum nostrorum memoriam, ne unquam in Dei conspectum veniant: atque ita inductum abolitumque fuisse chirographum, quo rei tenebamur^t.

Le fruict et la vertu de la mort de JESUS Christ est en quatre poinctz

[34] 72. Nihilne praeterea utilitatis nobis affert? — Imo vero. Nam et eius beneficio^u, siquidem vera simus^v membra Christi, vetus homo noster crucifigitur, aboletur corpus peccati^w, ne amplius regnent pravae carnis^x concupiscentiae in nobis.

73. Perge in reliquis. — Sequitur, tertio ipsum die resurrexisse ex mortuis^y: quo victorem se peccati et mortis demonstravit.

---

a) *cat. gall.:* il n'y a pas esté   b) *cat. gall.:* nous avons dict   c) *cat. gall.:* senty   d) > *cat. gall.*   e) > *cat. gall.*   f) *cat. gall.:* sentent   g) Dei ... persequitur *cat. gall.:* Dieu punit en son ire   h) > *cat. gall.*   i) *cat. gall.:* pour les navrer à mort   k) > *cat. gall.*   l) *cat. gall.:* Iesus Christ   m) *cat. gall.:* Dieu   n) > *cat. gall.*   o) ad ... prosiliunt *cat. gall.:* à le blasphemer   p) *cat. gall.:* + bien   q) *cat. gall.:* pour nous   r) *cat. gall.:* + iugement   s) *cat. gall.:* + envers nous   t) deletam ... tenebamur *cat. gall.:* que par ceste mort noz pechez sont effacez, pour ne point venir en memoire devant Dieu: et ainsi l'obligation, qui estoit contre nous, est abolie   u) et ... beneficio > *cat. gall.*   v) *cat. gall.:* + vrais   w) aboletur ... peccati *cat. gall.:* nostre chair est mortifiée   x) > *cat. gall.*   y) ex mortuis > *cat. gall.*

Sua enim resurrectione mortem deglutivit, abrupit diaboli vincula, et totam eius potentiam redegit in nihilum.

1.Pier.3, 19

74. Quotuplex ex hac resurrectione fructus nobis provenit ? — Triplex[a]. Nam et[b] iustitia nobis per eam[c] acquisita: et[d] certum nobis est pignus futurae nostrae immortalitatis[e], et iam nunc eius virtute[f] suscitamur[g] in vitae novitatem, ut pure sancteque vivendo Dei voluntati obsequamur[h].

Le profit de la résurrection en trois poinctz
Rom. 4, 25; 1.Cor.15, 20; Rom. 6, 4

c. 12.

75. Persequamur reliqua. — Ascendit in coelum.

76. Sed an sic ascendit, ut non sit amplius in terra? — Sic. Postquam enim omnibus perfunctus fuerat, quae illi a patre iniuncta fuerant, quaeque in salutem nostram erant[i], nihil opus erat, diutius eum in terris versari.

Christ monté au ciel

77. Quid ex hac ascensione boni consequimur? — Duplex est fructus. Nam quatenus coelum ingressus est Christus nostro nomine, sicut in terram[k] nostra causa descenderat, aditum illuc nobis quoque patefecit[l]: ut iam aperta sit nobis ianua, quae propter peccatum ante[m] clausa erat. Deinde in conspectu Dei[n] comparet pro nobis intercessor et patronus.

Le profit de l'ascension en deux poinctz
Rom. 6, 3–11
Ebr. 7, 25.26

78. Verum, an Christus in coelum se recipiendo[o] sic a nobis[p] recessit, ut iam nobiscum esse desierit?[¹] — Minime. Contra enim recepit, se nobiscum fore usque ad finem saeculi[q].

Mat. 28, 20

79. Quod autem nobiscum habitat, idne de corporis praesentia intelligendum? — Non. Alia enim ratio est corporis, quod in coelum receptum[r] est: alia virtutis, quae ubique est diffusa.

Luc. 24, 51
Act. 2, 33

80. Quo sensu eum dicis sedere ad patris[s] dexteram? — Haec verba significant, patrem illi coeli et terrae imperium contulisse[t]: ut omnia[u] gubernet.

Mat. 28, 18

---

a) > *cat. gall.* b) *cat. gall.*: + La premiere c) *cat. gall.*: + pleinement d) *cat. gall.*: + La seconde e) *cat. gall.*: + glorieuse f) et ... virtute *cat. gall.*: La troisiesme, que si nous communiquons vrayement à icelle g) *cat. gall.* + dés à present h) ut ... obsequamur *cat. gall.*: pour servir à Dieu, et vivre sainctement selon son plaisir i) *cat. gall.*: estoit requis k) > *cat. gall.* l) *cat. gall.*: donné; *cat. gall.*: + et nous a asseuré m) > *cat. gall.* n) *cat. gall.*: du Pere o) *cat. gall.*: montant p) *cat. gall.*: du monde q) > *cat. gall.* r) *cat. gall.*: esleué en haut s) *cat. gall.*: Dieu son Pere t) Haec ... contulisse *cat. gall.*: C'est qu'il a receu la Seigneurie du Ciel et de la terre u) *cat. gall.*: + de regir et

81. Quid autem tibi^a significat dextera, et quid haec sessio ?^b Estre assis à la dextre
— Similitudo est a principibus^c sumpta, qui ad dexteram suam
collocare solent, quibus vices suas commendant^d.

82. Non ergo aliud intelligis, quam quod tradit Paulus:
nempe, constitutum esse Christum^e caput Ecclesiae, et supra Eph. 1, 19—
omnes principatus evectum, nomen adeptum esse, quod sit^f 23; 4, 15.16
supra omne nomen. — Ita ut dicis.   Phil. 2, 9

c. 13.

83. Transeamus^g ad alia. — Inde venturus est ad iudicandum
vivos et mortuos. Quorum verborum sensus est, palam e coelo
venturum ad iudicandum orbem^h, sicut ascendere visus est.   Act. 1, 11

84. Cum iudicii dies futurus^i non sit ante finem seculi: quomodo tunc ex hominibus fore aliquos superstites^k dicis, quandoquidem omnibus^l constitutum est semel mori ? — Hanc quaestio- Ebr. 9 27
nem solvit Paulus, cum eos, qui tunc supererunt, subita mu- 1. Cor. 15,
tatione innovatum iri tradit^m: ut abolita carnis^n corruptione 51—53;
induant incorruptionem^o.   1. The. 4, 17

85. Tu ergo hanc mutationem mortis instar illis fore intelligis:
quod primae naturae futura sit abolitio^p, et alterius novae
initium^q. | Sic sentio.

86. An aliquod inde gaudium^r recipiunt nostrae conscientiae^s,
quod^t Christus semel futurus sit mundi iudex ?^u — Recipiunt
et quidem singulare. Certo enim non nisi in salutem nostram
venturum scimus.

87. Non ergo reformidare nos convenit hoc^v iudicium, ut nobis horrorem incutiat. — Minime vero: quando non nisi ad eius

---

a) > *cat. gall.* b) *cat. gall.*: + dont il est parlé c) *cat. gall.*: + terriens d) *cat. gall.*: ceux qu'ilz ordonnent Lieutenans, pour gouverner en leur nom e) *cat. gall.*: il f) quod sit > *cat. gall.* g) *cat. gall.*: Poursuis h) ad ... orbem *cat. gall.*: en Iugement i) dies futurus > *cat. gall.* k) ex ... superstites *cat. gall.*: les uns vivront lors, et les autres seront mortz l) *cat. gall.*: + hommes m) subita ... tradit *cat. gall.*: seront subitement changez n) > *cat. gall.* o) corruptione ... incorruptionem *cat. gall.*: et, que leur corps soit renouvele, pour estre incorruptible p) futura ... abolitio *cat. gall.*: qu'elle abolira q) et ... initium *cat. gall.*: pour les faire ressusciter en autre estat r) *cat. gall.*: consolation s) > *cat. gall.* t) *cat. gall.*: + Iesus u) futurus ... iudex *cat. gall.*: doit venir iuger le monde v) *cat. gall.*: + dernier

Christ nostre Juge et Advocat iudicis tribunal[a] stabimus[b], qui patronus quoque noster est: quique nos in fidem clientelamque suam suscepit[c].

c. 14.

La 3. partie 88. Veniamus iam ad tertiam partem. — Ea est de fide in spiritum sanctum.

Du S. Esprit et de ses graces 89. Quid vero nobis confert? — Nempe huc spectat, ut noverimus, Deum sicuti nos per filium[d] redemit et servavit, ita per spiritum[e] facere nos huius redemptionis ac salutis compotes.

1. Pie. 1, 18. 19 90. Quomodo? — Quemadmodum purgationem habemus[f] in Christi sanguine, sic eo aspergi[g] conscientias nostras necesse est, ut abluantur.

Rom. 5, 5
Ephes. 1, 13
Tit. 3, 5
91. Hoc clariori etiamnum expositione indiget. — Intelligo spiritum Dei, dum in cordibus nostris habitat, efficere ut Christi[h] virtutem, sentiamus. Nam ut Christi beneficia mente concipiamus, hoc fit spiritus sancti illuminatione: eius persuasione fit, ut cordibus nostris obsignentur[i]. Denique solus ipse[k] dat illis in nobis locum. Regenerat nos, facitque ut simus[l] novae creaturae. Proinde, quaecunque nobis offeruntur in Christo[m] dona, ea spiritus virtute[n] recipimus.

c. 15.

La quatriesme partie, qui est de l'Eglise 92. Pergamus. — Sequitur quarta pars, in qua confitemur[o] nos credere unam sanctam[p] ecclesiam catholicam.

Que c'est que Eglise 93. !Quid est ecclesia[q]? — Corpus ac[r] societas fidelium, quos Deus ad vitam aeternam praedestinavit[s].

---

a) > *cat. gall.* b) *cat. gall.*: faudra venir c) quique ... suscepit *cat. gall.*: et a prins nostre cause en main pour la defendre d) *cat. gall.*: Iesus Christ e) *cat. gall.*: + sainct f) purgationem habemus *cat. gall.*: est nostre lavement g) *cat. gall.*: le sainct Esprit en arrouse h) *cat. gall.*: nostre Seigneur Iesus i) ut ... obsignentur *cat. gall.*: car il nous illumine pour nous faire congnoistre ses graces: il les seelle et imprime en noz ames k) solus ipse > *cat. gall.* l) ut simus > *cat. gall.* m) *cat. gall.*: + les biens et n) spiritus virtute *cat. gall.*: par son moyen o) *cat. gall.*: il est dict p) unam sanctam > *cat. gall.* q) *cat. gall.*: + catholique r) corpus ac > *cat. gall.* s) *cat. gall.*: ordonné et eleu

94. Estne hoc etiam caput creditu necessarium? – Imo vero, nisi facere velimus ociosam[a] Christi mortem, et pro nihilo ducere[b] quidquid hactenus relatum est. Hic enim unus est omnium effectus, ut[c] sit ecclesia.

95. De causa ergo salutis fuisse hactenus tractatum, eiusque fundamentum ostensum[d] intelligis, quum exponeres, Christi meritis et intercessione[e], nos fuisse in amorem a Deo receptos: et hanc gratiam[f] spiritus virtute in nobis confirmari. Nunc vero explicari horum omnium effectum[g], quo certior ex re ipsa fides constet[h]. – Ita res habet.

Fruict de la mort de Christ

96. Porro Ecclesiam quo sensu nominas sanctam? – Quia scilicet quoscunque elegit Deus, eos iustificat, reformatque in sanctitatem ac vitae[i] innocentiam, quo in illis reluceat sua gloria. Atque id est quod vult Paulus, quum admonet[k], Christum[l], ecclesiam quam redemit, sanctificasse, ut sit gloriosa puraque ab omni[m] macula.

Rom. 8, 30

Ephe. 5, 25—27

97. Quid sibi vult epitheton catholicae vel universalis? – Eo docemur, sicut unum est[n] fidelium omnium caput, ita omnes in unum corpus coalescere oportere, ut una sit ecclesia per totum orbem diffusa: non plures.

Catholique

Ephe. 4, 15.16

1. Cor. 12, 12.13.27

98. Quid autem valet illud, quod continuo de sanctorum communione additur? – Ad exprimendam clarius, quae inter ecclesiae membra est, unitatem, hoc positum est. Simul[o] indicatur, quidquid beneficiorum largitur Deus[p] ecclesiae[q], in commune omnium bonum spectare[r]: cum inter se omnes communionem habeant.

La communion des fideles

c. 16.

99. Verum, estne haec, quam Ecclesiae tribuis, sanctitas iam perfecta? –[l]Nondum: quamdiu scilicet in hoc mundo militat.

l'Eglise encor imparfaicte

---

a) *cat. gall.:* + Iesus   b) pro ... ducere > *cat. gall.*   c) Hic ... ut *cat. gall.:* car le fruict qui en procede   d) eiusque ... ostensum *cat. gall.:* et du fondement   e) meritis et intercessione *cat. gall.:* par le moyen   f) *cat. gall.:* + son sainct   g) *cat. gall.:* + et l'accomplissement   h) quo ... constet *cat. gall.:* pour en donner meilleure certitude   i) > *cat. gall.*   k) id ... admonet > *cat. gall.*; *cat. gall.:* + Iesus   l) *cat. gall.:* + son   m) puraque ab omni *cat. gall.:* sans   n) unum est *cat. gall.:* il n'y a qu'un   o) *cat. gall.:* + par cela   p) beneficiorum ... Deus *cat. gall.:* nostre Seigneur faict de bien   q) *cat. gall.:* + son   r) in ... spectare *cat. gall.:* est pour le profit et salut de chacun fidele

Laborat enim semper infirmitatibus: nec unquam vitiorum reliquiis penitus purgabitur[a], donec[b] Christo, suo capiti, a quo sanctificatur, ad plenum adhaereat.

100. Potestne autem haec ecclesia aliter cognosci, quam cum fide[c] creditur? – Est quidem et[d] visibilis Dei ecclesia, quam nobis certis indiciis notisque descripsit[e]: sed hic proprie de eorum congregatione agitur[f], quos arcana sua electione adoptavit in salutem[g]. Ea autem nec cernitur perpetuo oculis, nec signis dignoscitur[h].

101. Quid deinde sequitur? – Credo remissionem peccatorum.

De la remission des pechez

102. Quid tibi remissionis verbum significat? – Deum gratuita sua bonitate ignoscere, ac condonare peccata fidelibus, ne in iudicium vocentur[i], aut exigatur de illis poena[k].

103. Hinc sequitur, nos satisfactionibus propriis[l] nequaquam promereri quam a Domino peccatorum veniam obtinemus[m]. – Verum. Unus enim Christus, poenam solvendo, satisfactione defunctus est[n]. Quantum ad nos, nihil nobis compensationis suppetit, quod Deo[o] afferamus: sed ex mera eius liberalitate, gratuitum hoc beneficium[p] recipimus.

Remission des pechés n'est sinon en l'Eglise

104. Cur peccatorum remissionem[q] subnectis ecclesiae? – Quia eam nemo consequitur, quin et coadunatus fuerit ante populo Dei, et unitatem[r] cum Christi corpore perseveranter ad finem usque colat[s]: eoque modo testatum faciat[t], verum se esse ecclesiae membrum.

105. Hac ratione constituis[u], extra ecclesiam non nisi damnationem et exitium[v] esse. – Omnino[w]. Qui enim discessionem

---

a) Laborat... purgabitur *cat. gall.:* Car il y a tousiours des reliques d'imperfection, lesquelles ne seront iamais ostées   b) *cat. gall.:* + Iesus   c) > *cat. gall.*   d) quidem et > *cat. gall.*   e) certis... descripsit *cat. gall.:* donné les enseignes pour la congnoistre   f) *cat. gall.:* est parlé   g) arcana... salutem *cat. gall.:* que Dieu a eleu pour les sauver   h) nec... dignoscitur > *cat. gall.*   i) *cat. gall.:* viennent en compte   k) aut... poena *cat. gall.:* pour les en punir   l) > *cat. gall.*   m) quam... obtinemus *cat. gall.:* que Dieu nous pardonne   n) Unus... est *cat. gall.:* le Seigneur Iesus a faict le payement, et en a porté la peine   o) > *cat. gall.*   p) gratuitum... beneficium *cat. gall.:* pardon de tous noz mesfaictz   q) peccatorum remissionem *cat. gall.:* cest article   r) *cat. gall.:* + et communion   s) ad... colat > *cat. gall.*   t) eoque... faciat *cat. gall.:* et ainsi qu'il soit   u) Hac... constituis *cat. gall.:* ainsi   v) *cat. gall.:* + mort   w) *cat. gall.:* + tous

faciunt a Christi corpore[a], factionibusque scindunt eius unitatem, iis spes omnis salutis praecisa est[b], quantisper manent[c] in eiusmodi[d] dissidio.

c. 17.

[44] 106. Recita quod superest. −[l]Credo[e] resurrectionem carnis, et vitam aeternam. La resurrection

107. Quorsum hoc caput in fidei confessione[f] ponitur? − Ut admoneamur[g], non esse sitam in terra nostram foelicitatem. Cuius cognitionis[h] duplex est utilitas ac usus[i]. Inde primum docemur, ita hunc mundum nobis incolendum esse, tanquam inquilinis, ut de migratione assidue cogitemus, nec corda nostra sinamus implicari cogitationibus terrenis[k]. Deinde utcunque adhuc nos lateat, et ab oculis nostris absconditus sit[l] fructus gratiae in[m] Christo nobis collatae[n], ne propterea despondeamus animos: sed patienter sustineamus usque ad diem revelationis.

108. Quae porro huius resurrectionis erit series?[o] − Qui ante mortui fuerint, recipient sua corpora, eadem scilicet quae gestarunt[p]: sed praedita nova[q] qualitate, hoc est non amplius obnoxia morti nec corruptioni[r]. Qui autem tunc erunt superstites: eos subita mutatione Deus mirabiliter excitabit[s]. 1. Cor. 15, 51. 52

109. Sed[t] eritne piorum simul et impiorum communis? − Una omnium erit resurrectio[u]: sed conditio diversa. Alii enim in salutem ac beatitudinem resurgent: alii in mortem et extremam miseriam[v]. Jeh. 5, 28.29 Mat. 25, 46

---

a) Christi corpore *cat. gall.*: la communauté des fideles   b) factionibusque ... est *cat. gall.*: pour faire secte à part, ne doyvent esperer salut   c) *cat. gall.*: sont   d) > *cat. gall.*   e) > *cat. gall.*   f) in fidei confessione > *cat. gall.*   g) *cat. gall.*: nous monstrer   h) Cuius cognitionis *cat. gall.*: ce qui   i) ac usus > *cat. gall.*   k) ita ... terrenis *cat. gall.*: de passer par ce monde, comme par un païs estrange, et contemnant toutes choses terriennes, et n'y mettant point nostre cueur   l) adhuc ... sit *cat. gall.*: nous n'appercevions pas encore   m) *cat. gall.*: + Iesus   n) nobis collatae *cat. gall.*: que le Seigneur nous a faict   o) Quae ... series *cat. gall.*: Comment se fera ceste resurrection?   p) eadem ... gestarunt > *cat. gall.*   q) *cat. gall.*: d'autre   r) *cat. gall.*: + combien que ce sera la mesme substance   s) *cat. gall.*: + dont il a esté parlé   t) *cat. gall.*: + ceste resurrection   u) Una ... resurrectio *cat. gall.*: Ouy bien   v) mortem ... miseriam *cat. gall.*: condamnation et mort

110. Cur ergo sola hic[a] vita aeterna commemoratur, inferorum nulla mentio? – Quoniam nihil hic, nisi quod ad consolationem piarum mentium[b] faciat, habetur: ideo recensentur tantummodo praemia[c], quae servis suis Dominus praeparavit[d]. Itaque non additur, quae sors impios maneat, quos scimus a regno Dei alienos esse[e].

c. 18.

Que c'est que vraye Foy
111. Ex quo fundamentum tenemus, cui inniti fides debet[f], inde elicere verae fidei definitionem[g] promptum erit. – Ita est: Sic autem definire licet, ut dicamus[h] certam esse[i] ac stabilem cognitionem paternae[k] erga nos Dei benevolentiae: sicut per[l] Evangelium patrem se nobis, Christi beneficio, ac salvatorem fore testatur.

112. [l] Eamne concipimus a nobis, an a Deo recipimus?[m] – [46] Docet scriptura, singulare esse Dei[n] donum: et experientia[o] id confirmat.

Le S. Esprit nous illumine
113. Quam mihi experientiam dicis?[p] – Nempe rudior[q] est mens nostra, quam ut capere spiritualem Dei sapientiam queat, quae nobis per fidem revelatur: et corda nostra propensiora sunt, vel ad diffidentiam, vel ad perversam nostri et creaturarum confidentiam, quam ut in Deo suopte motu acquiescant[r]. Verum spiritus sanctus illuminatione sua capaces nos intelligendi facit, ea, quae captum nostrum longe alioqui excederent[s]: nosque ad certam persuasionem format[t], salutis promissiones cordibus nostris[u] obsignando.

C'est la Foy qui nous iustifie
114. Quid nobis boni oritur ex hac fide: quum semel[v] assequuti simus? – Iustificat nos coram Deo: et hac iustitia haeredes nos vitae aeternae facit[w].

---

a) *cat. gall.:* en ce sommaire   b) *cat. gall.:* consciences fideles
c) *cat. gall.:* biens   d) Dominus praeparavit *cat. gall.:* Dieu fait
e) non ... esse *cat. gall.:* il n'y est faict nulle mention des iniques, qui sont excluz de son Royaume   f) > *cat. gall.*   g) verae ... definitionem *cat. gall.:* que c'est que la vraye Foy   h) Sic ... dicamus *cat. gall.:* Assavoir   i) > *cat. gall.*   k) > *cat. gall.*   l) *cat. gall.:* + son   m) *cat. gall.:* vient   n) *cat. gall.:* sainct Esprit   o) *cat. gall.:* + aussi   p) Quam ... dicis *cat. gall.:* Comment?   q) *cat. gall.:* trop debile   r) quam ... acquiescant > *cat. gall.*   s) captum ... excederent *cat. gall.:* autrement nous serait incomprehensible
t) ad ... format *cat. gall.:* fortifie en certitude   u) *cat. gall.:* + seellant et   v) > *cat. gall.*   w) et ... facit *cat. gall.:* pour nous faire obtenir vie eternelle

115. Quid? annon bonis operibus iustificantur homines, quum sancte et innocenter vivendo approbare se Deo student? – Si quisquam usque adeo perfectus inveniretur: merito censeri iustus posset: verum, quum omnes simus[a] peccatores, multis modis rei coram Deo[b]: aliunde quaerenda nobis est[c] dignitas, quae nos illi conciliet[d].

c. 19.

116. Verum, itane sordent, et adeo nullius precii sunt[e] omnia hominum[f] opera, ut gratiam coram Deo promereri[g] nequeant? – Principio, quaecunque a nobis manant, ut nostra proprie dicantur[h], vitiosa sunt: ac proinde nihil possunt, quam Deo displicere, et ab eo reiici[i].

117. Dicis ergo, antequam renati simus, reformatique Dei spiritu[k], nihil posse nos quam peccare: quemadmodum arbor mala non nisi malos fructus profert? – Prorsus ita est. Nam qualemcunque speciem[l] habeant in oculis hominum[l]: mala sunt nihilominus, quamdiu cor pravum est: quod praecipue[m] Deus intuetur.

Toute oeuvre humaine devant la regeneration est damnable Mat. 7, 16.17

118. Hinc constituis, non posse nos ullis meritis Deum praevenire, aut provocare eius beneficentiam. Quin potius quidquid tentemus aut aggrediamur operum, irae ac damnationi eius subiacere[n]. – Sic sentio. Itaque[o] mera sua misericordia[p], nulloque[q] operum respectu, nos gratis amplectitur in Christo, acceptosque habet[r], illius iustitiam nobis acceptam ferendo[s], ac si nostra esset[t]: peccata vero nostra nobis non imputando.

Tit. 3, 3-5

119. Qualiter ergo dicis iustificari nos[u] fide? – Quoniam dum certa cordis fiducia amplectimur[v] Evangelii promissiones,

---

a) *cat. gall.:* + povres   b) multis ... Deo > *cat. gall.*   c) *cat. gall.:* + nostre   d) quae ... conciliet *cat. gall.:* pour respondre au iugement de Dieu   e) et ... sunt > *cat. gall.*   f) *cat. gall.:* noz   g) *cat. gall.:* + nous   h) quaecunque ... dicantur *cat. gall.:* que nous faisons de nostre propre nature   i) et ... reiici *cat. gall.:* mais il les condamne toutes   k) renati ... spiritu *cat. gall.:* que Dieu nous ait receu en sa grace   l) in ... hominum *cat. gall.:* par dehors   m) > *cat. gall.*   n) aut provocare ... subiacere *cat. gall.:* pour l'induire à nous bien faire: mais aucontraire ne faisons que l'irriter contre nous   o) *cat. gall.:* + ie dy   p) *cat. gall.:* + et bonté   q) *cat. gall.:* + noz   r) nos ... habet *cat. gall.:* il nous a aggreables en Iesus Christ   s) acceptam ferendo *cat. gall.:* imputant   t) ac ... esset > *cat. gall.*   u) *cat. gall.:* l'homme   v) *cat. gall.:* croyant et recevant

huius, quam dico^a, iustitiae possessionem quodammodo adipiscimur.

120. Hoc ergo vis: iustitiam^b ut nobis per Evangelium offertur a Deo^c, ita fide a nobis recipi^d. — Sic est.

c. 20.

Des bonnes oeuvrez qui sont faictes en Foy

121. Verum, ex quo nos semel amplexus est Deus, annon illi accepta sunt opera, quae spiritu sancto nos dirigente^e facimus? — Placent illi: non propriae tamen dignitatis merito, sed quatenus suo favore liberaliter ea dignatur^f.

122. Atqui, cum a spiritu sancto prodeant, annon favorem promerentur^g? — At nonnihil semper inquinamenti ex infirmitate carnis^h admixtum est, quo vitiantur.

Le moyen pour faire oeuvres agréables à Dieu

123. Unde igitur, aut qua ratione fiet, ut Deo placeantⁱ? — Sola est fides, quae gratiam illis conciliet: cum huic fiduciae certo innitimur, non ventura esse ad calculum summi iuris: quod Deus ad severitatis suae regulam exigere ipsa nolit^k; sed obtectis eorum^l vitiis, et sordibus Christi puritate consepultis^m, eo loco habeat, ac si perfecta essent et absolutaⁿ.

124. ׀ Verum, an inde colligemus, operibus^o iustificari hominem Christianum postquam a Deo vocatus est, aut operum merito consequi^p, ut a Deo diligatur, cuius dilectio vita aeterna nobis est^q? — Nequaquam. Quin potius teneamus quod scriptum est, neminem mortalium^r iustificari coram Deo^s posse: atque ideo deprecemur, ne in iudicium nobiscum intret^t. [Psal. 143, 2]

125. Non tamen bona fidelium opera inutilia esse propterea iudicabimus^u? — Minime vero. Neque enim frustra mercedem

---

a) quam dico > *cat. gall.* b) > *cat. gall.* c) *cat. gall.:* Dieu la presente d) ita … recipi *cat. gall.:* aussi le moyen de la recevoir, c'est par Foy e) spiritu … dirigente *cat. gall.:* par sa grace f) suo favore dignatur *cat. gall.:* accepte g) favorem promerentur *cat. gall.:* dignes d'estre acceptées h) *cat. gall.:* + nostre i) Unde … placeant *cat. gall.:* Quel sera donc le moyen de les rendre agreables? k) Sola … nolit *cat. gall.:* Si elles sont faictes en foy. C'est à dire, que la personne soit asseurée en sa conscience que Dien ne les examinera pas à la rigueur l) obtectis eorum *cat. gall.:* en couvrant les m) > *cat. gall.* n) et absoluta > *cat. gall.* o) *cat. gall.:* + ses p) operum … consequi *cat. gall.:* par icelles il merite q) cuius … est *cat. gall.:* pour obtenir salut r) teneamus … mortalium *cat. gall.:* il est dict, que nul homme vivant s) *cat. gall.:* sa face t) *cat. gall.:* + n'en compte avec nous u) propterea iudicabimus *cat. gall.:* tu n'entens

illis Deus, tum in hoc mundo, tum in futura vita[a] pollicetur. Verum ex gratuito Dei amore, tanquam ex fonte[b], emergit haec merces[c]: quia nos scilicet primum amplectitur in filios[d], deinde, consepulta vitiorum nostrorum memoria, quae ex nobis prodeunt, favore prosequitur[e].

126. Sed anne sic a bonis operibus separari haec iustitia potest, ut qui hanc habet, illis careat[f]? — Fieri hoc nequit. Nam quum recipiamus fide Christum, qualem se nobis offert[g]: ipse vero non liberationem tantum nobis a morte et reconciliationem cum Deo[h] promittat[i]: sed spiritus sancti[k] simul gratiam, qua in vitae novitatem[l] regeneremur. Haec coniungi necesse est, ne Christum a se ipso distrahamus[m]. *La vraye Foy n'est jamais oysive. Que c'est que croire en Jesus Christ*

127. Hinc sequitur, fidem esse radicem, ex qua nascantur omnia bona opera: tantum abest, ut ab eorum studio nos revocet[n]. — Omnino sic est: ac proinde tota Evangelii doctrina duobus his membris continetur[o]: fide et poenitentia. *Foy et penitence*

c. 21.

128. Quid est poenitentia? — Displicentia odiumque[p] peccati, et amor iustitiae[q], ex Dei timore profecta, quae nos ad abnegationem usque nostri[r], carnisque mortificationem adducant, ut spiritui Dei regendos nos tradamus, ac omnes vitae nostrae actiones ad divinae voluntatis obsequium comparemus[s].

---

a) *cat. gall.:* Paradis   b) tanquam ex fonte > *cat. gall.*   c) haec merces *cat. gall.:* cela   d) quia ... filios > *cat. gall.*   e) consepulta ... prosequitur *cat. gall.:* ensevelit toutes noz fautes, pour n'en avoir point memoire.   f) Sed ... careat *cat. gall.:* Mais pouvons nous croire pour estre iustifiez, sans faire bonnes oeuvres?   g) Nam ... offert *cat. gall.:* Car croire en Iesus Christ, c'est le recevoir tel qu'il se donne à nous   h) et ... Deo *cat. gall.:* et remettre en la grace de Dieu son Pere   i) *cat. gall.:* + par le merite de son innocence   k) *cat. gall.:* son Esprit   l) in vitae novitatem *cat. gall.:* pour nous faire vivre sainctement   m) Haec ... distrahamus > *cat. gall.*   n) Hinc ... revocet *cat. gall.:* La Foy donc non seulement ne nous rend pas nonchalans à bonnes oeuvres: mais est la racine dont elles sont produictes   o) *cat. gall.:* + assavoir   p) > *cat. gall.*   q) *cat. gall.:* du bien   r) ad ... nostri > *cat. gall.*   s) ut spiritu ... comparemus *cat. gall.:* pour estre gouvernés et conduicts par le sainct Esprit au service de Dieu

129. Hoc vero secundum membrum fuit in divisione quam initio posuimus, quum tu rationem ostenderes rite colendi Dei^{1a}.| [52]
Vray service de Dieu — Verum: ac simul additum fuit^b, veram hanc ac legitimam esse regulam colendi^c Dei, ut eius voluntati obsequamur.

130. Qui sic? — Quoniam is demum illi probatur cultus, non quem confingere nobis libuerit; sed quem suo ipse arbitrio praescripserit^d.

131. Quam autem vivendi^e regulam nobis posuit? —

DE LEGE^f

La Loy Legem suam.

132. Quid ea continet? — Duabus partibus constat: quarum prior quatuor habet praecepta, altera sex. Ita decem omnino praeceptis constat tota lex^g.

Deux parties de la Loy

Exo. 32,15; 34, 29 Deut. 4, 13; 10, 1–5

133. Quis huius divisionis est author^h? — Deus ipse, qui in duas tabulas descriptam Moisi tradidit, et saepeⁱ testatus est redigi in decem verba.

Argument de la 1. Table

134. Argumentum prioris tabulae quale est? — De pietatis erga Deum officiis^k.

Argument de la 2. Table

135. Secundae vero? — Qualiter sit agendum^l cum hominibus^m: et quid illis debeamus.

c. 22.

Le premier commandement

Exo. 20, 2.3 Deut. 5, 6.7

136. Recita praeceptum vel caputⁿ primum. — Audi Israel: Ego sum Iehova Deus tuus, qui te eduxi ex terra Aegypti, domo servitutis. Non habebis deos alienos^o coram me.

---

a) Hoc vero ... Dei *cat. gall.:* C'est le second poinct que nous avons touché de la vie Chrestienne b) additum fuit *cat. gall.:* avons dict c) regulam colendi *cat. gall.:* service de d) Quoniam ... praescripserit *cat. gall.:* D'autant qu'il ne veut pas estre servy selon nostre fantasie, mais à son plaisir. e) *cat. gall.:* pour nous gouverner f) > *cat. gall.* g) praeceptis ... lex *cat. gall.:* sont h) est *cat. gall.:* a faict i) > *cat. gall.* k) De ... officiis *cat. gall.:* Touchant la maniere de bien honnorer DIEU l) *cat. gall.:* vivre m) *cat. gall.:* noz prochains n) vel caput > *cat. gall.* o) *cat. gall.:* d'autre Dieu

1) *vide supra* c. 1 quaest. 7; p. 75, 17 sqq.

[54] 137. Nunc sensum verborum^a expone.^l – Initio, quadam veluti praefatione utitur in totam legem. Nam quum Iehovam^b se nominat, ius^c sibi vindicat et^d authoritatem iubendi. Deinde, quo legi suae gratiam apud nos conciliet^e, addit, se Deum esse nostrum. Perinde enim valent haec verba, ac si servatorem nostrum se vocaret. Hoc autem beneficio cum nos dignatur: par est, ut nos illi vicissim exhibeamus in populum obsequentem^f.

138. Verum, quod continuo de liberatione subiicit, et fracto iugo servitutis aegyptiacae^g, annon ad Israeliticum populum, et eum quidem solum^h, peculiariter spectat? – Fateor quod ad corpus. Verum est alterum liberationis genusⁱ, quod ad omnes peraeque homines^k pertinet. Nos enim omnes^l ex spirituali peccati servitute, et diaboli tyrannide asseruit. *Delivrance d'Egypte*

139. Cur eius rei meminit, quum in legem suam praefari vellet? – Ut nos commonefaciat, summae ingratitudinis reos fore, nisi totos illi nos in obsequium addixerimus^m.

140. Quid autemⁿ hoc primo capite^o exigit? – Ut suum illi soli honorem^p in solidum^q asseramus, neque ullam eius partem^r transferamus alio. *Somme du 1. Commandement*

141. Quis honor illius est proprius, quem alio transscribere sit nefas^s? – Eum^t adorare, collocare in ipso nostram fiduciam, invocare ipsum, illi denique omnia deferre^u, quae in eius maiestatem competunt. *L'honneur qui est proprement deu à Dieu*

142. Quorsum haec particula adiecta est^v, coram facie mea? – Quum nihil tam reconditum sit, quod eum lateat^w: sitque occul-

---

a) > *cat. gall.* b) *cat. gall.*: l'Eternel, et Createur du monde c) > *cat. gall.* d) > *cat. gall.* e) quo ... conciliet *cat. gall.*: pour nous rendre sa doctrine amiable f) Perinde ... obsequentem *cat. gall.*: Car s'il est nostre Sauveur, c'est bien raison que nous luy soyons peuple obeissant g) et fracto ... aegyptiacae *cat. gall.*: de la terre d'Egypte h) et ... solum > *cat. gall.* i) est ... genus > *cat. gall.* k) peraeque homines > *cat. gall.* l) Nos ... omnes *cat. gall.*: noz ames m) summae ... addixerimus *cat. gall.*: combien nous sommes tenuz de suyvre son bon plaisir, et quelle ingratitude ce seroit de faire du contraire n) *cat. gall.*: + en somme o) *cat. gall.*: commandement p) *cat. gall.*: + qui luy appartient q) in solidum > *cat. gall.* r) ullam ... partem > *cat. gall.* s) quem ... nefas > *cat. gall.* t) *cat. gall.*: + seul u) illi ... deferre *cat. gall.*: et telles choses semblables v) Quorsum ... est *cat. gall.*: Pourquoy dit-il w) Quum ... lateat *cat. gall.*: D'autant qu'il voit et congnoist, tout

7

tarum cogitationum cognitor[a] ac iudex: significat, non externae modo confessionis honorem requirere[b]: sed veram quoque pietatem[c] cordis.

c. 23.

Le second commandement.
143. Transeamus[d] ad secundum caput[e].[1] — Non sculpes tibi simulacrum, neque imaginem ullam effinges[f] eorum quae aut in coelo sunt sursum, aut deorsum in terra, aut in aquis[g] sub terra. Non adorabis ea neque coles[h].

Des images et adoration d'icelles
144. Prohibetne in totum, ne aliquae pingantur aut sculpantur[i] imagines? — Non, sed duo tantum[k] hic vetat, ne quas faciamus imagines: vel Dei effingendi, vel adorandi causa.

Deut. 4, 15; Esai 41, 7; Rom. 6 et seq.¹ Act. 17,24.25
145. Cur Deum non licet visibili figura[l] exprimere? — Quia nihil[m] inter eum, qui spiritus est, aeternus incomprehensibilis et corpoream, corruptibilem, mortuamque figuram[n] simile est.

146. Iniuriam[o] ergo fieri censes eius maiestati, cum in hunc modum repraesentatur? — Sic sentio.

Adoration aux images
147. Quaenam hic adorationis species damnatur? — Cum ad statuam[p] vel imaginem nos convertimus[q] precaturi, coram ea nos prosternimus, genuum flexione, aut aliis signis[r] exhibemus illi honorem[s], ac si Deus illic se nobis repraesentaret.

Quelle peincture est deffendue
148. Non ergo quamlibet simpliciter[t] picturam vel sculpturam his verbis damnari[u] intelligendum est: sed tantum[v] imagines prohibemur[w] facere in hunc finem, ut in illis Deum vel quaeramus, vel colamus[x]: sive, quod idem est[y], eas colamus in Dei honorem[z]: aut quoquo modo illis ad superstitionem et[a'] idololatriam abutamur. — Verum.

---

a) > *cat. gall.* b) honorem requirere *cat. gall.*: il veult estre advoué Dieu   c) *cat. gall.*: en pure verité, et affection de   d) *cat. gall.*: Dy   e) *cat. gall.*: Commandement   f) > *cat. gall.*   g) *cat. gall.*: + qui sont   h) neque coles > *cat. gall.*   i) pingantur ... sculpantur *cat. gall.*: de faire   k) duo tantum > *cat. gall.*   l) visibili figura *cat. gall.*: visiblement   m) *cat. gall.*: + convenance   n) *cat. gall.*: matiere   o) *cat. gall.*: deshonneur   p) statuam vel > *cat. gall.*   q) *cat. gall.*: se presenter   r) *cat. gall.*: autre signe   s) exhibemus ... honorem *cat. gall.*: faire reverence   t) *cat. gall.*: en general   u) *cat. gall.*: deffendue   v) *cat. gall.*: + toutes   w) > *cat. gall.*   x) Deum ... colamus *cat. gall.*: pour servir Dieu   y) quod ... est > *cat. gall.*   z) eas ... honorem *cat. gall.*: ou l'honnorer en choses visibles   a') superstitionem et > *cat. gall.*

1) *lege:* Rom. 1, (23)

MANDATUM SECUNDUM

149. Nunc in quem finem caput[a] hoc referemus? – Quemadmodum superiore unum[b] se esse[c] denunciavit quem coli[d] oporteat et adorari: ita unc quae recta sit adorationis[e] forma ostendit, quo nos ab omni superstitione, aliisque vitiosis[f] et carnalibus figmentis revocet[g].

c. 24.

[58] 150. Pergamus. –[¹] Sanctionem[h] adiungit: se Iehovam[i] esse Deum nostrum, fortem, zelotypum, qui vindicet iniquitatem patrum in filios, usque in tertiam et quartam generationem, eorum qui se oderint.

151. Cur mentionem fortitudinis suae facit? – Eo significat, se ad gloriam suam vindicandam satis habere potentiae.

152. Quid zelotypiae vocabulo[k] indicat? – Aequalem aut[l] socium ferre non posse. Nam ut se nobis, pro infinita sua bonitate, donavit: ita nos vult esse prorsus suos. Atque haec animarum nostrarum est castitas, illi dicatas esse, et penitus adhaerere[m], sicut rursum adulterio pollui[n] dicuntur, dum ab eo ad[o] superstitionem deflectunt. *Paillardise spirituelle*

153. Quo sensu hoc dictum est, ulcisci patrum iniquitatem in filios? – Quo plus nobis incutiat[p] terroris, non tantum de iis qui offenderint, poenas sumpturum se minatur[q]: sed eorum quoque sobolem fore maledictam[r].

154. Atqui an hoc Dei aequitati consentaneum[s] est, quemquam[t] punire propter alterius noxam[u]? – Si qualis sit humani generis conditio reputamus, soluta est[v] quaestio. Natura enim maledictioni obnoxii[w] sumus omnes: nec est quod de Deo conqueramur, cum in hac sorte[x] nos relinquit. Iam vero, sicut suam erga pios[y] dilectionem, eorum posteritati[z] benedicendo, *Comment Dieu punit les enfans à cause des Peres*

---

a) *cat. gall.*: commandement b) *cat. gall.*: seul, sans autre c) *cat. gall.*: + Dieu d) coli et > *cat. gall.* e) > *cat. gall.* f) aliisque vitiosis > *cat. gall.* g) *cat. gall.*: retirer h) *cat. gall.*: menace i) *cat. gall.*: l'Eternel k) > *cat. gall.* l) Aequalem aut > *cat. gall.* m) *cat. gall.*: dediées à luy n) *cat. gall.*: paillardise spirituelle o) *cat. gall.*: + quelque p) *cat. gall.*: donner q) *cat. gall.*: il dit r) *cat. gall.*: + apres eux s) *cat. gall.*: pas contraire t) *cat. gall.*: les uns u) alterius noxam *cat. gall.*: les autres v) soluta est *cat. gall.*: sera vuidée w) maledictioni obnoxii *cat. gall.*: maudis x) in hac sorte *cat. gall.*: comme nous sommes y) *cat. gall.*: serviteurs; *cat. gall.*: + sa grace et z) *cat. gall.*: enfans

demonstrat*ᵃ*: ita suam adversus impios vindictam, eorum filios hac benedictione privando, exsequitur*ᵇ*.

155. Prosequere*ᶜ*. — Quo nos amabili*ᵈ* etiam suavitate alliciat: misericordia usurum se promittit*ᵉ* erga omnes*ᶠ*, qui se diligunt, suaque mandata observant.

Misericorde en mille generations

156. Intelligitne pii hominis*ᵍ* innocentiam*ʰ*, posteris omnibus[1], quamvis impiis, saluti fore? — Nequaquam: sed hoc modo*ᵏ*: suam benignitatem eo usque se effusurum erga fideles, ut in eorum gratiam*ˡ*, eorum quoque se liberis benignum exhibeat*ᵐ*: ¹non tantum res eorum*ⁿ* prosperando, quoad praesentem vitam*ᵒ*: sed animas quoque ipsorum sanctificando, quo in grege suo censeantur*ᵖ*.

Rom. 6¹
Rom. 2, 3-11

157. Atqui hoc perpetuum non esse apparet*ᵠ*. — Fateor. Quemadmodum enim liberum hoc sibi retinet*ʳ*, ut misericordem se, quum libuerit*ˢ*, impiorum liberis exhibeat: ita suam gratiam non adeo astrinxit fidelium liberis, quin pro suo arbitrio repudiet ex illis quos visum fuerit*ᵗ*: sic tamen id temperat*ᵘ*, ut promissionem hanc non vanam esse nec fallacem*ᵛ* constet.

Exo. 34,6.7;
Psal. 103, 8

158. Cur mille hic generationes, in poenae vero damnatione*ʷ* tres duntaxat aut quatuor nominat? — Quo significet, se ad humanitatem magis et beneficentiam, quam ad severitatem propensum esse*ˣ*. Sicut etiam alibi*ʸ* testatur, quum se ad ignoscendum*ᶻ* facilem esse*ᵃ'* dicit, tardum vero ad iram*ᵇ'*.

---

a) *cat. gall.:* c'est un tesmoignage   b) eorum ... exsequitur *cat. gall.:* quand il laisse leur semence en malediction   c) *cat. gall.:* Que dit-il plus?   d) > *cat. gall.*   e) *cat. gall.:* dit   f) *cat. gall.:* en mille generations   g) pii hominis *cat. gall.:* fidele   h) *cat. gall.:* l'obeissance   i) *cat. gall.:* sa race   k) hoc modo > *cat. gall.*   l) in ... gratiam *cat. gall.:* pour l'amour d'eux   m) benignum exhibeat *cat. gall.:* il se donnera à congnoistre   n) res ... prosperando *cat. gall.:* les fera prosperer   o) quoad ... vitam *cat. gall.:* selon la chair   p) sed ... censeantur *cat. gall.:* mais les sanctifiera par son Esprit, pour les rendre obeissans à sa volunté   q) > *cat. gall.*   r) liberum ... retinet *cat. gall.:* se reserve la liberté   s) quum libuerit > *cat. gall.*   t) ita ... fuerit *cat. gall.:* aussi d'autre part il retient le pouvoir d'elire, ou reietter en la generation des fideles, ce que bon luy semble   u) *cat. gall.:* si fait-il tellement   v) *cat. gall.:* frustratoire   w) poenae damnatione *cat. gall.:* en la menace   x) se ad ... esse *cat. gall.:* que son propre est d'user plustost de bonté et douceur, que de rigueur ne rudesse   y) > *cat. gall.*   z) *cat. gall.:* enclin à bien faire   a') facilem ... dicit > *cat. gall.*   b') *cat. gall.:* à se courroucer

1) *lege:* Rom. 9, 15-18

c. 25.

159. Iam ad tertium^a. — Non usurpabis nomen Iehovae^b Dei tui frustra. Le troi-
siesme com-
mandement

160. Quis sensus^c? — Vetat ne Dei nomine abutamur, non peierando tantum, sed praeter necessitatem iurando^d. Des iure-
ments

161. Estne aliquis nominis Dei usus legitimus in iureiurando^e?—Imo vero: cum adhibetur ex iusta causa^f. Primum^g, asserendae veritati: deinde, cum eius momenti est negotium, ut iurare par sit^h, ad mutuamⁱ inter homines^k tuendam charitatem et concordiam.

162. Verum, annon longius spectat^l, quam ad cohibenda^m iuramenta, quibus profanatur Dei nomen, autⁿ imminuitur eius honos? — Proposita una specie, in universum nos admonet, ne unquam in medium^o a nobis proferatur Dei nomen, nisi cum timore ac reverentia, et in eum finem^p, ut gloriosum appareat. Nam cum sit sacrosanctum^{q, l} cavere debemus omnibus modis^r, ne aut ipsum contemptui habere videamur, aut aliis occasionem contemnendi praebeamus. Honneur
du Nom
de Dieu

163. Quomodo hoc fiet? — Si de Deo, eiusque operibus non aliter cogitemus aut loquamur, quam in eius honorem^s.

164. Quid sequitur? — Sanctio, qua non fore innocentem denunciat, qui nomen suum in vanum usurpaverit.

165. Cum alibi pronunciet^t, se in legis suae transgressores vindicaturum, quid hic amplius continetur? — Eo voluit indicare, quanti nominis sui gloriam faciat^u: quo eius studiosiores simus^v, dum videmus^w, paratam fore ultionem, si quis eam profanaverit^x.

---

a) *cat. gall.*: + commandement b) *cat. gall.*: du Seigneur c) *cat. gall.*: Que veut il dire? d) sed ... iurando *cat. gall.*: mais aussi en sermens superfluz et oisifz e) Estne ... iureiurando *cat. gall.*: En peut on donc bien user en sermens? f) cum ... causa *cat. gall.*: qui sont necessaires g) *cat. gall.*: c'est à dire h) deinde ... sit *cat. gall.*: quand il en est mestier i) > *cat. gall.* k) *cat. gall.*: nous l) annon ... spectat > *cat. gall.* m) *cat. gall.*: corriger n) profanatur ... aut > *cat. gall.* o) *cat. gall.*: en avant p) et ... finem > *cat. gall.* q) *cat. gall.*: + et digne r) *cat. gall.*: en telle sorte s) *cat. gall.*: + et en sa louenge t) *cat. gall.*: + generalement u) quanti ... faciat *cat. gall.*: il a en singuliere recommandation v) *cat. gall.*: + de l'avoir en reverence w) > *cat. gall.* x) paratam ... profanaverit *cat. gall.*: disant nomméement qu'il ne souffrira pas qu'on le mesprise

102 CATECH. GENEV. DE LEGE

c. 26.

Le quatriesme commandement

166. Veniamus ad quartum praeceptum^a. — Recordare diem sabbati, ut eum sanctifices; sex diebus operaberis, et facies omne opus tuum; septimus vero^b, sabbatum est Domini Dei tui. Non facies in eo ullum opus, nec servus tuus, nec^c ancilla, neque^d bos, neque^d asinus, neque inquilinus qui habitat inter portas tuas. Nam sex diebus perfecit Deus coelum, et terram, et mare^e, et quidquid in illis continetur; septimo quievit. Itaque benedixit diei sabbati^f, et eum sanctum sibi segregavit.

167. Iubetne sex diebus laborare, ut septimo quiescamus? — Non simpliciter, verum sex dies hominum^g laboribus permittens, septimum excipit, ut quieti destinetur^h.

168. An quemvis laborem nobis interdicitⁱ? — Hoc praeceptum separatam^k et peculiarem habet rationem; siquidem quietis observatio, pars est^l veterum^l caeremoniarum. Jtaque^m, Christi adventu abrogata fuit.

169. Dicisne praeceptum hoc ad Iudaeos proprie spectareⁿ, ideoque temporarium duntaxat fuisse^o? — Nempe: quatenus caeremoniale est.

170. Quid ergo? subestne aliquid praeter caeremoniam? — Tribus ex causis datum^p fuit.

La signification spirituelle du repos exterieur

171. Cedo mihi eas^q. — Ad spiritualem quietem figurandam: ad conservationem^r politiae ecclesiasticae: ad servorum sublevationem.

172. Quid per spiritualem quietem intelligis? — Dum a propriis operibus feriamur: quo Deus^s in nobis sua opera^t peragat.

173. Quae porro feriandi ratio^u? — Si carnem nostram crucifigimus^v: hoc est, renunciamus nostro ingenio^w, ut Dei spiritu gubernemur.

---

a) > *cat. gall.* b) > *cat. gall.* c) *cat. gall.:* + ta d) *cat. gall.:* + ton e) et mare > *cat. gall.* f) *cat. gall.:* iour du Repos g) > *cat. gall.* h) ut ... destinetur *cat. gall.* i) An ... interdicit *cat. gall.:* Nous defend il donc toute besongne un iour la sepmaine k) > *cat. gall.* l) *cat. gall.:* de la loy ancienne m) *cat. gall.:* + Iesus n) *cat. gall.:* appartient o) ideoque ... fuisse *cat. gall.:* et a esté donné pour le temps de l'ancien Testament p) *cat. gall.:* faict q) Cedo ... eas *cat. gall.:* Quelles sont elles? r) > *cat. gall.* s) *cat. gall.:* le Seigneur t) sua opera peragat *cat. gall.:* oeuvre en nous u) Quae ... ratio *cat. gall.:* Comment cela se fait-il? v) *cat. gall.:* mortifiant w) *cat. gall.:* nature

MANDATUM QUARTUM

174. An id septimo quoque die fieri satis est[a] ? — Imo[b] continenter. Nam ex quo semel[c] coeperimus, pergendum est toto vitae cursu[d].

175. Cur ergo eius significationi[e] destinatur certus dies ? — Nihil necesse est, per omnia congruere veritatem cum figura: modo conveniat, quantum satis est ad rationem figurandi[f].

176. Cur tamen septimus potius dies praescribitur, quam alius quilibet ? — Numerus[g] hic perfectionem in scriptura designat: itaque ad notandam perpetuitatem aptus est; simul indicat, spiritualem hanc[h] quietem inchoari duntaxat in hac vita, nec ante perfectam fore, donec e mundo migremus. Nombre de sept

[66] *c. 27.*

177. Verum, quid hoc sibi vult, quod suo nos exemplo[i] ad quiescendum hortatur Dominus[k] ? — Cum mundi creationi finem intra sex dies imposuisset[l]: septimum operum suorum[m] considerationi dicavit. Ad id quo nos acrius stimulet[n], suum nobis exemplum proponit. Nihil enim magis expetendum, quam ut nos ad eius imaginem formemur[o].

178. Verum, continuane esse debet operum Dei meditatio, an ex septenis quibusque diebus[p] unum illi destinari[q] sufficit ? — Exerceri quidem nos quotidie in ea decet. Verum, imbecillitatis nostrae causa, dies unus[r] peculiariter statuitur. Atque haec politia est, quam dixi. Meditation des oeuvres de Dieu doit estre continuelle

179. Quis igitur eo die servandus est ordo ? — Ut populus ad audiendam Christi doctrinam[s], ad frequentandas[t] publicas[u] preces, ad edendam fidei suae professionem[v] conveniat. De la police des iours

---

a) fieri satis est *cat. gall.*: se doit il faire seulement   b) *cat. gall.*: Il se doit faire   c) > *cat. gall.*   d) toto...cursu *cat. gall.*: toute nostre vie   e) *cat. gall.*: pour figurer cela   f) modo...figurandi *cat. gall.*: mais suffit qu'il y ait quelque semblance   g) *cat. gall.*: + de sept   h) *cat. gall.*: nostre   i) *cat. gall.*: comme il a faict   k) hortatur Dominus *cat. gall.*: qu'allegue icy nostre Seigneur   l) Cum...imposuisset *cat. gall.*: Apres avoir creé toutes ses oeuvres en six iours   m) operum suorum *cat. gall.*: d'icelles   n) acrius stimulet *cat. gall.*: mieux induire à ce faire   o) eius...formemur *cat. gall.*: d'estre conformes à luy   p) ex...diebus *cat. gall.*: la sepmaine   q) > *cat. gall.*   r) dies unus *cat.gall.*: un certain   s) ad...doctrinam *cat. gall.*: pour estre instruict en la verité de Dieu   t) *cat. gall.*: pour faire   u) *cat. gall.*: communes   v) *cat. gall.*: + et religion

180. Nunc expone quod dixisti[a], Dominum[b] hoc praecepto servorum quoque sublevationi prospicere voluisse[c]. – Ut iis qui sub aliena potestate sunt, aliquid laxamenti detur. Quin etiam hoc ad retinendam[d] communem politiam valet. Nam ubi dies unus quieti assignatur[e], ita se quisque ad laborandum in reliquum temporis assuefacit.

Colo. 2, 16. 17 181. Videamus iam, quatenus[f] ad nos spectet hoc mandatum. – Quod ad caeremoniam, cum in Christo exstiterit eius veritas[g], abrogatam esse dico.

Rom. 6, 4–6 182. Quomodo? – Nempe, quia mortis eius virtute vetus homo noster crucifigitur, nosque[h] excitamur in vitae novitatem.

183. Quid ergo ex praecepto[i] nobis restat? – [Ne sancta [68] instituta, quae ad spiritualem ecclesiae politiam faciunt, negligamus: praesertim vero, ut sacros conventus ad audiendum Dei sermonem, ad mysteria celebranda, ad solennes preces, sicut erunt ordinati, frequentemus[k].

184. Atqui nihilne amplius figura nobis conducit[l]? – Imo vero. Ad suam enim veritatem revocanda est. Ut scilicet insiti in Christi corpus[m], factique[n] eius membra, desinamus a[o] propriis operibus, atque ita Dei[p] gubernationi nos resignemus[q].

Le cinquiesme commandement 185. Transeamus ad alteram tabulam. – Eius initium est[r]: Honora patrem et matrem.

Que c'est que honnorer pere et mere 186. Quid tibi significat hic vox[s] honoris? – Ut cum modestia et humilitate morigeri sint[t] et obsequentes filii parentibus[u], ut eos reverenter colant[v]: ut iuvent in necessitate[w], suasque illis

---

a) Nunc ... dixisti *cat. gall.:* Comment entens-tu? b) > *cat. gall.* c) prospicere voluisse *cat. gall.:* est donné d) > *cat. gall.* e) *cat. gall.:* il y a f) Videamus ... quatenus *cat. gall.:* Maintenant, disons comment g) cum ... veritas *cat. gall.:* Car nous avons l'accomplissement en Iesus CHRIST h) *cat. gall.:* + par sa resurrection i) > *cat. gall.* k) Ne sancta ... frequentemus *cat. gall.:* Que nous observions l'ordre constitué en l'Eglise, pour ouyr la Parolle du Seigneur, communiquer aux prieres publiques, et aux Sacremens. Et que nous ne contrevenions pas à la police spirituelle, qui est entre les fideles l) amplius conducit *cat. gall.:* profite m) insiti ... corpus > *cat. gall.* n) *cat. gall.:* qu'estans o) *cat. gall.:* + noz p) *cat. gall.:* son q) *cat. gall.:* permettre à r) Eius ... est > *cat. gall.* s) hic vox > *cat. gall.* t) cum ... sint *cat. gall.:* soyent humbles u) *cat. gall.:* peres et meres v) reverenter colant *cat. gall.:* portent honneur et reverence w) iuvent ... necessitate *cat. gall.:* assisten t.

operas impendant^a. His enim tribus membris continetur qui debetur parentibus honor^b.

187. Perge modo. — Adiicitur^c mandato promissio^d: ut prorogentur dies tui super terram, quam daturus est tibi Dominus Deus tuus.

188. Quis sensus? — Diu beneficio Dei victuros^e, qui debitum parentibus honorem praestiterint.

189. Quum tot aerumnis referta^f sit haec vita: cur beneficii loco longam eius durationem^g nobis^h pollicetur Deus? — Quantiscunque miseriis sit obnoxiaⁱ: Dei tamen benedictio est erga fideles^k, vel hac una de causa^l, quod paterni eius favoris argumentum est^m, dum eos hic alit et conservatⁿ. *Vie longue*

190. Sequiturne e converso eum qui^o cito et ante iustam aetatem^p ex hoc mundo eripitur^q, a Deo maledictum esse? — Minime. Quin potius accidit interdum, ut quo quisque magis diligitur a Deo^r, eo citius recipiatur ex hac vita^s.

191. Atqui, sic agendo, qualiter promissioni suae satisfacit^t? — Quidquid nobis terrestrium bonorum Deus promittit, sub hac conditione accipere convenit: quatenus in bonum animae^u nostrae salutemque^v expedit. Esset enim ordo valde praeposterus^w, nisi semper antecederet animae ratio^x. *Biens terriens avec condition*

192. Quid de iis qui parentibus^y fuerint contumaces^z? — Non in extremo^{a'} tantum iudicio punientur^{b'}: sed hic quoque in eorum corpora Deus vindicabit, aut hinc omnes tollendo in *Punition des enfans desobeissans*

---

a) suasque...impendant *cat. gall.*: et soyent à leur commandement, comme ilz y sont tenus   b) His ... honor > *cat. gall.*   c) *cat. gall.*: Dieu adiouste; *cat. gall.*: + à ce   d) *cat. gall.*: + disant   e) Diu ... victuros *cat. gall.*: Que Dieu donnera longue vie   f) *cat. gall.*: pleine   g) longam ... durationem *cat. gall.*: qu'il le fera vivre longuement   h) *cat. gall.*: à l'homme   i) *cat. gall.*: + la vie terrienne   k) *cat. gall.*: l'homme fidele   l) vel ... causa *cat. gall.*: ne fust-ce sinon d'autant   m) argumentum est *cat. gall.*: Dieu luy testifie   n) dum ... conservat *cat. gall.*: l'entretenant en icelle   o) *cat. gall.*: que l'homme   p) cito ... aetatem *cat. gall.*: tost   q) ex ... eripitur *cat. gall.*: meurt   r) *cat. gall.*: le Seigneur   s) ex hac vita *cat. gall.*: de ce monde   t) *cat. gall.*: garde   u) bonum animae > *cat. gall.*   v) *cat. gall.*: + spirituel   w) ordo ... praeposterus *cat. gall.*: povre chose   x) animae ratio *cat. gall.*: cela   y) *cat. gall.*: à pere et à mere   z) *cat. gall.*: rebelles   a') *cat. gall.*: au iour du   b') *cat. gall.*: Dieu les punira

medio aetatis flore, aut ignominioso mortis genere plectendo[a], aut aliis modis.

Psal. 24[c], 1
Psal. 89[e], 12
Psal. 115[g], 16

193. Verum, annon de terra Chanaan nominatim promissio[b] loquitur? — Sic est, quantum ad Israelitas[d] spectat; at nobis hoc verbum latius patet, ac extendi debet[f]. Quamcunque enim regionem incolamus, cum Domini[h] sit totus[i] orbis, eam nobis assignat possidendam[k].

194. Nihilne amplius restat de praecepto[l]? — Quanquam non nisi de patre et matre verba sonant, intelligendi sunt tamen omnes qui nobis praesunt: quando eadem ipsorum[m] est ratio.

195. Quaenam illa? — Nempe, quia Dominus eos in superiorem honoris gradum extulerit[n]. Nulla enim est vel parentum[o], vel principum, vel praefectorum quorumlibet authoritas, nullum

Rom. 13, 1 imperium, nullus honor[p], nisi ex Dei decreto: quia mundum sic illi placet ordinare[q].

c. 29.

Le sixiesme commandement

196. Recita sextum[r]. — Non occides.

197. Nihilne aliud vetat, quam caedes perpetrare[s]? — Imo vero. Nam cum hic[t] loquatur Deus, non externis tantum operibus legem dicit[u]: sed animi etiam affectibus; adeoque his potissimum[v].

198. Videris subindicare, genus esse quoddam arcanae[w] [72] caedis, a quo hic nos Deus revocat. — Sic est. Ira enim et odium, et quaevis nocendi cupiditas, caedes coram Deo censetur[x].

199. Satisne defuncti sumus, si neminem persequamur odio[y]? — Nequaquam; siquidem Dominus odium damnando, et nos

---

a) omnes ... plectendo *cat. gall.*: les faisant mourir devant leurs iours, ou ignominieusement   b) > *cat. gall.*   c) *cat. gall.*: enfans d'Israel   d) *cat. gall. falso:* 14   e) latius ... debet *cat. gall.*: prendre plus generalement   f) *cat. gall. falso:* 88   g) *cat. gall.*: sienne   h) > *cat. gall.*   i) *cat. gall. falso:* 3   k) eam ... possidendam *cat. gall.*: il nous y donne nostre habitation   l) Nihilne ... praecepto *cat. gall.*: Est-cela tout le commandement   m) > *cat. gall.*   n) in ... extulerit *cat. gall.*: a donné la preeminence   o) *cat. gall.*: de peres   p) nullum ... honor > *cat. gall.*   q) quia ... ordinare > *cat. gall.*   r) *cat. gall.*: + commandement   s) caedes perpetrare *cat. gall.*: d'estre meurtrier   t) > *cat. gall.*   u) *cat. gall.*: impose   v) adeoque ... potissimum *cat. gall.*: principallement   w) *cat. gall.*: interieur   x) caedes ... censetur *cat. gall.*: à nostre prochain   y) *cat. gall.*: + et ne point porter mauvaise affection

arcendo a quavis noxa, qua proximus noster laedatur[a], simul hoc se exigere ostendit, ut omnes mortales ex animo diligamus, ac fideliter ipsis tuendis conservandisque studeamus[b].

200. Iam ad septimum[c]. – Non moechaberis.

Le septiesme commandement

5   201. Expone quae sit summa. – Scortationem quamlibet maledictam esse coram Deo. Proinde, nisi iram Dei velimus in nos provocare, ab illa esse diligenter[d] abstinendum.

Toute paillardise est maudite

202. Nihilne praeterea requirit? – Respicienda semper est natura legislatoris, quem diximus[e], non externo modo operi 10 immorari, sed animi potius[f] affectibus esse intentum.

Nature du legislateur

203. Quid ergo plus comprehendit? – Ex quo tum corpora nostra, tum animae templa sunt spiritus sancti, ut castam utrisque puritatem praestemus: ac proinde non externi tantum flagitii abstinentia[g] pudici simus: sed etiam corde[h], verbis, 15 gestu denique corporis et actione. Denique corpus ab omni lascivia purum sit, animus ab omni libidine[i]: ut nulla pars nostri impudicitiae sordibus sit inquinata.

1. Cor. 3, 16.17 et 6, 19
2. Cor. 6, 16

c. 30.

204. Veniamus ad octavum. – Non furaberis.

Le huitiesme commandement

20   205. Eane tantum furta prohibet, quae humanis legibus [74] puniuntur, an longius procedit? – [l]Malas omne genus fraudandi circumveniendique artes, quibus aliena bona aucupamur, sub furti nomine, complectitur. Hic ergo vetamur, tum violenter involare in bona proximorum, tum per vafriciem et dolum illis 25 manum iniicere, tum aliis quibuscunque obliquiis rationibus ad illa occupanda conari[k].

Larcin

206. Satisne est manus abstinere a maleficio[l], an cupiditas etiam hic damnatur[m]? – Huc semper est redeundum: cum

Larcin interieur

---

a) et nos ... laedatur > *cat. gall.*   b) simul ... studeamus *cat.* 30 *gall.:* qu'il requiert que nous aymions noz prochains, et procurions leur salut, et le tout de vraye affection et sans feintise   c) *cat. gall.:* Dy le septiesme Commandement   d) > *cat. gall.*   e) quem diximus > *cat. gall.*   f) > *cat. gall.*   g) non ... abstinentia *cat. gall.:* non seulement de faict   h) *cat. gall.:* desirs   i) denique ... libi- 35 dine > *cat. gall.*   k) Malas omne ... conari *cat. gall.:* Il entend toutes mauvaises trafiques et moyens desraisonnables d'attirer à nous le bien de nostre prochain, soit par violence ou cautelle, ou en quelque autre sorte que Dieu n'ait point approuvée   l) manus ... maleficio *cat. gall.:* de s'abstenir du faict   m) hic damnatur *cat.* 40 *gall.:* y est comprins

spiritualis sit legislator, non externa tantum furta coercere eum velle^a, sed omnia^b simul consilia et studia, quae aliis omnino incommodent: atque ipsam in primis cupiditatem: ne ditescere cum iactura fratrum expetamus^c.

207. Quid ergo agendum est, ut praecepto pareamus^d? — Danda est opera, ut suum cuique salvum sit.

Le neufviesme commandement

208. Nonum praeceptum^b quod est? — Non eris adversus proximum tuum testis mendax.

Doctrine generale du iurement

209. Prohibetne peierare in foro duntaxat: an in universum mentiri adversus proximos^e? — Sub specie una comprehenditur doctrina generalis, ne falso proximos^c calumniemur: neve maledicentia nostra et obtrectationibus laedamus eius famam, aut aliquam illi noxam afferamus in suis bonis^f.

210. Cur autem nominatim exprimit publica periuria? — Quo maiorem nobis huius vitii^g horrorem incutiat. Innuit enim, si quis maledicentiae et calumniis^h assueverit, inde ad periuria proclivem fore lapsumⁱ, si occasio data fuerit proximi infamandi^k.

211. Vultne a maledicendo tantum nos arcere, an etiam a malis suspicionibus sinistrisque et iniquis iudiciis^l? — Utrumque, secundum rationem ante adductam, hic damnat^m. Nam quod agere coram hominibus malum est, malum est coram Deo etiam^b velle.

212. | Ergo quid in summa velit, expone. — Ne ad male sen [76] tiendum de proximisⁿ, neve ad eos infamandos propensi simus, vetat: quin potius, hac nos aequitate et humanitate praeditos esse iubet^o, ut de illis, quantum veritas patitur, bene sentiamus, suamque eis existimationem integram tueri studeamus^p.

---

a) coercere ... velle *cat. gall.*: ne parle pas des b) > *cat. gall.*
c) quae ... expetamus *cat. gall.*: et deliberations de nous enrichir au detriment de nostre prochain d) ut ... pareamus > *cat. gall.*
e) *cat. gall.*: nostre prochain f) eius famam ... bonis *cat. gall.*: en ses biens, n'en sa renommée g) *cat. gall.*: + de mesdire et detracter
h) *cat. gall.*: + son prochain i) proclivem ... lapsum *cat. gall.*: viendra bien k) si ... infamandi > *cat. gall.* l) etiam ... iudiciis *cat. gall.*: ou s'il comprend aussi mal penser m) hic damnat > *cat. gall.* n) de proximis > *cat. gall.* o) hac ... iubet > *cat. gall.*
p) *cat. gall.*: + en noz parolles

c. 31.

213. Recita ultimum[a]. — Non concupisces domum proximi tui: non concupisces uxorem proximi tui: non servum: non ancillam: non bovem: non asinum: nec quidquam aliud quod ipsius sit.

Le dixiesme commandement

214. Quum spiritualis sit tota lex: sicut etiam ante toties[b] dixisti: nec tantum coercendis externis operibus, sed corrigendis[b] etiam animi affectibus posita[b] sint superiora praecepta: quid hic amplius additur? — Reliquis praeceptis[c] voluntates atque affectus regere et moderari[d] voluit Dominus; hic vero etiam cogitationibus, quae nonnullam cupiditatem[e] secum trahunt, neque tamen perveniunt ad statam usque deliberationem[f], legem imponit.

215. Dicisne minimas quasque cupiditates[g], quae fidelibus[h] obrepant, et ipsis[i] veniant in mentem, peccata esse, etiam si resistant potius quam assentiantur?[k] — Constat certe, pravas omnes cogitationes, etiam si non accedat consensus, ex naturae nostrae vitio[l] prodire. Verum hoc tantum dico: damnari hoc praecepto[m] vitiosas[b] cupiditates, quae ita cor hominis titillant ac sollicitant, ut tamen non pertrahant ad firmam deliberatamque voluntatem[n].

Toute tentation est vice

216. Hactenus ergo malos quidem affectus, quibus acquiescunt homines, et subigendos se permittunt[o], prohibitos fuisse intelligis: nunc vero tam exactam integritatem a nobis requiri[p], ut nullam perversam cupiditatem corda nostra admittant, qua[q] ad peccatum stimulantur[r]. — Sic est.

---

a) *cat. gall.*: Venons au dernier commandement   b) > *cat. gall.*
c) *cat. gall.*: + noz   d) et moderari > *cat. gall.*   e) *cat. gall.*: convoitise et desir   f) ad ... deliberationem *cat. gall.*: à un vouloir arresté   g) minimas ... cupiditates *cat. gall.*: la moindre tentation
h) *cat. gall.*: l'homme fidele   i) obrepant ... ipsis > *cat. gall.*
k) potius ... assentiantur *cat. gall.*: et n'y consente nullement
l) naturae ... vitio *cat. gall.*: l'infirmité de nostre chair   m) damnari hoc praecepto *cat. gall.*: ce commandement parle   n) ut ... voluntatem *cat. gall.*: sans venir iusque à propos deliberé   o) quibus ... permittunt *cat. gall.*: qui emportent volunté certaine et comme resolue   p) *cat. gall.*: le Seigneur requiert   q) *1545 falso*: quibus
r) *cat. gall.*: + et esmouvoir

La somme de la Loy

217. Licetne iam breve totius legis compendium colligere ? — I Maxime: siquidem eam in duo capita redigamus. Prius est: ut Deum[a] amemus ex toto corde, ex tota anima, ex totis viribus. Alterum: ut proximos diligamus perinde ac nosmetipsos[b].

218. Quid sub Dei amore continetur ? — Amare ipsum, sicuti Deum amare decet[c]: nempe, ut simul et Dominus[d], et pater et servator agnoscatur. Itaque Dei amori adiuncta est eius reverentia, voluntas illi obsequendi fiducia, quae in ipso collocanda est[e].

Aymer Dieu de tout son cueur, etc.

219. Quid per totum cor, totam animam et totas vires intelligis[f] ? — Eam zeli vehementiam[g], ut nullis prorsus cogitationibus, nullis desideriis[h], nullis studiis sit in nobis locus, quae huic amori adversentur.

c. 32.

220. Quis secundi capitis est sensus ? — Quemadmodum natura adeo propensi ad nos amandos sumus, ut hic affectus alios omnes superet: ita proximorum charitatem sic regnare in nobis[i] decet, ut nos omni ex parte gubernet[k], sitque omnium et consiliorum et operum regula.

Que signifie le prochain

221. Quid proximi tibi nomen significat[l] ? — Non cognatos modo, et amicos, aut qui aliqua nobiscum necessitudine sunt coniuncti[m]: sed etiam eos qui nobis incogniti sunt, adeoque inimicos.

222. Quid autem illi coniunctionis nobiscum habent ? — Nimirum coniuncti sunt eo vinculo[n], quo universum hominum genus[o] Deus simul colligavit. Est autem id sacrosanctum et[p] inviolabile, quod nullius pravitate aboleri potest.

---

a) *1545 falso:* eum; *cat. gall.*: nostre Dieu   b) Alterum ... nosmetipsos *cat. gall.*: Item nostre prochain comme nousmesmes   c) amare decet > *cat. gall.*   d) *cat. gall.*: + Maistre   e) Itaque ... est *cat. gall.*: ce qui requiert crainte, honneur, fiance, obeissance, avec l'amour   f) *cat. gall.*: que signifie   g) zeli vehementiam *cat. gall.*: d'un tel zele, et d'une telle vehemence   h) *cat. gall.*: + nulle volunté   i) *cat. gall.*: noz cueurs   k) nos ... gubernet *cat. gall.*: meine et conduise   l) Quid ... significat *cat. gall.*: Et qu'entens-tu par noz prochains?   m) necessitudine ... coniuncti *cat. gall.*: ont accointance   n) Nimirum ... vinculo *cat. gall.*: Telle   o) universum ... genus *cat. gall.*: tous les hommes de la terre   p) sacrosanctum et > *cat. gall.*

223. Dicis igitur, si nos quispiam oderit, esse hoc eius proprium: manere nihilominus ipsum nobis proximum, eoque loco a nobis habendum esse: quia stet inviolabilis[a] Dei ordo, quo haec inter nos coniunctio sancita est[b]. – Sic est.

[80] 224. | Cum formam Dei rite colendi lex ostendat[c]: nonne[d] prorsus secundum eius praescriptum vivendum est? – Verum id quidem est. Atqui ea imbecillitate laborant[e] omnes, ut nemo quod debet omni ex parte impleat. Nul ne s'acquite envers la Loy

225. Cur ergo eam a nobis perfectionem exigit Deus, quae sit facultate nostra superior? – Nihil exigit, cui praestando non simus obstricti. Caeterum, modo ad eam, quae hic praescribitur, vivendi formam enitamur, etiamsi procul absimus a scopo, hoc est[f] a perfectione, Dominus, quod deest, nobis ignoscit[g].

226. De hominibusne universis in genere loqueris, an de fidelibus duntaxat? – Qui Dei spiritu nondum est[h] regenitus, ne ad minimum quidem legis[i] apicem inchoandum erit idoneus. Praeterea, si quem demus inveniri, qui aliqua ex parte legi obtemperet: non tamen ideo coram Deo defunctum iudicabimus[k]. Nam[l] maledictos pronunciat omnes, qui non omnia impleverint, quae in ea continentur. Deut. 27, 26; Gal. 3, 10

c. 33.

227. Hinc statuendum est, sicuti duo sunt hominum genera, ita duplex esse legis officium. – Omnino. Nam apud incredulos nihil aliud efficit, nisi[m] quod excusationem illis omnem praecludit[n] coram Deo; atque id est quod significat Paulus, cum eam vocat ministerium mortis et damnationis. Erga fideles longe alium usum habet. Rom. 3, 19.20 2. Cor. 3, 6.9

228. Quem? – Principio, dum iustitiam operibus consequi se non posse ex ea discunt, ad humilitatem hoc modo erudiuntur[o]: L'office de la loy Rom. 5, 20

---

a) > *cat. gall.*   b) quo ... est > *cat. gall.*   c) *cat. gall.:* contient   d) *cat. gall.:* + l'homme Chrestien   e) ea ... laborant *cat. gall.:* il y a telle infirmité en   f) a ... est > *cat. gall.*   g) *cat. gall.:* ne nous impute point   h) nondum est *cat. gall.:* n'est   i) *cat. gall.:* qui y soit   k) qui aliqua ... iudicabimus *cat. gall.:* qui en fist quelque partie, si ne seroit-il pas quitte pourtant   l) *cat. gall.:* + nostre Seigneur   m) *cat. gall.:* + de les redarguer, et   n) excusationem ... praecludit *cat. gall.:* rendre plus inexcusables   o) ad ... erudiuntur *cat. gall.:* en les humiliant

quae vera est ad quaerendam in[a] Christo salutem praeparatio[b]. Deinde quatenus plus multo exigit ab ipsis, quam fuit[c] praestando, eos ad petendam a Domino[d] virtutem sollicitat, simulque perpetui reatus commonefacit, ne superbire audeant. Postremo freni instar illis est, quo in Dei timore retineantur.

Gal. 4, 6

229. Tametsi ergo in hac terrena peregrinatione[e] legi nunquam satisfacimus: non tamen hoc supervacuum esse censebimus[f], quod tam exactam a nobis perfectionem flagitet. Scopum enim ad quem nos collimare, et metam ad quam nos eniti convenit[g], demonstrat: ut quisque nostrum pro modo collatae sibi gratiae, ad summam rectitudinem vitam suam componere[h], et maiores subinde progressus facere[i], assiduo studio conetur. — Sic sentio.

230. An non perfectam in lege omnis iustitiae[k] regulam habemus? — Et quidem adeo, ut nihil velit aliud Deus a nobis, nisi ut eam sequamur: rursum vero, irritum habeat[l] ac repudiet, quidquid praeter eius praescriptum[m] suscipimus[n]. Neque enim aliud sacrificium acceptum habet, quam obedientiam.

Obeissance de la Loy

1. Sam. 15°, 22; Jere. 7, 21—23

231. Quorsum igitur tot admonitiones[p], praecepta, exhortationes, quibus passim utuntur[q] tum prophetae tum apostoli? — Nihil quam merae legis[r] expositiones sunt, quae ad legis[s] obedientiam nos manuducunt, potius quam ab ea abducant.

232. Atqui de privata cuiusque vocatione[t] nihil praecipit[u]. — Quum reddere cuique quod suum est, iubet, inde colligere promptum est[v], quae sint privatim in ordine suo vitaeque genere cuiusque partes[w]. Et exstant passim in[x] scriptura, quemadmodum dictum est, sparsae singulorum praeceptorum[y] expositiones. Nam quod hic Dominus summatim complexus est paucis verbis[z], alibi fusius et[a'] plenius exsequitur[b'].

---

a) *cat. gall.*: + Iesus   b) quae vera est praeparatio *cat. gall.*: elle les dispose   c) *Pleraeque editiones hic:* sint   d) *cat. gall.*: + qu'il leur doint la force et   e) in ... peregrinatione *cat. gall.*: durant ceste vie mortelle   f) < *cat. gall.*   g) et ... convenit > *cat. gall.*   h) ad ... componere > *cat. gall.*   i) maiores ... facere *cat. gall.*: s'avancer de iour en iour   k) *cat. gall.*: de tout bien   l) irritum habeat *cat. gall.*: desadvoue   m) *cat. gall.*: le contenu   n) *cat. gall.*: l'homme entreprend de   o) *1545 falso:* 1   p) *cat. gall.*: + remonstrances   q) *cat. gall.*: font   r) *cat. gall.*: d'icelle   s) *cat. gall.*: son   t) *cat. gall.*: vocations   u) *cat. gall.*: traicte   v) promptum est *cat. gall.*: nous pouvons bien   w) quae ... partes *cat. gall.*: quel est le devoir de nostre estat, chascun à son endroict   x) *cat. gall.*: + toute   y) sparsae ... praescriptorum > *cat. gall.*   z) paucis verbis > *cat. gall.*   a') fusius et > *cat. gall.*   b') *cat. gall.*: il le traicte pour instruction

DE ORATIONE[a].

c. 34.

233. Quum de secunda parte divini cultus, quae in obsequiis obedientiaque sita est[b], satis disputatum fuerit: iam de tertia parte disseramus. — Diximus invocationem esse cum ad ipsum in quavis necessitate confugimus[1,c].

Le troisiesme poinct de bien honnorer Dieu

[84] 234. ⸤ Eumne solum censes invocandum esse? — Omnino. Id enim exigit, tanquam proprium numinis sui cultum[d].

235. Si ita res habet: quonam licebit modo homines ad opem nobis ferendam implorare? — Magnum vero inter haec duo discrimen est. Deum enim cum invocamus, testamur nihil nos aliunde boni exspectare, nec alibi nos collocare totum nostrum[e] praesidium, interea tamen auxilia[f], quoad nobis permittit, facultatemque illis nos adiuvandi contulit, quaerimus.

236. Quod ergo ad hominum opem fidemque[g] confugimus, nihil obstare dicis, quominus unum invocemus Deum, quum fiducia in eos nostra minime recumbat[h]: nec aliter imploremus ipsos, nisi quia benefaciendi facultate eos instruendo, beneficentiae suae ministros nobis quodammodo destinavit Deus, quorum per manus adiuvare nos, et quae apud illos deposuit subsidia, rogare nobis velit[i]. — Sic sentio. Ac proinde quidquid ab illis beneficiorum percipimus, Deo acceptum referre convenit: sicuti re vera unus ipse illa omnia nobis eorum ministerio largitur[k].

237. Verum, an non hominibus tamen, quoties aliquid in nos officii contulerunt[l], habenda est gratia? Id enim ipsa naturae aequitas, et lex humanitatis dictat[m]. — Habenda prorsus, vel ob unam hanc causam, quod hoc ipsos honore dignatur Deus, ut quae ex liberalitatis suae fonte inexhausto fluunt bona, per

---

a) > *cat. gall.*   b) de secunda ... est *cat. gall.*: du service de Dieu qui est la seconde partie de l'honnorer   c) cum ... confugimus *cat. gall.*: en toutes noz necessitez   d) *cat. gall.*: honneur   e) totum nostrum > *cat. gall.*   f) *cat. gall.*: + des hommes   g) > *cat. gall.*   h) *cat. gall.*: ne mettons fiance   i) imploremus ... velit *cat. gall.*: ne les cherchous, sinon entant que Dieu les a ordonné ministres et dispensateur de ses biens, pour nous en subvenir   k) unus ... largitur *cat. gall.*: il le nous envoye par leurs mains   l) quoties ... contulerunt *cat. gall.*: le bien qu'ilz nous font   m) Id ... dictat > *cat. gall.*

1) vide supra c. 1, 7 p. 75, 20.

8

eorum manus, tanquam per rivos, ad nos derivet[a]. Hac enim ratione nos illis obstringit, atque id ipsum vult nos agnoscere. Itaque qui se hominibus gratum non praebet, suam in Deum quoque ingratitudinem hoc modo prodit[b].

De l'invocation des saincts 238. Hincne licebit colligere, perperam invocari tum angelos, tum sanctos Domini servos[c], qui ex hac vita[d] demigrarunt ? — Licebit. Neque enim sanctis has partes[e] attribuit Deus, ut nobis opitulentur[f]. Quantum vero ad angelos spectat: tametsi eorum utitur opera in salutem nostram, non tamen a nobis vult implorari[g].

Signe d'infidelité 239. Quidquid ergo ad ordinem a Deo institutum[i] apte congruenterque non quadrat[h], id cum eius voluntate pugnare dicis. — Sic est. Certum enim infidelitatis signum est, iis quae dat nobis Deus[i], non esse contentos. Deinde si in sanctorum, angelorumve fidem nos conferamus, ubi nos ad se unum Deus vocat[k], partemque fiduciae, quae tota residere in solo Deo debuerat[l], transferamus in ipsos, in idololatriam prolabimur[m]: cum scilicet partiamur inter eos, quod sibi Deus in solidum uni vindicabat[n].

c. 35.

240. Nunc de orandi[o] ratione tractemus; sufficitne ad orandum[p] lingua, an mentem etiam et cor requirit oratio[q] ? — Lingua quidem non semper necessaria est. Intelligentia vero et affectu nunquam carere potest[r] vera oratio[s].

Jl faut prier de cueur 241. Quo mihi argumento[t] hoc probabis ? — Quandoquidem Deus spiritus est, cum alias semper cor ab hominibus[u] exigit, tum vero in oratione praesertim, qua[v] cum ipso communicant.

Psal. 145,18
Esa 29,13.14 Quamobrem non nisi iis qui eum in veritate invocaverint, pro-

---

a) ut quae ... derivet *cat. gall.*: de nous communiquer ses biens par leurs mains   b) Itaque ... prodit > *cat. gall.*   c) Domini servos > *cat. gall.*   d) *cat. gall.*: monde   e) *cat. gall.*: office   f) *cat. gall.*: + et subvenir   g) *cat. gall.*: + ne que nous ayons nostre addresse à eux   h) apte ... quadrat *cat. gall.*: ne convient   i) *cat. gall.*: Seigneur   k) Deinde ... vocat > *cat. gall.*   l) quae ... debuerat *cat. gall.*: D'avantage, si au lieu d'avoir nostre refuge à Dieu seul, suyvant son commandement   m) in ... prolabimur *cat. gall.*: c'est idolatrie   n) in ... vindicabat *cat. gall.*: s'estoit reservé   o) *cat. gall.*: + Dieu   p) ad orandum *cat. gall.*: de faire   q) requirit oratio *cat. gall.*: y est requis   r) numquam ... potest *cat. gall.*: il faut qu'il y ait   s) vera oratio > *cat. gall.*   t) > *cat. gall.*:   u) ab hominibus > *cat. gall.*   v) *cat. gall.*: où il est question de

DE ORATIONE

pinquum se fore pollicetur: ex adverso autem exsecratur[a] omnes et maledicit, qui per fictionem, et non ex animo precantur[b].

242. Vanae ergo et nihil[c] erunt preces quaecunque lingua tantum conceptae fuerint. – Non id[d] modo: sed Deo etiam summopere[e] displicebunt.

243. Qualem in oratione affectum exigit Deus[f]? – Primum, ut inopiam miseriasque nostras sentiamus: utque is sensus moerorem in animis nostris[g] et anxietatem generet: deinde ut vehementi serioque[e] obtinendae a Deo gratiae desiderio aestuemus[h]: quod[i] precandi quoque ardorem in nobis accendat.

244. A nativone hominibus ingenio manat[k] hic affectus[l], an a Dei gratia illis[e] provenit? – Deum hic nobis subvenire[m] necesse est. Nos enim ad utrumque[n] prorsus sumus stupidi: spiritus Dei est, qui[o] inenarrabiles gemitus excitat in nobis animosque nostros format in haec desideria, quae in oratione requiruntur[p]. Rom. 8, 26 Gal. 4, 6

245. Eone spectat haec doctrina, ut resides, et quodammodo oscitantes motum spiritus exspectemus, nec se quisque ad orandum sollicitet[q]? – Minime vero. Quin hic potius est finis: ut dum frigere se, et ad orandum pigros vel minus bene comparatos sentiunt fideles[r], ad Deum[s] protinus confugiant[t], seque inflammari postulent igneis spiritus eius aculeis[u], quo ad orandum[v] reddantur[w] idonei.

246. Non tamen intelligis, nullum in precibus esse linguae usum. – Nequaquam. Est enim saepe adiumento ad sublevan-

---

a) exsecrantur et > *cat. gall.*   b) non ... precantur *cat. gall.:* le font sans affection   c) et nihili > *cat. gall.*   d) *cat. gall.:* superflues   e) > *cat. gall*   f) exigit Deus *cat. gall.:* doit estre   g) in animis nostris *cat. gall.:* en nous   h) *cat. gall.:* nous ayons; *cat. gall.:* + lequel desir enflambe noz cueurs   i) *1545 falso:* qui   k) nativone ... manat *cat. gall.:* de nostre nature   l) hic affectus *cat. gall.:* Cela   m) nobis subvenire *cat. gall.:* y besongne   n) ad utrumque > *cat. gall.*   o) est, qui > *cat. gall.*   p) in haec ... requiruntur *cat. gall.:* telle affection et telle zele que Dieu demande; *cat. gall.:* + comme dit sainct Paul   q) Eone ... sollicitet *cat. gall.:* Est-ce à dire, que nous ne devions pas nous inciter et soliciter à prier Dieu?   r) Quin ... fideles *cat. gall.:* Mais au contraire, afin que quand nous ne sentons pas en nous telle disposition   s) *cat. gall.:* le Seigneur   t) *cat. gall.:* supplions   u) seque ... aculeis > *cat. gall.:*   v) *cat. gall.:* + deuement   w) *cat. gall.:* + capables et

dam retinendamque mentem*a*, ne tam facile*b* a Deo abstrahatur. Praeterea cum ad illustrandam Dei gloriam*c* creata sit prae aliis membris, totam eius facultatem*d* in hunc usum explicari par est. Ad haec, hominem interdum studii vehementiae*e* huc impellit, ut praeter consilium lingua in vocem prorumpat.

247. Si ita est, quid proficiunt*f* qui exotica lingua sibique non intellecta*g* orant? — Id vero nihil est aliud, quam cum Deo ludere. Ergo a Christianis facessat haec hypocrisis*h*.

1. Cor. 14

c. 36.

248. Verum, cum precamur*i*, facimusne id fortuito de successu incerti*k*, an vero constitutum id certo habere nos oportet, exauditum nos*l* iri a Domino? — Hoc perpetuum sit*m* orationis*n* fundamentum, exauditum nos iri*o* a Domino*p*, et quidquid petierimus impetraturos, quatenus nobis conducet. Hac ratione docet*q* Paulus, ex fide manare rectam invocationem Dei. Nam rite*r* nemo unquam*s* ipsum invocabit, nisi qui in certa*t* bonitatis eius*u* fiducia prius acquieverit*v*.

Jl faut prier avec certaine fiance
Rom. 10, 14

249. Quid ergo his fiet, qui haesitantes orant*w*: nec in animis suis statuunt, quid sint orando profecturi*x*: imo incerti sunt, audiantur necne a Deo suae preces*y*? — Vanae sunt ac irritae*z* ipsorum preces, cum nulla promissione sint suffultae. Iubemur enim |certa fide petere: et promissio additur, quidquid credentes petierimus, id nobis datum iri*a'*.

Matth. 21, 22; Marc. 11, 24

a) Est ... mentem *cat. gall.*: Car quelque fois elle aide l'esprit, et le retient, le fortifiant   b) *cat. gall.*: tost   c) illustrandam ... gloriam *cat. gall.*: pour glorifier Dieu   d) totam ... facultatem > *cat. gall.*; *cat. gall.*: + en toutes sortes   e) hominem ... vehementia *cat. gall.*: et aussi le zele du cueur, par son ardeur et vehemence   f) *cat. gall.*: qu'est-ce de   g) exotica ... intellecta *cat. gall.*: en langue incongneue   h) Id ... hypocrisis *cat. gall.*: C'est une moquerie de Dieu, et une hypocrisie perverse   i) *cat. gall.*: + Dieu   k) de ... incerti *cat. gall.*: ne sachant point si nous profiterons ou non   l) *cat. gall.*: noz prieres   m) *cat. gall.*: il nous faut avoir   n) *cat. gall.*: noz prieres   o) exauditum ... iri *cat. gall.*: qu'elles seront receues   p) *cat. gall.*: Dieu   q) *cat. gall.*: dit   r) *cat. gall.*: en verité   s) nemo unquam *cat. gall.*: il nous est impossible   t) > *cat. gall.*   u) *cat. gall.*: de Dieu   v) prius acquieverit *cat. gall.*: nous n'avons   w) haesitantes orant *cat. gall.*: doutent   x) nec ... profecturi > *cat. gall.*   y) > *cat. gall.*   z) Vanae ac irritae *cat. gall.*: du tout frivoles   a') Iubemur ... iri *cat. gall.*: Car il est dict, que nous demandions en croyant, et qu'il nous sera ottroyé.

DE ORATIONE

250. Restat ut videamus, unde nobis tantum confidentiae[a], ut cum tot modis[b] indigni simus Dei conspectu, sistere nos tamen coram ipso audeamus[c]. — Primum, habemus promissiones, quibus simpliciter[d], omissa dignitatis nostrae ratione, standum est. Deinde, si filii Dei sumus, animat nos[e] spiritus eius, atque instigat, ut ad eum, tanquam ad patrem, familiariter nos recipere nihil dubitemus[f]. Ac ne ideo quod instar vermium[g] sumus, et conscientia premimur nostrorum peccatorum[h], maiestatem eius gloriosam horreamus[i]: mediatorem nobis proponit Christum[k], quo nobis[d] aditum patefaciente[l], de obtinenda gratia minime simus anxii.

Psal. 50, 15; 91, 15 et 145, 18.19; Esa. 30. 15 et 65, 24; Jere. 29, 12—14; Joel 2, 3.5; Mat. 9, 2.22 et alibi. 1. Tim. 2.5; Ebre. 4. 16; 1. Jeh. 2. 1

251. Intelligis non nisi unius[d] Christi nomine invocandum esse Deum? — Sic sentio. Nam et disertis verbis[m] ita nobis praecipitur: at additur promissio[n], facturum sua intercessione, ut consequamur quae petimus[o].

Jl ne faut prier que au Nom de Christ Jeh. 14, 13

252. Non ergo temeritatis aut arrogantiae[p] accusandus est[q], qui hoc advocato fretus, ad Deum familiariter accedit: et hunc Deo et sibi proponit solum, per quem exaudiatur[r]. — Nullo modo. Nam qui sic orat[s], tanquam ex illius ore preces concipit[t], quum eius patrocinio adiuvari suam orationem, commendarique sciat[u].

Rom. 8, 26. 34

c. 37.

253. Tractemus iam, quid continere fidelium preces debeant[v]. Licetne[w] quidquid in mentem nobis venit a Deo[d] postulare,

---

a) unde ... confidentiae *cat. gall.*: comment et à quel tiltre nous pouvons avoir la hardiesse de nous presenter devant Dieu   b) *cat. gall.*: par trop   c) Dei ... audeamus > *cat. gall.*   d) > *cat. gall.*   e) *cat. gall.*: + saint   f) nihil dubitemus > *cat. gall.*   g) *cat. gall.*: povres vers de terre   h) et ... peccatorum *cat. gall.*: et miserables pecheurs   i) *cat. gall.*: ne craignions pas de comparoistre   k) *cat. gall.*: Seigneur Iesus   l) *1545:* patefaciat   m) disertis verbis *cat. gall.*: expres   n) et ... promissio *cat. gall.*: Et en ce faisant, nous est promis   o) *cat. gall.*: noz requestes   p) *cat. gall.*: folle presumption   q) accusandus est *cat. gall.*: ce n'est point   r) qui ... exaudiatur *cat. gall.*: de nous oser adresser priveement à Dieu, moyennant que nous ayons Iesus Christ pour nostre Advocat: et que nous le mettions en avant, afin que Dieu par son moyen nous ait aggreables, et nous exauce.   s) Nam ... orat > *cat. gall.*   t) preces concipit *cat. gall.*: nous prions   u) quum ... sciat *cat. gall.*: d'autant qu'il nous donne entrée et audience, et intercede pour nous   v) quid ... debeant *cat. gall.*: de la substance de noz oraisons   w) *cat. gall.*: pouvons nous

an certa hic tenenda est regula? — Haec vero nimis praeposteraª esset orandi ratio^b, indulgere propriis desideriis, carnisque iudicio^c. Nam et rudiores sumus, quam ut possimus iudicare quid¹ nobis expediat^d: et ea cupiditatum intemperie laboramus^e, quae freno cohiberi^f necesse habeat. [92]

254. Quid proinde opus est facto? — Hoc restat unum^g, ut Deus ipse rectam orandi formam^h nobis praescribat: ut tantum manu ducentem sequamur, et quasi verba praeeuntemⁱ.

255. Quam nobis legem praescripsit? — Ampla quidem et copiosa passim^k in^l scripturis huius rei doctrina^m traditurⁿ. Verum, quo certiorem praefigeret scopum, formulam composuit^o, et quasi dictavit^p, qua quidquid^q a Deo^r petere fas est, ac nostra refert, breviter complexus est^s, et in pauca capita digessit^t.

Mat. 6, 9–13; Luc. 11, 2–4

256. Recita. — Rogatus a discipulis Dominus noster Christus^u, quonam orandum esset modo^v, respondit. Cum volueritis orare, sic dicite^w: Pater noster qui es in coelis, sanctificetur nomen tuum: adveniat regnum tuum: fiat voluntas tua, in terra sicut in coelo: panem nostrum quotidianum da nobis hodie: et remitte nobis debita nostra, sicut nos quoque remittimus debitoribus nostris: et ne nos inducas in tentationem: sed libera nos a malo. Quia tuum est regnum, et potentia, et gloria^x, in saecula. Amen.

L'orasoin Chrestienne que nous a apprins nostre Seigneur

257. Quo melius intelligamus quid contineat, eam in capita partiamur^y. — Sex habet partes^z, quarum tres priores solam^r Dei gloriam, non habita nostri ratione, tanquam proprium

La division de l'oraison dominicale

---

a) *cat. gall.:* bien mal reiglées   b) orandi ratio *cat. gall.:* noz oraisons   c) indulgere ... iudicio > *cat. gall.*   d) *cat. gall.:* est bon de demander   e) ea ... laboramus *cat. gall.:* noz desirs sont si desordonnez   f) *cat. gall.:* que ne leur laschions point la bride   g) Hoc ... unum > *cat. gall.*   h) rectam ... formam *cat. gall.:* selon qu'il congnoist estre expedient   i) et ... praeeuntem > *cat. gall.*   k) et ... passim > *cat. gall.*   l) *cat. gall.:* + toute   m) huius ... doctrina > *cat. gall.*   n) *cat. gall.:* il nous l'a baillé   o) *cat. gall.:* a donné   p) et ... dictavit > *cat. gall.:*   q) *cat. gall.:* tous les poinctz que   r) > *cat. gall.*   s) *cat. gall.:* a comprins   t) et ... digessit > *cat. gall.*   u) *cat. gall.:* Iesus   v) quonam ... modo *cat. gall.:* qu'il les enseignast de prier   w) Cum ... dicite *cat. gall.:* qu'ilz auront à dire ainsi   x) et potentia, et gloria *cat. gall.:* la gloire et la puissance   y) Quo ... partiamur *cat. gall.:* Pour plus facile intelligence, dy moy combien d'articles elle contient   z) habet partes > *cat. gall.*

suum finem^a, respiciunt: reliquae ad nos^b, utilitatemque nostram spectant.

258. ^cErgone petendum est a Deo quidquam, unde nihil ad nos boni redeat^d? – Ipse quidem, pro infinita sua bonitate, sic componit^e omnia, ut nihil cedat in ipsius gloriam, quin nobis quoque sit salutare. Itaque cum sanctificatur eius nomen, ut nobis quoque in sanctificationem vertatur, efficit^f: non^g advenit eius regnum, quin^h simus quodammodo eius participes.
[94] Verum, in ⁱoptandis^j his omnibus^k solam eius gloriam, praeterita^l nostra utilitate, intueri convenit^m.

259. Nempe, secundum hanc doctrinamⁿ, tria haec postulata cum utilitate quidem nostra coniuncta sunt^o: non tamen in alium scopum collimare^p debent, quam ut glorificetur Dei nomen. – Sic est: atque adeo in reliquis etiam tribus eadem Dei gloria curae nobis esse debet^q: utcunque iis, quae in rem ac salutem nostram sunt^r, optandis, proprie sint destinata^s.

c. 38.

260. Nunc ad verborum^t explicationem pergamus, ac principio^u, cur patris nomen hic potius, quam aliud quodvis, Deo tribuitur? – Cum ad rectam orandi rationem^v in primis requiratur secura conscientiae fiducia^w: nomen hoc sibi assumit^x Deus, quod nihil nisi meram suavitatem^y sonat: ut ita excussa ex animis nostris^z omni anxietate^{a'}, ad se familiariter implorandum nos invitet^{b'}.

Qu'emporte le mot de Pere en Dieu

---

a) non ... finem *cat. gall.*: sans quelque consideration de nousmesmes   b) *cat. gall.*: + nostre bien   c) *cat. gall.*: + Comment donc?   d) *cat. gall.*: + Il est vray   e) *cat. gall.*: + et ordonne   f) ut efficit > *cat. gall.*   g) *cat. gall.*: quand   h) > *cat. gall.*:   i) *cat. gall.*: + et demandant   k) *cat. gall.*: ces choses   l) *cat. gall.*: ne chercher   m) *cat. gall.*: + sans penser à nous aucunement   n) *cat. gall.*: ton dire   o) cum ... sunt *cat. gall.*: nous sont bien utiles   p) *cat. gall.*: faire   q) curae ... debet *cat. gall.*: nous doit estre en icelle recommandée   r) in ... sunt *cat. gall.*: ce qui nous est expedient   s) *cat. gall.*: + tellement que ce soit la fin de tous noz desirs   t) > *cat. gall.*:   u) *cat. gall.*: Et devant qu'entrer plus avant   v) *cat. gall.*: quand il est question de prier   w) secura ... fiducia *cat. gall.*: que noz consciences soyent fermement asseurées   x) sibi assumit *cat. gall.*: se nomme   y) *cat. gall.*: + et graciouseté   z) ut ... nostris *cat. gall.*: pour nous oster   a') *cat. gall.*: doute et perplexité   b') nos invitet *cat. gall.*: pour nous donner hardiesse

261. Ergone Deum audebimus sine difficultate^a recta adire, ut filii parentes^b solent? – Omnino: quin etiam multo certiore obtinendi quod petimus fiducia. Nam, ut admonet magister^c, si nos, cum mali simus, non possumus tamen filiis nostris bona^d negare, nec eos dimittere inanes sustinemus, nec venenum porrigimus illis pro pane^e: quanto plus beneficentiae a coelesti patre exspectandum est^f, qui non tantum summe^g bonus est, sed ipsa etiam^h bonitas?

Mat. 7, 11

262. An non ex hoc quoque nomine argumentum ducere licebit, quo id quod initio^g dictum est, precesⁱ scilicet universas^g Christi patrocinio^k fundatas esse oportere, comprobetur? – Et quidem firmissimum. Neque enim filiorum loco nos habet Deus, nisi quatenus Christi^l sumus membra.

Nostre 263. Cur nostrum potius in commune patrem nominas Deum, quam tuum peculiariter^g? – Potest quidem fidelium unusquisque suum vocare^m: sed communi epitheto ideo usus est Dominusⁿ, quo nos ad exercendam in precibus charitatem^o assuefaceret: nec aliis neglectis^p, tantum se quisque curet.

264. Quid sibi vult quae additur^q particula, Deum esse in coelis^r? – Perinde est, ac si excelsum, potentem, incomprehensibilem vocarem ipsum.

265. Quorsum id, et qua ratione? – Nempe hoc modo sursum mentes, cum eum invocamus, docemur erigere, ne quid de ipso carnale aut terrenum cogitemus^s, neve eum moduli nostri metiamur captu^t, ne humilius de ipso aliquid sentientes^u, in obsequium voluntatis nostrae redigere ipsum velimus, sed potius cum timore et reverentia^v suspicere^w discamus^x maiestatem eius gloriosam. Valet etiam hoc ad excitandam confirmandamque

---

a) sine difficultate *cat. gall.*: familierement   b) filii parentes *cat. gall.*: un enfant à son pere   c) ut ... magister > *cat. gall.*   d) *cat. gall.*: le pain et la viande, quand ilz nous la demandent   e) nec eos ... pane > *cat. gall.*   f) quanto ... est *cat. gall.*: tant moins le fera nostre Pere celeste   g) > *cat. gall.*:   h) *cat. gall.*: + souveraine   i) *cat. gall.*: la priere   k) Christi patrocinio *cat. gall.*: en l'intercession de Iesus Christ   l) *cat. gall.*: son Filz   m) *cat. gall.*: + en particulier   n) sed ... Dominus *cat. gall.*: mais en ce formulaire Iesus Christ nous enseigne de prier en commun   o) *cat. gall.*: + envers noz prochains   p) aliis neglectis > *cat. gall.*   q) quae additur > *cat. gall.*   r) *cat. gall.*: qui es aux Cieux   s) *cat. gall.*: imaginer   t) moduli ... captu *cat. gall.*: mesurer à nostre apprehension   u) ne ... sentientes > *cat. gall.*   v) timore et reverentia *cat. gall.*: en humilité   w) *cat. gall.*: adorer   x) > *cat. gall.*.

ORATIO DOMINICA. PETITIO PRIMA, SEC., TERTIA 121

nostram in ipso fiduciam: dum coeli dominus ac praeses, qui arbitrio suo regat omnia, praedicatur^a.

266. Recita mihi primi postulati summam^b. — Per nomen Dei scriptura notitiam famamque intelligit^c, qua inter homines celebratur. Optamus ergo, ut eius gloria ubique et in omnibus provehatur^d. *Premiere requeste. Comment le Nom de Dieu est sanctifié*

267e. Verum accederene quidquam potest Dei gloriae^f, aut decedere? — In se ipsa nec crescit, nec minuitur^g. Verum illustrari inter homines^h, ut par est, optamusⁱ: ut quidquid facit Deus, omnia eius opera, ut sunt, ita gloriosa appareant: quo modis omnibus ipse glorificetur.

268. In secunda petitione, quid per Dei regnum intelligis? — Duobus potissimum membris constat. Ut electos^k spiritu^l gubernet suo: ut reprobos, qui se illi in obsequium tradere recusant, prosternat, et exitio tradat^m: ut ita palam fiat, nihilⁿ esse, quod resistere eius virtuti^o queat. *La deuxiesme requeste. Ou gist le regne de Dieu*

269. Qualiter regnum hoc ut veniat precaris? — ^lUt fidelium numerum in dies augeat Dominus, ut novis subinde spiritus^p sui donis^q eos cumulet^r, donec prorsus impleverit. Ad haec ut suam veritatem ad discutiendas Satanae tenebras^s magis ac magis lucidam conspicuamque reddat^t: ut iustitiam suam proferendo iniquitatem omnem^u aboleat. *Regne de Christ*

270. Nonne quotidie^v fiunt haec omnia? — Fiunt eo modo, ut inchoatum dici possit regnum Dei^w. Optamus ergo, ut assidue crescat ac provehatur: donec ad summum fastigium pervenerit. Quod ultimo demum die futurum^x speramus:^yquo Deus solus, *Perfection du Regne de Christ*

---

a) Valet ... praedicatur *cat. gall.*: et aussi pour avoir plus certaine fiance en luy, entant qu'il est Gouverneur et Maistre de tout   b) primi ... summam *cat. gall.*: la premiere demande   c) Per ... intelligit *cat. gall.*: Le Nom de Dieu est sa renommée   d) *cat. gall.*: soit exaltée   e) *cat. gall.*: + Entens-tu   f) *cat. gall.*: elle   g) nec ... minuitur *cat. gall.*: non pas   h) inter homines > *cat. gall.*   i) *cat. gall.*: mais c'est à dire qu'elle soit manifestée   k) *cat. gall.*: les siens   l) *cat. gall.*: + conduire et   m) prosternat ... tradat *cat. gall.*: d'abysmer et confondre   n) *cat. gall.*: nulle puissance   o) *cat. gall.*: la sienne   p) *cat. gall.*: il   q) *cat. gall.*: graces   r) *cat. gall.*: + de iour en iour   s) *cat. gall.*: Satan, et les tenebres de son regne   t) magis ... reddat *cat. gall.*: esclarcisse de plus en plus   u) *cat. gall.*: + soit destruicte et   v) *cat. gall.*: dés à present   w) Fiunt ... Dei *cat. gall.*: Si fait bien, en partie   x) ultimo ... futurum *cat. gall.*: au iour du Iugement   y) *cat. gall.*: sera

omnibus creaturis in ordinem coactis[a], exaltabitur et eminebit[b]: adeoque erit omnia in omnibus.

1. Cor. 15, 28

c. 40.

La troisiesme requeste.
Comment la volunté de Dieu doit estre accomplie

271. Quod petis, ut Dei voluntas fiat, quem id habet sensum[c]? — Ut in eius obsequium subigantur creaturae omnes, pendeantque ita ex eius nutu[d], ne quid nisi ipsius arbitrio fiat.

272. Ergone fieri quidquam praeter eius voluntatem posse sentis? — Non optamus tantum, ut quod decrevit apud se eveniat[e]: sed etiam ut domita subiugataque[f] omni contumacia, omnes omnium[f] voluntates suae subiiciat, et in eius obedientiam componat[g].

273. An non ita precando[h] propriis voluntatibus cedimus? — Omnino: neque in hunc tantum finem, ut quaecunque cum sua voluntate pugnant in nobis desideria irrita faciat[i]: sed etiam ut novas in nobis mentes, novaque corda formet: ne quid velimus ipsi a nobis, sed spiritus potius eius votis nostris praesit, ut plenam habeant cum Deo consensionem[k].

Renouvellement

274. Cur id in terra fieri optas[l], sicut in coelo? — Quoniam hoc unum propositum habent[m] sancti angeli, qui coelestes sunt eius creaturae, ut illi in omnibus[n] obsequantur, sintque semper et dicto ¹audientes, et ad obeunda obsequia ultro parati: talem obediendi propensionem hominibus opto[o], ut se quisque[p] illi in voluntariam subiectionem prorsus addicat.

Volunté de Dieu faicte au ciel

[100]

c. 41.

La quatriesme requeste.

275. Nunc ad secundam partem venio[q]. Quid tibi significat quotidianus, quem petis panis? — In universum quidquid ad

---

a) omnibus ... coactis *cat. gall.:* et toute creature sera humiliée soubz sa grandeur   b) et eminebit > *cat. gall.*   c) quem ... sensum > *cat. gall.*   d) pendeantque ... nutu > *cat. gall.*   e) quod ... eveniat *cat. gall.:* que il ameine toutes choses à tel poinct, que ce qu'il a determiné en son conseil advienne   f) > *cat. gall.*   g) et ... componat > *cat. gall.*   h) ita precando *cat. gall.:* ce faisant   i) irrita faciat *cat. gall.:* qu'il renverse; *cat. gall.:* + les rendans vains, et de nul effect   k) sed ... consensionem *cat. gall.:* mais que son Esprit vueille en nous, pour nous faire pleinement consentir avec luy   l) id fieri optas *cat. gall.:* adioustes-tu   m) hoc ... habent *cat. gall.:* ne cherchent qu' à   n) in omnibus *cat. gall.:* paisiblement, sans quelque contrarieté   o) sintque ... opto *cat. gall.:* nous desirons que le semblable se face en terre   p) *cat. gall.:* tous hommes   q) *cat. gall.:* Venons

ORATIO DOMINICA. PETITIO QUARTA, QUINTA   123

tuendam praesentem vitam facit: ᵃnon alendo tantum aut vestiendo, sed praebendis quoque aliis omnibus adminiculis, quibus sustinentur externae vitae necessitatesᵇ: quo panem nostrum, quatenus expedire Dominus novit, tranquilli comedamus.

Que c'est que demander nostre pain quotidien

276. Cur autem tibi a Deo donariᶜ optas, quod nos labore nostroᵈ parare iubet? – Tametsi victus parandi causa laborandum, ac etiam sudandum nobis estᵉ, non labore tamen nostro, non industria, non sedulitate alimur: sed una Dei benedictione, qua labor ipse manuum nostrarum prosperatur, futurus alioqui inanisᶠ. Praeterea sic habendum est: etiam cum ciborum copia nobis ad manum suppetit, illisque vescimur, non illorum tamen substantia. Sed sola Dei virtute nos ali. Neque enim vim eiusmodi habent a natura ingenitam: sed Deus e coelo, tanquam beneficentiae suae organis administratᵍ.

Dieu benit le labeur

Deut. 8, 3.17

277. Atqui tuum quo iure panemʰ vocas: quum tibi a Deoⁱ postules dari? – Nempe, quia Dei benignitate fit noster: utcunque nobis minime debeatur. Admonemur etiam hoc verboᵏ ab alieno pane appetendo nobis temperare:ˡ contentosque eo esseᵐ, qui legitima ratione, tanquam ex Dei manu ad nos pervenerit ⁿ.

278. Quotidianum cur addisᵒ, et hodie? – His duabus particulisᵖ ad moderationemᑫ instituimur ac continentiam: ne modum necessitatis vota nostra excedantʳ.

Pain quotidien

279. Cum haec communis omnium esse debeatᑫ precatio, qui fieri potest, ut divites, qui domi abundant, repositamque in longum tempus annonam habent, sibi petant in diem dari? – Hoc divites peraeque ac pauperes constitutum habereˢ oportet,

---

a) quidquid ... facit *cat. gall.*: tout ce qui fait besoing à l'indigence de nostre corps   b) sed ... necessitates > *cat. gall.*   c) *cat. gall.*: + ta nourriture   d) *cat. gall.*: + de noz mains   e) ac ... est: > *cat. gall.*   f) futuris ... inanis > *cat. gall.*   g) Praeterea ... administrat *cat. gall.*: Et davantage, il nous fault entendre que ce ne sont pas les viandes qui nous nourrissent, encore que nous les ayons à commandement: mais la vertu du Seigneur qui use d'icelles comme d'instrument tant seulement   h) *cat. gall.*: le   i) a Deo > *cat. gall.*   k) *cat. gall.*: par cela   l) appetendo ... temperare *cat. gall.*: de ne desirer   m) contentos ... esse *cat. gall.*: mais celuy   n) ex ... pervenerit *cat. gall.*: nous aurons acquis selon l'ordonnance de Dieu   o) *cat. gall.*: dis-tu   p) His ... particulis *cat. gall.*: Cela est pour   q) > *cat. gall.*   r) ne ... excedant *cat. gall.*: et ne point appeter plus que nostre nécessité requiert   s) constitutum habere *cat. gall.*: entendent

nihil eorum quae habent, sibi¹ profuturum, nisi quaetenus et usum illis concesserit Deus, et sua gratia effecerit, ut usus ipseᵃ fructuosus sit et efficaxᵇ. Itaque omnia possidendoᶜ nihil habemus, nisi quatenus in singulas horasᵈ ex manu Dei percipimus, quantum nobis necesse satisque estᵉ.

c. 42.

La cinquiesme demande

280. Quid continet quintum postulatum? – Ut peccata nobis ignoscat Dominusᶠ.

Il n'y a si sainct qui n'ait mestier que Dieu luy pardonne

281. Nemone reperietur mortaliumᵍ tam iustus, qui hac venia non indigeatʰ? – Nemo prorsus. Hanc enim precandiⁱ formam cum apostolis suis dedit Christus, universae ecclesiae destinavitᵏ. Quamobrem qui se hac necessitateˡ eximere volet, e societate fideliumᵐ exeat oportetⁿ. Et sane audimusᵒ, quid scriptura testetur: nempe, quiᵖ in uno purgare se coram Deo contendet, deprehensum iri in mille reum. Unicum ergo omnibus ad eius misericordiam perfugium restatᵠ.

Job. 9, 2. 3

Quelle est la remission des pechez

282. Quomodo peccata nobis remittiʳ existimas? – Sicut ipsa Christiˢ verba sonant: Esse nominaᵗ,¹ scilicet, quae obstrictos aeternae mortis reatu nos teneant, donecᵘ mera sua liberalitate nos Deus liberet.

283. Gratuita igitur Dei misericordiaᵛ peccatorum veniam obtinere nos dicis. – Omnino. Nam si unius vel minimi peccati redimenda sit poena: nos satisfaciendo nequaquam erimus. Omnia igitur gratuito ignoscat et condonet necesse estʷ.

---

a) usus ipse *cat. gall.*: qu'il nous b) et efficax > *cat. gall.* c) omnia possidendo *cat. gall.*: en ayant d) in singulas horas > *cat. gall.* e) ex ... est *cat. gall.*: qu'il le nous donne f) Ut ... Dominus *cat. gall.*: Qu'il plaise à Dieu nous pardonner noz pechez g) *cat. gall.*: homme vivant h) qui ... indigeat *cat. gall.*: qui n'ait mestier de la faire i) > *cat. gall.* k) universae ... destinavit *cat. gall.*: pour son Eglise l) *cat. gall.*: s'en m) *cat. gall.*: Chrestiens n) exeat oportet *cat. gall.*: renonceroit o) Et ... audimus *cat. gall.*: Et defaict p) *cat. gall.*: que le plus parfaict q) *cat. gall.*: il faut donc que nous ayons r) peccata ... remitti *cat. gall.*: que ceste remission nous soit faicte s) *cat. gall.*: dont Iesus Christ a usé t) Esse nomina *cat. gall.*: C'est que les pechez sont debtes u) *cat. gall.*: nous demandons que v) *cat. gall.*: bonté w) Omnia ... est *cat. gall.*: si Dieu n'use envers nous de sa pure liberalité, en nous les remettant toutes

1) nomina = debita

ORATIO DOMINICA. PETITIO QUARTA, QUINTA 125

284. Quid ex hac remissione[a] utilitatis ad nos redit? — Tum[b] illi perinde accepti sumus, ac si iusti essemus et innocentes: simulque paternae eius benevolentiae fiducia, unde nobis certa[c] salus[d], conscientiis nostris confirmatur. *Fruict du pardon des pechez*

285. Haec quae apponitur conditio: ut nobis remittat, sicut nos remittimus debitoribus nostris: num mereri nos a Deo veniam significat, hominibus, si quid in nos peccarunt[e], ignoscendo? — ¹Minime. Sic enim iam gratuita remissio non foret, nec sola Christi[f] satisfactione, qua in cruce pro nobis defunctus est[g], sicuti par est, fundata. Verum, quia irrogatas nobis iniurias obliviscendo, dum eius clementiam ac bonitatem imitamur[h], re ipsa nos eius filios esse demonstramus: hac ideo tessera confirmare nos voluit[i]: et simul ex adverso ostendere, nisi faciles nos ad ignoscendum et flexibiles praebuerimus[k], nihil esse aliud a se[l] expectandum, quam summum et inexorabilem severitatis rigorem[m]. *Pardon des fautes est gratuit*

286. Hic ergo abdicari a Deo, expungique[n] filiorum loco dicis[o] omnes[p], qui offensiones ex animo deponere[q] non possunt: ne quem sibi in coelo veniae locum fore confidant[r]. — Ita sentio: ut impleatur illud[s], remensum cuique iri eadem mensura, qua erga alios[t] usus fuerit. *Desavouez enfans de Dieu*

c. 43.

287. Quid postea sequitur? — Ne nos Dominus[n] in tentationem inducat, sed a malo potius[n] liberet. *La sixiesme requeste*

288. Hoc totumne in unam petitionem includis? — Non nisi una est petitio[u]. Posterius enim membrum prioris explicatio est.

---

a) ex... remissione *cat. gall.:* Quand Dieu nous a pardonné noz pechez; *cat. gall.:* + fruict et   b) *cat. gall.:* Par ce moyen   c) > *cat. gall.:*   d) *cat. gall.:* + et vie   e) si... peccarunt > *cat. gall.*   f) > *cat. gall.*   g) qua... est *cat. gall.:* qui a esté en la mort de Iesus Christ   h) *cat. gall.:* ensuyvons   i) hac... voluit *cat. gall.:* il nous donne ceste enseigne pour nous certifier   k) et... praebuerimus *cat. gall.:* et faire grace à ceux qui sont coulpables envers nous   l) a se *cat. gall.:* en son iugement   m) summum... rigorem *cat. gall.:* toute severité et extreme rigueur   n) > *cat. gall.*   o) *cat. gall.:* tu entens   p) *cat. gall.:* ceux   q) ex... deponere *cat. gall.:* oublier   r) ne... confidant *cat. gall.:* affin qu'ilz ne s'attendent pas d'estre participans de ceste grace   s) ut... illud *cat. gall.:* Et que tous sachent   t) *cat. gall.:* à leurs prochains   u) nisi... petitio > *cat. gall.*

289. Quid summatim continet[a]? — Ne ruere nos, aut labi[b] in peccatum Dominus[c] sinat: ne diabolo nos, carnisque nostrae[d] cupiditatibus, quae assiduum nobiscum bellum gerunt, vincendos permittat: quin potius[e] sua nos ad resistendum virtute instruat[f], sustineat nos manu sua, praesidio suo muniat ac tegat: ut ita sub fide tutelaque eius in tuto habitemus[g].

290. Quo autem modo id fit? — Cum eius spiritu gubernati, tali iustitiae amore desiderioque imbuimur, quo peccatum, carnem et Satanam superemus: tali rursum odio peccati, quod nos a mundo segregatos in pura sanctitate contineat. In spiritus enim virtute victoria nostra consistit[h].

291. Habentne omnes opus hoc auxilio?[1] — [Et quis carere posset[k]? Imminet[l] enim perpetuo nobis diabolus, circuitque[m] instar leonis rugientis quaerens quem devoret.[n] Nos vero, qua sumus imbecillitate, statim concideremus: imo singulis momentis actum de nobis foret, nisi Deus nos ad pugnam instrueret suis armis, manuque sua roboraret[o].

Tentation 292. Quid tibi[p] significat tentationis nomen? — Astus fallaciasque Satanae[q], quibus nos continenter adoritur[r], et facile protinus circumveniret, nisi Dei ope adiuvaremur[s]. Nam et mens nostra, pro nativa sua vanitate, obnoxia eius dolis[t]: et ut propensior est[u] semper voluntas nostra in malum[v], protinus illi succumberet[w].

293. Verum, cur deprecaris ne te in tentationem inducat Deus, quod Satanae proprium[x], non autem Dei[y] videtur? —

---

a) quid ... continet *cat. gall.:* Quelle est la substance d'icelle b) aut labi > *cat. gall.* c) *cat. gall.:* Dieu d) *cat. gall.:* + mauvaises e) *cat. gall.:* la f) *cat. gall.:* donne g) praesidio ... habitemus *cat. gall.:* et nous ayant en sa sauvegarde, pour nous defendre et conduire h) Cum eius ... consistit *cat. gall.:* Quand par son Esprit il nous gouverne pour nous faire aymer le bien, et hair le mal: suyvre sa iustice, et fuir le peché. Car par la vertu du S. Esprit nous surmontons le diable, le peché et la chair. i) *cat. gall.:* cela k) Et ... posset *cat. gall.:* Ouy l) *cat. gall.:* veille m) > *cat. gall.* n) quaerens ... devoret *cat. gall.:* prest à nous devorer o) nos vero ... roboraret *cat. gall.:* et nous sommes si foibles et fragiles qu'il nous auroit incontinent abbatu, si Dieu ne nous fortifioit, pour en avoir la victoire p) *cat. gall.:* diable q) quibus ... adoritur *cat. gall.:* dont il use pour nous surprendre s) et ... adiuvaremur > *cat. gall.* t) Nam ... dolis *cat. gall.:* selon que nostre sens naturel est enclin à estre deceu, et nous decevoir u) *cat. gall.:* + de s'adonner v) *cat. gall.:* + qu'au bien w) protinus ... succumberet > *cat. gall.* x) *cat. gall.:* + office y) non ... Dei > *cat. gall.*

Sicut fideles protectione^a sua tuetur Deus, ne aut fraudibus opprimantur Satanae^b, aut a peccato superentur: ita quos vult punire, non modo destituit^c sua gratia, sed etiam Satanae tyrannidi^d tradit, caecitate percutit, et coniicit in reprobam mentem: ut prorsus sint peccato mancipati, et expositi ad omnes tentationum insultus^e.

294. Quid sibi vult haec, quae adiecta est, clausula^f: quoniam tuum est regnum, tua potentia et gloria^g, in saecula saeculorum? – Iterum hic admonemur, Dei^h magis^i potentia et bonitate suffultas esse preces nostras, quam ulla nostri fiducia^k. Praeterea Dei laudibus preces omnes nostras claudere docemur.

c. 44.

295. Nihilne fas est a Deo^l petere, quam quod est hac formula comprehensum?^{m} – Tametsi verbis aliis, alioque modo^n liberum est^o precari:^{p} sic tamen habendum est, nullam Deo^q placere orationem posse, quae non huc, tanquam ad unicam rite orandi normam, referatur.

[108] ## ᶦDE SACRAMENTIS^r
[De verbo Dei]^s

296. Iam instituta a nobis^t ordinis ratio postulat, ut de quarta cultus Dei parte agamus. – Hanc in eo sitam esse diximus, ut Deum agnoscamus^u bonorum omnium authorem, eiusque bonitatem, iustitiam, sapientiam, potentiam, laude et gratiarum actione prosequamur^v: ut in solidum bonorum omnium gloria penes ipsum resideat^1.

La quatriesme espece de vray honneur de Dieu

---

a) *cat. gall.*: misericorde   b) ne ... Satanae *cat. gall.*: et ne permet que le diable les seduise   c) *cat. gall.*: + et retire d'eux   d) *cat. gall.*: pour estre subiectz à sa tyrannie   e) ut ... insultus > *cat. gall.*   f) quae ... clausula *cat. gall.*: addition   g) *cat. gall.*: la gloire et la puissance   h) *cat. gall.*: en Dieu   i) *cat. gall.*: + et en sa   k) quam ... fiducia *cat. gall.*: que non pas en nous; *cat. gall.*: + qui ne sommes pas dignes d'ouvrir la bouche pour le requerir   l) > *cat. gall.*:   m) quod ... comprehensum *cat. gall.*: ce qui a esté recité   n) *cat. gall.*: + et maniere   o) *cat. gall.*: qu'il nous soit   p) *cat. gall.*: d'user   q) *cat. gall.*: + iamais   r) > *cat. gall.*   s) *Beza titulum* DE SACRAMENTIS *hoc loco amittens, hic habet:* DE VERBO DEI   t) Iam ... nobis *cat. gall.*: Il est temps de venir   u) *cat. gall.*: + de cueur et confesser de bouche   v) eiusque ... prosequamur > *cat. gall.*

1) vide supra c. 1, 7; p. 75 21

297. Nullamne huius partis regulam[a] praescripsit? — Quidquid laudum eius[b] exstat in scripturis, pro regula[c] nobis esse debet.

298. Nihilne habet oratio dominica, quod huc pertineat[d]? — Nempe, cum optamus sanctificari eius nomen, hoc optamus, ut omnibus eius operibus sua constet gloria[e]. Ut, sive peccatoribus[f] ignoscat, misericors: sive vindictam exerceat, iustus: sive praestet suis[f] quod promisit[g], verax censeatur. Denique, ut quidquid operum eius cernimus, ad eum glorificandum nos excitet[h]. Hoc vero est, bonorum illi omnium laudem tribuere.

299. Quid tandem[f] ex iis, quae hactenus tractata sunt a nobis, colligemus? — Quod scilicet veritas ipsa docet, et ego initio proposui[i]: hanc esse vitam aeternam, unum verum Deum nosse patrem[f], et quem misit Iesum Christum. Illum, inquam, nosse, ut debitum ei honorem cultumque exhibeamus, utque nobis non[k] Dominus tantum sit, sed etiam pater ac servator, nosque illi vicissim filii simus et servi: et proinde vitam nostram illustrandae eius gloriae dedicemus[l].

Joh. 17, 3

c. 45.

300. Qua via[m] ad tantum bonum pervenitur? — In hunc finem,[n] sacrum suum verbum nobis reliquit. Est enim spiritualis doctrina[o], quaedam veluti ianua, qua ingredimur[p] in coeleste eius regnum.

301. Ubinam quaerendum nobis est[q] hoc verbum? — [l]In scripturis sanctis, quibus continetur.

[110]

302. Ut fructum inde percipias[r], qualiter eo utendum est[s]? — Si ipsum solida cordis persuasione[t] amplectimur, non secus ac certam[u] veritatem e coelo profectam: si nos illi dociles praebe-

---

a) *cat. gall.*: + pour ce faire   b) Quidquid ... eius *cat. gall.*: Toutes les louenges et actions de graces   c) *cat. gall.*: + et enseignement   d) Nihilne ... pertineat *cat. gall.*: N'en a-il rien esté touché en l'Oraison?   e) *cat. gall.*: + comme elles le sont   f) > *cat. gall.*   g) *cat. gall.*: ses promesses   h) Denique ... excitet *cat. gall.*: En somme, qu'il n'y ait du tout rien enquoy sa gloire ne reluise   i) *cat. gall.*: qui a esté touché   k) *cat. gall.*: + Maistre et   l) et ... dedicemus *cat. gall.*: et peuple desdié à sa gloire   m) *cat. gall.*: Quel est le moyen   n) In ... finem *cat. gall.*: pour ce faire   o) Est ... doctrina > *cat. gall.*   p) qua ingredimur > *cat. gall.*   q) quaerendum ... est *cat. gall.*: prens-tu   r) *cat. gall.*: pour en avoir   s) *cat. gall.*: faut-il que nous en usions   t) solida ... persuasione *cat. gall.*: en pleine certitude de conscience   u) > *cat. gall.*

mus: si voluntates mentesque nostras in eius obsequium subiicimus: si amemus ipsum ex animo: si cordibus nostris semel insculptum, fixas illic radices habeat, ut fructum proferat in vita: si denique formemur ad eius regulam: tum nobis in salutem, sicuti destinatum est, cedet[a].

303. Suntne omnia haec in facultate nostra posita[b]? — Nihil ipsorum prorsus, sed unius Dei est hoc totum, quod retuli, in nobis efficere spiritus sui gratia[c].

304. Verum, annon adhibenda est a nobis[d] diligentia, et omni studio enitendum[e], legendo, audiendo, meditando, ut eo proficiamus[f]? — Imo vero: cum se quisque privatim quotidiana lectione[g] exerceat: tum vero simul omnes[h] praecipue sedulo[b] conciones frequentent, ubi salutis doctrina[i] in coetu fidelium[k] explicatur.

Il faut mettre peine de apprendre

305. Negas ergo esse satis, si domi seorsum singuli[b] legant, nisi omnes simul in commune ad eandem[l] doctrinam audiendam conveniant[m]? — Convenire necesse est, ubi licet, hoc est, cum facultas datur[n].

306. Poterisne mihi hoc probare[o]? — Sufficere ad probationem abunde nobis debet una Domini voluntas[p]. Hunc autem ordinem[q] ecclesiae suae commendavit[r], non quem duo aut tres duntaxat servarent[b], sed cui subessent[s] communiter omnes. Ad hoc, illius tum aedificandae, tum conservandae, hanc esse unicam rationem pronunciat. Sit ergo haec nobis sancta et inviolabilis regula: nec sibi fas quisquam esse ducat, supra magistrum sapere[t]? —

Des pasteurs Ecclesiastiques.
Ephe. 4, 11

---

a) si nos... cedet *cat. gall.*: nous submettant à icelle en droicte obeissance, l'aymant de vraye affection, et entiere, l'ayant imprimée en noz cueurs, pour la suyvre, et nous conformer à icelle   b) > *cat. gall.*
c) unius... gratia *cat. gall.*: mais c'est Dieu qui besongne en nous en telle sorte, par son sainct Esprit   d) *cat. gall.*: + peine et   e) et... enitendum > *cat. gall.*   f) meditando... proficiamus *cat. gall.*: la doctrine, laquelle nous y est monstrée   g) quotidiana lectione > *cat. gall.*   h) *cat. gall.*: nous   i) salutis doctrina *cat. gall.*: ceste Parolle   k) coetu fidelium *cat. gall.*: en l'Assemblée des Chrestiens
l) *cat. gall.*: commune   m) audiendum conveniant *cat. gall.*: oyent
n) Convenire... datur *cat. gall.*: Ie l'entens ainsi: cependant que Dieu en donne le moyen   o) Poterisne... probare *cat. gall.*: La raison?   p) Sufficere... voluntas > *cat. gall.*   q) *cat. gall.*: + Iesus Christ   r) *cat. gall.*: a establi   s) cui subessent > *cat. gall.*
t) Sit... sapere *cat. gall.*: Ainsi il nous faut là tous renger, et n'estre pas plus sages que nostre Maistre

307. Estne igitur necesse, praeesse ecclesiis*a* pastores? — |Quin etiam necesse est audire ipsos, et quam proponunt*b* [112] Christi*c* doctrinam ex eorum ore cum timore et reverentia*d* ex-

Mat. 10,40; cipere. Itaque qui ipsos contemnit audireve detrectat*e*, Chri-
Luc. 10,18 stum contemnit*f*, ac discessionem facit*g* a societate fidelium.

308. Verum, semelne a pastore suo*h* fuisse institutum satis est homini christiano*i*, an cursum hunc tota vita tenere debet*k*? — Coepisse parum est, nisi*l* perseveres*m*, Christi enim discipulos usque in finem, vel potius sine fine*n* esse nos oportet. Hanc vero functionem mandavit*o* ecclesiae ministris, ut suo nos loco et*p* nomine doceant.

(De sacramentis)*q*
c. 46.

309. Non est aliud a verbo medium, ut loquuntur*r*, quo se
Des nobiscum Deus communicet? — Verbi praedicationi adiunxit
sacremens sacramenta.

310. Quid est sacramentum? — Externa divinae*s* erga nos benevolentiae*t* testificatio, quae visibili signo spirituales gratias*u* figurat*v*, ad obsignandas cordibus nostris Dei promissiones, quo earum veritas melius confirmetur*w*.

311. Tantane vis subest visibili*x* signo, ut conscientias*y* in salutis fiducia*z* stabiliat? — Id quidem a se ipso non habet, sed ex Dei voluntate*a′*, propterea quod sit*b′* in hunc finem institutum.

312. Cum propriae sint spiritus sancti partes*c′*, Dei promissiones in animis nostris obsignare, hoc tu sacramentis quomodo tribuis? — Longum est inter illum et haec discrimen. Movere enim et afficere*d′* corda, illuminare*d′* mentes*d′*, conscientias red-

---

a) praeesse ecclesiis *cat. gall.:* qu'il yait   b) quam proponunt >
cat. gall.   c) *cat. gall.:* du Seigneur   d) cum ... reverentia *cat. gall.:*
en humilité   e) *cat. gall.:* + Iesus   f) *cat. gall.:* reiette   g) *cat. gall.:*
se separe   h) a ... suo *cat. gall.:* par eux   i) homini christiano >
cat. gall.   k) an ... debet *cat. gall.:* ou s'il faut continuer   l) *cat.
gall.:* + on poursuit et   m) *cat. gall.:* + Iesus   n) vel ... fine >
cat. gall.   o) functionem mandavit *cat. gall.:* il a ordonné   p) loco
et > *cat. gall.*   q) *Hoc loco Beza titulum* DE SACRAMENTIS *insertus est*   r) > *cat. gall.*   s) *cat. gall.:* de Dieu   t) *cat. gall.:* grace
u) *cat. gall.:* choses   v) *cat. gall.:* represente   w) earum ... confirmetur *cat. gall.:* nous en rendre plus certains   x) *cat. gall.:* + et
materiel   y) *cat. gall.:* la conscience   z) in ... fiducia > *cat. gall.*
a′) ex ... voluntate > *cat. gall.*   b′) *cat. gall.:* + de Dieu   c′) propriae partes *cat. gall.:* le propre office   d′) *cat. gall.:* + noz

dere certas ac tranquillas[a], solius re vera spiritus est, ut id totum censeri proprium ipsius opus debeat, illique acceptum referri[b], ne laus alio transferatur[c]. Minime tamen hoc obstat, quominus[d] sacramentis Deus utatur[e], tanquam secundis orga-
5 nis[f], eaque in usum adhibeat[g], prout visum fuerit: idque sic faciat[h], ne quid spiritus virtuti derogetur.

[114]   313. Vim[i] ergo efficaciamque sacramenti[k] non in externo elemento inclusam esse[l] existimas: sed totam a spiritu Dei manare? — Sic sentio. Nempe, ut virtutem suam exserere[m] Do-
10 mino placuerit per sua organa[n], quem in finem ea[o] destinavit. Quod quidem ita facit, ut spiritus sui virtuti nihil detrahat[p].

314. Potesne mihi, cur ita agat, rationem reddere[q]? — Hoc scilicet modo infirmitati nostrae consulit[r]. Nam si spirituales essemus totis[s], angelorum instar spiritualiter tum eum, tum ipsius
15 gratias possemus intueri. Verum, ut hac terreni corporis mole[t] circumdati[u] sumus, figuris indigemus[v] vel speculis[w], quae nobis spiritualium coelestiumque rerum aspectum terreno quodam modo[x] exhibeant. Neque enim aliter eo perveniremus. Simul etiam nostra interest, in Dei[y] promissionibus exerceri sensus
20 omnes nostros, quo melius[1] nobis confirmentur.

Les Sacremens nous sont donnez pour nostre infirmité

c. 47.

315. Si verum est[z], ideo instituta esse a Deo sacramenta, ut subsidia necessitatis nostrae forent[a']: annon arrogantiae damnari merito deberet, si quis iudicaret[b'], illis se, tanquam non

Les sacremens sont necessaires

---

25 a) reddere- ... tranquillas *cat. gall.*: asseurer   b) illique ... referri > *cat. gall.*   c) ne ... transferatur *cat. gall.*: pour luy en rendre louenge   d) Minime ... quominus *cat. gall.*: Cependant   e) Deus utatur *cat. gall.*: le Seigneur s'aide   f) *cat. gall.*: d'instrumens inferieurs   g) eaque ... adhibeat > *cat. gall.*   h) idque ... faciat
30 *cat. gall.*: sans que   i) > *cat. gall.*   k) *cat. gall.*: des Sacremens   l) inclusam esse *cat. gall.*: gist   m) virtutem suam exserere *cat. gall.*: besongner   n) *cat. gall.*: les moyens   o) quem ... ea *cat. gall.*: qu'il a   p) Quod ... detrahat *cat. gall.*: sans deroguer à sa puissance   q) Potesne ... reddere *cat. gall.*: Et qui meut Dieu de faire
35 cela?   r) *cat. gall.*: pour le soulagement de   s) > *cat. gall.*; *cat. gall.*: + de nature   t) hac ... mole *cat. gall.*: de noz corps   u) circumdati *1545 desideratur*   v) figuris indigemus *cat. gall.*: nous avons mestier qu'il use de figures envers nous   w) vel speculis > *cat. gall.*   x) terreno ... modo > *cat. gall.*   y) *cat. gall.*: ses sainc-
40 tes   z) Si ... est *cat. gall.*: Puis que   a') ut ... forent *cat. gall.*: pour nostre necessité   b') annon ... iudicaret *cat. gall.*: ce seroit orgueil et presumption de penser

necessariis[a], posse carere ? — Omnino. Atque adeo si quis illorum[b] usu sponte abstineat, ac si[c] opus non haberet[d], Christum contemnit, ipsius respuit gratiam, et spiritum[e] exstinguit.

316. Verum, qualis ex sacramentis fiducia ad stabiliendas conscientias, et quam[f] certa securitas[g] concipi potest, quibus utuntur[h] promisque boni et mali? — Quanquam oblata sibi in sacramentis, Dei dona[i], in nihilum, ut ita dicam[k], redigunt impii[l], quantum ad ipsos spectat, non tamen propterea efficiunt, quin sua vis et natura sacramentis maneat[m].

L'effect des Sacremens

317. Quo igitur modo, et quando usum sacramentorum sequitur[n] effectus ? — Cum ea fide recipimus, Christum in illis solum, eiusque gratiam quaerentes.

Chercher Jesus Christ aux Sacremens

318. Cur illic[o] quaerendum esse[d] Christum dicis ? — [l]Intelligo non esse visibilibus signis inhaerendum[p], ut salutem inde petamus, vel affixam[b] illic conferendae gratiae[q] virtutem imaginemur ac[b] inclusam, quin potius adminiculi loco habendum esse signum, quo recta ad Christum[r] dirigamur, salutem ab ipso et solidam felicitatem[s] petituri.

Augmentation de foy par les Sacremens

319. Cum ad eorum usum[t] requiratur fides: qui nobis in fidei confirmationem data esse dicis, ut nos de promissionibus Dei reddant certiores ? — Fidem in nobis[u] semel inchoatam esse nequaquam sufficit, nisi continenter alatur[v], et magis in dies magisque augescat[w]. Ad eam ergo tum alendam, tum roborandam, tum provehendam sacramenta instituit[x] Dominus. Quod quidem significat Paulus, cum ad obsignandas Dei promissiones[y] valere[z] tradit.

Rom. 4, 11

320. Verum, nonne hoc infidelitatis indicium est, non habere Dei promissionibus solidam fidem[a'], nisi aliunde nobis confir-

---

a) tanquam ... necessariis > *cat. gall.* b) > *cat. gall.* c) *cat. gall.*: pensant qu'il d) *cat. gall.*: + Iesus e) *cat. gall.*: + son sainct f) fiducia ... quam > *cat. gall.* g) *cat. gall.*: + de grace h) *cat. gall.*: les receoivent i) Dei dona *cat. gall.*: la grace k) ut ... dicam > *cat. gall.* l) *cat. gall.*: incredules et meschans m) quantum ... maneat *cat. gall.*: si ne s'ensuit il pas que la proprieté d'iceux ne soit telle n) usum ... sequitur *cat. gall.*: les Sacremens produisent o) *cat. gall.*: + nous p) Intelligo ... inhaerendum *cat. gall.*: Pour signifier, qu'il ne nous fault pas amuser au signe terrien q) conferendae gratiae > *cat. gall.* r) *cat. gall.*: Seigneur Iesus s) solidam felicitatem *cat. gall.*: tout bien t) ad ... usum *cat. gall.*: y u) *cat. gall.*: + seulement v) nisi ... alatur *cat. gall.*: mais faut qu'elle soit nourrie et entretenue w) *cat. gall.*: + et soit augmentée en nous x) *cat. gall.*: nous donne y) *cat. gall.*: + en noz cueurs z) *cat. gall.*: que l'usage d'iceux est de a') non ... fidem *cat. gall.*: ne nous sont pas assez fermes

mentur[a]? — Fidei[b] certe[c] imbecillitatem hoc arguit[d], qua filii etiam Dei laborant[e]: qui tamen fideles propterea esse non desinunt: licet fide praediti sint exigua adhuc et imperfecta[f]. Quamdiu enim versamur in hoc mundo, haerent semper in carne nostra[g] diffidentiae reliquiae, quas aliter excutere non possumus, quam continuo usque ad vitae finem profectu[h]. Ulterius ergo semper progredi[i] necesse est.

Imperfection des enfans de Dieu

c. 48.

321. Quot sunt christianae ecclesiae sacramenta? — Duo sunt omnino, quorum communis sit inter omnes fideles usus[k].

Du nombre des Sacremens

322. Quae sunt illa[l]? — Baptismus et sacra coena.

Le Baptesme et la Cene

323. Quid vero simile[m] inter se habent vel diversum? — Baptismus veluti quidam in ecclesiam aditus nobis est. Illic enim testimonium habemus[n], nos, cum alioqui extranei[o] alienique simus, in Dei familiam recipi[p], ut inter eius domesticos censeamur[q]. ¹Coena vero testatur[r], Deum se nobis, animas nostras alendo, patrem exhibere[s].

Du Baptesme

324. Quo clarius nobis innotescat[t] utriusque veritas[u]: de utroque seorsum tractemus. Primum, quae est baptismi significatio? — Ea duas habet partes. Nam ibi remissio[v] peccatorum, deinde[v] spiritualis regeneratio[w] figuratur.[x]

Signification du Baptesme.
Eph. 5, 26;
Rom. 6, 4

325. Quid similitudinis inest aquae cum his rebus, ut eas repraesentet? — Peccatorum quidem remissio species est lavacri,

L'eaue du Baptesme

---

a) nisi ... confirmentur *cat. gall.*: sans aide   b) *cat. gall.*: + C'est signe de petitesse   c) > *cat. gall.*   d) hoc arguit > *cat. gall.*   e) *cat. gall.*: laquelle est bien aux   f) licet ... imperfecta *cat. gall.*: mais ce n'est pas encore en perfection   g) *cat. gall.*: + quelques   h) quas ... profectu > *cat. gall.*   i) *cat. gall.*: + et croistre   k) omnino ... usus *cat. gall.*: communs, que le Seigneur Iesus ait institué pour toute la Compagnie des fideles   l) Quae ... illa *cat. gall.*: Quelz?   m) Quid ... simile *cat. gall.*: Quelle convenance   n) *cat. gall.*: il nous testifie   o) *cat. gall.*: + de luy; alienique > *cat. gall.*   p) in ... recipi > *cat. gall.*   q) *cat. gall.*: Dieu nous receoit   r) *cat. gall.*: nous est tesmoignage   s) Deum ... exhibere *cat. gall.*: que Dieu nous veut nourrir et repaistre comme un bon pere de famille a le soing de nourrir et refectionner ceux de sa maison   t) *cat. gall.*: Pour avoir   u) *cat. gall.*: intelligence   v) *cat. gall.*: + noz   w) *cat. gall.*: + ou renouvellement   x) *cat.gall.*: le Seigneur nous y represente.

quo[a] animae suis maculis absterguntur: non secus atque aqua abluuntur corporis sordes.

326. Quid de regeneratione[b]? — Quoniam eius initium[c] est naturae nostrae mortificatio[d]: finis vero, ut novae creaturae simus[e], in eo nobis proponitur mortis figura, quod[f] capiti aqua iniicitur: novae autem vitae, in eo quod non manemus sub aqua demersi, sed ad momentum duntaxat subimus tanquam in sepulcrum, ut statim emergamus[g].

L'eaue pour quoy est mise sur la teste

327. Num aquam esse[a] animae lavacrum censes[h]? — Nequaquam. Hunc enim honorem eripere Christi sanguini nefas est[i], qui ideo effusus fuit, ut abstersis omnibus nostris maculis, puros coram Deo et impollutos nos redderet. Atque huius quidem purgationis fructum percipimus[k], cum sacro illo sanguine[l] conscientias nostras spiritus sanctus aspergit. Obsignationem vero in sacramento habemus[m].

Le sang de Christ est nostre lavement, non l'eaue.
1. Jeh. 1, 7;
1. Pier. 1, 19

328. Verum, annon aliud aquae tribuis, nisi[n] ut ablutionis[o] tantum[p] sit figura?—Sic figuram esse sentio[q], ut simul[r] annexa sit veritas. Neque enim, sua nobis dona pollicendo, nos Deus frustratur[s]. Proinde et peccatorum veniam, et vitae novitatem[t] offerri nobis in baptismo, et recipi a nobis certum est.

Verité ioincte avec la figure

329. [l]An promiscue in omnibus impletur haec gratia? — Multi dum[u] illi sua pravitate viam praecludunt[v], efficiunt ut sibi sit inanis[w]. Ita non nisi ad[u] fideles solos[u] pervenit fructus[x]. Verum, inde nihil sacramenti naturae decedit[y].

[120]

---

a) *cat. gall.:* + noz   b) Quid ... regeneratione *cat. gall.:* Touchant l'autre partie?   c) *cat. gall.:* + de nostre regeneration   d) naturae ... mortificatio *cat. gall.:* que nostre nature soit mortifiée   e) *cat. gall.:* + par l'Esprit de Dieu   f) in ... quod *cat. gall.:* en signe de mort   g) novae ... emergamus *cat. gall.:* toutesfois en telle sorte, que la resurrection nous est semblablement figurée, en ce que cela se fait seulement pour une minute de temps, et non pas pour nous noyer en l'eaue   h) *cat. gall.:* tu n'entens pas   i) honorem ... est *cat. gall.:* appartient au sang de Iesus Christ seulement   k) Atque ... percipimus *cat. gall.:* ce qui est accomply en nous   l) sacro ... sanguine > *cat. gall.*   m) Obsignationem habemus *cat. gall.:* cela nous est certifié   n) annon ... nisi *cat. gall.:* entens-tu   o) *cat. gall.:* l'eaue   p) *cat. gall.:* +nous   q) Sic esse sentio *cat. gall.:* C'est   r) > *cat. gall.*   s) Neque ... frustratur *cat. gall.:* Car Dieu ne nous promet rien en vain   t) et ... novitatem > *cat. gall.*   u) > *cat. gall.*   v) viam praecludunt *cat. gall.:* l'aneantissent   w) efficiunt ... inanis > *cat. gall.*   x) pervenit fructus *cat. gall.:* en sentent l'efficace   y) Verum ... decedit *cat. gall.:* Neantmoins si ne laisse pas le Sacrement d'avoir telle nature

330. Regeneratio autem unde[a]? – A morte Christi et resurrectione simul[b]. Haec enim vis subest[c] eius morti, ut per eam crucifigatur vetus homo[d] noster, et naturae nostrae vitiositas[e] quodammodo sepeliatur[f], ne amplius vigeat[g] in nobis. Quod autem reformamur in novam vitam[h] ad obediendum Dei iustitiae, id est resurrectionis beneficium[i].

Regeneration dont prend sa vertu

331. Quomodo per baptismum nobis haec bona[k] conferuntur? – Quia nisi promissiones illic nobis oblatas respuendo[b] infructuosas[l] reddimus, vestimur[m] Christo, eiusque spiritu donamur.

332. Nobis vero quid agendum est, ut rite baptismo utamur[n]? – Rectus baptismi usus[o] in fide et poenitentia situs est: hoc est, ut statuamus primum certa animi fiducia[p], nos ab omnibus maculis Christi sanguine purgatos, Deo placere[q]: deinde ut spiritum eius sentiamus ipsi in nobis habitare: atque id operibus apud alios declaremus: utque assidue nos in meditanda tum carnis mortificatione[r], tum iustitiae Dei obedientia exerceamus[s].

De l'usage du Baptesme

c. 50.

333. Si haec requiruntur ad legitimum baptismi usum[t]: qui fit ut infantes baptisemus? – Non est necesse[u], ut baptismum[v] semper fides et poenitentia praecedant: sed ab illis[w] tantum exiguntur[x], qui per aetatem iam[y] sunt utriusque capaces. Satis ergo fuerit, si infantes, postquam adoleverint[z], baptismi sui vim exserant[a'].

Du Baptesme des petis enfans

a) autem unde *cat. gall.*: dont prend-elle sa vertu? b) > *cat. gall* c) vis subest *cat. gall.*: a ceste vertu d) *cat. gall.*: Adam e) naturae... vitiositas *cat. gall.*: nostre nature vitieuse f) *1545 falso*: sepelitur g) *cat. gall.*: + de regner h) Quod... vitam *cat. gall.*: Et la nouveauté de vie i) id est beneficium *cat. gall.*: procede de la k) *cat. gall.*: ceste grace l) *cat. gall.*: indignes m) *1545 falso*: vescimur n) Nobis... utamur *cat. gall.*: De nostre costé, quel est le droict usage du Baptesme? o) Rectus... usus *cat. gall.*: Il p) ut... fiducia *cat. gall.*: que nous soyons certains q) nos... placere *cat. gall.*: d'avoir nostre pureté psirituelle en Christ r) utque... mortificatione *cat. gall.*: pour mortifier noz propres desirs s) tum... exerceamus *cat. gall.*: afin de nous faire suyvre la volunté de Dieu t) ad... usum > *cat. gall.* u) Non... necesse *cat. gall.*: Il n'est pas dict v) *cat. gall.*: la reception du Sacrement w) *1545 falso*: aliis x) *cat. gall.*: cela doit estre y) per... iam > *cat. gall.* z) *cat. gall.*: apres estre venuz en eage de congnoissance a') sui... exserant *cat. gall.*: produisent et demonstrent le fruict

334. ¹Poterisne ratione demonstrare[a], nihil esse in ea re absurdi[b]? – Sane: si mihi concessum fuerit, nihil Dominum instituisse, quod sit a ratione dissentaneum[c]. Nam cum circumcisionem[d] poenitentiae signum[e] fuisse[f] Moises et omnes prophetae doceant: fidei etiam sacramentum, teste[g] Paulo, fuerit: videmus tamen ut[h] infantes ab ea non excluserit.

Deut. 10, 16 et 30, 6; Jere. 4, 4; Rom. 4, 11

335. Sed eademne causa, quae in circumcisione valuit, nunc ad baptismum admittendi sunt[1]? – Prorsus eadem: cum promissiones, quas olim Deus populo Israelitico dederat[k], nunc sint per totum orbem publicatae[l].

Les promesses du peuple d'Israel sont estendues par tout le monde

336. Atqui num inde colligis[m], signum[n] quoque usurpandum esse? – Qui bene utrinque expendet omnia, hoc consequi animadvertet[o]. Neque enim eius gratiae, quae[p] Israeli ante collata fuerat[q], hac lege nos participes fecit[r] Christus, ut vel obscurior erga nos esset[s], vel aliqua ex parte imminuta[t]. Quin potius et luculentius eam in nos et abundantius effudit[u].

337. Putasne, si a baptismo arceantur infantes[v], quidquam propterea Dei gratiae decedere[w], ut dici possit[x] Christi[y] adventu fuisse imminutam[z]. – Id quidem evidenter patet. Signo enim sublato, quod ad testandam Dei misericordiam et confirmandas promissiones plurimum valet, deesset nobis eximia consolatio, qua fruebantur veteres[a'].

---

a) Poterisne ... demonstrare *cat. gall.*: Comment monstreras tu b) *cat.gall.*: d'inconvenient c) Sane ... dissentaneum > *cat. gall.* d) *cat. gall.*: + aussi bien e) *cat. gall.*: Sacrement f) *cat. gall.*: + comme g) *cat. gall.*: comme dit sainct h) videmus ... ut > *cat. gall.* i) Sed ... sunt *cat. gall.*: Mais pourras-tu bien monstrer qu'il y ait une mesme raison, de les recevoir au Baptesme comme à la Circoncision? k) *cat. gall.*: avoit faict l) *cat. gall.*: estendues m) *cat. gall.*: s'ensuit-il n) *cat. gall.*: + nous o) Qui ... animadvertet *cat. gall.*: Il est ainsi, quand le tout sera bien consideré p) *cat. gall.*: + peuple q) collata fuerat *cat. gall.*: avoit esté au r) *cat. gall.*: + Iesus s) erga ... esset *cat. gall.*: la rendre; *cat. gall.*: + qu'elle n'estoit t) vel ... imminuta *cat. gall.*: pour l'amoindrir en nous u) Quin ... effudit *cat. gall.*: Mais plustost l'a esclarcie, et augmentée d'advantage v) si ... infantes *cat. gall.*: si nous ne donnions le Baptesme aux petis enfans w) *cat. gall.*: seroit amoindrie x) ut ... possit > *cat. gall.* y) *cat. gall.*: du Seigneur Iesus z) fuisse imminutam > *cat. gall.* a') Id ... veteres *cat. gall.*: Ouy bien. Car le signe de la bonté et misericorde de Dieu sur noz enfans, qu'ont eu les Anciens, nous defauldroit: lequel sert grandement à nostre consolation, et à confermer la promesse qui a esté faicte dés le commencement.

338. Sic ergo sentis: cum Deus sub veteri testamento[a], ut se patrem[b] parvulorum ostenderet, salutis[ce] promissionem in eorum corporibus insculptam esse voluerit signo visibili[d]: indignum fore[e], si minus confirmationis a Christi adventu habeant fideles[f]: quando et eadem hodie nobis[g] promissio destinatur[h], quae olim patribus[i]: et clarius bonitatis suae specimen nobis in Christo exhibuit Deus[k]. — Sic sentio. Praeterea quum satis constet[l], vim substantiamque, ut ita loquar[m], baptismi infantibus esse communem: si illis negaretur signum, quod veritate[n] est inferius, aperta illis iniuria fieret.

[124] 339. ¹Qua ergo conditione[o] baptisandi sunt infantes? — Ut testatum fiat[p], benedictionis[q] fidelium semini promissae ipsos esse haeredes: quo agnita, postquam adoleverint, baptismi sui veritate, fructum ex eo percipiant, ac proferant[r]. *A quelle condition on baptise les enfans*

c. 51.

340. Transeamus[s] ad coenam. Ac primo quidem ex te scire velim[t], quae sit eius significatio. — Ideo a Christo[u] instituta est, ut corporis et sanguinis sui communicatione educari[v] in spem vitae aeternae animas nostras nos doceret[w]: idque nobis certum redderet[x]. *De la Cene*

341. Cur autem pane corpus, vino sanguis Domini figuratur[y]? — Nempe hinc docemur, quam vim habet panis in nutriendis corporibus, ad sustinendam praesentem vitam, eandem corpori Domini inesse, ad alendas spiritualiter animas. Sicuti vino exhilarantur hominum corda, reficiuntur vires, totus homo roboratur: ita ex Domini sanguine eosdem ab animis nostris usus percipi[z]. *Christ par le pain nous represente son corps et par le vin son sang*

---

a) sub ... testamento *cat. gall.*: anciennement   b) *cat. gall.*: Sauveur   c) > *cat. gall.*   d) *cat. gall.*: par Sacrement exterieur   e) indignum fore *cat. gall.*: que c'est bien raison   f) habeant fideles *cat. gall.*: qu'il n'y ait pas   g) hodie nobis > *cat. gall.*   h) *cat. gall.*: demeure   i) quae ... patribus > *cat. gall.*   k) et ... Deus *cat. gall.*: et mesme est plus clairement testifiée de parolle, et ratifiée de faict   l) *cat. gall.*: c'est chose notoire   m) ut ... loquar > *cat. gall.*   n) > *cat. gall.*   o) *cat. gall.*: + nous   p) Ut ... fiat *cat. gall.*: En signe et tesmoignage   q) *cat. gall.*: + Dieu   r) fructum ... proferant *cat. gall.*: pour en faire leur profit   s) *cat. gall.*: Disons de   t) quidem ... velim > *cat. gall.*   u) *cat. gall.*: nostre Seigneur   v) *cat. gall.*: sont nourries   w) ut doceret *cat. gall.*: pour nous asseurer   x) idque ... redderet > *cat. gall.*   y) Domini figuratur *cat. gall.*: le Seigneur nous represente   z) Nempe ... percipi *cat. gall.*: Pour signifier que telle proprieté qu'a le pain envers noz corps, c'est de les

CATECH. GENEV. DE SACRAMENTIS

Fiance de nostre salut en quoy gist

342. Ergone[a] corpore Domini et sanguine vescimur[b]? — Ita sentio. Nam quum in eo[c] sita sit tota salutis nostrae fiducia, ut accepta nobis feratur[d] obedientia ipsius, quam[e] patri praestitit, perinde[f] ac si nostra foret: ipsum a nobis possideri necesse est. Neque enim bona nobis[g] sua aliter communicat[h], nisi dum se nostrum facit[i].

343. Atqui, nonne tunc se dedit[k], quum se exposuit in mortem, ut nos a mortis iudicio[l] redemptos[m] patri reconciliaret? — Id quidem verum est: sed non satis est nobis nisi eum nunc[g] recipiamus: quo mortis[n] eius efficacia fructusque ad nos perveniat[o].

Comment nous recevons Jesus Christ

344. Recipiendi porro modus an non fide constat? — Fateor. Sed hoc simul addo, fieri id[p], dum non |solum mortuum[q] credimus, quo nos a morte[r] liberaret et suscitatum, quo[s] nobis vitam acquireret: sed in nobis quoque habitare agnoscimus[g], nosque illi coniunctos esse eo unitatis genere, quo membra cum capite suo cohaerent[t]: ut huius unitatis beneficio omnium eius bonorum[u] participes fiamus.

c. 52.

1. Cor. 1, 4—9; Ephe. 5, 30; Jehan 6, 51; Jeh. 17, 21

345. Num quid hanc communionem per solam coenam obtinemus[v]? — Imo vero. Nam et per[w] evangelium, teste[x] Paulo, nobis communicatur Christus[y]. Et merito hoc Paulus docet: cum illic audiamus[z], nos carnem esse de carne eius, et ossa ex ossibus: ipsum esse panem vivum[a'], qui e coelo ad nutriendas animas

---

repaistre et substenter en ceste vie mortelle: aussi a son corps envers noz ames: c'est de les nourrir et vivifier spirituellement. Pareillement, que comme le vin fortifie, refectionne et resiouit l'homme selon le corps: aussi que son sang est nostre ioye, nostre refection, et vertu spirituelle.

a) *cat. gall.:* Entens-tu b) *cat. gall.:* qu'il nous faille communiquer c) in eo > *cat. gall.* d) ut ... feratur *cat. gall.:* en e) *cat. gall.:* + Dieu son f) *cat. gall.:* + qu'elle nous est imputée g) > *cat. gall.* h) aliter communicat *cat. gall.:* ne sont pas nostres i) se ... facit *cat. gall.:* premierement il se donne à nous k) *cat. gall.:* + à nous l) *cat. gall.:* damnation m) *cat. gall.:* + à Dieu son n) *cat. gall.:* + et passion o) ad ... perveniat *cat. gall.:* pour sentir p) Sed ... id > *cat. gall.* q) *cat. gall.:* + et resuscité r) *cat. gall.:* + eternelle s) suscitatum, quo > *cat. gall.* t) > *cat. gall.* u) *cat. gall.:* graces v) *cat. gall.:* se fait-elle w) *cat. gall.:* + la predication de x) *cat. gall.:* comme dit y) nobis ... Christus *cat. gall.:* nous l'avons z) Et ... audiamus *cat. gall.:* entant que le Seigneur Iesus nous y promet a') *cat. gall.:* de vie

nostras, descendit: nos unum esse cum ipso, sicuti cum patre unum est: et similia.

346. Quid amplius ex sacramento consequimur[a], aut quid praeterea utilitatis nobis confert? — Hoc scilicet[b], quod illa, de qua dixi[c], communicatio[d] nobis confirmatur et augetur[e]. Tametsi enim tum in baptismo, tum in evangelio nobis exhibetur[f] Christus: eum tamen non recipimus[g] totum, sed ex parte tantum.

347. Quid ergo[h] in symbolo panis habemus? — Corpus Christi, ut semel pro nobis ad nos Deo reconciliandos immolatum[i] fuit, ita nunc quoque[k] nobis dari: ut certo sciamus[l], reconciliationem ad nos pertinere[m]. *Que c'est que nous avons par le signe du pain*

348. Quid in sanguinis symbolo[n]? — Christum, ut suum sanguinem semel in peccatorum satisfactionem, pretiumque redemptionis nostrae ipsum effudit, ita nunc eum nobis bibendum porrigere[o], ut fructum, qui inde pervenire ad nos debet, sentiamus[p]. *Que c'est qu'avons par le signe du vin*

349. Secundum has tuas responsiones, sacra Domini[q] coena ad eius[r] mortem[s] nos amandat, ut eius virtuti communicemus. — [l]Omnino: tunc enim unicum perpetuumque sacrificium, quod in salutem nostram sufficeret[t], peractum est. Proinde nihil restat amplius, nisi ut ipso fruamur. *Que la cene n'est pas sacrifice*

350. Ergo non in hunc finem instituta est coena, ut Deo[u] filii[v] sui corpus offeratur[w]. — Minime. Solus enim ipse[x], quum aeternus sit sacerdos, hanc praerogativam[y] habet[z]. Atque hoc sonant eius verba, quum ait: Accipite et manducate[a']. Neque enim ut offeramus corpus suum, sed tantum, ut eo vescamur, illic praecipit. *Christ seul Sacrificateur eternel. Ebr. 5, 5—10 Mat. 26, 26—28*

---

a) *cat. gall.*: nous avons   b) Hoc scilicet > *cat. gall.*   c) de ... dixi > *cat. gall.*   d) *cat. gall.* : + plus amplement   e) *cat. gall.*: et est comme ratifiée   f) *cat. gall.*: soit vrayement communiqué   g) non recipimus *cat. gall.*: ce n'est qu'en   h) Quid ergo *cat. gall.*: Qu'est-ce donc en somme que   i) *cat. gall.*: offert en sacrifice   k) > *cat. gall.*   l) *cat. gall.*: + ceste   m) *cat. gall.*: que nous avons part   n) *cat. gall.*: + nous avons   o) *cat. gall.*: donne   p) ut ... sentiamus *cat. gall.*: afin que nous ne doubtions point d'en recevoir le fruict   q) sacra Domini > *cat. gall.*   r) *cat. gall.*: de Iesus Christ   s) *cat. gall.*: + et passion   t) quod ... sufficeret *cat. gall.*: pour nostre redemption   u) *cat. gall.*: + son Pere   v) *cat. gall.*: de Iesus   w) *cat. gall.*: pour faire une oblation   x) *cat. gall.*: il n'y a que luy   y) *cat. gall.*: office   z) *cat. gall.*: appartienne   a') Atque ... manducate > *cat. gall.*

c. 53.

Double signe pour nostre infirmité 351. Cur duobus utimur[a] signis ? — In eo Dominus infirmitati nostrae consuluit[b], quo nos familiarius doceret[c], se non cibum[d] modo animis nostris, sed potum quoque esse, ne alibi quam in eo solo[e] ullam spiritualis vitae partem[f] quaeramus.

352. An utroque[g] uti peraeque omnes absque exceptione[h] debent ? — Ita fert[i] Christi mandatum: cui ullo modo derogare[k], aliquid contra tentando, summum est nefas[l].

La verité est avec la figure 353. Solamne eorum, quae dixisti, beneficiorum significationem[m] habemus in coena, an illic re ipsa nobis exhibentur[n] ?— Cum Dominus noster[o] Christus ipsa[e] sit veritas, minime dubium est, quin promissiones, quas dat illic nobis[p], simul etiam impleat: et figuris suam addat veritatem[q]. Quamobrem non dubito, quin sicuti verbis ac signis testatur[r], ita etiam suae nos substantiae participes faciat, quo in unam cum eo vitam coalescamus[s].

Que nous recevons IESUS Christ en la cene et comment 354. Verum, qui hoc fieri potest, cum in coelo sit[t] Christi corpus: nos autem in terra adhuc peregrinemur[u] ? — Hoc mirifica arcanaque[v] spiritus sui virtute efficit: cui difficile non est[w] sociare[x], quae locorum intervallo alioqui sunt disiuncta.

Que c'est qu'il faut faire pour avoir la verité du Sacrement 355. Ergo nec corpus in pane inclusum esse, nec sanguinem in calice imaginaris ? — ¹Nequaquam. Quin potius ita sentio[y], [130] ut veritate potiamur[z] signorum, erigendas esse in coelum mentes[a'], ubi[b'] Christus est[c'], et unde eum exspectamus iudicem et

---

a) *cat. gall.*: il y a b) *cat. gall.*: l'a faict pour c) quo ... doceret *cat. gall.*: afin de nous donner à congnoistre d) *cat. gall.*: viande e) > *cat. gall.* f) ullam ... partem *cat. gall.*: nostre nourriture pleine et entiere g) *cat. gall.*: de ce second signe, assavoir du calice h) absque exceptione *cat. gall.*: indifferemment i) Ita fert *cat. gall.*: Ouy: selon k) ullo ... derogare > *cat. gall.* l) summum ... nefas *cat. gall.*: il n'est licite m) beneficiorum significationem *cat. gall.*: le tesmoignage des choses dessusdictes n) nobis exhibentur *cat. gall.*: elles sont données o) Dominus noster *cat. gall.*: Iesus p) dat ... nobis *cat. gall.*: il fait à la Cene q) impleat ... veritatem *cat. gall.*: soyent accomplies: et que ce qu'il y figure, n'y soit verifié r) quin ... testatur *cat. gall.*: qu'il le promet et represente s) *cat. gall.*: pour nous unir t) *cat. gall.*: + Ie sus u) in ... peregrinemur *cat. gall.*: nous sommes en ce pelerinage terrien; *1545 falso:* peregrinamur v) mirifica arcanaque *cat. gall.*: incomprehensible w) difficile ... est > *cat. gall.; cat. gall.*: + bien x) *cat. gall.*: + les choses y) ita sentio > *cat. gall.* z) ut ... potiamur *cat. gall.*: pour avoir la verité du Sacrement a') *cat. gall.*: noz cueurs b') *cat. gall.*: + Iesus c') *cat. gall.*: + en la gloire de son Pere

redemptorem^a: in his vero terrenis^b elementis perperam et frustra^c quaeri.

356. Ut in summam colligamus quae dixisti^d: duas in coena^e res esse asseris: nempe, panem^f et vinum, quae oculis cernuntur, attrectantur manibus, percipiuntur gustu^g: deinde Christum, quo interius animae nostrae, tanquam proprio suo alimento^h, pascuntur. — Verum, et eo quidem usque, ut corporum etiam resurrectio illic nobis, quasi dato pignore, confirmetur: cum et ipsa vitae symbolo communicentⁱ.

Arres de la resurrection

c. 54.

357. Quis autem rectus erit huius sacramenti ac legitimus usus^k? — Qualem Paulus definit^l: ut probet se ipsum homo, priusquam eo accedat. *1. Cor. 11,28*

358. Quidnam in hac probatione inquiret^m? — Num verum sitⁿ Christi membrum.

359. Quibus ad eius rei notitiam^o argumentis perveniet^p? — Si vera sit poenitentia fideque praeditus^q: si proximos sincero amore prosequatur^r, si animum^s ab omni odio malevolentiaque^t purum habeat^u.

Signe si on est membre de Christ

360. Num perfectam in homine^v tum fidem, tum charitatem exigis^w? — Utramque sane integram^x et ab omni fuco vacuam^y esse convenit. Verum frustra exigatur^z tam absoluta numeris

---

a) iudicem ... redemptorem *cat. gall.*: en nostre redemption   b) *cat. gall.*: corruptibles   c) perperam ... frustra > *cat. gall.*   d) Ut ... dixisti > *cat. gall.*   e) *cat. gall.*: ce Sacrement   f) *cat. gall.*: + materiel   g) occulis ... gustu *cat. gall.*: nous voyons à l'oeil, touchons à la main, et savourons au goust   h) tanquam ... alimento: > *cat. gall.*   i) Verum ... communicent *cat. gall.*: Voire. En telle sorte neantmoins que nous y avons mesme tesmoignage, et comme une arre de la resurrection de noz corps: entant qu'ilz sont faictz participans du signe de vie   k) Quis ... usus *cat. gall.*: Quel en doit estre l'usage?   l) *cat. gall.*: dit   m) Quidnam ... inquiret *cat. gall.*: En quoy se doit-il esprouver   n) *cat. gall.*: + Iesus   o) ad ... notitiam > *cat. gall.*   p) *cat. gall.*: le pourra il congnoistre   q) sit praeditus *cat. gall.*: s'il a   r) *cat. gall.*: aime   s) *cat. gall.*: s'il   t) *cat. gall.*: + ne division   u) purum habeat *cat. gall.*: n'est point entaché   v) in homine > *cat. gall.*   w) *cat. gall.*: est-il requis   x) *cat. gall.*: entiere   y) ab ... vacuam *cat. gall.*: non feincte   z) frustra exigatur > *cat. gall.*

omnibus^a perfectio, in qua nihil desideretur: quando tanta nunquam^b in homine inveniri poterit^c.

361. Non ergo ab accessu nos arcet imperfectio qua adhuc laboramus^d. — Quin potius, si perfecti essemus, nullum ^lamplius usum inter nos haberet^e coena: quae^f sublevandae^g nostrae imbecillitati adminiculum^h esse debetⁱ ac imperfectionis subsidium^k.

362. Nullumne praeterea alium finem propositum habent^l duo haec sacramenta? — Sunt etiam professionis nostrae notae et quasi^f tesserae quaedam. Illorum enim usu fidem apud homines nostram profitemur, et testamur nos unum habere in Christo religionis consensum^m.

363. Si quempiamⁿ contingeret eorum usum aspernari^o, quo loco habendus esset^p? — Haec vero obliqua esset Christi abnegatio. Certe qui talis est, cum se Christianum confiteri non dignetur, indignus est, qui inter Christianos censeatur^q.

364. Satisne est, in totam vitam^r utrumque semel recepisse? — Usque adeo sufficit unus baptismus^s, ut repetere fas non sit. Coenae autem diversa est ratio^t.

Pourquoy on recoit une seule fois le baptesme, et la cene plusieurs fois

365. Quod est discrimen illud^u? — Per^v baptismum nos adoptat^w, et in ecclesiam suam allegit Dominus^x, ut pro domesticis

---

a) absoluta ... omnibus > *cat. gall.* b) quando ... nunquam > *cat. gall.* c) in ... poterit *cat. gall.*: cela ne se trouvera pas entre les hommes; *cat. gall.*: + Aussi la Cene seroit instituée en vain, si nul n'estoit capable de la recevoir, sinon qu'il fust du tout parfaict d) qua ... laboramus > *cat. gall.* e) nullum ... haberet *cat. gall.*: elle ne nous serviroit de rien f) *cat. gall.*: car g) > *cat. gall.* h) *cat. gall.*: + et soulagement i) esse debet *cat. gall.*: c'est k) ac ... subsidium > *cat. gall.* l) propositum habent *cat. gall.*: servent ilz m) Illorum ... consensum *cat. gall.*: C'est à dire, que par iceux nous protestons que nous sommes du peuple de Dieu, et faisons confession de nostre Chrestienté n) *cat. gall.*: un homme o) *cat. gall.*: n'en voudroit point user p) quo ... esset *cat. gall.*: Que faudroit-il donc iuger q) Haec ... censeatur *cat. gall.*: Il ne le fauldroit tenir pour Chrestien. Car en ce faisant, il ne se veut point confesser estre tel; et quasi tacitement il desadvoue Iesus Christ. r) in ... vitam > *cat. gall.* s) Usque ... baptismus *cat. gall.*: Le Baptesme n'est ordonné que pour une seule fois t) diversa ... ratio *cat. gall.*: il n'est pas ainsi de u) Quod ... illud *cat. gall.*: La raison? v) *cat. gall.*: + Pource que par w) *cat. gall.*: introduit x) *cat. gall.*: Dieu

nos exinde habeat[a]. Postquam nos adscripsit in numerum suorum[b], per coenam testatur, de nobis continenter alendis curam
se[c] habere[d].

c. 55.

366. Promiscuene ad omnes[e] pertinet tam baptismi quam — A qui appartient de baptiser et administrer la Cene
coenae administratio ? — Eorum, quibus mandatum[f] est publi-
cum docendi munus[g], propriae sunt istae partes[h]. Sunt enim
res inter se perpetuo nexu[i] coniunctae, pascere ecclesiam salutis doctrina[k], et sacramenta administrare[l].

367. Possine mihi scripturae testimonio id comprobare[m] ? — Mat. 28, 19
Baptisandi quidem[n] mandatum Christus[o] peculiariter[p] Apostolis dedit. In coenae celebratione[q] exemplum suum iussit nos[r]
sequi[s]. Referunt autem [l]Evangelistae[t], ipsum in ea distri-
buenda[u] publici[v] ministri fecisse officium.

368. Verum, debentne pastores, quibus commissa est dispen- — La Cene à qui ne doibt estre baillée
satio[w], passim omnes[x] et absque delectu admittere ? — Quod ad
baptismum pertinet, quia non nisi infantibus hodie confertur,
discretio locum non habet[y]. In coena vero cavere debet minister,
ne cui ipsam porrigat, quem indignum esse palam constet[z].

369. Cur id ? — Quia non sine contumelia et profanatione
sacramenti fieret[a'].

370. Atqui, nonne Iudam, quamlibet impius esset, eius com- — Pourquoy Judas a esté receu à la Cene
munione dignatus est[b'] Christus[c'] ? — Fateor[d']: cum adhuc oc-
culta foret eius impietas. Tametsi enim Christum non latebat[e'],
nondum tamen prodierat in lucem, notitiamque hominum[f'].

---

a) ut ... habeat > *cat. gall.* b) nos ... suorum *cat. gall.*: nous
avoir receu c) se *1545 desideratur* d) curam se habere *cat. gall.*:
qu'il nous veut e) Promiscuene ... omnes *cat. gall.*: A qui f) *cat.
gall.*: charge g) docendi munus *cat. gall.*: d'enseigner h) propriae ... partes > *cat. gall.* i) perpetuo nexu > *cat. gall.* k) pascere ... doctrina *cat. gall.*: de prescher la Parolle l) *cat. gall.*: distribuer m) Possine ... comprobare *cat. gall.*: N'en y a il pas
certaine probation ? n) *cat. gall.*: + comme de prescher o) *cat.
gall.*: nostre Seigneur p) *cat. gall.*: + ses q) In ... celebratione
cat. gall.: Et touchant la Cene r) *cat. gall.*: tous s) *cat. gall.*: fa-
cions t) > *cat. gall.* u) *cat. gall.*: donner aux autres v) > *cat.
gall.* w) quibus ... dispensatio *cat. gall.*: qui sont dispensateurs
des Sacremens x) *cat. gall.*: + qui s'y presentent y) discretio
... habet *cat. gall.*: il n'est point mestier de discerner z) palam
constet *cat. gall.*: qu'on congnoist a') Quia ... fieret *cat. gall.*: Pource
que ce seroit polluer et deshonnorer le Sacrement b') eius ... est
cat. gall.: a bien receu c') *cat. gall.*: nostre Seigneur d') > *cat. gall.*
e') non latebat *cat. gall.*: la cogneust f') nondum ... hominum *cat.
gall.*: si n'estoit elle pas notoire à tous

371. Quid ergo hypocritis fiet? — Eos, tanquam indignos, arcere[a] pastor non potest: sed supersedere debet, quousque eorum nequitiam, ut hominibus innotescat[b], Deus[c] revelaverit.

372. Quid si quempiam[d] ipse indignum noverit, aut fuerit admonitus? — Ne id quidem ad eos communione abdicandos foret[e] satis: nisi legitima cognitio[f], ecclesiaeque iudicium accedat[g].

373. Certum ergo gubernationis ordinem constitutum in ecclesiis habere operaepretium est[h]. — Verum est, nec enim aliter bene moratae sunt, nec rite compositae. Haec autem ratio est, ut deligantur seniores, qui morum censurae praesint, cavendisque offendiculis invigilent: et quos agnoverint recipiendae coenae nequaquam esse capaces, nec admitti quidem posse quin sacramentum polluatur, eos a communicatione reiiciant[i].

PRECATIO MATUTINA.[k]

Deus mi, pater mi et servator, qui gratia erga me tua effecisti[l], ut transacta nocte ad hunc diem pervenirem: fac[m] etiam, ut ipsum totum in sanctissimi numinis tui cultu et veneratione[n] consumam[p]. Nihil omnino aut cogitem, aut dicam, aut faciam, quod eo non tendat[o], ut tibi[q] obsequar, et[r] voluntatis[s] tuae morem geram[t]: quo scilicet[u] actiones omnes meae referantur[v] ad gloriam nominis tui, atque fratrum[w] meorum salutem[x], dum

---

a) *cat. gall.:* exclurre   b) ut ... iunotescat > *cat. gall.*   c) *cat. gall.:* le Seigneur   d) *cat. gall.:* quelqu'uns   e) communione ... foret *cat. gall.:* les exclurre   f) legitima cognitio *cat. gall.:* approbation suffisante   g) *cat. gall.:* qu'il y ait   h) Certum ... est *cat. gall.:* Il faut donc qu'il y ait quelque ordre et police sur cela   i) Verum ... reiiciant *cat. gall.:* Voire si l'Eglise est bien reiglée. C'est qu'on depute personnages pour veiller sur les scandales, qui pourroyent estre. Et que iceux en l'authorité de l'Eglise, interdisent la communion à ceux qui ne sont nullement capables, et ausquelz on ne la peut donner sans deshonnorer Dieu et scandaliser les fideles.

FIN DU CATECHISME.

k) *cat. gall.:* Oraison pour dire au matin, en se levant   l) qui ... effecisti *cat. gall.:* puis qu'il t'a pleu me faire la grace   m) *cat. gall.:* vueilles moy aussi maintenant faire ce bien   n) in ... veneratione *cat. gall.:* à ton service   o) *cat. gall.:* + tellement que   p) quod ... tendat > *cat. gall.*   q) *cat. gall.:* + complaire et   r) > *cat. gall.*   s) *cat. gall.:* + bonne   t) morem geram > *cat. gall.*   u) quo scilicet *cat. gall.:* afin que par ce moyen   v) *cat. gall.:* soyent   w) *cat. gall.:* prochains   x) *cat. gall.:* edification

exemplo meo ad te colendum instruentur[a]. Atque[b] ut mundum hunc, ad vitae externae usus[c], solis tui splendore[d] illuminas: ita fulgore spiritus tui mente[e] meam illustra, qui me in[f] via iustitiae tuae dirigat.

5 Quamcunque ad rem applicem animum meum[g], is mihi semper sit propositus[h] finis[i], ut tibi, honorique tuo inserviam[k], omnem felicitatem[l] a gratia et beneficentia[m] tua sola expectem, nec quidquam omnino aggrediar, quod tibi gratum non sit. Effice[d] praeterea, ut dum huius vitae tuendae causa laboro, et 10 ea curo quae ad victum et cultum corporis pertinent, altius tamen erigam animum[n], ad beatam[o] nempe et[o] coelestem vitam, quam filiis tuis promisisti. Nihilominus, tam animae quam corporis protectorem te mihi exhibendo[p], adversus omnes Satanae[q] insultus[r] me confirmes ac munias[s], et ab omnibus periculis[t], 15 quae nobis assidue in hac vita impendent[u], liberes. Ad haec, cum parum[v] sit[w] coepisse, nisi perseverem, ideo ad te peto[x], Domine, ne mihi in hodiernum diem tantum dux sis ac rector[y], sed usque ad vitae finem[z] me in tuam fidem suscipias, quo sub tuis auspiciis, totus vitae meae cursus transigatur. Et quia pro-20 ficiendum nobis est[a'], gratiae in me tuae dona[b'] adauge in dies, tantisper dum penitus adhaeream filio tuo[c'], Iesu Christo[d'], quem[e'], verum solem lucentem perpetuo[f'] in animis nostris[g'] merito [138] appellamus[h']. Quae tot tantaque beneficia[i'], ut[l] abs te obtineam,

---

a) dum ... instruentur > *cat.gall.* b) *cat. gall.*: comme il te plaist
25 c) ad ... usus *cat. gall.*: pour nous esclairer corporellement d) > *cat. gall.* e) *cat. gall.*: + et mon cueur f) *cat. gall.*: + droicte g) animum meum *cat. gall.*: me h) *cat. gall.*: de cheminer en ta crainte i) *cat. gall.*: + et intention k) honorique ... inserviam *cat. gall.*: te servir et honorer l) omnem felicitatem *cat. gall.*: tout-30 mon bien et ma prosperité m) a gratia et beneficentia *cat. gall.*: benediction n) ut dum ... animum *cat. gall.*: travaillant tellement pour mon corps et pour la vie presente, que ie regarde tousiours plus loing o) > *cat. gall.* p) te ... exhibendo *cat. gall.*: qu'il te plaise estre mon q) *cat. gall.*: du diable r) *cat. gall.*: tentations 35 s) ac munias > *cat. gall.* t) *cat. gall.*: + terriens u) quae ... impendent *cat. gall.*: qui me pourroyent advenir v) *cat. gall.*: rien w) *cat. gall.*: + bien x) a te peto *cat. gall.*: vueilles y) dux ... rector *cat. gall.*: recevoir en ta saincte conduite z) usque ... finem *cat. gall.*: pour toute ma vie a') me ... est > *cat. gall.* b') *cat.* 40 *gall.*: ta grace; *cat. gall.*: + continuant et c') tantisper ... tuo *cat. gall.*: iusque à ce que tu m'ayes amené à la pleine conionction de ton Filz d') *cat. gall.*: + nostre Seigneur e') *cat. gall.*: qui est f') *cat. gall.*: iour et nuict, sans fin et à perpetuité g') in ... nostris *cat. gall.*: de noz ames h') merito appellamus > *cat. gall.* 45 i') *cat. gall.*: graces

obliviscere delictorum meorum[a], eaque infinita misericordia tua mihi remitte: quod te facturum[b] promisisti iis[c] qui te ex animo invocaverint. Amen.

EX PSALMO 143.

Fac ut mane audiam pietatem[d] tuam: quoniam in te speravi; ostende[e] mihi viam in qua ambulem: quoniam ad te levavi animam meam. Libera me de inimicis meis, Domine, ad te confugi[f]. Doce me, ut faciam voluntatem tuam: quia tu es Deus meus. Spiritus tuus bonus[g] deducat me in terra recta.

CUM ADEUNDA EST SCHOLA.[h]
EX PSAL. 119.

In quo instituet adulescens viam suam? si prudenter[g] se gerat iuxta sermones tuos[i].

Ex animo te exquisivi, ne sinas me aberrare a praeceptis tuis[k].

Domine, qui fons es sapientiae omnis et doctrinae: quando, pro singulari tua bonitate, hoc mihi praestas, ut bonis artibus imbuatur[l] haec mea pueritia, quae mihi ad sancte honesteque vivendum[m] sint adiumento[n]: mentem quoque meam, quae ¦caecitate alioqui[o] laborat, illustrando, simul effice[p], ut ad percipiendam doctrinam[q] sim idoneus[l]: memoriam meam confirma, ut quod didicero[r], fideliter[s] haereat: cor denique[g] meum guberna[t], ut ad proficiendum[u] voluntarius atque etiam avidus[v] accedam[w], ne mihi haec, quam tu nunc concedis[x], facultas, mea ignavia[y] pereat. Proinde[z] spiritum[a'] in me tuum infunde[b']: spi-

---

a) *cat. gall.*: + passées   b) te facturum > *cat. gall.*   c) *cat. gall.*: tous   d) *cat. gall.*: misericorde   e) *cat. gall.*: fay moy congnoistre   f) *cat. gall.*: i'ay crié   g) > *cat. gall.*   h) CUM ... SCHOLA *cat. gall.*: Oraison pour dire devant qu'estudier sa leçon a l'eschole   i) *cat. gall.* + Seigneur   k) Ex ... tuis *cat. gall.*: Ouvre mes yeux, et ie consideray les merveilles de ta Loy. Donne moi entendement, et ie garderay ta Loy, et la garderay en tout mon cueur.   l) quando ... imbuatur *cat. gall.*: puis qu'il te plaist me donner le moyen d'estre instruict   m) *cat. gall.*: gouverner le cours de ma vie   n) *cat. gall.*: pour me sçavoir   o) *cat. gall.*: de soymesme   p) simul effice > *cat. gall.*   q) *cat. gall.*: + qui me sera donnée   r) sim idoneus *cat. gall.*: qu'il puisse   s) ut ... didicero > *cat. gall.*   t) *cat. gall.*: bien   u) *cat. gall.*: vueilles disposer   v) > *cat. gall.*   w) atque ... avidus > *cat. gall.*   x) *cat. gall.*: + avec tel desir qu'il appartient   y) *cat. gall.*: tu me presentes   z) *cat. gall.*: ingratitude   a') *cat. gall.*: pour ce faire   b') *cat. gall.*: + sainct   c') *cat. gall.*: vueilles espandre

ritum, inquam[a], intelligentiae, veritatis, iudicii, ac prudentiae[b]: ne successu studium meum careat[c], et irritus[d] sit erga me magistri labor[e]. Porro quodcunque studii genus suscipiam, fac ut illud in rectum[f] finem destinare meminero[g]: nempe ut te in
5 Christo filio tuo[h] cognoscam[i]. Atque ita quidquid addiscam, mihi sit ad rectam pietatis regulam adminiculo[k]. Ad haec quando parvulos et humiles, sapientia: rectos corde, notitia tui illustraturum te promittis: superbos vero et improbos deiecturum te denuncias, ut in sensu suo evanescant[l]: peto ut me ad
10 veram humilitatem formare[m] velis, qua me tibi primum, deinde etiam iis qui mihi tua authoritate praesunt[n], docilem et obsequentem exhibeam: simul ut cordi meo, evulsis inde vitiosis cupiditatibus[o], serium[p] quaerendi tui desiderium insculpas[q]. Hic denique mihi unus sit propositus finis[r], me sic comparare
15 in hac tenera aetate[s], ut cum adolevero, ad quocunque vitae genus me vocaveris, in eo tibi serviam[t].

EX PSAL 25.

Secretum Domini[u] timentibus eum: et foedus suum notum illis faciet.

20 ## BENEDICTIO MENSAE[v].

Omnia ad te respiciunt Domine, et tu das illis escam tempore: te illis dante, colligunt: te manum aperiente, omnia implentur abundantia. Psal. 104.

---

a) *cat. gall.:* + de toute   b) *cat. gall.:* + et doctrine   c) ne ...
25 careat *cat. gall.:* lequel me rende capable de bien profiter   d) *cat. gall.:* perdue   e) magistri labor *cat. gall.:* la peine qu'on prendra à m'enseigner   f) *cat. gall.:* vraye   g) *cat. gall.:* la reduise   h) filio tuo *cat. gall.:* nostre Seigneur IESUS   i) *cat. gall.:* + pour avoir pleine fiance de salut et vie en ta grace, et te servir droictement
30 et purement, selon ton plaisir   k) rectam ... adminiculo *cat. gall.:* instrument pour me aider à cela   l) recto ... evanescant *cat. gall.:* et confondre les orgueilleux en la vanité de leur sens: pareillement de te manifester à ceux qui seront de cueur droict: au contraire, aveugler les malings et pervers   m) *cat. gall.:* renger   n) mihi ...
35 praesunt *cat. gall.:* à mes superieurs; *cat. gall.:* + que tu as commis pour me regir et enseigner   o) evulsis ... cupiditatibus *cat. gall.:* renonçant à toute affection charnelle et mauvaise   p) *cat. gall.:* sans feintise   q) desiderium insculpas *cat. gall.:* vueilles disposer mon cueur   r) Hic ... finis *cat. gall.:* et qu'en telle sorte   s) in ... aetate *cat.*
40 *gall.:* maintenant   t) ad ... serviam *cat. gall.:* pour te servir une fois en l'estat et vocation laquelle il te plaira m'ordonner   u) *cat. gall.:* + revelle   v) *cat. gall.:* Oraison pour dire devant le repas.

Domine, penes quem fons est[a] bonorum omnium, et inexhausta scaturigo[b], benedictionem tuam in nos[c] | effunde[d], nobisque cibum et potum[e], quae tuae erga nos benignitatis[f] dona sunt[g], in usum nostrum sanctifica[h], ut sobrie[i], sicuti praecipis, et frugaliter iis utentes, vescamur pura conscientia[k]: fac etiam, ut[l] te patrem semper, bonorumque omnium[m] authorem, et agnoscamus vera animi gratitudine, et ore praedicemus: ac sic fruamur corporis alimentis[n], ut praecipuo tamen cordis affectu aspiremus[o] ad spiritualem doctrinae[p] tuae panem, quo animae nostrae in spem aeternae vitae pascantur[q]. Per Iesum Christum[r] Dominum nostrum.

DEUTERO. 8.

Non solo pane vivit homo: sed omni[s] sermone qui procedit ex ore Dei.

POST PASTUM GRATIARUM ACTIO.
EX PSAL. 117.

Omnes gentes laudent Dominum, omnes populi canant laudem Deo[t].

Quia multiplicata est super nos misericordia eius, et veritas ipsius manet in aeternum.

Gratias agimus, Deus ac pater[u], de tot beneficiis, quae nobis assidue pro infinita tua benignitate largiris[v]: Primum, quod omnia, quibus[w] ad sustinendam praesentem[x] vitam indigemus[s], adminicula[y] suppeditando, corporis etiam nostri curam te habere demonstras[z]: tum vero praecipue quod in spem melioris vitae, quam nobis sacro tuo evangelio revelasti, nos regignere

---

a) *cat. gall.*: auquel gist la plenitude   b) et ... scaturigo > *cat. gall.*   c) *cat. gall.*: + tes povres serviteurs   d) *cat. gall.*: vueilles estendre   e) cibum et potum *cat. gall.*: les dons   f) *cat. gall.*: largesse   g) dona sunt *cat. gall.*: nous recevons   h) in ... sanctifica *cat. gall.*: que nous en puissions user   i) *cat. gall.* + et purement   k) et ... conscientia > *cat. gall.*   l) *cat. gall.*: par ce moyen   m) *cat. gall.*: toute benignité   n) et agnoscamus ... alimentis > *cat. gall.*   o) cordis ... aspiremus *cat. gall.*: cherchans tousiours   p) *cat. gall.*: Parolle   q) in ... pascantur *cat. gall.*: soyent nourries eternellement   r) *cat. gall.*: + ton Filz   s) > *cat. gall.*:   t)*cat gall.*: luy   u) Deus ... pater *cat. gall.*: Seigneur Dieu   v) pro ... largiris *cat. gall.*: nous recevons assiduellement de ta main   w) Primum ... quibus *cat. gall.*: de ce qu'il te plaist   x) *cat. gall.*: corporelle   y) *cat. gall.*: toutes noz necessitez   z) corporis ... demonstras > *cat. gall.*

dignatus sis. Teque oramus[a], ne mentes[b] nostras in corporibus sepultas[c], curis et cogitationibus terrenis affigi patiaris[d]. Quin potius effice[e], ut sursum erecti perstemus[f] in exspectatione Christi filii tui[g], donec e coelo[e] in redemptionem salutemque[e]
5 nostram appareat. Amen.

[144] ¹SUB NOCTEM, QUUM ITUR DORMITUM[h].

Domine Deus, qui noctem destinasti[i] hominis quieti, sicut diem creasti[k], in quo se laboribus exerceat[l]: effice, quaeso[m], sic ut quiescat hac nocte corpus meum, ne[n] animus interea vigilare
10 tibi desinat[o]: ne fatiscat cor, aut torpore obruatur, quin semper erectum in amore tui perstet[p]. Ita laxandi sublevandique animi gratia[q], sollicitudines[r] deponam[s], ne tui interea obliviscar, aut[t] memoria mea excidat[u], quae penitus menti meae inhaerere semper debet[v], bonitatis et gratiae tuae recordatio. Hoc quoque
15 modo sicuti quiescit corpus, ita sua etiam quiete conscientia mea fruatur[w]. Fac praeterea, ne in capiendo somno carnis deliciis indulgeam[x]: sed tantum mihi concedam[y], quantum naturae huius imbecillitas postulat[z]: quo deinde ad te colendum sim expeditior. Denique sic castum me et[a'] impollutum, non animo
20 minus quam corpore, et a periculis omnibus tutum servare velis, ut ipse quoque somnus meus in nominis tui gloriam cedat[b']. Quoniam vero dies hic elapsus mihi non est, quin pluribus te modis, qua sum in malum propensione[c'], offenderim: sicut tene-

---

a) *cat. gall.:* + qu'il te plaise   b) *cat. gall.:* affections   c) in . . .
25 sepultas > *cat. gall.*   d) curis . . . patiaris *cat. gall.:* soyent icy enracinées en ces choses corruptibles   e) > *cat. gall.*   f) *cat. gall.:* nous regardions   g) Christi . . . tui *cat. gall.:* nostre Seigneur Iesus Christ   h) SUB . . . DORMITUM *cat. gall.:* Oraison pour dire devant que dormir   i) *cat. gall.:* puis qu'il t'a pleu creer   k) *cat. gall.:*
30 ordonnée   l) in . . . exerceat *cat. gall.:* pour travailler   m) *cat. gall.:* vueilles moy faire la grace   n) *cat. gall.:* que   o) interea . . . desinat *cat. gall.:* veille tousiours à toy   p) ne . . . perstet *cat. gall.:* et que mon cueur soit eslevé en ton amour   q) laxandi . . . gratia > *cat. gall.; cat. gall.:* + toutes   r) *cat. gall.:* + terriennes   s) *cat.*
35 *gall.:* + pour me soulager selon que mon infirmité le requiert   t) *cat. gall.:* mais   u) *cat. gall.:* demeure tousiours imprimée   v) quae . . . debet > *cat. gall.*   w) *cat. gall.:* ait   x) ne . . . indulgeam *cat. gall.:* que mon dormir ne soit point excessif, pour complaire oultre mesure à l'aise de ma chair   y) tantum . . . concedam > *cat. gall.*   z) quan-
40 tum . . . postulat *cat. gall.:* pour satisfaire à la fragilité de ma nature a') castum et > *cat. gall.*   b') *cat. gall.:* soit   c') qua . . . propensione *cat. gall.:* selon que ie suis un povre pecheur

bris^a noctis^b omnia nunc obteguntur, ita quidquid est in me^c peccatorum^d, misericordia tua |sepultum lateat^e. Exaudi me Deus^f, pater^f et servator^f, per Iesum Christum filium tuum^g. Amen.

FINIS^h

---

a) *cat. gall.*: + que tu envoyes sur la terre   b) > *cat. gall.*   c) quidquid ... me > *cat. gall.*   d) *cat. gall.*: + mes   e) *cat. gall.*: vueilles ensevelir; *cat. gall.*: + afin que par icelles ie ne soye reculé de ta face   f) *cat. gall.*: + mon   g) filium tuum *cat. gall.*: nostre Seigneur   h) *Nonnullae editiones gallicae catechismi post a. 1558 precationem sequentem continent. Pariter in editionibus La Forme des Prieres et Chantz ecclesiastiques post eundem annum invenitur.*

ORAISON DU FIDELE DETENU EN CAPTIVITE[1])

Seigneur Dieu, qui es iuste iuge, pour punir tous ceux qui continuent à t'offenser, comme tu es Pere pitoyable pour recevoir à mercy tous ceux qui se reduisent à toy: fay-moy la grace que ie soye vrayement touché de la congnoissance de mes peschez: et qu'au lieu de me flater ou endormir, ie soye confus de coeur en ma povreté et qu'aussi ie la confesse de bouche, pour te donner gloire en m'humiliant. Et comme tu nous instruis à cela par ta parole, fay qu'elle m'esclaire tellement en ma conscience, que en examinant toute ma vie, i'apprene à me desplaire. Aussi que tous les chastimens que tu m'envoyes me servent à une mesme fin, et que par tous moyens ie soys induit à penser de plus pres à moy, à fin de te requerir tant que tu me pardonnes mes faultes passées: qu'il te plaise pour l'advenir m'adresser au bon chemin, et me reformer à une droite obeissance de ta iustice. Sur tout que ie recognoisse que la mal heureuse captivité, où ie suis detenu sous la tyrannie de l'Antechrist, est une iuste punition de ce que ie ne t'ay point servy et adoré comme ie devoye; et qu'encores de present ie suis grandement defaillant envers ta Maiesté. Et defait, si tu n'as pas iadis permis sans cause, que ton peuple fust transporté en Babylone, pour estre assuietty quant au corps au ioug des infideles: par plus forte raison ceste tant dure et cruelle servitude que nous portons sur nos ames procede de nos iniquitez, entant que nous avons provoqué ton ire, et sommes indignes que tu regnes pleinement sur nous. Toutesfois, Seigneur, qu'il te plaise avoir pitié de tant de povres ames que tu as si cherement rachetées et ne permets que Satan les mene à perdition. Entre les autres, puis que desia tu m'as fait ce bien de me monstrer comment ie te doy glorifier, donne-moy aussi une affection entiere de m'employer à ce faire: tellement que ie dedie et corps et ame à exalter ton saint Nom. Et pour ce que ie m'en acquite mal, craignant plustost les menaces des hommes que ta voix, et me laissant conduire par l'infirmité de ma chair, plustost que par la vertu de ton Esprit: ne permets point

---

1) *Pleraeque editiones:* Oraison que font les fideles captifs sous l'Antechrist. *Biblia gall. 1559: Omnis titulus desideratur.*

que ie m'entretienne en un si grand vice, nourrissant ton ire et ta vengeance contre moy par mon hypocrisie : mais plustost touche moy au vif, à fin qu'en aspirant à une vraye repentance, ie souspire continuellement à toy. Et encores, Seigneur, combien que ie ne soye du tout si bien disposé à te requerir comme ie doy, que tu ne laisses point de me tendre ta main puissante, pour me retirer de ceste fange et ordure et me delivrer de cest abysme. Et pource que selon ma rudesse et sensualité, ie ne voy nuls moyens, qu'il te plaise de les trouver par ton conseil admirable : comme il t'est facile de faire ce qui semble impossible aux hommes. Et quand il te plaira me faire quelque ouverture, ne permets que ie soye lasche et paresseux à sortir de ceste prison maudite pour cercher la liberté de servir à ta gloire. Fay-moy la grace que i'oublie toutes mes commoditez charnelles, voire que ie m'oublie moy-mesme, à ce que rien ne m'empesche de suivre ta volonté: delivre moy de toute desfiance, et trop grande solicitude, à fin qu'en pleine hardiesse ie me laisse guider par ta parole, et à fin que ie puisse obtenir une telle misericorde de toy, qu'il te plaise n'avoir esgard à ma fragilité, que tu cognois, et laquelle se monstre par trop, sinon pour la corriger : et ainsi que l'imperfection qui est en moy, n'empesche point que tu ne parfaces ce que tu y as commencé. Et à cause que nous ne sommes pas dignes de nous presenter devant ta maiesté, exauce-moy au Nom de nostre Seigneur Iesus Christ ton fils, comme tu nous l'as ordonné Advocat: et que le merite de son intercession supplée au defaut qui est en nous, Amen.

Sequitur nunc textus institutionis puerilis (Institution puerile) ut in prolegomenis nostris promisimus.

Jnstitution puerile de ladoctrine chrestienne faicte par maniere de dyalogue[1]

La premiere partie.

Le Maistre. Mon filz es tu chrestien de faict comme tu es de nom? Lenfant. Ouy mon pere. M. Comment le scais tu. Lenfant. Car ie suis Baptise au Nom du Pere/et du Filz/& du sainct Esprit. M. Quelle congnoissance as tu du Pere/ du Filz/ et du sainct Esprit? L. Je lay telle que les principaulx articles de nostre religion nous enseignent desqueux nous faisons profession auecques singuliere confession. M. Quelle est ceste confession? L. Je Croy en Dieu le Pere tout puyssant/Createur etc. M. En combien de parties sont divisez ces articles? L. De dieu le Pere. M. Laultre? L. De dieu le Filz. M. La troisiesme? L. De dieu qui est sainct Esprit. M. Recite la premiere partie. Lenfant.

> Je croy en Dieu le Pere tout puissant
> Createur du ciel et de la terre: M.

Que confesse tu par ces parolles? L. Que Dieu est le souverain/et perpetuel bien/qu'il a cree toutes choses/que sa puissance & son action sont espandues en tous lieux. M. Mais quel proffit apporte ceste foy laquelle tu as de Dieu? L. Elle m'enseigne que ie doibs prendre toute consolation en Dieu/que ie doibs avoir mon espoir en luy seul/aussi que ie doibs user des creatures qu'il a cree et donne aux hommes avecques action de graces/et en user sobrement. M. Le Seigneur te face la grace davoir en toy cecy/et les te vueille tousiours accroistre. Dys maintenant quelle est l'aultre partie de la confession chrestienne.

Lenfant.

> Et en Jesu Christ son filz unique nostre Seigneur. Qui a este conceu du sainct Esprit: Ne de la vierge Marie A souffert soubz Ponce Pilate. Crucifie. Mort. et Ensepveli. Et est descendu es enfers. Le tiers iour est resuscite des mortz/Est monte au ciel: Ou il est assis a la dextre de Dieu le pere tout puissant De la viendra iuger les vifz et les mortz: M. Que confesse tu icy? L.

Que nostre Seigneur Jesus Christ est vrayement Dieu et Homme/et que par sa mort il ma delivre de la damnation eter-

---

1) Vide prolegom. ad Catechismum in editione nostra p. 60 12 sqq.

nelle. Davanteige que sa volunte est telle qu'il me doibt resusciter en me restituant mon corps et qu'il me doibt pleine & entiere felicite donner au temps qu'il doibt venir iuger les vifz et les mortz. M. Mais que sera il faict ce pendant de toy ? L. J'at-
5 tens le repos bienheureux duquel ie iouyray avecques Christ ce pendant que ce iour la viendra. M. Quel fruict sensuivra en toy de ceste foy ? L. Tel que ie doibs avoir tousiours peche en horreur/que ie le doibs fuyr/que ie doibs demander et acquerir la vie eternelle par la seulle mort & resurrection du Seigneur
10 JHs et que du tout ie m'abandonne a luy comme a celuy qui est le Roy & prince celeste. M. Quelle est la tierce partie de ceste confession chrestienne. Len.

Je croy au sainct Esprit. La saincte eglise catholique. La communion des Sainctz. La remission
15 **des pechez. La resurrection de la chair. La vie eternelle. Amen:** M. Que confesses tu en ces parolles ? L. Que le sainct Esprit est celuy par lequel nous sommes regenerez/et sommes comme plantez en l'eglise/en laquelle nous acquerons pardon des pechez/et amendement de
20 vie/et apres ceste vie sommes consolez par lattente de la vie eternelle. M. Quelle utilite as tu de ceste foy et profession ? L. Affin que ie prie Dieu incessament pour impetrer son sainct Esprit que ie aylle voluntiers en lassemblee des chrestiens en la laquelle ie doibs cercher et prendre consolation
25 et correction de vie/affin qu'avecques plus grande certitude i'attende la resurrection et vie eternelle. M. Comment es tu venu en ceste communion de leglise ? L. Par le Baptesme. M. Qu'est ce que Baptesme ? L. Cest le lavement de regeneration & nettoyement de peche. M. De quelles parolles use lon en donnant le
30 Baptesme ? L. De celles cy. Je te Baptise au Nom du Pere/& du Filz/ et du sainct Esprit. M. Quel est le sens de ces parolles. L. Jl est tel. Je te lave : affin que tu soys faict Filz de Dieu par le commendement/& volunte de Dieu le Pere/Filz, et sainct Esprit. M. Quel fruict recoys tu de cecy ? L. Tres grand/car ce nest pas
35 petite chose si ie impetre remission de mes pechez/si ie acquiers avecques mon sauveur Christ une vie nouvelle/& eternelle/si ie m'abstiens de tout vice/et aussi si ie madonne de plus en plus a une vie nouvelle/ et celeste. M. Que ce faict il davantaige en leglise ? Loffice & administration des clefz. M. Comment ce faict
40 elle ? L. En punissant Les pechez/et les reprimant par peine/en exterminant ceux qui n'ont point desplaisance de leurs pechez/ & delivrant ceux qui en ont desplaisir/en les restituant a la clemence divine. M. Quelle utilite te vient de ce ? L. Par cela

il sensuyt que ie recois voluntiers la punition et peine qui m'est ordonnee/que ie admoneste diligemment mon prochain & que i'aye en grand estime la discipline de leglise que i'en face voluntiers mon proffit. M. Ce faict il davantaige aultre chose en leglise ? L. Ouy. c'est asscavoir la Cene du seigneur. M. Qu'est ce que la Cene du seigneur ? L. Cest la vraye communication du corps/ et du sang de notre seigneur JHsChrist : la quelle nous est representee par le pain et calice du seigneur. M. Qui sont ceux qui doibvent user de ce sacrement ? L. Tous ceux qui ont espoir en Christ/et qui desire estre ses disciples. M. Sens tu par cela aulcun amendement de vie ? L. Ouy. et non sans cause i'estime estre grande chose de ce que nous avons estez delivrez par Christ nostre seigneur, que nous sommes conioinctz/et prenons nourriture et croissance a son corps. duquel ie suis faict certain par ce sacrement cest asscavoir que sa vie est espandue en moy/et que la mienne est mise en la sienne/et ne le scay pas seullement/mais aussi ie sens l'augmentation de ce bien en moy. M. Quelle est ceste vie ? L. Cest la vraye vie saincte et divine conioincte avecques toute bonne action et ioyeuse attente de la vie future. M. Nostre seigneur face en toy ces choses. et les vueille augmanter Christ deffendeur de notre liberte. Amen.

La Seconde partie.

M. Mon filz as tu apris comment il fault prier ? L. Ouy. M. Qu'est ce que prier ? L. Cest invocquer Dieu avecques une tres grande affection pour impetrer ayde. & pardon des pechez. M. Tu dis bien. mais comment pries tu ? L. Ainsi qu'il nous est ordonne de nostre seigneur JHs. M. Recite le. L.

> Nostre Pere qui es es cieux/Ton Nom soit sanctifie. Ton regne advienne. Ta volunte soit faicte en la terre comme au ciel : Donne nous auiourd'huy nostre pain quotidien. Et nous pardonne nos offences/ainsi que nous pardonnons a ceux qui nous ont offencez : Et ne nous induys pas en tentation/mais delivre nous du maling. Car a toy est le royaulme et la puissance et la gloyre es siecles des siecles : Amen.

M. Pourquoy appelles tu Dieu, ton pere celeste L. Affin que ma pensee s'appuye mieux et se conduye a son ayde paternel

et celeste. M. Pourquoy pries tu Dieu ? L. Affin quil nous donne toutes choses lesquelles nous sont bonnes et necessaires. et quil nous delivre de toutes miseres & langueurs. M. Quel bien demandes tu premierement ? L. Le bien celeste. M. Quel est il ?
5 L. Cest le salut divin. M. En quoy est il ? L. En lamour et cognoissance du Pere celeste. M. De quelles parolles uses tu en priant ? L. Ton nom soit sainctifie. Ton royaulme advienne. Ta volunte soit faicte en la terre comme au ciel. M. Par quel moyen est sanctifie le nom de Dieu envers les hommes ? L. Par
10 la congnoissance de Dieu laquelle Levangile nous donne & aussi par oraison / laquelle est conioincte avecques foy et constance. M. Tu as bien dict car en cecy est le premier fruict de Levangile. Or comment est ce que le royaulme de Dieu nous advient ? L. Jl nous advient alors que nous obeissons a Levangile / et que
15 Dieu nous gouverne en lassemblee des fideles par sa parolle & son esprit. M. Jl est ainsi. Car leglise de Christ est le royaulme de Dieu. Mais comment se faict sa volunte en la terre comme au ciel ? L. Quand nous faisons voluntiers ce quil nous acommende & endurons paciemment ce quil nous envoye. M. Affin
20 que tu puisses apprendre cecy il te fault amployer tout le temps de ta vie. Et pource tu doibs estre incite en l'eglise de Christ pour parvenir a ceste perfection. Mais que requiers tu davantaige ? L. Les choses que nous sont necessaires en ceste vie presente. M. Par quelles parolles ? Par celles icy. Donne nous
25 auiourd'huy nostre Pain quotidian. M. Mais pourquoy dys tu pain / pourquoy quotidian / pourquoy auiourd'huy ? L. Affin que ie ne desire rien sinon que ce qui m'est necessaire / et que ie m'abstienne de toute superfluite et ce que m'est necessaire que ie lattende du seul Dieu. M. Tu dys tresbien. Car sa benignite
30 nous donne toutes choses combien quil semble que les hommes y mettent grandes peines. Que pries tu oultreplus ? L. Quil me donne remission de mes pechez. M. Par quelle oraison ? L. Par ceste cy. Et nous pardonne noz offences ainsi que nous pardonnons a ceux qui nous ont offensez. M. Pourquoy dys tu / Ainsi
35 que nous pardonnons ? L. Pour autant quil nous convient vrayement pardonner a tous hommes quand nous requerons a Dieu quil nous soit misericordieux. M. Mais que requiers tu oultre ? L. Que nostre Seigneur ne permette que soyons menez par ladversaire en desespoir / ou en quelque aultre peche. M.
40 Comment doncques pries tu ? L. Et ne nous induys en tentation. mais delivre nous du maling. M. Que pries zu encores ? L. Car a toy est le regne / & la puyssance / et la gloyre es siecles des siecles. M. Que signifient ces parolles ? L. Jcelle orayson apporte avecques soy la louange de Dieu: Affin que luy rendions toute

domination et puyssance. et que par cela nous esperions quil nous exaulcera. M. Comment est ce que tu conclus ? L. En disant. Amen. M. Qu'est ce adire ? L. Que ces choses sont vrayes & certaines. M. Cela sera vray et certain si tu esperes.

La Tierce partie.

Le Maistre

As tu congnoissance des dix preceptes de la Loy ? L. Ouy. M. Recite les. L. Je suis le seigneur ton Dieu. etc. M. Que signefient ces parolles Je suis le seigneur ton Dieu. etc. L. Elles nous denotent que nous ayons un vray Dieu en toutes choses pour notre Dieu et autheur de nostre salut. et nous attendions tout ayde de luy. M. Pourquoy deffend il d'avair aultres dieux. & pourquoy ost eyl les Jmages lesquelles on a de coustume d'adorer ? L. Pource que nostre nature est depravee et quelle n'attend point tousiours ayde et consolation de Dieu mais daultre part. & tasche de playre a Dieu par choses externes et signes. en delaissant la vraye foy, laquelle debvons avoir en Dieu. M. Tu dys bien & pour ceste cause on deffend principallement ces deux choses, car avecques labolition des dieux lon oste aussi ladoration faulse et service diceux. Pource mets toy tousiours devant les yeux ce vray Dieu et adore iceluy en tous Lieux dun vray et franc esprit. Mais que sensuit il apres ? L. Tu ne iureras point faulsement par le Nom du seigneur ton Dieu. M. Qu'est il icy requys ? L. Que ie m'acoustume d'avoir en horreur pariurement et toute chose par laquelle le nom de Dieu est deshonnore. Mais au contraire que ie m'efforce de servir son sainct nom par tous moiens que faire pourray. M. Cest bien dict pourtant gardes toy devant toutes choses que tu ne iures en vain ou faulsement, que tu ne parles mal, que tu ne mettes en avant propos legiers de Dieu & des choses sainctes / mais loue le en toutes choses comme ton Dieu et autheur de ton salut. Poursuys le reste. L. Ayes en memoire le iour du repos affin quil te soit sacre. M. Qu'est il commende en cecy ? L. Jl nous est commende que nous convenions voluntiers en la congregation chrestienne & que nous nous adioingions avecques oute diligence a sa parolle et sacrementz. M. Adonne toy tous les iours a cecy et mesmement sil est iour de repos. Passez oultre. L. Ayes ton pere et ta mere en honneur et reverenve etc. M. Combien s'ettend ce commandement icy ? L. Que ie face honneur et service & obeissance a mes parens, au magistrat a mes precepteurs / et a tous ceux a qui ie suis commis. M. Exerce toy en cecy, car en ce faisant tu apprendras a bien

vivre / et Dieu te donneras vie plus longue et tranquille. Que sensuyt il apres ? L. Les commandemens de charite envers ceux qui nous sont coniointz. M. Quelz sont ilz ? L. Ne sois point homicide. Ne sois point paillard / Ne sois point larron. Ne porte
5 point faulx tesmoignage contre ton prochain. M. Que deffendent ces commandemens du Seigneur ? L. Jlz nous commandent de ne porter aulcun dommage a personne, soit en pensee / en parolle / en faict / ou omission de plaisir. et que ie ne face iniure a son corps a sa femme a ses enfans a ses biens ne a sa
10 bonne renomee. M. Par quelles parolles deffend il ne faire iniure au corps ? L. Par celles icy. Tu ne seras point homicide. M. Par quelles liniure de la femme et des enfans ? L. Ne fais point paillardise. M. Ou deffend il la mauvaise renommee et existimation d'aultruy, L. En disant Ne porte point faulx
15 tesmoignage contre ton prochain. M. Or si tu n'offences point ton prochain en aucune chose que ce soit, ne en sa femme / ne en ses enfans, ne en son bien particulier / ne en sa renomee pense tu avoir garde tous ces commandemens icy ? L. Nenny / mais ie luy doibs ayder de faict et de conseil comme si c'estoit
20 mon propre affaire. M. Jl est ainsi pource tu laymeras comme toymesme. Que commande oultreplus le Seigneur ? L. Ne convoyte point la mayson de ton prochain. M. Que signifient ces parolles ? L. Que ne soyons touchez d'aulcun desir ou pensee mal. M. Certes si tu aymes Dieu sur toutes choses, et ton
25 prochain comme toymesme nulle cupidite ou cogitation de mal ne te surprendra. Mais peuls tu parvenir en ceste vie presente en si grande perfection ? L. Nostre nature est si corrumpue quelle n'a aulcun bien mais toute remission de peche et toute iustice viennent de Christ. M. Mets doncques toute ta fiance
30 en luy seul & demeure en luy : lequel oste de toy la condemnation de la Loy / laquelle tu ne scaurois iamais satisfaire. Jceluy aussi te vueille enflamber le desir et affection envers sa Loy. Toutes ces choses te vueille donner nostre Seigneur JESUSCHRIST : Auquel soit honneur et gloyre a iamais. AMEN.

De scandalis

Per nonnullos annos Calvinus tractatum conscribere coactus est de sollicitationibus atque offensionibus, quas singuli homines reformati, maxime Francogalli, propter fidem subire debebant. Iis rebus, quas homines Genavam confugientes ei referebant vel narrabant, reformator permotus et adductus est, ut verbis illorum animos erudiret, sed etiam adiuvaret et confirmaret. In epistula mense Septembri a. 1546[1] ad Farellum scripta tunc libellum inchoatum, nonnullis hebdomadibus post[2] propter commentarium in Galatorum epistulam intermittendum fuisse, mense Augusto a. 1550[3] brevi tempore confectum iri accipimus.

Opusculum familiarissimo Calvini praefecto atque causarum actori Novioduni, Calvini patriae, Laurentio Normandio, dedicatum est. Quem Calvinus talem virum propter fidem tentatum atque vexatum iudicabat, qui sapientia atque iudicio evangelico permotus has offensiones sustinuerat. Laurentius quoque unus ex illis viris emigrantibus fuit, qui denique Genavae tecto ac sede recepti sunt. Iam a. 1549 Calvinus ei scriptum Advertissement contre l'astrologie iudiciaire dedicaverat[4].

1. Textum a. 1550 apud Ioannem Crispinum impressum praebuimus: f. [1]: DE SCANDALIS, ‖ QVIBVS HODIE PLERI - ‖ QVE ABSTERRENTVR, ‖ NONNVLLI ETIAM ALIENAN - ‖ tur à pura Euangelii do - ‖ ctrina.‖ ‖IOANNIS CALVINI LIBELLVS ‖ apprimè vtilis.‖ ‖AD LAVRENTIVM NORMANDIVM.‖ ‖2. CORINTH. II. ‖ Quis scandalizatur, quin ego non vrar?‖ ‖GENEVAE, ‖ APVD IOANNEM CRISPINVM. ‖ M. D. L. ‖

p. 3 [-4]: IOANNES CALVINVS, VIRO MVLTIS ‖ dotibus eximio, Laurentio Normandio, S. ‖ p. 4, lin. 38: neuae. VI. Jdus Iulii, meo natali die. Anno. M. D. L. ‖; p. 5 [-110]: DE SCANDALIS, QVIBVS HO - ‖ DIE PLERIQVE ABSTERRENTVR, ‖ NONNVLLI ETIAM ALIENANTVR A PV - ‖ ra Euangelii doctrina. ‖ lin. 5: NON abs re Dominus, postquam multis argu - ‖ lin. 30: locarem operam: non inuitus hoc tractādum suscepi: prae - ‖ p. 110, lin. 8:rem nos Deo spirare. ‖ LAVS DEO. ‖; lin. 10: ERRATA SIC CORRI-

---

1) Ep. Calvin. ad Farellum, mense Septembri 1546, CR X II p. 380, No. 826   2) Ep. Calvin. ad Farellum, 6. Nonas Octobris 1546, CR XII p. 391, No. 832   3) Ep. Calvin. ad Farellum, 14. Kal. Sept. 1550, CR XIII p. 623, No. 1398   4) CR opp. Calvin. VII p. XXXVII sqq.

GITO. || Prior numerus, paginam: alter, lineam indicat. || lin. 20: 104. 28. illic saltem. 109. 17. excaecari aequum est. ||
Forma: 4⁰. - 110p (p. 1-3 non numeratae) + 1 f. non numeratum; Sign. A_2-O_3 (13 bin.); lineae: p. 2+3:43 lin., p. 4-110: 31 lin.; Typi: p. 3-4: Romani minores, p. 4-110: 5 Romani maiores. Tituli columnarum: p. 4: EPISTOLA p. 6-109: V.: IO. CALVINVS Γ.: DE SCANDALIS; adnotationes margini manu adscriptae.
Praecedunt: Institutio a. 1550, Genevae ex officina Ioannis Gerardi Typographi (f. α2-84; p. 1-678); Catechismus Ecclesiae 10 Genevensis a. 1545 (p. 679-735); Indices (A a_1-I i_7).
Exemplaria exstant: Preußische Staatsbibliothek Berlin; Staats- und Universitätsbibliothek Breslau; University library Edinburgh; Bibliothèque de Genève; Koninglijke Bibliotheek S' Gravenhage; Staats- und Universitätsbibliothek Königsberg; 15 Bayerische Staatsbibliothek München; Stadtbibliothek (Vadiana) St. Gallen; Bibliothèque de l'Internat St. Guillaume Strasbourg; Bibliotheek d. Rijksuniversiteit te Utrecht.

2. Textus a. 1551, etiam apud Joannem Crispinum Genavae editus, cum textu a. 1550 congruit. Nonnulla menda a. 1550, 20 quae tum iam partim correcta sunt, in notis praebemus: p. [1]: DE SCANDALIS, || QVIBVS HODIE PLE- || RIQVE ABSTERRENTVR || NONNVLLI ETIAM ALIENANTVR || à pura Euangelii doctrina, || || IOANNIS CALVINI LIBELLVS || apprimè utilis.|| ||Ad Laurentium Normandium. || II. COR. X. || 25 QVIS OFFENDITVR, ET || EGO NON VRAR?|| ||GENEVAE, || Ex officina Ioannis Crispini || M. D. L. I. ||
Forma: 8⁰ - 158 p. Sign. (A-K), (10 quatern.); Epistola legitur p. 3-7, tractatus p. 9-153. Sequuntur loci scripturae de scandalis loquentes: p. 154-157. p. 158: GENEVAE || EXCV- 30 DEBAT IOANNES || CRISPINVS, PRIDIE || NONAS MARTII. || M. M. LI (sic!). f. ultimum: inane.
Exemplaria exstant: Zentralbibliothek Zürich, Library of the British Museum London, Biblioteca nazionale centrale Firenze, Bibliothèque cantonale Fribourg, Bibliothèque pu- 35 blique de Genève, University Library Glasgow, Universitätsbibliothek Göttingen, Bibliothèque nationale de Paris, Bibliothèque nationale de Strasbourg.

3. Verba versionum gallicarum discrepantia apparatu critico non afferimus, cum nullius sint momenti. 40

a) Versio gallica 1550, Crispini Genavensis: Descriptionem libri vide: CR opp. Calvin. VIII p. X Exemplaria exstant:

Bibliothèque nationale de Paris, Herzog-August-Bibliothek Wolfenbüttel.

b) Versio gallica 1551, Crispini Genavensis: Descriptionem libri vide: CR VIII p. XI. Exemplar exstat: Bibliothek Gotha.

c) Versio gallica 1560, Pinereli Genavensis: Descriptionem libri vide: CR VIII p. XII. Exemplar exstat: Bibliothèque de l'arsenal Paris.

Textum latinum exhibent: Gallasius[1], Beza[2], Stoerius[3], editio Amstelodamensis[4].

---

1) Ioannis Caluini opuscula omnia, Genavae 1570, apud Gerardum p. 829 sqq. 2) Ioannis Calvini tractatus theologici omnes, Genavae 1576, apud Santandreum p. 107 sqq. 3) Ioannis Calvini Tractatus theologici omnes, Genavae 1611, apud Stoerium p. 75 sqq. 4) Ioannis Calvini opera omnia, Amstelodami 1667, apud Schipperum p. 64 sqq.

IOANNES CALVINUS,
VIRO MULTIS DOTIBUS EXIMIO,
LAURENTIO NORMANDIO, S.

¹ CUM TIBI multis nominibus aliquam laborum meorum partem animo destinassem: hoc opusculum prae aliis eligendum censui, quod ad faciendam eius, quam continet, doctrinae fidem, exemplum tuum non parvae confirmationis vice esse potest. Nam ex quo, relicta patria, huc ad nos voluntarius exsul migrasti, quot et quam violentis Satanae machinis fueris impetitus, nos quidem duo optimi sumus testes: sed alii quoque non ignorant. Mors patris, quarto post discessum tuum mense, nuntiata est. Venire tibi in mentem necesse fuit, quod malevoli non tacebant, mortis causam dolori posse ascribi, ut tota invidia in te redundaret. Sequutum est paulo post acerbissimum vulnus, quod uxor tibi, qualem optimus quisque vir optaret, in medio aetatis flore erepta est. Hic quoque fieri aliter non potuit, quin mentem hominis non stupidi percellerent variae tentationes. Iam auribus tuis insonabant improborum calumniae: fuisse infaustis ominibus e natali solo extractam, ut miserum spiritum in alieno prope orbe deponeret. Sed animum tuum propius hoc urgebat: aliquid habituros coloris, si consilium tuum tristi eventu a Domino maledictum esse iactarent. Omitto punctiones innumeras, quas te intus sentire par fuit. Nam cum grave sit malum viduitas: tali vitae socia privari, plus quam lugubre tibi fuit. Filiolae quoque postremo ad luctus cumulum funus accessit. Interea quoscunque potuit impetus, aliunde effudit Satan, ut saucium iam pectus obruendo conficeret. Denique, plus tibi molestiarum intra semestre tempus devorandum fuit, quam nonnulli, quorum celebrata fuit animi magnitudo, tota vita pertulerint. Illa fuit scandalorum moles, tibi Satanae astu in ipsis stadii carceribus opposita, quae te ad gradum reflectendum cogeret. Atqui invicta spiritus Dei virtute fretus, documento aliis omnibus fuisti, nullum esse tam arduum difficileque obstaculum, quod non eodem eluctari praesidio liceat. Et simul expertus es, quibus suos ad resistendum armis instruere soleat Dominus, quoties ad certamen ipsos vocat. Memini, quum tibi primus indicarem patrem esse mortuum: et exemplum adducerem Abrahae, quem patris carnificem vocare poterant aetatis suae homines, quod Thare domo abeuntem sequutus in medio itinere defecerat: te statim excipere, cum testem facti tui et approbatorem haberes Deum, impiorum calumnias nihil morari. Hoc dolere solum, quod non pater additus tibi profectionis comes, Abrahae te similem fecis-

set. Te quidem non adeo lautum esse ac superbum, ut vel
Abrahae socius esse recusares, vel eam ignominiam fugeres,
quam Deus summa laude prosequitur. Caeterum, uxor ipsa
prius obitus sui luctum, quam nos relinqueret, mirifice levavit
5 ac mitigavit. Nulla enim medicina desiderari aptior potuit, quam
heroicae illae voces, quas inter ultimos spiritus edebat: cum
apprehensa manu mea gratias Deo ageret, cuius manu in eum
locum esset adducta, ubi tranquillo animo liceret mori: cum
[7/8] superioris vitae sortem animo deplo¦rans, bis se felicem esse
10 clamaret, quia nuper ex maledicto Babylonis carcere extracta,
iam ex misero etiam corporis ergastulo exitura esset: cum ex
vivo conscientiae sensu de peccatis suis, de aeternae mortis reatu,
de tremendo Dei iudicio non muliebriter disserens, magnifice
Christi gratiam extolleret, eamque pari humilitate et fiducia
15 velut sacram anchoram amplecteretur. Haec verba non modo
clare et diserte, sed insolita energia inter ultimos anhelitus fun-
dentem, sic me audisse recordor, ut spectaculo adhuc interesse
videar. Itaque cum te ex adverso intuerer, in domanda animi
moestitia praeclare luctantem, minus iam mirabar, tot talibus-
20 que remediis adiutum, virum esse fortem in dolore. Aliis recitandis supersedeo. Hoc tantum dico: cum perplexum ex immensa congerie scandalorum, labyrinthum tibi fabricatus esset
Satan, sic te omnia superasse, ut non modo idoneus sis aliis
monitor et hortator: sed etiam ut qui paulo sunt molliores, tuo
25 exemplo animati, novam strenuitatem merito sumere debeant.
Scilicet arx valde munita est, aequabilis animi moderatio: cuius
singulare specimen quum aliis in rebus, tum in hac praebuisti,
quod cum in patria reliqueris, quae alios ad ambitionem rapiunt,
alios suis illecebris affixos tenent: nullo prorsus eorum desiderio
30 tangeris: ut te non minus aequo sedatoque animo illis carere
appareat, quam facile semel renuntiasti. Huius tuae pietatis,
sicuti ego fructum et oblectationem non vulgarem capio: ita
non mirum si cupiam ad alios partem aliquam pervenire. Nam
qui te nuper, cum in urbe ex qua natus sum regius esses prae-
35 fectus, et civium nostrorum magister, tanquam procul a Christo
dissitum gemebam: nunc ex quo totus Christo addictus es, vere
meum esse duco, et quasi communi ecclesiae gremio amplector.
Velim tamen ut libellus hic etiam apud eos, quibus ignotus es,
qualecunque sit amoris in te mei documentum. Pignus enim
40 ipse nullum flagitas. Multa quidem sunt inter nos iustae necessi-
tudinis vincula, sed nulla sanguinis est propinquitas, nulla alia
coniunctio, quae amorem nostrum superet. Adeoque frater
unicus te sibi aequari non aegre patitur: quod mutuae compensationis vice se abs te peraeque amari sentit. Porro quod mul-

torum votis serius prodit liber, utinam veteri proverbio, quod initio libri citavi, legitime excusare possem: Sat cito, si sat bene[1]. Sed vereor ne multos, qui, partim ex argumenti amplitudine, partim ex longiore mora, magnum sibi nescio quid polliciti sunt, spei suae frustratio magis offendat: quum res, copia, splendore, vehementia orationis, totis denique eloquentiae fulminibus apprime dignas, concise, humiliter, et ieiune perstringi videbunt. Quibus ego quid respondeam non habeo, nisi me rationem sequutum esse, quam fore optimam arbitrabar. In quo ut mihi subscribant, non postulo: modo veniam a se dissentiendi dare non recusent. Vale eximie vir, et frater mihi in Domino coniunctissime. Genevae. VI. Idus Iulii, meo natali die. Anno M. D. L.

---

[1] Catonis apud Hieron. ep. 66 c. 9, MSL 22, 644

DE SCANDALIS, QUIBUS HODIE PLERIQUE ABSTERRENTUR, NONNULLI ETIAM ALIENANTUR A PURA EVANGELII DOCTRINA.

NON abs re Dominus, postquam multis argumentis eum se esse comprobasset, qui venturus erat in piorum salutem: hanc tandem clausulam adiunxit, Beatus qui non fuerit offensus in me [Matth. 11, *6*; Luc. 7, *23*]. Scilicet non tantum in Evangelii sui professione multa noverat contineri, a quibus humanum ingenium penitus abhorreat: sed etiam exoritura mox, Satanae artificio, providebat omne genus obstacula, quae illam mundo vel exosam redderent, vel suspectam. Et sane impleri necesse est, quod de ipso pronunciavit Spiritus sanctus, lapidem fore offensionis et petram scandali[1]: non quia iustam ipse offensionis causam in se habeat, sicuti mox videbimus. Sed quid refert? Haec quidem illi quasi fatalis est conditio: ut quoties se offert hominibus, in eum bona pars impingat. Hoc si quando alias usuvenit, hodie innumeris prope exemplis verum esse experimur. Quo magis superiorem eius admonitionem subinde nos memoria repetere convenit, quo penitus animis nostris infixa haereat: ne impedimentis, quae Satan obiiciet, ab illo aversi, ista etiam, quam suis promittit beatitudine, privemur. At quam pauci sunt, quibus hoc veniat in mentem! Contra vero, quam multi reperiuntur, qui scandalorum praetextu, aut evangelium non secus ac scopulum aliquem refugiunt! aut illud amplexi, facto etiam aliquo progressu, cursum deinde reflectunt! Itaque cum nullum esset, meo iudicio, argumentum, in quo tractando utilius locarem operam non invitus hoc tractandum suscepi: praesertim cum fidem in hac re meam, bonis quibusdam viris obstrinxerim: qui flagitare quasi debitum, quod promisi, non desinunt. Citius fortassis fieri debuit: sed cum hactenus occupatum me tenuerint partim aliae scriptiones non minus necessariae, partim magna et varia negotia: sat hoc cito erit, si sat bene[2].

Porro, antequam in rem ipsam ingredimur, videndum est, qui conveniat titulus hic Christo, quem constat aeternae vitae esse ostium: ut sit lapis offensionis et petra scandali[3]: qui fiat similiter, ut evangelii doctrina, quae unica est via salutis, perpetuo cum tam multis scandalis sit coniuncta. Clarius hoc fiet, si a scandali definitione exordium sumamus. Quum ratio vivendi nobis a Deo praescripta, ei quam sequi nos oportet, viae aut

---

1) Jes. 8, 14; 1. Petr. 2, 8   2) vide p. 164, adn. 1   3) 1. Petr. 2, 8

stadio comparetur: hinc nata est altera metaphora, ut Scandala vocentur impedimenta, quaecunque vel a recto cursu nos abducunt, vel obiectu suo nos retardant, vel casus occasionem praebent. Horum certe nihil in Christum, neque in ipsius Evangelium competit. Officium Christi est, recta nos ad Patrem manuducere. Quinetiam lux est mundi, qua illuc dirigimur: via, qua pervenimus: ostium, quo intramus. Natura Evangelii est, sublatis omnibus impedimentis, facilem nobis aditum patefacere in regnum Dei. Nihil igitur vel a Christo, vel ab Evangelio magis alienum, quam nomen Scandali. Omnino verum est, si in se aestimetur Christus, nihil eius naturae magis repugnare, quam scandalum. Ita et de Evangelio sentiendum est. Accidit autem hoc hominum pravitate, ut simul atque eminus apparet Christus, undique scandalis impetantur: vel in ea potius ipsi incurrant. Lapis ergo scandali est, non quia det ipse causam impingendi: sed quia in occasionem trahatur. Sicuti Evangelium, cum doctrina sit pacis et concordiae, ingentium tamen motuum est occasio: quod inde tumultuandi ansam impii arripiunt. Quod autem aliunde est, id tanquam proprium Christo assignare, ut culpam ipse crimenque sustineat, perquam iniquum foret. Atque id est quod dicit Petrus: AEdificemini in domum spiritualem[1], qui lapis est vivus: ab hominibus quidem reprobatus, a Deo[l] autem electus[2]. Vobis etiam pretiosus qui creditis. Caeterum, iis qui non credunt, lapis quem reprobaverunt aedificantes, lapis ad quem offendant: petra ad quam impingant[3]. En ut Christus se omnibus offerat in fundamentum, ut in templum Dei exstruantur. Ibi certe nulla offensio. Cur igitur offendunt? quia in quo placide acquiescere debebant, in eum caeco impetu contumaciter irruunt.

Quae tamen est hominum vel malitia, vel corruptela, videmus, ut quod accidentale est Christo, non minus sit ordinarium, quam si eius officio maxime conveniret. Nunc ad eos venio, qui Christi Evangelium alias amplecti non abnuentes, volunt tamen habere absque scandalis. Cum Christianis mihi negotium est. Voluntne Christum ab omni scandalo remotum? Novum sibi fabricent. Neque enim alius esse potest Filius Dei, quam qualis in Scripturis praedicatur. Aut certe mutent hominum ingenia, totumque mundum reforment. Audimus quid Scriptura pronuntiet. Non cadit hoc in Christi personam solum: sed in totam doctrinam. Nec temporale est, sed duraturum toto decursu doctrinae cursu. Quam sunt igitur praeposteri, qui hodie renascentem Evangelii doctrinam hoc tantum nomine repudiant, quia in ea

---

1) 1. Petr. 2, 5   2) 1. Petr. 2, 4   3) 1. Petr. 2, 7 sq.

deprehendunt quod a Prophetis et Apostolis praedictum fuit! Interea nihilominus Christiani censeri volunt. Quid si in prima Evangelii exordia incidissent, quo tempore nullum non scandalorum genus, subinde ex Evangelio scaturiebat? Quam celeriter a Christo se procul removissent! Quantum exhorruissent, ne qua contagione fuissent ex levi tactu afflati! Si id se tunc facturos fuisse negant, cur ergo tam sunt hodie delicati? Cur non easdem nunc quoque agnoscunt in Christo notas? At res est odiosa scandalum: et modestis ingeniis horrenda. Quis negat? Neque etiam dico appetenda ultro esse scandala, fugiamus ea, quod licet. Verum Christiani hominis pectus ita munitum esse oportet ut quidquid scandalorum erumpat, nunquam loco moveatur: ne vel minimum unguem deflectat a Christo. Ad hanc constantiam qui non est comparatus, ut per omnia scandala invictus perrumpat, nondum quid valeat Christianismus, intelligit. At resistere scandalis difficile est: praesertim huic adeo tenerae nostrae imbecillitati. Fateor certe: sed postulare, ut ab eo incommodo simus immunes, cui[a] sacrosanctum Christi et Evangelii eius nomen esse obnoxium cernimus: id vero cum ratione pugnat. Proinde, qui hodie scandala in causa esse obtendunt, cur purae Evangelii doctrinae, quam profitemur, nomen dare metuant, imo horreant ad eam accedere: hos omnes monitos esse velim, ne sibi pro Christo idolum comminiscantur. Fixum enim illud manere oportet: Si scandala omnia fugere velimus, Christum semel abnegandum esse: qui,[1] nisi esset petra scandali, neque verus Christus esset.

Quanquam hominum genera quatuor esse scio, quos scandala a Christo avertant, vel certe qui hoc colore Evangelio sunt inimici. Multos retinet scandalorum horror, ex naturali quadam modestia conceptus, ut ne gustum quidem Evangelii capere audeant. Alii magis ignavi et indociles: socordia tamen magis quam malitia se impediunt. Sed sunt permulti fastu, et perversa eius a qua procul absunt sapientiae opinione inebriati, quibus sua arrogantia scandalum est. Sunt etiam qui malitiose dataque opera scandala omnia colligunt, multa etiam confingunt: neque id tam scandalorum, quam Evangelii odio, ut ipsum quoquo modo infament. Imo quum sint scandalorum authores, impudenter contorquent in Evangelium quidquid est invidiae. Talibus calumniis refertos videre est Sadoleti, Eccii, Pighii, Cochlaei et similium libros[1]. Primos et secundos mitius tractare

---

a) *1550 falso:* qui

1) Sadoleti, epistola ad senatum populumque Genevensensem. XV. Kalend. April. 1539, ed. nostra vol. I p. 441 sqq. Ep. ad Me-

convenit: tertii et postremi acrius repellendi. Nam cuius est, non dico humanitatis (quam enim humanitatem a truculentis istis bestiis requiras?) sed verecundiae, probra obiicere Filio Dei, quorum ipsi culpam totam sustinent? Sed haec postea videbimus. Tantum initio admonere volui, quibuscum hominibus agere instituerim, ut inde iudicent lectores, quid exspectare debeant in hoc libello. Invenient hic infirmi ac rudes, quo se muniant ad superanda scandala. Invenient improbi, quod ad sacrilegas eorum calumnias reflectendas sufficiat. Magnum est quod polliceor: sed aequis iudiciis satisfacturum me confido. Nam ut omnium morbis medear, minime sperandum est. Et iam magnae stultitiae damnavi, si quis efficere conetur, ne scandalo sit Christus impiis. Scripturam impleri oportet, quae id praedixit fore. Neque vero alium susceptae a me lucubrationis eventum exspecto, quam ut magis ac magis inflammetur eorum rabies. Sed infirmos respicio, quorum fidem ut illi quatefaciunt, ita nos, quasi supposita manu sustinere convenit. Quod ad desperatos pertinet, mihi abunde fuerit, si illorum petulantiam cohibuero: aut certe effecero, ne contagio veneni ulterius serpat.

Quoniam autem, quacunque de re agatur, distinctiones plurimum solent afferre lucis, inter praecipuas scandalorum species hic breviter distinguam: quae Evangelii cursum tum ab initio turbarunt, tum etiam hodie morantur. Ergo ex scandalis, si placet, alia vocemus Intrinseca, quae ex ipso Evangelio, saltem hominum opinione, nascuntur. Alia tametsi aliunde proveniant, perpetuo tamen fere sunt annexa. Alia autem Adventitia, quae ex¹ alienis remotisque fontibus manant. Primi generis sunt, quae principium quasi inclusum habent in ipsa Evangelii doctrina. Paulus Evangelium mundi sapientibus dicit

---

lanchthonem 19. d. Junii 1537; Commentarius in Epist. S. Pauli ad Romanos, Lugduni 1535–37. Opera omnia Veronae 1737. Eckius, Enchiridion, Coloniae 1532; Opera contra Ludderum 2 Part. Augustae Vindelicorum 1530–31; De primatu Petri adv. Ludderum, 1520. Pighius, De libero hominis arbitrio, Libri decem, Coloniae 1542; Controversarium praecipuarum in comitiis Ratisbonensibus ... explicatio, Coloniae 1542; Ratio componendorum dissidiorum, et sarciendae in religione concordiae, Coloniae 1542. Cochlaeus, De authoritate ecclesiae, 1542; De canonicae scripturae et Catholicae Ecclesiae Autoritate, 1543; De libero arbitrio, 1525; De sacris reliquiis, 1549; De sanctorum invocatione, Ingolstadii 1544; De veneratione et invocatione sanctorum ... Assertio, 1534. Ad haec quoque: Erasmus, De lib. arb. p. 54 10 sqq. et Institut. lib. III c. XXII sect. 6, ed. nostra vol. IV p. 385 6–8.

esse stultitiam[1]. quod verum est, non ideo solum, quod illis
derisui est plebeia et ostentatione carens eius simplicitas: sed
quod multa etiam illic continentur, quae humano iudicio valde
sunt non absurda modo, sed etiam ridicula. Nam quod filius
Dei, qui vita aeterna est, carnem nostram induisse, ac mortalis
homo fuisse praedicatur: quod morte eius nobis vita esse parta,
damnatione iustitia, maledictione salus: id tantopere abhorret
a communi hominum sensu, ut quo quisque est acutior, eo citius
repudiet. Iam vero quod Evangelium nos omni sapientiae,
virtutis, iustitiae laude spoliat: ac nihil facit reliquum praeter
extremam ignominiam: fieri nequit quin graviter offendat. Nam,
quae est carnis nostrae superbia, nemo libenter eripi sibi patitur,
quorum falsa imaginatione turgemus omnes. Hinc acerrimus
conflictus. Illa quoque de abnegatione nostri, de crucifigendo
veteri homine, de mundi contemptu, de amplectenda cruce
praecepta, quantum asperitate sua offendunt? Sed ipsa experientia longe etiamnum durior, cum persequutionibus et aliis
aerumnis probatur fides. Huc accedent etiam alia, quae cum
humanae rationi paradoxa videntur plenaque absurditatis, ut
priora illa de quibus diximus, tum vero spinosis quaestionibus
occasionem praebent: quae totidem mox scandala pariunt: hoc
est, infinita. Talis est praedestinationis doctrina[2] et similes. Ex
secundo genere sunt ista: quod exorto Evangelio, protinus
turbae sequuntur et seditiones: detegitur multorum, quae prius
latuerat, impietas: ebulliunt plurimae sectae, et inaudita
errorum portenta, maiore licentia multi insolescunt: multi ex
professoribus flagitioso vitae exemplo, doctrinam ipsam deformant: qui ad tempus visi fuerant toti fervere, non modo
flaccescunt, sed horrenda defectione alienantur a Christo[3]. Quin
etiam probos atque alioqui sinceros doctores Satan miris artibus
inter se committit, ut notam aliquam ex borum infirmitate doctrinae inurat. Praeterea, cum ex novitate ipsa, alii plus audendi
licentiam arripiant: usitatum etiam est in rebus novis, necdum
bene constitutis, acrius observare quidquid peccatur. In hac

---

1) 1. Cor. 1, 18-20   2) Ad bellum agricolarum et turbas Anabaptistarum (in primis Monasteriensium) similiumque sectarum fors.
quoque ad Quintinistas spectat: Contre la secte phantastique et
furieuse des Libertins qui se nomment spirituelz, CR opp. Calv.
VII p. 165, 168, 200 sq.; Epistre contre un certain cordelier, CR opp.
Calv. VII p. 361 sq.   3) cf. Aug. De doctrina christ IV. c. 6 sqq.
MSL 34, 92 sqq. et Bullingerum, De scripturae sanctae authoritate
c. 11 fol. 32 a sqq., Institut. lib. I c. VIII sect. 2, ed. nostra vol. III
p. 72 41 sqq.

classe sint haec et similia. Tertium genus partim ex fictis calumniis constat, partim manat ex hominum ingratitudine, dum procul accersunt varias criminationes, quas maligne falsoque in Evangelium conferant, ut inde exosum reddant. Iam[14] plerosque eorum qui fideles habentur, dum alienae ac prorsus adversae professionis hominibus permixti, rationem fovendae amicitiae quaerunt: ambitio quasi tempestas quaedam abripit, ut Evangelium abiicere malint, quam a communi vita dissidere. Quando igitur cum tot ac tam diversis monstris est mihi confligendum: hanc distinctionem praeponi operaepretium fuit, vel hac una de causa, ut si singula recensere non patiatur infinitas, ad genera se referant lectores.

Ergo, ut de prima classe disserere exordiar, male habet fastuosos homines et pompis deditos, quod plaebeio et abiecto dicendi genere Spiritus utitur in Scripturis: qui etiam elegantiae assueti sunt ac nitori, incultam istam et nullis coloribus vestitam orationem vel respuunt, vel fastidiunt. Hic mihi defensionis partem ab aliis tractatam suscipere non libet: talem ex inscitia contemptum nasci, quia non minus in sua lingua expoliti sunt Moises et plerique ex Prophetis, quam qui apud Graecos et Latinos summa cum admiratione plausuque philosophi aut oratores leguntur[1]. Etsi enim Heb. linguae peritis satis id notum est: quia tamen nihilo Amos minus est Propheta, quam Iesaias: eundem Ieremias gradum obtinet quem David, quorum tamen oratio minime parem splendorem habet: quin potius Ieremiae stylus oppidanum hominem, Amos vero pecuarium redolet: libenter fateor sacros libros, quibus tota caelestis philosophia continetur, non Rhetorum modo picturis, sed mediocri etiam ornatu, qualem literati homines desiderant, esse vacuos. Sed nimis sunt morosi, quibus ob hanc causam minus sapiunt. Qui vero hoc praetextu eorum authoritatem extenuant, nimis iniqui sunt ac maligni. Non modo concedit Paulus, eloquentiam sibi deesse: sed ultro praedicat ac gloriatur[2]. An vero ideo contemptior eius doctrina esse debet? Quin potius, ubi nullus est orationis splendor, qui oculos perstringat, melius relucere contendit vim coelestis sapientiae. Nec vero quidquam tradit, usque ad caput quartum prioris ad Corinthios Epistolae, quam, tunc demum rite fundatam esse fidem in Spiritus sancti sapientia et virtute: ubi dictionis elegantia et

---

1) Cochlaeus. De lib. arb. I D 1 a et I C 8 b sq.; Pighius, De lib. arb. II 1 fol.. 17 b sq., II 1 fol. 18, VII fol. 120 b; Erasmus, De lib. arb. p. 79 28 sqq., p. 80 4 sqq.; Faber, De absol. necess. c. 6 opusc. B 6 b; CR opp. Calv. VII 247 13 sq.   2) 1. Cor. 2, 1-5

ingenioso artificio animi non ducuntur. Idque certo fidei experimento, quisque nostrum compertum habet. Certe si Demosthenis, vel Ciceronis coloribus picta esset Ioannis vel Pauli doctrina, plus forte ad lectores alliciendos haberet gratiae: gravitatis autem ad conscientias permovendas, et dignitatis ad conciliandam sibi authoritatem, ne centesima quidem pars restaret. Viva enim Dei ǀ maiestas illic se exerit: ut sentire cogantur quicunque legunt, nisi quorum mentes obstupefecit Satan, Deum esse qui sibi loquitur. Quare nimis sunt insipidi, qui nullum ideo ex Scriptura gustum capiunt, quod illic sermonis lenocinia non reperiunt. Sed quid? si corda penitus ferire, quam amoeno tinnitu oblectare aures mavult Deus? Nam quod dicit Paulus, in vasis testaceis depositum esse Evangelii thesaurum quo virtus Dei in hominum infirmitate clarius appareat[1], praesenti quoque instituto optime convenit. Hoc nostro iure assumere nobis licet; nullas esse tam subtiles Philosophorum disputationes, quae validius persuadeant: nulla esse Oratorum fulmina quae vehementius afficiant, quam simplex et rudis Scripturae stylus. Quis enim non videt admirabili Dei providentia factum, ut in humili sermonis genere nuda spiritus efficacia melius extaret? Volunt illi facundiae suavitate aures sibi deliniri. At Deus, qui linguam hominibus formavit, nobiscum vult balbutire. Interim balbutiendo, fulminat: nec minus excelsa gravitate effertur ad subigendas hominum mentes: quam si Rhetorum omnium disertissimus quidquid haberet exquisitum, ex intimo artificio promeret. Hoc modo spiritualia spiritualibus coaptari Paulus docet[2]: et nos dilucide cernimus, quantum per se valeat simplex DEI veritas. Nimis ergo fastuosi sunt homines si vel eos a Scripturae lectione revocat eiusmodi fastidium, vel divinae authoritatis pondus elecat. Verum, illos sibi habere suas delicias sinamus. Nos vero, si cordis aures loquenti Deo praebuerimus, adeo rudis et incultus sermo non offendet, ut potius ad considerandam, quae illic eminet, Spiritus maiestatem evehat. Ita enim eruendi sunt sapientiae thesauri, quos in Christo absconditos esse Paulus monet[3]. Atque hac de re nonnihil reperire poterit, si quis volet, primo Institutionis capite: ubi de Scripturae authoritate dissero[4].

Nunc ut eiusdem classis scandalis mederi pergamus: texendane erit integra dogmatum probatio, quae humanae rationi parum arrident? Sedenim tum argumentum immensum foret:

---

[1] 2. Cor. 4, 7 [2] 2. Cor. 2, 13 [3] Col. 2, 3 [4] ad editionem Institutionis a. 1550 c. 1 25 spectat; cf. ed. 1559 lib. I c. 8, 1; vol. III 71 sq.

tum ea ex nostris et aliorum lucubrationibus potest sumi. Et
Scripturae testimonia huc afferre, inutilis esset labor. Nam ut
Christi divinitatem clare demonstrem ex Scriptura eiusmodi
hominibus, quid proficiam? Audacter scilicet, quidquid ad-
duxero, repudiabunt. Imo haec illis causa est cur totam Scripturam reiiciant: quia speciem habeat absurditatis eorum opinione, quoties occurrit quod non placet. Itaque tunc sibi demum
videntur ingeniosi, cum simplicitatem nostram rident: quod certa
fide amplectamur, quae demonstratione non tantum carent, sed
humano iudicio sunt incredibilia. Quis idiota, inquiunt, per-
suaderi sibi sinat, cuius nullam rationem videt? si rationibus
contendam, quales humani ingenii acumen capit, nimis ineptus
ero. Quod enim Christum credimus Deum in carne manifesta-
tum, id mysterium esse Paulus fatetur[1], procul remotum ab
omni hominum perspicientia. Quid igitur? si quam absurditatem
obtendant, diluere quidem promptum erit: atque ita, ut ob-
mutescere cogantur, nisi impudenter latrare velint. Facere
tamen non potero, quin nos idiotis quibuslibet iudicent stupidiores: quia in tantarum rerum persuasione ex nudis Scripturis
pendeamus. Quare ad eos me convertam, qui eiusmodi scandalis
tentantur quidem: sunt tamen adhuc sanabiles. Talibus non
aliud dabo remedium, quam quod Paulus praescribit. Nempe,
ut mundo stultescere discant, quo coelestis sapientiae sint
capaces[2]. Stultitiam non vocamus stuporem: nec iubemus ut
qui liberalibus disciplinis sunt eruditi, earum cognitionem
abiiciant: qui ingenii praediti sunt dexteritate, obrutescant:
quasi Christianus esse nequeat, nisi qui pecudi magis similis sit,
quam homini. Pueros, non sensu, sed malitia requirit christiana
professio[3]. Sed ne quis aut proprii ingenii, aut doctrinae fiduciam in scholam Christi afferat: ne fastu quis turgidus, aut
occupatus fastidio, mox repellat quod proponitur antequam vere
gustaverit: si dociles modo nos praebuerimus, nullum sentiemus
hic obicem. Sed qui sibi sapiunt, solis, inquam, iis scandalum
est sua arrogantia. Quid enim? An quia se usque adeo Filius
Dei exinanivit, ut frater tuus fieret, suamque aeternam divinitatem copularet mortali carni tuae: id tibi obstaculo erit,
quominus ad eum accedas? An quia ex immensa sua altitudine ad
te Deus descendit, ideone eris ab ipso remotior? Quid, si te
sursum ad inaccessa caeli adyta vocaret? Quomodo ad eum
tam procul contenderes, qui propinquitate offenderis? Sed dicis
tibi instar portenti esse, cum audis Deum mortalem. Quid autem
hoc est aliud, quam Deum immortalem, in mortali carne nostra

---

1) 1.Tim. 3,16   2) 1. Cor. 3,18   3) 1. Cor. 14,20

habitasse? Nam et res ipsa clamat non frustra hoc a Ioanne
praedicari, Conspectam in eo fuisse gloriam et dignam Filio
[17] Dei[1], et quae non obscurum divinitatis eius specimen prae-
beret. Nisi tibi liberet fingere portenta, nullum hic certe in-
5 venires. Fides nostra habet, Quod susceperit Deus corpus morti
obnoxium. Hic mysterium audis quod adores, non fabulam
quam derideas, non monstrum quod horreas. Tuae potius
ingratitudini imputa: quod tam inaestimabilis gratiae admiratio
adversas omnes cogitationes non absorbeat. Scio frustra multis
10 haec dici. Neque etiam me latet, quibus nos cachinnis excipiant,
quod in Christi morte vitam, gratiam in maledictione, in damnatione iustitiam quaeramus. Scilicet, inquiunt, ita ex ardenti
fornace gelida aqua fluit: ex tenebris lux oritur. Concludunt
ergo, nihil esse nobis stultius, qui a mortuo vitam nobis datum
15 iri speremus: qui a damnato petamus absolutionem, ex maledictione hauriamus Dei gratiam: et ad patibulum confugiamus,
tanquam unicam aeternae salutis anchoram. Et quidem nostram
simplicitatem ridendo, valde sibi acuti videntur. Ego autem
illis deesse dico, quod est in vera sapientia praecipuum. Nempe
20 sensum conscientiae. Qualis enim prudentia, qualis ratio, quale
iudicium, ubi conscientia obstupuit? Atqui unde hoc totum,
quod a Christianae religionis principiis sic abhorrent: nisi quod
a Satana prorsus sunt inebriati, ut nullo iudicii Dei timore,
nulla peccati cogitatione tangantur? Dixi iam prius, non alia
25 via posse ad Dei sapientiam perveniri, nisi stulti fiamus mundo.
Sed huius humilitatis, sicuti religionis totius, fundamentum
est conscientia et timor Domini: quo sublato, frustra aedificium
moliaris. Itaque quisquis omnia, de quibus memini, scandala
nullo negotio superare volet, is tantum in se ipsum descendat:
30 simul enim atque suam miseriam agnoverit, via tam illi ad
Christum, quam Christo ad illum erit strata et complanata.
Clamat vox prophetica, parate vias Domini[2]. Et quae parandi
ratio, nisi ut agnita, qua premuntur necessitate homines Christum desiderare incipiant, quem prius fastidiebant sibi placen-
35 tes? Eodem etiam modo viam ad Christum nobis paramus:
imo pium illud desiderium nobis equorum instar et navium erit,
quibus omnia obstacula praetervehamur. Sicuti enim ad capes-
sendas altiores disciplinas, exculto riteque praeparato ingenio:
ita ad coelestem philosophiam subacto animo opus est. Nam
40 quis gustus, ubi fastidium? Quis accessus, ubi ferrea undique
duritia clausum pectus et obseratum? Frustra igitur de Christo
verba facias, nisi apud eos qui vere humiliati sentiunt quanto-

1) Joh. 1, 14   2) Jes. 40, 3

pere indigeant redemptore, cuius beneficio¹ mortis aeternae
exitium effugiant. Itaque hinc auspicari discant, quicunque
sponte nolunt decipi, et decepti perire: ut cum Deo sciant sibi
esse negotium, cui semel reddenda est ratio: horrendum illud
etiam angelis tribunal, proponant sibi ante oculos: accusatorem
Diabolum sibi imminere cogitent: audiant conscientiae suae
testimonium: ad stimulos peccati ne obdurescant: tum minime
periculum erit, ne quid pudendum inveniant in Christi morte:
ne ignominia crucis terreantur: ne quod denique aliud obstaculum illos retardet. Huius rei pulcherrimam imaginem cernere
licet in muliere Samaritana. Quamdiu de mystico aquae vivae
haustu cum ea disputabat Christus: suaviter garrulitate et cavillis, dicax et audacula ludebat. Verum postquam exprobrata
illi scortatione, conscientiam eius pupugit: facetiarum statim
oblita, Prophetam reverenter agnoscit, quem prius dicteriis
vexare non dubitabat[1]. Ita quos offendit in Christo divinitas,
cum humanitate in unam personam coniuncta: quibus absurdum videtur, a mortuo vitam petere, et crucem maledictam,
fontem vocare omnis gratiae et salutis: hos sciamus ideo offendi,
quia timore Dei vacui, nullum spiritualis doctrinae gustum
habent. Quare ne sit nobis offendiculo ipsorum stupor, sed potius
ab humana Christi natura ad divinam gloriam feramur, quae
omnes curiosas quaestiones in admirationem convertat: a morte
crucis ad gloriosam resurrectionem dirigamur: quae totum
crucis opprobrium deleat: a carnis infirmitate ad potentiam
spiritus transeamus, quae stultas omnes cogitationes absorbeat:
Tali sensu imbutum fuisse Paulum certum est, cum ita diceret:
Non me pudet Evangelii Christi, Dei enim potentia est in salutem
credentibus[2]. Nam his verbis eos demum Evangelii pudere
significat, qui vim eius salutarem non apprehenderunt. Porro
non aliter apprehendi subiicit, quam patefacta ira Dei in
nostrum exitium. Quis iam miretur, cibum non sapere iis, quibus
nullum est palatum? Quisquis enim ita obstupuit, ut nulla irae
Dei revelatione tactus secure dormiat, nihil in agnoscendo
Christo ab iis differt, quibus in iudicando sapore ablatus est
palati sensus. Tales autem nequaquam solemus morari, ut a
cibo propterea quispiam nostrum abhorreat, quod ab illis
respuitur.

Sed hoc etiamnum scandalum, quod similiter ex doctrina
emergit, violentius est ac magis commune: quia quum natura
placeamus nobis, nostraque omnia velimus haberi in summo

---

1) Joh. 4, 19 2) Rom. 1, 16

[19] pretio: illic ¹ nihil nobis sit reliquum praeter extremam bonorum omnium inopiam. Nam illic stultitiae damnatur universa hominum sapientia, iustitia et virtus rediguntur in nihilum. Hoc vero carnis superbiae adeo videtur intolerabile, ut prae indignitate frendant, quicunque nondum se ipsos abnegare didicerunt. Volunt enim homines semper retinere aliquid proprium: atque ut aliqua ex parte coacti cedant Deo, sibi tamen omnia semel eripi nullo modo sustinent. Initio sibi videntur sapientissimi, fiducia virtutis suae inflati sunt, iustitiam suam admirantur. Postea a Deo moniti, partim etiam convicti experientia, sapientiam quidem suam vacillare, virtutem et iustitiam claudicare agnoscunt: sed ut se prorsus omni destitui sapientia et iustitia credant, nullo modo possunt adduci. Hoc autem quid aliud est, quam veluti facta pactione cum Deo partiri? Evangelium autem lucem illam quam nos habere imaginamur, pronunciat esse meras tenebras. Iustitiae vero nullam adeo guttam relinquit, ut foetidas coram Deo sordes esse pronunciet, quaecunque a nobis afferimus. Hic excandescunt mundi sapientes: hypocritae etiam insaniunt. Atque haec praecipua causa fuit, cur circa regni Christi exordia, tota philosophorum natio, quasi facta conspiratione, una cum politicis omnibus, tam ardenter se Evangelio opposuerit. Nolebant enim suam sibi sapientiam perire, quam et ipsi instar idoli adorabant, et cuius causa maximo in honore se haberi noverant. Atque utinam minus talium hominum offensione commoti fuissent prisci doctores! Nam dum illis mulcendis pharmaca adhibere student, dilutam ac degenerem theologiam nobis tradiderunt. Nunquam sponte ita loquuti essent Origenes, Tertullianus, Cyprianus, Basilius, Chrysostomus[1], et eius ordinis reliqui. Sed dum temperamentum quaerunt placandis mundi sapientibus, vel declinandae eorum offensioni, terram caelo miscuerunt. Hominem prorsus exinanire odiosum erat, et communi iudicio adversum. Mitigationem

---

1) In primis ad haec opera spectat: Origenes, De principiis. GCS 22 opp. Orig. vol. V. Tertullianus, De anima, ed. Oehler II 553–650; De pallio, ed. Oehler I 913–956; De testimonio animae, ed. Oehler I 399–414; Adv. Marcionem, ed. Oehler II 45–336; Adv. Praxean, ed. Oehler II 651–698. Chrysostomus, Hom. 1 de prod. Iudae. ed. Montfaucon vol. II 376–385; Hom. in Genes. ed. Montfaucon vol. IV 1–746; In ep. ad Hebraeos, ed. Montfaucon, vol. XII. Basilius, Ἀνατρεπτικὸς τοῦ ἀπολογητικοῦ τοῦ δυσσεβοῦς Εὐνομίου MSG 29, 497–773; Περὶ τοῦ ἁγίου πνεύματος, MSG 32, 67–218. Opus definitum Cypriani in hac re laudare non possumus. Institut. lib. II c. II sect. 4, ed nostra vol. III p. 244 18 sqq..

excogitant, quae ad carnis sensum propius accedat. sed interea doctrinae sinceritas profanatur. Ergo nihil melius quam ulcus ipsum fortiter premi, quo fieri possit ex sanie ipsa iudicium. Nihil autem clarius, quam vesana superbia incitatos semper fuisse homines, ut Evangelio obstreperent. Eadem causa Iudaeos incitabat ad belluinum furorem, quo percitos fuisse ipsos testes sunt evangelistae, praesertim Lucas et Paulus. Nam | pro iustitiae suae defensione certabant: quae nihil quam [20] fumus erat: sed tamen Christo pretiosior illis videbatur. Utrique violento impetu ruebant ad oppugnandum Evangelium. sed hi furiosius: ut palam fieret, nihil hypocritis esse virulentius. De hoc scandalo Christus ipse generaliter loquitur. cum dicit Filios saeculi Evangelii lucem odio habere, ne mala ipsorum opera appareant[1]. Nam remoto Evangelio, tanquam luce exstincta, lucet in tenebris fallax et evanida carnis sapientia, regnumque obtinet: ficta vero sanctitas, alas suas fastuose circumquaque extendit. Simul atque unicus sol iustitiae Christus cum Evangelii sui claritate emergit, non tantum evanescunt illa, quae prius suum culmen honoris occupabant: sed instar stercoris reputantur. Hinc illae scilicet Lachrymae. Haec illa est exitialis offensio, de qua alibi Paulus loquitur, quod propriam iustitiam volentes stabilire, iustitiae Dei subiecti non fuerint[2]. Quod hodie quoque experimur. Paucos enim videas sapientiae suae persuasione inflatos, qui non sint obstinati veritatis hostes. Hypocritae vero usque ad rabiem infesti. Et quae alia causa Bunello[3] fuit, cur ab Evangelio deficeret, nisi quod homo ad ostentationem natus, et sibi plus nimio placens, in ordinem se cogi aegre sustinebat? Unum exempli causa nominavi. Utinam non multos haberet sui similes! Quid autem nobis agendum? Sinamus illos impingere in lapidem offensionis, ut idem illis quod olim Iudaeis, eveniat. Volentes iustitiam statuere, inquit Paulus, iustitiae Dei non sunt subiecti. Ita fit, ut in sua caecitate pereant. Libenter, inquam, nos inanes ac nudos Christo offeramus: quo nos suis bonis impleat, sua gloria vestiat: atque hoc genus scandali abolitum erit.

Verum, mare quodammodo exhauriendum suscipiam, si velim scandala omnia excutere, et ordine recensere, quae sibi miseri homines in suam perniciem ex Scripturae doctrina struunt. Neque enim temere modo impingunt, si qua occurrit difficultas: | sed ultro dataque opera per salebras omnes discursant, [21] quasi una haec illis sit voluptas, ingenium spinosis quaestionibus

---

1) Joh. 3, 20   2) Rom. 10, 3   3) Sammarthani, Elogia I, 41 sq.; Morhofi, Polyhistor, I, 23, 286; Samouillan, De Petro Brunello c. 4.

fatigare. Quidquid minimam prae se fert absurditatis speciem, sedulo colligunt et acriter exagitant, ne videantur ad credendum nimis faciles. Si qua etiam est in nonnullis Scripturae locis dissidii et repugnantiae species, eam cupide arripiunt: ac omnia
5 eiusmodi testimonia coacervando, venditant suum acumen. Hoc porro genus hominum, morbo prope insanabili laborat. Nam cum eos pudeat quidquam nescire, nihil tamen discere sustinent. Verum quia simplices plerumque et alioqui non indociles percellunt sua iactantia: breviter istam scandalorum partem attingere
10 necesse fuit: non quod paucis verbis removeri possint, quibus ne longum quidem volumen sufficeret. Sed primo loco monendi sumus omnes, ut in legendis Scripturis quam Spiritus Dei viam monstrat teneamus: quae certe plana erit ac aequabilis, ad Christum aspirantibus. Deinde ne complicandis quaestionum
15 nodis, ingeniosi appetamus esse aut videri: postremo ne mox respuamus, si quid nobis est incognitum vel abstrusum. Est hoc vitium non parva dignum reprehensione, Quod ignorantia in fastidium statim apud multos erumpit. At vero parum reverentiae Deo tribuit, qui oracula eius esse negat, quaecunque non
20 assequitur. Quid enim hoc aliud est, quam infinitam Dei sapientiam sensus nostri modulo, hoc est totum orbem digito uno metiri? Quod si profectam fatemur a Deo esse Scripturam: ne multa illic contineri miremur, sensu nostro altiora. Denique in pietate hic sapiendi modus et ordo est, Fidei obsequio ad
25 rectam intelligentiam contendere.

De scandalo, quod ex acerbitate nascitur, aut molestia crucis, et doctrinae austeritate, loquitur Dominus in parabola, ubi Evangelium sementi comparat[1]. Nam eos qui ingruente persequutione deficiunt, semini similes facit, quod absque radice
30 germinavit. Eos vero, in quibus suffocatur doctrina, curis saeculi: semini inter spinas enato, quae eius fructum ac maturitatem impediant. Differunt aliquantum haec scandala: sed ego, vitandae prolixitatis causa, sub uno genere comprehendo. Audimus Christum discipulis suis omnibus denunciantem, ut
35 suam quisque crucem tollat[2]. Audimus hortantem ad subeunda quaelibet odia, discrimina, et opprobria propter Nomen suum[3]. Audimus monentem, fieri aliter non posse, quin odio simus impiis, quin afflictiones in mundo nos maneant[4]. Audimus pronunciantem omnes beatos, qui persequutionem Veritatis
40 causa sustinent[5]. Carni et sanguini hoc maximum scandalum est. Natura enim crucem reformidamus omnes. Itaque multi

---

1) Matth. 13, 3 sqq.   2) Matth. 10, 38; 16, 24   3) Matth. 10, 22
4) Matth. 24, 9   5) Matth. 5, 10

hac de causa resiliunt: qui libenter alioqui filium Dei amplecterentur, si a cruce separare ipsum¹ possent. Sed unde hoc [22] scandalum, nisi ex nostra teneritudine? Christus secum mori nos iubet, ut vitae suae simus participes[1]. Per societatem passionum suarum ducere nos vult ad suam gloriam[2]. Non iniqua conditio, si quid in nobis esset aequitatis. Sed multi cuperent Christum habere gloriosum, sepulta crucis mentione: quod fieri nequit. Ac ne eo quidem contenti, culpam, quae in ipsis residet, in doctrinam ipsam traducunt. Sic olim Capernaitae durum Christi sermonem esse clamitabant[3]: cum in ipsis, non in sermone, esset duritia. Miramur, si cordatos habere discipulos velit filius Dei, non molles neque effeminatos? Miramur si sua insignia gestari ab ipsis velit? si pugnare sub vexillo suo iubeat?

Huic morbo affinis est alter ille, quem dixi. Nam carnis abnegatio, res tam molesta est, ut multos a scholae Christi accessu deterreat: alios, ubi ingressi fuerint, procul extrudat. De peccato originali et communibus naturae vitiis disputari, utcunque ferent. Dei gratiam ac Christi beneficia suis laudibus ornari, libenter concedent, sed ubi ad curandos singulorum morbos ventum est: quia acris est medicina, eam contumaciter recusant. Ita multos cernere licet, quibus Evangelium, quod primo gustu placuerat, simul ac pupugit ipsorum conscientias, plus quam amarum videri coepit. Scilicet cum sermo Dei gladius sit utrinque secans, cum eius partes sint non arguere modo et reprehendere manifesta vitia[a], sed usque ad cor intimum penetrare, transfigere omnes medullas, discernere inter affectus et cogitationes[4], denique totum hominem immolare Deo: isti vulnera sua attingi nolunt. Alii furandi, alii rapiendi, alii scortandi, alii commessandi licentiam sibi relinqui postulant. Omnes impune vanitatis suae cursum persequi cupiunt. Quid igitur mirum, si a Christo se avertant?

Atqui dicet quispiam, scandalum monstrare hoc est, non tollere. Respondeo, morbum fuisse indicandum, ut remedium tandem quaeratur. Corrigenda potius erat animorum mollities, quam quaerendi praetextus, qui nihil nobis suffragentur, vitium foveant. At res est ardua. Quis negat? Luctandum tamen est, neque id nostra virtute, sed Christi: qui sicuti nos ad certamen mittit, ita etiam instruit armis necessariis ad vincendum. O si perciperemus quid illud valeat: Beatos esse qui persecutionem patiuntur ob iustitiam[5]: quam facile nobis esset eluctari, non

---

a) *1550 falso:* via

1) 2. Cor. 5, 14 sq.   2) Phil. 3, 10   3) Joh. 6, 60   4) Hebr. 4, 12
5) Matth. 5, 10

hoc offendiculum modo: sed quaecunque a mundo et carne nobis ingeruntur! Tibi adeo molesta est persecutio, ut a Christo
[23] resilias. Cur? Nescis quid valeat¹ Christus. Abripit te cura vitae praesentis. Nempe quia futurae nullum gustum habes.
5 Urit te avaritia. Nempe quia nondum tenes, quae sint verae divitiae. Te ambitio inebriat; quia scilicet nondum didicisti in Domino gloriari. Te gula, libido venerea, pompae aut aliae vanae oblectationes alliciunt, ut Dei tui obliviscaris. Hoc ideo fit, quod suavitatem illam quam Propheta timentibus Deum reconditam
10 esse testatur¹, adhuc ignoras, Denique non mirum est, paucos inveniri vere Christianos, quia pauci sunt qui didicerint tanti esse Christum, ut reliqua omnia habeant pro stercoribus. Exhortationibus alibi locus erit. Hic de scandalis ita tractandum est, ut appareat cui sint iure imputanda.
15   Sed quid de privatis cuiusque miseriis disputo, cum universalis Ecclesiae conditio longe maiorem offensionis materiam in se contineat. Primum, nunquam ea specie nitet, in qua hominum sensus Dei regnum agnoscant. Deinde, si quando contingat in mediocrem aliquem statum assurgere, mox aut tyrannorum
20 violentia opprimitur, aut sponte concidit, ut non nisi ad exiguum tempus duret. Hinc factum est, ut saeculis omnibus superbi homines veram religionem aut despicerent, aut etiam contumeliose traducerent. Videmus quam insolenter Cicero², quia Iudaeis res erant minus secundae, divinae legi insultet. Ex
25 hoc uno aestimare omnes licet. Ac ne longius abeam, quid causae est, cur hodie multi a sincera Evangelii professione abhorreant, nisi quod et paucos numero nos esse vident, et minimae authoritatis, nullius vero potentiae, in adversa autem parte contraria omnia mirantur? Et sane ut hodie res habent,
30 nihil mirum, si tam deformis Ecclesiae status illos absterreat, splendor autem qui in adversariis relucet, ipsis perstringat oculos. Verum, nulli ad hunc lapidem alii impingunt, nec alios hoc offendiculum retardat, nisi qui spirituale Christi regnum non agnoscunt. Nam quibus neque stabulum, in quo natus est,
35 nec crux in qua pependit Christus, obstat, quo minus regem ipsum adorent: illi humilem Ecclesiae eius fortunam minime despicient. Fatentur quidem omnes verbo, et fateri necesse est, rationi imprimis esse consentaneum, ut in Ecclesiae forma, quasi in speculo, viva Christi effigies appareat. Et cum Paulus
40 de capitis et membrorum similitudine disserit in crucis tolerantia³, assentiuntur omnes. Cum dicit, nos commori oportere,

---

1) Ps. 31, 20   2) Cicero, Pro L. Flacco XXVIII, 69   3) Rom. 8, 17

ut vitae eiusdem simus participes[1], nemo reclamat. Cum tota
Scriptura vitam praesentem comparat durae militiae, eamque
variis certaminibus refertam esse docet: hoc totum verum [24]
rectumque esse annuunt. Itaque Militantis Ecclesiae nomen, sic
vulgo tritum est, ut etiam in puerorum ore resonet. Ubi ad rem
ventum est quasi omnium obliti, non secus imaginem Christi
refugiunt, atque inauditum aliquod portentum. Atqui si detur
illis quod appetunt, ut prospere habeat modis omnibus Ecclesia,
ut opibus et potentia floreat, ut pace continua fruatur, ut
denique nihil illi ad beatum et maxime optabilem statum desit:
an non illa erit terreni imperii facies? Proinde, alibi quaerendum
erit spirituale Christi regnum. Imo prorsus a capite suo divisa
erit. Nos vero meminerimus, sic contemptibilem esse externum
Ecclesiae aspectum, ut decor eius intus splendeat: sic in terra
fluctuari, ut fixam habeat in caelo sedem: sic coram mundo
laceram ac ruinosam iacere, ut coram Deo et eius angelis stet
integra ac vigeat: sic esse in carne miseram, ut sua illi nihilominus in spiritu reposita sit felicitas. Hoc modo cum in praesepi
contemptus iaceret Christus, eius excellentiam angeli in nubibus
canebant, testimonium eius gloriae stella in caelo reddebat,
magi eius virtutem e regione longinqua sentiebant. Cum in
deserto esuriret, certaret cum Sathanae ludibriis, usque ad
sanguinem sudaret: angeli rursus illi ministrabant. Quum iam
vinciendus esset, sola voce hostes retro abigebat. In cruce pen-
dentem, sol defectu suo mundi regem esse clamitabat: sepulcra
aperta mortis et vitae dominum confitebantur. Nunc si Christum
videmus impiorum contumeliis superbe in suo corpore vexari,
saeva tyrannide opprimi, sannis esse expositum, violentia huc
et illuc rapi: nihil istorum quasi insolens nos terreat. Quin potius
nobis in mentem veniat, in hoc ordinatam esse Ecclesiam, ut
quamdiu in mundo peregrinatur, militet sub perpetua cruce.

Quod si dextri et aequi essemus operum Dei interpretes, unde
offendiculi occasionem arripimus, id nobis optimae consolationis
loco foret. Nam quod plerumque calamitosa, semper instabilis
est Ecclesiae conditio: imo quod non secus, ac in procelloso
mari, variis tempestatibus assidue iactatur: primum in eo Dominus luculentum mirificae providentiae specimen exhibet: deinde
hoc utile adeoque necessarium fidei et patientiae nostrae pro-
bandae exercitium est. Si ita fundata esset Ecclesia praesidiisque
omnibus instructa, ut suis ipsa opibus niteretur, nihil a terreno
quovis imperio differret: nec vero quisquam dubitaret, humanitus eam regi, si usitato more ad hunc usque diem perstitisset.

---

1) 2. Tim. 2, 11

[25] Dum autem videmus quasi per innumeras mortes[1] vitam nihilominus tot saeculis duxisse, fieri non potest, quin divinitus fuisse servatam colligamus. Hanc Dei virtutem magis illustrant aliae circunstantiae, quod cum undique lethalibus periculis impetita, quibus subinde obrui poterat, toto prope mundo invito, et contra nitente: semper tanquam ex naufragio evasit. Nihil dico, quod non facile secum agnoscat, quisquis ante suos oculos temporum omnium historias subiicere volet. Illa vetus Ecclesiae querimonia est, quod a iuventute subinde oppugnata fuerit, ac infestos habuerit impios: quod super dorsum suum araverint, ac longe protraxerint sulcos suos[1]. Hac voce Dei spiritus pios sub gravissimis aerumnis gementes excitare voluit, ut omnes aetatum gradus ab initio mundi percurrendo, Ecclesiam agnoscerent, semper patiendo vicisse. In hanc meditationem incumbere nos decet: ut si quando nos praesens temporis nostri conditio angit, eorum recordatio, quae iam olim experti sunt patres nostri, nos reficiat. Itaque, collectam omnium temporum descriptionem habere expediet: ut inde sibi quisque nostrum, quoties res et usus postulabunt, exempla levandis nostris miseriis apta ante oculos subiiciat.

Verum antequam ultra progrediar, notare operaepretium est, unde tam crebrae variaeque mutationes, quibus subinde circumagitur, et quasi rotatur Dei Ecclesia, proveniant. Huius vero rei cognitio, non ex remotis vel obscuris coniecturis petenda est: cum assiduae hominum a Deo defectiones perpetuum alioqui gratiae eius tenorem interruperint. Idque ab ipso prope mundi exordio animadvertere licet. Cum de Seth et filio eius Enos loquitur Moises, tunc coeptum esse invocari Dei nomen recitatur[2]: quo intelligimus verum Dei cultum (qui in maledicta Caini progenie quodammodo interciderat) rursus ex integro fuisse restitutum, ut in mundo vigeret ac floreret. Vix octo generationes praetereunt, cum omnes eorum posteri, quos Deus sibi in filios segregaverat, ita se in omne scelerum genus proiiciunt, ut orbem totum suis flagitiis pollutum, diluvio secum perdant. Cum ad octo animas redacta esset Ecclesia, sic purgata saltem esse videbatur, ut exiguum illud semen quod restabat, nihil ex se, nisi meram sanctitatem proferret. Atqui mox quarta parte minuitur. Posteri quoque Iaphet paulo post diffluunt. Residua erat familia Sem, quae non multo post tempore sic ipsa quoque degenerat, ut merito a Deo magna pars abdicetur. Cum genus Abrahae ex Aegypto, mirifica potentia eductum traiecto mari rubro in haereditatem sibi

---
1) Ps. 129, 1-3 2) Gen. 4, 26

promissam pergit, quis non ex talibus auspiciis perpetuitatem
felicis status divinet ? Atqui illi ipsi, in quibus liberandis tam
praeclarum virtutis suae specimen Deus ediderat, nullum pec-
candi finem faciunt, donec horrendis modis in de|serto omnes [26]
deleantur. Filii tandem possessionem adeunt, sed cuius nulla
est sex[a] fere saeculis stabilitas: quia ipsi perfida sua levitate
identidem eam turbant. Saepius tamen eos Dominus in tolera-
bilem formam restituit. Atqui nec primae liberationis memoria,
nec repetitae toties ferulae ad eos castigandos, nec praesens
poenarum sensus, nec data saepius venia retinere ipsos potest,
quin Dei iugum excutiendo, nova mala sibi accersant. Praedi-
xerat hoc Moises futurum, ut pingues et bene saginati recalci-
trarent[1]: sed res ipsa longe superat. Quid Iudicum historia,
praeter continuas defectiones recenset ? Itaque si quos offendunt
variae agitationes, quibus obnoxiam esse in mundo Ecclesiam
vident, coniiciant oculos in illud speculum, et mirari desinent,
minus fixam habere in terra sedem, qui tanta fidei inconstantia coram Deo fluctuantur. Erecto Davidis regno, certior videbatur ratio
solidi et diuturni status composita. Sed luctuosa illa pestilentiae
clades, quae triduo prodigiosum in modum per mundum grassata est, multum ex felicitate minuit[2]. Statim a morte Salo-
monis corpus ipsum populi scinditur: nec postea desinunt lacera
membra invicem se mordere: externis etiam bellis utrumque
regnum misere fatigatur. Dicemusne fato suo urgeri ? quin potius
ipsi, Dei vindictam peccatis suis urgent, atque accelerant. Nam
in quo maxime videntur innoxii, dum censum peragit David,
quod privatum illud unius hominis delictum esset: sacra tamen
historia pronunciat, Deum in ipsos omnes excanduisse[3]. Secuta
est tandem maior illa, et parum ab extremo interitu distans
conversio, cum in exsilium Babylonicum tota gens abducta est.
At certe, nisi eos praecipites desperata obstinatio egisset, nunquam huc venissent calamitatis. Reditus post annos septuaginta,
illis est velut altera nativitas. Verum simul ac domum reversi
sunt, tanti beneficii immemores, iterum in varias corruptelas
degenerant. Alii se profanis coniugiis polluunt[4]. Alii decimis ac
primitiis Deum plus quam indigne fraudant[5]. Alii posthabita
neglectaque templi structura, in ornandis palatiis toti occupan-
tur, immanesque sumptus faciunt[6]. Foeda haec nimium ingratitudo, et quam non debuisse inultam manere nemo non fatebitur.
Itaque, quod tranquillis secundisque rebus diu non fruuntur,

---

a) *1550 falso:* sexcentis

1) Deut. 32, 15   2) Sam. 24   3) 2. Sam. 24, 15   4) Esra 9, 1 sq.
5) Neh. 5, 1 sqq.   6) Hagg. 1, 2-4

id eorum vitio imputandum est. Ex quo vero Christus, pacis ac bonorum omnium author, mundo innotuit, vere experti essent homines, quam certa sit ac bene fundata aeterni eius regni [27] felicitas, si ipsum passi fuissent inter se¹ residere. Atqui nun-
5 quam magis saevis bellorum tempestatibus concussus orbis fuit: nunquam tam multiplici profundaque malorum colluvie submersus. Non ita in obscuro causa latet, quin facile deprehendi investigando possit. Nascitur Christus, pax ubique et alta quies. Quadraginta post annis aut circiter, spargitur per diversas
10 mundi plagas ipsius Evangelium. Postquam longe lateque detonuit, tanquam versa repente alea, res passim turbulentae. Unde tam subita mutatio, nisi quod Deus, contempto ac reiecto suo Evangelio, quo citius eo magis palam, tantae ingratitudinis vindex extitit? Itaque cum impuri homines, quidquid tunc
15 malorum exoriebatur, in Christi nomen coniicerent, piis Ecclesiae doctoribus promptum fuit, adeo futiles eorum calumnias diluere¹. Quid enim? Cum pacem sibi a Deo oblatam reges ac populi sprevissent, annon aequum fuit inter se committi, ut mutuis vulneribus perirent? Et quid manere inter eos potest
20 ordinatum, qui Deo se submittere recusant? Nec tantum loquor de professis hostibus, qui sanae pietatis doctrinae contumaciter reluctati sunt, sed eorum qui nomen Christo dederunt, quam frigide multi et contemptim, alii quam perfida simulatione Christum osculati sunt! Quos divinae in hac parte severitatis
25 exempla offendunt, cessantem non minus cupide arguerent. At nisi oculos aperire pigeat, quibuscunque se unquam patefecit Deus, per eos tantum stetisse perspiciemus[a], quominus collocata in tuto eorum felicitas diu et prolixe consisteret[b]: nec aliunde quam sua culpa fuisse miseros. Ierosolymam scimus
30 fuisse fontem, ex quo in ultimos usque terrae fines salus profluxit. Plenam illi instaurationem pollicebantur Christi adventu omnia Prophetarum vaticinia². Longe autem secus accidit. Nam cum vix tenuem umbram retineret pristinae dignitatis: non modo quod reliquum habebat, paulo post amisit, sed funditus
35 ipsa diruta fuit, ac in vastam solitudinem redacta. In quaerenda tam prodigiosae ruinae causa, cur nemo laborat: nisi quod desperata gentis impietas causam se fuisse aperte clamitat? Nunquam adeo saevis cladibus intra exiguum temporis spatium

a) > *1550; iubente correctore:* + perspiciemus   b) *1550 falso:*
40 constitueret; *iubente correctore:* consisteret.

1) Tert., Apolog. 40 sq. ed. Oehler I, 266 sqq.; apud Lact. non invenitur; Aug., De civ. Dei I 1. 7. MSL 41, 14 sq. CSEL 40 I 5, 6 sq.
2) Jes. 60 et 62; Jer. 33 16, 17; Ez. 43–47; Micha 4 et 7 7–11; Zed. 3 16–19; Sach. 6 9–15; 8; 9 9–10; 14 12–21.

afflicta fuit Roma, quam ex quo illuc Evangelium pervenerat.
Qui factum est, ut in qua urbe tam diu grassata est effraenis
plebis libido, nefariae factiones dominatae sunt, et tandem
importuni tyranni: illic fixam habere sedem Christi regnum non
potuerit? Nempe, cum[1] tot lethalibus morbis extremam Evangelii medicinam Deus afferret, tanquam exitio devoti, ea superbe reiecta in peius ruere non destiterunt. Idem et hac nostra
aetate observare licet. Intra paucos annos cum praeclara renascentis Ecclesiae initia apparuissent, collapsa deinde retro vidimus referri. Atqui priusquam nobis hanc poenam irrogaret Dominus, multiplicem ubique et foedam vidimus Evangelii profanationem: ut non tam admiranda sit haec quae accidit subita
rerum eversio, quam diuturna in sustinendis saeculi nostri pro-
digiosis sceleribus patientia. Cum tot hominum milia, abnegato
Papatu, cupide, ut videbatur, nomen dedissent Evangelio:
quam pauci, obsecro, a vitiis suis resipuerunt! Imo, quid prae
se maior pars tulit, nisi ut excusso superstitionum iugo, solutius
in omnem lasciviam diffueret? Cum itaque, veram esse fate-
rentur Evangelii doctrinam, quotusquisque eius disciplinae col-
lum submisit? Annon id fuit inaestimabilem salutis thesaurum
quodammodo pedibus calcare? Et sane de eius pretio atrocitas
poenae, quae tam sacrilegum contemptum sequuta est, admonere nos potius debet, quam de fortuitis Ecclesiae iactationibus
absurdas gignere in animis nostris opiniones. Quin potius mirum
est, in tanta nostra ingratitudine, quidquam incepti a Deo operis
adhuc manere residuum.

Nunc, unde paululum digressus eram, redeo, Deum Ecclesiae
suae custodem hinc melius agnosci, quod misere semper vexata
fuit, quam si inter summas commoditates pacata laetaque flo-
ruisset. Quo tempore nomen Dei, in familia Seth invocari coeptum Moises narrat, non dubium quin soboles Cain, ut numero
hominum et audacia superior erat, ita adversus paucos illos
eosdemque mansuetos homines plus quam ferociter se extulerit.
Qui poterant igitur agni inter lupos diutius salvi manere, nisi
auxiliari Dei manu tecti fuissent? Continuo deinde temporis
successu, una cum malitia, vis quoque ad nocendum improbis
crevit. An dicemus humanitus stetisse, qui inter tot infestas
bestias similes oppressis degebant? Nisi forte putet quispiam,
Gigantes moderatione fuisse cohibitos, ut piis sibi obnoxiis par-
cerent: quibus se tanquam genus adulterinum noverant esse
detestabiles. Restat tandem unus homo cum exigua familia.
Iussus a Domino arcam fabricare[1] per annos centum et viginti

---

1) Gen. 6, 14

continuos[1], eorum qui prorsus in Deum insaniebant rabiem in se provocat. Novum enim vitae asylum quaerendo, palam omnibus interitum minatur[2]. Quoties putamus, eorum conviciis et improbitate lacessitum, pro Dei iustitia acriter certasse? In tanta¦ vero hostium truculentia annon totidem illi subeundae fuerunt mortes, nisi Dei manu fuisset ereptus? Adde quod nisi coelesti virtute fuisset suffultus, millies ipse quotannis sponte concidisset. Maius deinde et divinius sequitur in arca miraculum, quod coelo et aere privatus, vitam non nisi in sepulchro invenit: spiritum vitalem ubi trahat, nisi in mortifera suffocatione, non habet: denique quod non aliter superstes in mundo potest manere, nisi e toto mundo discedat. Cum mundum ex diluvio emersum Deus quodammodo renovasset, sequutum est paulo post multo deterius ac magis exitiale diluvium, quod impietas gentes omnes occupavit[3]. Neque hoc decem mensium fuit: sed longa annorum serie grassando, vires collegit, ut ipsa quoque familia Sem, sanctius Dei peculium, propemodum absorpta foret: nisi quod Melchisedec, cum paucis purum Dei cultum retinens, inter innumeros fluctus, rectus integerque stabat. Quae illi unica fuit enatandi ratio[4]. Abraham vero ut Deus salvum haberet, e profundo idololatriae gurgite eum eduxit[5]. Porro in terram, quae illi destinata erat in haereditatem, traductus, sic in ea peregrinatur, ut nunc litigare de aqua cogatur[6], nunc eum fames alio dispellat[7]. Apud duos reges, quo mortis periculum effugiat, non aliud invenit remedium nisi ut suam uxorem, vita sibi chariorem, exponat veluti in praedam[8]. Easdem atque etiam asperiores molestias subeunt filius et nepos, quotidie cum saevis et barbaris hominibus, non citra vitae discrimen, quasi cum feris bestiis dimicantes. Certe si cui in tuenda eorum salute, conspicua non est Dei manus, eum plus quam caecum esse oportet. Nec vero sine causa David istud Dei praesidium, quo tuti fuerunt, singulari elogio prosequitur: cum prohibitos fuisse dicit reges, ne christos Domini laederent, neve Prophetis eius essent molesti[9]. Pauci erant numero, alienigenae et ignoti homines: vagi huc et illuc oberrabant: perfidis et immanibus populis undique cincti: momentum nullum immune habebant a novo aliquo discrimine. Spectaculum quidem hoc fuit superbis hominibus contemptibile, et fere propudiosum fateor: verum in hoc contemptu, ut iam dixi, tanquam in speculo melius refulgebat extraordinaria Dei tutela. Imo clarius perspicere licet non ex

---

1) Gen. 6, 13   2) Hebr. 11, 7   3) Gen. 11, 1–9   4) Gen. 14, 18
5) Jos. 24, 2 sq.   6) Gen. 21, 25 sqq.   7) Gen. 12, 10   8) Gen. 12, 11 sqq.; Gen. 20   9) Ps. 105, 15

uno tantum diluvio ereptam semel fuisse Ecclesiam: sed longa aetatum serie in continuis malorum exundationibus fluitantem nihilominus durasse.

Sequitur Aegyptiaca servitus, quae ab universali naufragio parum differebat, nisi mature Deus opem tulisset. Omitto contumeliam, ac onerum iniquitatem: quod ad viles sordidasque operas manciǀ pati, quod addicti immanibus aerumnis, aegre spiritum trahebant. Sed cum masculum semen penitus aboleri iussisset Pharao, quis non ad extrema ventum esse dixisset? Mentiuntur obstetrices, ne regiae crudelitati ministras se praebeant[1]. Ipse denique gentis liberator Moises, iuncea arca inclusus, ad ripam fluminis proiicitur[2]. Desperata omnium salus, totumque nomen prorsus deletum videbatur. Quam insigne ergo hoc Dei miraculum esse iudicabimus, quod qui decies consumpti esse poterant, non modo integri manent, sed incredibiles illos faciunt progressus, qui referuntur a Moise? Hic vero se ostendit in reputandis Dei operibus plus quam maligna hominum pravitas. Nam si quid opinione sua maius a Deo editum fuisse audiunt in Ecclesiae salutem, quasi fabulosum reiiciunt. Quidquid vulgare est, nec alias insolitum, fortuito accidisse, vel saltem humanitus, iactantes contemnunt. Si autem minus prospera aut laeta est Ecclesiae conditio, hoc protinus arripiunt ad scandali materiam. Proinde quod miseris Iudaeis lateritium opus, tam grave et illiberale non secus ac iumentis imponi[3]: quod masculam eorum sobolem ab utero ad necem postulari[4]: quod turbam ignobilem tumultuarie collectis vasis clanculum aufugere Moises narrat[5]: hoc plurimis indignum esse Ecclesiae gloria videtur. Quod Iacob cum sua familia comiter a Pharaone fuisse exceptum, quod benigne tractatum, et in opimis pascuis collocatum refert[6]: hoc in secunda fortuna deputant. Quod non ita longo temporis successu in populum ingentem crevisse familia una dicitur[7]: quod tradit idem Moises, tot a Deo edita fuisse portenta, ut perditos ac desperatos Israelitas redimeret[8]: quia fidem excedit, quasi fictitium subsannant. Ergo ut puras ad consideranda Dei opera mentes afferamus: hac pravitate nobis ingenita, ante purgandae sunt.

Ne historiam texere videar (quod minime praesentis est instituti) quae magno orationis splendore ornari merentur divinae in servanda Ecclesia providentiae exempla, leviter quasi in transcursu attingere mihi satis est. Quanquam ne decimam quidem

---

1) Exod. 1, 19   2) Exod. 2, 3   3) Exod. 1, 14   4) Exod. 1, 22
5) Exod. 12, 35. 36   6) Gen. 47, 5 sqq.   7) Exod. 1, 6 sq.   8) Exod. 7–12

partem attingere patitur operis ratio. Nec vero id magnopere
necesse est: modo ex paucis unum hoc quod volo, agnoscant
lectores, quo magis sub cruce oppressa fuit Ecclesia, eo clariorem
in ea erigenda Dei virtutem exstitisse. Ex quo in terram
5 Chanaan ingressus est populus, quo minus vacuam ab hostibus
tranquillamque possideat, sua illi obstat incredulitas. Continuis
deinde hostium incursionibus impetitur. Fractis deinde contusis-
que viribus, praedae ac direptioni patet. Praeterea dominos saepius mutat, qui tamen certatim in eum perdendum conspirant:
10 ut mirum sit tot ac tam diris propinquisque cladibus fuisse
superstitem. Certe post captam Domini arcam[1], ne latum qui-
[31] dem | digitum, ab ultima desperatione aberat: afflictus erat plus
quam atroci clade. Totus prope flos virorum perierat. Palati ac
dissipati, nihil aliud quam fletus et lamenta meditabantur. Ne
15 remedium quidem prae malorum gravitate quaerentibus, aliqua
primum datur relaxatio: postea subito praeter opinionem e coelo
salus affulget. Occiso Saule simile instabat excidium[2], cum David
res collapsas momento restituit[3]. Si continuus pacis prosperique
status tenor fluxisset, posset quidem maioribus praedicari enco-
20 miis rara illius populi felicitas: sed tot mirifice a Deo allatae
salutes non perinde agnoscerentur. Cum postea decem Tribus
se a corpore alienant[4], tale dissidium inter multos hostes, acriter nocendi occasioni intentos, praesentem interitum minari
videbatur. Degenerant postea Israelitae in alienos ritus[5]. Itaque
25 abdicantur quodammodo a Dei familia. Residuam partem, quae
Ecclesia Dei censetur, diu staturam esse nemo putaret. Et sane
eo saepe necessitatis coniicitur populus ille, ut salute desperata,
extrema quaeque attonitus exspectet. Tempore Achaz, cum duo
potentissimi reges ipsam quoque Ierosolymam aggressi essent,
30 tota regio quasi duplici incendio correpta iam flagrabat: Achaz
pavore exanimatus ad primos hostium insultus facile concidisset[6]. Exstinguitur subito tantus ignis absque hominum manu,
fumus etiam dicsutitur. Annon in liberatione ista, Dei gloria
pleno se fulgore effundit? Cum vero Sennacherib regnum praesi-
35 diis nudatum occupasset, trepidam urbem et ad resistendum
minime instructam furiose invadit, rex Ezechias fere similis est
capto, nullum effugium, nihil intus opis, nihil aliunde subsidii[7].
Dum hostis plus quam insolenter se efferens alio mox abripitur,
annon tum haec inopinata mutatio verum esse ostendit, quod ab
40 Iesaia praedictum erat, esse promptam Deo rationem, qua trucu-
lentam bestiam illam vel domaret, vel cohiberet[8]? Sed ubi paulo

---

1) 1. Sam. 4, 11   2) 1. Sam. 31   3) 2. Sam. 2 sqq.   4) 1. Reg. 12
5) 1. Reg. 12, 28 sqq.   6) Jes. 7, 1-9   7) Jes. 37, 1 sqq.   8) Jes. 37, 29

post nova victoria inflatus revertitur, longe aliud gratiae potentiaeque suae specimen in solvenda obsidione edit Dominus. Neque enim per homines eum inde revocat, vel usitatis modis frangit illius impetus, mediosque conatus abrumpit: sed inaudita strage, per manum Angeli exercitum illi nocte una adimens, inermem ac spoliatum ignominiosa fuga procul a Iudaea profligat, quam victor ingentibus copiis tenebat[1]. Hoc certe unum facinus amplo documento est, nihil interdum magis expedire, quam Ecclesiam extremis angustiis urgeri, ut mirabili Dei potentiae, quod incolumis evadit, tribuere discat. Nos vero bis ingrati, si velum ultro nobis opponimus, quod divini erga Ecclesiam favoris conspectum obscuret, ubi illustre eius speculum [32] nobis Deus ipse ante oculos ponit.

Iam vix ulla magis coram mundo pudenda Ecclesiae deformitas fingi potest, quam Babylonicum exsilium. Crudelis rerum omnium direptio, foeda terrae populatio et vastitas, urbs incendiis et violentia hostili disiecta et lacera, templum horribili ruina excisum, totius sacrae supellectilis indigna spoliatio, quantam hostibus insultandi licentiam dare poterant? Et ea quae nunc recensui ostendunt, quam insolenter se extulerint Chaldaei. Omnium vero conviciis et sannis passim impetitum fuisse Dei cultum, veri simile est. Atqui haec tantum quaedam erant veluti praeludia. Populus Babylonem abductus, non secus ac mortuum cadaver in sepulchrum reconditur. Quanquam hoc quoque interest, quod lacerae partes huc illuc dissipantur, ne rursus coalescant. Nulla amplius Dei regia, nullum sacrarium, nulla cultus species, nulli solennes coetus: nullum denique superest Ecclesiae nomen. Ac ne quid ad extremam contumeliam desit, in superbis et impuris comessationibus sacra vasa ostentui habentur[2]. Quin eo usque grassatur saevitia, ut Deum invocare capitale sit[3]. Sed facit haec tam immanis omnium malorum congeries, ut in restituenda populi salute magis emineat Dei virtus. Primum, quod Daniel et eius socii in raram potentiam ex servitute evehuntur, ut aliquid levationis misere oppressis fratribus afferant[4]: hoc iam documento palam factum est, Ecclesiam, ubi videtur penitus relicta, curae tamen esse Deo. Quod tres sancti homines, qui in fornacem coniecti fuerant, salvi inde ac integri evadunt: memorabile in primis specimen liberationis populi mox futurae illic relucet[5]. Reditus autem ipse populi, non minori admiratione dignus fuit, quam inaudita quaedam resurrectio: ut vere in Psalmo fideles iactent, se tunc somniantibus fuisse similes[6].

---

1) Jes. 37, 36   2) Dan. 5, 1 sqq.   3) Dan. 3, 1 sq.   4) Dan. 2, 48 sq.   5) Dan. 3   6) Ps. 126, 1

Iam quod commeatus a rege praebetur[1], quod templum extruitur sumptu regio[2], quod gravibus edictis prohibentur a Iudaeis iniuriae[3]: pudeat nos non agnoscere Deum harum rerum authorem, quum totidem incredulis fuerint portenta. Haec autem consideratio dici non potest, quantopere ad iuvandam augendamque fidem nostram valeat. Quo convincitur eorum ingratitudo, qui in tam bene ordinato gloriae Dei theatro scandalum quo impingant sibi fingunt. Porro, in terram suam reversi, subito incredibilem in modum tam hominum numero, quam opibus augentur[4]. Hoc quoque non obscurum divinae potentiae miraculum est, praesertim cum nulla illis daretur ab hostibus relaxatio. Scimus enim tot fuisse adversis copiis obsessos, quot vicinae erant in circuitu gentes. Verum, ut in cruce clarius refulgeat extraordinarium Dei praesidium, non multo post aliis identidem atque aliis cladibus sic proteruntur, ut iam ultima internecio appareat. Sub Persarum imperio tametsi eorum conditio fuerit tolerabilis, tamen velut oves mactationi destinatae, parum a macello interdum abfuerunt[5]. Ne immanem suum impetum in eos profunderet Alexander, caelesti oraculo cohibitus fuit[6]. Quum vero post eius mortem, Syriae et Aegypti reges quasi truculentae bestiae in rabiem accensae, mutuo se discerperent, nec ullus esset ultro citroque saeviendi finis[7], quis gentem in medio sitam et utriusque libidini expositam diu fore superstitem sperasset? Nec sane tot ac tam variis cladibus deiecta stetisset, nisi Deum habuisset custodem, manuque eius suffulta esset. Tandem sub dira Antiochi tyrannide, quasi in profundum gurgitem demersa, nullam amplius lucis scintillam in toto mundo habet. Tota regio sanguine innoxio exundat. Hierosolyma horrenda cadaverum strage, quasi pavimento sternitur. In templo collocatur execrabile idolum. Abolitis Dei institutis, profani ac degeneres gentium ritus regnum occupant. In ignem proiiciuntur sacri omnes libri, ut Dei veritas ex hominum memoria penitus excidat. Quisquis hiscere audet, imo quisquis dolore ingemiscit, ac non potius se perfida simulatione contaminat, protinus ad lanienam protrahitur[8]. Maccabaei cum manu a se collecta, in cavernis montium vagi et inopes inter feras latent[9]. Quod in tanta desperatione manent tamen reliquiae piorum, quae postea emergant, quis neget admirabili Dei providentia fuisse servatas? Quod Moisis et Prophetarum libri ex illis flammis illaesi evadunt, quis humanae custodiae tribuat? Deni-

---

1) Esra 1 2) Esra 6, 8 sqq. 3) Esra 6, 11 sq. 4) Neh. 7, 66 sqq.
5) Esra 4 6) Josephus, Antiq. XI c. 8, ed. Niese vol. III p. 62–70
7) 1. Macc. 1, 16–19 8) 1. Macc. 1, 20–64 9) 1. Macc. 2, 28 sqq.

que temporum illorum historia, longe certius testatam nobis Dei providentiam facit in protegenda Ecclesiae salute, quam si magnificos de omnibus populis superbosque triumphos egisset. Idem et aliae quae postea contigerunt perturbationes, spectaculum nobis praebent. Nam cum usque ad Christi adventum, nunc externis bellis, nunc intestinis factionibus, nunc barbara principum libidine, quasi assiduo rotatu vexati raptatique fuerint Iudaei[1]: factum est tamen singulari Dei beneficio, ut Ecclesia inter istas turbulentas conversiones in suo gradu steterit. Hic nobis in mentem veniant tot sancti viri, imo et mulieres, quibus earum quas recensui calamitatum devoranda fuit indignitas. Nonnullis, qui ad provectam usque aetatem vixerunt, necesse fuit per longas et multiplices malorum ambages errare, et tandem anxie mori, cum nullum exitum viderent. Haec sane erant scandala quae a recto cursu depellere ipsos possent. Et tamen fide eluctati, |vocationem suam constanter persequuti sunt. Nunc vero tam animosa eorum strenuitas non modo instar vehiculi, quod lassitudini nostrae medeatur, sed loco alarum esse nobis debet: quibus supra arduas rupes, spinosos perplexosque saltus et quaevis abrupta transvolemus. Eventus autem laetiores, qui fidelis in servanda Ecclesia Dei curae testes sunt, nisi omnem scandali sensum nobis tollant, plus iusto sumus molles ac delicati. Imo hoc fastidium minime ferendum est, si in plano itinere scandalum prava imaginatione nobis ipsi obiicimus.

Quod si in veteri populo hoc boni semper habuerunt Ecclesiae infortunia et aerumnae, ut praesentius Dei auxilium secum adferrent: ac quo gravior fuit crucis pressura, eo clarius ostendit Deus sua manu erigi Ecclesiam, erectamque sustineri: sub regno Christi longe clarior est huius rei conspectus. Si per continuos pacis successus, florentem iucundumque statum retinuisset Ecclesia, ex quo publicari coepit Evangelium mundo: nempe haec fuisset humanitus usitata ratio, quam omnes contemptim praeterissent. Verum, cum adversus exiguam et contemptibilem manum protinus efferbuerint gentium ordinumque omnium odia: cum nomen Christianum diu sic fuerit ubique invisum ac detestabile, ut singulis momentis parum ab interitu distaret: cum passim diris modis saevitum fuerit in eos omnes, qui vel obscuram aliquam Christianismi significationem dare audebant: cum ad exstinguendam eorum memoriam facta esset totius orbis conspiratio: Quod Ecclesia nihilominus semper aliqua duravit: hic insolita virtus et arcanus nescio quis vigor apparet. Hoc dico, quum templa Christianis essent ferarum in sylvis et montibus

---

1) cf. Josephus, Antiq. XIII–XVIII, ed. Niese vol, III p. 149–IV p. 209.

latebrae¹, nusquam tutum domicilium, et extrema infamia parique odio flagrarent: quis nomen evangelio dare non horruisset nisi divinitus excitatus? Atqui subinde multi certatim ex destinato ad subeundum tale dedecus, ad miserum illum et servilem metum advolabant. Simulatque Christum professus erat quispiam, non modo ad mortem rapiebatur, sed saevi cruciatus simul erant propositi. Nulla sexus, nulla aetatis misericordia erat. Aliquos fuisse repertos, qui hac mercede Christiani esse vellent, nonne plus quam mirum est? Ut quisque captus erat, acerrima de sociis quaestio habebatur. Si quando in tormentis vocem continuit, qui in tyranni necem cum aliis conspiraverat ne conscios detegeret, omnes constantiam mirantur. In tot provinciis, in tot urbibus innumera servatae ad extremum fidei exempla, annon linguas divinitus fuisse gubernatas testantur? Cum autem in singulis hominibus, ac saepe etiam in mulierculis periclitaretur tota Ecclesiae salus, in eo certe insigne miraculum fuit, quod non brevi omnes funditus sublati fuerint. Atqui inter tot diminutiones, excidiis non multum absimiles,¹ latius tamen propagari non desiit. Idque vere fuit sub crucis ignominia triumphare. Imo qui omnes circumstantias, qua decet aequitate, reputabit, inter mortes innumeras fatebitur continuam fuisse multarum resurrectionum seriem. Quod pro sua difficultate, nobis incredibile foret, si quis narraret posthac futurum: nunc cum factum est, non modo contemnere, sed offensionis loco ducere, non iudicii est, sed maligni fastidii. Illi quidem maxime violenti fuerunt impetus, sed aliae quoque aetates ab eadem crucis militia minime immunes fuerunt. Quin duriora certamina sunt experti, qui sincere ac fideliter Deo servire tunc volebant. Fasces Christi regno submiserat Romanum imperium. Videri Ecclesia poterat in beata quietis et gloriae sede collocata. Barbarae etiam nationes, in Christi possessionem concesserant. Verum haeretici interea ac perfidi homines rerum sic potiebantur, ut probi verique pastores a suis Ecclesiis per vim, nec sine ignominia fugati, in regionibus ignotis exsularent². Ac ne exsilium quidem illis permissum fuisset, nisi latuissent ab hostium tyrannide. Quod tam atroci persecutionum violentiae exposita saepe fuit Ecclesia, quod fere prostrata sub hostium pedibus iacuit: procul quidem hoc abest a specie terrenae dignitatis. Quod autem exiguus piorum numerus, invicta fidei constantia

---

1) cf. Tert., Apol. c. 2, ed. Oehler I 117 sq.; Euseb., Hist. eccl. III 33, ed. Schwartz p. 113, C. Plinii Caecil. secundi Epist. lib. X, 96
2) cf. Euseb., Vita Constantini IV; Athanas. Apolog. contra Arianos 3-19; MSG XXV p. 251 sqq.

tantos persecutionum fluctus superavit, quod superstes omnibus
tyrannis ac haereticis fuit Ecclesia, quae veram fidei doctrinam
ad posteros transmitteret: hoc vero est luculentum divinae virtutis testimonium, quod supra omnes mundi glorias longe excellit. Ita in praesenti Ecclesiae calamitate nulla refulget dignitas, quae coeleste Dei regnum hominum oculis repraesentet.
Nam ea opressa, summi hostes[1] ipsius titulo, quasi spoliis
ornati, non minus crudeliter quam superbe eam conculcant.
Si quis, eorum impietati vel tantillum ausit obsistere, gladiis,
ignibus ac omne genus tormentis formidabiles, verae Ecclesiae in terris locum vix relinquunt. Quod si aliquos sibi
angulos inveniat, nunc vi et armis impetita, nunc ludibriis
vexata, nunc minis et terroribus fatigata: nihil minus quam
regium illum Christi decorem, tantopere a prophetis commendatum, prae se fert. Verum cum minaciter terrendo, ac furiose
saeviendo, non eo tamen usque proficiunt impii, quin Dei
Ecclesia sub crucis humilitate firma rectaque subsidat: cur non
in hac mirifica eius conservatione Dei gloriam exosculamur? Si
quis rerum peritus, quam multa per hos triginta annos ad eam
perdendam machinati sint impii, secum animo revolvat: non
fuisse centies penitus deletam mirari cogetur. Et nunc quod
intra biennium misere discerpta fuit, laceraeque eius partes a
leonis faucibus, parum ab|sunt, tametsi multorum animos frangit: optimo Dei consilio factum esse tandem sentient fideles,
quo manum suam in ea liberanda clarius exserat. Neque enim
ab ipso servari, nisi ex morte ereptam, agnoscimus.

Huc postremo accedit et alia ratio, quod ferociam nostram
domari subigique crucis disciplina plus quam necesse est. Videmus ut Ecclesia, quae in mediis vexationibus spirituali vigore
floruerat, nimis laeta pace diffluxit. Hodie cum sub duro austeroque fraeno nos Dominus constrictos teneat, videmus ut passim
omnes fere lasciviant. Quid fieret, si libere exsultandi daretur
occasio? Cum Evangelii professio longe lateque in Germania
regnaret, et integrae adhuc essent eorum vires, qui ad tuendam
bonam causam videbantur animati, hacque fiducia susceptum
esset luctuosum hoc bellum, quodque infeliciter cessit[2]: erectis
in magnas spes partis nostrae animis: dixi aliquando publice[3],
plus a nostra, quam hostium victoria nobis instare periculi.
Neque enim tam metuendas esse ullas clades, quam nimis
triumphale, ut ita loquar, Evangelium, quod nos ad insolescen-

---

1) Ad Papam spectat (teste versione gallica) 2) Bellum Schmalkaldense a. 1546—47 3) In sermonibus (teste versione gallica), sed ibi non invenitur.

tiam efferret. Nec vero me istius vocis hodie quoque poenitet. Nisi profanae licentiae Dominus obviam mature ivisset, morbus fuisset temporis successu propemodum incurabilis. Nulla doctrinae piisque monitionibus fuisset authoritas. Mediocrem disciplinam qui nondum admittere sustinuerant, iugum omne, non secus ac indomitae belluae, violento impetu rupissent. Tanta infamiae macula ab Evangelio abstergi non potuit, quam si ad modestiam vi et malis coacti fuissent, qui eam sponte hactenus discere noluerant. Rursum hoc examine, quali quisque esset animo, patefecit Dominus. Magnifice omnes Evangelium sub umbra iactabant. Primas in multis locis tenebant scelerati hypocritae. Post cladem vero acceptam, quidam magni nominis principes protinus exanimati, nobiles respublicae metu nescio quo attonitae, sponte conciderunt. Hic se plus quam effoeminata mollities, imo perfida ignavia, aperte prodidit. Impias et sacrilegas a Christo defectiones intra biennium in natione una plures vidimus, quam narrent omnium temporum gentiumque historiae. Quam infractum vero sit fidei robur, ubi Spiritus virtute corda sustinentur, palam in aliis factum est. Heroica magnanimitas, quam Dominus in homine uno victo et capto, saeculis omnibus spectandam proposuit, nunquam nisi tali crucis experimento credita fuisset[1]. Insignia quaedam eius generis exempla,¹ quae referre promptum esset, consulto praetereo. Sed haec et alia innumera quisque apud se expendat. Iam mulieres ad mortem raptari aiunt[2], quo minus habeant veniae non viri tantum, sed toti populi: qui ut brevem caducae pacis usuram redimerent in mundo, filium Dei aeternae vitae authorem abnegare, seque coelesti eius regno privare non dubitarent. Postremo, quorsum profutura sint quae vulgo nunc in gravibus malis reputantur, Dominus ipse melius novit. Nostrum est, quidquid calamitatum acciderit, forti animo accipere, exitum, qualis optandus est, a Domino sperantes: semper quidem hoc habere constitutum, Utcunque ad tempus prematur Ecclesia, optimum Patrem, qui singularem eius curam gerit, nunquam passurum, ut obruta deficiat. Si Christum in medio hostium dominari oportet, sicut Spiritus testimonio olim testatum est[3], regnum eius inter nos sine militia et continuis certaminibus esse non potest. Si nos ovibus similes sumus mactationi desti-

---

1) ad Ioannem Fridericum ducem Saxoniae, a. 1547—1552 captivum, spectat (teste versione gallica); vide Burkhardt, Die Gefangenschaft Joh. Fried. des Großmütigen, Ztschr. v. W. f. thüring. Geschichte I p. 395 spp., Weimar 1863 2) in multis Germaniae regionibus (teste versione gallica). 3) Ps. 110, 2

natis, adversarii autem luporum instar rabie ardent: veniat
nobis in memoriam illud Domini praeceptum, Possidendas esse
in tolerantia animas[1], donec suam ipse virtutem in nostra infirmitate perficiat[2]. Certe nihilo felicius habebant Apostoli, cum
intrepide clamarent, Ut quid tumultuantur gentes, et populi
meditantur inania[3]? Nos quoque si teneamus quid valeat illud,
In coelo Deum ridere[4]: cum impiis habenas laxat, eadem qua
Apostoli fiducia instructi, toti mundo quamvis armato secure
insultabimus.

Sequuntur scandala, quae iterum ex doctrina vulgo creduntur
provenire: sed revera humanae vel proterviae, vel inscitiae, vel
curiositatis proprii sunt ac germani foetus. Scriptura de naturae nostrae corruptione ita docet, quod ingenitam ex utero
vitiositatem ac malitiam afferamus: ita non posse ex mala
arbore prodire nisi malos fructus, donec Christi gratia simus in
integrum restituti. Hic colligit humana ratio, non tantum carere
homines ipsos culpa dum peccant: sed Deo culpam merito posse
adscribi, qui tales eos creat, ut nati ad peccandum videantur.
Interroget unusquisque suam conscientiam: protinus convictus
obmutescet. Illic enim reperiemus, quod Scriptura toties testatur, fontem omnium vitiorum esse pravitatem, quae in nobis
haeret. Nos ideo mala omnia perpetrare, quia quod Deo displicet,
appetamus. Qui fit igitur, ut quos intus reos peragit propria
conscientia, vanas excusationes hinc inde avide conquirant, ad
se et alios reatu eximendos? neque eo contenti, Deum quoque
in crimen vocent? Nisi sponte se fallere in suum exitium illis
liberet, annon[1] vitium, quod in se cernunt, damnarent potius, [38]
quam alio causam transferrent? Sed agedum, quia qualemcunque duntaxat blasphemiis suis praetextum quaerunt: ostendamus
uno verbo, nullo eos colore impudenter maledicere. Quem voluntate peccare constat, isne innocentem se iactabit? Ubi omnia
dixerint, illuc demum veniendum, Nihil, nisi quod sponte com-
mittunt, illis a Deo imputari. Et quis hominum ipsos in volun-
tariis malefactis absolvet? Porro quod homines iure damnant,
an damnare non erit Deo liberum? Atqui tamen cum Deo ex-
postulant, quod non meliorem illis mentem, et cor etiam rectius
dederit. Quasi vero non dedisset initio. Nam pravitatem, quae
in nobis regnat, doctrina nostra non fert acceptam Dei creationi,
sed naturae corruptioni assignat. Excipiunt rursus, Iniquum esse,
alieni delicti poenam sibi infligi. Ea forte exceptio nonnihil
haberet coloris, si a proprio peccato ipsi immunes, aliena culpa
gravari se ostenderent. Sed cum rectam in primo parente natu-

---

1) Luc. 21, 19 2) 2. Cor. 12, 9 3) Act. 4, 25 4) Ps. 2, 4

ram ita perdiderint, ut sponte sint vitiosi: quid sibi, tanquam insontibus, fieri conqueruntur iniuriam? Scilicet faciunt, quod perditissimi latrones solent: qui dum ad supplicium rapiuntur, probris undecunque arreptis iudicem lacerant. Et sunt eiusmodi homines saepenumero, sicut ad perpetranda maleficia prompti: ita etiam facundi ad conviciandum. Quid autem ita ferociter insultando proficiunt? Neque enim aut levatur eorum ignominia, aut iudici macula ulla inuritur. Idque ipsi norunt: sed desperatione excaecati miserum ex ridicula ultione solatium capiunt. Hactenus eorum blasphemiis respondi, qui impietatem ex professo suam produnt: sed restant Sadoleti, Pighii, similiumque calumniae, quibus doctrinam nostram infamant, quasi varias et prope infinitas absurditates secum traheret[1]. Illinc vero si quid est scandali, ideo est, quod scripta nostra non leguntur. Quid ergo facerem, nisi ut omnes eos horter, qui praepostera offensione abrepti, ignotam veritatem refugiunt, ne duplicem temeritatis poenam sibi accersant? Nam et se fraudant oblata sibi salute: nec illis impune cedet, causa inaudita, secundum mendacium statim pronunciasse.

Quod vero Praedestinatio mare est scandalorum, unde id contingit, nisi ex nostra vel curiositate, vel petulantia? Hic de arcano Dei iudicio agitur: cuius fulgore humanas mentes, si propius accedant, non perstringi modo et hebetari, sed penitus absorberi necesse est. Et tamen quantum ferebat captus noster, quantumque nostra intererat, Dominus Scpripturis patefecit: Nos scilicet esse omnes perditos, nisi quos ad vitam eligendo, a morte redimit: ad eos Christi gratiam solos pervenire, qui gratuita electione antequam nascerentur ad salutem praeordinati fuerant: alios sicuti sunt aeterno exitio destinati, in suis peccatis manere. Ultra progredi etiam si fas esset, non tamen expediret. Nunc vero, cum non minus impium sit quam noxium, unde nos, tanquam iniecta manu, arcet Dominus, perrumpere: officii nostri erat, quod Dominus tradit, reverenter amplecti: et eo contentos ab omni alia inquisitione abstinere. Vera enim sapiendi regula in hac parte talis est sobrietas, quae nihil amplius scire appetat, quam quod Scripturis est revelatum. Nihil certe absconditum a nobis Deus esse voluit, nisi cuius aut supervacua erat cognitio, aut magis abstrusa, quam ut eius percipiendae simus capaces. Quo magis ingrati sumus, nisi nostrum inquirendi studium attemperamus ad eum, quem ipse tenuit modum docendo. Quid ergo miramur, si in abyssum se praecipitant, aut scopulis

---

1) cf. Jac. Sadoleti epistolam ad senatum populumque Genevensem, Vol. I, 442, 35 sqq.; vide p. 167 adn. 1

allidunt, qui, phreneticorum more, adversus Deum violento impetu ruunt? Deum tyrannidis accusant, quod exitio adiudicet nondum natos. At sentient olim iustum iudicem. Imo iam intus sentiunt, etiam si non agnoscant. Causantur frustra dari praecepta de moribus, frustra leges ferri, inique etiam exerceri iudicia puniendis maleficiis, cum fatis regantur omnia, vel potius rotentur. Quasi vero non ita suos electos Spiritu sancto moderetur Deus, reprobos Sathanae agitandos permittat: ut illis doctrinam pietatis et exhortationes fructuosas reddat: hos teneat contumaciae convictos et inexcusabiles, quia moniti non paruerint. Omitto, quam nihil proficiant, Dei providentiam calumniose Fati nomine infamando. Neque enim vel intricatos causarum nexus somniamus cum Stoicis, vel astris subiicimus mundi gubernationem, vel necessitatem comminiscimur in ipsa rerum natura. Atqui ea est quam fatalem vocant profani homines. Longe igitur aliud est Dei praedestinatio, quam fatum. Sed facessat logomachia. Si fixa est, inquiunt, aterno Dei decreto rerum necessitas: supervacuum est docere, quale sit cuiusque officium. Nihil enim ex eo quod iam constitutum est, mutabit doctrina[1]. Atqui expendere rursum debebant, a Deo quoque ipso ordinatam in hunc finem esse doctrinam, ut arcanis eius consiliis subserviat. Quos aeterna sua adoptione praeordinavit ad vitam, nonne doctrina, quasi porrecta manu, ducit, quo destinaverat? Quid enim aliud est efficax vocatio, quam electionis, quae prius latebat, complementum? Reprobos variis obiurgationibus compellat, nullo, ut videtur, profectu. Verum cum ipsos inexcusabiles hoc modo reddat: hic quoque nonnulla doctrinae vis apparet. Non animadvertunt stulti homines, quam pulchro inter se ordine consentiant Dei opera. Hinc fit, ut doctrinam, quae nihil aliud est quam aeternae eius voluntatis ministra, cum voluntate ipsa temere in certamen committant. Proinde discamus, non hominibus ideo loqui Deum, ut quae apud se olim decrevit, revellat, aut etiam corrigat: sed potius ut effectu ipso comprobet, quam firma sint et stabilia. Quos ab initio semel elegit, fieri nequit, ut pereant: sed quia perire ipsos non vult, in fidem tutelamque Christi tradit. Porro ut Christum habeant pastorem, a quo custodiantur, in eius ovile colligi necesse est. Itaque cum pastoris vocem audiendo salutem electi consequuntur, nihil aliud quam externa Evangelii praedicatione ad suum finem perducitur ipsorum electio. Eandem et reprobis doctrinam iubet proponi. Cur? An ut quod de illorum exitio statuit, evertat? Quin potius ut obstinata eorum incredulitas magis pate-

---

[1] cf. Inst. III 23, 12 sqq.; ed. nostra vol. IV, 405 sqq.

faciat, quid valeat occultae electionis gratia. Quale enim illustrius speculum, in quo haec perspicue reluceat, fingi potest, quam dum in communi doctrina, eadem Dei vocatione, pari vocandi organo, tantum est hominum discrimen, ut alii pertinaciter respuant, quod alii obedienter amplectuntur? Videmus tamen interea, ut verbum quod hominis ore profertur, etsi impiorum corda non emendet, feriat tamen ipsorum conscientias, et lasciviam, instar fraeni, cohibeat.

Iam de scandalis, quibus secundum ordinem assignavimus, est disserendum. Queruntur multi, Evangelium discordiarum esse fontem: quia simulatque emergit, una surgunt contentiones: imo non secus ac si classicum cecinisset, homines inter se armantur. Fatendum est sane quod Christus pronunciat, simul cum Evangelio dissidia fere et pugnas exoriri[1]: sed qua id occasione fiat, reputandum est. Primum, si contumaciter insurgunt homines, quum eos in ordinem cogere vult Deus, qua id ratione fiat, iam prius diximus. Difficile est, ut qui sibi nimium sapiunt, dociles se Christo praebeant. Iam vero, quum affectus carnis, qui in hominibus regnant, totidem sint quasi feroces ac indomitae belluae, miramur si tumultuose iugo et fraeno resistant? Atqui nimis indignum est, cuius mali causa in nobis reperitur, culpam in Evangelium conferri. Nihilo rectius faciunt, qui turbarum metu et discordiarum odio, a pacis doctrina abhorrent. Tranquillo statu nihil putant esse melius. Quid ergo, si tyrannus quispiam hoc saevitia et immanitate sua consequutus sit, ut dum virgines matronasque ingenuas ad se rapit, dum fortunis optimum quemque spoliat, dum iugulat trucidatque innocentes: metu omnes attoniti sileant: anne hoc praetextu tyrannis laudem merebitur? Nunc si quaeritur, quaenam sit pax ista, quam Evangelii iactura redimere multi non dubitant: hoc sane constabit, vitiosas perversasque religiones placide et absque motu obtinere, quia deterrimus omnium tyrannus Sathan impune hominibus semimortuis insultat. Tametsi quoad externam corporis servitutem attinet, tolerari forsan potius interdum expediat, quam libertatis asserendae causa tumultum movere, qui in caedes et confusam vastitatem erumpat. Verum ubi de aeterno animae exitio agitur, nihil tanti esse debet, ut mortiferam pacem vel appetamus, vel etiam voluntarii colamus. Quid etiam quod Filium Dei ita imperii sui iure fraudamus? Atqui coelum potius terrae misceri praestaret, quam illi minui honorem a Patre datum, nedum prorsus eripi et abdicari. Nos scilicet vivemus alieni a vitae principe, ut pax nobis constet apud homines:

---

1) Matth. 10, 34

bellum ex professo adversus Deum suscipiemus ? Ne dissidium
cum improbis habere cogamur, a Christo dissidere non recusa-
bimus, per quem sumus una cum Angelis Deo reconciliati?
Nimis sane indigna merces. Nec vero Christus, cum pacatum
Sathanae regnum describit, ideo appetendum esse docet: quin 5
potius summi beneficii loco fore hoc promittit, ut fortior cum
illo confligens, iniusta illum tyrannide spoliet[1]. Nam si tam
animosos cernimus, qui ambitiose pro imperio vel libertate sua
dimicant, ut quosvis excipere motus non dubitent: ubi turbarum
procellas excitat Sathan, ad turbandum Christi regnum, quanto 10
nos fortiori animo contra obniti decet ? Filius in patrem insurget: pater filii vitae non parcet: fratri insidiabitur frater[2]. An
ideo sunt haec praedicta, ut sibi ab Evangelio caveant homines,
ac non potius, ut in tempore moniti nullum ex novitate terro-
rem concipiant ? Neque enim cum aliis mihi negotium est, quam 15
qui ad fucosae pacis praetextum Christi ipsius nomine abu-
tuntur. Etsi me quoque non latet, turbulentos homines moven-
dis seditionibus, Sathanae esse flabella, ut in Evangelii odium
placidos alioqui homines inflammet. Ita nostro saeculo, sub
Evangelii renascentis initia, barbaros homines armavit, qui legi- 20
bus, iudiciis, et omni poli'tiae bellum ex professo indicerent. Sed [42]
quum nobis minime ignotum sit eiusmodi artificium: modo pacem ex animo quaeramus, eam vero experimento sentiemus a
Deo nobis per Evangelium offerri: ut inter homines quoque nobis
constet. Ab Evangelio quidem recedere, ut seditionibus obviam 25
eatur, nimis perversum est.

Iustior in speciem haec scandali causa est, quod simul ac publicari coepit Evangelii doctrina, velut aperta scaturigine, multorum erumpit impietas, qui religiosi antea visi fuerant. Atqui
longe aequius erat, hoc ad fidei confirmationem valere. Quum 30
has Christo partes assignat Simeon, ut retegat ex multis cordibus cogitationes[3]: adeo nemo refragatur, ut plausibilis sit sententia. Quid ergo in re ipsa absurdi invenitur ? fingagmus nunquam fuisse dictum: ut sine praeiudicio aestimetur quod apparet. Quum ante annos triginta ubique vigeret religio, et in com- 35
munem receptumque Dei cultum, sine controversia, omnes con-
sentirent, nunc impietas et Dei contemptus passim ebullit.
Principio dico nihil esse mirum, si tenebras lux discutiat: tam
altas esse cordis humani latebras, tamque flexuosos recessus, ut
abyssos prope omnes superent, iam olim proverbio vulgatum 40
est. Iam si qua in re fallax est hominum simulatio, mira erga
Deum improbitate ludit, ubi minime fas erat. Huc accedit

---

1) Luc. 11, 21 sq.   2) Matth. 10, 21. 35   3) Luc. 2, 35

Sathanae vafrities, quod partim ignorantiae caliginem obducens, partim Dei cultum obtegens caeremoniarum larvis, miram religionis, quae nulla est, pompam ostentat. Hoc sub Papatu fuisse vident omnes oculati. Illic enim conscientiae, quasi circaeis venenis fascinatae stupent: per longas ambages serium Dei sensum refugiunt. Nam immensum illud caeremoniarum chaos vere latronum est spelunca[1]: quia hypocritae sub illis involucris abditi, quidvis sibi impune licere confidunt. Eiusmodi securitas, si verae fictaeque religionis discrimen tollit, nihil mirum. Quod si quando propius ad Deum accedere videntur, non alium in finem multum se fatigant adeoque excruciant, nisi ut interior cordis impietas talibus remediis delinita intus quiescat. Nunc si illata Evangelii face profligatur hypocrisis, ac palam fit impietas: iniusta est ac perversa, quae inde suscipitur offensio. Olim inter profanos homines, nisi qui palam veneficus erat, et testamentarius, et periurus, et coopertus omni flagitio: nemo habebatur deorum contemptor. Nam quum carnales sibi deos fingerent, nihil facilius erat, quam religione defungi. Atqui videmus, ut acriter in derisores invehantur Prophetae. quod proculdubio non sine gravibus causis faciunt. Ergo impietas, quae se exerebat in Dei Ecclesia, apud incredulos nulla fere tunc apparuit. An ideo legem et prophetias flabella ad eam excitandam fuisse dicemus? An ideo pura religio, quae hydram illam in lucem protrahebat, minoris censebitur? Quin etiam in ipsa Dei Ecclesia, non nisi post natum Isaac, Ismaelis sannae se proferunt[2]. Qui antea secundus erat a sancto Abrahamo, repente in sceleratum gratiae Dei ludibrium erumpit: quo meretur a patris familia abdicari. An tale exemplum Abrahae domesticos a sancta progenie alienare debuit? Porro, quod in Isaac tenuiter fuit adumbratum, in Christo clarius exprimi oportuit: idque factum testatur Evangelii historia. Scimus enim, ex quo in mundum ipse productus fuit, quantopere efferbuerit eorum insania, qui prius se religionis titulo venditabant. Quare maligna haec facessat opinio, ex evangelii doctrina scaturire impietatis licentiam: quia velut e latibulis in apertam lucem protrahitur. Quin potius hoc ipsum nos oblectet, retegi ex multorum cordibus cogitationes.

Quanquam huius rei alia quoque notanda est ratio, nempe quum oblatam Evangelii gratiam alii respuant, alii contemptim summis tantum labris gustent, alii superbe repudient: annon digna est omnium ingratitudo, de qua non mediocrem vindictam Deus exigat? Et profecto severe ulciscitur, cum

---

1) Jer. 7, 11; Matth. 21, 13   2) Gen. 21, 9

adempto religionis sensu, in horrendam istam caecitatem eos praecipitat. Quotquot ergo videmus hodie Lucianicos homines, qui totam Christi religionem subsannant: quotquot item Epicureos, qui nullo Dei metu ad quamlibet nequitiam se prostituunt: totidem sciamus a Deo nobis ante oculos poni vindictae Dei exempla, quae nobis Evangelii dignitatem pretiumque commendent. Paulus merito in reprobum sensum et foedas probrique plenas cupiditates coniectos fuisse dicit, qui Dei notitiam, qualis ex solo mundi aspectu concipi potest, iniuste suppresserant: ut qui Deum fraudaverant suo honore, extremae ignominiae subiecti, iustam reciperent ingratitudinis suae mercedem[1]. Quo indignius est sacrilegium Evangelii contemptus, non mirum est, si atrocior de ipso nunc sumitur vindicta. Quid enim? An qui scintillulas in mundi fabrica emicantes sua socordia exstingui passi sunt, iure plexos esse fatebimur? qui autem plenum gloriae Dei fulgorem, qui in Evangelio lucet, destinata malitia obruunt et extinguunt, eos vellemus impune Deo illudere? Quod si Deum contemptae, vel abiectae suae gratiae severum esse vindicem plus quam aequum est: cur eius vindictae, quae in primis laudanda est, exempla cernentes offendimur? Imo potius decebat, ut iam dixi, sicuti hoc modo Evangelii maiestatem asserit Deus: ita eius reverentiam in animis nostris sanciri. Evangelium, quo se nobis in Filii persona offert ac donat, quomodo satis digne excipi potest? Atqui incomparabilem hunc thesaurum vulgari honore multi vix dignantur: alii abiiciunt ad pedes, alii vanis mundi delitiis secure posthabent: multi etiam tanquam aliquod ludicrum, iocose ad profanam oblectationem convertunt. Quid postea sequutum est? Quum aliqua saltem religio eorum animis insideret, nunc canum in morem adversus Deum latrant. Atque hoc quidem acumine sibi placent, imo semidei videntur, quod nubibus oppedere non dubitant. At vero si prodigiosa est hominis in pecudem conversio, eo magis sunt deplorandi, quod nullo mali sui dolore tanguntur. Papistarum ineptias lepide rident: sed ipsi indigni sunt, qui unquam ad Papismum revertantur. Neque enim vulgares eorum exitus esse convenit, quibus et sacer Christi sanguis, et aeterna Dei veritas, et lux vitae, partim risui fuerunt, partim contemptui. Et certe qui nunc passim regnat Evangelii contemptus, certum est belluinae cuiusdam vitae praesagium. Nam, quum hoc extremum sit curandis hominum vitiis remedium, ubi Dominus cum Evangelio suo affulget, quibus nihil prodest remedium hoc, eos esse incurabiles constat. Qui vero

---

1) Rom. 1, 28

medicum scientes ac volentes aut eludunt, aut procul abigunt,
ultro sibi quasvis accersunt mortes. Ut caput hoc concludam,
quibus atrox malum, ut est, censetur impietas, hi ex hac
gravitate poenae, quam indigne Evangelii sui contemptum
ferat Dominus, aestimant: atque hoc documento in eius fide
et obedientia confirmantur. Agrippam, Villanovanum, Doletum,
[45] et similes vulgo notum est tan[l] quam Cyclopas quospiam
Evangelium semper fastuose sprevisse[1]. Tandem eo prolapsi
sunt amentiae et furoris, ut non modo in Filium Dei exsecrabiles
blasphemias emoverent[2], sed quantum ad animae vitam attinet,
nihil a canibus et porcis putarent se differre[3]. Alii (ut Rabelay-
sus, Deperius, et Goveanus) gustato Evangelio, eadem caecitate
sunt percussi[4]. Cur istud ? nisi quia sacrum illud vitae aeternae
pignus, sacrilega ludendi aut ridendi[5] audacia ante profanarant ?
Paucos nomino. Quicunque eiusdem sunt farinae, eos sciamus
nobis a Domino in exemplum quasi digito monstrari, ut sollicite
in vocationis nostrae stadio[a] pergamus, ne quid simile nobis
contingat.

Porro, quia non lapsu tantum suo vel praecipitio infirmos
offendunt perditi isti homines, sed impietatis suae venenum huc
illuc profundunt, ut atheismo orbem repleant: huic quoque

---

a) *1550 falso:* studio; *iubente correctore:* stadio

1) Calvinus de his impiis alioqui: Inst. I 7, 4, vol. III, 69, 34 sqq.;
I 8, 5, vol. III, 75, 12 sqq.; I 8, 9; vol. III, 77, 26 sqq.; ad Danielem
epist. 14. Kal. Nov. 1533 CR opp. Calv. X pars 2, 29; Troisième sermon
sur le chap. XIII du Deuteronome CR opp. Calv. XXVII, 261. Tota
sectio non ad opera modo scriptorum spectat sed ad epistulam quoque
Capnii ad Calv. a. 1542 CR opp. Calv. XI, 490 sqq.; Herminjard
8, 228 sqq.; Agrippa a Nettesheim, De incertitudine et vanitate c. 99
pg. 231 sq.; Apologia c. 32 pg. 313 sqq.; Meiners, Lebensbeschreibungen I, 213 sqq.; Doletus, Dialog. pseudoplat. Axiochus vide
Christie R. C., Etienne Dolet, c. 23, 436 et 24, 442 sqq.; Bulletin soc.
hist. Prot. 30, 337 sqq. praec. 340; de Villanovano vide Rabelaesus,
Pantagruel III, 13 ed. Lefranc V 107, 49 cum adn. 29 et Henry, P.,
Das Leben Calvins III, 29 adn.   2) Capnii epist. vide supra   3) Doletus, Axiochus vide supra; Rabelaesus, Pantagruel III, c. 4 ed.
Lefranc V 571, 2; II, c. 8 ed. Lefranc III 98 sqq.; IV c. 22 (post
a. 1552 omittitur); ,,nihil a canibus et porcis putarent se differe"
forsitan spectat ad Hilarii Bertulphi Ledii epigrammata in canem
Agrippae epitaphia, ed. Lugdunensi operis Agrippae De incertitudine
pg. 1148 sq.   4) Rabelaesus, Pantagruel Lib. II, Prol. ed Lefranc
III 7, 44 sqq.; IV c. 32 (post 1550); III c. 36 ed. Lefranc V 269, 3;
III c. 28 ed. Lefranc V 214 sqq.   5) Rabelaesus, Gargantua et
Pantagruel; Deperius, Cymbalum mundi;

scandalo obviam eundum est. Idque facit Spiritus, dum venturos admonet illusores, qui spem nostram sannis exagitent[1]. sed idem pronuntiat animas instabiles eorum illecebris fore obnoxias[2]. Ergo ut simus extra periculum, colligenda est in Christo firmitas. Solennis mos est impuris istis canibus, quo plus ad ructandas blasphemias licentiae habeant, scurrilem personam agere[3]. Ita in conviviis et sermonibus suaviter iocando, omnia religionis principia convellunt[4]. Ac primum quidem obliquis facetiis se insinuant. Hic tamen finis est, ut omnem Dei timorem obliterent ex animis hominum[5]. Nam eo tandem perrumpunt, religiones omnes ex hominum cerebro natas esse: Deum esse, quia sic credere libeat[6]: futurae vitae spem lactandis simplicibus inventam esse: metum iudicii puerile esse terriculamentum[7]. Hae quidem Sirenum voces deliniendis multorum auribus nimis sunt appositae: sed quas iam suus pruritus titillat. Nam quosdam videmus adeo cupide quae ad tollendum pietatis sensum faciunt captare et venari, ut vixdum percepto paucorum verborum sonitu, repente ab aeterna et inflexibili Dei veritate desciscant. Et sane quisquis vel modice in Scripturis sacris versatus erit, longe alibi quam in opinione fundatam esse fidem nostram expertus, non ita facile nutabit. Qui vero insculptum in cordibus Spiritus sigillum gerunt, multum abest quin machinis istis impetiti concidant. Sed hoc est scilicet quod dicit Paulus, naufragium facere homines in fide, postquam a bona conscientia exciderunt[8]. Quo significat et hanc esse rectae intelligentiae custodem: nec mirum esse si nihil firmum habeant, qui inter varias cupiditatum procellas fluctuantur. Itaque non est quod nos turbet Atheismus, qui nunc quum in toto mundo passim grassatur, tum vero in regnum et principum aulis, in tribunalibus, in splendidis aliis vitae generibus[a] praecipue regnat. Nam si rerum peritos interrogem, adeoque eos ipsos, qui se expedire ab hac tentatione nequeunt, quotusquisque illic bonae conscientiae hospitium concedat: in promptu erit responsum, eam procul exulare. Quid ergo miramur illud fidei naufragium, quod Paulus necessario sequi docet? Porro si tam sedulo reconditam in arcis pecuniam servant, quotquot aliquo

---

a) *Versio gallica 1550:* aux cours des rois et des princes, entre gens de iustice, protonotaires et autres de bonnet rond, entre les gentilshommes, thresoriers et gros marchans.

1) 2. Petr. 3, 3 sq.   2) 2. Petr. 2, 2   3) Vide p. 201 adn. 5   4) Capnii epist. vide supra   5) Goveanus, Epigrammata, epist. ad Belnaeum   6) Similiter Rabelaesus, Pantagr. Prognostion c. 1   7) Rabelaesus, Pantagruel II c. 30 ed. Lefranc IV 303 sqq.; IV c. 13   8) 1. Tim. 1, 19

eius amore tanguntur: qui nullo timoris Dei praesidio munitus, ultro se in praedam exponit, quid excusationis obtendet, si coelesti fidei thesauro spoliatur? Praesertim quum nihil tam exitiale esse noverimus, quam istas impiorum tendiculas. Neque enim quod ab illis instat periculum, extenuare in animo est: quin potius moneo et testificor, nullos tam esse veneficos serpentum afflatus. Verum eo magis ad cavendum vigilantes ac sollicitos esse nos decebat. Interea ab hac quamvis pestifera contagione immunes fore dico, quicunque solidas in Christo radices agere non neglexerint. Neque vero hoc meum, sed Pauli dictum est: Crescendum esse in Christi notitia donec adolescamus in virum perfectum: ne simus amplius obnoxii hominum versutiae, qui nos circumvenire tentant[1]. Simul tamen altera Pauli exhortatio audienda: quando hac lege desponsi sumus Filio Dei, ut integram illi servemus coniugii fidem, in primis cavendum esse, ne suis lenociniis nos corrumpat Sathan[2]: nam si aliquod iam impudicitiae signum dedisse videtur, quae lenoniis illecebris aurem praebuit mulier: parum castas esse animas apparet, quibus ad perfidam defectionem sollicitari dulce est.

Non absimilis est errorum omnium ratio. Labascit multorum fides, alii etiam prorsus ab Evangelio desciscunt, quia erroris segetem esse coniiciunt. Quasi vero a terrae cultura et satione quisquam abhorreat, quia purum semen in lolium saepe degenerat. Ne quem percelleret rei novitas, admonuit Christus hoc futurum[3]. Tametsi enim hypocritas illic zizaniis comparat, tritico veros ac germanos Dei filios: hanc tamen usitatam Sathanae fraudem esse ostendit, corrumpere quibuscunque potest modis et vitiare coeleste Dei semen, ne ad frugem perveniat. Mundum instar deserti et inculti agri scimus diu iacuisse sterilem. Nunc Evangelii doctrinam seminavit Deus per suos ministros. Miramur si Sathan quascunque potest errorum corruptelas misceat? Et quae non statim a primo Evangelii exortu falsorum dogmatum plaustra invexit? Omitto innumeram multitudinem. Sed Valentini, Montani et Manichaeorum deliriis quid magis prodigiosum fingi potest? Perquam vero ridiculum est, eos qui Evangelii lucem tam densis tenebris non fuisse exstinctam miraculi loco ducunt, vim eius contra tot machinas stetisse invictam cum plausu audiunt, quia nunc quoque mendacii tenebras offundat Sathan, Evangelii doctrinae infensos reddi. Verum quia ad hunc scopulum variis modis impingitur, breviter ostendam nullam esse offensionis speciem, in quam non sponte vel socordia, vel alio proprio vitio singuli incurrant.

---

1) Eph. 4, 13. 14   2) 2. Cor. 11, 2 sqq.   3) Matth. 13, 24 sqq.

Qui simpliciter unum hoc obtendunt, sectas ex Evangelii doctrina pullulare, hi partim qualemcunque praetextum captant, partim nimia levitate mali causam in Evangelium transscribunt, quae alibi residet. Quisquis aperire oculos dignabitur, Evangelium perspiciet non modo puram ac liquidam esse Dei veritatem, sed optimum sanctae unitatis vinculum. Nunc si contra insurgit Sathan, ut hanc lucem errorum nebulis obscuret, ac unitatem laceret, in quam coalescunt filii Dei, officium ille suum facit. Est enim et mendacii pater, et dissidiorum omnium author atque artifex. Nostrum ergo erat eo intentius in quaerenda veritate laborare, inventam constantius amplecti. Non modo abstinent isti ab omni eiusmodi studio ac refugiunt: sed hunc defensionis clypeum opponunt Deo, ne obedire eius imperio cogantur. Alii tametsi data opera non quaerunt quomodo repudient sanam doctrinam, cum tamen levi occasionis aura perciti resiliunt, nihil habent iustae excusationis.¹ At vero non abs re timent, ne, si incerti quo eundum sit, flexibiles se praebeant, sua hac facilitate implicentur errorum laqueis. Est hoc quidem aliquid: sed eius periculi alia melior erat cautio: nempe, ut se pia humilitate, modestia, sobrietate, reverentia, Deo subiicerent. Neque enim frustra promisit Christus, pulsantibus ianuam apertum iri¹. Nec frustra spiritu iudicii et discretionis a Patre donatus est. Non frustra etiam per os Iesaiae promittit Dominus paedagogum se fore populo suo, qui ad regendos eius gradus a tergo praesto sit². Denique non fallendi nec frustrandi causa viam vitae nobis in verbo suo monstrari pronunciat. Unde apparet bonam hominum partem hoc ipsum ingeniose appetere, ut contemptis remediis in suo malo torpeat.

Quod autem multos videmus, hoc vel illo errore captos, a recta via abduci, nunquam nisi iusta Dei vindicta accidit. Primum vere Augustinus superbiam nominat haereseon omnium matrem³. Nullus enim unquam exstitit erroris magister, quem non prava ambitio in suum praecipitium extulerit. Scimus Deum parvulis fidum esse doctorem. Scimus Christum humiles ac mansuetos ad se vocare, ut eos habeat discipulos. Proinde qui arrogantia turgent, eos non mirum est ab hac schola pulsos, vagis suis speculationibus sursum ac deorsum raptari. Quotquot hac nostra aetate a pura Evangelii doctrina prolapsi, falsorum dogmatum coeperunt esse authores, reperiemus omnes superbiae morbo correptos, ingenii tormenta sibi et aliis fabri-

---

1) Matth. 7, 7   2) Jes. 30, 21   3) Aug., De Gen. ctr. Manich. II 8, 11 MSL 34, 202; Sermo 46, 8, 18 MSL 38, 280.

casse. Pro multis unum Serveti exemplum sufficiat[a]. Is enim lusitanico fastu inflatus, magis etiamnum propria arrogantia turgens, hanc sibi comparandi nominis rationem optimam esse statuit, si omnia religionis principia convelleret. Quidquid ergo de tribus in Deo personis olim ab ipso Apostolorum saeculo traditum a Patribus, et continua aetatum serie ab omnibus piis receptum fuit, non modo tanquam insulsum repudiat, sed plus quam atrocibus conviciis exagitat ac proscindit[1]. Iam canina illa mordendi latrandique rabies, quam ebulliunt omnes scriptorum eius paginae, satis testatur, qualis hominem spiritus instiget. Ad rem vero si venias, clare perspicies, ieiuna inanis gloriae siti accensum, absurdissima quaeque deliria cupide hausisse, quibus se inebriaret. Sermonem Dei non prius fuisse imaginatur, quam dum Moises Deum in mundi creatione loquentem inducit[2]. Quasi vero tunc demum esse coeperit, cum exseruit tantam suam virtutem: ac non potius aeternae suae essentiae specimen ediderit. Christi carnem sic deificat, ut veritate humanae naturae abolita, divinitatem, quae spiritualis est, palpabilem fingat[3]. Et tamen Deum plenis buccis Christum vocando, umbratile nescio quod spectrum nobis comminiscitur: utpote qui ab initio Platonica duntaxat idea fuerit[4]: nec alio iure sit filius Dei, nisi quod in utero Virginis ex Spiritu sancto conceptus est[5]. Interim multa speculationum plaustra congerit, quae adeo nihil habent coloris, ut facile sano cuivis homini constet, non nisi caeco sui amore fascinatum posse ita desipere. Quod si protinus, ut emersit Dei veritas, superba ingenia tum sua ambitio sollicitat, tum etiam Sathan impellit, ut illam pravis commentis et fanaticis opinionibus vel obscurent, vel pervertant, non est cur nos tanquam re insolita turbari oporteat. Quare, ut superbiam prius diximus omnium haereseon matrem esse: ita eorum vanitas, qui se talibus magistris discipulos adiungunt, ad eas fovendas perpetua est nutrix. Quoties spargitur error aliquis a Pseudopropheta, Moises tentari nos dicit, an Dominum ex corde amemus[6]. Quorsum id, nisi ut sciamus non alios abduci a pura

---

a) *Versio gallica 1550:* Il y un certain Espagnol nommé Michel Servet qui contrefait le medecin se nommant Villeneuve. Ce povre glorieux estant desia enflé de l'arrogance de Portugal.

1) cf. Inst. lib. I 13, 22; ed. nostra vol. III 127, 25 sqq.   2) cf. ibid. lib. I c. 13. 8; ed. nostra vol. III p. 118   3) cf. ibid. lib. II c. 14, 8; ed. nostra vol III p. 470, 24 sq., p. 471,, 1   4) cf. ibid. p. 470, 8 sqq.   5) cf. ibid. lib. II c. 4, 5; ed. nostra vol. III p. 464. 9 sqq.   6) Deut. 13, 2 sqq.

doctrina, quam qui pietatem falsa professione mentiebantur? Fidem vero firmis radicibus fixam adeo machinae istae non evertunt, ut potius eius firmitudinem illustrent: quemadmodum Paulus grassantibus in Ecclesia sectis, eos qui probati sunt, manifestos reddi scribit[1]. Quo minus mirum est, prout afflavit aliquis novae sectae ventus, plurimos huc illuc dilabi, quum paucissimi infixum in animis Dei timorem habeant. Tantum abest, ut nos cum multitudine titubare deceat.

Proterviendi ansam ex Evangelio arripere, iam olim multis usitatum fuit. Non abs re toties Apostoli, ne in licentiam carnis vertatur libertas, de ea moderanda praecipiunt. Semper enim caro, vel minima occasione oblata, statim exsultat. Atque ut dura est et humano ingenio contraria servitus, bona pars, quovis modo iugum excutiat, beatam vitam in eo sitam arbitratur. Hoc praetextu olim servi, quasi Evangelii praeconio ad pileum vocati essent, contumacia efferebantur: alii regum et magistratuum subiectione se eximebant. Similiter hodie permulti infimae sortis homines, gustato Evangelio, insolenter se iactant: famuli altos ferocesque spiritus induunt: complures pudoris ac modestiae obliti, sibi quidvis arrogant. Sed hoc pessimum, quod se ab ipsius Dei obsequio plerique non secus emancipant, acsi nos adoptando in filios, patrium omne ius et imperium sibi abrogaret. Foeda sane[1] pravitas, et quae sua indignitate graviter [50] vulnerare possit pios omnes animos. Verum urat nos potius Dei iniuria, quam a nobis duplicetur. Audimus quid de Christi mansuetudine testatus sit Iesaias[2]. Audimus quid de se ipse Christus praedicet: Discite a me, inquit, quia mitis sum et humilis corde[3]. Et hac de causa quemadmodum Paulus admonet, cum esset in forma Dei, se ipsum exinanivit, ut ab eo submissionem omnes discamus. Cum ex coelesti maiestatis suae solio hucusque descenderit Dei Filius, ut carne nostra indutus, non servi conditionem modo, sed extremam crucis ignominiam subiret[4]: quem nostrum cristas erigere non pudebit, ut aliquid simus vel esse videamur? Qui summis opibus et honoribus excellunt, eos, ut se ad magistri exemplum conforment, necesse est, tanquam magnitudinis suae oblitos, ad humiles descendere. Plus quam igitur praepostera humilium arrogantia erit, si altos efflare spiritus Evangelii praetextu incipiant. Neque enim iure suo magni cedere iubentur, ut abiecti alioqui homines ius alienum usurpent. Caeterum haec doctrina non modo singulis officii sui legem praescribit, sed nobis quoque castigationes

---

1) 1. Cor. 11,19 2) Jes. 42,2 sq. 3) Matth. 11,29 4) Phil. 2,6 sqq.

suppeditat, quae ferocientium proterviam retundant: interea
mali huius invidiam et crimen avertit ab Evangelio. Fieri
quidem vix potest, ubi miseri homines, nullis opibus, nulla
authoritate, nullo ingenio, nulla dignitate freti, simul ac garrire
5 de Evangelio didicerunt, se fastuose ingerunt, non sine aliorum
contemptu, quin stomachum tanta indignitas ingenuis et cordatis hominibus moveat. Quanquam adeo ridicula est bonae
partis stultitia, ut pudore et misericordia potius nos afficere,
quam bilem nobis provocare debeat. Demus tamen esse, quod
10 nos valde offendat: an nostra adversus stolidam superbiam
indignatio, in ipsum omnis modestiae authorem incurret?

Ecce ex altera parte multos Evangelii professionem dissoluta
turpique vita, quantum in se est, foedantes. Unde affine
proximo scandalum nascitur. Et certe cum nos, sancte honeste-
15 que vivendo, Evangelium ornare Paulus testetur[1], qui sibi
male vivendi licentiam indulgent, totidem sunt Christianismi
probra et maculae. Nec vero dubium est, quin horrenda
eiusmodi omnes Dei ultio maneat, qui perversis suis moribus
pietatis doctrinam infamant, et sacrum Dei nomen ludibrio
20 exponunt. Sentient olim quam intolerabile sit crimen, sanctum
Evangelii thesaurum profanasse: quam non frustra dictum sit,
non impune laturos qui Dei nomine abusi fuerint[2]. Sentient
[51] quam | pretiosae sint Deo animae, quibus salutis viam malo suo
exemplo praecludunt. Primum, nimia est ista improbitas: Deum,
25 quem factis abnegant, ore confiteri, sicut Paulus dicit[3]: ut
coelestis sapientiae discipuli appareant, quum tota vita manifestum Dei contemptum arguat. Sed haec plus quam sacrilega
impietas, Evangelio ad scelerum praetextum abuti. Loquor de
artificio iam[a] vulgari, quo se perfidi et nequam homines ad
30 fallendum, fraudandum, modisque omnibus nocendum insinuant. Vidi olim, quos lenociniis suis impurisque actionibus non
pudebat Evangelii umbram obtendere. Alii qui minus sunt
scelerati, dissolute tamen vivendo, et Ecclesiam polluunt vitiorum suorum sordibus, et Evangelio maculam aspergunt. Iam
35 illud quidem miserum est ac dolendum, non modo imputari
sanctitatis doctrinae, hominum flagitia, sed in eorum persona
calumniose eam traduci. Sed aliud est Ecclesiae ulcus magis
deplorandum: quod pastores, ipsi, inquam, pastores, qui suggestum, hoc est sacrum Christi tribunal ea lege conscendunt, ut
40 vitae puritate prae aliis omnibus excellant, interdum sunt

---

a) *1550 falso:* non; *iubente correctore:* iam

1) Tit. 2, 12   2) Exod. 20, 7   3) Tit. 1, 16

turpissima vel nequitiae, vel malorum aliorum exempla. Ita fit,
ut nihilo plus fidei ac gravitatis obtineant eorum conciones,
quam si fabulam in scena ageret histrio. Et tales scilicet contemptui se esse apud plebem, aut etiam ludibrii causa digito
se monstrari conqueruntur. Ego autem potius vulgi miror
patientiam, quod non eos luto et stercoribus mulieres ac pueri
operiunt. Ministerii dignitatem extollunt plenis buccis: at illis
non venit in mentem, ideo non haberi suum ministerio honorem,
quia ipsum sua turpitudine conspurcant. Nam sicuti vere olim
a quodam dictum est: Ut ameris, amabilis esto: ita morum
gravitate et sanctimonia reverentiam sibi acquirant oportet,
qui in pretio haberi volunt. Atque utinam tali hominum colluvie
exonerari purgarique posset Ecclesia. Sed longe aliter ut
plurimum contingit. Nam quum se merito contemptibiles esse
norint, mala conscientia libertatem illis adimit[a]. Denique quum
propter inhonestae vitae probra sentiant omnibus se obnoxios,
vel pudore metuque retenti hiscere non audent, quoties severe
exigendum foret, quod ipsi minime praestant: vel parcere
deliquentibus coguntur et adulari. Adde, quod ignavi sunt
ventres[1], qui, ut molestia omni valere iussa, otio deliciisque suis
consulant, caelum passuri sint terrae misceri. Eorum etiam
nonnulli virtutum odio suis peraeque et aliorum vitiis libenter
indulgent. Populus autem ut gratiam referat, eos amat solos,
amplectitur, fovet: atque ut suis delictis patronos habeat, suo
patrocinio tuetur. Interea tamen non desinit scandalum sibi ex
corrupta pastorum vita obiicere, ne ad Christum accedat. Nimis
id quidem perverse et impudenter: sed neque excusatione dignus
quispiam, quem a Christi accessu arcebunt hominum peccata.
Nihilo scilicet magis, quam si quis ex fonte bibere recuset, quia
sentibus et spinetis dicat esse obseptum: quum tamen obstacula transcendere nec magno labore et sine periculo liceat. Quia
nonnullos Evangelium in ore habentes scelerate aut nequiter
vivere conspiciunt: En, inquiunt, Evangelium. Quanto rectius
cum dolore agnoscerent, gravem fieri Deo iniuriam, cum
doctrinae vita tam male respondet! Si nebulae terris caliginem
obducunt, nemo tam insanus est aut improbus, ut solem propterea caliginosum vocet. Atqui inter solis et Evangelii claritatem
plurimum interest. Nam cum illum obscurent nebulae, facere
non potest hominum pravitas, quin perluceat sanae piaeque
doctrinae splendor, quo vita nostra, abstersis tenebris, in veram

---

a) *1550 falso: adimat*

1) Tit. 1, 12

iustitiam reformatur. Ergo solem, etiam dum absconditus latet, fatebimur esse lucidum: conspicuam Evangelii lucem et in ea refulgentem Christi gloriam quum cernamus, oculos nobis hominum peccata, qualiacunque tandem sunt, perstringent?

Quantum ad duces ipsos spectat, iam noverat Christus in ignominiam doctrinae maxime redundare, si turpiter vivunt. Ut hoc scandalum avertat, hortatur ad servandum quod iubent, etiamsi ne minimo quidem digito attingant onera, quae aliorum imponunt humeris[1]. Scribarum tunc munus erat, populum instituere in lege Dei: illi autem quum in cathedra divinae essent legis interpretes, domi et in foro pleni erant fraudibus, superbia, crudelitate, periuriis: libidinose quidvis audebant. Vult nihilominus Christus, suam Dei verbo authoritatem intactam manere. Non fuit haec seculi unius propria admonitio: quin potius hodie quoque vox caelestis auribus nostris inclamat, utcunque vitam professioni suae minus consentaneam agant pastores, perperam tamen fieri, si quid hac causa Evangelio detrahitur. Ut certe nimis indignum est, quam Deus praescribit bene vivendi regulam, perversa hominum vita metiri. Reddent illi quidem aliquando rationem, ac sentient illud non e nihilo fuisse denunciatum: satius nunc fore homini, suspensa a collo mola, demergi in profundum maris, quam si unum quemlibet ex minimis offendat[2]. Nostrum tamen interea est, ea quam Dominus sternit via ad metam properare.

Scandalum tamen hac in parte duplicatur, ubi ad scelerum indignitatem privatum damnum accedit. Alii benigne hospitio excepti, vel furto onusti clam abeunt, vel aliis modis hospites defraudant, vel sollicitant ad stuprum ancillas, ac interdum etiam uxores tentare audent. Alii ad captandum miri artifices, nudatos relinquunt, quibus aureos montes pollicebantur. Alii in mutuo fallunt: alii abnuunt depositum: alii in societate perfidi. Alii quam eleemosynae nomine pecuniam a bonis frugique hominibus abstulerunt, vel in scortationem consumunt, vel in aleam, vel profusos alios luxus. Alii quod ad iuvandam eorum industriam mutuo datum fuerat, audacter in otio heluantur. Atque ad haec flagitia nonnulli socias habent uxores. Alii sacrosanctum coniugii vinculum, deceptis uxoribus, et abiectis liberis, violare non dubitant. Plura sunt eiusmodi facinorum exempla, quam quibus recitandis brevis catalogus sufficiat. Fieri certe non potest, quin grave acerbumque ingenuis animis vulnus infligat istorum hominum perfidia. Praesertim vero consternari bonos viros necesse est, qui quum tenue haberent

---

1) Matth. 23, 3   2) Marc. 9, 42

peculium, se Evangelii praetextu, non secus ac si in praedonum manus incidissent, spoliatos se vident, atque ad inopiam redactos. Atque hoc inter duriora nostra exercitia memorandum est, quod videre cogimur, qui sic impune Evangelio illudant. Verum si merito prohibet Deus per os Pauli, ne multos ingratos et pravos experti, tamen benefaciendo fatigemur[1]: idque facit, ne cui probo et egenti desint nostra officia: quanto diligentius cavendum, ne hominum perversitas eo nos morositatis adducat, ut simus erga Deum ingrati et impii? Quemadmodum igitur acriter vigilare nos decet, ne eiusmodi nebulonibus aperta sit ianua ad nocendum, obviam eundum illorum insidiis, danda opera, quantum in nobis est, ut per magistratus severe vindicentur fraudes et maleficia: ut quibus ludibrio est vox Domini, quique Ecclesiam contumeliose subsannant, carnificem, ut digni sunt, habeant magistrum, et furcas, scholam: ita rursum aliquanto diligentius cavendae sunt Sathanae insidiae, ne obiecta caducae pecuniae iactura, caelestem nobis thesaurum excutiat. Nam et id molitur: et nobis longe magis exitiale est. Quisquis spem habet in Christo, inquit Ioannes, se ipsum sanctificat[2]. Ad hanc sanctitatem qui non aspirant, quum sciamus eos falso Christi nomen obtendere: quid est cur nos sua pravitate impediant ac morentur? Est quidem panis vitae Evangelium: sed multum abest, quin ab omnibus concoquatur: quum ex multis, qui avide illud deglutire videntur, pauci eius gustum percipiant. Denique, quando areae Christus Ecclesiam suam comparat[3], ubi sic paleae mixtum est triticum, ut sub ea obrutum magna ex parte lateat, non extraneos facit paleae similes, sed qui falsa Evangelii professione locum inter pios occupant. Quorsum etiam testatus foret, se multos ultimo die non agniturum, qui et praecones se fuisse Evangelii iactabunt, et miracula a se edita obiicient[4]: nisi quia saeculis omnibus tales aliquos exstare necesse est? Fit etiam interdum, ut qui Deum alioqui ex animo timent, vel saltem non omnino sunt reprobi, in foedum aliquod facinus prolapsi, et se, et quam sequuntur puram religionem, dedecore afficiant. Quantum fuit illud Davidis flagitium, quum suae libidini indulgens, ut alienam uxorem raperet, non modo unius hominis de se bene meriti innoxium fudit sanguinem: sed totum Dei populum, quantum in se erat, exitio tradidit?[5] Si colligere huius generis scandala libeat, quae heroicos homines concutere poterant, quae domi suae vidit scelerum portenta sanctus patriarcha Iacob? Postquam eius

---

1) 2. Thess. 3, 13   2) 1. Joh. 3, 3   3) Matth. 3, 12   4) Matth. 7, 22 sq.   5) 2. Sam. 11 sqq.

filiae vis est allata: Simeon et Levi non minus barbara saevitia quam nefanda proditione Sichimitas trucidant[1]. Caedibus imbuti eius filii in fratricidium conspirant[2]. Accedit tandem ad malorum cumulum incestus primogeniti cum noverca concubitus[3].
5 Et tamen in una domo tunc inclusa erat Dei Ecclesia. A recitandis pluribus exemplis abstineo. Hodie vero pauca scandala lynceis oculis disquirent nonnulli, ne quid cum tota Dei Ecclesia, quaquaversum patet, commune habeant. Uno hoc exemplo contentus sum lectores monuisse: fidem nimis fore instabilem,
10 si ad singulas hominum ruinas subinde labascat. Interea illud tenendum est axioma: certo Dei consilio fieri, ut semper bonis mali permixti sint. Hoc modo tum fidei probatur constantia, tum ad patientiam exercemur, tum accenditur precandi studium, tum spinarum punctiones ad caute prudenter-
15 que ambulandum nos sollicitant, tum mundi contemptus oboritur, et una cum migrandi desyderio, caelestis vitae meditatio crescit. Quod si causa lateat: his tamen exercitiis constare sciamus militiae nostrae partem, quae toto vitae curriculo nobis colenda est.
20   Multum etiam nocet, quae vulgo cernitur in plerisque levitas. Quum principio mirum fervorem ostentent, ita mox evaniscet
[55] flamma illa, ut ex stupa | ortam fuisse dicas. Alii tametsi propositi sint aliquousque tenaces, paulatim tamen frigescunt. Quod partim ex vanitate, partim ex ignavia, partim ex terrenis curis
25 provenit, id poenitentiae assignant imperiti. Ergo ipsi quoque, ne sero poeniteat longius esse progressos, mature resiliunt. Si qui[a] mortis aut persequutionum metu territi (quod multis, proh dolor, accidit) ab Evangelio deficiunt, ex eorum inconstantia scandali materia struitur. Foedus quidem eorum lapsus. Verum,
30 utcunque Christum negemus omnes, an se ipsum propterea negabit? Imo integer ac sui perpetuo similis nihilominus manebit: ut Paulus etiam admonet[4]. Longe aliter nos talibus exemplis percelli decuerat: nempe ut infirmitatis nostrae admoniti, sollicite caveremus, ne idem nobis accideret. Postquam
35 Iudaeos a Dei gratia excidisse narravit Paulus, sic formidabilem esse ostendit eorum casum, ut alios ad cavendum hortetur atque animet[5]. Ergo si quorum acui sollicitudo debebat, totis populis ab Evangelio desciscentibus, eos unius aut alterius hominis defectio exanimat: quis non culpam perverso eorum iudicio

---

40   a) *1550 falso:* quis

   1) Gen. 34   2) Gen. 37   3) Gen. 38   4) 2. Tim. 2, 13   5) Rom. 11, 17 sqq.

assignet? Neque tamen eorum crimen extenuare consilium est,
qui infirmas animas, quantum in se est, labefactant. Tantum
monitos velim, qui aliis cadentibus vacillant, quam maligna sit
ista consternatio. Negavit ille Christum. Quis putasset? Ille
Evangelio valedixit, quem omnes rupe firmiorem credebant.
Ille iam tepet: alter glacie frigidior, quum ad miraculum usque
fervere visi sint. Atqui non reputant, qui sic loquuntur, ideo
frangi alios mortis terrore, quia solidam vitae futurae spem
nondum conceperint: alios torpere, quia in illis spiritus ardorem
inanes mundi curae suffocant. Quid autem morborum contagionem ab aliis ad nos sponte accersere iuvat, quum in promptu
sit remedium, modo ne respuatur? Cur non potius in illa tam
salubri Pauli admonitione acquiescunt? Nam quum de Hymenaeo et Phileto loquutus esset, quorum lapsus magnam trepidationem incutere poterat omnibus piis: statim quod ad eos
fulciendos valeat, subiicit. Manet sigillum hoc: Novit Dominus
qui sui sint. Ergo ab iniquitate discedat quisquis invocat
nomen Domini[1]. Quum noti et celebres fuissent illi duo: fieri
non posse videt Paulus, quin alios suo praecipitio saltem ad
nutandum impellant. Electos tamen hortatur, ut secure in Dei
tutelam recumbant: ac periculum esse negat, ne insculpta ab
ipso salutis nota unquam deleatur. Interea, ne quis ficta invocatione profanet sacrum Dei nomen, admonet. Vidit et Ioannes
hoc scandalum ab iis scilicet, qui impiae doctrinae venenum
spargendo, Ecclesiae tunc vehementer nocebant. Sed dum id
fieri testatur, ut palam sit non esse omnes ex piorum coetu, qui
nomen sibi arrogant[2], eius scandali, quod nonnullos impedire
poterat, superandi rationem simul ostendit. Quid Alexander
faber aerarius? quum ex nobili Christi discipulo transfuga et
deinde infestissimus hostis factus esset, annon aliis in exemplum
proponitur[3]? Quid Demas? quum hoc seculum amplexus turpiter Evangelium deseruit, an reliquos in eundem secum
labyrinthum debuit trahere[4]? Quum alibi se Paulus ab omnibus
destitutum fuisse commemorat, an aliis Evangelii prodendi
concedit licentiam[5]? Quum se a Phygelo, Hermogene, Asiaticisque omnibus conqueritur fuisse reiectum, an aliis tam sceleratae
discessionis fenestram aperit[6]? Quin potius talibus documentis
expergefiunt pii omnes, ne obnoxia sit Sathanae insidiis eorum
securitas. Perpetuum illud divinae electionis signum loco clypei sic
contra omnes insultus iubentur opponere, ut fidem quoque bona
conscientia obsignent. Quoniam mihi cum iis hominibus est ne-

---

1) 2. Tim. 2, 17 sqq.   2) 1. Joh. 2, 19   3) 2. Tim. 4, 14   4) 2. Tim. 4, 10   5) 2. Tim. 4, 16   6) 2. Tim. 1, 15

gotium, qui Christiani censeri volunt, ne sermo hac de re longius sit protrahendus, duas Pauli ad Timotheum epistolas legant: quae sedandis, ut arbitror, eorum animis abunde sufficient: nisi forte data opera vel secum tumultuari appetunt, vel sponte inanes a Christo deficiendi captant praetextus. Et certe apud sanos et prudentes hoc unum sustinendae fidei par erit, perperam fieri, si aeternam Dei veritatem fluxa hominum inconstantia metimur. Sed qui tam ingeniosi sunt ad captandam ex malis exemplis peccandi veniam, cur non tot mirifica invictae constantiae documenta observant, quae inter quasvis tentationum procellas fidem merito stabilire possent? Vidit haec nostra aetas bonam martyrum copiam alacriter et intrepide ad mortem pergere. Nec virorum modo fuit haec gloria: sed in muliebri quoque sexu plus quam virile robur Deus ostendit. Nullas certe cordatas mulieres celebrant veteres historiae, quibus non respondeant, quas a decem annis protulit Flandria et Artesii comitatus[1]. Ergone perfida quorundam desertio fidem nostram evertet? Sacer ille sanguis, cuius singulae guttae totidem piis cordibus sunt sigilla, avanescet sine pretio et virtute? Quod si illis tam vilis est, non erit tamen apud Deum inglorius. Nec vero impune illis cedet, sponte se miseris Christi desertoribus addidisse ruinae comites: eos vero neglexisse, qui porrecta manu ad caelum nos vocant.

Venio ad obstaculum illud, quod nostro tempore multos a propiore Christi accessu prohibuit. Nam primarios renascentis Evangelii doctores non modo contrariis opinionibus inter se dissidere, sed acriter etiam confligere viderunt. Hic animos subiit dubitatio, quantum fidei habendum foret inter primordia dissentientibus. Metus etiam subiit, ne temere prosilirent, unde pedem referre non liceret. Praesertim infelix illa de sacramentis contentio[2], dici vix potest, quam multorum animos turbarit. Quam singulare hoc fuerit Sathanae artificium, ad iniiciendam timidis conscientiis remoram, ipse meo malo sum expertus. Verum ut me propria magis culpa impeditum fuisse postea sensi, quam iusta causa retentum: ita de omnibus idem pronunciare non vereor. In eiusmodi quidem dissidiis esse fateor, quod iam aliquantum confirmatos, nedum rudes et novitios percellat: sed colligendos esse animos dico, ut ad eum nihilominus venire pergant, qui nunquam frustra quaeritur. Neque enim fallendi causa promisit, apertum iri, si pulsemus: datum iri, si petamus[3].

---

1) Crespin, Hist. des vrays Tesmoins II, 95 sqq.: Les martyrs de Louvain 1540; Bulletin soc. hist. prot. V 562   2) cf. Institut. lib. IV c. XVII, ed. nostra vol. V p. 342 sqq.   3) Matth. 7, 8

Qui se dissensionum, quas in parte nostra viderunt, odio, in
Papatus doctrina retineri iactant, iis nullus est excusationis
color. De re plus quam nota loquor. Nullum est religionis caput,
de quo non illic theologastri quotidie certent. Ut contrariae sint
opiniones, quam odiose alii alios nunc perstringant, nunc exagi- 5
tent, testes sunt eorum libri. Imo diversas sectas profiteri, sibi
gloriosum esse ducunt. Ergo bonos istos viros innumerae papistarum rixae et pugnae nihil offendunt: unica inter nos dissensio
sic eos vulnerat, ut ab universa doctrina protinus abhorreant.
Una quidem in re nimium concordes sunt papistae, quod cer- 10
tatim omnes adversus Evangelium blaterant, quod impias suas
superstitiones non minus clamose quam pervicaciter tuentur.
Verum ad se reversi nihil quam rauca confusaque garrulitate
sibi invicem obstrepunt. Scio equidem tam perditae frontis esse
monachos et eiusdem farinae blaterones, ut plebeculam hoc 15
maxime nomine a capiendo Evangelii gustu deterreant, quia inter
nos non bene conveniat. Quasi vero intestinis eorum certaminibus
non resonent scholarum parietes. Quasi non omnes eorum libri,
ut dictum est, pugnantibus sententiis referti sint. Eos tamen,
quibus deplorata improbitas summa est virtus, ita petulanter 20
agere non miror. Verum qui fit ut oculati homines, quibus nihil
eorum quae dico ignotum est, eiusmodi se argumento moveri
simulent? Annon hoc est lucem ex professo fugere? Et in eo
suam sapientiam venditant, quod se non implicent periculosis
dissidiis: alios vero, qui salutis viam nihilominus audent inqui- 25
rere, quasi parum cautos derident. Ego vero, quia melius non
video remedium, quam ut contemptu eorum superbia corri-
gatur, ad simpliciores me converto, qui sibi ruditatis suae con-
scii, ab inquirendae veritatis studio abstinere malunt, quam
errandi periculum subire. Quum hinc Lutherus, inde OEcolam- 30
padius et Zvinglius restituendo Christi regno strenuam operam
navarent, infelix[1] illud de sacra Domini coena certamen subor- [58]
tum est, in cuius societatem plerique alii sunt pertracti. Ab isto
summorum ducum conflictu, trepidationem ad tirones pervenire
magis dolendum est, quam mirandum. Monendi tamen sunt 35
ipsi quoque tirones, ne ultra modum turbentur: hanc esse
vetustam Sathanae vafritiem, cordatos alioqui Dei servos ad
mutuam contentionem rapere, quo retardet sanae doctrinae cursum. Quis Sathanae insidiis ultro cedere velit? Sic Pauli cum
Barnaba dissidium usque ad paroxismum processit[1]. Sic eiusdem 40
Pauli cum Petro dissensio in manifestum conflictum erupit[2]. In

---

1) Act. 15, 39 2) Gal. 2, 11

illis tribus agnoscunt omnes quod dixi Sathanae stratagema: in praesenti negotio, ubi salus sua vertitur, cur caecutiunt? Excipiet quispiam, non fuisse illas de doctrina concertationes. Quid? An quum Mosaicae legis caremonias quidam urgerent, non veniebat in quaestionem doctrina[1]? Atqui eousque perductum est scisma, ut Ecclesias fere omnes scinderet. An eius perturbationis causa Evangelium reiici aequum fuisse dicent? Lutherum et eos quibuscum dissensit, cordatos fuisse homines et singularibus Dei donis ornatos constat. In tota pietatis summa mirabilis fuit eorum consensus. Quis rectus esset ac sincerus Dei cultus, uno ore tradiderunt: eum ab innumeris superstitionibus et idololatriis repurgare, a pravis hominum commentis asserere conati sunt. Eversa operum fiducia, qua miseri homines inebriati erant, adeoque fascinati, totam salutem in Christi gratia repositam esse docuerunt. Christi virtutem, quae vel iacuerat prostrata, vel demersa latuerat, magnifice extulerunt. Quaenam vera sit invocandi ratio, quae poenitentiae vis et natura, unde oriatur et quos fructus producat fides, quae legitima sit Ecclesiae gubernatio, ab illis non varie traditur. Tantum in ipsis symbolis aliquid fuit dissentaneum. Et tamen hoc asserere non temere audeo: nisi partim nimia contentionum vehementia exacerbati, partim sinistris suspicionibus occupati fuissent animi, non tantum fuisse dissidium, quin facile conciliari posset, Quod si illo disputandi fervore non rite explicari controversia potuit: quid nunc saltem obstat, quominus veluti sedato tumultu, simplex audiatur veritas? Quis verus sit sacramentorum usus, optime inter nos convenit. Sacramenta in hoc instituta esse, ut Dei promissiones cordibus nostris obsignent, ut fidei nostrae adminicula et divinae gratiae sint testimonia, communiter omnes tradimus. Non inanes esse, aut nudas mortuasque figuras diserte ostendimus: quum et efficax per Spiritus sancti virtutem sit eorum usus, et arcana eiusdem Spiritus sancti virtute Deus vere praestet, quaecunque illic demonstrat. Itaque panem et vinum in sacra Coena fatemur non vacuas esse tesseras eius communicationis, quam ha!bent fideles cum Christo[2], suo capite: quia ipso animae nostrae in spirituale alimentum[3] fruantur. Horum omnium consentanea ubique est traditio. Quod igitur tantum in hac parte offendiculum reperiunt fastuosi homines, ut viam Evangelio praecludat? At in modo definiendo ratio paulum est diversa. Fateor sane, non tam distincte loqui omnes, quam esset optandum: sive quod non

---

1) Gal. 2, 12   2) Instit. lib. IV c. XVII sect. 1, ed nostra vol. V p. 342 30 sqq.   3) l. c. sect. 3, ed nostra vol. V p. 344 25–26.

eadem omnibus clare et liquide disserendi suppetit facultas:
sive quod non eandem omnes fidei mensuram sunt adepti.
Quum ex densis papatus tenebris multum adhuc sit residuum,
quidquid ad discutiendas errorum tenebras facit, sedulo et dilucide exponi si cui molestum est, is se lucem maligne fugere
prodit. Dum autem nos a terra in coelum homines evehimus:
dum a mortuis elementis eos ad Christum traducimus: quum
iustitiae salutis bonorumque omnium causam reponimus in
mera eius gratia: dum Spiritui sancto adscribimus totam signorum efficaciam: et sicuti unicus spiritualis vitae author et
perfector est Deus, illi in solidum vindicamus quod suum est:
dum crassa omnia figmenta repudiamus, quibus delusum fuisse
mundum palam est, dum carnalem Christi praesentiae modum,
perversamque eius in signo adorationem tollimus: qui inde
offendiculum concipiunt, quum scientes et volentes impingant
in Christum, digni sunt qui se collidant. Multos quidem esse,
quos scandalorum praetextus iuvat, quia ipsis in luce caecutire
libet, hac in causa sum expertus.

Porro quod supra breviter attigi, memoria repetendum est:
Quum res novae multis delictis occasionem praebeant, accuratius tamen notari, et reprehendi severius, si quid tunc peccatur,
quam si nulla facta esset mutatio. Quam profundus fuerit
ignorantiae gurges in Papatu, quam horrenda errorum caligo,
cum stupore recordamur. Inde Lutherum, et qui eodem tempore
laborarunt in restituenda pietatis doctrina, paulatim emergere
potuisse, ingens fuit Dei miraculum. Quod non eodem simul
momento omnia viderunt, quod non ad unguem expolitum
primo die tam arduum fuit opus, offendi se nonnulli causantur,
ne ad Evangelium accedant, vel ne pergant in cursu iam incepto.
Quam importunae sint lautitiae istae, quis non videt? Perinde
enim faciunt, ac si quis nos accuset, quod primo aurorae exortu,
solem meridianum nondum cernimus. Nihil istis querimoniis
magis tritum: Cur non statim, quid sequi oporteret, nobis
exacte praescriptum est? Cur potius quam alia, hoc latuit?
Ecquis tandem erit finis, si ulterius subinde tendere permissum
fuerit? Nempe qui sic loquuntur, vel profectum Dei servis
invident, vel Christi regnum aegre ferunt in melius promoveri.
Eadem in minimis quibusque erratis morositas apparet: quae
etsi non adeo facilem merentur veniam, non tamen us¦que ad
Evangelii fastidium exasperare nos deberent. Quantumvis
insulsas naenias blaterent monachi aliique magistri Papalis
synagogae[1], quamlibet absurdis glossis Scripturam deforment,

---

[1] Ad Sorbonistas spectat (teste versione gallica).

hoc totum non aegre condonant boni isti viri. Si quid forte minus aptum nostris hominibus exeat, tanquam magno piaculo a nobis audiendis arceri se obtendunt. Contorta Scripturae testimonia, sententias male cohaerentes, argumenta frivola patienter ferunt in vetustis scriptoribus: centesimam partem si reperiant in nostrorum hominum scriptis, non modo nos damnabunt omnes qui erimus innoxii, sed a tota doctrina abstinendum ducent. Neque tamen eorum hic causam suscipio, qui scripturiendo pruritum suum sedant. Optandum enim est, ut supersedeant, qui tales sunt, a chartis inquinandis. Verum ut indulgentia fovendas non esse paucorum ineptias concedo: ita insipidam hoc taedio totam Evangelii doctrinam reddi quam iniustum sit, omnes vident. Est quidem verum illud quod dixi, in media Evangelii luce multo clarius perspici, quae prius velut in nocte caliginosa latuerunt. Sed in una parte ad quaevis errata secure libenterque connivere, quum in altera, quae carpas, plus quam curiose observes, id vero scandala cupide appetentis, et sibi fingentis esse dico.

Nec vero aliunde provenit offensio, quam illis quorundam affert vita professioni non respondens. Si eorum duntaxat, qui Evangelium sequi se iactant, corrupta esset ac dissoluta vita: magis speciosa offensionis causa censeri posset. Verum quum promiscue in toto fere orbe scelera exundaverint, quid dicemus, nisi veterem illam poetae querimoniam, in nostrum quoque seculum vere competere: Aetas parentum peior avis tulit nos nequiores, mox daturos progeniem vitiosiorem[1]. Et quorsum spectat illa Christi admonitio, aetati Noë similem fore postremam: horribile quoddam fore iniquitatis diluvium, quo terra obruatur[2], nisi ut sponte iam ad Christum properantibus talis scelerum colluvies festinandi studium acuat? Accedit huc quoque, ut retuli, iusta contempti Evangelii ultio. Tam sacro enim thesauro qui abusi sunt, quis dignos esse neget, quos Dominus in mentem reprobam coniiciat, ut se ad omne flagitii genus prostituant? Nec vero aliud sperandum est, quam ut magis ac magis passim homines profanescant, quorum paucos ab hoc sacrilegio immunes esse scimus. Ego tamen aliam superioribus istis causam addo: eos scilicet quos nostrorum hominum vitia ab Evangelio repellunt, malignos esse et iniquos censores. Dicunt nec pie nec honeste plerosque se gerere, qui Evangelio gloriantur: atqui hoc primo loco, quaerendum erat, An Evangelium ipsos in deterius mutaverit. Qui scortator erat, inquiunt,

---

1) Horat., carm. III. 6, 46 sqq., ed. Keller et Holder I p. 111
2) Luc. 17, 16 sq.

vel aleo, vel alio in genere dissolutus, idem hodie est[1]. Nempe quae in Papatu vitia tolerant, ita repente detestari incipiunt, ut eorum odio ipsam quoque horreant sanctitatis et innocentiae doctrinam. Non vereor ne sibi me patronum fore putent, qui turpi ac flagitiosa vita dedecus afferunt Evangelio. Quo mihi, ut arbitror, ad eos obiurgandos, qui omnes Papatus corruptelas Evangelio imputant, maior erit libertas. Si qua illic sanctitas quaeritur, eam monachi sibi, omnium consensu, absque controversia arrogant. Quidni faciant: quum in eorum claustris resideat angelica perfectio? Atqui non aliunde nobis foedior vitiorum omnium colluvies. Si excipiet quispiam, quum illinc tantum exeant vomicae, non mirum esse, si foetorem, quocunque veniunt, emittant: frivolam eiusmodi calumniam diluere promptum est. Primum enim, si quid illic probum fuit, tanquam aurum ex sterquilinio, mira Dei providentia eductum fuisse constat. Quos hac nostra aetate monachos habuit Germania, qui vel doctrina vel sanctitate cum Luthero, Bucero, Oecolampadio, et similibus conferre se, nisi nimis impudenter, audeant? Quos Itali Bernardino Ochino, et Petro Vermillio opponent? Ex Galliae quoque lustris egressi sunt nonnulli, qui suo splendore multa sui ordinis probra et dedecora texissent. Paucos quidem fateor ex monachatu ad nos transisse, qui honoris causa nominari digni sint. Et quid mirum si non multi ex inferis angeli prodeant? Quod unus Loth ex Sodomis salvus evasit[2], insigni Dei potentiae merito tribuimus. Quae autem Sodoma tot unquam foeditatum monstris referta fuit, quot hodie scatent monachorum lustra? Itaque dicere soleo: si modo decima pars eorum qui illinc Christianismi nomine evolant, Christo se vere addicat, praeclare nobiscum agi. Quin etiam quotidie videmus suis decimis Christum fraudari: ut vix ad eum pars vigesima perveniat. Qui autem scandali occasionem praebent, eos dico non tam natura pravos esse, et propriis criminibus infames, quam foeda et nefaria monachatus educatione infectos. Quod enim et ignavi sunt ventres, et rixosi, et perfidi, et ingrati, et humanitatis expertes, et factiosi, et furaces, et servili ingenio, et libidinosi: nonne haec omnia claustrale vivendi institutum resipiunt? Suas quidem seorsum distinctas regulas habent diversi ordines: omnium tamen fere communis est ex illis, quas recensui, virtutibus conflata regula. Nam si optimi, quos ex coeno illo Dominus extraxit, luem inde contractam adeo tenacem esse agnoscunt, ut

---

1) in pr. ad Philippum comitem provincialem Chattorum spectat
2) Genes. 19, 12 sqq.

sibi in abstergendis reliquiis quotidie sit laborandum: quantopere in vulgus grassetur contagio, iudicare licet. Ergo quos eiusmodi scandala morantur, recipiant, quod suum est, et viam planam aequabilemque invenient. Equidem si mihi esset magistratus potestas, et opes ad hunc sumptum sustinendum satis amplae: monachum ex antro suo egressum nunquam nisi semestri, ut minimum, examine exacte probatum, manumitterem, ut communi vita et hominum societate frueretur: quoscunque viderem suo monachismo adhuc indutos, vel includerem ergastulis, vel tanquam indomitas bestias in saltum aliquem submoverem. Porro a Papatu eluere quas esse proprias eius sordes constat, et eas reiicere in Evangelii nomen, nimis calumniosum est. Sed quid de specie una disputo? Nam si dissolutam vitam in parum honestos quorundam mores nobis obiiciant Papistae, eadem ac duplo etiam maiora, in eos probra regerere, plus quam iure nobis licet. Atque utinam minus uberem nobis materiam darent. Apud eos[a] quanta sit scortandi impunitas, quanta iurgiorum et pugnarum licentia: quam permissae sint vulgo genus omne lasciviae: quanto cum applausu regnent effraenes pompae, et impudicae saltationes, et eiusdem generis alia, dicere nihil attinet. Horum certe nihil est, quod non, ut sobrie glorier, publicis edictis apud nos vetitum sit, et disciplina aliqua cohibeatur. Quare timendum non est, ne cum Papistis comparati, reperiamur aeque deformes. Mala nostra quum reputamus, est cur nos valde pudeat. Sed, quod dolendum est, facit extrema illorum foeditas, ut probi fere et integri videamur. Mirum ergo est, qui ad ferenda nostrorum hominum vitia tam sunt delicati, in tolerandis adversae partis sceleribus esse bis ferreos. In quo non modo nobis iniuriam faciunt: sed Deo quoque sunt ingratissimi. Nam interim plurima rarae pietatis, sanctimoniae, virtutumque omnium exempla praetereunt: quibus ad Evangelii potius amorem observantiamque provocari ipsos decebat, quam quorundam delictis in eius adduci odium vel contemptum. Non resipuisse multos causantur ex quo nomen Evangelio dederunt. At vero, quam multos ex adverso proferre licet, quorum mirifica conversio Evangelium nostrum decorat? Et quando nos ad gloriandum cogunt, qui tam maligne obscurant Evangelii gloriam: nulla est regio, quae non hac in parte magnificos doctrinae nostrae triumphos quotidie spectet. Ipsi quoque adversarii, quamvis dissimulent, insania tamen rumpuntur, quod homines prius intemperantiae, lasciviis, impudicitiae, vanis mundi pom-

---

a) *1550 falso:* omnes; *iubente correctore:* eos

pis, avaritiae, rapinis deditos, nunc ad sobrietatem, continentiam, castitatem, modestiam, aequitatem compositos esse vident. Quod si quaeruntur qui continuum vitae tenorem per virtutes et praeclaram famam duxerint: neque optimo talium numero destituimur. Possem satis multos nominare, qui summa laude in Papatu olim praestantes, ex quo divinitus pura Evangelii cognitione donati sunt, vivam nunc virtutum imaginem in vita sua exprimendo, umbram se tantum antehac habuisse ostendunt. Sed ne hic sermo propter aliquam iactantiae speciem sit odiosus, breviter concludam, si quos permovent exempla: virorum simul ac mulierum, non minus morte quam vita testata singularis pietas, iustitia castitas, temperantia, multo plus ad fidei confirmationem valere debent, quam nocere incompositam aliorum vitam aequum sit.

Iam ad ultimam scandalorum classem transeamus, quam partim ex fictis calumniis constare dixi, partim ex malignis cavillationibus prodire, quas praeposteri homines longe petitas, in Evangelium iniuste torquent. De calumniis hoc praefari libet: non mirum esse, si eas improbi homines procul spargendo fidem doctrinae nostrae apud simplices subvertere moliantur. Nec vero communi servorum Dei lege nos eximi convenit. Non erat certe Paulus tam morosus, ut querimonias illas frustra ederet, quae passim exstant in eius scriptis. Multa pro sua prudentia tacebat, multa ignoscebat pro sua modestia: multa pro animi sui magnitudine tacitus devorabat: et videmus tamen quoties se per Ecclesias odiose fuisse traductum queratur. De sinistris obtrectationibus loquor, quibus malevoli absentem et inscium apud nimium credulos rerumque et veri ignaros gravabant. Nam apertis calumniis palam impetitos fuisse Dei servos, adeoque Filium ipsum, plus satis notum est. Verum Sathan, ubi aperto marte nihil se proficere videt, piorum famam quasi per cuniculos clam adoritur. Quum itaque procul in longinquis regionibus duram militiam Paulus obiret, quum per mille discrimina tenderet ad promovendum Christi regnum, assiduos haberet cum variis hostibus conflictus, huc et illuc cursitando gentes locorum spatiis longe divisas colligere studeret in fidei unitatem, ignavi et nihili susurrones eum alibi indignis criminibus onerabant. Quis nostrum sibi intactam ab omni improborum morsu famam postulet, quum ne Paulum quidem sua integritas tutari potuerit? Imo, quod se fecisse testatur, pergamus infracto animo per *infamiam et bonam famam*[1]. Neque enim

---

1) 2. Cor. 6, 8

Christi servis minus sinistros rumores contemnere necesse est, quam ab inanis gloriae aucupiis esse alienos. Nam eos iniquis iudiciis gravando hoc captat Sathan, ut recte agendi alacritatem in illis frangat, vel saltem moretur. Caeterum ut nos e gradu nostro moveri minime convenit, quoties bene agendo male audimus: ita non nisi sua culpa turbantur, qui excipiendis susurris falsisque delationibus nimium credulos se praebent. De Luthero quam multa et in concionibus et libris aeditis, per totos viginti quinque annos fabulati sunt hostes! Nulla sunt mendaciorum portenta, quae non in nos comminisci et blaterare ausi fuerint. Picartus doctor Parisiensis[1], turbulenti quidem cerebri homo, adeoque fanaticus, sed tantae inter suos existimationis, ut pro certis oraculis habeantur omnes eius naeniae, dum more suo pro suggestu bacchatur, dicere sibi permisit, negare iam nos prorsus aliquem esse Deum. Et ille quidem se impudenter mentiri non ignorat: sed quia eiusmodi hominibus propositum est quovis modo nos oppugnare, quidquid invidiam conflare nobis potest, sibi in nos effutire fas esse putant. Et sane, quando iam optime noverunt omni se ratione destitui, nisi miseram plebem secum infatuent, non mirum est, necessario eos suffugio abuti. Quidquid autem ipsis, etiam absque colore, fingere libuerit, fidem ita protinus obtinere non debuerat. Est tamen adeo usitatum, ut pro licito etiam ducatur. De me si commemorem, quam multa absurda et ridicula nugati sint, periculum est, ne eorum ineptiis me involvam. Tantum dico: si hoc iuris in nos statuitur, ut quo erunt hostes nostri ad mentiendum magis efraenes et inverecundi, eo sit Evangelii causa deterior, ac tantundem ex eius fide decedat: non est quod querantur tam iniqui iudices, scandalum sibi obiici, quod ultro se appetere ostendunt. Nobis autem cum Paulo secure dicere liceat: Qui ignorat, ignoret[2].

Venio ad alteram obtrectationum speciem, quae non modo ex eadem Sathanae officina prodit, sed super eadem quoque fere incude fabricatur. Hoc solum est dicsriminis, quod priores illi, de quibus[1] loquutus sum, ut aperti sunt ac professi hostes, Evangelium in suis ministris apud plebem infamant, hi autem de quibus dicere institui, ita se insinuant Evangelii nomine, ut obliquis tamen murmuribus alienent quoscunque possunt a Christo. Hi vero partim sunt famelici errones, quibus nisi ven-

---

1) Launoy (Launoius), Academia Parisiensis ill. Tom. I. lib. III c. 5 p. 292 sqq. praec. 314 sqq.; Tom. II. lib. III c. 36 p. 685 sqq.; Crespin, Hist. des vrays Tesmoins II, 163/164   2) 1. Cor. 14, 38

trem farcias, calumniarum plaustris te obruent: partim nequam
et scelerati homines, qui sua culpa a nobis dimissi, vel etiam ob
maleficia abdicati aliquo munere, alibi novum pastum quaeri-
tant: quanquam utrisque mens et lingua in ventre est. Alii
paulo lautiores, ut qui non ita fame urgentur: quia tamen crucem fugitant, ut praetextum habeant suae ignaviae, puram
Evangelii professionem onerant confictis a se fabulis. Dixi iam
paulo ante, ingentem esse fucorum numerum, qui furandi vel
fraudandi causa, oberrant. Tales ergo iam suis imposturis ita
noti, ut fallendi locum amplius in Ecclesiis Christi nullum inveniant, alio digressi, quidvis impudenter in nos effutiunt, quo
sibi favorem, odio nostri, concilient apud imperitos. Verum quid
nobis praescribent boni viri, qui scandalum ex eorum vanitate
concipiunt? Videmus inertes monachos, et tamen ingluviem
suam explere solitos: ut nisi illis in os cibus ingeratur, mox ad
sanctificandum praelium exardeant, quemadmodum loquitur
Propheta[1]. Videmus et alios non dissimiles monachis. Promit-
tunt omnes se fore semiangelos, modo illis tolerabilis vivendi
ratio obtingat: aqua se et pane fore contentos. Sed illa tole-
rantiae iactantia mox in fumum abit. Ipsi vero, postquam breve
pigritiae suae specimen ediderunt, laboris pertaesi, clanculum
evolant. Multos quidem fateor, frustra petita conditione, ut in
magno petentium confluxu fieri necesse est, discedere. Nec vero
mihi creditu difficile est, quosdam interdum minus liberaliter
iuvari, qui tamen essent ope digniores: vel quia in hominibus
ignotis tam exactus haberi delectus nequit: vel quia ad petendum audaciores timidis ac verecundis locum praeripiunt: vel
quod non semper recte iudicamus: vel quia iam erogando ex-
hausti, cogimur, qui incommodis horis veniunt, vel inanes, vel
saltem tenuiter adiutos dimittere. Et tamen hi, qui plus aliquanto haberent coloris, parcius, quocunque venerint, ac mo-
destius loquuntur. Illorum passim volitant querimoniae. Et
quales? Prodigiosiis mendaciis aspersae. Improbius etiamnum
maledicunt, qui hinc vel maleficiis suis expulsi, vel perfida defectione abstracti, ut liguriendis[1] divitum patinis ventrem referciant[a], eorum favorem calumniis aucupantur. Neque enim hoc
occultum est, multos inveniri[b] qui Evangelium quietum sibi
cuperent, atque ab omni molestia vacuum, quum eos fateri
pudeat quod verum est, crucis metum obstare, quominus Christianae professioni satisfaciant: si qua sint in Christi Ecclesiis

---

a) *1550 falso:* reficiant; *iubente correctore:* referciant   b) > *1550*

1) Mich. 3, 5

vitia, sciscitari avent, ne videantur sine causa nido suo affixi. Nempe, inquiunt, si in nobis reprehenditur idololatriae simulatio, alibi quoque diversis modis nihilominus peccatur. Et adhuc praetextum ex mendaciis quaerunt, quae certum est in eorum gratiam ab eiusmodi nebulonibus conficta esse. Duo vel tria exempla breviter referre libet: ne quis posthac nisi sciens ac volens fallatur. Erat Cortesius quidam in Comitatu Monsbergardensi Verbi minister[1]. Illinc expulsus Neocomum concessit: ubi quum spe sua frigidius exceptus foret, quo se ulcisceretur, quorundam sui similium opera adiutus, multas et graves piis fratribus molestias exhibuit. Verum se tandem fractum sentiens, (quod eiusmodi vulpibus solenne est) suppliciter veniam petens, fallaci poenitentiae ostentatione non modo placavit offensos fratres, sed quum se in nonnullis quaestionibus haesitare fingeret, literas ad me impetravit, quibus ut illi satisfacere conarer, amice rogabant. Ego hominem mensa mea exceptum, patienter audivi: ut multis cum lachrymis exemptos sibi iam omnes scrupulos assereret. Abeuntem quoque viatico sum prosequutus. Ab eo tempore per Galliam cursitans, non cessavit mihi proterve maledicere. Alter nescio quis terrae filius, qui sibi nomen a Corno indiderat[2], quum nonnulla egisse indigna Christi servo delatus esset, Lausannensis synodi iudicio, donec causa melius cognita foret, desistere a ministerio iussus fuit. Paulo post quum literas Bernam ferret, eas, non esse ad votum suum compositas suspicatus, alias supposuit. Deprehensum flagitium intelligens, quia non poterat falsi notam effugere, alio pedibus fugam arripuit. Atque haec omnia me absente et inscio gesta sunt. Nunc se violenter a me fuisse expulsum dictitat, quia meis haeresibus subscribere abnueret. Alius quia in cauponis nimius erat, severe a nobis obiurgatus, a furtivis comessationibus nunquam destitit, donec aeris alieni magnitudo eum oppressit. Quum relicta familia clam se proriperet, ego Argentinam profectus eram. Nihil inter nos dissidii: nulla offensionis suspicio, nisi quod paulisper, ne se perditum iret, obstiteram. Quia autem ex Augustinensium grege erat, per suorum

---

1) Vide epistulas CR opp. Calv. XI, No. 459, 473, 474, 498, 499, 521, 504, 534, 552, 590 Herminjard VIII, No. 1183, 1215, 1235, 1236, 1239, 1246, IX, No. 1277, 1281, 1287, 1289, 1302, 1332, 1360, 1419, 1240   2) Epist. ministr. Genavens. ad Consistorium Bernense prid. Kal. Sept. a. 1537: Plusieurs de ces réfugiés furent établis pasteurs dans le pays romand. Nous pouvons citer entre autres ... Jean de Cornoz, qui fut envoyé dans une paroisse du pays de Gex. Herminjard IV p. 288 Hic unicus locus ubi nomen a Corno invenitur

antra obambulans, se exulare flebiliter narrabat, quod meis haeresibus ipse quoque esset adversatus. Nec vero tam de illius ac similium nequitia queror, quam me illa urit indignitas, quod boni patres, qui quotidie ex libris nostris discunt, mercedis vice scandala ex illis lacunis hausta crepare non dubitant. Sed inepte facio, qui colligendis istis quisquiliis et me et lectores occupem: nisi quod in paucorum hominum personis quasi repraesentari oportuit, quid passim et quotidie fieri a plerisque soleat. Aliis ultra modum rigidi sumus et implacabiles. Verum, qualem a nobis clementiam postulent, operae pretium est cognoscere. Iniuste laesi ignoscimus: nec ultionem sumimus, etiam si sit ad manum. Hoc illis non satis est: volunt praeterea non secus in gremium nostrum recipi, ac si optimam semper fidem praestitissent. Quid hoc est? Ut circumscripti, proditi, aut crudeliter violati, non audeamus nobis in posterum cavere? At ipsos poenitet. Nempe quum meri sint crocodili, una lachrymula probitatis fidem emereri volunt. Hic ergo est inhumanus noster ille rigor, quod nos illis ingulandos, non sponte praebemus. Sed de privatis nostris iniuriis dicere supersedeo. Graviter offensus erit Deus. Notum crimen et pessimi exempli admissum. Quin etiam scelera sceleribus aliqui cumulabunt. Convicti, culpam dimidia ex parte fatentur. Confessis nisi omnia manent integra, ac si nunquam peccassent, severitate nostra se ad desperationem cogi deplorant. Ego autem poenitentiam, quum res adeo sacra sit, non posse ex frigidis signis aestimari dico. Deinde quam mihi poenitentiam iactant, quos adeo non humiliat peccati sui agnitio, ut aeream frontem triduo post in suggestum attollere non dubitent? Monachis solenne fuit, quidquid in sodalibus flagitiorum erat, in honorem ordinis tegere. Morem hunc in Ecclesiam Christi invehere multi cuperent: ego autem non melius Christiani nominis honori consuli posse contendo, quam si a sordibus Dei templum repurgetur.

Sed iam in recitandis calumniis, quibus nebulones a nobis egressi Evangelium oblique per latus nostrum vulnerant, verborum plus satis consumpsi. ¹ Ad generales calumnias iterum revertor, quibus palam doctrinam manifesti iuratique hostes impetunt. Haec autem illis in primis trita est, Nos Christianae libertatis praetextu, quidvis et nostrae et aliorum libidini permittere: non alio spectare nostram doctrinam, nisi ut homines legibus disciplinaque soluti, sine modo et modestia exsultent. Quid contineat doctrina, amplam fidem libri facient. Sed hostibus scilicet tam liberum est apud eos mentiri, qui a scriptorum nostrorum lectione arcentur, quam nobis supervacua apud lectores excusatio. Scire tamen primum velim, quodnam illud sit tam grave disciplinae iugum, quod nos ad hoc asylum fugere coegit. Neque enim tanta unquam fuit Papatus austeritas, quin toto anno illic et scortari, et saltare, et intemperanter diffluere omni luxuria, et comessationes agitare, et alea ludere, et modis omnibus protervire licuerit: modo semel post annuam indulgentiam, qui ita nequiter vixerunt, in aurem sacrifici, quasi crapulae vomitu, se exonerent. Quorsum igitur in tam dissoluta licentia hoc ultimae desperationis remedium quaerere attinebat? Certe, si qui unquam rerum novarum cupidi fuerunt, non tamen prius coeperunt tumultuari, quam ubi non aliter iam spes erat, voti compotes fore. Nulla vero lasciviendi cupido titillare nos potuit, cuius non permissa nobis foret impunitas sub Papatu. At bis quidem ridiculi sunt Papatus encomiastae, dum austeram suam disciplinam, et quasi Spartana instituta praedicant. Quis enim monacho credet plenis et rubicundis buccis suaieiunia laudanti? Quis frugales esse putabit, quos in ganeis esse demersos ubique notum est? Ut uno verbo concludam, totus fere clerus Papalis vasta lacuna est omne genus scelerum, quae non modo suum foetorem longe lateque exhalat, sed mortifera contagione inquinat reliquos mundi ordines. Caeterum ut sancte[a] et pudice omnia apud eos composita esse demus: quod tamen morum castitatem, quae eorum legibus astricta erat, laxari a nobis solvique dicunt: ad hoc mendacium refellendum non alios citabo testes, quam qui nobis quotidie molesti sunt, quod omnem sibi veterem libertatem ademptam queruntur. Nihil dicam, quod non omnibus sit pervulgatum. Quicunque apud nos libidinosi, intemperantes, protervi, licere cupiunt quod libuerit, eos diceres conductitios esse Papae milites in oppugnando Evangelio. Nec causam dissimulant, quod sibi minime tolerabilis sit prisca haec et tristis, ut vocant, severitas, quae prius in obscuris chartis obsoleta iacuerat. Horum saltem placandi essent impetus, ut persuadeant boni isti continentiae vindices, nos carni dare quantum licentiae postulat. Sed quum adversus nostrum rigorem tantopere recalcitrent, quibus grata suavisque esset Papatus disciplina: cuivis hinc colligere promptum fuerit, doctrinam nostram ab effraeni illa, cuius eam insimulant, indulgentia, multum distare. Imo hac invidia doctrinam nostram gravant multi ex Papistis, quod laetitiam prope omnem ac hilaritatem e mundo tollat.

Tria praecipue nobis obiectant, in quibus nos insimulant quidvis agendi licentiam appetivisse: Quod a nobis abrogatur auricularis confessio: Quod ciborum prohibitio damnatur: Quod liberum cunctis facimus coniugii usum. Peccandi verecundiam

---

a) *1550 falso:* fauste; *iubente correctore:* sancte

e mundo tolli clamitant, nisi eam fraenet confitendi necessitas.
Atqui mirum est, Spiritum Dei neque in veteri Ecclesia, neque
per complures aetates post Christi adventum, hoc fraeno usum
esse. Pudore ergo caruisse dicemus totum illud tempus, quo
sanctitas, pudicitia, et omnes virtutes praecipue floruerunt? 5
Quum tunc plus quam austerus esset disciplinae rigor, hoc
tamen retinaculum non erat, sine quo nihil fore salvum putant
boni isti modestiae patroni. Atqui falsissimum est quod iactant, cohiberi hoc remedio hominum libidines. Quis enim non
videt, quemadmodum vomitu se exonerant ebriosi, ut mox tan- 10
quam ieiuni et recentes ad novam ingluviem redeant: ita Papistas clancularios susurros in aurem sacerdotis vomere, ut levati
priore sarcina, peccata peccatis audacius accumulent? Deo
quidem se confiteri praefantur. Verum commune omnibus consilium esse dico, clanculum sua arcana sacrifico retegere, ut 15
Deum et homines lateant. Itaque videmus, ut furtivo suo murmure defuncti, sibi longe securius indulgeant. Caeterum, ut
demus servili metu retineri quosdam, ut a peccando abstineant,
ne postea necesse sit confiteri: nos tamen libertatem carnis hac
parte quaerere, calumniose inferunt. Legem Innocentii damna- 20
mus, quae conscientias necessitate obstringit, a qua ipsas Deus
absolvit et liberat[1]. Expostulent cum Deo, qui tam praecise
vetat, ne quis in eiusmodi laqueos se induat, ne animas Christi
sanguine redemptas indui sinat. Ex sacrilega audacia profectum
dicimus, quod hominum figmento pec|catorum remissio alligata 25 [70]
fuit. Si suum Christo ius et honorem aliter asserere non possumus, quin subeundum sit probrum istud quod nobis inurunt:
id vero in primis honorificum nobis est. Scandalum vero qui
inde concipiunt, perverse morosos esse constat.

De sublato ciborum discrimine prompta et facilis est excu- 30
satio. Carni laxari habenas dicunt, ut intemperanter lasciviat,
quod die Veneris non minus quam Lunae, carnibus vesci per-
mittimus. Quasi vero nulla nisi in carnis esu sit luxuria. Porro,
quis nescit maiores semper fuisse in piscibus delicias, et hodie
nunquam vel melius fumare culinas, vel operosius mensas 35
instrui, vel maiore farciri varietate et copia, quam diebus pis-
cariis? Facessant nugae illae, nos delitiis allicere simplices animas. Neque enim de cibis delicatioribus inter nos vertitur quaestio: sed Papistae, quum omni ciborum affluentia et suavitate
ingluviem die Veneris, carne tantum excepta, benigne expleri 40

---

[1] Decretalia Gregorii IX lib. V tit. 38 (De poenitentiis et remis-
sionibus) c. 12 CJC II. ed. Friedberg 887 sq., ex conc. Lat. IV.
(1215) c. 21; Mansi XXII, 1007 sqq.; Denz., Enchir. No. 437.

permittant, suillam aut bubulam carnem attingere nefas esse pronunciant: nos conscientiis libertatem a Domino concessam relinquimus. Itaque nihilo plus religionis in vilibus intestinis, quam in pisce sumptuose condito, statuere audemus. Frugalem certe et sobrium victum, ut decet commendamus: nec scripta aut conciones nostras vel tantillum luxuriae favere quisquam reperiet. Quin potius testes erunt singulae fere scriptorum nostrorum paginae, nos in urgenda temperantia Papistis aliquanto esse superiores. Et sublata dierum superstitione, parce et frugaliter docemus iis licere uti, quae nobis Dei beneficio suppetunt. Quae in eo tanta libertatis dulcedo, ut nos ad vertendum orbem instiget? Ego sane, si palato indulgere libeat, alia potius edulia, quam carnes mihi in dimidium anni tempus deligam. Norunt familiares mei, et piscibus et aliis quibusdam summopere me oblectari, a quibus sponte abstineo, ne valetudinis dispendio tales delitias redimam. Putidum esse fateor, tam ieiunas calumnias refellere. Sed dabunt veniam lectores, si offendiculis ire obviam volens paululum ineptiam. Quanquam in his ineptiis longius morari opus non est. Pars enim haec doctrinae, quam tradimus, duobus membris constat. Illaqueari humanis legibus conscientias, quae uno Dei verbo regi debent, nefas esse contendimus. Etiamsi confitendi more nihil esset utilius, nefariam tamen esse audaciam dicimus, quum legem homines imponunt, quae animas religione obstringat. Sibi enim uni hoc iuris vendicat Deus, ut sit legislator ac iudex noster[1]. Simul atrocem Christo iniuriam fieri dicimus, dum parta eius sanguine libertas ita in nihilum redigitur: nam eius beneficio, nostra quam veteris populi conditio in hoc quoque potior est, quod a dierum ciborumque observatione manumissi sumus. Deinde spirituale Dei regnum in cibo et potu esse, cum Paulo negamus[2]. Itaque prava superstitione decipi homines, cum partem sanctitatis esse putant carnium abstinentiam. Denique nihil quam Paulo subscribimus, qui diabolicum esse dogma diserte pronunciat, cibos, quasi pollutos vetare, quos Deus in usum hominum consecravit, ut illis cum gratiarum actione libere vescantur[3]. Nullius scandali tanta habenda est ratio, ut res cognitu adeo necessarias silentio tegere liceat.

Nondum tamen prorsus dilutum est hoc crimen, quia nos a ieiuniis abhorrere iactant adversarii, quae passim Dominus non parum commendat. Primum, quum huic convicio satis reclament libri nostri et conciones, in eius refutatione minus est laborandum. Verum excipient, nos fixa iam olim de ieiuniis

---

1) Jac. 4, 12   2) Rom. 14, 17   3) 1. Tim. 4, 1 sqq.

decreta abrogasse. Fateor, et quidem seriis adeo gravibusque causis coactos, ut improbissime faciant, vitio rem pie iusteque susceptam nobis vertentes. Ieiunium quadragesimale ex Christi institutione fluxisse, veteri tritaque opinione receptum erat[1]. Error in speciem levis, sed tamen error, et minime ferendus. Qam stulte et insulse cogitatum id fuerit, quam temere creditum, nullo negotio monstrare promptum est. Nam si nos ad annuum ieiunium suo exemplo invitare Christus voluit, cur semel hoc tota vita, non quotannis, agressus est? Cur non statim ritum inter suos discipulos instituit? Cur non protinus ab eius resurrectione Apostoli, quasi praescriptam a magistro regulam, servarunt? Et cur nobis potius imitandum Christi ieiunium quam Moisis veteri populo? Quis autem Prophetarum aut fidelium, quod a Moise factum erat, in exemplum traxit? Adde nunc illud alterum, esse eiusmodi errorem, qui nisi magna fidei nostrae iactura dissimulari nequeat. Miraculo illo sancitam fuisse Evangelii doctrinam, quo certior esset eius authoritas, nemini dubium est. Itaque Christum per totos quadraginta dies non esuriisse, Evangelica historia commemorat. Quod divinitus gessit Christus, ut doctrinae suae reverentiam supra humanum gradum attolleret, id non secus ac suis viribus subiectum Papistae dum aemulantur, annon et mirificam Christi virtutem, quantum in se est, obscurant, et obliterant sacrum illud sigillum, quo approbata erat Evangelii veritas? In aliis ieiuniis facile ostendimus, cum Deo se gratum facere homines putarent, crassum idolis cultum ab illis exhibitum fuisse. Quod praescripti sunt dies, in quorum honorem ieiunent, perversae superstitionis Scriptura damnat. Quod in eo divinum cultum statuunt, et opus fingunt meritorium: non modo stulta est ac inanis fiducia, sed mera impietas. Si Paulum sequimur authorem, licebit nobis in genere pronunciare, externa eiusmodi exercitia, in quibus pietatis summa non consistit, modice prodesse[2]. Hoc vero dici non potest, quin praecisus ille qui apud Papistas regnat exigendi ieiunii rigor iure damnetur, dum necessaria officia negligere permittunt. Imo ex ore ipsius magristri clamare licet: Hypocritae, propter vestras traditiones irrita facitis mandata Dei.[3] Nunc quum graviores causae nos ad loquendum impellant, repente tamen nos gulae et omnis intemperantiae faciunt patronos. Quanquam eorum, quibuscum nunc discepto, indigna est

---

1) cf. Aug., Ep. 55 (ad Januarium) c. 15, 28 MSL 33, 217 sq. CSEL 34 II, 201, 5 sqq.; Hieron., In Jes. lib. 16. ad cap. 58 v. 3 MSL 24, 564; Adv. Jovinian II, 17 MSL 23, 311 A 2) 1. Tim. 4, 8 3) Matth. 15, 3

improbitas, quibus opponi tam iusta debeat et seria defensio.
Quam enim, obsecro, suis ieiuniis legem Papa edicit? Ne quis
ante meridiem cibum gustet, atque ut a carnibus abstineat: ut
denique solo prandio contentus, coenam eo die omittat. Haec
porro usitata ratio est, ut pridie bene saturi cubitum eant, quo
magis sit tolerabilis duarum horarum inedia: ut ipso ieiunii die,
quia solum illis prandium conceditur, se absque modo ingurgi-
tent: ut postridie libera crapula se ulciscantur. Postquam adeo
secure cum Deo, non secus ac cum puero aliquo luserunt, hoc
quoque addunt ad improbitatis cumulum, frugalem vivendi modum penitus a nobis solvi. Ego vero, quum tota vita sint dissoluti, nusquam tamen crassius in belluinam intemperiem quam
in suis ieiuniis profluere eos dico.

De coniugio etiam aliquid dicendum restat. Fingunt adversarii, nos mulierum causa quasi Troianum bellum movisse. Ut
alios in praesentia omittam: me saltem ab hoc probro immunem
esse concedant, necesse est. Quo mihi ad refellendam eorum
putidam garrulitatem maior suppetit libertas. Quum semper ad
ducendam uxorem sub Papae tyrannide liber fuerim, ex quo
me inde eri'puit Dominus, per annos complures sponte coelebs
vixi. Mortua uxore, singularis exempli foemina, iam sesquiannus
est, ex quo non invitus coelibatum rursus colo. Haec, quae forte
parum ad causam facere videbuntur, ideo tribus verbis praefari
libuit, partim ut inde coarguatur maledica hostium vanitas,
partim ut omnibus testatum sit, me privatam causam minime
agere. Quid autem afferunt boni isti castitatis defensores?
Lutherum et alios carnis pruritu incitatos, tum sibi fecisse
coniugii libertatem, tum vulgus sacerdotum, monachorum et
monialium in easdem illecebras traxisse. Quae de singulorum,
quos maligne falsoque infamant, continentia vere possent praedicari, consulto praetereo. Quid enim magis ridiculum, quam
profugere ex Papatu, qui caste vivere non sustinent? Nulla
scilicet sacrificis, monachis et monialibus explendae libidinis erat
libertas, nisi novum sibi asylum procul summis difficultatibus
quaererent. Quasi vero non quovis scortationum genere claustra
omnia, sellae et foruli omnes monachorum ac monialium foe-
teant. Prodigiosas libidines hic non attingo. Sed quid rem notam
dissimulare attinet, sic ab antris illis, magna quidem ex parte,
exulare pudicitiam et pudorem, ut scortandi bonis patribus
aliqua saltem sit illic libertas? Quid loquar de sacrificis, quos
libidinum suarum adeo non pudet, ut earum trophaea ubique
erigere iam illis sit gloriosum? Certe, ut parcissime loquar, mu-
lierosis extra Papatum migrare minime necesse est. Neque tamen prorsus nego, multos ex suis caveis monachos evolare, ut

venere, quam furtim illic carpunt, libere apud nos potiantur.
Sed illos ipsos audebo citare testes, quam procul a voluptuaria
vita, quam in lustris degebant, distet coniugium. Itaque nonnulli, quia statim olfaciunt, quanto astrictior sit pudica viri cum
uxore cohabitatio, quam promiscuae coelibatus Papalis lasciviae, mature se ad priores nidos recipiunt. Alii desperatiores
Romam aut alio quo sors eos rapuerit transvolant. Atque haec
quidem una est ex angelicis claustrorum virtutibus. Caeterum
ut multos concedam perverse doctrina nostra abuti: quam tamen iusta sit scandali ratio, videndum. Genus humanum Deus
hac lege condidit, ut mulieri vir capitis officium praestet, mulier
vicissim sit viro adiutrix: atque ita mutuo nexu sexum utrumque simul devinxit. Antequam vitiati essent homines, coniu-
gium illis singularis beneficii loco datum ac | permissum est. Ab [74]
homine mortali eripi hoc Dei beneficium, tolerabile non esse
dicimus. Nunc ad primum Dei institutum accessit maior ex
carnis incontinentia necessitas. Neque enim frustra Spiritus hoc
remedium per os Pauli fugiendae scortationi praescribit, ut
quisque uxorem suam habeat, et unaquaeque etiam mulier
proprium maritum[1]. Non frustra Christus et idem Paulus admonent, non esse omnes ad vitam coelibem aptos et idoneos[2].
Atque utinam in hac degenere natura minus notus esset incon-
tinentiae morbus. Huic vitio ut Deus opem ferret, non modo
coniugium instituit, in quo vir licite habitet cum foemina: sed
ad legitimum eius usum omnes qui a carne sua uruntur, clara
voce invitat[3]. Hoc beneficio Apostoli, Martyres, et alii ex sanctis
praestantissimi usi sunt. Exorta repente coelibatus admiratio[4]
ut vilesceret coniugii honor ac dignitas effecit. Fuit tamen ad
tempus voluntaria coniugii abstinentia, donec tyrannidi superstitio ianuam aperuit. Sacerdotes itaque a coniugali vita prohi-
biti. Tandem ad diaconos serpsit interdictum. Iurisiurandi vinculo monachi et moniales impliciti concessum a Deo ius sibi
abdicabant. Hinc solos coelibes Deo sacros censere mundus
coepit. Acer usque grassatus est furor, ut vitam coniugalem,
velut profanam, non levi ignominia notarent. Primum etiamsi
prospere in speciem cessisset eiusmodi mutatio: ex diabolica
tamen audacia manasse dicimus. Verum quo sanctior est virtus
castitas, eo sceleratior et magis detestabilis est coactus iste
coelibatus, quem omni foeditatis spurcitiaeque genere refertum
esse constat. Ut Angelis similis videatur quisquis abhorret a nup-
tiis, virginitatem Papistae miris encomiis extollunt. Quasi vero

---

1) 1. Cor. 7, 2   2) Matth. 19, 11 sq.   3) 1. Cor. 7, 9   4) Institut.
lib. IV c. XII sect. 27; ed. nostra vol. V p. 236 3 sqq.

extra coniugii statum, nihil nisi pudicum et virginale esse evicerint. Atqui in hoc tantum videntur lectos propriis uxoribus vacuos habere, ut alienis polluendis ipsi incubent. Quis enim vulgare inter eos proverbium esse nescit, quando a communi ducendae uxoris iure arcetur monachus vel sacerdos, ius fasque esse, ut alia sibi ratione prospiciat? Ac ne suis partibus desint, strenue fere omnes in hoc venationis genus incumbunt. Nulla lenociniis aptior tendicula, quam confessio, qua non modo sibi obnoxias reddunt conscias probri alicuius mulieres, sed alii aliis assignant. Itaque huc ventum est, ut qui domesticis scortis contenti sunt, casti et temperantes inter alios censeantur. Arcanas obscoenitates et nefanda stupra omitto. Ac ne haec quidem, quamvis vulgo nota, attingerem, nisi quod obiter commonefieri lectores necesse est, quam ingenue faciant doctrinae nostrae[1] adversarii, dum eam dissolutae licentiae insimulant, propterea quod tam atrocibus malis corrigendis legitimum coniugium permittat. Rumpantur licet, qui coactum Papalis cleri coelibatum ementitis laudibus ornare non cessant, in maxima tamen parte foedissimam omnis spurcitiae abyssum esse constat: in iis autem qui continentes videntur, nihilominus impuram lacunam esse dico. Talibus scilicet, cum occultis libidinum flammis, tum manifestis flagitiis diabolicam illam audaciam ulciscitur Deus, quod contempto coniugii beneficio, instar gigantum Babylonicas moles extruunt, quibus naturam et Deum expugnent. Atque ita fieri oportuit, ut saltem discerent homines, eam demum esse veram castitatem, quam nobis Dei regula praescribit. Nos autem quia belluinas lascivias, quarum nullus est modus in Papatu, cohibemus fraeno coniugali, proposita carni libertate, modestiam omnem solvere dicimur. Et quid mirum: quum et Christo et Paulo simile quiddam exprobratum fuerit: ac si data opera Legis iugum solverent, ut sua hominibus voluntas pro lege esset? Neque enim tam sollicite purgarent suam doctrinam a calumniis, nisi hostium improbitate et virulenta protervia coacti. Caeterum quicunque sunt sanabiles, eos brevi ista excusatione placatos esse confido, ne scandalum sibi ex tam levi frivolaque materia fabricent.

Habet istud quoque aliquid coloris, doctrinam nostram cum vetustate et saeculorum omnium consensu pugnare[1]. Itaque in eo se maxime Papistae iactant: praesertim ubi inflatis tibiis alta illa Patrum et Ecclesiae nomina insonant. Quoniam satis notum est, quam odiosa sit et suspecta in religione novitas, impe-

---

1) Institut. lib. IV c. XII sect. 26 et 28; ed. nostra vol. V p. 235 23 sqq. et 237 6 sqq.

ritos a doctrina nostra absterrent eiusmodi praetextu. Et fateor
certe, si quidquam novum afferatur, minime esse audiendum.
Sed huius criminis nulla melior est aut certior purgatio, quam
quod nihil recipi volumus, nisi claris solidisque Scripturae testimoniis probatum. Atque in hoc bobus et asinis, qui praesepe
saltem suum agnoscunt, stupidiores esse Papistas apparet: qui
quum novitium sibi Deum fabricaverint, ita unum, verum, et
aeternum obliti sunt, ut nulla illis caelestium oraculorum anti-
quitas sapiat. Excipiunt tamen Scripturam falso a nobis ob-
tendi, qui totum veteris Ecclesiae consensum evertere conemur.
Trita quidem inter eos calumnia, sed tam putida, ut in eius refutatione multum temporis consumere pigeat. Deinde ad eam rem
longum volumen necessarium esset. Et libri nostri abunde
testantur, si veterum quaerantur suffragia, illis causam nostram
adiuvari magis quam premi. Quum satis constet nihilo¹ magis
consentaneam esse veterum doctrinam Papatus corruptelis,
quam ovis lupo similis est: quaedam tamen eorum dicta ac
voculas etiam interdum non minus perverse quam improbe arripiunt, unde rudibus, et in eorum lectione non exercitatis fucum
faciant. Quoties Patrum illis testimonia obiicimus, etiam si pon-
dere et numero se obrui videant, ut tamen supra omnem teli
iactum sibi videntur constituti, secure contemnunt ac rident.
Sedes enim Apostolica, quidquid unquam Doctorum fuit, magnitudine sua facile absorbet. Nec quidquam illis hac exceptione
promptius est, quaevis Patrum iudicia nihil se morari, ubi a
sancta sede Romana aliter pronunciatum fuit. Ergo apud illos
ne pili quidem aestimabitur totus Patrum chorus, nisi ita libi-
tum fuerit: nos autem quidquid uni eorum cuilibet minus con-
siderate excidit, tanta protinus religione obstringet, ut vel tantillum discrepare sit nefas. Iterum repeto, confusum istud et
prodigiosum Papatus chaos antiquo Ecclesiae regimini tam esse
dissimile, ut non magis ignis ab aqua dissideat. Quod si in eo
damnando acres nimium videmur et clamosi, longe maior esset
Patrum vehementia, si hodie viverent. Adde quod boni isti
filii, qui Patrum nomen instar pilae ludendo iactant, crassissi-
mos quosque errores videntur data opera eligere: quibus nisi
assentiamur, nos totius vetustatis hostes esse clamitant. Obtulit
Abrahae ex proelio redeunti Melchisedec panem et vinum.
Sacrificium esse putant veteres, quod ad sacram Christi coenam
transtulerunt. Puerilis fere hallucinatio. Atqui ex tam praeclaris eorum lucubrationibus nihil aeque Papistis arridet. Ne
hac in parte nunc sim longior, qui versati sunt in Patrum scriptis, et mediocriter iudicant, satis intelligunt nos illorum authoritate, ad oppugnandum Papatum, esse instructos. Verum, ut

statuantur in medio, propius tamen ad nos accedent. Unde ergo
tanta scandali moles struitur? Atque ut demus, non posse asseri
a nobis et restitui puram Dei veritatem, quin se contra efferat
ille quem praedicant multorum saeculorum consensus (quemadmodum ab annis mille sic collapsa fuisse omnia fateor, ut
nova subinde errorum et superstitionum monstra pullularint)
quid tamen in eiusmodi dissidio inveniunt tanta offensione dignum? Si fiat comparatio, primi certe illi sub quibus floruit
Ecclesia, vel soli legitimi Patres haberi merentur, vel praecipuum saltem honoris gradum inter Patres iure¹ sibi vendicant.
At boni Papistae (quae est ipsorum ingenuitas) solum illud cor-
ruptius seculum, quod multum a prisca synceritate iam defle-
xerat, memoria celebrant. Atque huc tandem redeunt omnes
illorum querimoniae, receptam per octingentos vel mille annos
consuetudinem hodie a nobis convelli. Atqui, si veteri proverbio creditur, quod etiam inter eos tritum fuit, nihil aliud est
mala consuetudo quam erroris vetustas¹. Quo autem diuturnius
est malum, magis exitiale esse scimus. Plausibilis olim erat illa
Cypriani sententia: Non spectandum quid ante nos alii fecerint
aut dixerint: sed quod mandavit Christus, qui primus omnium
est, sequendum esse². Illud quoque pulchre ab Augustino ac scite
dictum nemo negabat: Christum non sibi consuetudinis nomen,
sed veritatis tribuere³. Nunc corrupti moris camarinam, quae
per longam annorum seriem quievit, nemo vel leviter movere
audet. Imo usque adeo invaluit praefractus in tuendis summis
absurditatibus rigor, ut earum reprehensionem, quasi intem-
pestivam, non respuant modo, sed crudeliter igni et ferro vindi-
cent. Dicit ille homo Ethnicus: Sicut recte loquendi a doctis,
ita et vivendi a bonis ac probis petendam esse consuetudinem⁴.
Nos qui directorem habemus Christum, prava et corrupta hominum institutio, absque iudicio et delectu, velut tempestas
quaedam violenta abripiet? Ut locum hunc breviter concludam:
si inter nos valeat, quod extra controversiam inter pios esse
debet axioma. Non subiici annorum praescriptioni Christi doctrinam: neminem fictum istud scandalum ab inquirendi saltem
studio impediet. Ubi autem constiterit, a Christo nos habere
quod proferimus: quis tam erit praeposterus, ut ab aeterna Dei
sapientia et caelestis magistri voce, sponte ad homines concedat?

---

1) Cyprian., Ep. 74, 9 CSEL 3 II, 806   2) Cyprian., Ep. 63, 14
(ad Caecilium) CSEL 3 II, 712   3) Aug., De bapt. ctr. Donat. III 6
MSL 43, 443 CSEL 51, 232, 3 sqq.: cf. sent. Libosi a Vaga in conc.
Carthag. sub Cypriano septimo a. 256 habito. Opp. Cypr. CSEL 3 I,
448   4) cf. Quintil., Inst. orat. I 6, 45

Plerosque offendit, quod totum fere mundum nobis adversum esse vident. Nec vero sibi desunt malae causae patroni, quin rudes et infirmos eiusmodi machina percellant, Valde absurdum esse, ut paucis hominibus habeatur fides, totum fere Christianum orbem negligi. Praecipue autem ad nos proterendos, sacro Ecclesiae titulo, quasi malleo se muniunt. Sed velim scire, qui nostra paucitate alienantur ab Evangelio, quomodo fidem suam adversus Turcas sustineant. Quantum ad nos attinet: si unus Noah cunctos seculi sui homines fide sua damnavit, non est quod magna incredulorum turba nos de gradu moveat. Interea non modo parum probabilem sed iniustam et pudendam scandali causam esse dico, ubi Dei verbo hominum respectus praeponderat. Quid enim? An nisi hominibus credere libuerit, non stabit Dei veritas? Quin[1] potius, ut Paulus ait, homo mendax, [78] ut est, maneat. Deum veracem agnoscant, quibus se patefacere dignatur[1]. Et iam alibi ostendimus, cur tam aegre se bona pars hominum Deo in obsequium addicat. Quo minus in tanta mundi contumacia fidem nostram ad multitudinis exemplum dirigi convenit. At signum a Christo datur, Quo aquilae convolant, illic esse cadaver[2]. Ego vero non nego, si quando unum in locum collectae fuerint omnes aquilae, quin simul speranda sit totius orbis conversio. Sed quum non quaslibet illic aquilas designet Christus, sed quae vivificum mortis suae odorem sequuntur: quis non videt restringendum ad paucos sermonem esse? Si quis forte excipiat, non excusari nos exemplo Noah, si ab eo coetu discessionem facimus, qui Ecclesiae nomen obtinet, Isaias, quum relicta hominum conspiratione Deum unum sequi iuberet, non extraneos notabat: sed qui tunc populi Dei nomine maxime gloriabantur[3]. Et Petrus, quum Ecclesiam facit arcae similem, quod pereunte mundo, quasi per diluvium exigua hominum manus servetur: non esse pendendum a multitudine, satis admonet[4]. Quid ergo miseros homines iuvat inter varios mundi flatus vacillandi nutandique occasionem captare, quum Deus aeterno verbi sui fundamento nos stabiliat? Cur fluctuari inter opinionum procellas malunt, quam in tuto certae veritatis portu, quo nos invitat Deus, quiescere? At summa Ecclesiae reverentia debetur. Fateor sane: ac libenter etiam addo, sic coniunctum cum genuina Legis et Evangelii doctrina esse Ecclesiae sensum, ut fida illius custos et interpres merito vocetur. Sed inter nos et Papistas hoc interest, quod illi non aliter Ecclesiam veritatis

---

1) Rom. 3, 4 2) Matth. 24, 28 3) Jes. 8, 12 4) 1. Petr. 3, 20 sq.

columnam¹ esse putant, quam si Dei verbo praesideat. Nos
autem, quia reverenter se Dei verbo subiicit, veritatem ab ea
teneri, et aliis per manus tradi asserimus. Itaque non plus authoritatis apud eos habet Dei verbum, quam illi quasi precario
5 Ecclesia concedit: et totius Scripturae interpretationem ad
Ecclesiae iudicium non secus vertunt, quam Lesbios olim ad
plumbi sui normam lapidem formare solitos, veteri proverbio
fertur². Itaque nullus tam perspicuus est Scripturae locus, qui
ad Lesbiam hanc regulam inflexus, vel, ut magis proprie loquar,
10 detortus, non alienam formam induat. Nec tamen hic nobis
summum vertitur certamen. Sed postquam Ecclesiam in Christi
throno collocarunt Papistae, ut religionem constituat suo arbi-
[79] trio, et de¹ Scriptura absque provocatione iudicet: ius illud
qualecunque est ad se mox rapiunt. Nos vero quaenam vera sit
15 Ecclesia, quia hic falli tam proclive quam periculosum est,
diiudicari volumus. Certe novum non est, qui pastorum loco
praesunt, eos crudeles interdum esse lupos³: impios esse et perfidos Dei et Ecclesiae proditores, quorum in manu ordinaria est
potestas. Quid est igitur, cur nos inanes larvae terreant, quo-
20 minus excutiamus, ut decet, an vere sit, quae dicitur Ecclesia?
Paulus columnam veritatis Ecclesiam esse pronunciat⁴: sed idem
et orbis iam conversi defectionem, et Antichristi in medio Dei
templo regnum praedicit⁵. Satis notum est, eadem quibus hodie
exercemur certamina illum sustinuisse, quum Iudaei Ecclesiae
25 nomine superbientes, eum et apostatam esse clamarent, et scismatum ac turbarum authorem. Continua successione ab ipsis
usque Apostolis se ortos esse iactant: nempe quemadmodum
Valerio Publicolae et Lucio Bruto Caligula et Nero successerunt.
Sic enim Apostolis se conferunt, ac si non interpositum esset
30 immensum dissidii chaos, quod nexus quosvis, si qui essent,
abrumperet. Quia nobis adversa est cleri Papalis colluvies, non
minus eo nos praeiudicio gravari volunt, quam si nos ex caelo
Angeli damnarent. Eodem scilicet fastu olim Christum repudiabant Scribae, quia nemo ex Principibus aut Pharisaeis in eum
35 credidisset. Et illos quidem, quum pro sua tyrannide pertinaciter ad extremum usque certare propositum sit, et veris
rationibus sint destituti, inanes crepare sonitus mirum non est.
Sed omnes, quibus falso arreptum Ecclesiae nomen scandalo
est, rogatos velim, ut aures aliquando et oculos aperire susti-
40 neant: ne fallax corporis simulachrum eos a capite avellat, ne
meretrix sponsae ornatu fucata sponsum illis Christum auferat.

---

1) 1. Tim. 3, 15   2) Aristot., eth. Nic. 5, 14 p. 1137 b. 30   3) Act.
20, 29   4) 1. Tim. 3, 15   5) 2. Thess. 2, 4

Quas enim, obsecro, notas habent, unde in tota Antichristi
Romani cohorte agnoscant Christi Ecclesiam ? Nisi forte dum
Papam albatum et proiectam ad eius pedes crucem vident,
Cardinales purpureos, Episcopos mitra et lituo conspicuos, et
reliquam minorem turbam suis quoque insignibus distinctam,
his pignoribus contenti, non aliam desyderant Ecclesiam, nisi
quae in ludicris pompis apparet. Quid enim aliud ne¹bulonibus [80]
istis dicendum restat, quando toties, tam graviter et copiose a
nobis refutati, sibi tamen adhuc Ecclesiae titulum arrogare
pergunt ? Dixi initio, nullos propemodum hic falli, nisi qui ad
Christum accedere nolentes, sibi procul obstacula accersunt.
Fuit quidem tempus, quum multas simplices ac pias animas
impediret hic scrupulus: sed hodie paucos sanae doctrinae
scandalum ex nomine Ecclesiae opponere dico, qui non malitiose et superbe Christo insultent. Eiusdem proterviae est, quod
miracula flagitant, quibus obstupefacti, Deo tandem per nos
loquenti cedere cogantur. Ego vero, quum doctrina nostra
luculentum sibi testimonium reddat, miraculis omnibus, quae
ab orbe condito extiterunt, se fuisse comprobatam: istos, qui
veterum miraculorum obliti, novis inhiant, quum ita stupeant
in aperta Dei virtute, et in clara luce caecutiant, non minora
esse portenta dico, quam si hominem in pecudem versum
cerneremus.

Quoniam sacris opibus ditati sunt nonnulli, alii famem suam
utcunque ad tempus sedarunt, nos praedandi magis cupidine,
quam pio Dei zelo ad res novandas adductos esse iactant Evangelii
hostes: multi qui praetextum captant repellendi Evangelii,
maledicis istis vocibus assentiuntur. Ego vero, si qui replendis
suis crumenis Ecclesiae bona praedati sunt, non excuso. Et
libri nostri, quantopere abhorreamus ab eiusmodi sacrilegiis
diserti sunt testes. Verum ut partis nostrae delictis, si qua
sunt, patrocinium meum accommodare animus non est: ita
calumnia non est ferenda, quod in praedam cessisse malevoli
homines criminantur, quidquid foedis illis gurgitibus, hoc est
sacrificis Baal et monachis ademptum est. Certe, ex quibus
locis profligata est Papatus impietas, illic saltem pars eorum
redituum, quos scorta et lenones cum sacerdotibus vorabant, in
pauperes erogatur: aliquanto plus impenditur in scholas, quam
fieri solebat: aluntur veri pastores, qui salutis doctrinam populo
ministrant: sumptus quoque ad tuendum Ecclesiae statum non
pauci fiunt. Quanvis haec nos defensio coram Deo non absolvat
(quod libere quidem confiteor) maligne tamen scandalum inde
congeri adversus Evangelii doctrinam ostenditur. At palam
fieri ostendunt, quo studio impulsi, causam hanc aggressi sumus,

quod omnes fere in privatis rebus curandis occupati, in urgenda disciplina, corrigendis vitiis, augendo et tuendo Christi regno, torpent. Cur ergo non ardore potius suo nos calefaciunt, quam ipsi congelascunt ad nostrum frigus? Legantur de templi neglectu Aggaei querimoniae[1]. Illic quasi in tabula depictam cernere est seculi nostri ignaviam. An quia tunc quisque domui suae intentus, Dei templum non curabat, ideo non sacrosanctum Dei opus erat, templi instauratio? An fatiscere propterea quisquam debuit, quum alios videret non modo in officio necessario cessare, sed Deum quoque scelerate fraudare primitiis ac decimis? Sed hoc est scilicet, quod statim ab exordio praefatus sum, multos profanis mundi amicitiis irretitos, quidvis offensionum contra Christum appetere potius, quam ut impios et sanae doctrinae inimicos offendant. Haec illis prava ambitio, et ad fabricanda scandala ingenium, et ad lacerandum canina maledicentia Evangelium, facundiam suppeditat. Adde quod praesentium vitiorum morsu non contenti, in futurum tempus inquirunt, quod eadem malignitate arrodant. Fingunt enim se propinquam Ecclesiae vastitatem animis prospicere, quae ex intestinis dissidiis impendet. Hac nos providi homines non magis affici mirantur: atque ut in odium nos trahant, susque deque nobis esse colligunt, si terra incendio misceatur. Sic olim Aquilanum episcopum in privato colloquio mecum disserere memini, quam horrenda clades timenda foret, nisi discordiis finem brevi statueremus. Huc autem tota tendebat oratio, fieri aliter non posse, si essemus propositi nostri adeo tenaces, quin tandem ad arma res veniret. Belli porro non alium fore exitum, quam ut bonis literis exstinctis, et barbara confusione inducta, humanitas prope ipsa e mundo tolleretur. Horum malorum sicuti culpa in nobis haereret, ita subeundam invidiam esse. Quin etiam haec ipsa religio, dicebat, pro qua tam acriter pugnatis, simul cum literis intereat necesse est. Quod tunc uni respondi, omnes sibi dictum accipiant: Nos certe, neque tam sumus socordes, quin nobis in mentem veniant quaecunque machinatur Sathan: neque tam feri et inhumani, ut secure negligamus. Paci et otio non modo cupimus consultum, sed quantum in nobis est consulimus. Ordinis et politiae non minus sumus studiosi quam qui maxime. Literarum quanta nos cura sollicitet, verbis praedicare nihil opus est. Sed quum nulla exceptione opposita Evangelium praedicari Christus iusserit: quicunque sequatur eventus, huic mandato parendum est. Quanquam nimium sibi arrogant homines, si meliorem ex

---

1) Hagg. 1

propriis consiliis, quam ex ratione sibi a Deo praescripta successum sperant. Quid enim? An Deum caecum et incautum esse fingunt, qui Ecclesiam suam inconsiderate periculis exponat? Imo quum optimus sit rerum omnium moderator, nostrum est, quamlibet perplexas angustias uno hoc Abrahae dicto superare: Dominus providebit[1]. Nos scilicet de humana societate erimus solliciti: Deus autem opifex nullo eius studio tangetur? Ecclesia ab unico salutis suae praeside et custode misere deserta in nostram providentiam recumbet? Nos vero excusatione digni, si iniuncto nobis munere obedienter fungendo, suas Deo partes relinquimus. Ac quum David proprium eius esse opus pronunciet, turbulentos maris fluctus componere, sedare bella, frangere currus et lanceas[2]: merito nos animare haec fiducia debet ad eam doctrinam asserendam, quae nobis eius gratiam et benedictionem sola conciliat. Quisquis tamen demum conatus nostros sequatur eventus, nunquam erit cur nos obsequium Deo praestitisse et pium et gratum poeniteat: et quod moerorem nostrum vel in maximis cladibus solari poterit, nos et Christi gloriae, quae omnibus mundi regnis potior, et animarum saluti, quae toto mundo pretiosior est, fideliter serviisse.

Postquam scandala, quae plurimum hoc tempore nocere experimur, generatim recensui: nunc breviter monendi sunt rursum filii Dei omnes, ut ostensis a me remediis instructi, Christum potius pro fundamento retineant, quam temerario pravoque incursu sibi faciant lapidem offensionis et petram scandali. Quin multa scandala subinde ingerantur fidelibus in hoc mundo, fieri non potest, a quibus ne Christus quidem immunis fuit. Imo vix sperandum est, ut passum unum conficiant, quin scandalum aliquod obiiciat Sathan. Ita per innumera scandala ambulandum ipsis est. Sed quantumvis multiplex sit varietas et densa congeries, nemo tamen erit Christianus, nisi qui superior evadet. Petrum Christus ipse sibi scandalum esse dicit, quum a subeunda morte eum revocare tentat. Sed an impetitus scandalo gradum refert? Quin potius Sathanam in Petro animadvertens, facessere alio iubet[3]. Ut commune nobis cum ipso fore certamen sciamus, in genere pronunciat, necesse esse ut veniant scandala[4]. Sed quemadmodum suos pronuntiat nunquam fore scandalorum immunes: ita nullam scandali causam excusat. Quum enim iubet oculum dextrum erui, si quem forte scandaliset[5]:

---

1) Gen. 22, 8   2) Ps. 46   3) Matth. 16, 23   4) Matth. 18, 7
5) Matth. 5, 29

nihil tanti esse admonet, cuius respectu nos a scopo tantillum deduci oporteat. Si ad cavenda scandala tam essemus seduli, ut ne propriis quidem oculis quisquam nostrum parceret: nihil opus fuisset, me in amoliendis scandalis tantum operae insumere. Arduum, fateor, et supra vires nostras certamen: sed non frustra dicit Christus, locutum se discipulis ne scandalisentur[1]. Neque enim alia de causa vincendis aut profligandis scandalis sumus impares, nisi quia loquentem Christum non audimus. Verum est sane quod alio loco dicit, in nocte offendere eos qui offendunt[2]. Quorsum autem lux Evangelii, nisi ut viam monstrando, simul etiam scandala oculis subiiciat? Atqui, dicet quispiam, impedimentum etiam si conspicitur, cursum tamen abrumpere non desinet. Ego vero iam ostendi, nisi propria nobis mollities obstet, ad superanda quaevis scandala Christum unum sufficere, quum caelesti sua virtute supra mundum nos evehat. Quod si scandalo, quod invitis et fugitantibus incurrit, tam fortiter est resistendum: minus habebunt excusationis, qui ad scandala ipsi quadam animi pravitate sunt proclives. Id Iudaeis accidisse admonet Paulus, qui quum ex professo minime scandalum captarent, quia tamen Dei iustitiae, propriam volentes stabilire, non fuerunt subiecti[3], in Christum impegerunt[4]: adeoque exitiali naufragio tanquam ad scopulum allisi fuerunt. Eorum vero qui oblata scandala libenter arripiunt, vel etiam procul dissita cupide accersunt, minime tolerabilis est perversitas. Quid enim? Quum testetur Paulus se anteactam vitam oblivisci, ut ad palmam supernae vocationis properet, atque ad eandem festinationem suo exemplo nos hortetur[5]: an scandala ad cursum retardandum quisquam procul impune conquiret? Iam si in Iudaeis praeposterum zelum tam severe ultus est Deus, quid futurum istis putamus, qui scientes ac volentes impingunt? Imo qui viam alioqui planam congestis undique scandalis obruunt? Praesertim quid sibi veniae reliquum faciunt, qui ex hominum vitiis aut sceleribus clypeos, repellendo Deo, concinnant? Nam si fideles quoque ipsi, ne quid eorum celeritatem moretur, alii alios vetantur aspicere: si oculos longe circumferimus, data opera quaerentes quod nos detineat, quomodo Christus ignosceret? Ac tales quidem vere et apte porcis conferre licet, quibus ob nativum foetoris amorem, nihil suavius est quam in coenum et stercora se provolvere. Omnes porcos scandalorum nimis avidos, sive ea venentur, sive offerri sibi gaudeant, dira manet Dei ultio, ut quotidiana

---

1) Joh. 16, 1   2) Joh. 11, 10   3) Rom. 10, 3   4) Rom. 9, 32
5) Phil. 3, 13 sqq.

offendicula, et alia aliis addita, ipsos in aeternum exitium demergant. Sic enim serio excaecari[a] aequum est, qui sponte caecutiunt: ut tandem immedicabilis sit morbus. Nos interea quum Christum audiamus omnibus maledicentem, qui scandalum infirmis praebent[1], sollicite operam demus, ne quod omnino scandalum nostra culpa accidat. Caeterum, quando reprobis et mundo incredulo Christum lapidem scandali esse oportet[2]: modo simus extra culpam, ad scandala intrepide excipienda, quoties ea ingeret Sathan, vel solo illo Christi titulo simus muniti. Simul altera Christi sententia in mentem veniat. Nam quum a discipulis obiectum esset, offendi Pharisaeos: secure omitti eos iubet, quia caeci sint, ac caecorum duces[3]. Addit quoque insigne dictum: Omnis plantatio, quam non plantaverit Pater meus, eradicabitur[4]. Ita sane est agendum: ut omnium saluti, quoad licet, studeamus: sed quia nobis datum non est eos servare, quos Deus exitio devovit: quod perit, pereat: ut est apud Zachariam[5]. Nam si Paulo tollere crucis offendiculum libuisset, quasdam obliquas ad hoc rationes excudere promptum erat. Ab hoc autem consilio adeo abhorret, ut pro magno absurdo ducat, si tollatur[6]. Scilicet fixum tenebat, quod alibi dicit: quanvis odor mortis simus reprobis in mortem, suavem nihilominus odorem nos Deo spirare[7].

LAUS DEO.

---

a) *1550 falso:* exsecrari; *iubente correctore:* excaecari

1) Luc. 17, 1 sq.   2) Rom. 9, 32 sq.   3) Matth. 15, 14   4) Matth. 15, 13   5) Sach. 11, 9   6) 1. Cor. 1, 17   7) 2. Cor. 2, 15 sqq.

Consensio mutua in re sacramentaria

Postquam disceptationes de coena Domini inter Lutherum et ecclesias Helveticas aliquamdiu intermissae sunt, Lutherus ex anno 1541 rursus asperiore sermone contra Bullingerum usus est[1] et Bullingerus respondit libello Wahrhaffte Bekanntnuss[2], quae acerrima forma partem Zwinglii tuebatur. Calvino, qui harum quaestionum causa saepius Tiguri aderat, contigit 1547, ut Bullingerum posteriore libello Absoluta de Christi Domini et catholicae eius sacramentis tractatio[3] adduceret, ut leniore dictione uteretur. Magis magisque necessitas unitatis relationem ecclesiasticarum Helveticarum de coena Domini publice exponendi obvenit, et ab anno 1548 studio Calvini et Bullingeri firmare coeperunt. Iter quod usque ad hanc Consensionem, Consensus Tigurinus qui dicitur, conficiebatur, hoc erat:

a) 1548 a. d. 6. Kal. Julias Calvinus Bullingero 24 proposita brevissima misit, quae magis articulorum inscriptiones esse videntur[4].

b) 1548 mense Novembri Bullingerus haec proposita notis suis instructa remisit[5].

c) 1549 mense Januario Calvinus Bullingeri menda repudiavit[6].

d) 1549, Idibus Martiis prompto et libenti animo recepit Bullingerus, quae Calvinus scriter reprehendit[7].

e) Iam priusquam Bullingerus respondit, Calvinus ad synodam Bernensem, quae mense Martio peragebatur, sua sponte 20 articulos, quibus de coena Domini agebatur, miserat, quoniam in pago Valdensi de hac ipsa quaestione semper contentiones inter Bernenses et Genavenses erant[8]. Ex litteris Halleri[9] autem apparet Bernenses hos articulos vix respexisse. Eo maioris momenti est quod Consensionem praeparant.

Postquam cogitatio Consensus animis concepta est, Calvinus et Farellus[10], quocum iam saepius de hac re egerat, mense Maio a. 1549 Tigurum profecti sunt, ubi brevissimo tempore textus inter eos constitutus est. Chirographum huius textus Genavae, Tiguri, urbe Neocomensi reperitur. Exemplari Genavensi (Cod.

---

1) WA LIV p. 119 sqq.   2) Tiguri apud Froschowerum 1545
3) Tiguri apud Froschowerum 1547   4) CR opp. Calvin. VII 693 sqq.
5) CR opp. Calvin. VII 693 sqq.   6) CR opp. Calvin. VII 701 sqq.
7) CR opp. Calvin. 709 sqq.   8) CR opp. Calvin. VII 717 sqq.
9) CR opp. Calvin. VII 723 sqq.   10) Epist. Calv. ad Farellum, Nonis Mai. 1549, CR opp. Calvin. XIII 263, No. 1185

145, fol. 86sqq.) a Carolo Ionvillaeo, Calvino adiutore, scripto
a Calvino notae adiunctae sunt. Usque ad librum typis exstructum a. 1551 nihil mutatum est, praeterquam quod Calvinus
articulos 5 et 23 adiecit, ut Consensio denique 26 articulos
contineat[1]. Viretus quoque nonnullos locos breviter emendavit.
    Celerrime ceterae ecclesiae Helveticae edoctae sunt. Iam a. d.
IV. Non. Iunias ministri Bernenses[2] assensi sunt, sed non prius
subscripserunt, quam praefatione et postfatione[3] omissis litterae
Calvini ministris Tigurinis destinatae praepositae et litterae
Tigurinorum Calvino destinatae postpositae sunt[4]. Etiam
Basileenses primo in Confessione Helvetica prima permanere in
animo habebamt, sed denique omnes pagi, etiam Rhaetia et
Mulhusia, assensi sunt.
    Anno 1551 denuum liber typis exscriptus est. Et Tiguri et
Genavae formula latina edita est. Hodie inter omnes constat
editionem Tigurinam (No. 1) primam impressam esse iam in
fine mensis Februarii, cum textus Genavensis (No. 2) a. d.
VII. Kal. Apriles desierit[5]. Ex mendo quoque Calvini, quod in
octavo articulo[6] editionis Tigurinae veteri formulae adiectum
legitur, cum textus Genavensis rectam formulam novam praebeat, concludere possumus textum Tigurinum prius esse. Iisdem
temporibus ortae sunt cum libro typis expresso Tigurino Tiguri
editio germanica et una cum libro typis expresso Genavensi
Genavae editio gallica, quae textu cum duobus optimis editionibus
latinis consentiunt. Ab anno 1554 Consensio crebro Defensioni
sanae et orthodoxae doctrinae de Sacramentis[7] adiecta est
inscripto nomine: Consensionis capita expositio[8].

De editione nostra.

Praebemus librum Tigurinum textum primarium et in cavea
notarum varias lectiones libri Genavensis, littera G significatas.

---

1) Epist. Calv. ad Bullingerum, 6. Kalend. Iulias 1549, CR opp.
Calvin. XIII 306, No. 1211   2) Epist. Halleri et ministrorum Bernensium ad Turicenses, 4. Non. Iunias 1549, CR opp. Calvin. XIII
287, No. 1197 et 1198   3) CR opp. Calvin. VII p. XLIX sqq.
4) Epist. ministrorum Turicensium ad Calvin. Nonis Iul. 1549, CR
opp. Calvin. XIII 320 sqq., No. 1220 (falso 1120)   5) Epist. Bullingeri ad Calvin. pridie Non. Feb. 1551, CR opp. Calvin. XIV 43, No.
1446; epist. Calvin. ad Bullingerum 13. Kal. Martias 1551, CR opp.
Calvin. XIV 51, No. 1450   6) Vide pg. 249 9   7) vide p. 268 9   8) De
historia consensionis vide: CR opp. Calvin. VII p. XLIV sqq.; H. A.
Niemeyer, Collectio confessionum, Lipsiae 1840, p. XLI sqq.; E. F.
Karl Müller, Die Bekenntnisschriften der reformierten Kirche, Leipzig
1903, p. XXIX sqq.; Real-Encyklopaedie f. prot. Theologie u. Kirche,
Leipzig 1897–1908: P. Christ, Der Zürcher Consens.

Cum et germanica et gallica editiones cum textu latino congruant, harum utramque negleximus.

1. Editio Tigurina 1551: CONSEN || SIO MVTVA IN RE || SACRAMENTARIA MINI - || strorum Tigurinae ecclesiae, & D. Io - || annis Caluini ministri Geneven || sis ecclesiae, iam nunc ab || ipsis authoribus || edita. || I. Corinth. I. || *Obsecro autem uos fratres, per* || *nomen domini nostri Iesu Christi* || *ut idem loquamini omnes, et non* || *sint inter uos dissidia, sed sitis inte* || *grum corpus, eadem mente,* ↄ ↄ || *eadem sententia.* || *TIGVRI EX OFFICINA* || Rodolphi Vuissenbachij.

p. 3 [–5]: ORNATISS. VIRIS || *ET FIDELIB. CHRISTI SERVIS* || Tigurinae ecclesiae Pastoribus ac do - || ctoribus charissimis symmystis || & obseruandis fratribus || Ioannes Caluinus || S. D. || lin. 8: || *TAMETSI eadem saepius de* ||; p. 5, lin. 18: || *nedicat. Geneuae Calendis* || *Augusti. Anno do-* || *mini 1549.* ||; p. 6 [–19]: SEQVVNTVR AR || TICVLI CONSEN- || sionis. || lin. 4: || Cum Christus sit finis le- ||; p. 20 [–26]: TIGVRINORVM || RESPONSIO AD D. || *Caluini scriptum.* || lin. 9: || INGENS *tuum studiũ., Cal* || p. 26, lin. 13: *Tiguri 30. Augusti,* || *Anno domini.* || 1549. || FINIS. ||

Forma: 8⁰. - 24 p. numeratae; p. 1 et 2 non numeratae + 3 f. non numerata, (2 quaterniones)), lin.: 24. Sign. A_2–B_5. Capitula margini adscripta. Tituli columnarum: v.: CONSENSIO R.: IN RE SACRAM. p. 3 et 6 et 20: initiale ligno exsculptum. Typi: p. 3–5 et 20–26: cursivi; p. 6–19: Romani maiores.

Exemplaria exstant: Zentralbibliothek Zürich; Preußische Staatsbibliothek Berlin; Bibliothèque du Musée hist. de la Réformation, Genève; Bibliothèque Nationale Paris; Württembergische Landesbibliothek Stuttgart; Bibliotheek d. Rijksuniversiteit te Utrecht; Bibliothèque de l'Internat St. Guillaume Strasbourg.

2. Editio Genavensis 1551, Crispini Genavensis. CONSENSIO || MVTVA IN RE SA- || CRAMENTARIA MINI- || STRORVM TIGVRINAE EC- || clesiae, & D. Ioannis Caluini ministri || Geneuensis Ecclesiae, iā nũc ab || ipsis authoribus || edita. || I. COR. I. || Obscero vos fratres per nomen || Domini nostri Iesu Christi, ut idem || loquamini, & non sint inter vos dis- || sidia, sed sitis integrum corpus, eadē || mente, & eadem sententia. || GENEVAE, || *Ex officina Ioannis Crispini.* || M. D. LI. ||

p. 3 [–6]: ORNATISSIMIS || VIRIS ET FIDE- || LIBVS CHRISTI SER- || VIS, TIGVRINAE ECCLESIAE || Pastoribus & Doctoribus, charis- || simis Symmistis, & obseruan- || dis fratri-

bus, Ioannes ∥ Çaluinus ∥ s. ∥ p. 6, lin. 18: ∥ M. D. XLIX. ∥;
p. 7[-16]: *Consensionis capita.* ∥ QVVM CHRISTVS sit finis Legis,
& ∥ p. 16, lin. 16: ∥ tem suā in eum convertũt Christum adora-
turi. ∥; p. 17[-26]: ECCLESIAE GENE- ∥ uensis fido pastori
D. Ioāni Cal- ∥ uino, fratri charissimo, Pastores, ∥ Doctoresque
ministri Tigurinae ∥ Ecclesiae. S. D. ∥ INGENS tuum studium ∥
p. 26, lin. 6: ∥ gesimo primo. ∥ lin. 7: ∥ ACT. 4. ∥ lin. 10: ∥ IERE-
MIAE 32. ∥ lin. 14: ∥ post eos. ∥; p. 27: GENEVAE ∥ EXCVDEBAT
IOAN. CRISPINVS, ∥ SEPTIMO CALEND. APRILIS. ∥ MDLI. ∥

Forma: 8°. - 26 p. (p. 1 et 2 non numeratae), + 1 fol. non
numeratum, (1 quatern. + 1 tern.), fol. 7 et 8 abscissa; Sign.
A_2-B_4; p. 3-6 et 17-26: 20 lin.; p. 7-16: 28 lin. Tituli columnarum: p. 8-15: v.: CONSENSIO r.: IN RE SACRAM., p. 18-25:
r. et v.: EPISTOLA. p. 7-16: capitula margini adscripta.
Typi: p. 3-6 et 17-26: Romani maiores; p. 7-16: Romani
minores.

Exemplaria exstant: Bibliothèque publique et universitaire de
Genève et Bibliothèque du Musée hist. de la Réformation, Genève; Preußische Staatsbibliothek Berlin.

3. Versio gallica 1551, Crispini Genavensis. Descriptionem libri vide: CR Calv. opp. VII LIV sq.

Exemplaria exstant: Bibliothèque publique et universitaire
de Genève; Zentralbibliothek Zürich (sine loco).

4. Versio germanica 1551: A Carlo Pestalozzi commemoratur sub titulo: Gegenseitiges Einverständnis in Betreff der
Sakramente zwischen den Dienern der Kirche zu Zürich und
Johann Calvin, Diener der Kirche zu Genf. Sub hoc titulo non
invenitur sed sub titulo: Einhålligkeit ∥ der Dienern der Kilchen
zu ∥ Zürich vnd Herren Ioannis Caluinj dieners ∥ der Kilchen
zu Genff ∥ deren sy sich im̄ ∥ handel der heyligen Sacramenten ∥
gågen andern erklårt vnd ∥ vereinbared habend. ∥ ∥ Paulus
1. Corinth. 1. ∥ Ich bitt vnd verman üch lieben brüder / durch ∥
den namen vnsers Herren Iesu Christi /∥ das jr all einerley
redind / vn das keine ∥ zwyträcht vnder üch syend / sun- ∥ der
das jr syind ein gantzer ∥ volkomner lyb / eines ∥ gmüts vnd
siñes. ∥

16 folia (a_1-b_8); numerata a_1-a_5 et b_1-b_5; forma: 8° min;
lineae: 24; $b8^r$, lin. 19: Getruckt zu Zürich by Ru- ∥ dolf Wys-
senbach. ∥ M. D. Lj. ∥

Exemplaria exstant: Zentralbibliothek Zürich; Bayerische
Staatsbibliothek München.

In edendi libro ,,Defensio sanae et orthodoxae doctrinae de Sacramentis"[1] repetitione Consensionis decessimus, quae ab anno 1554 semper una cum hoc textu reperitur.

Textus qualis anno 1551 imprimatus est invenitur (sine textu Defensionis) apud Gallasium[2], Hospinianum[3], Lavatherum[4]; textus editioni Defensionis appositus invenitur apud Stephanum 1555, p. 11–12; apud Bezam 1576[5], Stoerium 1611[6], in editione Amstelodamensi 1667[7], in Niemeyeri Collectione 1840[8], in Caroli Muelleri Confessionibus ecclesiae reformatae 1903[a]. Editio gallica invenitur in editione Bezae gallica 1566[10]; versionem germanicam Pestalozzi[11] commemorat.

---

1) Vide p. 259 1 sqq. 2) Ioannis Caluini opuscula omnia, Genavae apud Ioannem Gerardum 1552, p. 822 sqq. 3) Hospinianus Rodolphus: Historia sacramentaria, Tiguri 1595, p. 211, pars altera 4) Lavatherus Ludovicus: Historia de origine et progressu controuersiae sacramentariae, Tiguri 1563, p. 35 a sqq. 5) Ioannis Calvini Tractatus theologici, Genavae, apud Petrum Santandreanum 1576, p. 1035 sqq. 6) Ioannis Calvini Tractatus theologici omnes, Genavae apud Iacobum Stoerium 1611, p. 752 sqq. 7) Ioannis Calvini opera omnia, Amstelodami, apud Ioannem Iacobum Schipperum 1667, VIII, p. 648 sqq. 8) Niemeyer, Hermann Agathon: Collectio Confessionum in Ecclesiis Reformatis publicatarum, Lipsiae 1840, p. 191 sqq. 9) Müller, E. F. Karl: Die Bekenntnisschriften der reformierten Kirche, Leipzig 1903, p. 159 sqq. 10) Recueil des opuscules, C'est à dire, Petits traictez de M. Iean Caluin, A GENEVE, Imprimé par Baptiste Pinereul, 1566, p. 1137 sqq. 11) Pestalozzi, Carl: Heinrich Bullinger, Leben u. ausgew. Schriften, Elberfeld 1858, p. 383.

ORNATISS[a]. VIRIS ET FIDELIB[b]. CHRISTI SERVIS TIGURINAE ECCLESIAE PASTORIBUS AC DOCTORIBUS, CHARISSIMIS SYMMYSTIS ET OBSERVANDIS FRATRIBUS, IOANNES CALVINUS S. D.

Tametsi eadem saepius de re vobiscum ago, non tamen puto mihi timendum esse, ne[c] importunus esse videar. Quando idem utrisque studium[d] est, fieri non potest, quin vobis probetur quod ago. Quod autem paulo acrius insto, huc me assiduae bonorum virorum flagitationes stimulant.

Iam aliquoties monui levi quidem[e] de causa, non tamen sine praetextu, offendi permultos, quod de sacramentis[f] diversum a vobis nescio quid tradere videar. Vestram ecclesiam, quae tot praeclaris dotibus ornata est, merito reverentur. Nostrae quoque, et mihi forsan privatim, aliquid deferunt. Ita cupiunt scriptis nostris in discenda pietatis doctrina adiuvari, ne qua dissensionis species eorum progressus moretur. Huic offensioni tollendae quum nullum putarem aptius fore remedium, quam si familiari colloquio rationem communiter iniremus testandae nostrae[g] consensionis: hac de causa profectionem, ut scitis, ad vos suscepi. Et venerandus collega noster Guilhelmus[h] Farellus, ut est indefessus Christi miles, qui mihi dux alioqui et author erat, comitem se adiungere non recusavit. Ut inter nos conveniat, testari quidem vere ac fideliter utrinque possumus: sed quia rem, ut est, non omnibus persuadeo, mihi plurimum dolet, anxios vel suspensos manere, quorum tranquillitati melius consultum optarem. Proinde, ut initio praefatus sum, nihil intempestivum facere me[i] arbitror, si urgeo, ut publicum aliquod eius, quae inter nos constat consensionis, testimonium exstet.

Ego vero capita, de quibus inter nos contulimus, et breviter colligere, et ordine digerere, operaepretium esse existimavi: ut, si vobis meum consilium probabitur, cuivis velut in tabula cernere liceat, quid inter nos et actum et transactum fuerit. Certe bona fide me ex sermonibus nostris retulisse, quaecunque subiiciam, vos testes mihi[k] fore confido. Nos vero (me et Farellum dico) pari vobiscum studio, synceram omnique fuco et astutia vacuam perspicuitatem quaesiisse, pii Lectores, ut spero, animadvertent. Quanquam simul admonitos esse velim, nihil hic contineri, quod

---

a) G (*editio Genavensis 1551*): ornatissimis   b) G: fidelibus   c) G: ut   d) G: iudicium   e) > G   f) de sacramentis: > G   g) > G   h) G: Guilielmus   i) G: me facere   k) G: mihi testes

non collegae etiam nostri, quotquot vel sub Reipublicae Genevensis ditione, vel in comitatu Neocomensi Christo serviunt, sua subscriptione approbaverint. Valete praestantissimi viri, et mihi vere ex animo^a *colendi fratres. Dominus vos spiritu suo regere pergat in ecclesiae suae aedificationem, vestrisque laboribus benedicat. Genevae, Calendis Augusti. Anno Domini 1549*^b.

[735]   [|]SEQUUNTUR ARTICULI CONSENSIONIS^c.

(1.) *Totum ecclesiae regimen spirituale ad Christum nos ducit.* Cum Christus sit finis legis, et eius cognitio^d totam in se evangelii summam comprehendat, non dubium est, quin huc spectet totum spirituale ecclesiae regimen, ut ad Christum nos ducat: sicuti per eum solum ad Deum pervenitur, qui ultimus est beatae vitae finis. Itaque quisquis hinc vel minimum deflectet, nunquam de ullis Dei institutis rite vel apposite loquetur.

(2.) *Sacramentorum cognitio*^d *vera, ex cognitione*^e *Christi.* Cum autem sacramenta sint Evangelii^f appendices, is demum et apte et utiliter de eorum natura, vi, officio et fructu disseret, qui a Christo exordietur. Neque id modo, ut obiter Christi nomen attingat, sed ut vere teneat, quorsum nobis datus sit a patre, et quid nobis bonorum attulerit.

(3.) *Cognitio Christi qualis.* Sic ergo habendum est, Christum, cum aeternus esset Dei filius, eiusdem cum patre essentiae et gloriae, induisse carnem nostram, ut iure adoptionis, id quod natura proprium habebat, nobis communicaret, nempe, ut simus filii Dei. Quod fit, dum fide inserti in corpus Christi, idque spiritus sancti virtute, primum iusti censemur gratuita
[736] iustitiae imputatione, deinde[|] regeneramur in novam vitam: quo reformati in imaginem patris coelestis, veteri homini renunciemus.

(4.) *Christus sacerdos. Christus rex.* Ita Christus in carne sua considerandus est nobis sacerdos, qui peccata nostra unico mortis suae sacrificio expiavit, qui omnes nostras iniquitates delevit sua obedientia, qui perfectam nobis^h iustitiam comparavit, qui nunc intercedit pro nobis, ut accessus nobis ad Deum pateat. Considerandus est tanquam victima expiatrix, qua placatus est Deus mundo. Considerandus est frater, qui nos ex miseris Adae filiis effecit beatos Dei filios. Considerandus est reparator, qui spiritus sui virtute reformat quicquid in nobis

---

a) *G:* ex animo vere   b) *G:* M. D. XLIX.   c) *G:* Consensionis capita   d) *G:* agnitio   e) *G:* agnitione   f) *G:* Evangelii sint   g) *G:* nobis perfectam

est vitiosum, ut mundo vivere desinamus et carni, ac Deus ipse
in nobis vivat. Considerandus est Rex, qui omni bonorum
genere nos ditat, qui nos gubernat sua virtute, ac tuetur, qui
spiritualibus nos[a] armis instruit, ut adversus diabolum et
mundum invicti stemus[b] qui nos ab omni noxa liberat, qui oris
sui sceptro nos moderatur ac regit. Atque ita considerandus, ut
ad se Deum verum, et ad patrem nos evehat, donec impleatur
illud, quod tandem futurum est, nempe, ut sit Deus omnia in
omnibus.

(5.) *Quomodo se Christus[c] nobis communicet.* [1]Porro, ut se
nobis talem exhibeat Christus, ac eiusmodi effectus in nobis
proferat[d], unum cum ipso nos effici, et in eius corpus coalescere[e]
oportet. Quia non aliter vitam in nos suam diffundit, nisi dum
caput nostrum est, ex quo totum corpus compactum et con-
nexum, per omnem iuncturam subministrationis, secundum
operationem in mensura cuiusque membri augmentum corporis
facit[f1].

(6.) *Spiritualis communicatio. Sacramenta instituta.* Haec
spiritualis est communicatio, quam habemus cum filio Dei, dum
spiritu suo in nobis habitans facit credentes omnes omnium
quae in se resident bonorum compotes. Cuius testificandae
causa, tam Evangelii praedicatio instituta est[g], quam sacramentorum usus nobis commendatus, nempe, sacri Baptismi et
sacrae Coenae.

(7.) *Sacramentorum fines.* Sunt quidem et hi sacramentorum
fines, ut notae sint ac tesserae christianae professionis et societatis, sive fraternitatis: ut sint ad gratiarum actionem incitamenta, et exercitia fidei ac piae vitae, denique syngraphae ad
id obligantes. Sed hic unus inter alios praecipuus, ut per ea
nobis suam gratiam[h] testetur Deus, repraesentet atque obsignet.
Nam etsi nihil aliud significant, nisi[i] quod verbo ipso annuncia-
tur, hoc tamen magnum est, subiici oculis nostris quasi vivas
imagines, quae sensus nostros melius afficiant, quasi in rem
ducendo, dum nobis Christi mortem, omniaque eius beneficia in
memoriam revocant, ut fides magis exerceatur, deinde quod ore
Dei pronunciatum erat, quasi sigillis confirmari et sanciri.

---

a) *G:* nos spiritualibus   b) ut … stemus: $>G$ c) *G:* Christus se
d) *G:* praebeat   e) *G:* + nos   f) *G:* faciat   g) $>G$ h) *G:* gratiam suam   i) *G:* quam

1) Eph. 4, 15 sq.; Calvini epist. ad Bullingerum 6. Kalend. Iul.
a. 1549 CR opp. Calvin. XIII 306.

[738] (8.) | *Quod vere sacramenta figurant Dominus vere praestat*[a]. *Gratiarum actio.* Quum autem vera sint, quae nobis Dominus dedit gratiae suae testimonia et sigilla, vere procul dubio praestat ipse intus, suo spiritu, quod oculis et aliis sensibus figurant sacramenta: hoc est, ut potiamur Christo, tanquam bonorum omnium fonte, tum ut beneficio mortis eius reconciliemur Deo, spiritu renovemur in vitae sanctitatem, iustitiam denique ac salutem consequamur: simulque pro beneficiis his[b] olim in cruce exhibitis[c], et quae quotidie fide percipimus, iam[d] agamus gratias.

(9.)[e] *Distincta signa et res signatae.* Quare, etsi distinguimus, ut par est, inter signa et res signatas, tamen non disiungimus a signis veritatem: quin omnes, qui fide amplectuntur oblatas illic[f] promissiones, Christum spiritualiter, cum spiritualibus eius donis recipere, adeoque et qui dudum participes facti erant Christi, communionem illam continuare ac reparare fateamur.

(10.) *Promissio maxime est*[g] *in sacramentis spectanda.* Neque enim ad signa nuda, sed potius ad promissionem, quae illic annexa est, respicere convenit. Quatenus ergo in promissione illic oblata proficit nostra fides, eatenus ista vis et efficacia, quam dicimus, se exserit[h]. Ita materia aquae, panis aut vini, Christum nequaquam nobis affert[i], nec spiritualium eius donorum compotes nos facit, sed promissio magis spectanda est: cuius partes sunt, nos recta fidei via ad Christum ducere: quae fides nos Christi participes facit.

[739] |(11.) *In elementis non obstupescendum.* Hinc concidit eorum error, qui in elementis obstupescunt, et illis[k] affigunt salutis suae fiduciam: quum sacramenta a Christo separata nihil sint quam inanes larvae: et in ipsis omnibus haec vox clare personet, non alibi quam in solo Christo haerendum, nec aliunde petendam esse salutis gratiam.

(12.) *Sacramenta per se nihil efficiunt. Soli Deo omnis actio salutis tribuenda*[l]. Praeterea, si quid boni nobis per sacramenta confertur, id non fit propria eorum virtute, etiamsi promissionem, qua insigniuntur, comprehendas. Deus enim solus est, qui

---

a) Quod ... praestat: $>G$ b) *G:* his beneficiis c) *Turicensis male addit:* fide vero perceptis a nobis, *quod Calvinus ipse commutaverat cum verbis:* et quae quotidie fide percipimus; *cf. epistolam Calvini ad Bullingerum, d. 6. Cal. Jul. 1549 CR op. Calv. XIII p. 306.*
d) $>G$ e) $>G$ f) *G:* + Non disiuncta quidem sed f) *G:* illic oblatas g) $>G$ h) *G:* exseret i) *G:* offert k) *G:* illic l) Soli ... tribuenda: $>G$

spiritu suo agit: et quod sacramentorum ministerio utitur, in eo neque vim illis suam infundit, nec[a] spiritus sui efficaciae quicquam derogat: sed pro ruditatis nostrae captu, ea tanquam adminicula sic adhibet, ut tota agendi facultas maneat apud ipsum solum.

(13.) *Deus organo utitur, sed ita ut omnis virtus sit Dei*[b]. Itaque, quemadmodum Paulus admonet, eum qui plantat aut rigat nihil esse, sed unum Deum qui dat incrementum[1]: ita et de Sacramentis dicendum est, ea nihil esse, quia nihil profutura sint, nisi Deus in solidum omnia efficiat. Organa quidem sunt, quibus efficaciter, ubi visum est, agit Deus, sed ita, ut totum salutis nostrae opus, ipsi uni acceptum ferri debeat.

(14.) Constituimus ergo unum esse Christum, qui vere intus baptizat, qui nos[c] in coena facit sui participes[2], qui denique implet quod figurant sacramenta: et uti quidem[d] his adminiculis, ut totus effectus penes eius spiritum resideat.

(15.) *Quomodo sacramenta confirment.* Sic interdum Sacramenta vocantur sigilla, dicuntur fidem alere, confirmare, promovere, et tamen solus spiritus proprie est sigillum, et idem fidei inchoator est et perfector. Nam haec omnia Sacramentorum attributa inferiore loco subsidunt, ut ne minima quidem salutis nostrae portio ab unico authore ad creaturas vel elementa transferatur.

(16.) *Non omnes sacramento participantes re quoque participant.* Praeterea sedulo docemus, Deum non promiscue vim suam exserere in omnibus qui sacramenta recipiunt: sed tantum in electis. Nam quemadmodum non alios in fidem illuminat, quam quos praeordinavit ad vitam: ita arcana spiritus sui virtute efficit, ut percipiant electi quod[e] offerunt sacramenta.

(17.) *Sacramenta non conferunt gratiam.* Hac doctrina evertitur illud sophistarum commentum, quod docet sacramenta novae legis conferre gratiam omnibus non ponentibus obicem peccati mortalis[3]. Praeterquam enim quod in sacramentis nil[f] nisi fide

---

a) *G:* neque b) *G:* eius sit c) >*G* d) *G:* sic quidem uti e) *G:* quae f) *G:* nihil

1) 1. Cor. 3, 7 2) Aug., Ep. 89, 5 (ad Festum) MSL 33, 31 CSEL 34 II 423, *1* sqq.; Contra lit. Petil. III 49, 59 MSL 43, 379 CSEL 32, 211, *23* sqq. 3) cf. Aug., Ep. 98, 10 (ad Bonifacium) MSL 33, 364 CSEL 34 II 532, *14*; Duns Scotus, In sent. IV. dist. 1. q. 6, 10 opp. 16, 222; Gabr. Biel, In sent. IV. dist. 1. q. 3 art. 1; cf. Conc. Trid. sess. 7 (a. 1547) c. 6 (de sacramentis in genere), ed. Richter p. 40 (Denzinger, Enchir. 18/20 No. 849)

percipitur, tenendum quoque est, minime alligatam ipsis esse
Dei gratiam[a], ut quisquis signum habet[b] re etiam potiatur. Nam
reprobis peraeque ut electis signa administrantur, veritas autem
signorum ad hos solos pervenit.

(18.) *Omnibus offeruntur Dei dona, fideles duntaxat percipiunt.*
Certum quidem est, offerri communiter omnibus[c] Christum cum
suis donis, nec hominum infidelitate[d] labefactari Dei veritatem,
quin semper vim suam retineant sacramenta: sed non omnes
Christi et donorum eius sunt capaces. Itaque ex Dei parte nihil
mutatur, quantum vero ad homines spectat, quisque pro fidei
suae mensura accipit.

[741] |(19.) *Fideles ante et extra usum sacramentorum*[e] *Christo quoque*[f]
communicant. Quemadmodum autem nihilo plus sacramentorum
usus infidelibus confert, quam si abstinerent, imo illis tantum[g]
exitialis est: ita extra eorum usum fidelibus constat quae illic
figuratur veritas. Sic Baptismo abluta sunt Pauli peccata, quae
iam prius abluta erant. Sic idem baptismus Cornelio fuit
lavacrum regenerationis, qui tamen iam spiritu sancto donatus
erat[1]. Sic in coena se nobis communicat Christus, qui tamen et
prius se nobis impertierat, et perpetuo manet in nobis. Nam
quum iubeantur singuli se ipsos probare, inde consequitur, fidem
ab ipsis requiri, antequam ad sacramentum accedant[2]. Atqui
fides non est sine Christo, sed quatenus sacramentis confirmatur et
augescit fides, confirmantur in nobis Dei dona, adeoque
augescit quodammodo[h] Christus in nobis, et nos in ipso.

(20.) *Adeo non alligatur actioni sacramentorum gratia*[i], *ut fructus eorum percipiatur aliquando post actionem.* Utilitas porro
quam ex sacramentis percipimus, ad tempus, quo ea nobis
administrantur, minime restringi debet, perinde ac si visibile
signum, dum in medium profertur, eodem secum momento Dei
gratiam adveheret. Nam qui in prima infantia baptizati sunt,
eos in pueritia, vel ineunte adolescentia, interdum etiam in
senectute regenerat Deus. Ita Baptismi utilitas ad totum vitae
decursum patet. Quia perpetuo viget quae illic continetur
promissio. Et fieri interdum potest, ut sacrae Coenae usus, qui
in actu ipso propter incogitantiam vel tarditatem nostram
parum prodest, fructum deinde suum proferat.

a) *G:* gratiam Dei   b) *G:* habeat   c) > *G*   d) *G:* incredulitate
e) *G:* sacramentorum usum   f) > *G*   g) *G:* tantum illis   h) *G:* quodammodo augescit   i) *G:* gratia actioni sacramentorum

1) Act. 10, 44-48   2) 1. Cor. 11, 28

(21.) *Localis imaginatio tollenda.* Praesertim vero tollenda est quaelibet localis praesentiae imaginatio. Nam cum signa hic in mundo sint, oculis cernantur, palpentur manibus, Christus quatenus homo est, non alibi quam in coelo, nec aliter quam mente et fidei intelligentia quaerendus est. Quare perversa et impia superstitio est, ipsum sub elementis huius mundi includere.

(22.) *Expositio verborum Coenae Domini, Hoc est corpus meum.* Proinde qui in solennibus Coenae verbis, Hoc est corpus meum, Hic est sanguis meus, |praecise literalem, ut loquuntur, sensum urgent, eos tanquam praeposteros interpretes repudiamus. Nam extra controversiam ponimus, figurate accipienda esse: ut esse panis et vinum dicantur id quod significant. Neque vero novum hoc aut insolens videri debet, ut per metonymiam ad signum transferatur rei signatae[a] nomen, cum passim in scripturis eiusmodi loquutiones occurrant: et nos, sic loquendo nihil afferimus, quod non apud vetustissimos quosque et probatissimos ecclesiae scriptores exstet[1].

(23.) *De manducatione carnis*[b] *Christi.* Quod autem carnis suae esu et sanguinis potione, quae hic figurantur, Christus animas nostras per fidem spiritus sui[c] virtute pascit, id non perinde accipiendum, quasi aliqua fieret[d] substantiae vel commixtio vel transfusio: sed quoniam ex carne semel in sacrificium oblata, et sanguine in expiationem effuso, vitam hauriamus[2].

(24.) *Contra transsubstantiationem et alias ineptias.* Hoc modo non tantum refutatur Papistarum commentum de transsubstantiatione, sed crassa omnia figmenta atque futiles argutiae,

---

a) *G:* figuratae   b) *G:* corporis   c) *G:* sancti   d) *G:* fiat aliqua

1) Tert., Adv. Marcion. III 19 CSEL 47, 408, *18* sqq.; ibid. IV. 40 CSEL 47, 559, *24* sqq.; Origenes, In Num. 16, 6 Lommatzsch 10, 199 sq.; In Matth. 11, *14* Lommatzsch 3, 106 sq.; In Matth., series 85 Lommatzsch 4, 416 sq.; Cyprian., Ep. 63, 2. 4. 13. 14. 17 CSEL 3 II 702, *9*; 704, *9* sq.; 712, *6* sqq.; 714, *23* sqq.; Eustathius Antioch., In Prov. 9, 5 MSG 18, 684; Theodor. Mops., In 1. Cor. 11, 34 MSG 66, 889; Const. Apost. VII, 25 MSG 1, 1017; Ambros., In Ps. 38 c. 25 MSL 14, 1052 A; Aug., Ep. 98, 9 (ad Bonifacium) MSL 33, 363 sq. CSEL 34 II 530, *21* sqq. Quaest. in Hept. III 84 MSL 34, 712 sq. CSEL 28 II 304, *20* sqq.; De doctrina Christ. III 16, 24 MSL 34, 74 sq.; In Ps. 98, 9 MSL 36, 1265; Contra Adimantum c. 12 Msl 42, 144 CSEL 25 I 140, *16* sqq.; Fulgentius, De fide cap. 19, 60 (reg. 16) MSL 65, 699 B; Isidor. Hispan., De ecclesiast. officiis I 18, 3 MSL 83 A.   2) Calvini epist. ad Bullingerum 6. Kalend. Iul. a. 1549 CR opp. Calvin. XIII 306.

quae vel coelesti eius gloriae detrahunt, vel veritati humanae eius[a] naturae minus sunt consentanea.[b] Neque enim minus [743] absurdum iudicamus, Christum sub |pane locare vel cum pane copulare[1], quam panem transsubstantiare in eius corpus[c].

(25.) *Christi corpus in coelo ut in loco est*[d]. Ac ne qua ambiguitas restet, quum in coelo quaerendum Christum esse[e] dicimus, haec loquutio locorum distantiam nobis sonat et exprimit. Tamestsi enim, philosophice loquendo, supra coelos locus non est, quia tamen corpus Christi, ut fert humani corporis natura et modus, finitum est, et coelo, ut loco, continetur, necesse est a nobis tanto locorum intervallo distare, quantum[f] coelum abest a terra.

[744] |(26.) *Christus non est adorandus in pane, vel in sacramento*[g]. Quod si imaginatione nostra Christum pani et vino affigere fas non est, multo minus licet in pane eum[h] adorare. Quanquam enim panis in symbolum et pignus eius quam habemus cum Christo communionis, nobis porrigitur, quia tamen signum est, non res ipsa, neque rem in se habet inclusam[i] aut affixam, idolum ex eo faciunt, qui mentem suam in eum convertunt, Christum adoraturi.

a) $> G$ b) *G:* consentaneae c) *G:* in corpus eius d) *G:* est in caelo ut in loco e) $> G$ f) *G:* quanto g) vel in sacramento: $> G$ h) *G:* eum in pane i) *G:* inclusam habet

1) Vide Institut. lib. IV c. XVII, 16 sqq., ed. nostra vol. V p. 362, *18* sqq.

TIGURINORUM RESPONSIO AD D. CALVINI SCRIPTUM[a].

ECCLESIAE GENEVENSIS FIDO PASTORI D. IOANNI CALVINO, FRATRI CHARISS. PASTORES DOCTORESQUE MINSTRI TIGURINAE ECCLESIAE S. D.

Ingens tuum studium, Calvine, frater in Domino colendissime, et opera sedula, quibus moliris doctrinam de Sacramentis in dies illustriorem facere ac tollere offensiones e media ecclesia, quae obortae[b] videntur ex obscuriore quadam explicatione mysteriorum, adeo nihil molestiae nobis adferunt, ut ea non modo laude ac praedicatione digna, verum etiam pro nostra virili et[c] adiuvanda esse et imitanda iudicemus. Cum enim sacrosanctae leges principis nostri Iesu Christi omnes actiones referant ad culturam charitatis, studiumque mutuum iuvandi, nihil etiam severius prohibent, quam ut ullus obiiciat alteri impedimentum, quo minus vel recte vereque[d] iudicet de iis rebus, quarum notitia necessaria est, aut certe utilis et salutaris hominibus, vel minus praestet officium suum, quod tum Deo, tum proximis[e] debetur: eademque gravitate[f] iubent summovere, quantum fieri potest, offendicula, in quae impingere solent homines. Quamobrem causa tui adventus ad nos, et D. Guilhelmi Farelli venerandi nobis fratris, honestissima nobis visa est, et in primis digna viris ecclesiasticis: ut primum familiari colloquio, quam simplicissime mutuo[g] exponeremus nostram sententiam de Sacramentis, praesertim in iis capitibus, in quibus aliqua certe controversia hactenus fuit inter eos, qui per caetera capita sinceriorem Evangelii doctrinam magno consensu tradiderunt: deinde consensum nostrum edito in publicum scripto testaremur. Nullam enim aliam viam et rationem commodiorem videmus, qua controversiae religionis dirimantur, aut pellantur vanae suspiciones, ubi discrepantia nulla exsistit, aut denique tollantur offensiones, quae nasci nonnunquam solent in ecclesia Dei ex docentium controversis opinionibus: quam si partes, quae dissentire videntur, aut re vera dissentiunt, invicem apertissime suam mentem expla[l]nent, tum sermone, tum scriptis: Sed parum esset veritatem investigatam et deprehaensam apud eos retineri, nisi aliis quoque hominibus ea patefiat, plenius expositis iis, quae

---

a) Tigurinorum ... scriptum: > G   b) G: obiectae   c) > G:
d) recte vereque G: uterque recte   e) G: proximo   f) G: gratuitate
g) sic G; Turic. falso: mutuum

parcius indicata fuerant, et quod obscurius fuit[a] *dictum, notioribus verbis enunciato quodque ambigue fuit*[b] *enunciatum, certis, propriis et*[c] *significantibus vocibus declarato. Quae ratio semper ecclesiasticis patribus*[d] *placuit, et in controversiis de religione componendis*
5 *adhibita est saepissime, et nunquam non salutaris fuit ecclesiae: denique approbata est summo exemplo apostolorum Christi Domini ac Dei nostri. Nam ut in Actis legimus capite 15. non alio modo ac via sedata est maxima dissensio, cum apostoli et apostolorum germani discipuli docerent fiducia in nomen Christi purificari*
10 *corda, et eius solius gratia servari homines: aliqui contenderent, oportere circumcidi, et servari legem Mosaicam. Itaque, non possumus non summopere probare, Calvine, chare frater, tuos sanctos conatus, et omnium piorum, qui student idoneis rationibus offensiones tollere, et labefactam*[e] *pacem atque tranquillitatem*
15 *ecclesiae instaurare: dum christianam doctrinam simplici ac accurata explicatione, magis magisque illustrem ac planam*[f] *reddere nituntur, et vanas opiniones discordiae eximere animis: aut eos etiam, qui verbis et sententiis nonnihil dissiderunt, in veram, solidam et sanctam concordiam reducere.*

20 *Caeterum, ut publicatione scripti, quo nostrum consensum clare testari voluimus piis iuxta et adversariis veritatis, eum speremus fructum, quem in epistola tua*[1] *ominaris, facto iam periculo etiam*[g] *adducimur. Nam formulam mutuae nostrae consensionis ad fratres aliquos transmisimus, et hic exhibuimus aliquot viris*
25 *Christum et veritatem diligentibus, neque imperitis rerum sacrarum: qui non modo agnoverunt*[h] *inter nos convenire in iis etiam*
[747] *capitibus,* |*in quibus hactenus multorum opinione dissensimus, sed etiam gratias egerunt Christo servatori, cernentes nos in Deo et veritate consentire, magnamque spem uberioris fructus in*
30 *ecclesia*[i] *polliciti sunt. Quanquam nonnulli copiosiorem tractationem huius argumenti ob ingenia quaedam desideravere, qui audito consilio nostro, haud difficile admiserunt satisfactionem. Quorsum enim attinebat pluribus verbis edisserere, Deum esse authorem sacramentorum, et ea instituisse legitimis ecclesiae filiis:*
35 *quotque sind*[k] *a Christo ecclesiae tradita Sacramenta, aut quae invecta sint ab hominibus: quae sint partes Sacramentorum: aut quo loco: quo tempore: quo instrumento sacro peragi conveniat mysteria? In quibus et aliis nonnullis id genus capitibus nullam*

a) *G:* fuerat   b) *G:* fuerat   c) > *G:*   d) *G:* pastoribus   e) *G:*
40 labefactatam   f) *G:* plenam   g) > *G*   h) *G:* cognoverunt   i) *G:*
Ecclesiam   k) *G:* sunt

1) Calvini epist. ad Bullingerum 6. Kalend. Iul. a. 1549 CR opp. Calvin. XIII 306

*fuisse inter nos vel speciem et umbram dissensionis satis probant
libri editi: quos vel praeceptores nostri piae sanctaeque memoriae*[1],

---

1) Zwinglii de sacramentis (de coena praesertim) dicta: Uslegen
und gründ der schlussreden oder artikel art. 18 ed. Schuler &
Schulthess (Sch&Sch) I 232 sqq. CR opp. Zw. II 111 sqq.; Ein
kurze christenliche Ynleitung Sch&Sch I 562 sqq. CR II 658sqq.;
Von den bildern und der mess (1524) Sch&Sch I 574 sqq. CR III
123 sqq.; Christenlich antwurt burgermeisters und rates zu Zürich
dem herren Hugen Sch&Sch I 628 sq. CR III 226 sqq.; Uiber des
Strussen büchlin VIII sqq. Sch&Sch II 1, 478 sqq. CR V 464 sqq.;
Ein klar underrichtung vom nachtmal Christi Sch&Sch II 1, 427sqq.
CR IV 773 sqq.; Fründlich verglimpfung Sch&Sch II 2, 1 sqq. CR
V 771 sqq.; Dass dise wort Iesu Christi: ,,Das ist min lychnam"
Sch&Sch II 2, 16 sqq. CR V 805 sqq.; Uiber doctor Martin Luthers
buch, bekenntnuss genannt Sch&Sch II 2, 94 sqq.; Action oder
bruch des nachtmals Sch&Sch II 2, 233 sqq. CR IV 31 sqq.; An-
merkungen uf der dry bischofen fürtrag XVIII Sch&Sch II 2, 309sqq.
CR III 79 sq.; Uiber die usschliessung von dem abendmal Sch&Sch
II 2, 353 sqq. CR IV 31 sqq.; Antwurt von rät und burgern zu
Zürich an Bern Sch&Sch II 2, 384 CR IV 658; Antwurt an die
eidgnossschaft am 15. Jan. 1526 Sch&Sch II 2, 419 CR IV 761 sq.;
Uiber den ungesandten sandbrief Johannes Faber VIII et IX
Sch&Sch II 2, 439 sqq. CR V 50 sqq.; Die erst kurze antwurt über
Eggen siben schlussreden Sch&Sch II 2, 486 sqq. CR V 181 sqq.;
Die ander antwurt etlich unwahrhaft, unchristlich antwurten
Sch&Sch II 2, 494 sqq. CR 221 sqq.; Die erst epistel an die glöubigen
zu Esslingen IV, V Sch&Sch II 3, 3 CR V 278 sq.; Der ander sand-
brief an die christen zu Esslingen Sch&Sch II 3, 9 sq. CR V 419 sqq.;
Vorrede zu der Schrift Schwenkfelds Sch&Sch II 3, 23 sq.; Religions-
gespräch zu Marburg Sch&Sch II 3, 57 sqq.; Schreiben der geheimen
Räthe von Zürich an den geheimen Rat zu Strassburg wegen ... der
Confession vom Nachtmahl Sch&Sch II 3, 87 sqq.; Zuschrift der
geheimen Räte von Zürich an die von Basel Sch&Sch II 3, 93;
Antibolon Sch&Sch III 141 sq. CR III 280 sqq.; De vera et falsa
religione commentarius Sch&Sch III 239 sqq. CR III 773 sqq.; De
canone missae epichiresis Sch&Sch III 87 sqq. CR II 556 sqq.;
Subsidium sive coronis de eucharistia Sch&Sch III 327 sqq. CR IV
458 sqq.; Responsio brevis ad epistolam amici cuiusdam haud vul-
garis in qua de eucharistia quaestio tractatur Sch&Sch III 439 sqq.
CR V 342 sqq.; Amica exegesis Sch&Sch III 459 sqq. CR V 562 sqq.;
Ad Mathaeum Alberum de coena dominica epistola Sch&Sch III
591 sqq. CR III 335 sqq.; Ad Ioannis Bugenhagii epistolam responsio
Sch&Sch III 605 sqq. CR IV 546 sqq.; Ad Theobaldi Billicani epi-
stulam responsio Sch&Sch III 649 sqq. CR IV 893 sqq.; Ad Urbani
Rhegii epistolam responsio Sch&Sch III 671 sqq. CR IV 931 sqq.;
Ad Carolum imperatorem fidei ratio VIII Sch&Sch IV 11 sqq.; Ad
Germaniae principes Augustae congregatos VIII Sch&Sch IV 36 sqq.;
Fidei christiana expositio Sch&Sch IV 51 sqq. et 68 sqq.; De collo-

vel ipsi scripsimus de Sacramentis[1]*. Verum, de corporali Christi
Domini praesentia, de genuina sententia verborum solennium, de
manducatione corporis Christi, de fine et*[a] *usu et effectu sacramentorum: in quibus capitibus multi existimarunt hactenus confligere
nostras sententias, aut certe verba, tam copiose, tam plane et
simpliciter loquuti sumus, ut speremus homines studiosos tum
[748] fraternae concordiae, tum per'spicuae veritatis, non desideraturos
esse in scripto nostro vel copiam vel lucem orationis. Neque diffidimus quin aliarum quoque ecclesiarum Christi per Helvetiam
ministri facile agnituri sint, eam ipsam doctrinam de Sacramentis
nos expressisse, quae multis iam annis populo christiano vulgata
est, utque in veritate confessa minime gentium a nobis discrepent.
Id*[b] *quod pollicemur nobis non sine magnis rationibus de omnibus
piis*[c] *per ecclesias aliarum nationum.
Si quis tamen evidentiorem Sacramentorum explicationem*[d] *protulerit, malumus*[e] *ea ipsa uti cum piis omnibus, quam hortari
unum hominem, ut subscribat nostrae consensioni: in qua scripturae sanctae verba usurpavimus, et expressimus aperte*[f] *quo sensu
accipiamus: et cum ecclesia catholica nos facere pro compertissimo
habemus. Porro si non offensiones omnium, quos discordiae inter
nos species impedivit in viis Domini, scriptum hoc sustulerit,
praeclare tamen suo munere functum existimabimus, quod non
obscure neque fucate omnibus testati sumus, nos quibus Christus
dedit idem sentire et loqui de religionis dogmatibus, in mysteriorum*

---

quio Marburgensi Relationes latine scriptae Sch&Sch IV 173 sqq.;
In historiam Domini passionis Sch&Sch VI 2, 8 sqq.; In priorem ad
Corinthios annotationes c. XI Sch&Sch VI 2, 169 sqq.; Ad Honii
epistolam christianam ascriptio CR IV 518 sq.

a) *G:* de   b) >*G*   c) *G:* de piis omnibus   d) *G:* rationem
e) *G:* maluimus   f) *G:* apte

1) Bullingeri de sacramentis (de coena praesertim) dicta: De origine
erroris in negocio eucharistiae; Anklag und ernstliches ermanen
B 7a; Evangelium secundum Matthaeum commentarius lib. XI.
233a sqq.; Evangelium sec. Marcum commentarius lib. VI 37a sqq.;
Evangelium sec. Lucam commentarius lib. VIII 125a sqq.; Evangelium sec. Ioannem commentarius lib. VII 145b sq. Wahrhaffte
Bekanntnuss A2 sqq.; De colloquio Marburgensi relatio Sch&Sch
II 3, 45 sqq.; Von dem einigen und ewigen Testament E 1a sqq.;
Sendbrieff und vorred an den Markgrafen zu Brandenburg (a. 1532)
A 2 sqq.; Uff Johannsen Wyenischen Bischoffs trostbüchlein trostliche verantwurtung A 2 sqq.; Confessio super Eucharistia (15. Dec.
1534); Brevis ANTIBOLH (a. 1544) 38a; Confessio Helvetica prima
(Conf. Basileensis posterior) german. 20 et 22, latine 21 et 23 ed.
Niemeyer pg. 11 sq. et 120 sq.

*etiam explicatione haudquaquam discrepare Vale frater dilectiss.
Tiguri, 30.*ᵃ *Augusti, Anno Domini 1549*ᵇ.

Finis^{cd}.

---

a) *G:* Tricesmio   b) *G:* millesimo quingentesimo quinquagesimo primo.   c) > *G*   d) *G:* + ACT. 4¹. Multitudinis credentium erat cor unum et anima una. JEREMIAE 32². Dabo eis cor unum, et viam unam, ut timeant me cunctis diebus, quod eis bono cedet, et filiis eorum post eos.

Genevae excudebat Ioan. Crispinus, septimo calend. Aprilis M D L I.

1) Act. 4, 32   2) Ierem. 32, 39

Defensio sanae et orthodoxae doctrinae de sacramentis eorumque natura, vi, fine, usu et fructu

Congregatione ecclesiarum Helvetiae reformatarum, quae Consensu Tigurino[1] fiebat, i. e. quo Helvetii de coena Domini inter se consenserunt, magis magisque dissensio Lutheranorum excitata est. In controversiam Helvetios vocavit imprimis Ioachim Westphalius minister Hammoniae libello Farragone[2]. Respondere Calvinus differebat, quod responsum non solum suo nomine, sed votum omnium totius ecclesiae Helveticae promulgare volebat. Iure Calvinus intellexit impugnationem in Consensum factam plus valere quam privatam iniuriam. Primo Bullingerus ei dissuasit, ne responderet: Optimo patri nostro Bullingero aliud visum est, qui victoriam in silentio et tolerantia locabat[3]. Cum vero a. 1553 Westphalius impugnationem redintegraret libello: Recta fides de Coena Domini[4], iam et Beza et Bullingerus et A Lasco nunc ut responderet propulerunt. Calvinus autem hoc tempore commentario in Genesim occupatus erat, ut aliquantum temporis praeteriret quo a Helvetiis responsum non est[5]. Mense Septembri 1554 Calvinus Bullingero commentarium Defensionis misit[6]. A. d. VIII. Kal. Nov. Bullingerus respondit[7], postulavit autem etiam ministrorum Tigurensium nomine, ut quaedam verba lenirentur. Sed etiam Basilea et Berna cunctabantur assentiri libello acerrimo et haud ambiguo[8]. Tertii libelli Westphalii Defensione nulla ratio habita est[9].

Quibusdam rebus Calvinus postulatione Bullingeri et Tigurinorum obsecutus formam mutatam Id. Novembribus Tigurum

---

1) vide p. 241 sqq. 2) Ioachimi Westphali Farrago confusanearum et inter se dissidentium opinionum de coena Domini, ex Sacramentariorum libris congesta, excud. Christ. Rhodius 1552. 3) Ep. Bulling. ad Calvin. X. Kal. Mai. 1554, CR opp. Calvin. XV 119 sq., No. 1944; ep. Calvin. ad A Lasco, 1554, CR opp. Calvin. XV 142 sqq., No. 1958 4) Ioachimi Westphali Recta fides de Coena Domini ex verbis apostoli Pauli et evangelistarum demonstrata ac communita, impressum apud Mich. Lottherum, Magdeburgae 1553. 5) Ep. Calvin. ad A Lasco supra citata 6) Ep. Calvin. ad Bulling. IX. Kal. Novembr. 1554, CR opp. Calvin. XV 272 sqq., No. 2034 7) Ep. Bulling. ad Calvin. VIII. Kal. Novembr. 1554, CR XV 296 sq., No. 2036 8) Ibidem 9) Ioachimi Westphali Collectanea sententiarum D. Aurelii Augustini ep. Hipponensis de Coena Domini. Addita est confutatio vindicans a corruptelis plerosque locos quos pro se Augustino falso citant adversarii. Ratisponae 1555.

misit una cum epistula, qua singulas postulationes recensebat[1]. Tunc Bullingerus contentus quidem erat, sed cupiebat, ut Consensus verbotenus in Defensionem insereretur[2]. Qua cum re Calvinus consensit. Iterum impedimentum obvenit, cum Consilium Tigurinum exordium censere volebat, quam postulationem Calvinus negavit atque reiciit[3]. Cui rei tribuendum esse putamus, quod duas editiones primas invenimus, alteram Genavae, alteram Tiguri typis expressam. Utraque annum 1553 gerit et mense Ianuario 1555 ecclesiis Helveticis reddi poterat[4]. Neque ecclesiae se auctores operis esse probaverunt, sed Calvinus solus nomen et famam scriptoris profiteri coactus est, sed titulus eiusmodi formam habet, ut in eo nihilominus sententia unionis cognoscatur. In vita Calvini a Beza descripta a. 1565[5], de forma gallica Defensionis mense Novembri 1554 mentio fit. Hic error esse videtur, nam neque alibi mentionem huius rei neque textum ipsum invenimus[6].

De editione nostra.

1. Textum praebemus editionis Genavensis a. 1555: p. [1]: DEFENSIO SANAE & || orthodoxae doctrinae de Sacramētis, eo- || rumq; natura, vi, fine, vsu, & fructu: quā || pastores & ministri Tigurinae Ecclesiae || & Geneuēsis antehac breui Cōsensionis || mutuae formula cōplexi sunt: unà cum || refutatione probrorum quibus eam in- || docti & clamosi homines infamant. || || Iohanne Caluino authore. || || Oliua Roberti Stephani. || M. D. LV. ||

p. 3[-11]: || FIDELIBVS CHRISTI MINISTRIS, ||Tigurinae ecclesiae, Bernēsis, Basiliensis, Scaffu- || sianae, Curiensis, & totius Rheticae, Sangallēsis, || Biellensis, Milhusinae, Neocomensis, Pastori- || bus symmistis, & fratribus integerrimis, & || verè colendis. || lin. 30: || licet nullius sint pretii, tamen falso praetextu deci- || p. 11, lin. 7: nedicat. Salutant vos reuerenter collegae mei. Ge- || neuae, IIII Clend. Decemb. M. D. LIIII. ||; p. 11, lin. 9[-22]: CŌSENSIONIS CAPITA. || QVVM Christus sit finis

---

1) Ep. Calvin. ad ministros Turicenses Id. Novembribus 1554, CR XV 303 sqq., No. 2042 2) Ep. Bulling. ad Calvin. XVIII. Kal. Ian. 1554, CR XV 349 sqq., No. 2064 3) Ep. Calvin. ad Farellum VII. Kal. Ian. 1554, CR XV 356, No. 2068 4) Ep. Bulling. ad Calvin. XV. Kal. Febr. 1555, CR XV 390 sqq., No. 2090 5) CR XXI 76 sq. 6) Falso quoque: Henry, Paul: Das Leben Johann Calvins, des großen Reformators, Hamburg 1844, III 308 et Moenckeberg, C.: Joachim Westphal und Johannes Calvin, Hamburg 1865, p. 33

Legis, & || lin. 24: || modō vt obiter Christi nomen attingat, ||
p. 22, lin. 18: || tem suam in eum cōvertunt, Christum a- ||doraturi. ||; p. 23[-52]: SVPERIORIS DOCTRINAE || quam Lectorum oculis subiecimus, || confirmatio. || Qvum piis omnibus sanóque
5 & recto iudi- || lin. 29: || & moderatis hominibus planè satisfactū esse, nobis || p. 52, lin. 5: || dem ipse quoq; furoris oestro percitus, subscribat. ||

Forma: 8⁰ – 52 p. (p. 1, 2, 5, 10, 40, 45 non numeratae); sign. Aııı–Cv (3½ quatern.); lineae: p. 3–10 et 23–52: 31 lin., p. 12–21
10 25 lin. – Typi: p. 3–10 et 23–52: Romani minores; p. 12–21: Romani maiores. Adnotationes margini adscriptae. Emblema: P. Heitz, Genfer Buchdrucker- u. Verlegerzeichen No. 89.

Exemplaria exstant: Preußische Staatsbibliothek Berlin; Bibliotheca nazionale centrale Firenze; Bibliothèque publique
15 de Genève; Bayerische Staatsbibliothek München; Bibliothèque nationale et Bibliothèque de l'Institut St. Guillaume à Strasbourg.

2. Cum hoc textu editionem Tigurinam eiusdem temporis contulimus, quae nullis rebus discrepat nisi scripto Bullingeri
20 in fine tractatus: Christiano lectori:

p. [1]: DEFENSIO || SANAE ET ORTHO- || DOXAE DOCTRINAE DE SA- || cramentis, eorumque natura, ui, fine, || usu, & fructu: quam pastores & mi- || nistri Tigurinae Ecclesiae & Gene- || uensis antehac breui Consensionis || mutuae formula
25 complexi sunt: unà || cum refutatione probrorum qui- || bus eam indocti & clamosi || homines infamant. || || IOHANNE CALVINO || authore. || || TIGVRI APVD CHRIST. || Froschouerum, M. D. LV. ||

p. 3[–12]: FIDELIBUS CHRISTI || MINISTRIS, TIGVRINAE
30 EC- || clesiae, Bernensis, Basiliensis, Scaffusianae, Cu- || riensis, & totius Rheticae, Sangallensis, Biel- || lensis, Milhusinae, Neocomensis, Pa- || storibus symmistis, & fratribus || integerrimis, & uerè || colendis. || lin. 9: IAM elapsi sunt anni quatuor, ue- || p. 12, lin. 16: IIII. Calend. Decemb. M. D. LIIII. ||; p. 12[–26]
35 lin. 17: CONSENSIONIS || CAPITA. || QVVM Christus sit finis || p. 26, lin. 13 || conuertunt, Christum adoraturi || p. 27[–60]: SVPERIORIS DOCTRINAE || quam Lectorum oculis subieci- || mus, confirmatio. || lin. 4: QVVM piis omnibus sanoque & recto || p. 60, lin. 20: || furoris oestro percitus, subscribat. ||; p. 61 [–64]:
40 CHRISTIANO LECTORI || *Heinrychus Bullingerus, Tigurinae Ecclesiae* || *minister, S. D.* || lin. 4: Edidit *superioribus diebus clarissimus uir ho-* || p. 64, lin. 15: *sum Dominum nostrum.* ||

Forma: 8⁰. – 64 p. numeratae, 1 fol. non numeratum. Sign.: A_2–D_5; (4 quaternion.); lineae: p. 4–11 et 27–64: 30 lin., p. 13–25: 24 lin.; Typi: p. 3–12, lin. 16 et p. 27–60: Romani minores, p. 12, lin. 17 – p. 26: Romani maiores, p. 61–64: cursivi. Adnotationes manu scriptae. p. 3: initiale ligno exsculptum. In eodem volumine inveniuntur: Consensio mutua in re sacramentaria 1551 (26 p.); Secunda Defensio piae et orthodoxae de sacramentis fidei 1556 (172 p.); Ultima admonitio Ioannis Calvini 1557 (325 p.); Confessio Ioannis à Lasco (p. 126); Antidotus Valerandi Pollani 1557 (57 p.); Von dem heiligen Nachtmal, zwo Predginen Heinrychen Bullingers 1555 (A_2–H_7).

Exemplaria exstant: 2 Exemplaria Zentralbibliothek Zürich; Preußische Staatsbibliothek Berlin; Bündnerische Kantonsbibliothek Chur; Bibliothèque publique de Genève; Stadtbibliothek (Vadiana) St. Gallen; Bibliothèque nationale Strasbourg; Württembergische Landesbibliothek Stuttgart.

3. In notis pares numeros articulorum Consensionis indicavimus. Cum Consensionem librum seperatum offeramus, eius textum in Defensione repetere omisimus, ut textibus primis Bullingero auctore fit.

4. Defensionem cum libris in Francogallicum translatis conferre desiimus, quippe qui posteriores translationes sint. Eas invenimus apud Bezam[1] et apud Stoerium[2].

5. Textus latinus praeterea in Editione Bezae latina[3] et in Editione Amstelodamensi[4] et apud Niemeyerum[5] invenitur.

---

1) Recueil des Opuscules, A Genève, imprimé par Baptiste Pinereul 1566, p. 1469 sqq.   2) Recueil des Opuscules, A Genève, de l'Imprimerie de Iacob Stoer 1611, p. 1691   3) Ioannis Calvini Tractatus Theologici omnes, Genevae, apud Petrum Santandreanum 1576, p. 1040 sqq. et in editionibus sequentibus.   4) Ioannis Calvini opera omnia, Amstelodami, apud Ioannem Iacobum Schipperum, 1667, p. 651 sqq.   5) Niemeyer, H. A., Collectio Confessionum in Ecclesiis Reformatis publicatarum, Lipsiae 1840, p. 199 sqq.

[IX 5/6] Fidelibus Christi ministris, Tigurinae ecclesiae, Bernensis, Basiliensis Scaffusianae, Curiensis et totius Rhaeticae, Sangallensis, Biellensis, Milhusinae, Neocomensis, pastoribus symmystis et fratribus integerrimis et vere colendis.

Iam elapsi sunt anni quatuor, venerandi fratres, quum in lucem prodiit de Sacramentis confessionis nostrae summa, qua tandem infaustas contentiones, quae nimis diu pios et doctos viros exercuerant, prorsus exstinctum iri putavimus. Et certe in illa brevitate complexi eramus quod ad sedandas bonas mentes, sufficeret: resque ipsa ostendit, gravibus et cordatis viris non modo placuisse nostrum consilium, sed rem quoque ipsam esse probatam. Quod si in quibusdam maior fuit pertinacia, vel etiam (ut in rebus turbatis fieri solet) altius infixa suspicio, quam ut in eundem statim consensum nobiscum descenderent: silentio tamen suo testati sunt, nihil sibi videri melius, quam pacem et tranquillitatem colere. Interea indocti quidam homines et turbulenti, reliquis tacentibus, tantam clamandi licentiam sibi sumpserunt, ut ab eorum intemperie novum incendium, nisi obviam eatur, timendum sit. Quia vero et pauci sunt numero, et nulla subest virtus, quae fidem vel authoritatem ipsis conciliet: imo confusa et insipida garrulitas non minus ridiculos quam odiosos reddit: merito contemni poterant, nisi fingentes publicam se causam agere, licet nullius sint pretii, tamen falso praetextu deciperent multos rudes et imperitos. Sed dum videmus plurimum nocere, et nostra patientia crescere in dies ipsorum audaciam: magna (ut arbitror) iustaque necessitas nos ad reclamandum cogit. Equidem, quamvis eorum scripta volitent, quibus cruciantur boni, turbantur infirmi, improbi ad rixandum armantur: aegre tamen et dolenter adductus sum, ut eorum stultitiam publice refellerem. Sed quia mihi crudelis fore videbar, nisi discussis illorum fallaciis bonos et simplices errore liberarem: non dubitavi eorum proterviae me libere opponere. Doctos etiam et graves viros, quorum nomen isti frivoli homines indigne obtendunt, sui officii monere volui, ne hanc petulantiam ultra grassari sinant. Praeterquam enim quod pios omnes dare operam convenit, ne longius serpat quod per has faces excitat Satan incendium: certe eorum, de quibus loquor, magis quam nostra interest, importunum fervorem compesci, qui in com-
[7/8] mune |multarum Ecclesiarum dedecus redundat. Indocti et temulenti homines, dum bellum Sacramentarium instaurant, primis librorum paginis audacter iactant, pro tota Saxonia et vici-

nis regionibus se pugnare¹. Id dum a multis creditur, alios involvit pia reverentia, quam Saxonicis ecclesiis deferunt: alii eas derident, quod tam putidis indoctisque patronis utantur: alii nimiam sanioris numeri tolerantiam mirantur: impii vero et aperti Christi hostes summam ex mutua nostra concertatione, quasi lanistae ex gladiatorio ludo, voluptatem capiunt. Quum igitur turpis dissimulatio sit, quae tot malis vagum et effraenem cursum permittit, viderint docti ac prudentes viri, annon suarum partium sit moderari caecos istos impetus, unde tantum damnum inferri Ecclesiae vident. Et quoniam omnes, qui non prorsus intractabiles sunt, vel nondum se adeo insolenter iactarunt, placide ad sanam mentem redire cupio: imo, nequis praeclusam sibi poenitentiae ianuam queratur, unum duntaxat, et quidem tacito nomine, breviter attingam. Ille igitur quisquis est, postquam Thrasonice professus est, se plus quam animosum esse fidei orthodoxae vindicem, magnos et insignes viros, quos ego amo et veneror, ipse pro suis praeceptoribus agnoscit, in operam subsidiariam advocat². En quibus auspiciis primarios Ecclesiae doctores nobiscum in certamen committat: nempe ut mali discipuli temeritatem, quasi milites post aciem ad ferendum subsidium locati, sequantur. Sed quod hostium genus illis oppugnandum assignat? Nomine quidem appellat Sacramentarios: rem vero sic definit, eos se aggredi qui in Eucharistico pane et sanguine Christi praeter vacua signa nihil relinquunt³. Si ita est, quiescat ipse tumultuarius et a se ipso lectus bellator, locumque potius legitimis et idoneis ducibus cedat. Praeclarae sunt apud Helvetios Rhaetosque Ecclesiae, quibus et nostra accedit. Ab his cordati saltem aliquot duces et antesignani prodibunt, qui ingentes copias secum trahent, ut iustis opibus non minus strenue quam fideliter belli huius molem sustineant. Quis enim nostrum suam sacris symbolis veritatem non asserit? At vero dum ita praefatus, non modo singulos enumerat⁴, qui ab huius criminis suspicione longissime absunt, sed etiam consensionis nostrae formulam in medium producit⁵, ubi tam diserte repudiatur error ille: quid hac repugnantia impudentius vel magis praeposterum fingi potest? Nec vero causae nostrae defensionem aliunde accersere opus est: quandoquidem ipse paulo post verba nostra recitat, ubi palam fatemur, vere in sacra Coena

---

1) Westphal, Recta fides de coena domini A 4 a sq.   2) Westphal, Farrago confusanearum et inter se dissidentium opinionum de coena domini A 7 a; A 8 a   3) Westphal, Recta fides C 3 b; Westphal, Farrago A 8 b   4) Westphal, l. c. B 3 b sqq.   5) Westphal, l. c. D 7 a sq.

fidelibus communicari Christi corpus[1]. Quid ? ubi vera asseritur communicatio, an nihil praeter nudum et inane signum relinquitur ? Restat illi miserum ieiuni cavilli suffugium: nos de
[9/10] spirituali manducatione loqui[2]; ¦an igitur carnalem vellet ? Sed
5 non putat de vero corpore nos sentire[3]; quasi vero nos, sicut ipse et similes, phantasma corporis loco imaginemur. Nos vero quum unicum sciamus esse Christi corpus, quod semel in victimam nostrae cum Deo reconciliationis oblatum est, illud ipsum asserimus nobis offeri in coena: quia ut nobiscum Christus par-
10 tae salutis gratiam communicet, ante nostrum fieri oportet et vivificam nobis esse Christi carnem, quia ex ea spiritualem vitam hauriamus. His enim verbis aperte usi sumus in consensus nostri summa, cuius ipse partes quasdam citans hoc praecipuum caput improbe et perfide dissimulat[4]. Quid ? ubi praefatus erat,
15 se ad verbum relaturum quae a nobis essent edita: quo iure coniuncta membra discerpere licuit, ne plena et suo contextu apta confessio sub oculos veniret ? Hoc scilicet non est instar rabiosi canis, obvium quemque lapidem arrodere ? Verum alibi, et quidem paulo post, clara de signorum veritate (quam negari
20 a nobis mentitur) testimonia ex nobis profert[5]. Atque hic spargendis nebulis deditus homo vafritiem nobis obiectat, quod de spirituali manducatione prolixe concionando simplices ludamus[6]. Quasi vero spiritualiter Christum manducare quis possit, quin et fidei virtute eum habeat in se manentem, et in eius corpus
25 coalescat, et in ipso vivat: quod fieri rursum non potest, quin ipse Christus, ut semel in sacrificium pro nobis oblatus est, se nobis fruendum exhibeat: unde et carnem eius vivificam esse sequitur. Tam belle de erroris, quem oppugnat, specie praefatus, deinde ex opinionum dissidiis odium nobis conflare niti-
30 tur. Proprium, inquit, haereticorum est, inter se dissentire[7]. Ut ita esse fatear: rogo, quid ad nos ? Respondet: Quia secundum aliquos panis significat corpus, aliis symbolum est, aliis signum, aliis figura, aliis memoriale, aliis repraesentatio, aliis testimonium vel obsignatio communionis, aliis memoria carnis pro nobis tra-
35 ditae, aliis testificatio, quae spiritualem gratiam figurat, aliis communio in corpore[8]. Quis eum praevaricari non putet ? Neque enim Consensus noster laudari melius poterat, quam formis

---

1) Westphal, l. c. D 3a 2) Westphal, Recta fides D 2a; Westphal, Farrago E 5b 3) Westphal, l. c. E 5a; Westphal, Recta
40 fides D 3a 4) Consensionis art. 23 5) Westphal, l. c. D 3b sq.
6) Westphal, Farrago E 6a 7) Westphal, l. c. A 5a, A 6a; cf. Westphal, Recta fides H 7b 8) Westphal, l. c. D 3a, E 4b, G 7b, H 8b, J 3a

loquendi ita probe consentaneis. Ac ne obscurior forte esset
simplex verborum descriptio, homo ingeniosus in tabula repugnantiam hanc pinxit[1]. Porro dum videt magis in verbis discrepare Matthaeum a Paulo, Marcum a Luca, quorum alii calicem
vocant sanguinem testamenti, alii testamentum in sanguine: ut
nodum hunc expediat, non in verbis solum, sed in sensu quoque
dissidere nos obtendit. Quid? signum, significatio, figura, symbolum, repraesentatio contrarium sensum efficiunt, quae sic
inter se cohaerent, ut ex unoquoque reliqua omnia gignantur?
En cur turbulentus homo, ex placida sua et umbratili quiete
tela ignea iaculetur, quae incendio totam Europam corripiant.
Sed quid de se tandem suisque sodalibus respondebit? Nunc
clara per se esse contendit verba Christi, nec ulla interpretatione
egere, Panem esse corpus: mox autem tropum subesse non
negat[2]. Mihi vero necesse non est, quaerere quibuscum hic phre-
neticus confligat, qui se ipsum tam recte elidit. Sed tropum
saltem nominet, quem non excusare dicit, quominus panis proprie sit corpus. Certe quisquis erit tropus, a litera deflectet. Iam
vero deprehensus tenetur; nam |quum opinionem suam pro-
ferens, a multis quos vocat haereticos, dissentiat: sequetur
unum ex haereticis esse. Nisi forte publico omnium consensu
sanctificatum esse tropum suum ostendet, et eum quidem ano-
nymon, ut solus immunis sit a sinistra nota; quanquam eum
caute subticuit, ne de re incognita iudicium ferretur. Adde quod
alibi quosdam nostrum idem verbis sonare fatetur, quod in recta
fide sinceros, sed non idem sentire[3]. Ubinam ergo nunc invenietur illa verborum dissonantia, quae sola facit haereticos, etiam
qui ideo differunt a reliquis, ne erroribus subscribant? Pudendum sane est, fervorem qui in iuvene tolerabilis non foret, adeo
non esse aetate mitigatum, ut homo senex vel pueris ridendum
se propinet. Neque tamen dissimulo, eum postea diversas sententias colligere, quae etsi non male conveniunt, maiorem repugnantiae speciem praebent[4]. Atqui primum si ab unoquoque obiter quid dictum est, calumniose id arripit, ac si plena esset definitio. Deinde quum singulis et sua sit dicendi ratio, et libertas
esse debeat: inique, ne dicam tyrannice, omnibus praescribit,
ut necesse sit non modo idem dicere, sed etiam eodem modo.
Dixit aliquis mysticum corpus hic notari[5]. Nonne idem Augustinus? Imo an non idem Paulus, quum tradit nos omnes unum

---

1) Spectat ad tabulam formarum loquendi dissidentium in Westphali Farragine.   2) Westphal, Recta fides J 2 b   3) Westphal, l. c.
J 2 a; Westphal, Farrago E 5 a   4) Westphal, Recta fides J 4 a sqq.
5) Westphal, l. c. K 6 a

esse panem? Dixit alius celebrem esse partae redemptionis memoriam[1]. Nempe sicut ex eodem Paulo et communi omnium magistro Filio Dei audimus, hunc sacrae Coenae esse finem, ut solennis illic sit mortis eius praedicatio. Hinc tragoediam nemo, nisi tragicus aliquis Orestes movere debuerat; tantum abest, ut sacrae inter Deum et homines reconciliationis minister, nuncius et interpres excusabilis sit, dum materiam turbandi hinc venatur. Porro, ut discordias aliquando fuisse demus, quia res non statim ab initio dilucide explicari poterat: an pium vel humanum erat, vulnus quod cicatricem obduxit, de integro scindere? Nequa varietas distrahat pios lectores, ecce Consensus noster interponitur. Videt hic bonus zelotes, quoscunque vocat Sacramentarios idem sentire et loqui. Nec vero si superstites hodie essent optimi et eximii Christi servi Zvinglius et Oecolampadius, verbulum in ea sententia mutarent. Nam et foelicis memoriae vir Martinus Bucerus, quum eum legisset, scriptis ad me literis pro sua pietate gratulatus est toti ecclesiae, cui pro maligno suo livore quantopere invideat hic bonus arbiter vel censor, eius obtrectatio satis testatur[2]. Ego vero non ut retaliem eius calumniam, sed ut insulso eius probro verum dictum regeram, sic excipio. Proprium diaboli est calumniari, unde et nomen habet: proprium eiusdem est luci tenebras obducere: proprium denique eiusdem, quia discordiarum pater est, pacem turbare, et lacerare fidei unitatem. Haec omnia quum in isto nostro censore palam cernantur, quo loco habendus sit, mihi non est necesse dicere, quia nemini obscurum est. Caeterum quia non minore studio tum ad tuendam veritatis causam, tum ad fovendam pacem incumbere nos decet, quam utriusque eversionem molitur Satan: aliquid hac in re tentandum esse duxi, integerrimi et vere observandi fratres: si forte mitescant qui hactenus fuerunt duriores: vel saltem ut ad domanda eiusmodi cerebrosa capita, pii, graves et moderati doctores instructi sint. Atque haec mihi visa est optima ratio: quia et quorundam cavillis obnoxia est summa prioris scripti nostri brevitas: nec dubitationes altius multorum animis infixas penitus revellit: nequis scrupulus maneret, plenius aliquanto mentem nostram exprimere, ut eadem sit confessio pluribus verbis luculentior. Exprobrat nobis ille, de quo iam nimis multa, tam confusum esse inter nos ¹opinionum chaos, ut nemo alterum intelligat. Atqui ego sic vestra omnium sensa mihi tenere videor, ut nihil aliud a me hic positum fuisse confidam, quam quod singuli

---

1) Westphal, l. c. K 7a 2) Buceri, epist. ad Calvinum XIX. Kal. Septembr. 1549 CR opp. Calv. XIII 350 sqq.

vestrum scripturi essent. Non enim dictandi, vel praeeundi partes mihi arrogo, sed hac lege meum obsequium defero, ut arbitrii vestri sit, statuere quidnam expediat. Quod eo meliore fiducia aggressus sum, quia et ego antehac sum expertus, et vos claro documento testatum fecistis, similem laborem libere pia sedulitate a me susceptum vobis probari. Valete optimi et semper colendi fratres. Dominus vobis adsit, vos gubernet suo Spiritu, vestrosque labores benedicat. Salutant vos reverenter collegae mei. Genevae, IV. Calend. Decemb. M. D. LIIII[a].

Superioris doctrinae, quam Lectorum oculis subiecimus, confirmatio.

[Consensus Ecclesiae Tigurinae et Genevensis]

Quum piis omnibus sanoque et recto iudicio praeditis tam odiosa pridem esset molestaque, quae hac nostra aetate mota fuerat de sacramentis contentio, quam infoeliciter ab ea prosperum Evangelii cursum tardari videbant: non modo commoda aliqua ratione vel sepultam esse, vel compositam semper optarunt: sed in ea quoque sedanda a quibusdam non parum laboris positum est. Quod ex voto non protinus successit, in ea tarditate quam difficile sit ignem Satanae artificio semel accensum restingui, triste documentum apparuit. Huc quidem usque profectum est, ut sedato nonnihil fervore, ad docendum magis, quam ad pugnandum utraque pars intenta foret. Sed quia adhuc ex sopitis carbonibus subinde micabant scintillae, a quibus novum incendium rursus timendum erat: quod optimum putavimus remedium, nos Tigurinae et Genevensis Ecclesiae pastores, adhibito etiam optimo fratre nostro Farello, afferre conati sumus, ne qua in posterum residua maneret discordiae materia. Breve Compendium edidimus, quod nostram de Sacramentis doctrinam ita testatur, ut communem aliorum pastorum consensum, qui purum Evangelium apud Helvetios Rhaetosque sequuntur, contineat. Hoc testimonio in publicum edito, doctis et moderatis hominibus plane satisfactum esse, nobis persuasimus: neminem certe putavimus ita morosum, quin placatus quiesceret. Nam, ut postea videbimus, dilucida illic constat omnium rerum, de quibus antehac certatum est, definitio, quae nullum sinistrae suspicioni locum relinquat. Et singulari Dei

---

a) *Hic sequitur textus Consensionis quem supra praebuimus pg. 241 sqq.*

beneficio factum est, ut magna in parte ex spe votoque nostro successerit. Ecce autem rebus tranquillis surgunt importuni
[16] quidam homines, et quasi¹ discordiis pascantur, ad arma denuo conclamant. Nec vero est, quod sancti zeli praetextu excusent
5 suam intemperiem. Satis inter nos convenit, veritatis iactura minime redimendam esse pacem: ac proinde satius esse fateor, caelum terrae misceri, quam deseri sanae doctrinae patrocinium. Siquis sophisticis ambagibus, quae contrarias doctrinas fucando conciliant, strenue se cordateque opponat, non reprehendo.
10 Quin potius hanc mihi laudem iure meo vendico, vix alium quemquam esse, cui magis placeat ingenua veritatis confessio. Quare facessant inanes isti praetextus, saepe, ne iaceat sanae doctrinae defensio, excitandas esse turbas. Nam primum nihil in hac causa obscure vel perplexe a nobis dictum, nihil astute ce-
15 latum, nihil denique omissum de tota rei summa ostendam. Deinde nihil minus nobis propositum fuit, quam liberum veritatis cursum abrumpere: quin potius hoc summae curae fuit, quomodo placide et sine offensa, quod utile cognitu est in hac re, et tradi et legi posset. Sed ne verbis ultro citroque ambigue
20 certemus, hoc tantum a lectoribus postulo, ut quod solidis et claris rationibus probatum ante oculos ponam, recipiant.

[Institutio et finis Sacramentorum.] Principio, ubi de Sacramentis agitur, negari non potest, quin praecipue consideranda sit Domini institutio, eiusque finis. Hinc et vis Sacramentorum
25 et usus optime cognoscitur: ut errare nequeat, quisquis huc mentem dirigit, quo Dominus ipse nos vocat. Quorsum vero instituta sint Sacramenta, recte a nobis traditum, vel iniquissimi quique fateri cogentur: nempe ut nos ad Christi communionem deducant. Confidentius etiam loquar, neminem eorum qui nobis
[17] 30 obtrectant, unquam ali¹ quid protulisse in medium, quod hanc partem magis diserte exprimeret.

[Dignitas Sacramentorum.] Si illis cordi est Sacramentorum dignitas, quid obsecro ad eam ornandam aeque magnificum, quam dum adminicula et media vocantur, quibus vel inseramur
35 in corpus Christi, vel insiti magis ac magis coalescamus, donec solide nos secum uniat in caelesti vita? Si salutem nostram Sacramentis adiutam cupiunt: quid aptius cogitari potest, quam ut ad ipsum vitae fontem deducti, vitam hauriamus ex Dei Filio? Ergo sive utilitas nostra spectatur, sive dignitas et reve-
40 rentia, quam Sacramentis deferri par est, finem et causam cur instituta sint, luculente exposuimus. Certe quod Paulus ventosis doctoribus obiicit, qui animas infructuosis speculationibus inflant, non aedificant, ipsos non tenere caput [Coloss. 2. c. 18], longe a nobis alienum est, qui et ad Christum referimus omnia,

et in ipso colligimus, et sub ipso ordinamus, et ab ipso totam
vim Sacramentorum asserimus defluere. Nunc meliorem docendi
regulam praescribant morosi isti censores, quam quae a Paulo
tradita est, si illis displicet ad symmetriam illam inter caput et
membra Ecclesiae, quam tantopere laudat Paulus ipse, et a qua 5
solidam doctrinae perfectionem aestimat, Sacramenta aptari.

Bene igitur habet, quod de sacramentis verba facturi, optimo
et maxime apposito exordio usi sumus, et finem eorum descripsimus, quem aequi omnes et moderati lectores sine controversia
probabunt. 10

[In usu legitimo duo cavenda vitia.] Iam in usu legitimo duo
sunt cavenda vitia. Nam si plus aequo extollitur eorum dignitas,
facile obrepit superstitio. Sin vero de vi eorum fructuque frigide
vel minus splendide disseritur, mox profanus contemptus erumpit. Si media a nobis servata est ratio, quis non obstinatos 15
veritatis hostes esse dicat, qui maligne sanctum consensum
arrodere malunt, quam vel comiter amplecti, vel saltem silentio
probare? Neque enim ut in verba nostra iurent, postulamus:
quiescant modo, et recte loquentibus non obstrepant. Obtendunt
quidem, quia Sacramentis vim suam non tribuimus, se nobiscum 20
ideo contendere. Sed ubi ad rem ventum est, alii nihil praeter
convitia proferunt et caecos tumultus, alii quasi fastidiose uno
verbo damnant quod nunquam legerunt. Atqui inconsiderate
eos rixari, ex re ipsa perspicuum est.

[D. Martinus Lutherus.] Quanta vehementia causam hanc egerit 25
Lutherus, cuius imitatores videri cupiunt isti, plus satis omnibus notum est. Scio quam multa hyperbolice ei in contentione
excidant: sed | quoties piis et integris iudicibus maxime plau- [18]
sibilem volebat causam suam reddere, qua de re professus est se
habere certamen? Nempe, quod ferre non posset, Sacramenta 30
externas tantum confessionis notas censeri, non etiam divinae
erga nos gratiae tesseras ac symbola: deinde quod indignum
statueret, vacuis et inanibus figuris conferri, quum in illis vere
testetur Deus quod figurat, et simul arcana virtute praestet
atque impleat quod testatur. Iurene an iniuria tantopere exar- 35
serit, in praesentia non disputo. Mihi enim sufficit, quum in hac
causa exagitanda minime fuerit remissus, dum serio agendum
est, ubi consistat non invenire: nisi quod obtendit hunc sibi
totius disputationis esse statum. Et certe, ut (omissa mentione
hominis, cuius ut memoriam reverenter colo, ita honori cupio 40
consultum esse) de re simpliciter pronunciem: hoc praetextu
sublato, effugere nequeunt quicunque litem nobis intentant,
quin probis omnibus et sanis odiosa sit eorum morositas. Itaque
haec eadem subinde in eorum ore resonat cantilena. Quod si

haec non deliniendis simplicium auribus, sed ingenue testantur:
dum nos ex altera parte fateri audiunt, Sacramenta neque
inanes esse figuras, neque externa tantum pietatis insignia, sed
promissionum Dei sigilla, testimonia spiritualis gratiae ad fidem
fovendam et confirmandam, item organa esse quibus efficaciter
agit Deus in suis electis, ideoque licet a rebus signatis distincta
sint signa, non tamen disiungi nec separari, data esse ut quod
verbo suo pollicitus est Deus, sanciant et confirment, ac praesertim
arcanam quae nobis cum Christo est communicationem
obsignent: certe nihil restat causae cur nos reiiciant in hostium
numerum. Quid enim? quum ubique (sicut nuper dixi) clament
sibi non aliud esse propositum, nisi ut valeat haec doctrina,
Sacramentis Deum uti tanquam adminiculis ad fidem fovendam
et augendam, insculptas illis esse aeternae salutis promissiones,
ut eas conscientiis nostris offerant: neque vacua rebus esse
signa, quia ¹Deus illis Spiritus sui efficaciam coniungat: his
omnibus concessis, quid iam obstat, quaeso, quominus manum
libenter porrigant[1].

[Confessio Augustana.] Et ne privata singulorum scripta evolvere
et excutere necesse sit, in Consensu nostro reperient lectores
quidquid continet edita Ratisponae confessio, quam Augustanam
vocant: modo ne crucis metu ad captandam papistarum
gratiam flectatur. Verba sunt: in sacra Coena cum pane et vino
vere dari Christi corpus et sanguinem[2]. Absit vero, ut nos vel
Coenae symobolo auferamus suam veritatem, vel pias animas
tanto beneficio privemus. Dicimus ergo, ne sensus nostros frustrentur
panis et vinum, externae eorum figurae verum effectum
esse coniunctum, ut corpus et sanguinem Christi illic recipiant
fideles. Imo quia consilium nostrum erat, dubitationem omnem
eximere piis lectoribus, quae illic breviter tantum perstricta
erant, conati sumus fusius et dilucidius explicare.

[Sacramentorum efficacia et officium.] Quaeritur, quaenam
Sacramentorum efficacia sit, quis usus, quod officium. Respondet
scriptum nostrum, Quum tota Fidelium salus a spirituali
quam habent cum Filio Dei communicatione pendeat, eius
testificandae causa, tam Evangelii quam Sacramentorum usum
esse mandatum[3]. Observent lectores Evangelio coniungi Sacramenta,
ut eandem in salutis nostrae capite utilitatem nobis
afferant. Unde sequitur, quae de illo affirmat Paulus [Rom.

---

1) Ad opinionem Bullingeri de Luthero et de confessione Augustana
spectant: Bullingerus, ep. ad Calv. CR opp. Calv. XV 276 et 280.
2) Confessio Augustana, art. X B 3, Bekenntnisschriften der evang.-
lutherischen Kirche, Göttingen 1930 vol. I p. 62/63 3) art. 6 consensionis

1. b. 16; 2. Cor. 5. d. 20], licere per nos ad haec transferri. Itaque non negamus, partem esse illius virtutis, quam Deus in salutem nostram exerit, et ministerium nostrae cum Deo reconciliationis in illis quoque contineri. Quando enim illud Augustini libenter nos amplecti omnes semper professi sumus: sacramentum scilicet quasi visibile esse verbum[1]: sine controversia agnoscimus, utroque similiter adminiculo salutem nostram promoveri. Iam si quaeritur, qualis ista sit communicatio, sic paulo ante a nobis erat descripta, ut fictitia et umbratilis dici nequeat: nempe (quod etiam proprium est fidei munus ac perpetuum) coalescere nos oportere in | Christi corpus, ut gratiae suae effectus in nobis compleat: quia non aliter vitam in nos suam diffundit, nisi dum caput nostrum est, ex quo totum corpus compactum et connexum per omnem iuncturam subministrationis secundum operationem in mensura cuiusque membri augmentum corporis faciat[2].

[**Sacramentis Deus nobis gratiam suam testatur.**] Sequitur deinde clarior illa, quam nuper attigi, explicatio: quamvis Sacramenta notae sint ac tesserae Christianae professionis sive societatis, item ad gratiarum actionem incitamenta, pietatis denique exercitia et syngraphae ad Dei cultum nos obligantes: esse tamen hunc finem praecipuum inter alios, ut per ea Dominus suam gratiam nobis testetur, repraesentet atque obsignet[3]: secundo non esse nuda spectacula quae oculis nostris ingerantur, sed illic repraesentari spirituales gratias, quarum effectum fideles animae percipiunt. Verba enim sunt, Quum vera sint quae Deus nobis gratiae suae dedit testimonia et sigilla, vere procul dubio ipsum intus praestare suo Spiritu quidquid figurant Sacramenta: hoc est ut potiamur Christo bonorum omnium fonte, tum ut beneficio mortis eius reconciliemur Deo, Spiritu renovemur in vitae sanctitatem, iustitiam denique et salutem consequamur[4].

[**Distinguendo non disiungi a signis veritatem.**] Quibus subiicimus continuo post, nos inter signa et res signatas distinguendo, non tamen disiungere a signis veritatem, quin fateamur, quicunque oblatas illic promissiones fide amplectuntur, Christum spiritualiter cum omnibus suis donis recipere[5]. Si mihi cum Papistis esset negotium, collectis Scripturae ac veterum testimoniis accuratius ostenderem, nihil vel a Deo proditum, vel ab Ecclesia unquam creditum fuisse de Sacramentis, quod non breviter complexi simus. Homines autem, quibus solenne est assidue

---

1) Aug., In Ioh. tr. 80, 3 MSL 35, 100; Aug., Contra Faustum 19, 16 MSL 42, 356 sq. CSEL 25 I 513, 8 sq. 2) Eph. 4, 16 3) art. 7 consensionis 4) art. 8 consensionis 5) art. 9 consensionis

clamitare Verbum Domini, Verbum Domini, mirum est nisi de hac re litem amplius movere pudeat. Nam quum nihil absurdius sit, quam Sacramenta efferri supra verbum, cuius appendices sunt ac sigilla: nihil verbo congruere reperient, quod non Sacramentis quoque demus. Denique si unicum agnoscunt salutis nostrae authorem Deum, quid Sacramentis plus dari postulant, quam ut arcanae illius gratiae media pro infirmitatis nostrae captu sint organa? A contemptu porro ea satis superque hoc unum vendicat, non modo bonorum omnium, quae nobis semel in Christo exhibuit Deus et nos quotidie percipimus, esse tesseras, sed externae eorum repraesentationi coniunctam esse Spiritus efficaciam, ne inanes sint picturae.

[21]   [**Cavenda superstitio in Sacramentis.**] Iam vero quam sollicite ex altera parte cavenda sit superstitio, non modo aetatum omnium experientia docet, sed unumquemque nostrum propria ruditas convincit. Nam ut in terram nobis proclive est ingenium, sponte nos ad se plus satis externa elementa rapiunt, quamvis non hyperbolice ornentur. Ubi vero accedit immodica commendatio, vix se a pravo et vitioso reverentiae excessu continet centisimus quisque. Ita et illis perperam affigitur salutis fiducia, et quod unius Dei proprium erat, indigne ad illa transfertur. Qua in re plus quam caeca est istorum qui nobis obtrectant pervicacia. Nam quum adversus Papistas vociferari cogantur, nequis ipsos nobis putet subscribere, rem ipsam clare definire non audent: imo ne ad rectam moderationem descendant, se ipsos data opera impediunt et suspensos relinquunt lectores. Ac ne frustra conqueri videar, brevi explicatione, quam nihil sit in Scripto nostro dignum reprehensione, nunc patefaciam.

[**Non ad nuda tantum signa, sed magis ad promissiones respiciendum.**] Ut superstitioni obviam iremus, primo loco diximus stulte eos facere, qui ad nuda tantum signa, ac non potius ad promissiones illis annexas, respiciunt[1]. Quibus verbis nihil aliud voluimus, quam quod omnium consensu vere et scite Augustinus docet, tum demum ex elementis Sacramenta extare, dum verbum accedit, non quia profertur, sed quia creditur: atque hanc esse causam cur mundos pronunciet apostolos Christus propter verbum quod ab ipso audierant: non propter Baptismum quo loti erant. [Homil. in Iohannem 80][2]. Nam si visibiles figurae, quae pro sacramentis ingeruntur sine verbo, non tantum ieiuna sunt et mortua elementa, sed noxiae praestigiae, quid aliud est Sacramenti intuitus, ubi promissio non attenditur, nisi mera illusio? Certe siquis oculos tantum illuc afferat clausis auribus,

---

1) art. 10 consensionis   2) Aug., In Ioh. tr. 80, 3 MSL 35, 1840

nihil a profanis gentium mysteriis different. Nam etsi ex vetustis gentium ritibus plurimos a sanctis patribus fatemur originem habuisse, quia tamen vacui doctrina nihil purae fidei retinebant, degeneres et corruptos merito fuisse dicimus. Atque omnino sic res habet, nisi promissione condiatur signum, per se insipidum, nihil proderit. Quid enim aget mortalis homo et terrenus aquam fundendo in eorum capita quos baptizat, nisi e sublimi pronunciet Christus, se animas sanguine suo abluere et Spiritu renovare? Quid totus coetus piorum pauxillum vini et panis gusᶦtando, nisi e caelo vox illa personet, Christi carnem spiritualem esse cibum, et sanguinem vere esse potum? Vere itaque concludimus, aquae, panis et vini materia nos Christi ac spiritualium eius donorum nequaquam fieri compotes, sed promissione ad ipsum nos deduci, ut se nostrum faciat, fideque in nobis habitans impleat quicquid signis promittitur ac offertur[1]. Quid in hac re quisquam improbet, non video: nisi forte sacris signis honorificum esse putet, lusorias sine fide actiones censeri.

[Sacramenta ad Christum adducunt.] Hac occasione merito iterum pias mentes ad Christum reducimus, ne quid aliunde petant eorum bonorum vel sperent, quorum tessera illis ac pignus in signis proponitur. Atque hoc modo sequimur quam Deus regulam Mosi praescripsit ut omnia exigeret formaretque ad exemplar, quod ei in monte ostenderat [Exod. 25. d. 40]. Hunc enim locum non abs re Stephanus in Actis, et Apostolus in epistola ad Hebraeos notant [Act. 7. f. 44; Hebr. 8. b. 5]. Atqui ut olim crassi inter Iudaeos erroris corrigendi haec optima fuit ratio: ne scilicet in visibili tabernaculo et pecudum victimis subsisterent, Christum ad quem suspicerent illis ante oculos statui: ita hodie ad spiritualem illum Archetypum nos esse intentos decet, ne inanibus spectaculis frustra ludamur. Et certe Dominus Sacramenta instituens, minime impedimenta circumdedit, quae nos detineant in mundo, sed scalas potius erexit, per quas sursum ad caelos conscendere liceat: quia nec alibi quaerendus est Christus, nec alibi etiam quam in eo solo quiescendum[2]. Quid enim, obsecro? an ideo pro nobis mortuus est Christus ac resurrexit, ut nos ad mortua elementa ablegans salutis causa et materia nobis esse desineret? Imo adiumenta ad se quaerendum nobis porrexit, ut suo loco maneret.

[Deum solum peragere quicquid ex Sacramentis consequimur.] Sequitur altera plus satis tritae et tamen non parum noxiae superstitionis correctio: ubi monemus, si quid per Sacramenta nobis confertur, id non fieri propria eorum virtute, sed quatenus

---

1) art. 10 consensionis   2) art. 11 consensionis

Domino Spiritus sui virtutem in illis exerere placet[1]. Nam se humanum ingenium continere nequit, quin vel includat Dei virtutem signis, vel signa ipsa in Dei locum substituat. Ita fit, ut virtutis suae laude spolietur ipse Deus, dum mortuis creaturis acceptum ferunt homines quod eius proprium est. Haec doctrinae nostrae summa est, quam dilucidis et minime ambiguis verbis testamur, Deum solum peragere quicquid ex Sacramentis consequimur[2], et quidem arcana sua et intrinseca (ut loquuntur) virtute. Caeterum nequis obiiceret, signis quoque suas esse | partes ne frustra data sint: mature illic occurrimus, sic Deum illorum uti ministerio, ut neque vim ipsis suam infundat, nec quicquam deroget spiritus sui efficaciae[3]. Quid etiam hic requirent boni viri? Deum per Sacramenta agere volunt? Hoc docemus. Volunt in ipsis fidem nostram exerceri, foveri, adiuvari, confirmari? Idem asserimus. Volunt Spiritus sancti virtutem in illis extare, ut electis Dei in salutem prosint? Idem nos quoque concedimus. In eo vertitur quaestionis status, Soline Deo in solidum adscribere conveniat omnes salutis nostrae partes: an eius laudis partem ipse ad Sacramenta derivet, dum illis utitur. Quis, nisi omnis verecundiae expers, de hoc capite contendere audeat? Ac nostrae quidem doctrinae Paulum citavimus testem, qui ministros nihil esse, et plantando ac rigando nihil agere pronunciat, si quis ipsos a Deo separet, qui solus dat incrementum [1. Cor. 3. b. 7][4]. Unde perspicere cuivis promptum est, modo maneat Deo quod suum est, nos sacramentis nihil detrahere. Certe quam magnifice alibi verbi praedicationem extollat Paulus, satis notum est. Qui fit ergo ut nunc fere in nihilum eam redigat? nisi quia ubi ad Dei comparationem venitur, illum unicum bonorum omnium agnosci authorem aequum est, qui sic libere utatur creaturis, ut suo arbitrio per illas, quatenus visum est, agat. Nec vero terrenis elementis fit iniuria, si Dei spoliis non ornantur.

[**Quid Deo, quid ministris tribuendum.**] Quod autem subiicimus ex Augustino, unum esse Christum qui intus baptizat[5], item unum eundem esse, qui nos in Coena facit sui participes[6]: utriusque mysterii praestantiam summopere commendat. Nam hinc colligimus, non humanas esse actiones, quarum author est Filius Dei, quibus praesidet, in quibus tanquam exerta e caelo manu virtutem suam profert. Deinde nihil utilius est, quam ab hominis

---

1) art. 12 consensionis 2) art. 12 consensionis 3) art. 12 consensionis 4) art. 13 consensionis 5) Aug., Ep. 89, 5 (ad Festum) MSL 33, 31 CSEL 34 II 423, *1* sqq.; Aug., Contr. lit. Petil. III 49, 59 MSL 43, 379 CSEL 52, 211, *27* sqq. 6) ibid.

mortalis terrenique elementi intuitu abstrahi sensus nostros, ut
Christum velut praesentem fides nostra aspiciat. Quanquam et
hoc rursum ad ius suum Christo vendicandum spectat, ne eum
putemus externum ministerium hominibus ita mandare, ut
spiritualis effectus laudem illis resignet. In quem sensum Augustinus pluribus disputat, baptismum efficaciae et potestatis non
nisi in Christum unum competere [Homil. 5 et 6 in Iohann.]¹
Et quid opus est humano testimonio, quum vox illa Spiritus
quae in ore Baptistae clare sonuit, aures nostras assidue percellere debeat: Hic est qui baptizat in spiritu [Iohan. 1. c. 33]?
siquidem eum hoc elogio ab omnibus ministris discerni constat,
ut sciamus solum ipsum intus praestare, quod homines visibili
signo testantur. Quod |probe alibi Augustinus exponit his verbis: [24]
Quomodo ergo et Moses sanctificat et Dominus? Non enim
Moses pro Domino, sed Moses visibilibus Sacramentis per ministerium suum: Dominus autem invisibili gratia per Spiritum
sanctum, ubi est totus fructus etiam visibilium Sacramentorum.
Nam sine ista sanctificatione invisibilis gratiae, visibilia Sacramenta quid prosunt? [Quaestionum veteris testamenti lib. 3.
ca. 84]². Nec vero aliter conciliari poterunt scripturae loci, qui
videntur in speciem discrepare. Cuius generis sunt, quos illic
notavimus, Spiritum sanctum esse sigillum quo nobis sancitur
futurae hereditatis fides: et Sacramenta etiam sigilla esse.
Nihilo enim magis consentaneum est, pari gradu locari, quam
ad signa transferri, quod non nisi in Spiritum competit. Una
igitur solutio est in illo vulgari dicto, Superioris et subalterni
nullam esse repugnantiam. Nam siquis contendat non obsignari
mortuis signis salutem nostram, quia hoc proprium est Spiritus
sancti munus: quaero quid responsuri sint isti censores, quibus
non plane arridet Consensus noster, nisi hoc ipsum quod asserimus, quod mediis inferioribus utitur Deus, minime id obstare
quin Spiritus sui virtute fidem nostram solus inchoet ac perficiat³.

[Non omnes percipiunt quod offertur Sacramentis.] Quod dicimus, non omnibus promiscue, sed electis Dei tantum, ad quos
interior et efficax Spiritus operatio pervenit, prodesse signa,
clarius est quam ut longa refutatione indigeat⁴. Nam siquis
omnibus communem facere velit effectum, praeter|quam quod [25]
Scripturae testimonio refellitur tale commentum, experientia
etiam reclamat. Ergo sicuti per se externa vox hominis in corda

---

1) Aug., In Ioh. tr. 5, 6 sqq.; 6, 6–10 MSL 35, 1417 sqq.   2) Aug.,
Quaest. in Hept. III c. 84 MSL 34, 712 CSEL 28 II 306, 2 sqq;
305, 1   3) art. 15 consensionis   4) art. 16 consensionis

minime penetrat, sed ex multis auditoribus soli ad Christum veniunt qui trahuntur intus a Patre[1]: iuxta illud Iesaiae non alios praedicationi credere, nisi quibus revelatum est Dei brachium [Iesajae 53. a. 1]: ita penes liberum et gratuitum eiusdem Dei arbitrium est, dare quibus voluerit, ut in signorum usu proficiant. Nec vero, dum ita loquimur, quicquam mutari intelligimus in Sacramentorum natura, quin sua illis maneat integritas. Neque enim Augustinus, dum ad corpus ecclesiae, quod in praedestinatis, qui iam ex parte iustificati sunt et adhuc iustificantur, et olim glorificandi sunt, restringit sacrae Coenae effectum [Tract, in Iohan. 26][2]: eius vim, si ipsa per se aestimetur, erga reprobos evacuat vel minuit: sed tantum eius fructum peraeque omnibus communem esse negat. Quando vero reprobis nonnisi sua incredulitas obstaculo est, quominus Christo potiantur, in ipsis quoque tota culpa residet. Denique, neminem frustratur signi repraesentatio, nisi qui ultro et maligne se ipsum privat. Verissimum enim est, tantum quemque fructus ex signis referre, quantum fidei vase percipiet. Ac merito sorbonicum illud figmentum repudiamus, novae legis sacramenta omnibus prodesse, qui modo obicem non ponent peccati mortalis[3]. Nam virtutem illis affingere, quam externus tantum usus instar canalis in animas infundat, plane insipida superstitio est. Quod si fidem mediam intercedere oportet, nemo sanus negabit, eundem Deum, qui his subsidiis infirmitatem nostram levat, fidem etiam dare, quae idoneis fulturis subnixa, ad Christum conscendat, ut eius gratiis potiatur. Et certe extra controversiam esse hoc debet: sicuti lucere solem et suos e caelo radios emittere non sufficeret, nisi prius dati nobis essent oculi qui luce eius fruantur: ita Dominum frustra externis signis illucescere, nisi nos oculatos reddat. Imo, sicuti solis calor vivum et animatum corpus vegetans in cadavere foetorem excitat: ita Sacramenta ubi non adest fidei Spiritus, mortiferum potius quam vitalem odorem spirare certum est.

[**Per nostram infirmitatem nihil decedit Sacramentis.**] Caeterum ne quis ideo, vel quidquam decedere sacramentorum virtuti, vel hominum incredulitate et malitia infirmari Dei veritatem putaret, diligenter nos cavisse existimo, dum integra

---

1) Joh. 6, 44   2) Aug., In Ioh. tr. 26, 15 MSL 35, 1614   3) art. 17 consensionis; Thomas Aquin., Summa Th. Quaest. LXXX art. III et IV; Duns Scotus, In sent. IV. dist. 1 q. 6, 10. opp. 16, 222; Gabr. Biel, In sent. IV. dist. 1 q. 3 art. 1; cf. Conc. Trid. sess. 7 (a. 1547) c. 6 (de sacramentis in genere) ed. Richter p. 40 (Denzinger Enchir.[18/20] No. 849)

nihilominus ¹diximus manere signa, indignisque Dei gratiam [26]
offerre, nec vim promissionum labefactari, licet non recipiant
increduli quod offertur¹. De ministris hic non agitur, de quibus
stulte olim dubitatum est, an eorum perfidia vel alia quaevis
indignitas Sacramenta vitiet. Nobis autem sanctior est Dei 5
institutio, quam ut eius vis ab homnibus pendeat. Sit igitur aut
Iudas aut Epicureus quispiam sacrorum omnium contemptor
Baptismi vel sacrae Coenae minister: non secus et lavacrum
regenerationis, et spirituale carnis et sanguinis Christi alimentum fidelibus per eius manum a Domino conferri statuimus, 10
quam si angelus e coelo descenderet. Non quod communi Ecclesiae incuria vel conniventia foveri deceat vitiosos ministros, et
qui sacrum locum impura vita contaminant; quin potius tam
publice quam privatim danda opera est, ut talibus inquina-
mentis Dei sanctuarium purgetur, si fieri potest. Verum siquos 15
prorsus impios ad honorem obrepere contingat, vel ambitiosus
quorundam favor impediat ne in ordinem cogantur dissoluti, vel
protinus, ut optandum foret, abdicentur, quantumvis detestabilis sit eorum indignitas, Sacramentis nihil derogat: quando
non nisi a se ipso sumit Christus quod illic nobis largitur, a 20
ministris autem non haurit vel derivat. Itaque quod intentionem
consecrantis necessario requirunt Papistae², perversum et exitiale figmentum esse non dubitamus. Sed quum Dominus vere
semper quod figurat, tam per impios quam fideles ministros,
praestare sit paratus: non nisi fide recipi fatemur, quod obla- 25
tum est: incredulos vero inanes dicimus vacuosque discedere.
Neque tamen eorum vitio Sacramenti virtuti quicquam deperit.
Aditum claudit et obserat incredulus, quominus in eius animam
penetret Dei gratia; negamus Dominum ideo manum suam
retrahere: quin potius, ut sibi perpetuo constet, ac immensa 30
bonitate sua certet cum hominis malitia, vere quod respuitur,
offerre asserimus.

[**Impii reipsa non participant in Sacramentis.**] Sed haec duo
longe inter se differunt, fidem Domino constare ad praestandum

---

1) art. 18 consensionis   2) Thomas Aquin., Summa Th. Quaest. 35
LXIV art. VIII–X; Innocent. III., Professio fidei ... Waldensibus
praescripta (a. 1208), Regestae VII, 196 MSL 215, 1511 D (Denzinger,
Enchir. ¹⁸/²⁰ No. 424); Martin. V. in conc. Constant. (a. 1418), bulla
„Inter cunctas" (Tenor articulorum Ioannis Hus), Mansi XXVII
1212C (Denzinger, Enchir. ¹⁸/²⁰ No. 672); Eugen. IV. in conc. Florent. 40
(a. 1442), bulla „Exultate Deo" (Decretum pro Armenis), Mansi
XXXI 1054 E (Denzinger, Enchir. ¹⁸/²⁰ No. 695); Paul. III. in conc.
Trid. Sessio VII (a. 1547) can. XI (Canones de sacramentis), Mansi
XXXIII 53 B (Denzinger, Enchir. ¹⁸/²⁰ No. 854).

quod signo demonstrat: et hominem, ut fruatur oblata gratia,
[27] locum promissioni dare: quia ut quis recipiat quod |datur, ante
capacem esse oportet, sicuti scriptum est, Aperi os tuum et
implebo illud [Psal. 81. c. 11]. Quare inscite quidam clamitant,
5 inanem et irritam fieri sacrae Coenae figuram, nisi tantundem in
ea percipiant impii, quantum fideles. Si promiscue idem utrisque
dari sentirent, facile subscriberem. Sed Christum absque fide
recipi, non minus portentum est, quam semen in igne germinare.
Nam quo iure sibi permittunt, Christum a Spiritu suo divellere?
10 quod nefarium esse sacrilegium ducimus. Recipi ab impiis Christum volunt. quibus ne guttam quidem concedunt Spiritus
Christi. Quid hoc aliud est, quam veluti mortuum sepulchro
includere? Atqui (dicet quispiam) reos non faceret Paulus corporis et sanguinis Domini qui indigne manducant, nisi fierent
15 ipsi quoque Christi participes. Imo si pateret in eos Christo
ingressus, omni ipsos reatu eximeret. Nunc vero quia sacrae
communicationis pignus, quod reverenter suscipere decebat,
foede conculcant, non mirum si corporis et sanguinis censeantur
rei. Nimis autem absurde imperiti homines reatu non putant
20 teneri, nisi qui et manibus palpant, et dentibus atterunt, et
deglutiunt Christi corpus. Iam vero secundum eos, qualis erit
ista receptio? Nam modum, quo Christus habitat in nobis,
Paulus fidem esse pronunciat[1]. Ergo sublata fide, tantum ad
momentum recipi necesse erit, ut simul evanescat. Quanto rec-
25 tius Augustinus (ut homine probe in Scripturis exercitato dignum erat) non secus panem Domini Iudae datum esse docet,
quo manciparetur diabolo, quam datum Paulo angelum Satanae
per quem perficeretur in Christo [Homi. in Iohan. 62][2]. Prius
vero dixerat, reliquos discipulos maducasse panem Dominum:
30 Iudam vero panem Domini contra Dominum [Homil. 59][3]. Alibi
quoque celebre istud Christi dictum prudenter expendit, Nunquam morituros qui manducaverint. Nempe, inquit, virtutem
Sacramenti, non tantum visibile Sacramentum: et quidem intus,
non foris: qui corde manducant, non qui premunt dente[4]. Unde
[28] 35 tandem |concludit, Sacramentum huius rei in mensa Dominica
proponi: et id sumi quibusdam ad exitium, aliis ad vitam: rem
ipsam, cuius signum est Coena, omnibus ad vitam cedere, nulli
ad exitium, quicunque fuerit eius particeps[5]. Ac nequis de eius
scriptoris mente dubitet, quasdam sententias non pigebit altius
40 repetere. Postquam dixerat panem hunc interioris hominis

---

1) Eph. 3, 17 2) Aug., In Ioh. tr. 62, 1 MSL 35, 1801 sq.   3) Ibid.
tr. 59, 1 MSL 35, 1796   4) Ibid., tr. 26, 12 MSL 35, 1612   5) Ibid.,
tr. 26, 15 MSL 35, 1614

quaerere esuriem, subiicit, Manna et Moses et Aaron et Phinees et multi alii manducarunt, qui placuerunt Domino nec mortui sunt. Quare? quia visibilem cibum spiritualiter intelligebant, spiritualiter esuriebant, spiritualiter gustabant, ut spiritualiter satiarentur. Nam et nos hodie accepimus visibilem cibum: sed aliud est Sacramentum, aliud virtus Sacramenti [Homil. 26][1]. Et paulo post: Ac per hoc, qui non manet in Christo, et in quo non manet Christus, procul dubio nec maducat spiritualiter carnem eius, nec bibit eius sanguinem, licet carnaliter et visibiliter premat dentibus signum corporis et sanguinis: sed magis tantae rei Sacramentum sibi ad iudicium manducat et bibit, quia immundus praesumpsit ad Christi accedere Sacramenta [Homil. 26][2]. Vides ut profanis et impuris nihil praeter visibilem signi sumptionem concedat. Dicit alicubi (fateor) corpus Christi fuisse illis panem Coenae, quibus dicebat Paulus[3]: Qui indigne sumit, iudicium sibi edit ac bibit, non discernens corpus Domini: nec ideo nihil accepisse, quia male acceperint [Lib. 5 de Baptismo contra Donatistas][4]. Sed quo sensu id velit accipi, plenius idem ipse alio loco explicat. Nam ex professo definiendum suscipiens, quomodo improbi et scelerati homines, qui fidem catholicam ore profitentur, Christi corpus manducent: et quidem adversus quorundam opinionem, qui non solo Sacramento eos edere, sed reipsa fingebant: Sed nec isti (inquit) dicendi sunt manducare corpus Christi: quoniam nec in membris computandi sunt Christi. Ut enim alia taceam, non possunt simul esse membra Christi et membra meretricis[5]. Denique ipse, dicens, Qui manducat meam carnem, et bibit meum sanguinem, in me manet et ego in eo[6]: ostendit quid sit, non Sacramento tenus, sed re vera corpus Christi edere. Hoc enim est in Christo manere, ut in illo maneat et Christus. Sic enim hoc dixit tanquam diceret: Qui non manet in me et in quo ego non maneo, non se dicat aut existimet manducare corpus meum, vel sanguinem meum bibere [Lib. de Civit. Dei 21. cap. 25][7]. Desinant ergo imperiti homines pro Iuda litigare, ne Christum sine Christo appetere videantur.

[[1]**Extra usum quoque Sacramenti, fideles rebus communicant**[8].] Quod deinde prosequimur, fidelibus spiritualium bonorum effectum, quae figurant Sacramenta, extra eorum usum constare: quando et quotidie verum esse experimur, et probatur

---

1) Ibid., tr. 26, 11 MSL 35, 1611   2) Ibid., tr. 26, 18 MSL 35, 1614
3) 1. Cor. 11, 29   4) Aug., De bapt. contra Donat V 8, 9 MSL 43, 181 CSEL 51, 270, *8* sqq.   5) 1. Cor. 6, 16   6) Joh. 6, 54   7) Aug., De civit. Dei 21, 25 MSL 41, 741 sq. CSEL 40 II 567, *10* sqq.
8) art. 9 consensionis

Scripturae testimoniis, mirum est sicui displiceat. Neque enim si martyribus carcere inclusis liberum non est externum signum sumere, ideo Christo carere dicentur, qui magnifice in illis truimphat. Nec ad Coenam quisquam rite accedet Christo prorsus vacuus: nec Cornelio deerat Baptismi veritas, qui ante aquae lotionem Spiritu sancto iam perfusus erat: sicuti nec Moses divinae unctionis expers, cuius signum aliis contulit, ipse nunquam accepit. Quanquam eo minime spectat haec doctrina, ut signorum usu valere iusso, arcanis inspirationibus contenti simus. Neque enim si Dominus interdum, ut suam virtutem nullis adminiculis obstrictam probet, omisso signo idem peragit, quod per signum repraesentat, ideo quod in salutem nostram instituit, quasi supervacuum abiicere censebitur. Nobis vero multo minus id licebit, quorum fides verbo eiusque sigillis intenta esse debet. Vere enim ab Augustino scriptum est, Quanvis Deus absque signo visibili quos vult sanctificet, quisquis tamen signum contemnit, invisibili sanctificatione merito privari [Libr. Quaest. veteris testamenti 3][1].

[**Utilitas Sacramentorum non restringenda ad tempus perceptionis**[2].] Huic capiti affine est quod proxime addidimus, nempe quae ex Sacramentis percipitur utilitas, eam ad externae sumptionis tempus non debere restringi, acsi Dei gratiam eodem secum momento adveherent; in quo siquis a nobis dissentit, tum regenerationis gratiam in multis acceleret necesse est, tum in reliquum vitae cursum fabricet innumeros Baptismos. Effectum Baptismi, qui ad tempus nullus fuit, videmus tandem emergere. Aqua tinguntur multi ab utero matris, qui aetatis progressu adeo se intus fuisse baptizatos non ostendunt, ut potius extincto, quantum in se est, Dei Spiritu Baptismum suum exinaniant. Eorum partem ad se Deus revocat. Qui ergo vitae novitatem signo tanquam capsula includet, non tam ornabit signum ipsum, quam Deo erit iniurius. Iam quum assidua usque ad mortem esse debeat poenitentiae meditatio, ut in ea proficiant filii Dei: quis Baptismum impie mutilari non videt, si non ultra externam administrationem vis eius et fructus extenditur, qui ad totum vitae decursum patet? Imo nihil in sacra signa magis contumeliosum fingi potest, quam eorum veritatem in praesenti tantum actione vigere. Hoc ita accipio: quanvis statim praetereat visibilis figura, manere tamen quam testatur gratiam, neque momento cum oculari spectaculo evanescere. Neque enim eorum superstitioni favere animus est, qui elementa

---

1) Aug., Quaest. in Hept. III c. 84 MSL 34, 713 CSEL 28 II 306, 2 sqq. 305, *1*   2) art. 20 consensionis

panis et aquae, quasi post usum praesentem cui destinata sunt in ipsis haereat consecratio, perperam in templis asservant. Atque id diserte testari oportuit, ne spem aeternae salutis, quae nullis temporum inclinationibus obnoxia est, temporalibus signis quis affigat, ut non plus concipiat fides, quam intuitu cernit oculos.

[Qualis sit in Coena corporis et sanguinis Domini communicatio.] Venio nunc ad quaestionem, ex qua exorti sunt tam violenti et duri conflictus, Qualis in sacra Coena sit corporis et sanguinis Domini communicatio. Porro eius definitio non ante a nobis posita est, quam refutatum localis praesentiae figmentum, et expositus verborum Christi sensus, de quibus antehac nimis contentiose certatum est. Sed quia nunc morosis et indoctis hominibus occurrere consilium est, qui praecipites ad caecum calumniandi impetum feruntur: vel probos et simplices sinistris illorum sermonibus imbutos placare: nunc ab illo tertio capite incipiam.

Primum quidem fatemur, Christum, quod panis et vini symbolis figurat, vere praestare, ut animas nostras carnis suae esu et sanguinis potione alat[1]. Facessat igitur putida illa calumnia, theatricam fore pompam, nisi reipsa praestet Dominus, quod signo ostendit. Neque enim dicimus quicquam ostendi, quod non vere detur. Iubet nos Dominus panem et vinum accipere: interea spirituale carnis suae et sanguinis alimentum se dare pronuntiat. Huius rei non fallacem oculis proponi figuram dicimus, sed pignus nobis porrigi, cui res ipsa et veritas coniuncta est, quod scilicet Christi carne et sanguine animae nostrae pascantur. Nec fidei nomen quicquam imaginarium notat, quasi tantum cogitatione, vel memoria percipiant fideles quod promittitur: sed nequis putet eousque prostitui Christum, ut ipso fruantur increduli. Neque enim dum Paulus Christum habitare docet in cordibus nostris per fidem [Ephes. 3. b. 17], loco verae habitationis imaginationem supponit: sed quomodo tanti boni possessionem cernamus, admonet. Carnem ergo Christi, sine ullis ambagibus, fatemur esse vivificam: non tantum quia semel in ea nobis salus parta est, sed quia nunc dum sacra unitate cum Christo coalescimus, eadem illa caro vitam in nos spirat: vel ut brevius dicam, quia arcana Spiritus virtute in Christi corpus insiti communem habemus cum ipso vitam. Nam ex abscondito deitatis fonte in Christi carnem mirabiliter infusa est vita, ut inde ad nos flueret.

---

1) art. 23 consensionis

Verum ut de caelestibus Dei mysteriis semper crassum aliquid concipiunt humanae mentes, hic rursus obviam ire talibus deliriis necesse fuit. Quo pertinet ista definitio a nobis posita: non perinde intelligi debere, quod de carnis Christi participa-
5 tione dicimus, quasi fieret aliqua substantiae vel commixtio vel transfusio, sed quia ex carne semel in sacrificium oblata vitam hauriamus[1]. Sicui displicet haec exceptio, primum dico aliquid sibi ex proprio cerebro commentum esse, quod ex Scripturis nusquam proditum, et fidei analogiae minime con-
10 sentaneum est. Deinde nimis superbum esse dico, qui ex sensu temere concepto, legem aliis praescribat. Misceri si volunt carnis Christi substantiam cum hominis anima, quot se absurdis involvent? Negant fas esse, tam sublime mysterium ad saeculi rationem subduci vel immensam eius magnitudinem metiri
15 ingenii nostri modulo. In quo illis plane assentior: sed an eo usque trahenda est fidei modestia, ut totam religionem horrendis portentis deformet? Atqui hoc modo, ut quidque absurdissimum foret, ita maxime Christo congrueret, eiusque doctrinae. Sacram unitatem, quae nobis est cum Christo, sensui carnis
20 incomprehensibilem fatemur esse. Quod nos sibi coniungens non modo vitam nobis suam instillat, sed unum quoque nobiscum efficitur, sicuti ipse unum est cum Patre, sublimius captu nostro mysterium esse concedimus, nisi quatenus eius verbis retectum est. Sed an ideo protinus somniandum, in nos trans-
25 fundi eius substantiam, ut sordibus nostris inquinetur? Quod se oculos claudere dicunt, ne curiosius inquirant quod Dominus occultat, vanissimum esse hinc convincitur, quod se ex Dei verbo doceri non sustinent. Haec certe fidei sobrietas est, non modo acquiescere in Dei nutu, neque plus sibi arripere, quam
30 sacro eius ore patefactum sit, sed etiam ad Spiritum prophetiae sedulo attendere, et sanam interpretationem mansueta docilitate amplecti. Quare temulenta in utroque pervicacia est, siquis vel se non contineat intra legitimas metas, vel sanae intelligentiae lucem fastidiose respuat. Communicari nobis Christi corpus
[32] 35 et sanguinem, nullus nostrum negat: qualis autem sit corporis et sanpuinis Domini communicatio, quaeritur. Carnalem isti palam et simpliciter asserere quomodo audeant, miror. Spiritualem quum dicimus, fremunt, quasi hac voce realem (ut vulgo loquuntur) tollamus. Nos vero, si Reale pro Vero accipiant, et fallaci
40 vel imaginario opponant: barbare loqui mallemus, quam pugnis materiam praebere. Scimus enim quam non deceat logomachiae Christi servos: sed quia hoc concedendo nihil apud eos

---

1) art. 23 consensionis

proficitur, qui modis omnibus sunt implacabiles: placidis et moderatis hoc testatum volo, ita secundum nos spiritualem esse communicationis modum, ut reipsa Christo fruamur. Hac modo ratione contenti simus, ultra quam nemo nisi valde litigiosus insurget, vivificam nobis esse Christi carnem, quia ex ea spiri'tualem in animas nostras vitam Christus instillat: eam [33] quoque a nobis manducari, dum in corpus unum fide cum Christo coalescimus, ut noster factus nobiscum sua omnia communicet.

De locali paresentia miror si censores nostros non pudeat certamen movere[1]. Sed quum Christi corpus negent locorum spatiis circumscribi, immensum esse volunt. Quid autem nos? Nempe in caelo quaerendum esse, quod (teste Scriptura) eum capit, donec in iudicium appareat [Act. 3. d. 21]. Neque tamen est, cur nos ideo quisquam invidia gravet, acsi abesse a nobis fingamus, membraque separemus a capite. Certe si Paulo dicere licuit, nos a Domino peregrinari, quandiu sumus in mundo [2. Cor. 5. b. 6]: eadem quoque ratione dicemus, quadam absentiae specie nos ab eo disiungi, quatenus scilicet a caelesti eius domicilio nunc distamus. Abest igitur Christus a nobis secundum corpus: Spiritu autem suo in nobis habitans, in caelum ad se ita nos attolit, ut vivificum carnis suae vigorem in nos transfundat, non secus ac vitali solis calore per radios vegetamur. Quod dicere solent, invisibilem nobiscum esse: perinde valet, acsi forma eius in caelo reposita, substantiam carnis dicerent in terra residere. Atqui sensus pietatis clare dictat, non aliter vitam ex carne sua in nos stillare, quam dum totus secundum corpus in caelo manens ad nos sua virtute descendit. Eodem referri convenit, quae paulo post atteximus: ista exceptione non tantum refelli quam Papistae commenti sunt transsubstantiationem, sed tam crassa omnia figmenta, quam futiles argutias, quae vel coelesti Christi gloriae derogant, vel naturae humanae veritati minus sunt consentaneae[2]. Haec quoque exceptio quam non de nihilo addita fuerit, pluribus disserere nihil attinet. Alii ut immensum faciant Christi corpus, corporis illi naturam eripiunt[3]. Alii sub mortuo elemento includunt eius Deitatem. Verum siquis inscitia lapsus est, si alter fervore contentionis abreptus inconsiderate aliquid effutivit, sepultum maneat. Homines ipsos non exagito neque insector, sicuti neque vexavimus quenquam in nostro scripto: sed ansam erroribus

---

1) art. 21 consensionis   2) art. 24 consensionis   3) Vox immensitatis apud Westphalum in Collectanea, F 2 a sqq. primum invenitur; vide: Institut. IV, c. XVII, 30, ed. nostra vol. V p. 387, *21* sqq.

praecidere satis habuimus. Quis nobis succenseat, si Christo manere salvum cupimus et integrum, quod utriusque naturae est, ne laceretur Mediator ille, qui nos Deo coniungit? Immensitas quam imaginantur in Christi carne[1], prodigiosum spectrum est, quod spem resurrectionis evertit. Nam ubi omnia effutiverint de caelestis vitae qualitate, semper illud Pauli obiiciam, exspectare nos Christum e caelo, qui corpus nostrum humile transfigurabit, ut conforme reddat corpori suo glorioso [Philip. 3. d. 21]. Nunc quam sit absurdum singulis fidelium corporibus totum mundum impleri, quid attinet dicere? Sinant ergo homines isti nos modeste profiteri quod sanum et rectum est, ne eorum intemperie coacti retegamus eorum dedecora, quae melius latent: neque ideo ferocius insultent quod nominibus (ut dixi) parcentes, nuda errorum refutatione contenti fuimus. Sed enim intolerabile esse ducunt, quod Christum negamus sub pane locandum vel cum pane copulandum[2]. Quid igitur? An e solio suo eum detrahent, ut panis frustulo inclusus iaceat? Neque tamen siquis dicat, nobis sub pane offerri Christi corpus, tanquam sub arrha, litem ea de re movebimus, nihilo scilicet magis quam carnalem vel localem copulam solvendo, divortium signi a sua veritate facere conati sumus. Recipiant igitur fideles sub panis symbolo Christi corpus, quia verax est qui loquitur, ut ei minime conveniat, nos, inanem tesseram porrigendo, frustrari: modo nequa localis fingatur inclusio, vel carnalis infusio misceatur.

[**Expositio verborum Domini Hoc est corpus meum**[3].] Restat verborum Domini expositio; in qua si quid est offensionis, pervicaciae suae imputent, quibus fixum est, clamore solum et tumultu rem per se claram tenebris miscere. Quod panem vocavit Christus corpus suum, praecise verbum hoc urgent, nec figuram ullam admittunt. Atqui si proprie panis est corpus Christi, sequetur Christum ipsum non minus esse panem quam hominem. Adde quod si figurata non est haec loquutio, perverse ipsi idem corpus sub pane, cum pane, et in pane esse dicunt[2]. Quod si tantam interpretandi crassitiem sibi indulgent, nobis cur hiscere non licebit? Quum in quaerendo verborum sensu discutimus, qualiter de Sacramentis loqui Scriptura soleat, audire non sustinent: quia semel dictum est: Hoc est corpus meum. Quid? An non etiam dictum est: Petra erat Christus[4]? Et quo sensu, nisi quia idem erat spiritualis potus cum eo, quem

---

1) Vide p. 284 adn. 3   2) ed nostra vol. V p. 368 adnot. 2.
3) art. 22 consensionis   4) 1. Cor. 10, 4

hodie in calice libamus? Ne apertae rationi locum dare cogantur, res sacro nexu coniunctas sacrilega vaesania discerpunt. Verum ut taceam haec omnia et dissimulem, quo tandem iure sibi permittunt suum illud ESSE, in quo tantopere insistunt, in diversas loquendi formas resolvere? Quum velint panem esse Christum, cur postea transsiliunt ad sua commenta, esse cum pane, in pane, et sub pane? Unde istud illis magisterium, ut commenta sua non minus ab usu remota quam inter se contraria futiliter vomentes alios a sana intelligentia arceant? Si panis censeri corpus debet, quia sic vocatur, non minus, teste Paulo, erit communicatio corporis[1]. Imo si dicam Paulum clarius hoc loco exponere, quod subobscure a Christo dictum erat, quis sobrius mihi repugnabit? Dominus pronunciat panem esse suum corpus. Sequitur discipulus, cui certe propositum non est, luci nebulas obducere, ac panem explicatius corporis communicationem esse docet. Hic si consentiant nobiscum, statim lis dirempta erit: quia in panis fractione nos quoque testamur communicari fidelibus corpus Christi. Placet illis verbum retinere. Agedum, quum apud Lucam et Paulum Christus Calicem vocet Testamentum in suo sanguine[2]: quoties panem esse corpus et vinum sanguinem clamabunt, ego optimo iure vicissim regeram, esse testamenta in corpore et sanguine. Desistant igitur indocti homines ab ea pertinacia, in qua (ne quid gravius dicam) contorti subinde et perplexi haereant, necesse est. Quia iustam disputationem[1] nunc suscipere operaepretium non est, unum hoc sumo, Panem ubi dixerunt esse corpus, fateri tamen simul coguntur signum esse corporis. Unde porro hoc se habere dicent, nisi ex Christi verbis? Ergo signi nomen, de quo tam odiose nobiscum rixantur, furtim eliciunt ex eo loco, quem nolunt nisi literaliter intelligi. Nos vero, quod tam communis sensus, quam pietatis ratio extorquet, dum figuratum esse loquendi modum ingenue concedimus: non confugimus neque ad allegorias, neque ad parabolas, sed axioma sumimus, quod sine controversia receptum est inter omnes pios: quoties de Sacramentis agitur, rei signatae nomen ad signum metonymice solere transferri. Exempla frequentius in Scripturis occurrunt, quam ut negare audeant vel summi adversarii, hunc usum instar generalis regulae habendum. Ergo sicuti manna olim spiritualis cibus fuit, sicut aqua erat Christus, sicut Spiritus sanctus columba, sicut Baptismus lavachrum regenerationis: sic et panis corpus, vinum sanguis Christi vocatur. Si malunt

---

1) 1. Cor. 10, 16   2) Luc. 22, 20; 1. Cor. 11, 25

synecdochen quam Metonymiam: atque ita si de una tantum
vocula dimicant: ablegandum erat hoc certamen ad Grammati-
cos. Quid autem illic proficient, nisi ut pueris quoque iudicibus
ludibrio sit eorum inscitia? Caeterum ut hoc omittam: quisquis
a logomachia non abhorret, se nequaquam Christi servum esse
prodit. De re enim quum optime conveniat, quid magis praeposterum, quam scindi Ecclesias, et atroces moveri tumultus,
quia alii panem vocari corpus interpretantur, quod sub ipso et
cum ipso exhibetur: alii vero quia symbolum est non lusorium,
nec inane, sed cui annexa sit sua veritas, ut vere participes
fiant Christi, qui et ore signum, et fide promissionem recipiunt?
Quod si illis statutum est, nullum facere maledicendi finem,
neminem qui a contentione integer erit, tam iniquum fore
confido, qui non et recta nos docere, et sinceritatem colere, et
paci studere agnoscat. Minime vero timendum esse arbitror,
nequis importunis istorum clamoribus, nisi eodem ipse quoque
furoris oestro percitus, subscribat[a].

[a] *In ed. Tigurin. hic epistula Bullingeri:* CHRISTIANO LEC-
TORI *sequitur*

Optima ineundae concordiae ratio

Quamquam hic libellus nihil aliud nisi appendix Dilucidae Explicationis est, qua cum Heshusio Lutherano[1] disputatur, qui in controversiam vocat, quae de coena Domini traduntur, tamen magni momenti est praeceptis atque iudiciis doctrinae. Habemus quod dicamus in ea Calvinum totam controversiam de coena Domini plane perficere, quae inter Calvini et Lutheri defensores erat. Quod fit, aliter ac in prioribus scriptis, quibus et Westphalum et Heshusium vel acerbe in iudicium vocet et repudiat, eo consilio, ut praeter repetitionem suae sententiae fundamentum consensus poneret, quae mutua comprobatione nitatur. Postero anno hae cogitationes in pago Palatinatu receptae sunt per Calvini discipulum Olevianum. Postquam editio nostra Consensione documentum unionis Helveticae internae Defensione sanae et orthodoxae doctrinae documentum argumentationis cum Lutheranis proposuit, iam hanc brevem quasi summam doctrinae de coena Domini praetermittendam non esse arbitramur.

De editione nostra.

1. Proponimus textum, qualem nobis exemplar bibliothecae publicae Borussicae Berolini (Preußische Staatsbibliothek Berlin) a. 1561 praebet:

f. [1]r: Dilucida explica || TIO SANAE DOCTRINAE || de vera participatione carnis & sanguinis Christi || in sacra Coena, ad discutiendas Heshusii nebulas. || IOANNES CALVINO AUTHORE. || CUI ADIECTA EST RATIO INE- || undae concordiae, si veritas extra contētionem quaeritur. || ITEM RESPONSVM AD FRATRES || *Polonos, quomodo Christus sit Mediator ad refutandum* || *Stancari errorem*. || GENEVAE || Excudebat Conradus Badius, || M. D. LXI. ||

p. 3 [-92]: || Dilucida explica || TIO SANAE DOCTRINAE || de vera participatione carnis & san || guinis Christi in sacra Coena, ad || discutiendas Heshusii nebulas. || lin. 6: || Ergo haec mihi quae diuinitus || lin. 27: || ferre iudicium, quàm pronuntiare quid ipse sentiam. || p. 92, lin. 30: || nimio exultat, Bezae subigendam trado. ||

---

[1] Heshusius Tilemannus: De praesentia corporis Christi in coena Domini contra sacramentarios, Ienae 1560. De vita Heshusii vide Hackenschmidt: Hesshusen, Tielmann, Realencyklopädie für protest. Theologie und Kirche, Bd. 8, p. 8 sqq., Leipzig 1899.

p. 93 [-100]: || Optima ineũdæ || CONCORDIAE RATIO, || si extra contentionem quaeratur veritas. || lin. 4: || NEQUA vel dubitatio vel su || lin. 27: || signa, sed veritatem & efficaciã simul coniunctã esse. || p. 100, lin. 24: || statur communionem cum Christi carne & sanguine. ||

p. 101 [-106]: || Respõsum ad fra- || TRES POLONOS QŪOMO || do Mediator sit Christus, ad refutandum Stancari || errorem. || lin. 5. || VEHEMENTER nobis do- || lin. 28: || ille fastu turgidus & nouitatis nimium cupidis ortho- || p. 106, lin. 29: || semper gubernet, sanctosque vestros labores benedi- || cat. Geneuae, 5. Idus Junii 1560. ||

p. 107: || ERRATA SIC REPONITO. || Primus numerus paginam, alter versum indicat. || lin. 3: Pag. 8 vers. 11, impetita Satanae mendaciis non ta- || lin. 13: || fructuosam quam fidelem.

Forma: 8°. – 108 p. (p. 1, 2, 108 non numeratae) (6 quatern. + 1 tern.), 31 linae; Sign. a2–h1. Tituli columnarum: p. 4–92: v: DE VERA PARTICIP. r: CHRISTI IN COENA. p. 94–100: v: OPTIMA INEUNDAE r: CONCORDIAE RATIO. p. 102 –106: v: DE CHRISTO MEDIATORE r: ADVERSUS STANCARUM. – Typi Romani minores. p. 3, 93, 101: Initiale ligno exsculptum. Loci scripturae margini adscripti. Adnotationes manu scriptae. Emblema: P. Heitz, Genfer Buchdrucker- und Verlegerzeichen No. 8 (sine ornamentis marginalibus), verbis circumscriptis: IN SUDORE || VULTUS TUI || VESCERIS PANE. ||

Exemplaria exstant: Preußische Staatsbibliothek Berlin; University Library Edinburgh; Bibliothèque publique de Genève; Library of the British Museum London; Bibliothèque publique de Neuchâtel; Bodleian Library Oxford; Bibliothèque nationale Strasbourg; Zentralbibliothek Zürich.

2. Deinde cum hoc textu contulimus chirographum Genavae (MS. No. 145, fol. 97–99 Bibliothèque publique de Genève), quod partim a Beza, partim a Calvino manu scriptum est. Collata demonstrant omnium lectionum variarum manuscriptum Genavense meliorem textum in se continere.

3. Denique in notis reperiuntur indicia, quae in congruentes locos Defensionis reiciunt.

4. Libellus invenitur una cum Dilucida Explicatione: in Tractatibus ed. 1576 p. 1155–1188; ed. 1597 p. 974–1004; ed. Stoer. p. 839–864; ed. Amstelodam p. 723–744.

OPTIMA INEUNDAE CONCORDIAE RATIO, SI EXTRA CONTENTIONEM QUAERATUR VERITAS

Ne qua vel dubitatio vel suspicio concordiam moretur et impediat, primo loco definiendum est de quibus rebus conveniat inter nos. Nam quae initio certaminum maxime exasperarunt utrinque animos, nunc sunt extra controversiam. Odiosissimum erat ab una parte iactari, alligari Spiritus gratiam externis elementis: ab altera modo nudas et inanes figuras et theatricis pompis[1] similes relinqui. Haec contentio nunc sublata est, quia utrinque fatemur,

Primo Sacramenta esse non solum externae professionis notas coram hominibus, sed testimonia ac tesseras gratiae Dei, et promissionum sigilla, quae fidem nostram melius confirment[2]. Itaque duplicem esse eorum usum: ut coram Deo sustineant conscientias, deinde coram mundo pietatem testentur.

Ad haec Deum, sicuti verax est et fidelis, arcana Spiritus sui virtute praestare quod externis signis figurat: ideoque ex parte ipsius Dei non proponi vacua signa, sed veritatem et efficaciam simul coniunctam esse.

Rursus non esse inclusam Spiritus gratiam aut virtutem externis signis: quia nec aequaliter, nec promiscue omnibus prosunt, nec effectus etiam eodem momento apparet: sed Deum libere, prout visum est, Sacramentis uti, ut electis adminicula sint in salutem, aliis nihil conferant, adeoque cedant in exitium.

Denique Sacramenta nihil prodesse, nisi fide recipiantur, quae singulare est donum Spiritus, nec a terrenis elementis pendet, sed a caelesti eiusdem Spiritus operatione. Tantum externa adminicula pro infirmitate captus nostri adiungi.

Quod ad sacram Christi Coenam peculiariter spectat, convenit sub symbolis panis et vini proponi corporis et sanguinis Christi communicationem: neque simpliciter nobis in memoriam revocari, Christum semel pro nobis fuisse in cruce oblatum, sed sacram illam unitatem nobis sanciri, qua fit ut mors eius nobis sit vita, nempe dum insiti in eius corpus vere ab ipso alimur, non secus ac cibus et potus corpora nostra vegetant.

Convenit etiam Christum re ipsa et efficaciter implere quidquid analogia signi et rei signatae postulat: ideoque vere nobis in Coena offerri communicationem cum eius corpore et sanguine,

---

1) Vide Defensionem de sacramentis: pg. 272 24 sqq.   2) Vide Defensionem de sacramentis: pg. 270 30 sqq.

vel (quod idem valet) nobis arrham sub pane et vino proponi, quae nos faciat corporis et sanguinis Christi participes.

Restant capita de quibus vel quid sentiendum sit, vel quomodo loquendum, nondum plane liquet.

Quisquis autem sano rectoque iudicio praeditus simul compositum affectum et sedatum afferet, fatebitur solum de modo edendi esse certamen: quia palam et ingenue asserimus, Christum fieri nostrum, ut quae possidet bona nobiscum deinde communicet: eius quoque corpus non modo semel fuisse datum in salutem nostram, dum ad expianda peccata immolatum in cruce fuit, sed quotidie nobis in alimentum porrigi: ut dum ipse habitat in nobis, bonorum etiam eius omnium societate fruamur. Vivificum denique esse tradimus, quia vitam suam nobis inspirat, non secus atque ex panis succo vigorem trahimus. Ergo prout diversa edendi ratio statuitur, ex hoc fonte oriuntur lites. Nostra autem definitio est, corpus Christi comedi, quia spirituale est animae alimentum. Rursus alimentum a nobis vocatur hoc sensu, quia incomprehensibili Spiritus virtute nobis vitam suam inspirat, ut sit nobis communis, non secus atque a radice arboris vitalis succus in ramos se diffundit: vel a capite in singula membra manat vigor. In hac definitione nihil captiosum, nihil obscurum, nihil ambiguum vel flexiloquum.

Quod autem quidam, hac dilucida simplicitate non contenti, volunt Christi corpus deglutiri, nec Scripturae authoritate, nec veteris Ecclesiae testimonio nititur: ut mirum sit homines mediocri iudicio et eruditione praeditos tam pertinaciter de novo commento certare. Quod docet Scriptura, in controversiam a nobis minime vocatur, Christi carnem vere esse cibum, et sanguinem vere esse potum: quia et vere a nobis percipiuntur, et in solidam vitam sufficiunt. Hanc quoque communicationem in sacra coena exhiberi profitemur. Quisquis ultra urget, metas certe transsilit.

In verbo quoque essentiali insistere, non est rationi consentaneum, quando de Sacramentis agitur, quibus peculiarem loquendi formam Scriptura assignat: unde sequitur sacramentali modo debere haec verba exponi: Hoc est corpus meum. Item: Panis quem frangimus communicatio est corporis Christi. Porro quod suspicantur quidam subesse aliquid periculi, facile est huic timori obviam ire. Quia sacramentalis[a] loquutio esse dicitur, figura veritatem everti putant. Atqui tenendum est figuram non pro inani spectro poni, sed Grammatice sumi ad

---

a) *Autogr.*: figurata

notandam metonymiam, ne quis putet ita simpliciter panem vocari corpus Christi, ut Christus ipse vocatur Dei Filius. Nomen ergo Corporis figurate ad panem transfertur: neque tamen figurative, ac si nudam et vanam corporis sui imaginem oculis nostris obiiceret Christus, quia veritas a figura non excluditur, sed tantum notatur discrimen inter signum et rem signatam: quod coniunctioni non repugnat. Si modo facessant cavillationes, ut in concordia quaerenda fieri decet, nihil est in hac docendi ratione odiosum, vel quod in sinistram partem trahi debeat: et tam sensu quam usu communi semper approbata fuit.

In primis obstaculum de corporis immensitate[1] submovere necesse est. Nisi enim[b] constet finitum esse, caeloque comprehendi, nulla erit dissidii conciliandi ratio. Nam quod absurdum quibusdam esse videtur, non ubique esse ex quo Divinitati unitum est, facile diluitur. Etsi enim naturae duae unam Mediatoris personam efficiunt, utrique tamen manet sua proprietas distincta: quando quidem aliud est unio quam unitas. Nec de ea re olim disceptatum fuit, quia uno omnium consensu receptum erat, Christum Filium Dei, Mediatorem et caput nostrum, sicuti in gloriam caelestem semel est receptus, ita locorum intervallo, quoad carnem, esse a nobis dissitum: Divina autem essentia et virtute, gratia etiam spirituali caelum et terram implere.

Hoc constituto, licebit admittere loquendi formas, in quibus nonulli ob ambiguitatem sunt perplexi, Sub pane vel cum pane nobis dari Christi corpus[2]: quia non substantialis unio corruptibilis cibi cum Christi carne, sed sacramentalis notatur coniunctio. Hoc autem controversia caret apud omnes pios, inseparabile esse vinculum signi et rei signatae in promissione ipsa, qua Deus nihil fallaciter ostentat, sed figurat quod vere et re ipsa praestat.

Porro frustra litigatur de corpore duplici. Mutata quidem fuit conditio in Christi carne, ubi in caelestem gloriam recepta, quidquid terrenum, mortale vel caducum erat exuit. Interea tamen statuere oportet, non aliud corpus vivificum nobis esse, aut vere cibum posse censeri, nisi quod pro expiandis peccatis crucifixum est: sicuti et verba sonant. Idem ergo corpus quod semel Filius Dei Patri in sacrificium obtulit, quotidie nobis in Coena offert, ut sit in spirituale alimentum. Tantum de modo tenendum est quod nuper attigi, non opus esse descendere

---

a) *sic recte in autogr.; ed. princ. falso:* eum

1) Vide Defensionem de sacramentis pg. 284 35 sqq. 2) vide ed. nostr. vol. V p. 368 adn. 2

carnis essentiam e caelo ut ea pascamur, sed ad penetranda impedimenta et superandam locorum distantiam sufficere Spiritus virtutem. Interea non negamus quin modus hic humanae menti sit incomprehensibilis, quia neque naturaliter caro esset vita animae, neque e caelis vim suam ad nos exereret, neque frustra communicatio, quae nos facit carnem e[a] carne Christi, et ossa ex ossibus eius, vocatur a Paulo magnum mysterium [Ephe. 5, 30]. Ergo in sacra Coena miraculum agnoscimus, quod et naturae fines, et sensus nostri modum exsuperat, dum Christi vita nobis fit communis, et eius caro nobis in alimentum datur. Modo quaecunque definitioni nuper positae repugnant commenta procul facessant: qualia sunt de corporis ubiquitate, vel de occulta sub panis symbolo inclusione, vel de substantiali in terris praesentia.

Haec ubi transacta fuerint, emergit adhuc dubitatio de voce Substantiae: cuius sedandae haec videtur esse expedita ratio, ut crassa imaginatio tollatur de manducatione carnis, ac si corporalibus cibis esset similis, qui ore sumpti in ventrem descendunt. Nam ubi haec absurditas remota fuerit, non est cur negemus substantialiter nos pasci Christi carne, quia vere coalescimus cum ipso in unum corpus per fidem, et ita unum cum ipso efficimur. Unde sequitur substantiali societate nos cum ipso coniungi, non secus ac substantialis vigor a capite in membra defluit. Definitio igitur statuenda erit: Substantialiter nos fieri carnis Christi participes: non quod fiat carnalis quaedam mixtura, vel quod caro Christi e caelis elicita in nos penetret, vel quod ore deglutiatur: sed quia non secus animas nostras vivificet Christi caro, quoad vim et efficaciam, ac panis vinique substantia corpora aluntur.

Aliud praeterea caput controversum est, de voce SPIRITUALITER, a qua multi abhorrent, quod putant imaginarium aliquid vel inane notari. Ergo hic etiam succurrat definitio necesse est. Spiritualis ergo manducatio carnali opponitur. Carnalis autem vocatur, qua putant quidam substantiam ipsam Christi in nos transfundi, sicuti panis comeditur. Ex opposito autem dicitur spiritualiter nobis Christi corpus dari in Coena, quia facit arcana Spiritus sancti virtus, ut quae locorum spatio distant inter se uniantur: ac proinde ut e caelo ad nos penetret vita ex carne Christi, quae vis et facultas vivificandi non incommode abstractum aliquid a substantia dici posset, modo sane hoc et dextre intelligatur, manere scilicet in caelo Christi corpus, et

---

a) *sic recte in autogr.; ed. princ. falso:* a

tamen ad nos, qui in terra peregrinamur, vitam ex eius substantia manare ac pervenire.

Quod quidam a nobis duplicem manducationem inscite confundi iactant: negamus inscitia nos praetermittere quod sibi fabricarunt ipsi de sacramentali esu, quem volunt[a] esse substantiae carnis absque effectu vel gratia. Nihil autem tale vel Scripturis proditum, vel Ecclesiae veteris testimonio suffultum est. Nam certe veritas et res Sacramenti non tantum est applicatio beneficiorum Christi, sed Christus ipse cum morte et resurrectione sua. Quare non dextri sunt interpretes, qui ab una parte Christum statuunt vacuum omnibus Spiritus sui donis omnique virtute, ab altera coniungunt eum cum spiritualibus donis et manducationis fructu: quia non potest sine contumelia separari a Spiritu suo, non magis quam a se ipso divelli. Nec vero illis suffragantur Pauli verba, reos esse corporis Christi qui indigne comedunt panem Coenae [1. Cor. 11], quando reatus non adscribitur receptioni, nec usquam legitur, nec rationi consentaneum est in damnationem cuiquam cedere quod Christum recipiat: sed damnantur qui eum respuunt. Conveniat igitur de hoc quoque capite, sacramentaliter Christi corpus comedi ab impiis, non vere nec re ipsa, sed signo tenus.

Haec definitio explicat quaestionem, Quid sit in Coena per fidem recipere Christi corpus. Quibusdam suspiciosum est nomen Fidei, ac si veritatem et effectum everteret. Atqui longe secus accipere convenit, quia scilicet non aliter Christo coniungimur, quam si mentes nostrae mundum transscendant. Nostrae itaque cum Christo coniunctionis vinculum est fides, quae sursum nos attollit, et anchoram suam iacit in caelo, ut in sua gloria potius quaeratur a nobis Christus, quam ut rationis nostrae figmentis subiaceat.

Atque hac ratione sedatur optime illud quod attigi certamen, Soline fideles Christum recipiant, an ommes sine exceptione, quibus porriguntur panis et vini symbola. Recta enim et clara est solutio quam posui, Christum omnibus generaliter corpus suum et sanguinem offerre: sed quia infideles ianuam claudunt eius liberalitati, non recipere quod offertur. Neque tamen inde colligere licet illos, dum respuunt quod datur, vel exinanire Christi gratiam, vel quidquam ex sacramenti efficacia detrahere: quia eorum ingratitudine naturam suam non mutat Coena, nec panis, quatenus proponitur a Christo in arrham vel pignus, profanescit ut a communi pane nihil differat, sed vere testatur communicationem cum Christi carne et sanguine.

---

a) *ed. princ. falso:* nolunt

Confession de foy

Anno 1557 conventus reformatus Lutetiae Parisiorum maxime vexationibus urgebatur. Conventus Parisiorum exinde Genavenses et Germanos a fide catholica abhorrentes adiit auxilium petens. Eodem tempore Henrico II. regi apologia proposita est, ut falsa crimina quae de Reformatis dispergebantur, redarguerentur. Quae apologia Confessio quae dicitur Parisiana a. 1557 est[1], quae 18 articulos continet. Huius confessionis Genavae manuscriptum exstat (Cod. 145, fol. 166), quod aliena manu scriptum est et nihil nisi duas notas a Calvino scriptas continet. Interpretatur G. Bonet Maury[2] 15 primos articulos opus ministrorum François de Morel et Antoine de Chandieu, cum tres ultimos articulos a Calvino ipso compositos iudicet. Iam CR autem dubitabat, num Calvinus ipse in auctoris aut socii auctoris loco haberi posset, quod textus quidem, qualis hodie exstat, nullam causam eius suspicionis praebet. Quod sententiarum ordines vere Calvini sunt, mirum non est, quoniam quilibet alius auctor non longe a Calvini sententiis afuisset. Jacques Pannier in libro accurate atque exquisite de Confessione fidei[3] disputato Calvinum participem esse omnino denegat et Chandieu auctorem existimat. Censemus non ineptum esse nos eam sententiam sequi. Anno 1558 in conventu provinciali qui Pictarii agebatur Christiani gallici, imprimis ii, qui Caesarodunum incolebant, denuo postulaverunt, ut confessio et disciplina (discipline) totam Galliam astringens efficeretur. In anno 1558 Morellus eius rei causa litteris Colladonum ministrum Genavensem adiit. Pannier causam eius rei quod Colladonus, non Calvinus has litteras accepit, suspicatur Calvinum iis temporibus aliquamdiu aegrotum fuisse. Quae litterae non iam exstant neque unquam ad eas responsum est. Utrum perierint an inimicitiae Colladoni in Morellum causa pereundi fuerint, in incerto relinquatur. Comparimus id circa de his litteris quod Morellus a. d. VII. Kal. Maii denuo epistola ad Calvinum[4] ipsum scripta primis litteris suis responsum non dari querebatur, et ex eo quaerebat, nonne ecclesiam gallicam communi con-

---

1) Confession de foi de l'Eglise de Paris CR IX, 715 sqq. 2) G. Bonet Maury, Französisches Glaubensbekenntnis, in der RE 3) Jacques Pannier, Les origines de la Confession de foi et la discipline des églises réformées de France. Paris 1936. Etudes d'histoire et de philosophie publiées par la faculté de théologie protestante de l'université de Strasbourg 4) Ep. Morellani ad Calvin. 8. Kal. Mai. 1559, CR opp. Calvin. XVII 502 sq.

fessione congregari posse cogitaret. Praeterea nuntiabat eodem
tempore conventum Lutetiam Parisiorum convenire et Genavam rogari, ut legatos illuc mitteret. A. d. XVII. Kal. Junias
a Consilio et Consistorio Lutetiam Parisiorum legati sunt
ministri Nicolas de Galles, Arnaud Banc dit La Source, Pierre
Gilbert dit La Bergerie, secum ferentes Parisios litteras
Calvini ad Morellum datas et descriptionem confessionis 35 articulos continentem. Litteris Calvinus Morelli[1] impulsum denegavit: Si confessionis vestrae edendae tam pertinax quosdam
zelus sollicitat, tamen angelos et homines testamur ardorem
hunc nobis displicere[2]. Pannier demonstrat Calvinum sententiam de hac confessionis descriptione aperientem numquam
„se" sed „nos" dicere. Hoc congruere cum sententia a Calvino
saepius ostentata confessionis non unum et singularem auctorem exquirendum esse[3]. Pannier igitur censet eius quoque
descriptionis participes socios Viretum et Bezam statuendos
esse. Quamvis hoc quodammodo rectum sit, hanc potissimum
descriptionem 35 articulorum Calvini opus esse dicere non
dubitamus. Sane in hoc opere etiam confessionem Parisiorum
a. 1557 paene totam inseruit. Agitur, ergo, nonne pronomine
„nos" etiam auctor huius prioris confessionis significare possit.
Denique Calvinus pronomine „nos" simpliciter totum conventum confitentem in animo habuisse potest, non igitur auctores, sed eos, qui confessionem acceperunt.

Cum legati Genavenses Lutetiam Parisiorum advenissent,
concilium iam textum ritus ecclesiae (discipline) emendatum
constituerat. Disceptationibus de confessione 35 articuli descriptionis Calvini probati sunt sane mutati ita, ut primus
articulus aliis quinque amplificaretur et suppleretur et secundus articulus descriptionis mutata forma sexto articulo confessionis concilii exstet. Haec longior confessio 40 articulorum,
quae a concilio Parisiorum accepta est, confessio obstringens
totius ecclesiae reformatae gallicae facta usque ad hunc diem
Confessio Gallicana nominata est. Cum iam 1560 regi Francisco II. in urbe Ambatia offeretur, praefationem epistolam ad
regem accepit: „Sire, Nous rendons grâces à Dieu de ce que
n'ayans..." cum praefatio descriptionis Calvini a verbis ducatur: „Les povres fideles qui sont iniustement diffamez...".
Annis insequentibus utraque confessio identidem vulgata est,
Confessio Gallicana saepe coniuncta cum textu Bibliorum
gallicorum. Synodo Rupellana 1571 sanctum est, ut textus

---

1) Ibid. XVII 525, ep. Calvin. ad Morellanum XVI. Kal. Iun. 1559
2) ibidem   3) Catechisme 1537, vide ed. nostra vol. I 396

Gallicanae 40 articulorum obstringens gallicam sit: ,,D'autant que nostre confession de foy est imprimée de differentes manieres, le Synode declare que celle-là est la véritable confession de nos Eglises reformées de France qui commence par ces paroles: ,,Nous croyons qu'il y a un seul Dieu etc." laquelle a esté dressée au premier Synode national tenu à Paris, le 25 mai de l'an 1559[1]." Tres manibus scripti textus confecti Rupellae, Genavae, Beneharni depositi sunt. Manuscriptum Genavae in tabulis publicis Genavensibus sub numero 1905 invenitur. Hoc decretum Rupellanum et tres textus tum confecti Confessioni Gallicanae saepe nomen Confessiones Rupellanae attulerunt. Congruit, ut manuscriptum tabularum publicarum Genavae demonstrat, cum textu Gallicanae a. 1559.

De editione nostra.

In posterioribus editionibus describendis accuratas notas Pannieri sequi potuimus.

1. Cum eum textum reddere velimus, qui vere totus a Calvino exortus est, hic textum descriptionis in medio ponimus, quem Calvinus 35 articulos in se continentem ad concilium Parisiorum misit. Praesto nobis erat illud unum exemplar corporis Simmleri bibliothecae centralis Tiguri: CONFESSION || de foy, faicte d'vn com- || mun accord par les Eglises qui || sont dispersees en France, & || sabstienēt des idolatries || Papales. || AVEC VNE PREFACE CONTENANT || responce & defence contre les || calumnies dont on || les charge || Emblema: folium || M. D. LIX.

p. 3[–28]: LES POVRES FIDELES || qui sont iniustement dif- || famez & affligez par le royaume de || France, a cause qu'ils desirent de seruir || purement a Dieu, sans le polluer || aux superstitions de la Papauté, a tous ceux qui leur voudrõt || prester audience. || lin. 9: Combien que || p. 28, lin. 16: Dieu soit glorifié en tous. ||; p. 29[–62]: CONFESSION DE FOY, || FAITE D'VN COMMVN ACCORD || par les Eglises qui sont dispersees en Frãce, || & s'abstienent des idolatries Papales. || lin. 5: Pource que || p. 62, lin. 17: renuerser l'ordre de iustice. || lin. 18: LOVE SOIT DIEV. ||

Forma: 8⁰. – 30 p. numeratae; p. 1 et 2 non numeratae + 1 f. non numeratum, (4 quaterniones). Sign.: A_2–D_5. lin.: 20. Nu-

---

[1] Aymon, Jean: Tous les Synodes nationaux des Eglises Reformées de France, A la Haye 1710, I 98.

meri articulorum et loci scripturae margini adscripti. Tituli columnarum: p. 4–28: PREFACE p. 30–61: v: CONFESSION DES r: EGL. DE FRANCE p. 3 et 29: initiale ligno exsculptum. Typi: Romani maiores.

Exemplaria exstant: Zentralbibliothek Zürich, Simmlersche Sammlung Bd. 95, 8. Unicum.

2. a) Cum eo textu textum Confessionis Gallicanae a. 1559 contulimus, qualem exemplar Bibliotheca Sanctae Genovevae Parisiis et Bibliotheca nationalis Parisiis ostendit: CONEESSION || DE FOY FAI || CTE DVN COMMVN || ACCORD PAR LES FRANCOIS || QVI DESIRENT VIVRE SELON || la purcté de l'Euangile de nostre Sei || gneur || Iesuchrist. || *I Pierre. 3.* || *Soyez tousiours appareillez à respon* || *dre à chacun qui vous demande* || *raison de l'espérance qui* || *est en vous.*

Sine loco et anno. Forma: 8º. – 32 p., numeratae 1–16. Erratum: Articulus 8 numerum 7 portat. Praecedunt: 1. Contre la Secte ... des Libertins (Genevae 1545) et 2. Briève instruction (Genevae 1545). Loci discrepantes eius textus a nobis in notis signo CG (Confessio Gallicana) exprimuntur. Exemplar etiam in Bibliotheca nationalis Argentoratensi invenitur.

b) Altera editio eiusdem textus invenitur in Bibliotheca Protestantismi gallici (Rés. 16. 136, pièce 2 bis). Vide Pannierum p. 150 sq.

3. Deinde collatus est textus idiographi Genavensis, quod alterum exemplarium Rupellae esse arbitramur: MS tabularum publicarum Genavae No. 1905. Cum textus praeter minima mutata cum textu CG a. 1559 congruat, nihil aliud nisi haec mutata sub MS 1571 annotata sunt.

4. Item collata est Confessio Parisiana a. 1557, qualem textus CR opp. Calvin. IX p. LV et 715 sqq. reddit. Consensum omnibus verbis expressum in textu ipso litteris magis teneribus et inclinatis significavimus. Minores varietates in notis signo 1557 notatae sunt.

5. Deinde in apparatu critico ad locos, congruentes Confessionis discipulorum in editione nostra demonstratur.

6. Usque ad concilium Rupellanum a. 1572 invenitur textus 35 articulorum:

a) CONFESSION DE || FOY, FAITE D'VN COMMUN AC- || cord par les Eglises qui sont dis- || persees en France, & s'abstienent des idolatries Papales. 3. || AVEC VNE PREFACE CONTENANT || response et defense contre les calomnies || dont on les charge. || M. D. LIX.

Sine loco et anno. Forma: 8⁰. – P. 1–62. p. 3 (–28): Les Povres fidèles qui sont iniustement diffamez; p. 28: le nom de Dieu soit glorifié en tous. p. 29 (–62): Confession de foy faite d'un commun accord. p. 62: LOVE SOIT DIEV. Tituli columnarum: v: Confession des r: Egl. de France. Numeri articulorum margini adscripti: 1–35. p. 29: initiale ornatum.

Exemplar exstat: Bibliothèque nationale de Paris No. 6766

b) Editores CR in manibus habuerunt Bibliam gallicam a. 1559 apud Thomam Courteau impressam quae confessionem fidei continet. In exemplari autem domini J. Pannier haec confessio deest. Forsitan hoc exemplar iam in primis mensibus a. 1559 impressam erat.

c) *Confession de Foy faite d'un commun accord par les Eglises qui sont dispersées en France et s'abstiennent des idolatries papales. Avec une préface contenant response et defense contre les calomnies dont on les charge.*

A Genève, de l'Imprimerie d'Antoine Davodeau et Lucas de Mortière. MDLXII. 40 paginae non numeratae. Forma: 8⁰. – Exemplaria exstant: Bibliothèque publique et universitaire de Genève (Bc 13 Bb 666); British Museum (698 – C – 4.)

d) *Confession de Foy, faite d'un commun accord par les François, qui desirent vivre selon la pureté de L'Evangile de nostre Seigneur Iesus Christ.*

A Lyon par Ian de Tournes pour Antoine Vincent. M. D. LXIII, avec privilège du Roy. Praecedunt: Les pseaumes mis en rime française par Cl. Marot et Th. de Bèze.

Emblema verbis ornatum: Son art en Dieu.

Exemplar exstat: Bibliothèque du protestantisme français (Fonds André, 157).

e) *Confession de foy, fai- || te d'un commun accord, par les Egli- || ses qui sont dispersées en France, || et s'abstiennent des idolâtries Papales. || Avec une preface con- || tenant response et defense contre les ca- || lomnies dont on les charge.*

Emblema: Leo librum apertum tenens cum verbis: „et apa-ruit lib. vitae" et „Vicit leo de tribu Iuda". A Orléans par Loys Rabier. M. D. LXI. 5 pagina. Typi minimi. Sequitur: Kalendrier ou Almanach historial. Praecedunt: la Bible, les pseaumes, la forme des prières, le catéchisme et les oraisons.

Exemplar exstat: Société biblique de Paris (No. 1889).

f) Versiones latinae textus Calvini (35 art.) iam eodem anno (1559) apparuerunt. E Bibliotheca Turicensi exemplar in mani-

bus habemus: CONFESSIO FIDEI || COMMVNI ECCLE-
SIARVM, QVAE || sparsae sunt in Gallia, consensu fa- || cta,
quaequidem ab idololatria || Papistica se abstinent. || || CVM
PRAEFATIONE QVAE CONTI- || net Apologiam aduersus
calumnias quibus || impetuntur. || || M. D. LIX. || 5

Forma: 8⁰. – 56 p. (p. 1, 2, 56 non numeratae); (3 quatern.)
p. 3–25: Praefatio; p. 26–55: Confessio.

Exemplar exstat: Zentralbibliothek Zürich.

Les povres fideles qui sont iniustement diffamez et affligez par le royaume de France, a cause qu'ils desirent de servir purement a Dieu, sans se polluer aux superstitions de la Papauté, a tous ceux qui leur voudront prester audience.

Combien que nous scachions et que desia de long temps nous ayons eu les oreilles tant et plus batues des blasmes qui nous sont mis sus par nos ennemis et trottent en leurs bouches pour nous diffamer par tout, toutesfois pource que d'autre costé nous sommes advertis que nostre condition est telle, de cheminer par opprobres, et estre calumniez en bien faisant, et que Dieu par ce moyen veut exercer nostre patience [2. Cor. 6. b. 8; 1. Pier. 2. d. 19. 20. 21.], s'il n'estoit question que de nostre honneur et reputation, nous aimerions mieux nous taire et souffrir paisiblement toutes les iniures du monde, que d'entrer en nulle defense. Attendu mesme qu'il nous est bon et utile d'estre sollicitez par la malice et ingratitude des hommes à regarder en haut, où nostre salaire nous est assuré. Et de faict, nous n'ignorons pas que Dieu a imposé ceste loy à son Eglise pour tous temps, c'est que ceux qui esperent en luy, non seulement soyent molestez, mais aussi condamnez avec ignominie [1. Tim. 4. b. 10]: et ne sommes pas meilleurs que les Apostres, qui ont este tenus comme les superfluitez et ordures du monde [1. Cor. 4. b. 13]. Parquoy c'est bien raison que nous baissions la teste pour nous conformer à leur exemple. Qui plus est, puis que les Peres sous la Loy ont desia commencé de porter les vituperes de Iesus Christ devant qu'il eust este crucifié, comme l'Apostre en propose le miroir en Moyse, il ne nous faut pas estre si delicats, que nous ne soyons prests d'estre configurez a celuy qui s'estant aneanti pour nous, est ressuscité en gloire afin de nous monstrer en sa personne que tout ce que nous endurerons pour le tesmoignage de son Evangile, nous sera converti en ioye, felicité et triumphe [2. Timo. 2. b. 12]. Parquoy suyvant l'admonition qui nous est donnee, nous serons tousiours prests et contens d'estre reiettez avec nostre maistre de la compagnie des hommes, moyennant que nous soyons approuvez de celuy qui est le seul Iuge competant. Nous avons, Dieu merci, practiqué iusqu'yci, combien il est meilleur de dire avec Isaiae, que nostre garent est au ciel [Isaie 50. c. 8], et sur cela despiter avec S. Paul tous les iugemens pervers de la terre [Rom. 8. f. 30; 1. Cor. 4. a. 3], que de nous soucier beaucoup, ou estre ebranlez par les bruits qui courent: comme nous avons monstré iusqu'yci que nous estions endurcis a telle patience. Mais puis qu'il nous est commandé de procurer le bien non seulement devant Dieu, mais aussi devant les hommes, et que iusqu'yci nous avons experimenté tant qu'il a esté possible, si la rage venimeuse des ennemis de la verité se pourroit appaiser, et que chacun voit qu'il n'y a ne fin ne mesure, nous avons esté contraints par extreme necessité, de mettre en avant nos excuses pour nous purger envers ceux qui seroyent capables de les recevoir. Quant à ceux qui forgent chacun iour de nouveau fausses detractions, afin de nous abysmer, et qui pour l'inimitié qu'ils portent a la parole de Dieu, s'efforcent de mesdire a tors et a travers, pource qu'il n'y a nul espoir d'y rien gaigner, il nous les faut laisser pour tels qu'ils sont, sinon pour leur clorre la bouche en redarguant leur mensonges. Il y en a mesme d'autres lesquels il nous convient mespriser: ascavoir qui font semblant de les croire, combien qu'ils soyent assez advertis du contraire. Car telles gens ne sont pas dignes, qu'on s'empesche de les contenter, ny mesme qu'on ait esgard à eux: veu qu'estans empunaisis en leurs ydolatries, non seulement s'y plaisent, et y veulent croupir avec une malice obstinee, mais aussi sont bien aises de nous ouir degrader, afin d'avoir quelque couverture de leur impieté.

Or il y a deux especes de gens qui nous hayssent a credit, ou nous tienent suspects, ou sont degoustez de nous, lesquels nous desirons et pretendons d'appaiser, moyennant qu'il leur plaise nous escouter. Les premiers seront les plus difficiles a recevoir raison et verité en payement: a scavoir ceux qui pour crainte de endurer fascherie ou dommage, appetent de nager entre deux eaux, et se contrefont pour complaire au monde. Car combien qu'ils ne soyent pas envenimez de haine contre nous, si est-ce qu'ils ne sont point marris d'ouir qu'on nous taxe en cecy et en cela: mesme hument volontiers les calumnies qu'on nous impose, et sont trop enclins a y adiouster foy. Neantmoins encore pensons-nous que plusieurs de ce nombre nous ayans entendus, seront satisfaits, et pour le moins despouilleront des opinions mauvaises et sinistres, qu'ils avoyent conceues contre nous. Les seconds sont ou du tout ignorans, ou encore fort debiles, lesquels sont trop credules en leur simplicité: en sorte que sans discretion et par inadvertance il nous condamneront souvent a la volee, sur quelque rapport frivole et controuvé qu'ils auront ouy. Nous prions donc les uns et les autres ensemble, de ne point precipiter ainsi leur iugement pour condamner les hommes, et les faits qui leur sont incognus. Car quand tout est dit, en nous faisant tort, ils se font plus grand dommage, en ce qu'ils ne se donnent point garde de l'astuce du diable, qui tasche et machine par tels scandales de les desbaucher, et les esgarer du bon chemin, leur rendant la Parole de Dieu odieuse, en laquelle seule gist leur salut.

Nous voulons bien aussi protester que nostre intention et desir est que nostre cause soit entendue de tout le monde. Car comme nous cheminons en droiture et integrité de conscience devant Dieu, et devant ses Anges, aussi n'avons nous point honte que toutes creatures cognoissent quels nous sommes. Parquoy nous prions ceux ausquels nous sommes estranges, de ne point desdaigner lire nostre presente excuse. Car combien que nous soyons eslongnez de longue distance de pays, le nom de Chrestienté, quand il n'est point pretendu à fausses enseignes, doit bien estre un lien suffisant pour conioindre ceux qui semblent estre fort separez. Sur tout nous requerons que nul ne soit preoccupé pour nous mespriser sous ombre qu'on nous voit estre vilipendez et foullez aux pieds. Car beaucoup pensent qu'il n'est pas besoing de se plus enquerir de ceux qui sont descriez comme trespassez. Or nous prions toutes gens craignans Dieu, et qui ont quelque goutte d'humanité, de se bien souvenir que David en benissant ceux qui iugent equitablement du povre en son affliction, maudit à l'opposite ceux qui s'accorderont a condamner les innocens [Pse. 41. a. 1 sqq]: comme de faict ils sont cruels en leur temerité, veu que ce qui les deveoit induire a pitie et compassion, les rend plus hardis a opprimer ceux qu'on tourmente iniquement, et aggraver le fardeau qui desia estoit par trop pesant.

Les crimes dont on nous accuse sont comprins en somme en deux articles. Le premier est, Que nous tenons fausse doctrine et contraire a la Foy Catholique que tous vrais Chrestiens doyvent suyvre. Sur cela nous sommes appellez heretiques a pleine bouche. Si ainsi est ou non, nous en laisserons a iuger par la confession qui sera icy adioustee. Vray est que nous n'adherons pas à beaucoup d'erreurs qui ont la vogue quasi par tout, et par ainsi nous n'avons pas le monde universel de nostre costé. Mais il n'y a homme de si petit iugement, moyennant qu'il vueille ouvrir les yeux, qui ne cognoisse toute la religion Chrestienne estre abastardie, d'autant qu'il n'y a nulle pureté de doctrine, que tout est farci d'abus, que le service de Dieu est vileinement perverti: brief, que la Papauté est un tel meslinge des superstitions, tromperies, fallaces, et illusions de Satan, que la confusion de Babylone ne fut iamais si grande. D'en faire longue deduction il ne seroit pas opportun, pource qu'il seroit besoin d'un grand volume. Or nous n'avons entreprins, sinon de proposer simplement qu'elle est nostre foy, selon laquelle nous adorons et invoquons le Dieu vivant, au nom de son Fils

unique nostre Sauveur et Redempteur. Parquoy ce nous sera
assez d'avoir a present testifié qu'on nous fait grand tort en
nous grevant de ceste calumnie, que nous ayons forgé quelque
nouvelle secte: veu que nous accordons avec l'Eglise ancienne,
laquelle s'est tenue a la Loy et à l'Evangile: comme c'est de
ceste seule source que nous devons puiser tout ce qui appartient
a nostre salut. Dequoy chacun pourra iuger par nostre confession en laquelle il n'y a rien de fardé, et où nous n'avons usé
de nul artifice, mais avons declaré de bouche devant les hommes,
ce que nous croyons de coeur devant Dieu, voire pour y vivre
constamment et mourir par sa grace.

On nous reproche en second lieu que nous sommes schismati-
ques, pource que nous ne frequentons pas les synagogues
papales, mais plustost les fuyons, et nous en tenons separez, et
cependant nous nous assemblons par petites compagnies pour
invoquer le nom de Dieu, nous edifier en sa crainte, et en la foy
de l'Evangile de nostre Seigneur Iesus Christ, et nous conferrer
en tout bien par sainctes exhortations, adioustant aussi l'usage
de la saincte Cene tel qu'il a esté institué par le Fils de Dieu,
qui en est le seul autheur. Or combien qu'il semble de prime
face a ceux qui trouve a redire en cela, qu'ils ont fort bonne et
iuste raison, si nous sera il aisé de monstrer en brief combien
leurs fondemens sont vains et frivoles. Ils veulent que nous
frequentions les temples pour assister a la Messe, et communiquer a ce qu'ils appellent le service de Dieu. Il faut voir qu'emporte cela. C'est d'approuver toutes les ceremonies qui s'y font,
lesquelles sont aussi repugnantes a la parole de Dieu, comme [735]
est le feu a l'eau. Vray est que ce traicté ne porte pas d'en faire
plus longue preuve: mais par tout où on nous voudra donner
audience, nous ferons toucher au doigt que les plus grandes
devotions qui sont en la Papauté, sont autant de sacrileges
abominables, ausquels nous ne pouvons consentir sans nous
profaner et deroguer à l'honneur de Dieu. Le principal de toute
la saincteté des Papistes est en la Messe: toutesfois si on fait
comparaison d'icelle avec la saincte Cene de nostre Seigneur
Iesus Christ, on trouvera que le diable n'eust sceu dresser une
plus grande contrarieté, ny plus enorme. Mais sans entrer en
plus haute question ne dispute, nous disons en un mot, quand
il nous est commandé de fuir l'idolatrie [Levi. 26. a. 1; 1. Jean
5. d. 21], et de nous garder impollus corps et ame [1. Corin.
6. d. 20; 2. Corin. 6. c. 14], qu'il nous est par cela estroitement
defendu d'approuver par nostre presence les meslinges par
lesquels le service de Dieu est corrompu. Si on nous demande
quels ils sont, et pourquoy nous les detestons ainsi, nous sommes

prests de les deschiffrer par le menu. Quand nous sommes forclos et deboutez de preuve, quelle humanite ou raison est-ce d'assoir condamnation là dessus ? Ce nous est donc un poinct resolu, que pour estre conioints en vraye chastete spirituelle a
5 nostre Seigneur Iesus Christ, il nous est necessaire d'estre eslongnez de telles pollutions. Car quoy que plusieurs se couvrent de vains usbterfuges, ou se dispensent, malheur sur ceux qui feront semblant de consentir au mal, sur tout quand il est question de servir a Dieu, et confesser son sainct Nom, qui est
10 une chose trop precieuse pour en faire entre nous si petit conte. Voila ce qui nous contraint de nous abstenir des superstitions Papales, c'est qu'elles souillent et infectent tous ceux qui s'y meslent.

Si on replique là dessus, qu'il ne nous est pas licite pourtant
15 de nous assembler en privé, et dresser Eglise a part, l'excuse en est bien aisee. Le peuple de Dieu captif en Babylone se plaignoit de ne pouvoir chanter les cantiques du Seigneur en terre estrange [Pseau. 137. a. 4]: mais c'estoit du temps qu'il n'y avoit que un seul lieu où il fust permis de sacrifier a Dieu.
20 Auiourdhuy, la condition des fideles est diverse, leur estant permis de lever par tout les mains au ciel [1. Tim. 2. c. 8]. Ainsi, quand ils ont moien de s'assembler pour prier Dieu d'un commun accord, et comme d'une bouche, ils ne le doyvent pas mespriser, et ne peuvent sans ingratitude, se mettans en danger
25 de s'aliener de la foy. Tous n'ont pas ceste commodité, car beaucoup sont dispersez cà et là, estans solitaires parmy les desers, ausquels il ne reste autre chose que gemir en leurs coeurs: mais ceux ausquels Dieu fait ce bien, de leur donner compagnie, en laquelle ils le reclament et soyent enseignez par sa
30 Parole, sont obligez d'accepter une telle aide, s'ils ne veulent a leur escient esteindre la clarté qui se presente. Car ce n'est pas en vain que Dieu a establi cest ordre entre ses enfans, que de
[736] iour en iour ils mettent peine de s'avancer au chemin de salut par bonnes et sainctes instructions, et qu'ils incitent les uns
35 les autres. Ainsi, puis que ce n'est pas a nous de changer l'estat public, ne de purger les temples des ordures dont ils sont farcis, et mettre bas ou abolir les idolatries qui ont la vogue, c'est pour le moins de nous recueillir en lieu privé, sans faire esmotion ne trouble, afin de recevoir la pasture de vie, dont
40 nous sommes privez par ceux qui se disent Prelats, et de prier Dieu paisiblement, et nous fortifier en la doctrine de l'Evangile, par l'usage de la saincte Cene. En ce faisant nous n'attentons rien dont nous puissions estre suspects de sedition: et les plus malins n'ont nulle couleur de nous mettre sus autre crime, sinon

que ce n'est pas a nous d'avoir ou dresser Eglise a part. Mais l'excuse que nous avons amenee nous semble assez peremptoire: c'est qu'estans affamez en nos ames, nous cherchons de les nourrir, et que ne pouvans iouir de la verité en public, nous taschons de l'ouir en maisons privees. D'avantage, que cognoissans nostre rudesse et debilité, de peur d'estre refroidis, et de faillir en la fin du tout, nous appliquons a nostre usage les moyens que Dieu nous donne, ascavoir la predication de sa Parole, et les Sacremens. Car comme il faut souffrir les mercenaires, aussi est-il requis de fuir les loups. En somme, tout ce qu'on nous peut reprocher, est pour n'estre point empoisonnez des erreurs et tromperies qui resonnent par tous les temples, et pour estre bien munis a l'encontre, nous usons du remede que Dieu nous propose, de nous assembler comme en son bercail, pour estre entretenus par sa Parole sous son obeissance. La replique que font aucuns mocqueurs, est par trop frivole, ascavoir, puis que les Evesques et curez sont successeurs des Apostres, qu'il ne nous est licite d'instituer un ordre nouveau, sans faire interruption en l'Eglise. Car si cela avoit lieu, il nous faudroit accorder a toute impieté, veu que les plus meschans du monde peuvent occuper la place des bons. Et puis qu'il a esté pronocé par la bouche de l'Apostre, que l'Antechrist devoit tenir son siege au sanctuaire de Dieu [2. Thess. 2. d. 4], nous sommes contraints, si nous ne voulons estre apostats, non seulement de le quitter, et renoncer à toute communication de ses faussetez, mais de chercher de vrais pasteurs, qui nous enseignent fidelement. Cependant nous pouvons bien protester que nos assemblees se font avec telle reverence, sobrieté, modestie, et honesteté, qu'il n'y a de quoy blasphemer le nom de Dieu, ni vituperer la facon que nous y tenons: mesmes la seule administration de la Cene, telle que nous la gardons, suffit pour descouvrir l'enormité si confuse que chacun voit en la Messe. Que les gaudisseurs nous brocardent tant qu'ils voudront, et plaisantent a table en contant des fables qu'ils auront forgees sans aucune apparence: que la prestraille avec leurs flatteurs et macquereaux mesdisent a pleine gorge, et nous deschirent par pieces, si est-ce que Dieu fera reluire nostre innocence comme l'aube du iour. Et d'autant plus que le train que nous suyvons sera cogneu, il y aura de quoy nous glorifier en sa grace. Il reste encore à repousser un blasme, c'est qu'on ne se doit point cacher en bien-faisant. Sur quoy plusieurs concluent que nulles assemblees secretes ne peuvent estre approuvees. Mais que ne s'adressent-ils a ceux qui nous ostent la liberté de nous exposer à la veue d'un chacun? Car nous n'aurions point honte, encores qu'on nous monstrast au doigt, et qu'on nous crachast au visage, de confesser nostre Chrestienté. Mais puis que Dieu ne nous ordonne point de nous ietter a nostre escient en la gueule des loups, mesme nous advertit de cheminer prudemment [Matth. 10. b. 16] afin de ne point provoquer leur rage: pourquoy n'aurons nous congé de nous tenir a couvert, et nous assembler tout coyement sans faire bruit, ne donner occasion a personne de s'escarmoucher? Toutesfois il ne semble pas que nous ayons besoin de plus longue defense, veu que ce n'est point seulement nostre propre cause, mais que plustost les Apostres et Martyrs sont assaillis en nos personnes. Car ils n'ont pas eu les temples et places publiques a leur commandement pour y prescher, faire confession de foy, offrir a Dieu sacrifice d'oraisons et louanges, ¹et user des Sacremens. Mais comme on voit par l'histoire de S. Luc, les Apostres se sont assemblez de nuict en maisons privees [Act. 20. b. 7]: et les Payens mesmes tesmoignent que les Chrestiens craignans leur tyrannie, se retiroyent par les forests et cavernes afin de louer Dieu et son fils Iesus Christ (Pline second.)[1]. Et voila pourquoy aussi S. Hilaire dit que iamais la dignité de l'Eglise n'a si bien reluy qu'en telles cachettes[2]. Si le monde estant aveuglé aux pompes et bravetez des synagogues Papales nous mesprise, ce nous est assez d'estre estimez devant Dieu: mais cependant nous prions tous ceux qui pourroyent avoir esté abusez par trop grande facilité ou inadvertance, ou mesme par legereté, d'ouvrir les yeux pour voir ce qui est assez cler et liquide. Car nous ne doubtons point que tous ceux qui iugeront avec discretion ne nous soyent equitables, et que pour le moins ils ne ayent compassion de nos miseres, et des oppresses et violences qu'on nous fait. Combien que nous ne cherchons pas tant leurs faveurs, pour en estre allegez, que de les resveiller et esmouvoir, afin qu'ils apprennent de se ranger au troupeau de ce grand Pasteur, qui nous appelle et convie tant doucement a soy, et que par ce moyen le nom de Dieu soit glorifié en tous.

---

1) cf. Tert., Apol. c. 2 ed. Oehler t. I 117 sq.; Euseb., Hist. eccl. III 33 ed. Schwartz p. 113; C. Plinii Caecil. secundi Epist. Lib. X, 96
2) cf. Hilar., Contra Auxentium c. 12 MSL 10, 616

CONFESSION DE FOY
FAITE D'UN COMMUN ACCORD PAR LES EGLISES QUI SONT DISPERSEES EN FRANCE, ET S'ABSTIENENT DES IDOLATRIES PAPALES[a].

Pource que le fondement de croire, comme dit |S. Paul, est par la parole de Dieu (Rom. 10. a. 17), nous croyons que le Dieu vivant est manifeste en sa Loy et par ses prophetes, et finalement en l'Evangile (Hebr. 1. a. 1), et y a rendu tesmoignage de sa volunte autant qu'il est expedient pour le salut des hommes. Ainsi nous tenons les livres de la saincte Escripture, du vieil et nouveau Testament, comme la somme de la seule verité infaillible procedee de Dieu, à laquelle il n'est |licite de contredire. Mesmes pource que là est contenue la regle parfaicte de toute sagesse, nous croyons qu'il n'est licite d'y rien adiouster ne diminuer, mais qu'il y faut acquiescer en tout et par tout (Deu. 4. a. 2; 12. d. 32; Éph. 4. a. 6; Pro. 30. a. 6).

Or comme ceste doctrine ne prend son authorité des hommes ne des anges, mais de Dieu seul (Galat. 1. b. 8): aussi nous croyons (d' autant que c'est chose surmontant tous sens humains, de discerner que c'est Dieu qui parle) que luy seul donne la certitude d'icelle à ses eleus, et la seelle en leurs coeurs par son Esprit[b].

---

a) EGLISES ... PAPALES *CG:* Françoys, qui desirent viure selon la pureté de l'Evangile de nostre Seigneur Jesuchrist. *MS Gen. 1571:* des eglises reformées du royaume de france   b) *Hic articulus in CG quinque articulis ut sequuntur compensatur:*

1. Nous croyons et confessons qu'il y a un seul Dieu (Deut. 4. f. 35 & 39; 1. Corint. 8. b. 4 & 6), qui est une seule et simple essence (Gene. 1. a. 3; Exo. 3. d. (*14*)) spirituelle (Jeh. 4. c. 24; 2. Corint. 3 d. 17), eternelle (Rom. 1. c. 20; 1. Tim. 1. d. 17), invisible, immuable (Malach. 3. b. 6; Nomb. 23. c. 19), infinie, incomprehensible (Rom. 11. d. 33; Act. 7. d. (*32*), 17. e. (*23*)), ineffable, qui peult toutes choses (Iere. 10. b. 7 & 10), qui est toute sage (Rom. 16. d. 27), toute bonne (Matth. 19. c. 17.), toute iuste (Iere. 12. a. 1; Psal. 119 Sade (*137*)), et toute misericordieuse (Exod. 34. a. 6 & 7).

2. Ce Dieu se manifeste tel aux hommes premierement par ses oeuvres: tant par la creation, que par la conservation et conducte d'icelles (Ro. l. c. 19 & 20). Secondement, et plus clairement par sa parole (Rom. 15. a. 4; Jeh. 5. f. 39; Hebr. 1. a. 1): laquelle au commencement revelée par oracle (*MS Gen.:* oracles) (Gene. 15. a. 1; Gene. 3. c. 15; 18. a. 1.), a esté puis apres redigée par escript es livres que nous appellons Escriture Saincte (Exo. 24. a. 3 & 4; Rom. 1. a. 2).

2. Estans ainsi fondez, *nous croyons en un seul Dieu*, eternel, *d'une*[a] *essence* spirituelle, infinie, incomprehensible, et *simple:*

3. Toute ceste escriture saincte est comprise es livres canoniques du vieil et nouveau testament: desquelz le nombre s'ensuyt. Les cinq livres de Moyse: scavoir est Genese, Exode, Levitique, Nombres, Deuteronome. Item Iosue, Iuges, Ruth, le premier et second livres de Samuel, premier et second livres des Roys, premier et second livres des Chroniques autrement dicts paralipomenon, le premier livre d'Esdras. Item Nehemie, le livre d'Esther, Iob, Pseaumes de David, Proverbes ou sentences de Salomon, le livre de l'Ecclesiaste, dict precheur, Cantique de Salomon. Item les livres d'Esaie, Jeremie, lamentations de Jeremie, Ezechiel, Daniel, Ozée, Ioël, Amos, Obdias, Ionas, Michée, Nahum, Abacuc, Sophonie, Aggée, Zacharie, Malachie. Item le sainct Evangile selon Sainct Mathieu, selon Sainct Marc, selon sainct Luc, & selon sainct Iehan. Item le second livre Sainct Luc autrement dict les actes des Apostres. Item les epistres Sainct Paul: aux Romains une, aux Corinthiens deux, aux Galates une, aux Ephesiens une, aux Philippiens une, aux Colossiens une, aux Thessaloniciens deux, à Timothée deux, à Tite une, à Philemon une. Item l'epistre aux Ebrieux: l'epistre Sainct Jaques, la premiere et seconde epistres S. Pierre, la premiere, deux, et troisieme epistres sainct Jehan, l'epistre sainct Jude. Item l'Apocalipse ou revelation sainct Jehan.

4. Nous cognoissons ces livres estre canoniques, et reigle trescertaine de nostre foy, non tant par le commun accord et consentement de l'Eglise, que par le tesmoignage et persuasion interieure du S. Esprit, qui les nous faict discerner d'avec les autres livres ecclesiastiques. Sur lesquelz, encores qu'ilz soyent utiles, on ne peult fonder aucun article de foy.

5. Nous croyons que la parolle qui est contenue en ces livres est procédée de Dieu (2. Tim. 3. d. 16 & 17; 1. Pier. 1. c. 11 & 12; 2. Pier. 1. d. 20 & 21), duquel seul elle prend son authorité, et non des hommes (Jeh. 3. c. 26 & 31; Jeh. 5. f. 33 & 34; 1. Tim. 1. c. 15). Et dautant qu'elle est reigle de toute verité, contenant tout ce qui est necessaire pour le service de Dieu et nostre salut (Jeh. 15. c. 15; Jeh. 20 f. 31; Act. 20. f. 27): il n'est loisible aux hommes, ny mesme aux anges, d'y adiouster, diminuer, ou changer (Deut. 4. d. 2; Deute. 12. d. 32; Gal. 1. b. 8). Dont il s'ensuit que ny l'antiquité, ny les coustumes, ny la multitude, ny la sagesse humaine, ny les iugements, ny les arretz, ny les edictz, ny les decretz, ny les conciles, ny les visions, ny les miracles ne doivent estre opposés à icelle escriture saincte (Matth. 15. a. 9; Act. 5. c. 28. & 29). Ains au contraire toutes choses doibuent estre examinées, reiglées, et reformées selon icelle. Et suivant cela nous advouons les trois Symboles. Asçavoir des Apostres, de Nice, et d'Athanase, pource qu'ils sont conforme à la parolle de Dieu.

a) *1557:* + simple

312   CONFESSION DES

toutesfois en laquelle il y a trois Personnes distinctes, le Pere, sa Parole, ou sa Sagesse, et son Esprit. Et combien que le nom de Dieu soit quelque fois attribué en particulier au Pere, d'autant qu'il est principe et origine de sa Parole et de son Esprit, toutesfois cela n'empesche pas que le Fils n'ait en soy toute Divinité en perfection comme aussi le S. Esprit, d'autant que chacun ha tellement ce qui luy est propre, quant à la Personne, que l'essence unique n'est point divisee (Matth. 28. d. 19; 1. Jeh. 5. b. 7). Et en cela nous avons ce *qui a esté determiné par les anciens Conciles, et detestons toutes sectes et 'heresies* qui ont esté reiettees par les saincts *docteurs*[a] depuis S. Hilaire, Athanase, iusqu'à S. Ambroise, et Cyrille[b].

3. Nous confessons aussi, que Dieu[c] par sa vertu, sagesse et bonté incomprehensible, a cree toutes choses (Gene. 1. a. 1; Heb. 1. a. 2; Jeh. 1. a. 7), non seulement le ciel, la terre, et tout ce qui y est contenu, mais aussi les esprits invisibles (Colo. 1. c. 16), desquels les uns sont decheus et tresbuchez en perdition, les autres ont persisté en obeissance. Que les premiers s'estans corrumpus en malice, sont ennemis de tout bien, et par consequent de toute l'Eglise (Jeh. 8. f. 44). Les seconds, ayant este preservez par la grace de Dieu, sont ministres pour glorifier son Nom, et servir au salut de ses eleus (Heb. 1. d. 14; Pseau. 103. d. 21; 34. b. 8)[d].

4.[e] Nous croyons que le mesme Dieu gouverne toutes ses creatures, et dispose et ordonne[f] selon sa volunte tout ce qui

---

a) qui ont ... docteurs *1557:* contre lesquelles les anciens docteurs ont combatu.   b) *CG:* 6. Ceste escriture saincte nous enseigne qu'en ceste seule et simple essence divine, que nous avons confessée, il y a trois personnes: le pere, le fils et le sainct esprit (Deut. 4. b. 12; Math. 28. d. 19; 1. Jehan. 5. b. 7). Le pere, premiere cause et principe et origine de toutes choses. Le fils, sa parole et sapience eternelle. Le sainct esprit, sa vertu, puissance et efficace. Le fils, eternellement engendré du pere. Le sainct esprit, procedant eternellement de tous deux. Les trois personnes, non confuses mais distinctes, et toutefois non divisées, mais d'une mesme essence, eternité, puissance et equalité (Math. 28. d. 19; Jeh. 1. a. 1; Jeh. 17. a. 5; Act. 17. f. 25; Ro. 1. a. 7; 1. Jeh. 5. b. 7). Et en cela advouons ce qui a esté determiné par les conciles anciens, et detestons toutes sectes et heresies, qui ont esté reiectées par les saincts docteurs comme sainct Hilaire, sainct Athanase, sainct Ambroise, sainct Cirille. – *Vide conf. d. escol. pg.* 374 31 sqq.   c) *CG:* 7. Nous croyons que Dieu en trois personnes cooperantes   d) *Vide conf. d. escol. pg.* 375 8 sqq. e) *CG:* 8.   f) le mesme ... ordonne *CG:* non seulement il a creé toutes choses, mais qu'il les gouverne et conduit, disposant et ordonnant

advient au monde (Ephe. 1. b. 11; Pro. 16. a. 4)ª: non pas qu'il soit autheur du mal, ou que la coulpe luy en puisse estre imputee^b, veu que sa volunté est la regle souveraine et infaillible de toute droiture et equite^c: mais il ha des moyens admirables de se servir tellement des diables et des meschans, qu'il scait convertir en bien le mal qu'ils font, et duquel ils sont coulpables (Act. 2. d. 23 et 4. e. 27). Ainsi en confessant que rien ne se fait sans la providence de Dieu, nous adorons en humilite les secrets qui nous sont cachez, sans nous enquerir pas dessus nostre mesure (Ro. 9. d. 19 et 20): mais plustost applicquons à nostre usage ce qui nous en est monstre en l'Escriture saincte, pour estre en repos et seureté, d'autant que Dieu, qui ha toutes choses suiettes à soy, veille sur nous d'un soin paternel, tellement qu'il ne tombera point un cheveu de nostre teste sans son vouloir (Matt. 10. c. 30): et cependant tient les diables et tous nos ennemis bridez, en sorte qu'ils ne peuvent nous faire aucune nuisance sans son congé (Job. 1. c. 12 et 2. b. 6; Mat. 8. d. 31; Jeh. 19. b. 11)^d.

[743] !5.e *Nous croyons que l'homme, ayant este creé pur et entier*, et conforme à l'image de Dieu (Gen. 1. d. 27; Ecc. 7. d. 30; Ephes. 4. f. 24), *est decheu de la grace qu'il avoit receue par sa propre faute*^f: *et ainsi*^g *s'est aliené de Dieu, qui est la fontaine de iustice, et de tous biens: en sorte que sa nature* est *du tout corrompue* (Gen. 3. c. 17; Rom. 5. b. 12)^h. *Estant*ⁱ *aveuglé en son esprit, et depravé en son coeur, il a perdu toute integrité, sans en avoir rien de residu.* Et combien qu'il ait encores quelque discretion du bien et du mal, toutes fois nous disons que ce qu'il ha de clarte se convertit en tenebres, quand il est question de chercher Dieu, tellement qu'il n'en peut approcher nullement par son intelligence et raison (1. Co. 2. d. 14). Et combien qu'il ait volunte par laquelle il est incité à faire cecy ou cela, toutesfois qu'elle est du tout captive sous peché: tellement qu'il n'ha nulle liberte, sinon celle que Dieu luy donne (Jeh. 3. a. 6 et 8. e. 36; Rom. 8. b. 7 et 7. c. 18; 1. Co. 4. b. 7; 2. Cor. 3. b. 5; Phil. 3. b. 6)^k.

6.^l *Nous croyons que toute la lignee d'Adam est infectee de telle contagion* (Rom. 5. d. 18)^m, *qui*ⁿ *est le peche originel, et*^o *un vice*

---

a) *CG:* + Math. 10. c. 19; Act. 17. f. 26 b) *CG:* + 1. Jeh. 2. c. 16; 1. Jeh. 3. b. 8 c) *CG:* + Psal. 5. a. 5 & 119 d) *Vide conf. d. escol. pg.* 375 18 sqq. e) *CG:* 9. f) de la grace ... faute *1557:* par sa faute propre de la grace g) *1557:* et par ce moyen h) *CG:* +; Eph. 2. a. 2 & 3; Gen. 6. b. 5. & 8. d. 21 i) *1557:* et estant k) *Vide conf. d. escol. pg.* 375 28 sqq. l) *CG:* 10 m) *CG:* + Gen. 8. d. 21; Rom. 5. c. 12; Job. 14. a. 4 n) *1557:* que o) *1557:* est

hereditaire, et non pas seulement une imitation, comme les Pelagiens ont voulu dire, lesquels nous detestons en leurs erreurs. Et n'estimons pas qu'il soit besoin de s'enquerir comment le peche vient d'un homme à l'autre, veu que c'est bien assez que ce que Dieu luy avoit donné, n'estoit pas pour luy seul, mais pour toute sa lignee, ainsi qu'en la personne d'iceluy nous avons esté desnuez de tous biens, et sommes tresbuchez en toute povreté et malediction[a].

7.[b] *Nous croyons aussi que ce vice est vrayement peché, qui suffit à condamner tout le genre humain,* iusques aux petis enfans dés le ventre de la mere, *et* que *pour tel il est reputé devant Dieu*[c]: *mesmes que apres le Baptesme c'est tousiours peche quant à la coulpe, combien que la condamnation en soit abolie* aux enfans de Dieu, *pource que Dieu, par sa bonté gratuite, ne nous l'impute point*[d]. Outre cela, que c'est une perversité produisant tousiours fruits de malice et rebellion, tellement que les plus saincts, encores qu'ils y resistent, ne laissent point d'estre entachez d'infirmitez et de fautes pendant qu'ils habitent en ce monde (Ro. 7, 14. 15. 16. 17)[e].

8.[f] *Nous croyons que*[g] de ceste corruption et condamnation *generale, en laquelle tous hommes sont plongez,* Dieu retire ceux lesquels en son conseil eternel et immuable il a *esleus par sa seule* bonte et *misericorde* en nostre seigneur Iesus Christ, sans avoir esgard à leurs oeuvres, et en iceluy mesme les a adoptez pour heritiers de la vie eternelle[h] (Ro. 8. f. 29 et par tout le 9. chap.; Ephe. 1. a. 5 et 6; Ro. 3. d. 28), laissant les autres en icelle mesme corruption et condamnation, pour demonstrer en eux sa iustice (Exo. 9. d. 16; Ro. 9. e. 22; 2. Timo. 2. c. 20), comme és premiers il fait luire les richesses de sa misericorde (Ephe. 1. b. 7; Rom. 3. c. 22. 23). Car de faict, les uns ne sont point meilleurs que les autres, iusques à ce que Dieu les discerne selon son conseil immuable, qu'il a determiné en Iesus Christ devant la creation du monde (Eph. 1. a. 4; 2. Ti. 1. c. 9). Et nul aussi ne se pourroit introduire à un tel bien de sa propre vertu, veu que de nature nous ne pouvons avoir un seul bon mouvement, affection ne pensee, iusques à ce que Dieu nous y ait prevenus, et nous y ait disposez.

---

a) *Vide conf. d. escol. pg.* 375 38 sqq.   b) *CG:* 11.   c) *CG:* + Psal. 51. a. 7; Ro. 3. b. 9 & 5. c. 12   d) pource que ... point *CG:* és enfans de Dieu, ne la leur imputant point par sa bonté gratuite.   e) *CG:* + Ro. 7. c. 18. 19; 2. Cor. 12. c. 7   f) *CG:* 12.   g) de ceste ... generale *1557:* c'est par la seule misericorde de Dieu que les esleuz sont delivrez de la perdition generale   h) et en iceluy ... eternelle: > *CG*

9.[a] Nous croyons que[b] tout ce qui estoit requis à nostre salut nous a esté offert et communiqué en *Iesus Christ, lequel nous estant donné en salut nous a quant et quant este fait[c] iustice, sanctification, et redemption* (1. Co. 1. d. 30)[d], tellement qu'en declinant de luy, on renonce à la misericorde du Pere, où il nous convient avoir nostre refuge unique (1. Jeh. 2. d. 23).

10.[e] *Nous croyons que Iesus Christ, estant la sagesse[f] de Dieu et son Fils eternel[g], a vestu nostre chair, afin d'estre Dieu et homme en une personne, voire[h] semblable à nous*, passible en corps et en ame, *sinon entant qu'il a este pur de toute macule*. Et quant à son corps[i], qu'il a este vraye semence d'Abraham et de David: combien qu'il ait esté conceu par la vertu secrete du S. Esprit (Luc. 1. c. 31 et 2. b. 11; Heb. 4. d. 15; Rom. 1. a. 3; Mat. 1. d. 18 et 20; Luc. 1. c. 28 et d. 35)[k]. *En quoy nous detestons toutes les heresies, qui ont anciennement troublé les Eglises*[l]: et notamment aussi les imaginations diaboliques de Servet, lequel luy attribue[m] une Divinité fantastique, d'autant qu'il est[n] idee et patron de toutes choses: et le nomme [l]Fils personnel ou figuratif de Dieu: et finalement luy forge un corps de trois elemens increez, et par ainsi mesle et destruit toutes les deux natures[1o].

11.[p] Nous croyons qu'en une mesme personne, à scavoir Iesus Christ, les deux natures sont vrayement et inseparablement coniointes et unies, demeurant neantmoins chacune nature en sa distincte propriete, tellement que comme en ceste conionction la nature Divine, retenant sa propriete est demeuree increee, infinie, et remplissant toutes choses, aussi la nature humaine est demeuree finie, ayant sa forme, mesure et propriete (Matth. 1. d. 20. 21; Luc. 1. c. 31 et 32 et d. 35. 42. 43; Rom. 9. a. 5)[q]: et mesme combien que Iesus Christ en ressuscitant ait donné immortalite à son corps, toutesfois il ne luy a osté la verite de sa nature[r]. Ainsi nous le considerons tellement en sa Divinite, que nous ne le despouillons point de son humanite.

---

a) *CG:* 13   b) *CG:* qu'en iceluy Iesus Christ   c) *CG:* + sapience   d) *CG:* +˙Eph. 1. b. 7; Col. 1. b. 13. 14; Tit. 2. d. *14*; Iesus Christ ... redemption *1557:* Iesuchrist, sans lequel nous sommes tous perdus, nous a esté donné pour rédempteur affin de nous apporter iustice et salut.   e) *CG:* 14   f) *1557:* + eternelle   g) *1557:* unique   h) *CG:* + homme   i) *CG:* humanité   k) *CG:* + Act. 13. d. 23; Rom. 8. a. 3; 2. Cor. 5. d. 21; Philipp. 2. a. 6. sq.; Heb. 2. d. 14. 15.   l) *1557:* l'Eglise   m) luy attribue *CG:* attribue au Seigneur Iesus   n) *CG:* qu'il le dit estre   o) *Vide Conf. d. escol. pg.* 376 5 sqq.   p) *CG:* 15   q) *CG:* + 1. Timo. 2. a. 5; Hebr. 5. c. 8   r) *CG:* + (Rom. 1. a. *3. 4*; Philip. 2. a. 6 sqq.)

1) *cf.* Inst. christ. rel. II 14, 5 sqq.; ed nostr. vol. III p. 464, 6 sqq.

12.ᵃ Nous croyons que Dieu envoyant son Fils, n'a tendu à autre fin sinon de monstrer son amour et bonte inestimable envers nous: et le faisant mourir et ressusciter, d'accomplirᵇ toute iustice et nous acquerir la vie celeste (Jeh. 3. b. 16; 1. Jehan. 4. b. 9; Ro. 4. d. 25)ᶜ.

13.ᵈ *Nous croyons que par le sacrifice unique, qu'il*ᵉ *a offert en la croix, nous sommes reconciliez à Dieu, pour estre tenus et reputez iustes devant luy* (Eph. 5. a. 2; Heb. 10. b. 10. 12. 14)ᶠ, pource que nous ne luy pouvons estre agreables, ni estre participans de son adoption, sinon d'autant qu'il nous pardonne nos fautes, et les ensevelit. Ainsi nous protestons que Iesus Christ est nostre lavement entier et parfait (Eph. 5. e. 26; Tit. 3. b. 5): qu'en sa mort nous avons entiere satisfaction, pour nous acquiter de nos forfaits, et iniquitez dont nous sommes coulpables, et ne pouvons estre delivrez que par ce remede (He. 9. d. 14; 1. Pier. 1. d. 19; 1. Jeh. 1. c. 7).

14.ᵍ *Nous croyons que toute nostre iustice est fondee en la remission de nos pechez, comme aussi c'est toute*ʰ *nostre seule felicité, selon que*ⁱ *dit David* (Pse. 32. d. 1. 2). *Parquoy nous reiettons tous autres* moyens de nous pouvoir iustifierᵏ devant Dieu (Ro. 3. d. 19): et sans *presumer* de nulles *vertus* ni *merites*, nous nous tenons simplement à *l'obeissance* de Iesus Christ, laquelle nous est *allouee* tant pour *couvrir* tous nos vicesˡ que pour nous faire trouver faveur devant ˡ Dieu. Et de faict nous croyons qu'en declinant de ce fondement tant peu que ce soit, nous ne pourrions *trouver ailleurs* aucun *repos* (Act. 4. c. 12), mais serions tousiours agitez d'inqietude: et queᵐ iamais nous ne sommes paisibles avec Dieu, iusqu'à ce que nous soyons bien resolus d'estre aimez en Iesus Christ, veu que nous sommes dignes d'estre hays en nousmesmesⁿ.

15.ᵒ Nous croyons aussiᵖ que c'est *par ce moyen* que *nous avons liberté* et privilege *d'invoquer Dieu avec pleine fiance qu'il* se monstrera nostre *Pere* (Ro. 8. c. 15; Gal. 4. a. 6). Car

---

a) *CG:* 16 b) n'a tendu ... d'accomplir *CG:* a voulu monstrer son amour et bonté inestimable envers nous en le livrant à la mort et le ressusitant pour accomplir c) *CG.* + Jehan. 15. b. 13; 1. Tim. 1. c. 14 & 15; *vide conf. d. escol. pg.* 376 15 sqq. d) *CG:* 17 e) *CG* que le seigneur Iesus; *1557:* que Iesuchrist f) *CG:* + 1. Tim. 1, 15 g) *CG:* 18 h) > *CG* et *1557;* comme ... toute *1557:* comme c'est aussi i) *CG:* comme k) tous ... justifier *1557:* toutes autres iustices l) *CG:* toutes nos fautes m) *CG:* d'autant que n) *Vide conf. d. escol. pg.* 376 22 sqq. o) *CG:* 19 p) > *CG*

nous n'aurions pas un tel accez[a], si nous n'estions adressez par ce Mediateur: et pour estre exaucez en son nom, il nous[b] convient tenir nostre vie de luy, comme de nostre chef.

16.[c] *Nous croyons que nous sommes faits participans de ceste iustice par la seule foy*, comme il est dit qu'il a souffert pour nous acquerir salut, afin que quiconque croira en luy ne perisse point: et que cela se fait, d'autant que les promesses de vie qui nous sont donnees en luy, sont appropriees à nostre usage, et en sentons l'effect, quand nous les acceptons, ne doutans point qu'estans asseurez par la bouche de Dieu, nous ne serons point frustrez. Ainsi la iustice que nous obtenons par foy, depend des promesses gratuites, par lesquelles Dieu nous declare et testifie comment il nous aime (Rom. 3. c. 21. 24 et d. 27 et 4. a. 3 et c. 26 et 9. g. 30. 31. 32 et 11. a. 6; Gal. 2. c. 16 et d. 21[d] et 3. b. 9. 10 et c. 18 et 5. a. 4; Phi. 3. b. 9; 2. Tim. 1. c. 9; Tit. 3. a. 5; Heb. 11. b. 7; Jeh. 3. b. 16).

17.[e] Nous croyons *que nous sommes illuminez en la*[f] *foy par la grace secrete du S. Esprit*[g], *tellement que c'est un don gratuit et particulier, lequel Dieu depart*[h] *à ceux que bon luy semble* (Ro. 9. d. 16. 18. 24. 25; 1. Cor. 4. b. 7): tellement[i] que les fideles n'ont dequoy s'en glorifier[k], estans obligez au double, de ce qu'ils ont esté preferez aux autres: mesmes que la foy n'est pas seulement donnee pour un coup aux esleuz, *pour les introduire au bon chemin, mais aussi pour les y faire continuer iusques au bout*[l]. Car comme c'est à Dieu de commencer, aussi est-ce de parfaire[m] (Phil. 2. b. 13).

[747] |18.[n] *Nous croyons que par ceste mesme*[o] *foy, nous sommes regenerez en nouveauté de vie, pource que naturellement nous sommes asservis*[q] *à peché* (Tit. 3. b. 5; 1. Pier. 1. a. 3; Ro. 6. c.17. 18. 19. 20)[p]. Or nous recevons par foy la grace de vivre sainctement, et en la crainte de Dieu, en recevant la promesse qui nous est donnee par l'Evangile: aussi tant s'en faut que la foy nous

---

a) un tel accez *CG*: aucun acces au pere (Ro. 5. a. 2; Eph. 2. e. 13. 14. 15. & 3. c. 12; Hebr. 4. d. 14)   b) > *CG*   c) *CG*: 20; nous ... Foy *1557*: Nous croyons que par la seule foy nous sommes faicts participans de ceste iustice   d) *CG*: + Gal. 3. d. 24   e) *CG*: 21 f) > *1557*:   g) *CG*: + (Eph. 1. d. 17. 18; 1. Thess 1. c. 6; 2. Pier. 1. a. 3. 4)   h) *1557*: adresse   i) *CG*: en sorte   k) *CG*: + (Ephes. 2. b. 8) l) *CG*: + (1. Cor. 1. a. 8. 9)   m) de ... parfaire *CG*: de faire le commencement, aussi c'est à luy de parachever; – *Vide conf. d. escol. pg.* 376 29 sqq.   n) *CG*: 22   o) > *CG*   p) pource ... asservis *CG*: pource estans naturellement asservis   q) *CG*: + (Ro. 6. a. 6 & 7 a.b; Col. 2. b. 12 & 3. b. 10)

refroidisse ou empesche de bien faire, qu'elle produit en nous toutes bonnes oeuvres, comme les fruits sortent d'un arbre, asçavoir que Dieu nous donnera son S. Esprit (Jaq. 2. c. 17 et d. 26)[a]. Au reste, *combien que ce renouvellement, par lequel Dieu nous reforme à bien faire, soit une partie de nostre salut au regard de luy*[b], *toutesfois nous confessons que les bonnes oeuvres, que nous faisons par* la conduite[c] *de son Esprit, ne viennent point en conte pour nous iustifier, ou meriter que Dieu*[d] *nous tienne pour ses enfans*[e], *pource que nous serions tousiours flottans en doubte et inquietude, si nos consciences ne s'appuyoient sur la satisfaction, par laquelle Iesus Christ nous a acquitez.*

19.[f] Nous croyons que toutes les figures de la Loy ont pris fin à la venue de Iesus Christ: mais combien que les ceremonies ne soyent plus en usage[g], la substance et verite nous en demeure[h] en la personne de celuy auquel gist tout accomplissement (Gal. 4. a. 3 et b. 9; 2. Pier. 1. d. 19 et 3. a. 2; Luc. 1. g. 70; Jaq. 5. c. 10)[i]. Au reste[k], il nous faut aider de la Loy, et des Prophetes, tant pour regler nostre vie, que pour estre confermez aux promesses de l'Evangile.

20[l]. Nous croyons, puis que Iesus Christ nous est donné pour seul Advocat (1. Jeh. 2. a. 1), et qu'il nous commande de nous retirer privément en son nom vers le[m] Pere, et mesmes qu'il ne nous est pas licite de prier sinon en la forme que Dieu nous dicte[n] par sa parole, que tout ce que les hommes ont imaginé de l'intercession des Saincts trespassez, n'est qu'abus et tromperie[o] de Satan, pour faire devoyer les hommes de la forme de bien prier[p]. Nous reiettons aussi tous les [q] moyens que les [l] hommes presument avoir pour se racheter envers Dieu, comme derogans au sacrifice de la mort et passion de Iesus Christ. Finalement

---

a) *CG:* + (1. Jeh. 2. a. 3. 4)   b) par l'Evangile ... toutesfois *CG:* par l'Evangile. Asçavoir que Dieu nous donnera son sainct Esprit. Ainsi la foy, non seulement ne refroidit l'affection de bien et sainctement vivre, mais l'engendre et exite en nous: produisant necessairement les bonnes oeuvres. Au reste, combien que Dieu pour accomplir nostre salut, nous regenere, nous reformant à bien faire: toutesfois   c) *1557:* vertu   d) ou ... Dieu *1557:* devant Dieu et meriter qu'il   e) *CG:* + (Ro. 3. c. d.; Rom. 5. a. *1*)   f) *CG:* 23   g) *CG:* + neantmoins   h) *CG:* nous en est demeuree   i) *CG:* + (Ro. 10. a. 4; Gal. 3 & 4; Col. 2. c. 17)   k) *CG:* Au surplus   l) *CG:* 24   m) *CG:* son   n) *CG:* en suyvant la forme que Dieu nous a dictee   o) *CG:* fallace   p) *CG:* + (1. Tim. 2. a. 5; Jeh. 16. c. 23. 24; Math. 6. b. *9* sqq.; Luc. 11. a. 1 sqq.)   q) *CG:* autres

nous tenons le purgatoire pour une illusion procedee de ceste mesme boutique[a].

21.[b] Et[c] pource que nous ne iouissons de Iesus Christ. que par l'Evangile (Matth. 10. c. 27; Rom. 1. b. 16)[d], *nous croyons que l'ordre de l'Eglise,* qui a esté *establi en son authorite, doit estre[e] sacré et inviolable: et pourtant que l'Eglise ne peut consister sinon qu'il y ait des Pasteurs* (Ephes. 4. b. 11. 12; Matth. 10. d. 40; Luc. 18. c. 16; Jeh. 13. c. 20)[f], *qui ayent la charge d'enseigner, lesquels ont doit honorer et escouter en reverence, quand ils sont deuement appellez et exercent fidelement leur office.* Non pas que Dieu soit attaché à telles aydes ou moyens inferieurs: mais pource qu'il luy plaist nous entretenir sous telle bride. *En quoy nous detestons tous fantastiques, qui voudroyent aneantir, entant qu'en eux est, la predication[g] de la parole de Dieu[h].*

22[i]. *Nous croyons* donques que nul ne se doit retirer à part, et se contenter de sa personne, mais tous ensembles doyvent[k] *garder et entretenir l'unité de l'Eglise,* se soumettans à l'instruction commune, et au ioug de Iesus Christ: et ce en quelque lieu qu'il aura[l] establi un vray ordre[m], encore que les edits des gouverneurs terriens[n] y soyent contraires: *et que tous ceux qui s'en separent* font *perversement, et s'ils en destournent les autres, les faut tenir pour pestes mortelles[o].*

23.[p] *Toutefois nous* croyons *qu'il* convient soigneusement et avec prudence[q] *discerner quelle est la vraye Eglise, pource qu'on abuse par trop de ce titre[r].* Nous disons donc[s] *que c'est la com-*

---

a) *CG:* + de laquelle sont aussi procédées les voeux monastiques, pelerinages, deffences du mariage et de l'usage des viandes, l'observation ceremonieux des iours, la confession auriculaire, les indulgences, et toutes autres telles choses, par lesquelles on pense meriter grace et salut. Lesquelles choses nous reiettons non seulement pour la fausse opinion du merite, qui y est attachée: mais aussi, parce que ce sont inventions humaines, qui imposent ioug au consciences (Col. 2. d. *18-23*; 1. Tim. 4. a. *1* sqq.) - *Vide conf. d. escol. pg.* 377 17 sqq. b) *CG:* 25   c) *CG:* Or   d) *CG:* + Rom. 10. c. *11-17*   e) qui ... estre *1557:* que Iesuchrist a estably en son authorité, doibt estre tenu   f) *CG:* + (Math. 18. c. 20)   g) *CG:* le ministere et predication   h) *CG:* et des Sacremens. - *Vide conf. d. escol. pg.* 377 28 sqq.   i) *CG:* 26   k) *1557:* qu'il faut   l) *CG:* où Dieu aura   m) *CG:* d'Eglise   n) *CG:* les magistrats et leurs edicts   o) qui ... mortelles *CG:* qui ne s'y rengent, ou s'en separent, contrarient à l'ordnonnance de Dieu. (Psal. 5. b. 8 & 22. c. 23; Ephe. 4. b. 12; Heb. 2. c. 12; Act. 4. b. 17; Heb. 10. e. 25)   p) *CG:* 27.   q) soigneusement ... prudence > *CG*   r) *CG:* (Jere. 7; Math. 3. b. 9)   s) *CG:* + suyvant la parole de Dieu

*pagnie des fideles, qui s'accordent à suyvre la parole de Dieu*ᵃ, *et la pure religion qui en des ¹ pend, et*ᵇ *proufitent en icelle tout le temps de leur vie, croissans et se confermans en la crainte de Dieu, selon qu'ils ont besoin de s'advancer, et marcher tousiours plus oultre*ᵉ*: mesmes, quoy qu'ils s'efforcent, qu'il leur convient avoir incessamment recours à la remission de leurs pechez*ᵈ. Neantmoins nous ne nions point que parmi les fideles il n'y ait des hypocrites ou des contempteurs de Dieuᵉ, ou gens malvivans: desquels la malice ne peut effacer le titre d'Egliseᶠ.

24.ᵍ Sous ceste croyance nous protestons que là où la parole de Dieu n'est point receue, et qu'on ne fait nulle profession de s'assuiettir à icelle, et où il n'y a nul usage des Sacremens, on ne peut iuger, à parler proprement, qu'il y ait nulleʰ Egliseⁱ. Sur tout nous detestons les synagoguesᵏ de la Papauté, veu que la pure verité de Dieu en est bannie, ausquelles les Sacremens sont corrompus, abastardis, falsifiez, ou aneantis du tout, et ausquelles toutes idolatries et superstitions ont la vogue. Nous tenons doncques que tous ceux qui se meslent en tels actes, et y communiquent, se separent et retranchent du corps de Iesus Christ (2. Cor. 6. c. 14. 15. 16). Toutesfois pource qu'il reste encores quelque petite trace d'Eglise en la Papauté, et mesme que la substance du Baptesme y est demeuree, ioint que l'efficace du Baptesme ne depend de celuy qui l'administre: nous confessons ceux qui y sont baptisez n'avoir besoin d'un second Baptesme. Cependant à cause des corruptions qui y sont, on n'y peut presenter les enfans sans se polluer.

25.ˡ Quant est de la vraye Eglise, nous croyons qu'elle doit estre gouvernee selon la police que nostre Seigneur Iesus a establie, c'est qu'il y ait des Pasteurs, des Surveillans, et Diacresᵐ, afin que la pureté de doctrine ait son cours, que les vices soyent corrigez et reprimez, et que les povresⁿ soyent secourus en leurs necessitez, et que les assemblees se facent au nom de Dieu, ausquelles grans et petis soyent edifiez.

---

a) *CG:* icelle parole   b) *CG:* + qui   c) *CG:* + (Eph. 2. d. *19-20* & *4, 1-16*; 1. Tim. 3. d. *15*)   d) *CG:* + (Rom. 3. c. *11-16*) e) *CG:* des hypocrites et reprouvés   f) *CG:* + (Math. 13. c. *18*-d. 30. e *37-42*; 2. Tim. 2. c. 18. 19. 20)   g) *CG:* 28.   h) *CG:* aucune i) *CG:* + (Math. 10. b. 14 & 15; Jeh. 10 e. *24-29*; 1. Cor. 3. b. c *10-13*)   k) *CG:* Pourtant nous condamnons les assemblees   l) *CG:* 29   m) *CG:* (Act. 6. a. 3. 4. 5; Eph. 4. b. *11*; 1. Tim. 3, *1-13*; Tit. 1. b. *5-9*)   n) *CG:* + et tous autres affligés

26.ᵃ Nous croyons tous vrays Pasteurs, en quelque lieu qu'ils soyent, avoir mesme authorité quant à exercer leur office chacun en son lieuᵇ, et esgale puissance sous unᶜ chef, seul souverain et seul universel Evesque, Iesus Christᵈ. Et pour [750] ceste causeˡ que nulle Eglise ne doit pretendre aucune domination et seigneurie sur l'autre: cependant toutesfois qu'on garde ordre tel qu'il est requis pour nourrir concorde et fraternité mutuelleᵉ.

27.ᶠ Nous croyons que nul ne se doit ingerer de son authorite propre, pour gouverner l'Eglise, mais que cela se doit faire par electionᵍ, entant qu'il est possible, et que Dieu le permet. Laquelle exception nous adioustons notamment, pource qu'il a fallu quelques fois, et mesme de nostre temps, auquel l'estat de l'Eglise estoit interrompu, que Dieu ait suscité gens d'une façon extraordinaire, pour dresser Eglises de nouveau, lesquelles estoyentʰ en ruine et desolation. Mais quoy qu'il en soit nous croyons qu'on se doitⁱ tousiours conformer à ceste regle, que tous Pasteurs, et Surveillans, et Diacres ayent tesmoignage d'estre appellez à leurs officesᵏ.

28.ˡ Nous croyons aussi qu'il est bon et utile que ceux qui sont eleus pourᵐ superintendans, avisent entr'eux quel moyen ils devront tenir pour le regime de tout le corpsⁿ: toutesfois ne declinansᵒ nullement de ce qu'il nous en a esté ordonné par nostre Seigneur Iesusᵖ: ce qui n'empesche point qu'il n'y ait quelques statuts particuliersᑫ en chacun lieu, selon que la commodité le requerra.

29.ʳ Cependant nous excluons toutes inventions humaines, et toutes loix qu'on voudroit introduire sous ombre de service de Dieu, par lesquelles on voudra lier, et asservirˢ les consciencesᵗ: mais seulement recevons ce qui fait et est propre pour nourrir concorde, et tenir chacun, depuis le premier iusques au dernier, en obeissance. En quoy nous avons à suyvre ce que nostre

---

a) *CG:* 30. b) quant ... lieu: > *CG* c) *CG:* + seul d) *CG:* (Math. 20. c. *20–28*; 1. Cor. 3. a. *4*. – b. *9* & 4 a. 1; Eph. 1. d. 22; Col. 1. d. 18) e) cependant ... mutuelle: > *CG – Vide conf. d. escol. pg.* 377 39 sqq. f) *CG:* 31. g) *CG:* (Math. 28. d. 19; Marc. 16. c. 15; Jeh. 15. c. 16; Act. 1. d. 21 & 6. a. *1–3*; Ro. 10. c. 15; Tit. 1. b. *5*) h) *CG:* dresser l'Eglise de nouveau, qui estoit i) *CG:* qu'il se faut k) *CG:* leur office l) *CG:* 32. m) *CG:* + estre n) *CG:* (Act. 15. b. *6* sqq.; Rom. 12. b. 8; 1. Pier. 5. a. *1–3*; 1. Cor. 14. g. 40) o) *CG:* Et toutesfois que ils ne declinent p) *CG:* + Christ q) *CG:* ordonnances particulieres r) *CG:* 33. s) et asservir: > *CG* t) *CG:* (Ro. 16. c. 17. 18; Col. 2. b. 6. 7. *8*; Gal. 5. a. 1)

Seigneur a declaré quant à l'excommunication, laquelle nous approuvons et confessons estre necessaire avec toutes ses appertenances (Mat. 18. c. 17; 1. Cor. 5. b. 4. 5; 1. Tim. 1. d. 20).

30.[a] *Nous croyons que les Sacremens sont conioints*[b] *à la Parole pour plus ample confirmation, afin de nous estre gages et marreaux de la grace de Dieu: et par ce moyen soulager et aider nostre foy, à cause de l'infirmité et rudesse qui est en nous*[c]*:* et [l] qu'ils sont tellement signes exterieurs, que Dieu besongne par iceux en la vertu de son Esprit, afin de ne nous y rien figurer[d] en vain[e]. Toutesfois *nous tenons que* toute leur *substance et vertu*[f] *est en Iesus Christ;* et si on les en *separe, ce ne'st plus rien qu'ombrage et fumee*[g].

31.[h] Nous en confessons seulement deux, communs à toute l'Eglise, desquels le premier, qui est *le Baptesme*, nous est donné pour *tesmoignage*[i] *de nostre adoption, pour ce que là nous sommes entez au corps de Christ, afin d'estre lavez et nettoyez par son sang, et puis renouvelez en saincte vie par son Esprit*[k]. Nous tenons aussi, combien que nous ne soyons baptisez qu'un coup[l], que le proufit de ce[m] qui nous est là signifié, s'estend à la vie et à la mort, afin que nous ayons une signature permanente, que Iesus Christ nous sera tousiours iustice et sanctification. *Or combien que* ce *soit un*[n] *Sacrement de foy et de penitence* (Mat. 3. c. 11; Marc. 1. a. 4; Luc. 3 a. 3; Act. 13. d. 24 et 19. a. 4)[o]*: neantmoins puis*[p] *que Dieu reçoit en son Eglise les petis enfans avec leurs peres* (Matth. 19. b. 14; 1. Cor. 7. c. 14), *nous disons que par l'authorité de Iesus Christ les petis enfans engendrez des fideles doyvent estre baptisez.*

32.[q] *Nous confessons que la saincte Cene*[r] *nous est* un[s] *tesmoignage de l'unite que nous avons avec Iesus Christ*[t]*, d'autant qu'il n'est pas seulement une fois mort et ressuscité pour nous, mais aussi nous repaist vrayement, et nourrit de sa chair et de son sang, à ce que nous soyons un avec luy, et que sa vie nous soit commune* (Jeh. 6. f. 56)[u]. *Or combien qu'il soit au ciel iusqu'à ce qu'il vienne pour iuger*[v] *le*

---

a) *CG:* 34 b) *CG:* adioustez c) *CG:* + (Exo. 12; Math. 26. c. 26 & 27; Ro. 4. b. 11; 1. Cor. 11. e. 23 & 24) d) *CG:* signifier e) *CG:* + (Act. 22. d. 16; Gal. 3. d. 27; Eph. 5. e. 26) f) *CG:* verité g) *Ad articulos qui nunc sequuntur articuli conf. d. escol. pg.* 378 8 sqq. *spectant;* tenons ... fumee *1557:* tenons aussy que la substance d'iceux est Iesuchrist: car estans separez de luy ils perdent toute vertu. h) *CG:* 35 i) qui ... tesmoignage *1557:* que le baptesme est le tesmoignage k) *CG:* + (Ro. 6. a. *3. 4*; Tit. 3. b. *5*; Act. 22. d. 16) l) *CG:* qu'une fois m) de ce > *CG* n) ce soit un *1557:* que le baptesme soit o) *CG:* + (Marc. 16. d. *16*) p) *CG:* pource q) *CG:* 36 r) *CG:* + qui est le second sacrement s) > *CG* t) *CG:* + (1. Cor. 10. d. 16) u) *CG:* + (Jeh. 17. c. 21; Ro. 8. f. 32) v) *CG:* + tout

monde (Act. 1. b. 11 et 3. d. 21)[a], *toutesfois nous croyons que*[b] *par la vertu secrete et incomprehensible de son Esprit, il nous nourrit et vivifie de la substance de son corps et de son sang. Nous tenons bien que cela se fait spirituellement, non pas pour mettre, au lieu de l'effect et*[c] *verité,*
5 *imagination ne pensee, mais d'autant que ce mystere surmonte en sa hautesse la mesure de nostre sens et tout ordre de nature: brief, d'autant*[d] *qu'il est celeste, il*[e] *ne peut estre apprehendé que par foy.*

33.[f] *Nous croyons*[g] *que tant en la Cene, qu'au Baptesme, Dieu nous donne realement et accomplit*[h] *par effet ce qu'il y figure: et pourtant*
[752] 10 *nous conioi*|*gnons avec les signes la vraye possession et iouissance de ce qui nous est là presenté: et par ainsi, que*[i] *tous ceux qui apportent à la Table sacree de Iesus*[k] *Christ une pure foy, comme un vaisseau, recoyvent vrayement ce que les signes*[l] *testifient: c'est que le corps et le sang de Iesus Christ ne servent pas moins de manger et de boire à l'ame*
15 *que le pain et le vin*[m] *font au corps*[n].

34.[o] Ainsi nous tenons que l'eau estant un element caduque, ne laisse pas de nous testifier en verite le lavement interieur de noz ames par le sang[p] de Iesus Christ et par l'efficace de son Esprit: et que le pain et le vin nous estans donnez en la
20 Cene, nous servent vrayement de nourriture spirituelle, d'autant qu'ils nous monstrent comme à l'oeil la chair de Iesus Christ nous estre nostre viande, et son sang nostre bruvage. Et reiettons les fantastiques, qui ne veulent recevoir tels signes et marques, quand[q] Iesus Christ prononce: Cecy est mon corps:
25 et ce calice est mon sang[r].

35.[s] *Nous croyons que Dieu veut que le monde soit gouverné par loix et polices, afin qu'il y ait quelques brides, pour reprimer les appetis desordonnez du monde* (Mat. 17. d. 24. 25. 26. 27; Ro. 13. a. 1. 2. b. 5. 6. 7)[t]: *et ainsi qu'il a establi les Royaumes,* Republiques, *et*
30 *toutes autres sortes de* Principautez, *soyent hereditaires ou autrement, et tout ce qui appartient à l'estat de iustice, et en veut estre recognu autheur,* à ceste cause a mis le glaive en la main des magistrats, pour reprimer les pechez commis, non seulement contre la seconde Table des commandemens de Dieu,
35 mais aussi contre la premiere. Il faut donc qu'à cause de luy, non seulement on endure que les superieurs dominent, mais aussi qu'on les

---

a) *CG:* + (Marc. 16. d. 19)   b) > *1557*   c) *CG:* + de la   d) *CG:* pource   e) > *1557*   f) *CG:* 37   g) *CG:* + ainsi qu'il a esté dit   h) > *CG*   i) > *CG*   k) > *CG*   l) *CG:* + y   m) > *1557*   n) *CG:*
40 + (Math. 26. c. *26-29*; 1. Cor. 11. e. *23-* f. *26*)   o) *CG:* 38   p) *CG:* de nostre ame, au sang   u) *CG:* veu que   r) *CG:* + (Math. 26. c. *26*; 1. Cor. 11 e. *24.* f. *25*)   s) *CG:* 39   t) *CG:* + (Exo. 18. d. 20 & 21)

21*

honore et prise en toute reverence (1. Pier. 2. c. 13. 14)[a], *les tenant pour ses lieutenans et officiers, lesquels il a commis pour exercer une charge legitime et saincte*[b]. Nous tenons doncques qu'il faut obeir à leurs loix et statuts, payer tributs, imposts, et autres devoirs, et porter le ioug de subiection d'une bonne volunté et franche, encore qu'ils fussens infideles *moyennant que l'empire souverain de Dieu demeure en son entier*[d]. Et par ainsi nous detestons ceux qui voudroyent reietter les superioritez, mettre communauté et confusions de biens et renverser l'ordre de iustice[e].

LOUE SOIT DIEU[f].

---

a) *CG:* + (1. Tim. 2. a. 2)   b) *CG:* 40   c) *CG:* + (Math. 17. d. 24)   d) *CG:* + (Act. 4. d. 17. 18. & 19)   e) *Vide conf. d. escol. pg.* 379 17 sqq.   f) *CG:* Fin.

Les ordonnances ecclesiastiques

Initium ritus ecclesiae Genavensis descriptio 1541 a Calvino composita est, quae eodem anno a Consilio Genavensi retractata et recepta est (No. 2 = Textus receptus). Semper nonnullis articulis auctum hoc legum corpus 1561 cumulate perfectum est. Editio a. 1561 (No. 3) ergo usque ad hoc tempus munere atque honore praecipui ordinis legalis ecclesiae Calvinici valet. Inter descriptionem a. 1541 et formam a. 1561 progressus ita poni potest, ut ultima editione inter saecularem et ecclesiasticam potestatem subtilius discernatur.

Usque ad editionem a. 1561 ex anno 1541 adiecta sunt:
a. Sacramentum ministrorum et consistorii, quod 1541 a Calvino promissum, 1542 formatum atque receptum, sed a. 1561 demum in corpus receptum est.
b. Articulus de finitimis ecclesiis visitandis, 1544 postulatus, 1546 receptus, sed 1561 demum quoque toto textui insertus.
c. 1546 articulus de vetitis (in baptismo) praenominibus.
d. 1557 praeceptum de increbrescente incuria coenae Domini.
e. 1559 leges academiae, quae 1561 confessione discipulorum et academiae rectoris oratione augebantur.
f. 1560 articulus de senatoribus (presbyteris) creandis et de excommunicatione.

Pro certo autem scimus ritum ecclesiae Genavensis non primam legem ecclesiasticam Calvini esse, sed legem Argentorati, quam Calvinus una cum liturgia a. 1540 pro isto perfugorum conventu scripsit[1]. Quae editio hodie inveniri non potest neque secundum exemplar liturgiae quae dicitur Pseudoromana ritum fert, cum hoc exemplar fortasse praecipue conventui destinatum esset. Museum Britannicum autem hunc textum possidet, quem Valerandus Pollanus a. 1551 sermone latino Londini typis exscribendum curaverat (No. 4). Num is textus latinus ex sermone gallico translatus sit, ne certum quidem est, quoniam fieri poterat, ut in hoc maturo ordine legali sermone latino, ut textibus iuridicis usitato Calvinus uteretur. Is textus, qui nobis primum sincere presbyterialem ritum offert ab edictis a. 1561 (Ordonnances) differt, quod in ea conventus plus valet. Itaque totius rei imaginis causa iustum existimavimus hunc quoque a Pollano editum textum referre.

---

1) Vide praefationem nostram libelli „La forme des Prieres" p. 2 6 sqq; Anrich, G.: Straßburg und die calvinische Kirchenverfassung, Rektoratsrede, Tübingen 1928.

De editione nostra.

Hi texti a nobis relati sunt:
No. 1: **Descriptio Calvini a. 1541.** Manuscriptum in tabulis publicis Genavae No. 1384. 18 fol. et 3 fol. vacua. Sine titulo. Posteriore manu supra in sinistro margine: ,,Projet d'ordonnances sur les offices ecclesiastiques. 1541." In sinistro margine et in textu emendata parvi Consilii manu scribae Pierre Ruffi, quae a nobis litteris cursivis in textu praebentur. Sine die.

No. 2: **Textus receptus parvi et magni Consilii eiusdem anni:** Manuscriptum in tabulis publicis Genavae: Societatis venerabilis protocolla (Registres de la vénérable compagnie des pasteurs) Vol. A, p. 1–15. Supra in sinistro margine posteriore manu (19. saeculi): ,,Ordonnances Ecclesiastiques." A sinistra parte iuxta textum (manuscriptum 17./18. saeculi) breve argumentum thematum tractatorum. In hoc volumine (Reg. de la vénérable Compagnie, 17. Déc. 1546 – 20. Juin 1553) exstat tabula descripta textus recepti scripta a Louis Dufour.

No. 3: **Textus omnium constitutionum ecclesiasticarum a. 1561:** p. [1]: *LES* ‖ ORDONNANCES ‖ ECCLESIASTIQVES DE ‖ L'EGLISE DE GENEVE. ‖ ITEM, ‖ *L'ORDRE DES ESCOLES* ‖ DE LADICTE CITE. ‖ * ‖ A GENEVE, ‖ *AVEC PRIVILEGE*, ‖ POVR ARTVS CHAVVIN. ‖ *M. D. LXI.* ‖

p. 3[–24]: LES ‖ ORDONNANCES‖*ECCLESIASTIQVES DE* ‖ lin. 9: AV NOM DE DIEV ‖ lin. 28: tué par sa parole, fust reduict en bonne forme, pour ‖ p. 24, lin. 25: suiue doresenauant. ‖ ; p. 25[–55]: S'ENSVIVENT LESDITES ‖ ORDONNANCES, DEPVIS PAS ‖ sees le Ieudi 13. de Nouembre, 1561. ‖ p. 55, lin. 10: I. F. Bernard, *Secretaire*. ‖; p. 56[–72]: L'ORDRE DES ‖ ESCOLES DE ‖ GENEVE. ‖ *LA PUBLICATION* ‖ *des loix concernans l'ordre des Escoles de ladite cité* ‖ lin. 8: LE LVNDI cinquieme iour de Iuin, ‖ p. 72, lin. 19: cultez qui seront mises en avant.‖ ; pg. 73[–81]: FORMVLAIRE DE CONFES- ‖ SION DE FOY, QVE LES ESCOLIERS ‖ *auront à faire & soubscrire entre les mains du Re-* ‖ *cteur*. ‖ lin. 5: Ie proteste de vouloir suiure & tenir la doctrine ‖ p. 81, lin. 27: pire souuerain de Dieu demeure en son entier. ‖; pg. 82: *Serment pour le Recteur.* ‖; p. 82[–83], lin. 20: *Serment pour les Professeurs & Regens.* ‖ p. 83, lin. 3: neur de Dieu, & au profit & repos de la ville. ‖ lin. 4: Puis apres a esté declairee & publiee l'election ‖; p. 91, lin. 15: pour vray i'espere qu'il l'empeschera. ‖ lin. 16: Apres la susdite harangue & remonstrance du Re ‖; p. 92, lin. 10: Michel Roset, *Secretaire*. ‖

Forma: 4^0. − 92 p. (p. 1, 2, 3, 56 non numeratae), sign. A_2–L_3, + 1 fol. non numeratum (5 quat. + 1 tern.), 29 lin.; typi: Romani maiores; tituli: cursivi. p. 2 et p. 56 initiale ligno exsculptum. Adnotationes marg. adscript. Inter p. 16 et 17 2 fol. manuscripta postea inserta sunt: Articles || des || Ordonnances Ecclesias- || tiques passez en Conseil || General le 20e. 9bre. 1541. || Lesquels ont eté omis dans || la revision de cés Ordonnances || en 1561. || Emblema: Insignia Genavensia corona inscriptionem portans || "Post Tenebras Lux" circumdata. Super insignia sol litteras portans IHΣ.

Exemplaria exstant: Bibliothèque publique et universitaire de Genève; Universitätsbibliothek Basel; Staatsbibliothek München; Bibliothèque nationale de Paris.

No. 4: Ritus ecclesiasticus Argentorati in liturgia Argentoratensi translatus a Pollano. Beneficio Domini studiorum Ernesti Pfistereri cognoscere potuimus photocopiam exemplaris Musei Britannici, quod possidet.

LITUR- || GIA SACRA, SEV || RITUS MINISTERII IN EC- || clesia peregrinorum profu- || gorum propter Euan- || gelium Christi || ARGEN- || tinae. || ADIECTA EST AD FI- || nem breuis Apologia pro hac Liturgia, Per || VALERANDUM POLLANUM || Flandrum. || PSALM 149. || Laudem Deo canite in Ec- || clesia Sanctorum. || IMPRESSUM LONDINI || per Stephanum Mierdmannum. || 23. Februar. An. || M.D.LI. || S.D.S.M. ||

Forma: 8^0.

Exemplaria exstant: Library of the British Museum London, University Library Cambridge.

Offerimus textum principalem descriptionem Calvini a. 1541. In superiore notarum cavea varietates textus recepti indicantur, in inferiore varietates editionis a. 1561. Maiora interposita, quae post 1541 adiecta sunt, in textum principalem inserta sunt. Inde ubi finis descriptionis Calvini a. 1541 est, textus a. 1561 textus principalis fit, et in cavea inveniuntur minores varietates priorum textuum post a. 1541 ortorum. Appendix denique sequitur ritus Argentoratensis, qualem 1551 Pollanus refert. Ut E. Pfisterer ad persuadendum accomodate comprobare videtur, et anno 1561 et anno 1562 complures editiones factas esse conicere possumus, ut discrimina in exemplari Genavensi et Monacensi a. 1561 et in exemplari Genavensi et Vratislaviensi a. 1562 demonstrant[1].

---

[1] Bekenntnisschriften und Kirchenordnungen der nach Gottes Wort reformierten Kirchen, ed. W. Niesel, München 1938, p. 42.

ORDONNANCES ECCLESIATIQUES

1541 [Projet d'ordonnances sur les offices ecclesiastiques[a1]]

[b]Il y a quatre ordres[2] d'offices, que nostre seigneur a institue [X 16/17] pour le gouvernement de son eglise.

Premierement[c] Les pasteurs, puis les docteurs, apres les anciens (*aultrement nommes Comys pour la seigneurie*)[3], Quartement les diacres.

Pourtant si nous voulons avoir esglise bien |ordonee et [17] l'entretenir en son entier Il nous fault observer ceste forme de Regime:

Quant est des pasteurs, que lescripture nomme aussi aulcunesfois 'evesquez'[d] anciens et ministres, leur office est dannoncer la parole de dieu pour endoctriner, admonester, exhorter et reprendre tant en publiq comme en[4] particulier, administrer les sacremens et faire les corrections fraternelles avec les anciens (*et comys*)[e].

---

a) *Hic titulus manuscripto additus est a viro quodam docto saeculi MDCCCC.* b) *Textus a consilio generali Genavensi receptus sine titulo hanc praefationem insert:* Au nom de Dieu tout puissant. Nous Sindicques, petit et grand conseil avec nostre peuple assemblé au son de[5] trompette et grosse cloche suyvant nos anciennes coustumes, ayant consideré que cest chose digne de recommandation sur toutes les aultres, que la doctrine du sainct Evangile de nostre seigneur soit bien conservee en sa pureté et lesglise chrestienne deuement entretenue[6], que la ieunesse pour ladvenir soit[7] fidellement instruicte, lhospital ordonné en bon estat pour la sustentation des pauvres. Ce qui ne se peut faire synon quil y ait certaine regle et maniere de vivre[8] par laquelle chascun estat entende le debvoir de son office: A ceste cause il nous a semblé advis[9] bon que le gouvernement spirituel, tel que nostre Seigneur la demonstré et institué par sa parole, fust reduict en bonne forme, pour avoir lieu et estre observé entre nous. Et ainsi avons ordonné et estably de suyvre et garder en nostre ville et territoire la police ecclesiastique qui sensuit, comme nous voyons quelle est prise de levangile de Iesuchrist. Premierement il y a ...
c) *Text. recept.* (*t. r.*): Ascavoir. d) *in MS a secretario extinctum; t. r.:* surveillans e) *t. r.:* ou comys

1) *1561:* Les ordonnances ecclesiastiques de l'Eglise de Geneve ci devant faites, depuis augmentees, et dernierement confermees par nos treshonnorez Seigneurs Syndiques, petit et grand Conseil des deux cens, et general, le Jeudi 13 de Novembre, 1561.   2) *1561:* + ou especes   3) > *1561*   4) comme en *1561:* qu'en   5) *1561:* + la
6) *1561:* + par bon regime et police: & aussi   7) *1561:* + bien &
8) *1561:* + establie   9) > *1561*

Or affin que rien ne se face confusement en lesglise, nul ne[1] se doibt ingerer en cest office sans vocation, en laquelle il faut considerer trois choses, assavoir lexamen, qui est le principal. Apres aussi[a] il appartient de instituer les ministres. Tiercement quelle ceremonie ou facon de faire il est bon de garder a les introduire en loffice.

Lexamen contient deux parties, dont la premiere est touchant la doctrine, assavoir si celluy, quon doibt ordonner, a bonne et saincte[b][2] cognoyssance de lescripture. Et puys sil est ydoine et propre pour la communiquer au peuple en edification (*estant premierement appres lexamen fayct presente a la seigneurie*)[c].

Aussi pour eviter tout danger que celluy quon veult retenir[d] n'ait quelque opinion maulvaise, il sera bon[3] quil proteste de recevoir et[4] tenir la doctrine approuee en lesglise[5].

Pour cognoystre sil est propre a enseigner, il fauldra proceder par interrogations et par l'ouyr traicter en prive la doctrine du seigneur.

La seconde partie est de la vie, assavoir sil est de bonnes meurs, et[6] sest tousiours gouverne sans reproche. La reigle dy proceder est tresbien demonstree par sainct paul[7], laquelle il fauldra tenir[8].

Sensuit a qui il appartient dinstituer les pasteurs.

Il sera bon[9] en cest endroict de suyvre lordre de lesglise ancienne, veu que ce nest que[e] practique de ce qui nous est monstre par lescripture. Cest que les ministres eslisent premierement celluy quon doibvra mettre en loffice (*l'ayant faict assavoyre a la seigneurie*)[10]. Apres, quon le presente au conseil[11]. Et sil est trouve digne, que le conseil le recoive et accepte[12] (*ainsi que lon verraz estre expedient*)[f][13] luy donnant tesmonage pour le produyre finablement au peuple en la predication, affin quil soit receu par consentement commun de la compagnye desfidelles[14].

a) *t. r.:* a qui il   b) *t. r.:* saine   c) > *t. r.*   d) *t. r.:* recepvoir   e) *t. r.:* + une   f) *t. r.:* + selon qu'il verra estre expedient

1) > *1561*   2) *1561:* saincte   3) *1561:* est requis   4) recevoir et: > *1561*   5) *1561:* + sur tout selon le contenu du Catechisme. 6) *1561:* + s'il   7) 1. Tim. 3, 1–7; Tit. 1, 5–9   8) *1561:* laquelle il nous convient tous observer   9) Il sera bon *1561:* Nous avons trouvé que le meilleur est   10) la seigneurie *1561:* nostre petit Conseil   11) le ... conseil *1561:* l'y presente   12) que ... accepte *1561:* qu'il y soit receu & accepte   13) > *1561*   14) Epist. Calv. ad Olevianum, Nonis. Nov. 1560, CR opp. Calvin. XVIII 235 No. 3272.

1561 ⟨*Addition de ce qui a esté passé et conclu au conseil des deux* [94]
Cens le 9 de Fevrier 1560 pour declarer comme cest article de la presentation doit estre entendu, et pour corriger l'abus qui s'y estoit commis.

Item, sur ce que lesdits spectables Ministres nous ont remonstré, que l'ordonnance faicte sur leur presentation n'avoit point esté gardee, d'autant que ceux qui estoyent esleuz et acceptez par la Seigneurie ont esté presentez simplement au temple, sans demander si on les approuvoit: et que par cela le peuple et tout le corps de l'Eglise ont esté fraudez de leur liberté, enquoy aussi il nous est apparu qu'on s'estoit destourné de ce qui avoit esté bien estably du commencement: ioint aussi que lesdicts Ministres nous ont remonstré qu'en tout cecy ils ne cherchent point nul avantage pour eux, mais plutost qu'eux et leurs successeurs soyent tenuz en bride plus courte: Nous avons aussi arresté, que L'Edict ancien selon sa teneur soit deuement observé. Et afin de prevenir tel abus comme il estoit survenu, et qu'il n'y ait point de ceremonie en nostre Eglise sans ce que la verité et substance y soit coniointe: nous avons proveu du remede qui sensuit. C'est quand un Ministre sera esleu, que son nom soit proclamé avec avertissement, que celui qui saura à redire sur lui le vienne declarer devant le iour qu'il devra estre presenté: afin que s'il n'estoit point capable de l'office, on procede à nouvelle election.

Et pource que les Anciens qui sont commis pour le Consistoire et superintendence de l'Eglise ont charge commune avec les Ministres de la parole, nous avons aussi arresté que leurs noms soyent publiez an l'Eglise: tant afin qu'ils ayent authorité requise à exercer leur estat, qu'aussi pour donner à tous ceux de l'Eglise liberté d'advertir de leur insuffisance ceux que il appartiendra, assavoir l'un des quatre Syndiques.

1541 ⟨Sil estoit trouve indigne et demonstre tel par probations
⟨legitimes, il fauldra lors proceder a nouvelle election pour en [94]
prendre un aultre.

Quant a la maniere de lintroduyre, il seroit bon de user de limposition des mains, laquelle ceremonye a este gardee des apostres et puys en leglise ancienne, moyennant que cela se face sans superstition et sans offence. Mais pource quil y a eu beaucoup de superstition au temps passe et quil sen pourroit en suivre du scandalle on sen abstient pour linfirmite du temps[a].

---

a) *Totus articulus a secretario extinctus est; t. r.:* Quant a la maniere de l'introduire, pource que les ceremonies du temps passe ont este tournees en beaulcoup de superstitions, a cause de l'infirmite du

Quant il sera esleu quil ait a iurer entre les mains de'messieurs (*la seigneurie*), duquel serment il y aura forme escripte, convenable a ce qui est requis en ung ministre[b][1].

[95] [2] *Mode et forme[3] du serment et promesses que les Ministres* 1561 *evangeliques, admis et receuz en la Cité de Geneve, doivent faire entre les mains des[4] Seigneurs Syndiques et conseil de la dicte Cité[5].*

Je promets et iure qu'au ministere auquel ie suis appelé, ie serviray fidelement à Dieu, portant[6] purement sa parole pour edifier ceste Eglise à laquelle il m'a obligé: et que ie n'abuseray point de sa doctrine pour servir à mes affections charnelles, ne pour complaire à homme vivant, mais que i'en useray en saine conscience pour servir à sa gloire et à l'utilité de son peuple auquel is suis detteur[7].

Je promets et iure aussi[8] de garder les ordonnances Ecclesiastiques, ainsi qu'elles ont esté passees par le petit, grand et general Conseil de ceste Cité: et en ce qu'il m'est là donné de charge d'admonester[9] ceux qui auront failli, m'en acquitter lealement[10], sans donner lieu à haine[11], faveur[11], vengeance ou[12] autre cupidité charnelle, et en general de faire ce qui appartient à un bon et fidele Ministre.

Tiercement ie iure et promets de garder et maintenir l'honneur et le[13] profit de la Seigneurie et de la Cité, mettre peine entant qu'à moy sera possible, que le peuple s'entretienne en bonne paix et union sous le gouvernement de la Seigneurie: et ne consentir aucunement[14] à ce qui contreviendroit à cela, ains de per-

temps, il suffira quil se fasse par un des ministres une declaration en remonstrance de loffice auquel on lordonne puis quon fasse prieres et oraisons affin que le seigneur luy fasse la grace de sen acquiter.

a) *t. r.:* + selon que sensuit: puis fault inserer la forme dont on use.

1) *1561:* duquel serment la forme convenable à un Ministre est ainsi que s'ensuit. 2) *Haec formula velut formula iurandi membris consistorii praescripta in editione a. 1541 annuntiata modo a Calvino senatui Genavensi XVI. Kal. Sext. a. 1542 proposita et approbata est, dum textus formulae pro membris consistorii a. 1561 primum invenitur.*
3) *1542:* de   4) *1542:* de   5) *1542:* + est tienlt comment sensuyt
6) *1542:* pourtant   7) *Additum est a manu quadam aliena:* Et ce tam dans la cite que dehors, et tam en temps de prosperite que daversite, comment de guerre de peste ainsyn qui sera advise.   8) *1542:* aussi et iure   9) *1542:* D'administrer   10) *1542:* loyallement
11) *1542:* + nha   12) *1542:* nha   13) > *1542*   14) *1542:* nullement

sister en ma dicte vocation au service susdit, tant en temps de prosperité que d'aversité, soit paix, guerre, peste ou autrement[1].

Finalement ie promets et iure d'estre suiect à la police et aux statuts de la Cité, et monstrer bon exemple d'obeissance à tous les autres: me rendant pour ma part suiect et obeissant[2] aux loix et au Magistrat. en tant que mon office le portera. C'est à dire, sans preiudicier à la liberté que nous devons avoir d'enseigner, selon que Dieu nous le commande, et faire les choses qui sont de nostre office. Et ainsi[3] ie promets de servir tellement à la Seigneurie et au peuple, que par cela ie ne soye aucunement[4] empesché de rendre à Dieu le service que ie lui doy en ma vocation.

1541 ⌊Or comme il fault[5] bien examiner les ministres quant on les veult eslire aussi fault il avoir bonne police a les entretenir en leur debvoir (*ce que desyrons*)[a].

Premierement[6] sera expedient que touz les ministres, pour conserver purete et concorde de doctrine entre eulx, conviennent ensemble un iour certain de la sepmaine pour avoir conference des escriptures et que nul ne sen exempte sil na excuse legitime Si quelqun y estoit negligent quil en soit admonneste[7].

Quant a ceulx qui preschent par les villages dependans de la seigneurie, 'quon les exhorte⌊ (*que nos ministres de la ville les ayent a exorter*) dy venir touttes les fois quilz pourront. Au reste silz defaillent ung moys entier quon tienne cella pour negligence trop grande, sinon quil y eust maladie ou aultre empeschement legitime[8].

Sil y sortoit quelque different de la doctrine, que les ministres en traictent ensemble pour discuter la matiere. Apres si mestier estoit quilz appellent les anciens (*et comys par la seigneurie*) pour ayder a appaiser la contention. Finablement silz ne pou-

---

a) > *t. r.*

1) ains ... autrement > *1542*   2) *1542:* obeissance   3) *1542:* anfin   4) *1542:*nullement   5) *1561:* Or ainsi qu'il est requis de   6) *1561:* pour quoy faire premierement   7) Epist. Calv. ad Senatum Bernensem, CR opp. Calvin. XIII 435 sq. No. 1295   8) *1561:* + Et pour cognoistre comment chacun est diligent à estudier, et que nul ne s'annonchalisse, chacun exposera à son tour le passage de l'Escriture qui viendra lors en ordre. Et en la fin quand les Ministres se seront retirez, chacun de la compagnie advertira ledict proposant de ce qui sera trouvé à redire, afin que telle censure lui serve de correction.

voient venir a concorde amiable pour lobstination de lune des parties, que la cause soit deferee au magistrat pour y mettre ordre.

    Pour obvier a tous scandales de vie il sera mestier quil y ait forme de correction (*laquelle appartiendra a la seigneurie Et*)[a] a laquelle ¹tous¹ se soubmettent, qui sera aussi le moyen que le ministere soit conserve en reverence et que la parolle de dieu ne soit par le maulvais bruit des ministres en deshoneur ou mespris. Car comme on corrigera celluy qui l'aura merite[2], aussi sera mestier[3] de reprouver[b] les calumnies et faulx rapportz quon pourroit faire iniustement contre les innocents.

    Mais premierement fault noter quil y a des crimes qui sont du tout intollerables en un ministre, et y a des vices quon peult aultrement[4] supporter moyennant quon en face admonitions fraternelles[c].

Les premiers sont

Heresie
Scisme
Rebellion contre lordre ecclesiastique.
Blaspheme manifeste et digne de peine civile.
Simonye et toute corruption de presens[d].
Brigues pour occuper le lieu dun aultre.
Delaisser son esglise sans conge legitime[e] et iuste vocation
Faulsete
Periure
Paillardise
Larrecins
Ivrognerye
Batterie digne destre punye par les loix.
Usure
Ieux deffendus par les loix et scandaleux
Dances et telles dissolutions
Crimes emportant imfamye civile
Crime qui merite en un aultre separation de lesglise

Les secons

Facon estrange de traicter lescripture laquelle tourne en scandale.

---

    a) laquelle ... Et *t. r.:* sur les ministres, selon quil sera expose puis apres   b) *t. r.:* reprimer   c) *t. r.:* admonition fraternelle   d) *t. r.:* presentz   e) *t. r.:* licite

    1) *1561:* eux tous sans nul exempter   2) *1561:* celui qui aura delinqué   3) *1561:* besoin   4) *1561:* aucunement

Curiosite a[a] chercher questions vaines.
Advancer quelque doctrine ou facon de faire non receue en lesglise.
Negligence a estudier et[b] lire les sainctes escriptures.
Negligence a reprendre les vices, prochaine a flatterie
Negligence a faire touttes choses requises a loffice
Scurrilite.
Menterie.
Detraction.
Paroles dissolues.
Paroles iniurieuses.
[1]Temerite, maulvaises cautelles.
Avarice et trop grande chichete.
Cholere desordonnee
Noyses et tenseries
Dissolution indecente a un ministre tant en abillemens comme en gestes et aultre facon de faire.

Quant est des crimes quon ne doibt nullement porter, sil sen dresse quelque accusation en murmure, que lassemblee des ministres et anciens en enquerrent, affin de y proceder par raison et selon quon en trouvera quilz en iugent, et puys rapportent le iugement au magistrat affin que si mestier est le delinquent soit depose[c].

[d] Quant est des vices moindres quon doibt corriger par admonition simple, quon y procede selon lordre de nostre seigneur[e], tellement que le dernier soit[f] venir au iugement ecclesiastique[g].

---

a) *t. r.:* de   b) *t. r.:* + principallement a   c) *Totus articulus a secretario extinctus et in textu recepto hoc modo permutatus est:* Quant est des crimes quon ne doibt nullement porter, si ce sont crimes civilz, cest a dire quon doibve punir par les loix, si quelquun des ministres y tombe, que la seigneurie y mette la main et que oultre la peine ordinaire dont elle a coustume[1] de chastier les aultres, elle le punisse, en le deposant de son office.   d) *t. r. hic insert hunc articulum:* Quant est des aultres crimes, dont la premiere inquisition appartient au consistoire ecclesiastique, que les commis ou anciens avec les ministres veillent dessus. Et si quelquun en est convaincu, quils en facent le raport au conseil avec leur advis et iugement; ainsi que le dernier iugement de la correction soit touiours reserve a la Seigneurie.   e) *t. r.:* selon lordre de necessité   f) *t. r.:* + de   g) *Articulus a secretario extinctus, in textu recepto autem restitutus est.*

1) *1561:* accoustumé

Pour maintenir ceste discipline en son estat, que de trois mois en trois mois les ministres aient specialement regard sil y a rien a redire entre eulx, pour y remedier comme de raison.

[98] *Ordre sur la visitation des Ministres et paroisses dependantes de Geneve*[1]. 1564

Mais encore afin de conserver bonne police et union[2] de doctrine en tout le corps de l'Eglise de Geneve, c'est à dire tant en la ville comme aux paroisses dependantes de la Seigneurie que le Magistrat eslise deux des Seigneurs de leur Conseil: et semblablement les Ministres an eslisent deux de leur congregation, qui ayent la charge d'aller une fois l'an visiter chacune parroisse, pour s'enquerir si le Ministre du lieu auroit point mis en avant quelque doctrine nouvelle et repugnante à la pureté de l'Evangile.

Secondement, que cela serve pour s'enquerir si le Ministre presche en edification, ou s'il a quelque façon scandaleuse, ou qui[3] ne soit point convenable à enseigner le peuple: comme d'estre trop obscur, de traiter questions superflues, d'user de trop grande rigueur, ou quelque vice semblable.

Tiercement, pour exhorter le peuple à frequenter les predications, y prendre goust et en faire son profit pour vivre Chres-

---

1) *Iam a. 1544 senatui Genavensi ordinis visitationis necessitas a Calvino demonstrata est. Ad hanc disputationem senatus commentarii ut sequuntur spectant* (*Registres du Conseil*): 12. d. Maii: Mons. Calvin: Lequel a presente aulchongs articles sur le regime des Eglises a present applicque a Geneve, requerant jl mectre ordre affin que Dieu soyt honnoré ainsi quil appartient. Remis a demain pour avoyer confabulation avecques nous amys. 13. d. Maii: Ministres de la parolle de Dieu: les queulx hont bailles plusieurs articles sur le regime de l'eglise requerant jl avoir advys. Et sur ce ordonne que les Sgrs. Coquet, Chican, Roset et Salaz ce doybgent assembler appres disne et doybgent adviser de assembler les villages et lieux propres pour establir predicans et debvront fere leur relacion jeudi prochain. 15. d. Maii: Ordre et administration des ministres et eglises. L'on a advise sus tel ordre et a este redige par escript, et sur ce ordonne d'en avoyer conference avecques Mons. Calvin et aultres ministres. 22. d. Maii: Mons. Calvin ministre ... Et quant a ce quil a pres advise de mestre ordre sus les paroches et les eglises de Geneve qui sont hors la Cite, quil viengne aut sermon quant il advyent de coustume contraire. *Sed a. 1546* (*III. Id. Jan.*) *solum societatis venerabilis protocolla* (*Registres de la Vénérable Compagnie*) *huius ordinis formulam compositam approbatamque referunt. Eandem formulam editio a. 1561 nobis praebet.* 2) *1546:* Premierement, affin de conserver bonne union. 3) *1546:* que

tiennement: et lui remontrer quel est l'office du Ministre, afin qu'il aprene comme il s'en doit servir.

Quartement, pour savoir si le Ministre est diligent tant à prescher comme à visiter les malades, et admonester en particulier ceux qui en ont besoin, et à empescher qu'aucune chose[1] se face au deshonneur de Dieu.

Et aussi[2] s'il meine vie honneste, monstrant de soy[3] bon exemple: ou vrayement[4] s'il fait quelques dissolutions ou legeretez qui[5] le rendent contemptible et sa famille aussi, ou s'il s'accorde bien avec le peuple[6].

La façon de visiter.

Que le Ministre deputé à cest office, apres avoir presché et admonesté le peuple selon que[7] dessus a esté dit, s'enquiere des gardes et procureurs de la paroisse tant sur la doctrine que la vie de leur Ministre, et pareillement sur la diligence et façon d'enseigner: les priant au nom de Dieu ne souffrir ne[8] dissimuler chose qui[7] empesche l'honneur de Dieu, l'avancement de sa Parole, ni[9] le bien de tous.

Selon qu'il aura trouvé, qu'il en face le rapport à la congregation: afin que s'il y avoit quelque faute au frere dont il sera question, laquelle ne merite point plus grande correction que de parole, qu'il en soit admonesté selon la coustume. S'il y avoit offence plus grieve qui ne deust point estre supportee, qu'on y procede à la forme des articles qui sont passez: assavoir que lesdicts quatre deputez nous rapportent l'affaire, afin d'y proceder comme de raison.

Que ceste visitation n'emporte aucune cognoissance de cause, ni espece de iurisdiction, mais que soit seulement un remede pour obvier à tous scandales: et sur tout que les Ministres ne s'abastardissent point et ne se corrompent.

Aussi qu'elle n'empesche point ensorte que ce soit le cours de la Iustice, et n'exempte point les Ministres de la subiection commune, qu'ils ne respondent és[10] causes civiles, comme un chacun devant la Iustice ordinaire: qu'aussi[11] pour crimes on n'enquiere sur leurs personnes et[12] qu'ils ne soyent punis quand ils auroyent offensé. Et en somme, que leur condition demeure pour l'advenir telle qu'elle est de present[13].

---

1) *1546:* rien ne   2) *1546:* Quintement   3) monstrant de soy *1546:* et quil monstre   4) > *1546*   5) *1546:* que   6) et ... peuple *1546:* ou sil saccorde bien avecq le peuple et pareillement toute sa famille   7) *1546:* comme   8) *1546:* ny   9) *1546:* ne   10) *1546:* en   11) *1546:* que   12) > *1546*   13) *1546:* + Tel a esté tousiours lordre en lesglise ancienne doys le temps des apostres: et

ORDONNANCES 337

Du nombre, lieu et temps des predications. 1541

Le dymanche quil y ait sermon au poinct du jour a sainct pierre et sainct gervais et a lheure accoustumee a Rive (auditz sainct pierre)[a] et sainct gervais[1].

5 A mydy quil y ait cathechisme, cest a dire instruction de petiz enfans en touttes les troys esglises[2], assavoir la magdelene, sainct pierre et sainct gervais[b].

A troys heures a Rive (en sainct pierre) et sainct gervais le second sermon[c]. Pour envoier les enfans au cathechisme et pour
10 recevoir les sacremens, que en tant quil se pourra faire on observe les limites des paroysses. Cest que sainct gervais contienne ce quil avoit du temps passe, la magdeleine pareilement, sainct
[21] pierre ce qui appartient anciennement a sainct germain, saincte croix, nostredame la neufve, sainct Legier[3].

15 Es jours ouvriers oultre les deux predications qui se font, que troys fois la sepmaine on presche a sainct pierre, assavoir le lundy, mardy[d] et vendredy une heure, devant quon commence aux autres lieux! (*Et que les sermons soyent sonnes et faict lun appres lautre et quant au jour de la priere lon doybje venyr au*
20 *sermon au temple sainct pierre le jour quil sera sonne a la grosse cloche*[e4].

---

auiourdhuy est observé aux esglises que sont reformees a la pure doctrine de levangile. Nous scindicques et conseil de geneve etc. ayantz vheu et entendu les ordonnances sus escriptes: a esté par nous
25 ordonné et arresté que jcelles soyent observees et mises en effect. Faict et passé en nostre ordinaire conseil ce unziesme de Janvier. Lan de nostre Seigneur mil cinq centz quarante et six. Mesdicts Seigneurs Scindicque et Conseil.

a) *t. r.:* + a la magdeleine   b) *t. r.:* s. Pierre, la magd. et S. G.
30 c) *t. r.* + *1561:* A trois heures bien[5] toutes les trois parroisses.   d) *t. r.:* mercredi   e) *t. r.:* Et que ces sermons soyent sonnez lung apres lautre a telle heure quilz puissent estre finitz devant quon com-

1) Du nombre ... gervais *1561:* Quant au nombre, lieu et temps des predications, qu'il y soit avisé selon l'exigence des temps. Mais
35 que le Dimanche pour le moins il y ait sermon au poinct du iour à sainct Pierre et à sainct Gervais, et à l'heure accoustumee audict sainct Pierre, à la Magdalene, et à sainct Gervais.   2) *1561:* temples
3) Pour envoier les enfans ... sainct Legier: > *1561*   4) Es jours ouvriers ... grosse cloche *1561:* Les iours ouvriers qu'il y ait presche
40 tous les iours és trois parroisses, sainct Pierre, la Magdalene et sainct Gervais à une mesme heure: assavoir, d'esté depuis Pasques iusques au premier d'Octobre dés six heures iusques à sept: et d'hyver

22

Pour soubstenir ces charges et aultres qui sont du ministere il sera besoin davoir cinq ministres et troys coadiuteurs qui seront aussi ministres pour ayder et soubvenir selon que la necessite le requerra[1].

Sensuyt du second ordre que nous avons nomme de docteurs.

Loffice propre de[a] docteurs est denseigner les fidelles en saine doctrine, affin que la purete de levangile ne soit corrompue ou par ignorance ou par maulvaises opinions. Toutesfois selon que les choses sont auiourdhuy disposees nous compregnons en ce tiltre les aydes et instructions[2] pour conserver la doctrine de dieu[3] et faire que lesglise ne soit desolee par faulte de pasteurs (*et ministres*), ainsi pour user dun mot plus intelligible nous appellerons[b] lordre des escolles.

Le degre plus prochain au ministere et plus conioinct[c] au gouvernement de lesglise est la lecture de theologie, dont il sera bon quil y en ait au vieil et nouveau testament.

Mais pource quon ne peult proufiter en telles lecons que premierement on ne soit instruict aux langues et sciences humaines et aussi[4] est besoing de susciter de la semence pour le temps advenir, affin de ne laisser lesglise deserte a nous[d] enfans, il fauldra dresser college pour instruire les enfans[e], affin de les[5] preparer tant au ministere que gouvernement civil.

Pour le premier, fauldra assigner lieu propre tant pour faire lecons que pour tenir enfans et aultres qui voudroient profiter, avoir homme docte et expert pour disposer tant de la maison comme des lectures, et qui puysse aussi lire, le prendre et soldoyer a ycelle[f] condition quil aye soubz sa ˡcharge lecteurs tant aux langues comme en dialectique sil se peult faire. Item des

---

mence allieurs. Si ce faict quelque priere extraordinaire pour la necessite du temps, on gardera lordre de dymenche[6].

dés sept iusques à huict. Mais que les prieres soyent specialement le iour du Mercredi, sinon que ci apres fust establi autre iour selon l'opportunité du temps. Outre lesdites predications, qu'on presche trois fois la sepmaine de matin à sainct Pierre: assavoir Lundi, Mercredi et Vendredi: et à sainct Gervais le Mercredi, avant les susdits sermons ordinaires   5) *1661:* + en.

a) *t. r.:* des   b) *t. r.:* lapellerons   c) *t. r.:* adioingt   d) *t. r.:* nos
e) *t. r.:* pour les instruire   f) *t. r.:* celle

1) Pour soubstenir ... requerra: > *1561*   2) *1561:* instrumens
3) la doctrine de dieu *1561:* semence à ladvenir   4) *1561:* ainsi
5) affin de les *1561:* et   6) Et que ces ... dymenche: > *1561*

bacheliers pour apprendre les petiz enfans et de ce esperons pourvoybre en briefz a layde du seygneur*.

Que touz ceulx qui seront la soient subiectz a la discipline ecclesiastique comme les ministres¹.

5 Quil ny ait aultre escolle par la ville pour les petiz enfans, mais que les filles ayent leur escolle a part, comme il a este faict par cydevant.

Que nul ne soit receu sil nest approve par les ministres[b] (*layant premierement presente a la seygneurie et fayct assavoyre,*
10 *et lors de rechief quil nous soit presente*) avec leur tesmonage de peur des inconveniens (*toutesfois lexamen debvraz estre fayct present deux des seigneurs du petit conseil*)[b2].

Sensuyt le troisiesme ordre qui est des anciens (*que ce dyront estre³ comys ou deputes par la seygneurie au consistoyre*).

15 Leur office est de prendre garde sur la vie dun chascun, dadmonester amyablement ceulx quilz verront faillir ou[c] mener vie desordonnee, et la ou il en seroit mestier faire rapport a la compaignye qui sera deputee pour faire les corrections fraternelles et[d] les faire[e] avec les aultres.

20 Comme ceste esglise est disposee, il seroit[f] bon den eslire⁴ deux du conseil estroict, quatre du conseil des soixante, et six du conseil des deux cens, gens de bonne vie et honeste, sans reproche et hors de toute suspection, sur tout craignans dieu et ayans bonne prudence spirituelle. Et les fauldra tellement eslire
25 quil y en ait en chascun quartier de la ville, affin davoir loeil par tout. (*Ce que desia par bonne resolution de conseil az ete fayct*)[g].

La maniere de les eslire semble estre bonne telle[h] (*cest*) que !messieurs du conseil[i] (*le conseil*) estroict]advisent! (*advise*) de nommer les plus propres quon pourra trouver et les plus suffi-
30 sans, et pource faire appeler les ministres pour en communiquer

---

a) et de ce ... seigneur *t. r.:* ce que nous voulons et ordonnons estre faict.   b) *t. r.:* par les ministres, layant premierement faict scavoir a la seigneurie et alors derechef quil soit presente au conseil avec leur tesmoignage de peur des incoveniens. Toutesfois
35 lexamen debvra estre faict present deux des seigneurs du petit conseil.   c) *t. r.:* et   d) *t. r.:* + lors   e) *t. r.:* communement   f) *t. r.:* sera   g) *t. r.:* ce que voulons estre faict⁵   h) *t. r.:* Pareillement nous avons determine que la maniere de les eslire soit telle

1) Pour le premier ... ministres: > *1561; 1561:* + De la façon
40 d'y proceder elle se trouvera au livre de l'Ordre des Escoles.   2) Que nul ... conseil: > *1561*   3) que ... estre: > *1561*   4) il ... eslire *1561:* qu'on en eslise   5) ce ... faict > *1561*

avec eulx, puys quilz presentent ceulx quilz auront advise au conseil des deux cens, lequel les approuvera. Sil les trouve dignes[a][1], quilz facent | serment particulier dont la forme se pourra facillement dresser[b][2]. [23]

1561 *Serment du Consistoire*[3]

Ie iure et promets suivant la charge qui m'est donnee, d'empescher toutes idolatries, blasphemes, dissolutions et autres choses contrevenantes à l'honneur de Dieu et à la reformation de l'Evangile, et d'admonester ceux qu'il appartiendra, selon que l'occasion m'en sera donnee.

Item, quand ie sauray chose digne d'estre rapportee au Consistoire, d'en faire mon devoir fidelement, sans haine ni faveur, mais seulement afin que la ville soit maintenue en bon ordre et en la craine de Dieu.

Item, quant à tout ce qui sera de l'office, de m'en acquiter en bonne conscience : et d'observer les ordonnances qui sont passees sur cela par le petit, grand et general conseil de Geneve.

1541 Et au bout de lan, apres avoir esleu le conseil, quilz se presentent a |messieurs| (*la seygneurie*) affin quilz regardent silz les debveront continuer ou changer[c]. Combien quil ne seroit expedient de les changer souvent sans cause, quant ilz se acquiteront de leur debvoir fidelement.

Le quatriesme ordre du gouvernement ecclesiastique assavoir les diacres.

Il y en a eu tousiours deux especes en lesglise ancienne, les ungs ont este deputez a recevoir, dispenser et conserver les biens des pouvres, tant aulmosnes quotidiannes que possessions, rentes et pensions. Les aultres pour soigner et panser[d] les malades et administrer la pitance des pouvres, laquelle coustume nous tenons encorres de present[e][4]. Car nous avons procureurs et

---

a) *t. r.*: apres estre approuvez   b) *t. r.*: sera dressee comme pour les ministres   c) *t. r.*: quon regarde silz debvront estre continuez ou changez.   d) *t. r. falso:* penser   e) *t. r.*: + Et affin deviter confusion

1) *1561:* lequel les approuvera, s'il les trouve dignes. Appres estre approuvez; Epist. Calv. ad Olevianum, Nonis Nov. 1560, CR opp. Calvin. XVIII 236 No. 3272   2) *1561:* qu'ils facent serment particulier en la forme qui sensuit   3) *Vide pg.* 331 *adnot.* 2   4) laquelle ... present > *1561; 1561:* + A quoy c'est bien raison que toutes villes Chrestiennes se conforment, comme nous y avons tasché et voulons encor continuer à l'advenir.

hospitalliers. (*Et*ᵃ *que l'un des quattres procureurs dudictz hospital soyt recepveur de tout le bien dicelluy. Et quil aye gage competant affin de exercer mieulx son office, surquoy deyjà az este pourvise*)ᵇ.

Le nombre !que messieurs ont depute des procureurs! (*des procureurs deputes pour lhospital icelluy*) nous semble bon, mais nous desirons quil y ait aussi recepte apartᶜ, (*comment dessus est dict*), tant affin que les provisions soient faictes mieulx en temps, queᵈ affin que ceulx qui vouldront faire quelque charite¹ soient plus certains que le bien ne sera employe aultrement que a leur intention. Et si le revenu que messeygneurs assigneront ᵉ ne suffisoit, ou bien quil y survint necessite extraordinaire !on les supplira de vouloir y ! (*la seygneurie advisera de*) adiouster selon lindigence quon y verra.

Que lelection tant des procureurs que des hospitalliers se face comme des anciens (*et comys au consistoire*) et en les eslisant quon suyve la reigle que baille sainct paul des dyacresᶠ.

Touchant loffice des procureurs nous trouvons bonsᵍ les articles, que messieurs (*par nous*) leur ont (*este*) iaʰ ordonne, moyennant que en choses urgentes et ou il y auroit danger de differer, principalement quant il ny a point grande difficulte, et quil nest pas question de grans despens, quilz ne soient pas contrains de sassembler tousiours, mais que ung ou deux puyssent ordonner en absence des aultres ce qui sera de raison.

[24] Il sera mestier de beilleri diligemment que lhospital commun soit bien entretenu, et que ce !soit tant pour les malades que vieilles gens qui ne peuvent travaillerᵏ, femmes veufves, enfans orphelins et aultres pouvres. Et toutesfoys quon tienne les mallades¹ en ung corps de logys apart et separe des aultres gens qui ne peuvent travailler, hommes vieulx, femmes veufves, enfans orphelins et aultres pouvresᵐ².

Item que la sollicitude des pouvres qui sont dispersez par la ville revienne la selon que les procureurs en ordonneront.

---

a) > *t. r.* b) surquoy ... pourvise: > *t. r.* c) Le nombre ... apart *t. r.:* Que le nombre des quatres procureurs demeure comme il a este, dont lun aura charge de la recepte comme il a este dict d) > *t. r.* e) que ... assigneront *in MS extinctum a secretario* f) *t. r.:* + 1. Timoth. 3, 8-13; Tit. 1, 5 sqq. g) des ... bons *t. r.* et auctorite des procureurs nous confermons h) *a secretario deletum, a t. r. restitutum* i) *t. r.:* veiller k) *t. r.:* item³ l) *t. r.:* quon les tienne⁴ m) gens ... pouvres: > *t. r.*

1) *1561:* aux povres 2) gens ... pouvres: > *1561* 3) > *1561* 4) 1561: qu'on tienne les malades

Item que oultre lhospital des passans, lequel il est besoing de conserver, quil y ait quelque hospitalite a part pour ceulx quon verra estre dignes de charite speciale. Et pour ce faire, quil y ait une chambre speciale^a deputee pour recevoir ceulx qui seront adressez des procureurs, et quelle soit reservee en cest usage.

Que sur tout cela soit en recommendation que les familles des hospitalliers soient honestement riglees et selon dieu, veu quilz ont a gouverner maisons dediees[1] a dieu.

Que les ministres et les anciens[b] (*et les comys avecqz l'un des seygneurs syndicques*)[2] aient de leur part soing denquerir sil y avoit quelque[3] faulte ou indigence de rien[4]: affin de pryer et admonester |messieurs| (*la seigneurie*) de mettre ordre. Et que pour ce faire tous les trois mois quelques^c[5] de leur compagnye avec les procureurs facent visitation a lhospital pour cognoistre si tout est bien rigle.

Il seroit bon[d] aussi que tant pour les pouvres de lhospital, que pour ceulx de la ville qui nont pas de quoy sayder |messieurs eussent| (*quil y eust*)[e] ung medecin et un chirurgien propre |a leurs gages| (*aux gages de la ville*) qui neantmoins practiquassent en la ville: mais cependant feussent tenuz davoir soing de lhospital et visiter les aultres pouvres.

1561 Et pource qu'en nostre hospital sont retirez non seulement [103] vieux et malades, mais aussi des ieunes enfans à cause de leur povreté: nous avons ordonné qu'il y ait tousiours un maistre pour les instruire en bonnes moeurs, et és elemens des lettres et de la doctrine Chrestienne: principalement il catechisera, enseignant les domestiques dudit hospital, et conduira lesdits enfans au college.

1541 Quant est de lhospital pour la peste, quil eust^f[6] tout son cas separe apart, et principalement sil |advenoit^g que la ville fust [25] visitee de ceste verge de dieu[7].

Au surplus, pour empescher la mendicite, laquelle est contraire a bonne police, il seroit bon que messieurs y missent quel-

---

a) > *t. r.*   b) *extinctum a secretario*   c) *t. r.:* quelcuns   d) *t. r.:* il fauldra   e) *t. r.:* quil y ait   f) *t. r.:* quil ait   g) *t. r.:* sil advient[8]

1) *1561:* en gouvernement la maison dediee   2) *1561:* Que les ministres et les commis ou Anciens avec l'un des Seigneurs Syndiques   3) sil ... quelque *1561:* si en la dicte administration des povres y a   4) *1561:* aucune   5) *1561:* quelques uns   6) *1561:* qu'il y ait   7) *1561:* fust par telle verge visitee de Dieu   8) *1561:* advenoit

ques ungs de leurs officiers (*et ainsy havons ordonne que il aye lun de nous officiers*)ᵃ a lissue des esglises pour oster ceulx de la place qui vouldroient belistrerᵇ. Et si c'estoient affronteurs, ou quilz se rebecquassent, les mener a lung de messieurs les syndicques¹. Pareillement que au reste du temps les dizeniers yᶜ prinsent² garde que la deffence de ne point mendier feust³ bien observee.

Des sacremensᵈ.

Que le baptesme ne se face que a lheure de la predication, et quil soit administre seulement par les pasteurs (*ministres*) ou coadiuteurs⁴, et quon enregistre les noms des enfans avec les noms de leurs⁵ parens, que sil se trouvoit⁶ quelque bastard la iustice en soit advertie⁷.

Que les pierres ou baptistaire soit aupres de la chaire: affin quil y ait meilleure audience a reciter le mystere et lusaige du baptesmeᵉ.

Quon ne recoive estrangers pour comperes que gens fidelles et de nostre communion, veu que les aultres ne sont capables de faire promesse a lesglise dinstruyre les enfans comme il appartient⁸.

[103] Item, que ceux qui auront esté privez de la Cene n'y soyent 1561 pas receus non plus, iusques à ce qu'ils se soyent reconciliez à l'Eglise⁹.

[104] Et pource qu'il y a eu certains noms en ce pays du tout appliquez à idolatrie ou sorcellerie, de Claude, ou des trois rois, qu'on appele: qu'il y en a eu aussi des noms d'office, comme Jean Baptiste et Ange: tiercement, que le nom de Suaire a esté imposé aux hommes, qui est une sottie par trop lourde: afin d'exclurre

---

a) *t. r.:* il fauldra que la seigneurie commette quelcungs de ses officiers, et ainsi avons ordonne¹⁰ b) *t. r.:* resister¹¹ c) > *t. r.* d) *t.r.:* + Du baptesme¹² e) *Hic articulus a secretario extinctus et hoc modo permutatus est:* Que les pierres ou baptistaire quelle doybient demeurer ainsy quelle sont mises. *t. r. omittit totum articulum.*

1) *1561:* à l'un des Syndiques 2) *1561:* prenent 3) *1561:* soit 4) ou coadiuteurs: > *1561* 5) les...leurs *1561:* ceux des 6) *1561:* trouve 7) *1561:* + pour sur tel affaire proceder ainsi qu'est de raison. 8) *1561:* ainsi qu'il est requis 9) Epist. Calv. ad Olevianum, Non. Nov. 1560, CR XVIII 235 sq. No. 3272 10) *1561:* il faudra, et ainsi l'avons ordonné, que la Seigneurie commette quelques uns de ses officiers 11) *1561:* belistrer 12) > *1561*

du sainct Baptesme telles profanations, avons depuis ordonné d'abolir telles corruptions et abus[1].

1541
De la cene.

Puys que la cene a este instituee de nostre seigneur pour nous estre en usage plus frequent, et aussi quil a ainsi este observe en lesglise ancienne, iusques a ce que le dyable a tout renverse, erigeant[2] la messe au lieu dicelle, cest ung deffault quon doibt corriger, que de la celebrer tant peu souvent[3]. (*Toutesfoys pour au*[4] *present y avons advise et ordonne, que Elle soyt administree quatre foys l'annee, assavoyre a*[5] *noel*[6], *pasques, penthecoste et le premier dymenche de septembre en aulthone*).

Parquoy sera bon, que tousiours unesfois le moys elle soit administree en la ville, tellement que tous les troys moys elle revienne en chascune paroysse, Oultre que trois foys lan on la face par tout assavoir a pasques, penthecoste et noel, en telle sorte neantmoins que ce moys la elle ne soit repetee en la pa-. roysse laquelle lors seroit en son jour[a].

Que les ministres distribuent le pain en bon ordre et avec reverence, et que nul aultre ne donne le calyce sinon les anciens (*comys*) ou diacres avec les ministres, et pour ceste cause quil ny ait point multitude de vaisseaulx.

[26]

Que les tables soient pres de la chaire, affin que le mistere[7] se puysse mieulx[b] commodement[8] exposer pres des tables.

Quelle ne soit celebree quen lesglise[9] iuscques a meilleur opportunite.

Que le dymanche devant quon la[c] celebre[10] quon[d] en face la denonciation, affin que nul enfant ny vienne devant que avoir fait[e] profession de sa foy selon quil sera expose au cathechisme, et aussi quon exhorte[11] tous estrangers et nouveaulx venuz de

---

a) *totus articulus a secretario extinctus est.*   b) *t. r.:* + et plus
c) > *t. r.*   d) *t. r.:* on   e) *t. r.:* + la

1) *Iam a. 1546 (X. Kal. Dec.) articulus de nominibus vetitis copiosus a Calvino compositus et a senatu approbatus est. Archivi Genavenses (Archives de Genève, Pièces histor. no. 1384) commentationem Calvini, Societatis Venerabilis protocolla (Registres de la Vénérable Compagnie Vol. A. pg. 37) articulum emendatum probatumque praebent. Vide CR X pg. 49*   2) *1561:* dressant   3) *1561:* tant rarement   4) *1561:* le   5) *1561:* le plus prochain Dimanche de   6) *1561:* + à   7) *1561:* le Ministre   8) *1561:* plus commodement et mieux   9) *1561:* qu'au temple   10) *1561:* + ladicte Cene   11) *1561:* pour exhorter

se venir premier representer a lesglise, affin destre instruitz silz en avoient mestier, et ainsi[a][1] que nul nen[2] approche a sa condemnation[3].

Des chants Ecclesiastiques[4].

Nous avons aussi ordonné d'introduire les chants Ecclesiastiques tant devant qu'apres le sermon, pour mieux inciter le peuple à louer et prier Dieu.

Pour le commencement on apprendra les petitz enfans, puis avec le temps toute l'Eglise pourra suivre.

Du mariage.

Que apres la denonce[5] des bans acoustumee[b] on face les esponsailles[6] quant les parties le requerront, tant le dymanche que les iours ouvriers, moyennant que se soit au commencement du presche[7], seulement il sera bon que[8] le jour quon aura celebre la cene on sen abstienne pour lhonneur du sacrement.

Il sera bon dintroduyre les chantz ecclesiastiques pour mieulx inciter le peuple a pryer et louer dieu.

Pour le commencement on apprendra les petiz enfans, puys avec le temps toutte lesglise pourra suyvre[9].

Touchant les differences en causes matrimoniales, pource que ce nest pas matiere spirituelle, mais[10] meslee avec la politique, |nous remettons cela a messieurs, les pryans neantmoins de vouloir sans plus delayer| (*cela demore a la seigneurie: ce neantmoyns advons advise de*) dresser ung consistoire pour |en iuger| (*aoyr les parties*), auquel |si bon leur semble ilz pourront conioindre quelques ungs des ministres comme conseillers: sur tout quil leur plaise deputer gens pour faire ordonnances lesquelles on suyve doresnavant| (*seraz conioint quelquun des ministres comment conseller. Et adviserons leur dresser ordonnances lesquelles doybient suyvre doresnavant*)[c].

---

a) *in MS falso:* aussi, *quod Calvinus sua manu correxit*   b) *t. r.:* acoustumes   c) nous remettons ... doresnavant *t. r.:* cela demeurera a la seigneurie. Ce neantmoyns avons advise de laisser au consis-

1) *1561:* par consequence   2) *1561:* n'y   3) Epist. Calv. ad Olevianum, Non. Nov. 1560, CR XVIII 236 No. 3272   4) *Recte hic sequuntur, paucis verbis variatis, duo articuli de cantico* (adnot 9)   5) *1561:* publication   6) *1561:* on celebre et benisse le Mariage en l'Eglise   7) *1561:* + Et quant à l'abstinence d'icelles, il sera bon que tant   8) il sera bon que: > *1561*   9) Il sera bon dintroduyere ... pourra suyvre 1561: *vide supra adnot.* 4   10) *1561:* ains stoire

1561 S'ensuivent lesdites ordonnances, depuis passees [105]
le Jeudi 13. de Novembre, 1561

Quelles personnes ne se peuvent marier sans congé.

Quant aux ieunes gens, qui iamais n'ont esté mariez, que nuls, soyent fils, soyent filles ayans encores leurs peres vivans, n'ayent puissance de contracter mariage, sans congé de leursdicts peres : sinon qu'estans parvenus à aage legitime, assavoir le fils a vingt ans, et la fille à dix huict : et qu'apres ledict aage passé ils ayent requis ou faict requerir leurs peres de les marier, et qu'iceux n'en ayent tenu conte, et qu'il en ait esté cognu par le Consistoire, apres avoir appelé lesdicts peres, et les avoir exhortez de faire leur devoir : auquel cas il leur sera licite de se marier, sans l'authorité de leurs peres.

Que le semblable soit observé aux pupilles, qui sont sous l'authorité de tuteurs ou curateurs. Toutesfois que la mere ou le curateur ne puisse marier celui ou celle qu'ils auront en charge, sans appeler quelcun des parents, s'il y en a.

S'il advient que deux ieunes gens ayent contracté mariage ensemble de leur propre mouvement par folie, ou legereté, qu'ils en soyent punis et chastiez : et que tel mariage soit rescindé à la requeste de ceux qui les ont en charge.

S'il se trouve quelque subornation, ou¹ que quelcun, soit [106] homme ou femme, les ait induits à cela, que la punition soit de trois iours au pain et à l'eau, et de crier merci devant la Iustice à ceux à qui il attouchera.

Que les tesmoins qui se seront trouvez à faire tel mariage, soyent aussi punis par prison d'un iour au pain et à l'eau.

Que nul ne face promesse clandestine, sous condition, ou autrement, entre les ieunes gens qui n'auront point encore esté mariez : mais qu'il y ait pour le moins deux tesmoins, autrement le tout sera nul.

En cas que les enfans se marient sans congé de pere, ou de mere, en l'aage qui leur a esté permis ci dessus, estant cognu

---

toire la charge douyr les parties affin den rapporter leur advis au conseil. Pour assoir iugement bonnes ordonnances soient dressees¹ lesquelles on suyve doresnavant.

1) affin ... dressees *1561:* afin d'en rapporter leur avis au Conseil, pour asseoir iugement : et que bonnes ordonnances soyent dressees.

par la Iustice qu'ils ont licitement fait, pour la negligence, ou trop grande rigueur de leurs peres: que les peres soyent contraints à leur assigner dot, ou leur faire tel parti et condition comme s'ils y avoyent consenti: à la dicte et cognoissance du Conseil estroit, apres avoir eu l'advis et rapport des parents, et avoir eu esgard és circonstances et qualitez des personnes et biens.

Que nul pere n'ait à contraindre ses enfans à tel mariage que bon lui semblera, sinon de leur bon gré et consentement: mais que celui ou celle qui ne voudroit point accepter la partie que son pere lui voudroit donner, s'en puisse excuser, gardant tousiours modestie et reverence: sans que pour tel refus le pere lui en face aucune punition. Le semblable sera observé en ceux qui sont en curatele.

Que les peres ou curateurs n'ayent à faire contracter mariage à leurs enfans ou pupilles, iusques, à ce qu'ils soyent venus en aage de le confermer. Toutesfois s'il advenoit que quelque enfant ayant refusé de se marier selon la volonté du pere, choisist puis apres un mariage qui ne fust point tant à son profit et avantage: que le pere à cause de telle rebellion ou mespris ne fust tenu sa vie durant de lui rien donner.

Les personnes qui se peuvent marier sans congé.

Ceux qui auront esté desia une fois mariez, tant hommes que femmes, combien qu'ils ayent encores leurs peres vivans, seront neantmoins en liberté de se pouvoir marier: moyennant qu'ils ayent l'aage susdict, assavoir, le fils vingt ans passez et la fille dix-huict: et qu'ils ayent esté emancipez, c'est à dire, qu'ils soyent sortis de la maison de leur pere, et ayent tenu mesnage à part. Combien qu'il sera plus honneste qu'ils se laissent tousiours gouverner par le conseil de leurs peres.

Que toutes promesses de mariage se facent honnestement, et en la crainte de Dieu: et non point en dissolution, ne par une legereté frivole (comme en tendant seulement le verre pour boire ensemble), sans s'estre premierement accordez de propos rassis. Et que ceux qui feront autrement soyent chastiez. Mais à la requeste de l'une des parties qui se diroit avoir esté surprinse, que le mariage soit rescindé.

Si quelcun tire une partie en cause, allegant promesse de mariage, sinon qu'il y eust deux tesmoins gens de bien et de bonne renommee, que le serment soit deferé à la partie defendante, et qu'en le niant elle soit absoute.

Pour quelles causes une promesse se peut rescinder.

Que depuis qu'il appert d'une promesse faicte entre personnes capables, le mariage ne soit point rescindé, sinon pour deux cas: assavoir quand il se trouveroit par probation suffisante, qu'une fille qui auroit esté prise pour vierge, ne le seroit pas: ou que l'une des parties auroit maladie contagieuse en son corps, et incurable.

Que par faute de payement du dot, ou d'argent, ou d'accoustremens, le mariage ne soit point empesché qu'il ne vienne en son plein effect: d'autant que ce n'est que l'accessoire.

Que les promesses se facent simplement.

Combien qu'en pourparlant ou devisant du mariage il soit licite d'y adiouster condition, ou reserver la volonté de quelcun: toutesfois quand ce vient à faire la promesse, qu'elle soit pure et simple, et que on ne tienne point pour promesse de mariage le propos qui aura esté sous condition.

Du terme d'accomplir le mariage apres la promesse faicte.

Apres la promesse faicte, que le mariage ne soit point différé plus de six sepmaines: autrement que on appelle les parties au Consistoire, pour les admonester: s'ils n'obeissent, qu'ils soyent renvoyez par devant le Conseil, pour estre contraints à le celebrer.

Que s'il se faisoit quelque opposition, le Ministre remette l'opposant par devant le Consistoire[1] au premier iour, et l'admoneste d'y faire citer sa partie. Toutesfois que nul ne soit receu à opposition, sinon estant de la ville, ou autrement cognu, ou ayant quelcun le cognoissant avec soy: et ce pour eviter que quelqu'autre ne face vitupere ou dommage à quelque fille honneste, ou le contraire.

Que si l'opposant ne se trouvoit au iour qu'il auroit esté remis, qu'on procede aux annonces et au mariage, comme s'il n'y estoit intervenu nul empeschement.

Pour eviter toutes fraudes qui se commettent en cest endroit, que nul estranger venant de pays lointain ne soit admis au mariage, sinon qu'il ait bon et certain tesmoignage, ou de lettres, ou par gens de bien et dignes de foy, qu'il n'est point marié ailleurs, et mesme de sa bonne et honneste conversation.

Que le semblable soit faict envers les filles, ou les femmes.

Des annonces et dependances.

Que les annonces soyent publiees par trois dimanches en l'Eglise, devant que faire le mariage, ayant premierement la signature du premier Syndique, pour attestation de cognoissance des parties, tellement neantmoins, que le mariage puisse estre faict à la troisieme publication. Et s'il y a l'une des parties qui soit d'autre paroisse, qu'on ait aussi bien attestation du dict lieu.

Que durant les fiançailles les parties n'habitent point ensemble, comme mari et femme, iusques à ce que le mariage ait esté benit en l'Eglise, à la façon des Chrestiens. S'il s'en trouve aucuns qui ayent fait du contraire, qu'ils soyent punis par prisons de trois iours au pain et à l'eau, et appelez au Consistoire pour leur remonstrer leur faute.

De la celebration du Mariage.

Que les parties au temps qu'elles doivent estre espousees viennent modestement à l'Eglise, sans tabourins ne menestriers, tenant ordre et gravité convenable à Chrestiens: et ce devant la fin du son de la cloche, afin que la benediction du mariage se face devant le sermon. S'ils sont negligens, et qu'ils viennent trop tard, qu'on les renvoye.

Qu'il soit loisible de celebrer tous les iours les mariages: assavoir, les iours ouvriers, au sermon qu'il semblera bon aux parties: le dimanche, au sermon de l'aube du iour et de trois heures apres midi: excepté les iours qu'on celebrera la Cene, afin que lors il n'y ait aucune distraction, et que chacun soit mieux disposé à recevoir le Sacrement.

De l'habitation commune du mari avec sa femme.

Que le mari ait sa femme avec soy, et demeurent en une mesme maison, tenant un mesnage commun. Et s'il advenoit que l'un se retirast d'avec l'autre pour vivre à part, qu'on les rappelle pour leur en faire remonstrances: et qu'ils soyent contraints de retourner l'un avec l'autre.

Des degrez de consanguinité qui empeschent le Mariage.

En ligne directe, c'est à dire, du pere à la fille, ou de mere au fils, et de tous autres descendans consequemment, que nul mariage ne se puisse contracter: d'autant que cela contrevient à l'honnesteté de nature, et est defendu tant par la loy de Dieu, que par les loix civiles.

Pareillement d'oncle à niepce, ou arriere niepce: de tante à nepveu ou arriere nepveu, et consequemment: d'autant que l'oncle represente le pere, et la tante est au lieu de la mere.

Item entre frere et soeur, soyent de pere et de mere, ou de l'un d'iceux.

Des autres degrez, combien que le mariage n'y soit point defendu ne de la Loy de Dieu, ne du droict civil des Romains: neantmoins pour eviter scandale (pource que de long temps cela n'a pas esté accoustumé, et de peur que la parole de Dieu ne soit blasphemee par les ignorans) que le cousin germain ne puisse contracter mariage avec sa cousine germaine, iusques à ce qu'avec le temps il en soit autrement advisé par nous. Aux autres degrez, qu'il n'y ait nul empeschement.

Des degrez d'affinité.

Que nul ne prenne à femme la relaissee de son fils, ne du fils de son fils: et que nulle ne prenne le mari de sa fille, ou de la fille de sa fille, ne consequemment des autres tirans en bas en ligne directe.

Que nulle ne prenne la fille de sa femme, ne la fille descendante d'icelle, et consequemment.

Que la femme aussi ne puisse prendre le fils de son mari, ne le fils de son fils, et consequemment.

Pareillement que nul ne prenne la relaissee de son nepveu, ou de son arriere nepveu: et que nulle femme aussi ne prenne le mari de sa niepce, ou arriere niepce.

Que nul ne prenne la relaissee de son frere, et que nulle femme ne puisse prendre celui qui aura esté mari de sa soeur.

Que celui qui aura commis adultere avec la femme d'autruy, quand il sera venu en notice, ne la puisse prendre en mariage, pour le scandale et les dangers qui y sont.

Si un mari ne vit point en paix avec sa femme, mais qu'ils ayent questions et debats ensemble, que on les appelle au Consistoire, pour les admonester de vivre en bonne concorde et union, et remonstrer à chacun ses fautes selon l'exigence du cas.

Si on cognoit qu'un mari traitte mal sa femme, la battant et tourmentant, ou qu'il la menace de lui faire quelque outrage, et qu'on le cognoisse homme de colere desordonnee: qu'il soit renvoyé par devant le Conseil, pour lui faire defenses expresses de ne la battre, sous certaine punition.

Pour quelles causes un mariage doit estre declairé nul.

S'il advient qu'une femme se plaigne que celui qui l'aura prinse en mariage soit maleficié de nature, ne pouvant avoir compagnie de femme, et que cela se trouve vray par confession, ou visitation: que le mariage soit déclaré nul, et la femme declaree libre, et defenses faites à l'homme de ne plus abuser nulle femme.

Pareillement si l'homme se complaind de ne pouvoir habiter avec sa femme par quelque defaut qui sera en son corps, et qu'elle ne veuille souffrir qu'on y remedie: apres avoir cognu la verité du faict, que le mariage soit declaré nul.

Pour quelles causes le Mariage peut estre rescindé.

Si un mari accuse sa femme d'adultere, et qu'il la prouve telle par tesmoignages, ou indices suffisans, et demande d'estre separé par divorce, qu'on luy ottroye: et par ce moyen qu'il ait puissance de se marier où bon luy semblera, combien qu'on le pourra exhorter de pardonner à sa dicte femme: mais qu'on ne luy en face point d'instance, pour le contraindre outre son bon gré.

Combien qu'anciennement le droict de la femme n'ait point esté egal à celuy du mari en cas de divorce: puis que selon le tesmoignage de l'apostre[1], l'obligation est mutuelle et reciproque quant à la cohabitation du lict, et qu'en cela la femme n'est point plus suiecte au mari, que le mari à la femme: si un homme est conveincu d'adultere, et que la femme demande à estre separee de lui, qu'il lui soit aussi bien ottroyé, sinon que par bonnes admonitions on les peust reconcilier ensemble. Toutesfois si la femme estoit tombee en adultere par la coulpe evidente du mari, ou le mari par la coulpe de la femme, tellement que tous deux fussent coulpables, ou qu'il se verifiast quelque fraude qui eust esté faite tendant à fin de divorce: en ce cas ils ne seront recevables à le demander.

Si un homme estant allé en voyage pour quelque traffique de marchandise ou autrement, sans estre desbauché ni aliené de sa femme, et qu'il ne retourne de long temps, et qu'on ne sache qu'il soit devenu, tellement que par coniectures raisonnables on le tienne pour mort: toutesfois qu'il ne soit permis à sa femme de se remarier iusques apres le terme de dix ans passez, depuis le iour de son partement: sinon qu'il y eust certains tesmoignages de la mort d'icelui, lesquels ouys, on lui pourra donner congé. Et encores que la dicte permission de dix ans s'estende seulement iusque là, que si on avoit suspicion ou par nouvelles, ou par indices que ledict homme fust detenu prisonnier, ou qu'il fust empesché par quelque autre inconvenient, que la dicte femme demeure en viduité.

Si un homme par desbauchement, ou par quelque mauvaise affection, s'en va et abandonne le lieu de sa residence, que la

---

1) 1. Cor. 7 2-4.

femme face diligente inquisition pour savoir où il se sera retiré:
et que l'ayant seu, elle vienne demander lettres de provision,
afin de le pouvoir evoquer, ou autrement contraindre à faire
son devoir, ou pour le moins lui notifier qu'il ait à retourner en
son mesnage, sur peine qu'on procede contre lui en son absence.
Cela faict, quand il n'y auroit nul moyen de le contraindre à
retourner, qu'on ne laisse pas de poursuivre comme il lui aura
esté denoncé. C'est qu'on le proclame par trois dimanches
distans de quinze iours: tellement que le terme soit de six
sepmaines. Et que le semblable se face par trois fois en la cour
du lieutenant, et qu'on le notifie à deux ou trois de ses plus
prochains amis ou parens, s'il en a. S'il ne comparoit point, que
la femme vienne au prochain Consistoire apres, pour demander
separation, et qu'on lui ottroye, la renvoyant pardevant Messieurs pour en faire ordonnance iuridique: et que celui qui aura
esté ainsi rebelle, soit banni à tousiours. S'il comparoit, qu'on
les reconcilie en bon accord, et en la crainte de Dieu.

Si quelcun faisoit mestier d'ainsi abandonner[1] sa femme pour [112]
vaguer par pays, qu'à la seconde fois il soit chastié par prison
au pain et à l'eau, et qu'on lui denonce avec grosses comminations, qu'il n'ait plus à faire le semblable. Pour la troisieme
fois qu'on use de plus grande rigueur envers lui. Et s'il n'y
avoit nul amendement, qu'on donne provision à la femme,
qu'elle ne soit plus liee à un tel homme, qui ne lui tiendroit
ne foy ne compagnie.

Si un homme estant desbauché, comme dict a esté, abandonnoit sa femme, sans que la dicte femme lui en eust donné
occasion, ou qu'elle en fust coulpable, et que cela fust deuement
cognu par le tesmoignage des voisins et familiers, et que la
femme s'en vinst plaindre demandant remede: qu'on l'admoneste d'en faire diligente inquisition, pour savoir qu'il est devenu:
et qu'on apelle ses plus prochains parens ou amis, s'il en a, pour
savoir nouvelles d'eux. Cependant, que la femme attende
iusqu'au bout de un an, si elle ne pouvoit savoir où il est, se
recommandant à Dieu. L'an passé, elle pourra venir au Consistoire: et si on cognoit qu'elle ait besoin de se marier, apres
l'avoir exhortee, qu'on la renvoye au Conseil, pour l'adiurer
par serment si elle ne sait pas où il se seroit retiré: et que le
semblable se face aux plus prochains parens et amis de lui. Apres
cela qu'on procede à telles proclamations que dit a esté, pour
donner liberté à la dicte femme de se pouvoir remarier. Que si
l'absent retournoit apres, qu'il soit puni selon qu'on verra estre
raisonable.

Si une femme se despart d'avec son mari, et s'en aille en un autre lieu, et que le mari vienne demander d'estre separé d'elle, et mis en liberté de se remarier, qu'on regarde si elle est en lieu dont on la puisse evoquer, ou pour le moins lui notifier qu'elle ait à comparoistre pour respondre à la demande de son mari: et qu'on aide le mari de lettres et autres adresses pour ce faire. Ce fait, qu'on use de telles proclamations comme dit a esté ci dessus, ayant premierement evoqué les plus proches parens, ou amis d'icelle, pour les admonester de la faire venir s'ils peuvent. Si elle comparoit dedans le terme, et que le mari refusast pour la suspicion qu'il auroit qu'elle se fust mal gouvernee de son corps, et que c'est une chose trop scandaleuse à une femme d'ainsi abandonner son mari: qu'on tasche de les reduire en bonne union, exhortant le mari à lui pardonner sa faute. Toutesfois s'il perseveroit à faire instance de cela, qu'on s'enquiere du lieu où elle a esté, quelles gens elle a hantez, et comment elle s'est gouvernee: et si on ne trouve point d'indices ou argument certain pour la conveincre d'avoir faussé la loyauté de mariage, que le mari soit contraint de se reconcilier avec elle. Que ¹si on la trouve chargee de presomption fort vehemente d'avoir paillardé, comme de s'estre retiree en mauvaise compagnie et suspecte, et n'avoir point mené honneste conversation de femme de bien: que le mari soit ouy en sa demande, et qu'on lui ottroye ce que raison portera. Si elle ne comparoit point le terme escheu, qu'on tienne la mesme procedure contre elle comme ont feroit contre le mari en cas pareil.

Si un homme apres avoir iuré fille ou femme s'en va en un autre pays, et que la fille ou la femme en vienne faire plainte, demandant qu'on la delivre de sa promesse, attendu la desloyauté de l'autre: que on s'enquiere s'il l'a faict pour quelque occasion honneste, et du seu de sa partie, ou bien par desbauchement, et de ce qu'il n'auroit point en vouloir d'accomplir le mariage. S'il se trouve qu'il n'ait point de raison apparente, et qu'il l'ait faict de mauvais courage, qu'on s'enquiere du lieu où il s'est retiré: et s'il y a moyen, qu'on lui notifie qu'il ait à venir dedans certain iour pour s'aquiter de la foy qu'il a promise.

S'il ne comparoit point ayant esté adverti, que par trois dimanches il soit proclamé en l'Eglise qu'il ait à comparoistre: tellement qu'il y ait quinze iours de distance entre deux proclamations, et ainsi que tout le terme soit de six sepmaines. S'il ne comparoit dedans le terme, que la fille ou la femme soit declairee libre, en le bannissant pour sa desloyauté. S'il comparoit, qu'on le contraigne de celebrer le mariage au premier iour qu'il se pourra faire. Que si on ne sait en quel pays il est allé, et que la fille ou la femme avec les plus prochains amis d'icelui iurent qu'ils sont ignorans: qu'on face les mesmes proclamations, comme si on lui avoit notifié, tendant à fin de la delivrer.

S'il avoit eu quelque iuste raison, et mesme qu'il eust adverti sa partie, que la fille ou la femme attende l'espace d'un an, devant qu'en son absence on puisse proceder contre lui. Et cependant que la fille ou la femme face diligence, tant par elle que ses amis, de l'induire à se retirer. Que si apres l'an passé il ne revenoit point, alors que les proclamations se facent en la maniere que dessus.

Que le semblable soit observé contre la fille ou la femme: excepté que le mari ne sera point contraint d'attendre un an, encore qu'elle fust partie du seu et consentement d'icelui, sinon qu'il lui eust concedé de faire voyage, qui requist une si longue absence.

¹Si une fille estant deuemnet liee par promesse, est trans- [114] portee frauduleusement hors du territoire, afin de ne point accomplir le mariage: qu'on s'enquiere s'il y a nul en la ville qui ait aidé à cela, afin qu'il soit contraint de la faire retourner, sous telle peine qu'il sera avisé: ou bien si elle a tuteurs ou curateurs, que on leur enioigne aussi bien de la faire venir, s'il est à eux possible.

Si un homme, apres que sa femme l'aura abandonné, n'en fait nulle plainte, mais qu'il s'en taise: ou que la femme aussi delaissee de son mari dissimule sans en dire mot, et que cela vienne en cognoissance, que le Consistoire les face venir, pour savoir comment le cas va: et ce afin d'obvier à tous scandales: pour ce qu'il y pourroit avoir collusion, laquelle ne seroit point à tolerer, ou mesme beaucoup pis: et qu'ayant cognu la chose on y pourvoye selon les moyens qu'on aura, tellement qu'il ne se face point de divorces volontaires, c'est à dire, au plaisir des parties, sans authorité de iustice. Et qu'on ne permette point aux parties coniointes d'habiter à part l'un de l'autre. Toutesfois que la femme, à la requeste du mari, soit contrainte de le suivre, quand il voudroit changer d'habitation, ou qu'il y seroit contraint par necessité, moyennant que ce ne soit point un homme desbauché qui la mene à l'esgaree et en pays incognu: mais que ce soit un pays raisonnable, qu'il vueille faire sa residence en lieu honneste, pour vivre en homme de bien, et tenir bon mesnage.

Que toutes causes matrimoniales concernantes la conionction personnelle, et non pas les biens, soyent traittees en premiere instance au Consistoire: et que là, s'il se peut faire appointement amiable, qu'il se face au nom de Dieu. S'il est requis de prononcer quelque sentence iuridique, que les parties soyent renvoyees au Conseil, avec declaration de l'advis du Consistoire, pour en donner la sentence diffinitive.

[27] De la sepulture. 1541

Quon ensepvelisse honestement les mortz au lieu ordonne. De la suytte et compaignye nous la[a] laissons a la discretion dun chascun.

Il sera bon (*et avons ainsi ordonne*)[b] que les porteurs ayent serment a ⌊messieurs⌋ (*nous*)[c] dempescher touttes superstitions contraires a la parole de dieu, de nen point porter a heure indeue et[2] faire rapport si quelquun estoit mort subitement, affin dobvier a touz inconveniens qui en pourroient advenir[3].

Item apres leur mort de ne les porter plus tost de douze heures et non plus tard que vingt et quatre[4].

De la visitation des malades.

Pour ce que plusieurs sont negligens de se consoler en dieu par sa parole, quant ilz se trouvent en necessite de maladie, et ainsi[5] plusieurs meurent sans quelque admonition ou doctrine, laquelle[6] est a lhomme plus salutaire lors[d7] que iamais: ⌊il sera bon que messieurs ordonnent et facent publier⌋ (*nous avons advise et ordonne avecqz ce quil soyt publie*)[e] que nul ne demoure troys iours entiers gisant au lict quil ne le face savoir au ministre, et que chascun advise[8] dappeller les ministres quant il les vouldront avoir a heure opportune: affin de ne les distraire de leur office auquel ilz servent en commun a[9] lesglise, et sur tout quil soit[f] fait commandement que les parens, amys et gardes

---

a) > *t. r.*[1]   b) *t. r.:* Nous avons oultreplus advise et ordonne   c) *t. r.:* a la seigneurie   d) *verbum* lors Calvinus sua manu addidit   e) *t. r.:* pour ceste cause avons advise et ordonne   f) et ... soit *t. r.:* Et pour oster toutes excuses avons resolu que cela[10] soit

1) *1561:* + la   2) *1561:* + de   3) *1561:* suivre   4) *1561:* Item, apres la mort, de ne porter le corps en sepulture plutost de douze heures suivantes, ni aussi plus tard de vingt quatre: et que premierement il n'ait esté visité par le commis à cela, qui aura serment à la Seigneurie   5) et ainsi *1561:* dont advient que   6) *1561:* + lors   7) > *1561*   8) *1561:* s'advise   9) *1561:* en   10) *1561:* qu'il

nattendent pas que lhomme doibve[1] rendre lesperit, en laquelle[2] extremite les consolations ne servent de gueres a la plus part.

De la visitation des prisonniers.

|Il sera bon que messeigneurs ordonnent| (*En oultre nous*[a] *avons ordonne*) certain jour la sepmaine, auquel soit faitte quelque collation aux prysonnyers pour les admonester et exhorter, si bon |leur| (*nous*) semble deputer quelquun |de leur compagnie| (*de nostre conseil*)[b], affin quil ne si commette nulle[5] fraude: | et silz en ont quelquun en seps[c] lequel |ilz ne veuillent| (*lon ne veuille*)[6] pas tirer hors, ils |pourront quant bon leur semblera| (*quant bon nous semblera pourrons*)[d] donner entree a quelque ministre pour le consoler en leur[e] presence (*comment dessus*). |Car quant on attend quon les doibve mener a la mort, [28] ilz sont[8] souvent preoccupez si fort dhorreur, quilz ne peuvent rien recevoir ne entendre.| (*Et le jour de ce fere az este depute le samvedy apres disne.*)

Lordre quon debvra tenir envers les petis enfans.

Que touz citoyens et habitans ayent a mener ou envoyer leurs enfans le dymanche a mydy au cathechisme, dont il a este parle.

Quil y ait ung certain formulaire compose sur lequel on les instruyse[9]. Et que avec la doctrine quon leur donnera, quon les interroge de ce qui aura este dict, pour veoir silz lauront bien entendu et retenu.

Quant ung enfant sera suffisamment instruict pour se passer du cathechisme, quil recite solennellement la somme de ce qui y sera contenu: et aussi[f] quil face comme une profession de sa chrestiente en presence de lesglise[10].

---

a) > *t. r.*   b) si ... conseil *t. r.:* Et quil y ait deux[3] des seigneurs du conseil deputez[4]   c) *t. r.:* et sil y en avoit quelquun aux seps   d) *t. r.:* quand bon semblera au conseil il pourroit[7]   e) *extinctum a secretario*   f) *t. r.:* ainsi

1) *1561:* soit prest à   2) *1561:* car en telle   3) *1561:* un   4) *1561:* député   5) *1561:* aucune   6) *1561:* on ne voulust   7) *1561:* pourra   8) *1561:* + le plus   9) dont ... instruyre *1561:* duquel a esté ci dessus parlé, pour les instruire sur le formulaire qui est composé à ceste usage: 10) *1561:* + et que pour ce faire on reserve les quatres dimanches devant la Cene; Epist. Calv. ad Olevianum, Non. Nov. 1560, CR opp. Calvin. XVIII 236 No. 3272; *vide* p. 44 31 sqq, p. 60 22 sqq.

Devant que avoir faict cela, que nul enfant ne soit admis
a recevoir la cene, et quon advertisse les parens de ne les
amener devant le temps. Car cest chose fort perilleuse, tant
pour les enfans que pour les peres, de les ingerer sans bonne
et suffisante instruction, pour laquelle cognoystre il est besoing
de user de cest ordre.

Affin quil ny ayt faulte, quil soit ordonne que les enfans
qui vont[1] a lescole sassemblent la devant les douze heures[2] et
que les maistres les menent par bon ordre en chascune paroysse.

Les aultres, que leurs[3] peres les envoyent ou facent conduyre.
Et affin quil y ait moins de confusion, quon observe autant que
faire se pourra la distinction des paroysses en cest endroict,
comme il a este dict cy dessus des sacremens.

Que ceulx qui contreviendront soient appellez devant la
compaignye des anciens (*ou comys*) et silz ne veullent[a] ob-
temperer a bon conseil |quon en face le rapport a messieurs|
(*quil en soyt faict le rapport a la seigneurie*).

Pour adviser lesquelz feront leur debvoir ou non, que les
|anciens| (*comys susdictz*) ayant loeil dessus pour sen donner
garde.

[29] De l'ordre quon doibt tenir envers les grans, pour observer
bonne police en lesglise.

[116] D'autant qu'en la confusion de la Papauté plusieurs n'ont 1561
esté enseignez en leur enfance, tellement qu'estans en aage
d'hommes et de femmes ne savent que c'est de Chrestienté:
nous avons ordonné qu'il se face visitation chacun an par les
maisons, pour examiner chacun simplement de sa foy, afin que
pour le moins nul ne vienne à la Cene sans savoir quel est le
fondement de son salut: et surtout qu'on ait l'oeil sur serviteurs,
chambrieres, nourrices et gens estranges estans venuz d'ailleurs
ici pour y habiter: afin que nul ne soit admis à la Cene devant
qu'avoir esté approuvé.

Que la dicte visitation se face devant la Cene de Pasques et
qu'on prenne assez bonne espace de temps pour avoir loisir de
la parachever.

Que les Ministres partissent entre eux, selon qu'ils aviseront,
les quartiers ausquels ils pourront fournir, mesmes qu'ils suivent
l'ordre des dizaines: et que chacun ait avec soy un des Anciens

---

a) *t. r.:* vouloient

1) *1561:* viennent   2) *1561:* midi   3) *1561:* les

du |Consistoire, afin qu'ils puissent consulter entre eux de [117]
remettre au Consistoire ceux qu'ils ne trouveront nullement
capables, ou bien qui se gouverneront mal: et que le dizenier
soit tenu de leur faire compagnie et les adresser, afin que nul ne
soit exempté de respondre.

1541   Que les |anciens| (*comys susdictz*) dont il[1] a este parle sassemblent une fois la sepmaine avec les ministres, assavoir le Jeudy matin[2], pour veoir sil ny a nul[3] desordre en lesglise et traicter ensemble des remedes quant[4] il en sera besoing.

Pource quilz nauront nulle auctorite[5] ne jurisdiction pour contraindre, |quil plaise a messieurs| (*nous*[6] *avons advise*)[a] leur donner ung de |leurs| (*nous*)[b] officieres, pour appeller ceulx, ausquelz ilz vouldront faire quelque admonition.

Si quelqun par mespris refuse de comparoistre, leur office sera en[7] advertir |messieurs| (*le conseil*), affin de y donner remede.

Sensuivent les personnes que les anciens (*ou comys*) doibvent
admonester et comme on[8] doibvera proceder.

Sil y a quelqun, qui dogmatise contre la doctrine receue, quil soit appelle pour conferer avec luy. Sil se renge, quon le renvoy[9] sans scandale ne diffame. Sil est opiniastre, quon ladmoneste par quelquesfois, iusques a ce quon verra quil sera mestier de plus grande severite: et lors, quon luy interdise la communion de la cene et quon le denonce[10] au magistrat.

Si quelqun est negligent de convenir a lesglise, tellement quon appercoive ung mespris notable de la communion des fidelles, ou si quelqun se monstre estre contempteur de lordre ecclesiastique, quon ladmoneste, et sil se rend obeissant, quon le renvoye[9] amyablement[11]. Sil persevere de mal en pis, apres lavoir troys fois admoneste, quon le separe de lesglise et quon le denonce a |messieurs| (*la seigneurie*).

Quant est de la vie dun chascun, pour corriger les faultes qui y seront, il fauldra proceder selon lordre que nostre seigneur commande[12].

---

a) *t. r.*: + de   b) *t. r.*: nos

1) *1561:* desquels   2) > *1561*   3) *1561:* aucun   4) *1561:* + et selon   5) *1561:* authorité aucune   6) > *1561*   7) *1561:* d'en   8) *1561:* y   9) *1561:* reçoive   10) et ... denonce *1561:* le faisant savoir   11) *1561:* + Mais   12) *1561:* a commandé

ORDONNANCES 359

Cest que des vices secretz, quon les repregne secretement, et que nul ne ameine son prochain devant lesglise pour laccuser de quelque faulte, laquelle ne sera point notoire ne sandaleuse, sinon apres lavoir trouve rebelle.

[30] 5 Au reste, que ceulx qui se seront mocquez des ¹admonitions particulieres de leur prochain soient admonestez derechef par lesglise, et silz ne vouloient nullement¹ venir² a raison, ne recognoistre leur faulte, quant ils en seront convaincus, quon leur denonce quilz[a] ayent a sabstenir de la cene iusques a ce
10 quilz reviennent en[b] meilleure disposition.

Quant est des vices notoires et publiques que lesglise ne peult pas dissimuler, si ce sont faultes, qui meritent seulement admonition, l'office des anciens (*comys*)[c] sera, appeller⁵ ceulx qui en seront entachez⁶, leur faire remonstrances amyables
15 affin quilz ayent a sen corriger⁷, si on⁸ y voit amendement, ne les plus molester⁹. Silz perseverent a mal faire, quon les admoneste derechef. Et si a la longue on ne¹⁰ proufytoit rien, leur denoncer comme a contempteurs de Dieu, quilz ayent a sabstenir de la cene, iusques a ce quon voye en eulx changement de vie.

20 Quant est des crimes qui ne meritent pas seulement remonstrance de paroles, mais correction avec chastiement, si quelqun y est tombe, selon lexigence du cas il¹¹ luy fauldra denoncer quil sabstienne quelque temps de la cene, pour se humilier devant dieu et mieulx recognoistre[d] sa faulte.

[118] 25 *Edict et Ordonnance passee en grand Conseil, le 12. Novembre,* 1561 *1557 touchant ceux qui mesprisent de recevoir la Cene.*

Pour ce qu'on a par cidevant apperceu qu'aucuns se sont de leur bon gré abstenuz de la saincte Cene, et combien qu'ils ayent esté exhortez de se preparer à y venir, n'en ont tenu
30 conte: les autres aussi ausquels elle estoit defendue, soit de nonchalance ou de mespris ne l'ont point receue par longue espace de temps: tellement que ceste correction qui leur estoit faite selon la parole de Dieu et nos Edicts, tourneroit en moquerie si on n'y donnoit remede: Nous voulons et ordonnons la
35 procedure ici couchee estre inviolablement gardee. C'est, que

---

a) *t. r.:* + en³   b) *t. r.:* a⁴   c) *t. r.:* des anciens commis   d) *t. r.:* cognoistre

1) > *1561*   2) *1561:* + aucunement   3) > *1561*   4) *1561:* en
5) *1561:* d'appeler   6) *1561:* coulpables   7) leur ... corriger
40 *1561:* leur faisant remonstrance amiable, afin qu'ils s'en corrigent. Et   8) *1561:* l'on   9) *1561:* + mais   10) *1561:* n'y   11) > *1561*

si on apperçoit quelcun se deporter de la saincte communion des fideles, le Consistoire l'appelle si besoin est selon son office, et comme l'usage a esté parcidevant. Et en cas que ce soit pour cause d'inimitié, qu'on l'exhorte de se reconcilier à sa partie: ou s'il y a quelque autre empeschement, qu'on y pourvoye comme de raison. S'il ne se trouve disposé à recevoir du premier coup l'admonition qu'on lui fait, que terme lui soit donné pour mieux penser à soy. Mais s'il continue en son obstination, tellement qu'outre le passé il demeure encores demi an sans y venir: qu'estant renvoyé devant Messieurs (sinon qu'il demande pardon de sa faute et soit prest de l'amender) il soit banni pour un an de la ville, comme incorrigible. Et toutesfois encor qu'il recognust sa faute, pour avoir reietté les admonitions du Consistoire, qu'il soit chastié à la discretion de Messieurs, et renvoyé pour reparer le scandale qu'il aura faict se monstrant ainsi rebelle.

Pareillement si quelcun apres avoir esté exhorté comme dit est, et apres avoir promis de la recevoir n'en fait rien: qu'il soit appelé pour estre redargué de son hypocrisie et fiction. Et si pour la seconde fois il est conveincu d'avoir abusé et frustré le Consistoire, qu'il y ait semblable punition comme dessus.

Quand la Cene sera pour une fois seulement defendue à quelcun à cause de scandale par lui commis, si par despit ou autrement il laisse d'y venir plus long temps, si estant appelé au Consistoire il ne se veut reduire: qu'il en soit faict comme dessus.

Si quelcun pour sa rebellion, ou pour demeurer obstiné en ses fautes, ou pour estre trouvé indigne de la saincte communion en est interdict, et au lieu de s'humilier il se monstre contempteur de l'ordre de l'Eglise, et ne vienne de son bon gré recognoistre sa faute en Consitoire, tellement que par l'espace de six mois il s'abstienne de la Cene: qu'il soit appelé et exhorté à se reduire. Que s'il persiste iusques au bout de l'an, sans se corriger pour les adminitions à lui faites: qu'il soit banni aussi pour un an comme incorrigible, sinon qu'il previenne en demandant pardon à Messieurs, et recognoissant sa faute en Consitoire pour estre admis à la communion.

1541 Si quelqun par contumace ou rebellion se volloit ingerer contre la deffence, loffice du ministre sera de le renvoyer, veu quil ne luy est licite de le recevoir a la communion.

Et neantmoins que tout cela soit tellement modere, quil ny ait nulle rigueur[1] dont personne soit greve, et mesmes que les

---

1) *1561:* rigueur aucune

corrections ne soient sinon medecines, pour reduyre les pecheurs a nostre seigneur.

(*Item nous avons ordonne, que lesdictz ministres nayent a ce atribuer nulle iuridiction, mes seullement doybjent aoyr les parties et fere les remonstrances susdictes. Et sus leur relation pourrons adviser de fere le jugement selon lexigence du cas.*)[a]

Que ceste police soit non seulement pour la ville, mais aussi pour les villages dependens de la seigneurie[4].

[120] *Edicts passez en Conseil des deux cents, le vendredi neuvieme de Fevrier, 1560. pour declaration des precedens, touchant l'election des Anciens et l'excommunication*[5]. 1561

Nous Syndiques petit et grand Conseil des deux cents de la
[121] ville de Geneve, à tous par ces[1] presentes savoir faisons, sur ce que les spectables Ministres de la parole de Dieu en nostre Eglise nous ont remonstre que certains abus s'estoyent introduits tendans à corrompre les ordonnances Ecclesiastiques autresfois passees en nostre Conseil general. Et pour ce nous ont supplié et requis d'y vouloir remedier, afin que s'il y a quelque bien commencé entre nous il soit plustost avancé que reculé. Nous aussi de nostre part, desirans qu'il y ait bon ordre entre nous, et pour ce faire que ce qui nous est monstré par la parole de Dieu soit conservé en son entier: pareillement ayans cognu que ce qui avoit esté ordonné par cidevant est conforme à l'Escriture saincte, tellement qu'on a failly de s'en destourner: affin de remedier au mal, et que ce qui aura esté bien estably, pour le temps advenir ne soit point changé ne violé et n'aille en decadence: avons avisé et arresté de faire sur les poincts à nous proposez telle declaration que s'ensuit.

---

a) *t. r.:* Et que tout cela se face en telle sorte que les ministres naient nulle[1] iuridiction civile et ne usent sinon du glaive spirituel de la parolle de Dieu comme sainct Paul leur ordonne[2], et que par ce consistoire ne soit en rien derogue a l'auctorite de la seigneurie ne a la iustice ordinaire. Mais[3] que la puissance civile demeure en son entier. Et mesmes ou il sera besoing de faire quelque punition ou contraindre les parties, que les ministres avec le consistoire, aiant ouy les parties et faict les remonstrances et admonitions telles que bon sera, ayent a raporter au conseil le tout, lequel sur leur relation advisera den ordonner et faire iugement selon lexigence du cas.

1) *1561:* aucune 2) et ne usent ... ordonne > *1561;* Eph. 6,17 3) *1561:* ains 4) *Finis textus a. 1541* 5) *Disputationes qui ad ordines sequentes spectant in senatus commentariis inveniuntur: Registres du Conseil 30 janvier et 1 fevrier 1560 (T. 55, fol. 184 v. et 186 r.).*

En premier lieu, d'autent que contre les ordonnances de nostre Conseil general on a parcidevant introduit une coustume, que l'un des quatre Syndiques presidast au Consistoire avec son baston (ce qui a plustost apparence de iurisdiction civile que de regime spirituel) afin de mieux garder la distinction qui nous est monstree en l'Escriture saincte entre le glaive et authorité du Magistrat, et la superintendence qui doit estre en l'Eglise, pour renger à l'obeissance et au vray service de Dieu tous Chrestiens et empescher et corriger les scandales: Avons derechef conclu et ordonné qu'on se tienne à ce que porte l'Edict, c'est qu'on choisisse seulement deux conseillers, de vingt cinq: et en cas que l'un soit Syndique, qu'il n'y soit qu'en qualité d'Ancien, pour gouverner l'Église, sans y porter baston. Car combien que ce soyent choses coniointes et inseparables, que la seigneurie et superiorité que Dieu nous a donnee, et le regime spirituel qu'il a ordonné en son Eglise: toutesfois pource qu'elles ne sont point confuses, et que celui qui a tout empire de commander, et auquel nous voulons rendre suiection comme nous devons, a discerné l'un d'avec l'autre, nous declarons nostre intention estre telle, qu'on suive ce qui avoit esté bien ordonné, sans y adiouster ce qui est survenu depuis par corruption.

Secondement, pour ce que notamment il est dict qu'en faisant election des Anciens du Consistoire, les Ministres de la parole de Dieu y soyent appelez pour en communiquer avec eux, et que par usurpation vicieuse en les avoit excluz, et que par ce moyen on a esleu quelques fois gens mal propres à tel office, dont l'authorité du Consistoire estoit venue à mespris: Nous voyans que le contenu de l'Edit estoit fondé en iuste raison et reglé selon la parole de Dieu, d'autant qu'il est bien convenable que les Pasteurs en l'Eglise soyent ouys en ce qui concerne le gouvernement et police d'icelle, et que c'est faire tort à leur estat et ministere, de choisir sans leur seu et sans avoir adverti ceux qui doivent veiller d'un commun accord avec eux, à procurer que Dieu soit honoré et servi: Avons ordonné que doresnavant lesdicts Ministres soyent appelez, pour avoir conseil et advis d'eux, quelles gens il sera bon de choisir: et par ainsi qu'on se tienne à l'Edict qui avoit esté bien dressé du commencement[1].

Tiercement, attendu qu'il est dit indifferemment par les Ordonnances, qu'on prendra pour Anciens du Consistoire quatre du Conseil des soixante, et six des deux cents, sans specifier

---

1) *Vide supra pg.* 339 30 sqq.

citoyens ni bourgeois[1]: et neantmoins que par ambition ou autrement on a restreinct l'election aux citoyens: Ayans ouy la remonstrance qui nous a esté faicte et mesmes la raison qui nous a esté alleguee, Que les privileges et dignitez qui se doivent
5 reserver aux Citoyens, ne se peuvent comprendre en l'estat spirituel de l'Eglise, et que plustost il seroit à desirer qu'on choisist les meilleurs de tout le corps: Nous avons ordonné quant à cest article, que ci apres on n'ait plus regard des citoyens à bourgeois, mais qu'on se regle simplement à l'ordon-
10 nance ancienne[1].

[123] Finalement, d'autant que le parole de Dieu |nous enseigne, que ceux qui auront esté endurcis pour ne point obeir aux corrections de l'Eglise, soyent tenus comme Payens[2]: et que sainct Paul aussi defend de les hanter, et veut qu'ils soyent reduits
15 par honte[3], afin de shumilier à repentance: ce qui ne se peut faire sans qu'ils ayent esté declarez obstinez et incorrigibles: davantage aussi que les scandales publiques qui auront troublé l'Eglise, doivent estre reparez, combien que par ci-devant nous avons fait des Edicts tels que nous avons peu iuger estre les
20 plus expedients pour l'edification de l'Eglise, et lesquels aussi lesdicts spectables Ministres ont prisé et loué: neantmoins afin d'approcher encore plus de la vraye reigle de la parole de Dieu, et nous y conformer tant qu'il sera possible: Nous avons ordonné que ci apres ceux qui auront esté excommuniez par le Consis-
25 toire, s'ils ne se rengent apres avoir esté deuement admonestez, mais qu'ils persistent en leur rebellion, soyent declarez par les temples estre reiettez du troupeau, iusques à ce qu'ils viennent recognoistre leur faute et se reconcilier à toute l'Eglise.
30 Davantage, que ceux qui pour sauver leur vie se seront desdicts, et auront renoncé la pure foy de l'Evangile, ou qui apres avoir receu ici la saincte Cene seront retournez aux abominations
[124] de la Papauté: au lieu qu'il leur estoit commandé de faire| amende honnorable, qu'ils se viennent presenter au temple, pour
35 recognoistre et confesser leur faute et en demander pardon à Dieu et à son Eglise. Ce que nous avons iugé estre bon et necessaire, tant pour la satisfaction et exemple de toute la compagnie des fideles, qu'aussi pour faire cognoistre s'ils se repentent de bonne et franche volonté, et finalement qu'ils
40 soyent reconciliez à l'Eglise de laquelle ils s'estoyent retranchez par leur cheute.

---

1) *Vide supra pg.* 339 20 sqq.   2) Matth. 18, 17   3) 2. Thess. 3, 14

De l'observation de ceste police.

Pour observation et confirmation de cest ordre et police en ceste Eglise de nostre Seigneur Iesus Christ, nous avons ordonné que de trois en trois ans, le premier dimanche du mois de Iuin, il en soit faict lecture publique devant tout le peuple au temple sainct Pierre assemblé. Et que chacun à mains levees doive iurer à Dieu en presence des Syndiques, de l'observer et garder, sans y contredire ni contrevenir, et sans qu'il soit licite d'y adiouster, ou diminuer, sinon qu'il ait esté premierement proposé à nostre Conseil estroit, et puis aux deux cents, selon l'ordre de nos autres Edicts.

Ainsi signé.

I. F. Bernard, *Secretaire.*

L'ordre des escoles de Geneve[1].

1561 **La publication des loix concernans l'ordre des Escoles de la dite cité en la presence de nos Magnifiques et treshonnorez Seigneurs, Syndiques et Conseil[2].**

Le Lundi cinquieme iour de Iuin M. D. LIX, suyvant l'arrest [65] *faict en Conseil ordinaire, mes* ¹*treshonnorez Seigneurs Syndiques*[3] [67] *avec plusieurs des Seigneurs Conseilliers et moy Secretaire, se sont transportez au grand temple de sainct*[4] *Pierre*[5] *où estoyent assemblez les Ministres de la parole de Dieu, savans Docteurs, escoliers et gens de lettres en grand nombre. Et estant faite la priere à Dieu selon l'exhortation et remonstrances Chrestiennes de spectable Iehan Calvin, Ministre de la parole de Dieu: par le commandement de mes dicts*[6] *Seigneurs, les loix, ordre, et status tant*[7] *du College, pour les enfans que de la grande escole publique*[8] *avec la forme*

---

1) *Leges academiae Genavensis a. 1559 a Calvino delineatae et XI. Kal. Iun. senatui propositae sunt. Eodem anno editio prima lingua latina et gallica promulgata est. Protocolla quae ad hanc disputationem spectant vide: Registres du Conseil Mai et Juin 1559; fol. 49 v. sqq.; a. 1561 editio legum iterabatur confessione discipulorum (confession des escoliers) amplificata. Addita est contio quoque a Th. Beza primo rectore electionis causa pronuntiata.* 2) *1559 titulum habet ut sequitur:* L'ordre du College de Geneve. L'ordre establi au college de Geneve par nos magnifiques et treshonorez Seigneurs Syndiques et Conseil. *Numeri pag. ad edit. 1559 CR spectant.* 3) *1559:* + Henri Aubert, Iehan Porral, Iehan Francois Bernard et Barthelemy Lect, 4) *1559:* au temple sainct 5) *1559:* là 6) *1559:* susdicts 7) > *1559:* 8) pour ... publique > *1559.*

de la confession de foy[1] qu'auront à faire les escoliers qui vouldront estre receus en ceste Université et College, ensemble la forme du serment qui se doit prester par le Recteur, Maistres et Regens des Classes, les Lecteurs[2] et Professeurs publiques[3], ont esté publiez et leuz à haute voix en la forme qui sensuit[4] afin que chacun en soit adverti pour les observer[5].

L'ordre quant aux Regens du College.

Que les Ministres de la parole de Dieu et les Professeurs ayent à eslire en bonne conscience gens suffisans pour enseigner en chascune classe. Que ceux qui seront esleuz soyent presentez à Messieurs les Syndiques et Conseil, pour estre acceptez et confermez selon leur bon plaisir.

Que les Regens se trouvent de bonne heure chacun en son auditoire, et qu'ilz ne s'exemptent point a la volee des leçons qui leur sont ordonnees. Que s'ils ont excuse raisonnable, qu'ils advertissend le Principal, a fin qu'il soit prouveu aux escoliers, et qu'il n'y ayt point d'interruption. Or le moyen d'y prouvoir, sera d'y commettre un Substitut, ou de mettre les enfans en la classe la plus prochaine.

Qu'en lisant ils gardent une gravité moderee en toute leur contenance: qu'ils ne facent point d'invectives contre les autheurs lesquels ils exposeront, mais qu'ils mettent peine a expliquer fidelement leur sens. S'il y a quelque chose couchee trop obscurement, ou qui ne soit point mise en son lieu, ou qui ne soit point traittee si diligemment qu'il seroit requis, qu'ils en advertissent modestement leurs escoliers. Qu'ils tiennent les enfans en silence et sans faire bruit. Qu'ils reprennent les rebelles ou nonchalans, les chastient selon leurs demerites.

---

1) de foy: > *1559:* 2) Regens ... les: > *1559* 3) et ... publiques *1559*: en iceluy 4) en ... s'ensuit: > *1559* 5) *1559:* + Puis apres a esté declaree et publiee l'election du Recteur faicte selon les dictes loix par les Ministres, et confermee par mes treshonorez seigneurs Syndiques et Conseil, de spectable Theodore de Beze, ministre de la parolle de Dieu et bourgeois de ceste Cité. Lequel apres ceste declaration a faict une oraison exhortative, escripte en langue Latine, pour heureux commencement de l'exercice de son office. Iceluy ayant fini son dire, le susdit spectable Calvin a rendu graces à Dieu autheur de ce bien, et exhorté chascun de son debvoir à user d'un tel benefice. Et finalement ayant remercié mesdits treshonorez Seigneurs de leur bonne volonté, ceste heureuse iournee a esté finie par actions de graces et priere de tous à nostre Dieu et Pere: à l'honneur et gloire duquel soyent rapportées toutes choses.

Sur tout qu'ils les enseignent d'aimer Dieu, et hair les vices. Qu'ils ne sortent point, tant qu'il se pourra faire, de l'auditoire, qu'apres avoir achevé la leçon. Quand la cloche sonnera que chascun renvoye les siens selon l'ordre que nous dirons.

Qu'ils nourrissent entr'eulx concorde mutuelle, et vrayement Chrestienne: et qu'en leur leçon ils ne s'entrepiquent pas les uns les autres. S'il y survenoit quelque different, qu'ils s'addressent au Recteur du College: et que là ils demeinent Chrestiennement leur cause. Si le Recteur ne les peut appoincter, et vuider leur querele, qu'il en face le rapport à la compagnie des Ministres de la parole de Dieu, afin que par leur authorité ils y remedient.

Du Principal du College.

Que le Principal soit eleu et confermé à la mesme forme que dit a esté, homme craignant Dieu, et pour le moins de moyen scavoir: sur tout, d'un esprit debonnaire, et non point de complexion rude, ni aspre: a fin qu'il donne bon exemple aux escoliers en toute sa vie, et porte tout doucement les fascheries de sa charge.

Son office sera outre l'ordinaire, d'enseigner et gouverner sa classe, d'avoir l'oeil sur les meurs et la diligence des ses compagnons: de soliciter et piquer ceulx qui seront tardifs, de remonstrer à tous leur devoir, de presider sur les corrections qui se feront en la salle commune, de prouvoir que la cloche sonne és heures prefixes, et que les auditoires soyent tenus nets.

Qu'il ne soit licite aux aultres Regens de rien attenter de nouveau sans son seu et congé, et que lui aussi rapporte au Recteur toutes les difficultez qui surviendront.

Des Escoliers du College.

Que le Principal et les Regens distribuent tous leurs escoliers en quatre bandes, non pas selon les classes, mais selon la situation de la Ville. Qu'il se face un rolle de chasque bande, et qu'on baille à quatre des Regens chascun le sien: et parainsi que les escoliers soyent distribuez pour venir au temple, chascun selon son quartier. Qu'il y ait lieu certain qui leur soit assigné par l'authorité de Messieurs en chasque temple, lequel il ne soit permis a d'autres occuper.

Que tous les escoliers ayent à se trouver de bonne heure au temple: assavoir, les Mercredis au sermon du matin: les Di-

[73] manches, aux deux ¹sermons, du matin et d'apres midi, et au Catechisme: et qu'estans assis en leurs places ils oyent attentivement et en reverence le sermon.

Qu'il y ait aussi en chasque temple quelque Regent: et qu'il y soit d'heure, afin qu'il prene garde sur sa troupe. Le sermon fini, si besoin est, qu'il face lire le rolle, et qu'il note les absens et ceux qui auront esté nonchalans a escouter la parole de Dieu: lesquels le lendemain seront (s'ils se trouvent coulpables) publiquement chastiez au College selon leur demerite.

Que les escholiers se trouvent en leur auditoire, Lundi, Mardi, Ieudi, et Vendredi, à six heures du matin en esté, et à sept heures en hyver.

Qu'en chasque classe ils soyent partis par dizaines, et que chasque dizaine s'ordonne selon que chascun aura profité, sans avoir esgard ni à l'aage, ni a la maison. Que chasque dizenier soit assis le premier en sa dizaine, et qu'il y soit comme superintendant.

Qu'estans assemblez chacun en son auditoire, ils commencent par la priere, qui est specialement faite pour eulx au Catechisme[1], et que chascun la prononce à son tour devotement. Apres, que chascun soit appelé selon le rolle. S'il y en a quelques absens, ou qui viennent trop tard, que le Regent sache pourquoy, a fin de les absouldre: ou s'ils ont failli, de les chastier doucement. Sur tout qu'en cest endroit les mensonges soyent punis.

Cela faict, qu'ils soyent enseignez en esté par l'espace d'une heure et demie: puis qu'ils ayent demie heure pour desieuner, sans bruit, et avec prieres. Consequamment qu'ils soyent enseignez iusques à neuf heures. En hyver, qu'ils soyent enseignez de sept iusques à neuf, sans que le desieuner rompe la leçon, en estant pris legierement, durant que les enfans diront leur texte. Les leçons du matin achevees, que chascun à son tour recite en chasque classe l'oraison Dominicale, avec quelque brefve action de graces. Finalement, apres les avoir admonnestez de leur debvoir, qu'ils soyent conduis en leurs maisons par deux Regens: assavoir des quatre plus basses classes, lesquels feront cest office deux à deux par septmaine, ou par tour.

Qu'ils retournent au college hyver et esté, apres disner a onze heures: et que là ils s'exercent à chanter Pseaumes iusqu'à midi. Depuis midi qu'il leur soit faict une leçon iusques à une [75] heure. De ¹là, qu'ils employent une heure en partie à gouster

---

1) vide supra pg. 146 10 sqq.

sans tumulte, et apres avoir prié Dieu : en partie aussi a escrire ou à vaquer à leurs estudes. Cela faict, qu'ils soyent enseignez depuis deux heures iusques a quatre. Puis tous s'assembleront au son de la cloche en la salle commune : et là s'il faut faire quelque chastiement public sur les delicts notables, qu'il se face avec gravité moderee, present le Principal et les Regens, avec admonition telle que le cas le requerra. Finalement que trois chasque iour et par rang recitent en François l'Oraison de nostre Seigneur, la Confession de Foy, les Dix commandemens de la Loy. Ce faict, que le Principal leur donne congé en les benissant au nom de Dieu.

Que le Mecredi, comme il a esté dict, ils oyent le sermon au matin : l'apres disnee, qu'ils facent leurs questions depuis onze heures iusque'à midi, estans arrangez par decuries selon leurs classes. Puis qu'ils ayent congé de s'esbatre iusques à trois heures : mais que ce soit sans licence dissolue. Depuis trois iusques à quatre, qu'il se face quelque declamation deux fois le mois par les escoliers de la premiere classe en l'assemblee commune du College. Que les deux aultres Mecredis les Regens donnent quelque theme chacun à ses escoliers, pour les exercer à bien composer : que le lendemain la composition de chacun soit rendue et corrigee. Que les enfans des basses classes profitent en quelque autre sorte, selon la discretion de leurs Maistres.

Le Samedi qu'ils repetent leur sepmaine le matin. Apres midi qu'ils disputent une heure, comme il a esté dict : puis qu'ils ayent vacation iusqu'à trois heures. Depuis trois iusqu'à quatre (excepté en la premiere et en la seconde classes, esquelles nous assignerons ci apres ce qu'elles auront a faire) qu'ils recitent ce qui devra estre le lendemain traitté au Catechisme, et que le sens en soit familierement exposé selon leur capacité. Cela faict qu'on leur donne congé.

Que le iour du Dimanche soit employé à ouir et a mediter et recorder les sermon.

Que la sepmaine devant la Cene quelcun des Ministres de la parole de Dieu face une petite declaration de la saincte Cene en la salle commune, exhortant les auditeurs à la crainte de Dieu et a concorde.

Les loix particulieres de la septieme classe.

Qu'on y enseigne les enfans à cognoistre leurs lettres et a assembler les syllabes selon l'Abc Latin-françois : et puis a lire couramment. En la fin, qu'on les accoustume a prononcer en Latin, leur baillant pour patron le Catechisme Latin-françois.

Que ceulx qui seront en aage, commencent aussi d'apprendre à escrire.

Les loix de la sixieme classe.

Qu'on y enseigne és six premiers mois de l'an les premiers rudimens des declinaisons et coniugaisons, en la plus grande simplicité que faire se pourra. En l'autre demi an qu'il se face declaration rude et familiere de toutes les parties d'oraison, avec leurs accessoires, comparant tousiours le François avec le Latin: et conioignant les exercitations pueriles de la langue Latine.

Que les enfans soyent avancez et confermez à bien former leurs lettres, et soyent aussi duits et accoustumez à parler Latin.

Les loix de la cinquieme.

Qu'on y expose plus diligemment les parties d'oraison et les plus simples Rudimens de la Syntaxe, prenant le patron sur les Bucoliques de Virgile. Que les enfans commencent petit à petit de s'exercer à escrire, ou composer.

Les loix de la quatrieme classe.

Qu'on y monstre les preceptes de la Syntaxe en leur perfection, conioingnant les Epistres de Ciceron les plus brieves et familieres: et qu'on propose aux enfans certains themes faciles sur le patron d'icelles.

Qu'on y enseigne aussi les Quantitez des syllabes comprises en peu de reigles: avec les Elegies d'Ovide, De tristibus, et De Ponto. Finalement, qu'on y aprene les enfans à lire en Grec, decliner et coniuguer le plus simplement que faire se pourra.

Les loix de la troisieme classe.

Qu'on y enseigne la Grammaire Grecque d'une façon plus exquise, tellement que les enfans observent soigneusement les reigles des deux langues, et exercent leur stile par tour.

Des autheurs, ceulx-ci leur soyent leus principalement: les Epistres de Ciceron, le livre de l'Amicitia, de Senectute en Grec et en Latin: l'Eneide de Virgile: les Commentaires de Cesar: les Oraisons parenetiques d'Isocrates, selon qu'on verra estre expedient.

Les loix de la seconde classe.

Qu'on y enseigne l'histoire en Latin, prenant Tite Live pour autheur: L'histoire en Grec, prenant Xenophon, ou Polybe, ou

Herodian. Quant aux poetes, qu'on lise Homere de iour à autre. Qu'on expose les elemens Dialectiques, assavoir la nature des propositions et les figures des argumens, sans passer oultre. Qu'on leur explique le plus diligemment qu'ils sera possible les propositions et les argumens, prenant le patron des autheurs qui leur seront leus. Sur tout, les Paradoxes de Ciceron, ou de ses Oraisons les plus petites: sans s'amuser nullement à l'artifice de Rhetorique.

Le Samedi depuis trois iusqu'à quatre, qu'on leur lise l'Evangile sainct Luc en Grec.

Les loix de la premiere classe.

Qu'on adiouste ici aux rudimens Dialectiques ce que la science porte des predicamens, categories, topiques, et elenches: et qu'on choisisse pour ce faire quelque abbregé bien troussé.

Qu'on y monstre aussi les commencemens de Rhetorique, et principalement ceulx qui appartiennent à bien orner et parer le langage.

Que l'usage de tous les preceptes soit continuellement et soigneusement monstré et marqué és Oraisons de Ciceron les plus artificielles: item és Olynthiaques de Demosthene, et és Philippiques: pareillement en Homere et Virgile. Et que cela se face en tirant à part les propositions nues, et puis expliquant l'ornement qui y est, comparant le tout avac les preceptes.

Que les enfans exercent diligemment leur stile: et pour ce faire qu'il y ait (comme nous avons dict) declamation deux fois le mois, assavoir le Mecredi apres disner.

Le Samedi depuis trois heures iusques à quatre, qu'on leur lise quelque Epistre des Apostres.

DU RECTEUR.

Que le Recteur soit pris et choisi de la compagnie des Ministres et Professeurs: et qu'il soit esleu par bon accord de tous. Mais qu'on prenne celuy qui sera le plus suffisant, doué de crainte de Dieu et de bon scavoir: lequel estant presenté a Messieurs, soit establi par leur authorité.

Son office sera d'estre superintendant sur toute l'Escole: d'admonnester et reprendre le Principal, et les Regens, et les Professeurs publics, quand il les verra estre nonchalans, et les advertir de mieux faire leur office. Item, d'appaiser toutes quereles qui se pourroyent eslever entre les Regens, ou les autres gens d'estude: ou s'il est besoing de plus grande authorité, en remettre la decision aux Ministres de la Parolle: sauf tousiours ce qui appartient au Magistrat.

Que tous les auditeurs publics, a scavoir qui ne seront point des classes, viennent a luy: lequel avant toute chose les advertira qu'ils ayent a se presenter devant nos magnifiques Seigneurs, pour estre receus habitans, ce qu'ayant esté faict par iceulx, adonc il les fera soubscrire a la confession de Foy dont le formulaire est mis ci apres[1]: et ainsi les recevra au rang des escholiers.

Qu'il ait aussi la charge de donner tesmoignage aux gens d'estude qui auront ici vescu: toutesfois s'estant enquis diligemment tant de leur vie, que de leur scavoir.

Qu'il ne luy soit aucunement loisible de faire assemblee d'escholiers extraordinaire, sans l'expres congé de nosdicts Seigneurs et superieurs.

Que cest office soit pour deux ans: puis qu'on eslise ung successeur, ou que le premier mesme soit continué.

DES VACATIONS.

Qu'au temps de vendange on donne vacation de trois sepmaines pour toute l'Eschole.

Que les premiers Vendredis de chasque mois les Lecteurs publics ayent vacation l'apresdisnee, a cause des disputes qui se font en Theologie.

[DES PROMOTIONS.][a]

Que chacun an trois sepmaines devant le premier iour de May, l'un des Professeurs publics (a scavoir chascun en son tour) à douze heures propose en la salle commune à tous les enfans du college un theme en François: et eux estans arrangez par ordre selon les classes, l'escrivent sous lui, chascun selon sa portee. Ce qu'estant faict, qu'ils se retirent tous aux classes: et promptement sans regarder en pas un livre, tournent en Latin dedans cinq heures le theme qui leur aura esté proposé: chascun de soymesme, et sans aide. Et afin qu'il ne s'y puisse faire aucune fraude, qu'il y ait changement de classes, tellement que le regent de la seconde classe preside sur les escholiers de la premiere: et celuy de la premiere sur les escholiers de la seconde: et ainsi des autres suivans. Que ceux qui presideront, prennent

---

a) *sic 1559; hic titulus falso omissus est 1561.*

1) vide infra pg. 374 23 sqq.

garde soigneusement à tout, et conduisent l'acte sans aucune fraude.

Que les Regens recueillent les themes chacun de la classe où il a presidé: et les ayant mis selon l'ordre des dizaines, les rendent fidelement entre les mains du Principal.

Que le lendemain et autres iours suivans iusques au premier iour de May, le Recteur appelant avec soy les Professeurs publics, examine par ordre les themes de chacune classe. Et les fautes estans marquees, et les escoliers appelez selon leurs dizaines, et ouis en la presence de leur Regent, qu'il determine selon l'advis de ses assistans, à quel degré devra estre avancé chascun des escoliers.

Que le premier iour de May (sinon qu'il se rencontrast en un Dimanche: car en tel cas l'acte se remettra au lendemain) tout le College s'assemble au temple de sainct Pierre. Que là soit present aussi (s'il semble bon à Messieurs) l'un des Seigneurs Syndiques ou Conseillers, avec les Ministres et professeurs, le Principal et les Regens. En la presence desquels le Recteur fera quelque brieve harangue, pour recommander l'observation de ces loix qui là seront recitees publiquement en la presence de toute la compagnie. En apres, que de chacune classe les deux qu'on aura iugé les plus diligens et savans, soyent là presentez, pour recevoir de la main du Seigneur Syndique ou Conseillier qui assistera quelque petite estreine, de tel prix qu'il plaira à Messieurs: et en la prenant qu'ils remercient Messieurs avec reverence. Lors apres que le Recteur aura en peu de paroles loué iceux escoliers, pour leur donner meilleur courage, et afin que les autres à l'exemple de ceux-la soyent incitez à bien estudier: si les escoliers de la premiere et seconde classe ont quelque poesie, ou autre escript à reciter devant toute la compagnie, qu'ils le facent avec honnesteté et reverence. Et puis le Recteur ayant remercié l'assemblee, et les prieres estans faictes, chascun s'en ira. [85]

Que ce iour-la il y ait vacations pour tout le College.

S'il se trouve quelque escolier qui semble à son Regent avoir sie bien profité qu'il doibve estre avancé en plus haut degré devant l'an revolu, que le Regent en face le rapport au Principal: et que le Principal enregistre en un livre les noms de tous les escoliers desquels le rapport lui sera ainsi fait. Puis le premier iour d'Octobre, que le Recteur avec les Professeurs vienne au College, et ordonne ce qui en debvra estre fait. Et mesme si en quelque aultre saison de l'annee il s'en trouvoit quelqu'un qui meritast d'estre avancé extraordinairement, que le Recteur en face examen convenable, et qu'il soit avancé extraordinairement.

DES PROFESSEURS PUBLICS.

Que les trois Lecteurs publics, assavoir l'Hebrieu et le Grec, et celui qui enseigne les arts, soyent esleus et confermez ainsi qu'il a esté dit des autres.

Le Lundi, le Mardi, et le Ieudi, qu'ils lisent chacun deux heures: assavoir, l'une au matin, l'autre apres disner. Le Mercredi et le Vendredi chacun une heure: assavoir apres disner. Le Samedi, qu'il n'y ait point de leçons. Le Dimanche soit employé à ouir les sermons.

Le Vendredi, qu'ils se trouvent, tant qu'il leur sera possible à la congregation, et au Colloque des Ministres.

Que le professeur Hebrieu expose le matin incontinant apres le sermon quelque livre du vieil Testament, avec les Commentaires des Hebrieux. Apres disner, qu'il lise la Grammaire Hebraique: un hyver depuis midi iusques à une heure, en esté depuis une heure iusques à deux.

Que le Professeur Grec le matin entre apres l'Hebrieu, et expose quelque livre de Philosophie qui concerne les meurs. Le livre sera d'Aristote, ou Platon, ou Plutarque, ou de quelque philosophe Chrestien. Apres disner qu'il lise (en hyver, depuis une iusques à deux: en esté, depuis trois iusques a quatre) quelque poete Grec, ou quelque orateur, ou historiographe, en un temps d'une sorte, et puis de l'autre: et choisissant des plus purs.

Que le Professeur des arts le matin entre apres le Grec, et lise quelque livre de Physique l'espace d'une demie heure. Apres disner (en hyver, depuis trois iusques à quatre: en esté depuis quatre iusqu'a cinq) qu'il expose doctement la Rhetorique d'Aristote, les Oraisons de Ciceron les plus renommees, ou les livres De Oratore.

Que les deux Professeurs de Theologie exposent les livres de la saincte Ecsriture, le Lundi, Mardi et Mecredi, depuis deux heures apres disner iusques à trois, chacun en sa septmaine.

DES ESCOLIERS PUBLICS.

Que les escoliers publics, comme il a esté dict cidevant[1], viennent au Recteur pour faire escrire leurs noms, et signer de leur

---

1). vide supra pg. 371 7 sq.

propre main la confession de leur foy. Qu'ils se portent modestement, et en la crainte de Dieu.

Que ceux qui se voudront exercer és sainctes Escritures escrivent leurs noms en un catalogue: et le Samedi depuis deux heures iusqu'à trois qu'ils traittent en lieu public quelque passage de l'Escriture, en la presence de quelcun des Ministres qui conduira le tout. Puis qu'ils escoutent la censure de la bouche du ministre qui y aura preside. En ceste censure qu'il soit permis à chacun de ceux qui seront là presens, de dire son advis modestement, et en la crainte du Seigneur.

Qu'eux-mesmes par ordre dressent et escrivent par chasque mois certaines positions, qui ne soyent ne curieuses, ne sophistiques, nicontenantes fausse doctrine: et les communiquent de bonne heure au Professeur de Theologie. Puis qu'ils les soustiennent publiquement contre ceux qui argumenteront. Que il soit là permis à chacun de parler. Que toute sophisterie, curiosité impudente et audace de corrompre la parole de Dieu, semblablement toute mauvaise contention et opiniastreté en soyent bannies. Que les poincts de la doctrine soyent traittez sainctement et religieusement d'une part et d'autre des disputans. Que le Professeur de Theologie, qui presidera en la dispute, conduise le tout selon sa prudence, et donne par la parole de Dieu la resolution des difficultez qui seront mises en avant.

Formulaire de confession de foy,
que les escoliers auront à faire et soubscrire entre les mains du Recteur[1].

[IX 721]

Ie proteste de vouloir suivre et tenir la doctrine de foy telle qu'elle est contenue au Catechisme de ceste Eglise, et de m'assubiettir aussi à la discipline laquelle y est establie, et de n'adherer ou consentir à nulles sectes qui soyent pour troubler la paix et union que Dieu a ici mise selon sa parole.

Et afin de mieux specifier, et fermer la porte à tous subterfuges, ie confesse qu'il y a un seul Dieu auquel il nous faut tenir, pour le servir, adorer, et y avoir nostre fiance et refuge. Et combien qu'il soit d'une simple essence: toutesfois il ne laisse pas d'estre distingué en trois personnes. Et deteste toutes les heresies qui ont esté condamnees tant au premier concile de

---

1) *9. d. Iunii a. 1559 Academia Genavensis solenne inaugurata est. Hac occasione leges Academiae et formula huius confessionis recitata sunt et Beza primus rector designatus contionem habuit inauguralem.*

Nice, qu'au premier aussi d'Ephese, et en celuy de Chalcedone. Item, tous les erreurs qui ont esté renouvelez par Servet et ses complices: me contentant de ceste simplicité, qu'en l'essence unique de Dieu il y a le Pere qui a engendré de toute eternité sa Parole, et a aussi tousiours eu son Esprit: et que chacune personne a tellement sa proprieté que la divinité demeure tousiours en son entier.

Ie confesse aussi que Dieu a creé non seulement le monde visible, assavoir le ciel et la terre, et tout ce qui y est contenu, mais aussi les esprits invisibles: dont les uns ont persisté en son obeissance, et les autres de leur propre malice sont trebuchez en perdition: mais que la perseverance qui a esté és Anges, est venue de l'election gratuite de Dieu, qui a continué son amour et sa bonté envers eux, en leur donnant fermeté immuable de persister tousiours en bien. Parquoy ie deteste l'erreur des Manicheens, qui ont imaginé que le diable estoit mauvais de nature, et mesme avoit son origine et principe de soy-mesme.[1]

Ie confesse que Dieu a tellement creé le monde une fois, qu'il en est tousiours gouverneur: tellement que rien ne se fait et ne peut advenir que par son conseil et providence. Et quoy que le diable et les reprouvez machinent de mettre tout en confusion, mesme que les fideles par les fautes qu'ils commettent pervertissent l'ordre de droiture: toutesfois que Dieu ayant la superiorité souveraine par dessus, convertit le mal en bien, et quoy qu'il en soit qu'il dispose tout et conduit d'une bride secrete et d'une façon admirable, qu'il nous faut adorer en toute humilité, pource que nous ne la comprenons point.

Ie confesse aussi que l'homme a esté creé à l'image de Dieu en pleine integrité de son esprit, volonté et toutes les parties, facultez et sens de son ame: que toute la corruption et les vices qui sont en nous, sont procedez de ce qu'Adam nostre pere s'est alienê de Dieu, par sa rebellion: et en delaissant la source de vie et de tous biens, s'est asservi à toute misere. Ainsi que nous naissons en peché originel, et sommes tous maudits de Dieu et damnez dés le ventre de la mere: non pas seulement par la faute d'autrui, mais à cause de la malice qui est en nous, encores qu'elle n'y apparoisse point.

Ie confesse aussi que le peché originel emporte aveuglement d'esprit et perversité de coeur, tellement que nous sommes despouillez de tout ce qui appartient à la vie celeste, et mesme que tous les dons naturels sont depravez et souillez en nous: qui est cause que nous ne saurions avoir nulle bonne pensee ne

---

1) cf. Instit. I c. XIV 3, ed. nostra vol. III p. 155 8 sqq.

mouvement à bien faire. Et deteste ceux qui nous attribuent quelque franc-arbitre pour aspirer à bien, pour nous preparer à estre en la grace de Dieu, ou cooperer comme de nousmesmes à la vertu qui nous est donnee par le sainct Esprit.

Ie confesse aussi que par la bonté inestimable de Dieu, Iesus Christ nous a esté donné pour remede, afin de nous ramener de mort à vie, et restaurer ce qui estoit decheu en Adam: et que pour ce faire, lui qui estoit la Sagesse eternelle de Dieu son Pere et d'une mesme essence, a vestu nostre chair, tellement qu'il a esté fait Dieu et homme en une seule personne. Sur quoy ie deteste toutes les heresies contrevenantes à ce principe,comme de Marcion, Manichee, Nestoire, Eutyche et leurs semblables. Item les resveries que Servet et Schuenfeld ont voulu remettre au dessus.[1]

Quant au moyen de nostre salut, ie confesse que Iesus Christ en sa mort et en sa resurrection a parfait et accompli tout ce qui estoit requis à effacer nos offenses, afin de nous reconcilier à Dieu son Pere: et que il a surmonté la mort et le diable, afin que nous iouissions du fruict de sa victoire: et aussi qu'il a receu le sainct Esprit en toute plenitude, afin d'en distribuer à chacun des siens selon la mesure que bon luy semble.

Ie confesse donc que toute nostre iustice, par laquelle nous sommes agreables à Dieu, et en laquelle il nous faut du tout reposer, gist en la remission des pechez, laquelle il nous a acquise au lavement que nous avons en son sang, et au sacrifice unicque par lequel il a appaisé l'ire de Dieu envers nous. Et tien pour une presomption detestable, que les hommes s'attribuent aucun merite, pour y mettre une seule goutte de la fiance de leur salut.

Ie confesse cependant, que Iesus Christ non seulement nous iustifie, en couvrant toutes nos faultes et iniquitez, mais nous renouvelle aussi par son Esprit: et que ces deux choses sont inseparables, d'obtenir pardon de nos pechez, et d'estre reformez en saincte vie. Mais pource que iusqu'à ce que nous sortions du monde il demeure tousiours beaucop de povretez et vices en nous-mesmes (tellement que toutes les bonnes oeuvres, que nous faisons par l'aide du sainct Esprit, sont entachees de quelque macule) il nous fault tousiours avoir nostre refuge à la iustice gratuite procedante de l'obeissance que Iesus Christ a rendue pour nous, d'autant que nous sommes acceptez en son Nom, et que Dieu ne nous impute point nos pechez.

Ie confesse que nous sommes faicts participans de Iesus Christ et de tous ses biens par la foy de l'Evangile, quand nous sommes

---

1) cf. Instit. I c. 13 et II c. 14, ed. nostra vol. III p. 108 sqq. et 458 sqq.; Schuenfeld prb. = Schwenckfeld.

asseurez d'une droite certitude des promesses qui sont là contenues. Et pource que cela surmonte toutes nos facultez, que nous ne la pouvons avoir sinon par l'Esprit de Dieu: mesme que c'est un don special, qui n'est communiqué sinon aux esleus, qui ont esté predestinez devant la creation du monde à l'heritage de salut, sans aucun esgard de leur dignité ne vertu.

Ie confesse aussi que nous sommes iustifiez par la foy, entant que nous acceptons Iesus Christ, qui nous est donné du Pere pour Mediateur, et sommes fondez sur les promesses de l'Evangile, par lesquelles Dieu nous testifie qu'il nous tient et advoue comme ses enfans, pour iustes et purs de toute macule, entant que nos pechez sont effacez par le sang de son fils. Sur quoy ie deteste les resveries de ceux qui veulent faire à croire que la iustice essentielle de Dieu est en nous, ne se contentans point de l'acceptation gratuite, à la quelle seule l'Escripture nous commande de nous arrester.

Ie confesse que la foy nous donne ouverture et acces pour invoquer Dieu: et que nous le devons invoquer avec certitude d'estre exaucez, selon qu'il nous a promis: et que cest honneur lui doit estre reservé à lui seul, comme le sacrifice souverain par lequel nous declarons que nous tenons tout de lui. Et combien que nous ne soyons pas dignes de nous presenter devant sa maiesté: toutesfois ¹qu'ayans Iesus Christ pour Mediateur et Advocat, nous avons bien de quoy nous contenter. Surquoy ie deteste la superstition qui a esté controuvee de s'adresser aux saincts, et aux sainctes, afin de les avoir pour patrons qui intercedent envers Dieu.

Ie confesse que tant la reigle de bien vivre que l'instruction de la foy, sont contenues en l'Escriture saincte, voire en toute perfection, tellement qu'il n'est licite de rien adiouster ne diminuer. Surquoy, ie deteste tout ce que les hommes ont dressé de leur invention propre, tant pour en faire articles de foy que pour obliger les consciences à leurs loix et statuts. Et en general ie reiette toutes les façons de faire qu'on a introduites pour le service de Dieu sans l'authorité de sa Parole, comme sont toutes les ceremonies de la Papauté. Et deteste tout le ioug tyrannique dont les povres ames ont esté oppressees: comme est la loy de se confesser, la defense du Mariage, et choses semblables.

Ie confesse que l'Eglise doit estre gouvernee par les Pasteurs qui ont la charge d'annoncer la parole de Dieu, et administrer les Sacremens: et que nul ne s'y doibt ingerer de soy-mesme sans election legitime, pour eviter confusion: et que si ceux qui sont appelez à ceste charge ne l'exercent fidelement, ils en doibvent estre deposez: et que toute leur puissance et superiorité est de conduire ceux qui leur sont commis par la parole de Dieu, tellement que Iesus Christ demeure tousiours souverain Pasteur et seul Maistre de son Eglise, et qu'on n'escoute que sa voix. Sur quoy ie deteste tout l'estat de la Papauté qu'ilz appellent Hierarchie, comme une confusion infernale establie en despit de Dieu, et en moquerie et opprobre de la Chrestienté.

Ie confesse qu'oultre la predication, à cause de nostre rudesse et infirmité, nous avons besoin des Sacremens, comme de seaux, qui soyent pour ratifier les promesses de Dieu en nos coeurs: et qu'il y en a deux qui nous ont esté ordonnez de Iesus Christ, assavoir le Baptesme et la Cene, et non plus: le premier, pour nous donner entree en l'Eglise: le second pour nous y entretenir. Et reiette les cinq Sacremens que les Papistes on forgé de leur teste.

Et combien que les Sacremens nous soyent arres pour nous asseurer de la grace de Dieu: toutesfois ie confesse qu'ils nous seroyent inutiles sinon d'autant que le S. Esprit les fait valoir comme instrumens, afin que nostre fiance ne soit nullement distraicte de Dieu pour s'amuser aux creatures. Et mesme ie confesse que les Sacremens sont depravez et corrompus quand on ne les rapporte point à ce but, de cercher en Iesus Christ tout ce qui appartient à nostre salut, et qu'on les applique à autre usage que d'avoir nostre foy du tout arrestee en lui. Et d'autant que la promesse d'adoption s'estend à la race des fideles, ie confesse que les petits enfans doivent estre receuz en l'Eglise par le Baptesme et deteste sur cela l'erreur des Anabaptistes.

Quant à la Cene, ie confesse que ce nous est un tesmoignage de l'unité que nous avons avec Iesus Christ: d'autant qu'il n'est pas seulement une fois mort et resuscité pour nous, mais aussi nous repaist vrayement et nourrit de sa chair et de son sang, à ce que nous soyons un^a avec luy, et que sa vie nous soit commune. Combien qu'il soit au ciel iusques à ce qu'il vienne pour iuger le monde, toutesfois ie croy que par la vertu secrete et incomprehensible de son Esprit, il vivifie nos ames de la substance de son corps et de son sang.

Et en general ie confesse que tant en la Cene qu'au Baptesme Dieu nous donne realement et accomplit par effect ce qu'il y figure: mais que pour obtenir un tel bien il nous faut conioindre la parolle avec les signes. Surquoy ie deteste l'abus et corruption de la Papauté, d'avoir osté le principal des Sacremens, assavoir la doctrine, pour nous enseigner du vray usage et du

---

a) *falso om. 1561*

fruict qui en procede, et en avoir faict comme des charmes et sorceleries.

Aussi ie confesse que l'eau estant un element caduque ne laisse pas de nous testifier en verité au Baptesme la vraye presence du sang de Iesu Christ et de son Esprit: et qu'en la Cene le pain et le vin nous sont vrais gages et infalibles que nous sommes nourris spirituellement du corps et du sang de Iesus Christ. Et ainsi ie conioins avec les signes la possession et iouissance de ce qui nous y est presenté.

Et d'autant que la saincte Cene, selon qu'elle a esté establie de Iesus Christ, nous est un thresor inestimable et sacré, tant plus ie deteste, comme un sacrilege insupportable, ceste maudite abomination de Messe, laquelle ne sert qu'à renverser tout ce que Iesus Christ nous a laissé: tant en ce qu'on en fait un sacrifice pour les vivans et pour les morts, qu'en tout le reste qui contrevient à la pure institution du sacrement de la Cene.

Ie confesse que Dieu veut que le monde soit gouverné par loix et police, à fin qu'il y ait quelques brides pour reprimer les appetits desordonnez des hommes. Ainsi qu'il a establi les royaumes, principautez et seigneuries, et tout ce qui appartient à l'estat de iustice: et en veult estre recognu autheur, afin qu'à cause de lui non seulement on endure que les superieurs dominent, mais aussi qu'on les honnore et prise en toute reverence, les tenant pour ses lieutenans et officiers, lesquelz il a commis pour exercer une charge legitime et saincte. Pourtant qu'il fault obeir à leurs loix et statuts, payer tributs et imposts, et autres debvoirs, et porter le ioug de suiettion d'une bonne volonté et franche: moyenant que l'empire souverain de Dieu demeure en son entier.

SERMENT POUR LE RECTEUR[1].

Ie promets et iure de m'acquiter loyaument de mon devoir en la charge en laquelle ie suis appelé [1]comme i'espere que Dieu m'en fera la grace. C'est de veiller soigneusement sur l'estat de l'escole afin de pourvoir à tous les desordres qui pourroyent survenir. Et le tout selon le contenu des ordonnances.

Item d'exhorter tous les escoliers qui ne seront point sous les Regens, mais seulement seront auditeurs des leçons publiques, de se maintenir sous la suiettion et obeissance de nos seigneurs et superieurs. Et de ne point souffrir ceulx qui seront dissolus

---

1) *Textum qui sequitur 1559 et 1561 praebent.*

et desbauchez: mais en ce cas qu'ils ne se vueillent reduire par admonitions amiables, d'en advertir Messieurs à fin d'y pourvoir.

Finalement de procurer, selon qu'il me sera possible, que les escoliers vivent paisiblement en toute modestie et honnesteté, à l'honneur de Dieu et au profit et repos de la ville.

SERMENT POUR LES PROFESSEURS ET REGENS.

Ie promets et iure de m'acquiter loyaument de la charge qui m'est commise, assavoir de travailler pour l'instruction des enfans et auditeurs, de faire les lectures qui me sont ordonnees par les statuts de nos seigneurs et superieurs. Et en general de mettre peine que l'escole soit conduite en bon ordre. Et de procurer, selon qu'il me sera possible (comme i'espere que Dieu m'en fera la grace), que les escholiers vivent paisiblement, en toute modestie et honnesteté, à l'honneur de Dieu et au profit et repos de la ville.

[1]Puis apres a esté declairee et publiee l'election du Recteur faite selon lesdictes loix par les Ministres, et confermee par mes treshonnorez Seigneurs Syndiques et Conseil, de spectable Theodore de Beze Ministre de la parole de Dieu, et bourgeois de ceste Cité. Lequel apres ceste declaration, audience lui estant donnee par mesdicts treshonnorez Seigneurs Syndiques, a fait une Oraison exhortatoire escrite en langue Latine, qui depuis a esté traduite en François ainsi que sensuit.

Quant à moy, pour dire vray (treshonnorez Seigneurs, et vous tous Messieurs qui estes ici presents) i'eusse bien volontiers desiré qu'une charge si pesante que la conduite de ceste escole, eust esté baillee à un autre plus propre et suffisant: comme ce n'eust pas esté une chose mal-aisée à trouver. Mais toutesfois puis que vostre authorité m'y astreint, ie mettray peine de tout mon pouvoir de m'en acquiter, me confiant premierement de la grace de Dieu, et puis aussi de l'aide de vos prieres. Cependant voyant que ceste belle compagnie d'escoliers et gens de letres attend que ie mette en avant quelque chose, puis aussi que ceste assemblee s'est faite pour ouir la publication des loix que les magnifiques Seigneurs du Conseil ont establies pour ordonner et maintenir l'estat de ceste escole: ie proposeray quelques poincts touchant la fondation des escoles. Or i'useray d'une maniere de parler nue et simple, pour pratiquer mesme en cest endroit, ce qui a esté dit anciennement, Que la verité a un lan-

---

1) *Quae sequuntur usque ad finem in editione a. 1561 solum inveniuntur. CR hunc textum non praebet.*

gage simple¹. Et afin que sous couleur qu'en ces exercices et assemblees des escoles on ne voit point, ou bien peu de ceste apparence externe qui ravit les gens en admiration, quelqu'un ne vienne à les desdaigner comme n'apportans pas grand profit, ou les reprendre comme n'estans point necaissaires: ie monstreray en peu de paroles, combien ce sont choses non seulement profitables, mais aussi requises et bien necaissaires, davantage quelle en est l'ancienneté, excellence, et dignité. Car quant aux loix qui ont esté publiees maintenant, nous en pourrons traitter une autre fois. S'il y a donc quelqu'un à qui il semble que ces assemblees se soyent faites à l'aventure, ou que l'usage en soit depuis quelque temps seulement, et sans bonnes et iustes causes, il s'abuse bien. Car combien que les hommes viennent au monde ayans raison et entendement, combien aussi qu'on voye en aucuns une telle excellence d'esprit, qu'il semble proprement de tout ce qu'ils traittent et savent, que ce soyent choses qu'il ne leur ait point falu apprendre, mais seulement reduire en memoire: le dire toutesfois d'Aristote est tresveritable (comme aussi le sens commun et l'experience ordinaire de tous temps le tesmoigne) que les hommes ne naissent point savans ou letrez², et beaucoup moins donez de la cognoissance des choses qu'ils ont besoin d'entendre pour la conduite requise en ceste vie, ains seulement ayans une habilité et dexterité à les comprendre. Et de fait, quelle difference y a-il entre un homme sans savoir et du tout ignorant, et les bestes brutes? Pour certain, ainsi qu'en a dit un ancien qui n'avoit pas mauvaise raison quant à iuger des choses humaines, Qu'il n'y a rien plus desraisonable et iniuste que un homme ignorant³: et pourtant, qu'on ne sauroit trouver au monde un monstre plus dangereux, veu que le mot d'Iniustice comprend toute confusion. Dont sensuit qu'il faut qu'il y ait quelque moyen pour amener les hommes à avoir savoir et intelligence des choses qu'ils n'ont pas de nature: que mesme les plus beaux esprits et les plus excellens ont encore besoin d'estre maniez et comme cultivez. ou duits et façonnez par bonne nourriture et soigneuse instruction, ainsi que les terres les plus fertiles ont mestier toutesfois d'estre labourees. Car aussi c'est une sentence tresveritable ce qui a esté dit par un ancien autheur, Que les gens de savoir voyent au double des autres⁴. Or pource que le cours de la vie humaine est si brief, qu'un homme quelque excellent esprit qu'il ait, et quelque diligence qu'il face ne pour-

---

1) Sententiae prophanae collectae per Leosthenem Coluandrum, Lugduni 1541, p. 226.   2) Aristoteles, Eth. Nich. Z. 12, 1134 b 6
3) Terent., Adelph. I 2   4) Non invenitur.

roit suffire à observer tant de choses (sans parler de ceux qui s'adonnent plutost à tout ce qu'on voudra, qu'és choses esquelles il faudroit employer toute la vie) il a esté necessaire que Dieu suscitast (car à qui autre attribuerions-nous ce bien veritablement celeste?) qu'il suscitast, di-ie, certains excellens esprits, qui eussent une dexterité et vertu admirable tant à inventer, qu'à observer et mettre en ordre convenable, c'est à dire, reduire en art toutes bonnes choses. En parlant ainsi, i'enten ceux qui les premiers ont mis en lumiere les arts et bonnes sciences, qui sont toutes comprinses sous le mot de Philosophie. Cependant dequoy serviroyent ces sciences, s'il n'y avoit gens pour les enseigner, et escoliers pour apprendre? Or ce sont comme les parties et diverses pieces desquelles estans rapportees ensemble, consiste et est composee la Republique des escoles, de laquelle i'ay promis de parler. Lesquelles choses estans ainsi, sensuit bien ce que ie predendoye, assavoir que ces assemblees des escoles ne sont point choses qui ayent esté dressees à l'aventure, ne sans cause, ne depuis quelques siecles par ci-devant, ains que par un benefice singulier de Dieu l'usage en a tousiours esté entre les Anciens, afin que par ce moyen se fist un fort beau et heureux changement: et que les gens qui estoyent les uns stupides comme des troncs de bois, les autres sauvages comme des bestes fussent transformez en hommes ayans raison et intelligence. Mais venons maintenant à prouver ce que ie di, et le monstrer par exemples tout evidens. Ainsi donc, sans parler des deux colomnes que Seth dressa (comme dit Josephe) l'une de brique, l'autre de pierre[1]: ne de tout le reste que le mesme autheur a escrit d'Abraham à ce propos[2] (car ce sont choses, selon qu'il me semble, qu'il faut mettre avec les fables des Iuifs: et quant à moy, ie tien Josephe non seulement du nombre des autheurs profanes, mais aussi ridicules et impertinens) i'estime que dés le commencement du monde les maisons des Patriarches ont esté des escoles de bonne, vraye, et certaine instruction, esquelles ceste image de Dieu, combien qu'elle fust effacee és hommes par le peché d'Adam, estant renouvellee toutesfois par leur foy, ioint aussi un singulier benefice de Dieu, qui les avoit enrichis de tous dons excellens, reluisist tellement, que ceux qui y frequentoyent s'en retournoyent beaucoup plus instruits, et mieux polis qu'au paravant. Tant y a que nous savons comment entre les autres titres de Moyse il est dit, qu'il estoit bien instruit en toute la sapience des Egyptiens[3]. Or il est certain que la

---

1) Iosephus, Antiquit. I c. 3 ed. Niese vol. I p. 17 2) *ibid.*
3) Act. 7, 22

vraye philosophie et les exercices d'icelle furent apportez
d'Egypte en la Grece. Il est aussi parlé du grand savoir de
Salomon et Daniel, et de la cognoissance qu'ils avoyent en toutes bonnes arts, lesquelles aucuns ont tort (comme il me semble)
d'appeler Profanes: veu qu'on n'y voit rien qui ne soit sainct et
droit, soit qu'on considere qui en est l'autheur, assavoir Dieu
tout bon et tout puissant, soit qu'on regarde quel en est l'usage
legitime. Et pourtant il est bien vray-semblable que les colleges
aussi ou assemblees des Prophetes estoyent autant d'escoles:
esquelles combien que sur tout et d'une façon excellente le principal exercice fust de la sapience celeste qui surmonte de beaucoup toute capacité de l'homme: toutesfois selon que le temps le
pouvoit porter, et que besoin estoit, florissoyent les autres estudes
aussi des choses desquelles la cognoissance vient comme en
accessoire à se conioindre à l'estude de la religion. Quant est des
Payens, et principalement des Grecs, combien qu'entre eux ce
benefice de Dieu ait esté vilainement profané comme tous les
autres: toutesfois quand nous voyons neantmoins que parmis
ces tenebres tant espesses la lumiere de verité est encores demeuree aucunement sans estre esteinte, que la societé humaine
s'est conservee entre eux, et que les nations ne se sont point du
tout desfaites et destruites l'une l'autre, entre lesquelles aussi et
desquelles le Seigneur avoit determiné de recueillir une Eglise en
son temps: c'est un bien lequel apres Dieu il nous faut attribuer
à leurs escoles anciennes. Au reste, quand la barbarie commen-
çant au Septentrion s'estoit estendue et desbordee comme un
deluge sur tout l'Occident, le Seigneur a derechef suscité des
gens de grand courage et d'un esprit heroique, assavoir Charles
le grand qu'on a appelé Charlemagne, et quelques autres Empe-
reurs, qui ont esté fondateurs des escoles et universitez qu'on
voit auiourdhui florir en l'Europe. Lesquelles raisons, et exemples, avec plusieurs autres argumens de grand poids, le magnifique Conseil de ceste cité (duquel nous voyons ici en ceste
assemblee comme les parangons) ayant bien meurement et prudemment considéré, a eu en souveraine recommandation de
dresser une escole: afin que ceste Republique, outre les autres
ornemens qu'elle a, grans et en bon nombre, eust encore cest-
lui-la. Et sur cela entendant bien qu'il n'y a point de moyen de
faire une assemblee et la continuer, sinon qu'il y ait certaines
loix, il a prouveu qu'elles fussent telles, qu'il n'est pas possible
pour ceste heure d'en faire de plus sainctes, ou meilleures, ou plus
convenables pour mettre de bons fondemens d'une escole. Mais
l'occasion s'offrira (comme i'espere) une autre fois de parler
tant de la bonne volonté et vertueuses deliberations du Magni-

fique Conseil, que de l'excellence de ces loix. Maintenant c'est à vous autres escoliers que ie m'adresse, et vous prie au nom de Dieu, de faire si bien vostre devoir, qu'on ne puisse pas dire que vous-vous estes fait tort. Il y a une sentence de Platon fort renommee, laquelle aussi Ciceron a traduite en Latin, qui porte Que le savoir separé de iustice doit plustost estre nommé cautele que sagesse[1]. C'est donc une chose, que mesmes ces povres aveugles de philosophes Payens ont bien cognue, que la fin de toutes les bonnes arts est qu'elles nous soyent aides à vivre vertueusement. Pourtant ce nous seroit une honte par trop grande, de n'entendre pas cela, ou ne le prattiquer et monstrer par effect. Car ce n'est pas de merveille quant à ceux-la s'ils n'ont tiré au droit but, veu qu'en lieu de la vraye iustice (qui est que nous rendions à Dieu le devoir qui lui appartient) ils ont suivi superstition, et en lieu de vrayes vertus, ils ont embrassé ie ne say quelles vaines ombres de vertus, et comme des nuees vuides, ainsi que les Poetes ont dit de leur Ixion[2]. Or de vostre costé vous ne pouvez point alleguer rien de semblable pour excuse: veu que vous aurez d'oresneavant le moyen d'estre nourris en la vraye pieté et és bonnes sciences, quasi dés la mammelle: pourveu que (comme i'espere que vous ferez tous volontairement) vous conduisez vos estudes selon la reigle que ces loix vous monstreront. Or afin que vous vous en acquittiez, vous avez besoin premierement de l'assistance et conduite du Dieu tout-puissant, laquelle vous est toute preste, et se presentera encore par-ci apres, comme il y en a beaucoup de bons signes, et ce iour-ci le monstre abondamment: et puis en second lieu de monstrer aussi de vostre costé une bonne diligence, laquelle ne le Magnifique Conseil par sa sagesse, bonne volonté, et liberalité, ne vos maistres et precepteurs par leur savoir, diligence, et industrie, ne laissent point demeurer court, comme vous-mesmes l'appercerez presentement, et sentirez encore mieux par-ci apres ainsi que i'espere. Parquoy il reste seulement que vous-vous donniez garde que par ingratitude, lascheté, ou paresse, vous ne vous montriez aucunement indignes d'un si grand benefice de Dieu. Plutost tout au contraire, veu que vous estes ici assembles non pas pour estre spectateurs de quelques ieux solennels, ou esbats, et exercices corporels pour en avoir

---

1) Plato, Menex. 426, E ed. Bekker V 400, 21; Cicero, De officiis I, XIX, 63   2) Pindar., Pythia II 36 sqq.; Hesiod., Theog. III 351; Lucian, 'ANABIOYNTES 12; Plutarch., Agis 1 ed. Hutten vol. V p. 130; Amatorius XX 6; Cum principibus II 8; Dion Chrysostomus, De Regno IV 130

passe-temps, ainsi que iadis souvent ont fait les Grecs en leurs
assemblees: mais afin qu'ayans bien profité en la vraye religion,
et cognoissance de toutes bonnes arts, vous puissiez avancer la
gloire de Dieu, et porter profit et honneur à vostre pays et à
tous les vostres: qu'il vous souvienne tousiours que vous aurez
à rendre conte de ce temps-ci devant nostre souverain Capitaine
et Prince, puis qu'il vous fait cest honneur de vous enroller sous
son enseigne en ceste saincte escole. Quoy qu'il en soit, vous-
vous rendriez infames à iamais, si ayans toutes aides si bien à
main, il se trouvoit que vous-vous eussiez fait tort à vous-
mesmes, procuré vostre dommage, et comme conspiré en vostre
ruine. Ce que Dieu par sa grace vueille empescher: et pour vray
i'espere qu'il l'empeschera.

Apres la susdite harangue et remonstrance du Recteur, spectable Jean Calvin a prins derechef la parole, et en peu de mots
(comme c'est sa coustume) mais bien couchez et de grand poids,
a premierement remonstré que tout cest affaire et la deliberation
estoit procedee de Dieu tout bon et tout-puissant: et puis a
exhorté encore tous les escoliers à recognoistre un si excellent
benefice. Il a loué aussi, selon que le temps le portoit, la bonne
volonté du magnifique Conseil: et s'adressant à mes treshonnorez Seigneurs Syndiques et autres Seigneurs du Conseil là
presens, les a remerciez au nom de toute l'escole, et de ce qu'il
leur avoit pleu par leur presence honorer ceste acte et la publication des loix susdites: les priant humblement de continuer en
ceste bonne volonté et saincte oeuvre, et s'asseurer de la benediction de Dieu. Finalement, il a remercié aussi les autres gens
d'apparence et de savoir, qui s'estoyent là trouvez en grand
nombre: et exhorté les Maistres et Professeurs à bien faire leur
devoir: faisant fin par action de graces à Dieu avec prieres qu'il
lui plaise d'espandre sa benediction sur ce qui a esté là commencé.

Ainsi signé

Michel Roset, Secretaire[1].

---

1) *Nunc sequitur disciplina ecclesiastica Argentorat. ed. per Vale-*
randum Pollanum 1551.

De ordine Ministrorum, et eorum institutiones, ac de disciplina Ecclesiastica[a]

De conventu Ecclesiastico

Sciendum imprimis quod nunquam habetur conventus aliquis Ecclesiasticus (habetur autem singulis septimanis) sine lectione alicuius loci ex scriptura, et oratione pro dono spiritus sancti. Deinde Pastor toti coetui rem de qua convenerint exponit: et caeteri deinceps, si quid habent, referunt. Deinde rogantur a Pastore, singulorum sententiae. Ac datur opera, ut cuique fiat satis: nisi forte cum populus convenit, et quispiam videtur agere praefactius, tum ubi opus est veritati fert patrocinium autoritas adversus pervicaciam.

De electione Pastoris

Primum Episcopus seu Pastor totius Ecclesiae suffragiis designatur. Conveniunt ipsi Presbyteri seu Seniores cum reliquis aut praecipuis pastoribus aliarum Ecclesiarum eius urbis, ac totam Ecclesiam quae adest admonent de novo Pastore eligendo, simul gravissime commonefaciunt officii sui in hac electione, et duos aut plures proponunt, quos ipsi idoneos censent. Nec tamen Ecclesiam cogunt ex his propositis unum nominare. Nemini etenim ius suffragii eripitur. Tantum viderit ut idoneum aliquem nominet tanti functioni. Atque ea potissimum de causa proponunt aliquot ipsi Seniores, ne plebs forte aberret affectuum impetu, aut ignorantia et iudicii inopia. Postquam suffragia collecta erunt, atque bis aut tertia repetita, quo consensus sit maior: tum in quem plures consenserint, si caetera idoneus videbitur, is a Senioribus et aliis pastoribus ei Ecclesia[b] nominatur. Deinceps certo quodam die apud omnium pastorum urbis conventum iste nominatus coram Senioribus Ecclesiae examinatur, num iis dotibus praeditus sit, quae pastorem decent. Interea populo etiam ius est si celebriori puta die Dominico, a Senioribus et Pastore aliquo reliquarum Ecclesiarum coram tota Ecclesia Pastor nominatur, consalutatur et manuum impositione omnium assensu instituitur et confirmatur. Atque haec summa ordinationis Episcopi, seu Pastoris illius Ecclesiae.

---

a) *Textus qui sequitur in* LITURGIA SACRA, SEU RITUS MINISTERII IN ECclesia peregrinorum profugorum propter Euangelium Christi ARGENtinae, 1551, *invenitur. Vide praefationem.*
b) ei Ecclesia: *sic! Legendum sit:* in Ecclesia

De electione Seniorum seu presbyterorum

Presbyteri sunt ex tota Ecclesia praestantissimi viri, digni quos etiam privatos omnes revereantur, qui Pastori adiunguntur in administratione, ut causas omnes iudicent et praesint omnibus in rebus quae ad Ecclesiasticam politiam pertinent. Atque hi sunt numero duodecim, si tot possint reperiri hoc loco et ordine digni totius Ecclesiae iudicio. Cum igitur evenerit ut huic numero desint aliqui, tum Pastor cum reliquis presbyteris consilio habito dispiciunt numnam aliqui hoc loco digni sint in Ecclesia. Ubi ipsi consenserint, Pastor die Dominico pro concione Ecclesiam admonet, opus esse presbyterio sociis aliquot: et si duobus opus est aut pluribus, duplum numerum proponit, eorum quos ipsi idoneos iudicarint. Hic postquam admanuerint Ecclesiam quales nam esse presbyteros oporteat, iubet aliquot diebus, ut minimum 15, diligenter videre et iudicare apud se unumquemque quos ex toto coetu dignos censeat suo suffragio. Ac post trinam eiusmodi admonitionem, aut minimum[1] secundam proximo die Dominico iubentur adesse hora Catechismi.

Tum Pastor apud mensam aut suggestum cum reliquis Senioribus considens, paucis totam Ecclesiam admonet sui officii, ac eorum quos iam cooptaturi sunt in ord. Seniorum. Deinde singuli accedunt, ac sua suffragia dant, quae a scribis excipiuntur sedulo. Quibus recensitis, in quos plura consenserint, ii presbyteri nominantur. Interea tamen datur illis ad deliberandum tempus, ac toti Ecclesiae quoque. Post octiduum iussi adesse nominati post concionem matutinam cingentibus pastorem reliquis presbyteris, rogantur, num hoc ministerium in se recipiant: quamvis non temere quisquam sese potest excusare aut eximere, nisi magnis de causis, quoniam in fidei professione singuli se ita obstringunt Ecclesiae. Deinde rogatur tota Ecclesia, num in hos consentiat. Ubi silentio assensum significant, Pastor cum suis manus imponunt, et hos in ordinem presbyterii cooptant, commendantes Deo, ut suo spiritu ampliore augeat, quo possint huic functioni satisfacere.

De electione Diaconorum

Diaconos habent quatuor, qui eleemosynis praesint, et pauperum ac infirmorum imprimis curam gerant. Nec minore gravitate horum electio fit, quam seniorum. Tantum hoc interest, Quod non proponuntur ulli a Pastore, sed quos vult plebs deligit, modo duos, aut saltem unum ex seniorum ordine nominet.

Deinde hoc ministerium tantum est annuum, presbyterii vero perpetuum. In suffragiis et confirmatione eadem servantur, quae ante commemoravimus de presbyteris. Bis tamen in anno rationes audiuntur a tota Ecclesia administratae ab ipsis eleemosynae.

Quintus est Diaconus qui in Sacramentorum ministerio occupatur. Hunc sibi Pastor deligit suo arbitratu. Tantum ius est Ecclesiae si quid habeat contra, allegare et reiicere. Choraules etiam a Pastore et Senioribus iubetur. Ipsi Seniores ex suo numero duos nominant, qui componendis litibus praesint: ne temere suam[a] concilium rebus levioribus turbent, atque a gravioribus rebus gerendis avocent. Ad Seniores tandem illi causas referunt, si tentatis omnibus nullam concordiam inire queant. In omni electione id servatur: Ne quis suffragium ferat, nisi qui fidem antea sit professus. Nam reliqui nullo numero, nullo ordine censentur.

De disciplina et excommunicatione

Porro quantum ad vitam corporis est necessarius spiritus et halitus, quo represso necesse est statim hominem extingui, ita est usus disciplinae et fraternae correctionis in Ecclesia: quam ipsi serio exercent in omnes rebelles et praefactae pervicaciae viros seu mulieres, qui admoniti resipiscere ac poenitentiam vitae prioris agere recusent. In publicis criminibus statim publica poenitentia exigeretur, aut excommunicaretur pertinax. In occultis autem, principio clam et privatim, deinde adhibitis testibus, ac tandem in concilio Seniorum admonetur. Post ubi nil profici vident, pastor scelus et hominem Ecclesiae palam facit, ut vel hac ratione pudefiat. Denique si post trinam eiusmodi monitionem pergit obstinate agere, quarto die Dominico excommunicatur, et sacris omnibus illi interdicitur, nempe Sacramentis et precibus. His enim temporibus iubetur ab Ecclesia secedere. A concionibus nunquam arcetur. Imo nunquam desunt qui privatim agant et ad poenitentiam hortentur. Cuius si signa certa dederit, tum convocata Ecclesia, iubetur culpam criminis agnoscere, ac deinde consensu universae Ecclesiae ad precum et Sacramentorum communionem admittitur. Verum de hac disciplina nos plura propediem adiuvante Christo. Itaque haec missa faciemus.

---

a) *sic!*

Id autem ad disciplinam pertinet, quod nemo huic Ecclesiae accensetur, nisi prius pub. fidem sit professus. Alioqui non admittitur quisquam ad ullius Sacramenti communionem; ac ne baptismus quidem ullis confertur, nisi parentum alter ita sit
5 fidem professus: nec coniugio benedicitur, nisi prius fidem professi sint coniuges.

Atque ea est tota ratio Liturgiae et disciplinae universae huius Ecclesiae, quam Dominus Deus conservet.

De l'Usure

Textus „De Usuris" illarum de quibus Calvinus disseruit, quaestionum iuridicarum est, quae die carent et quarum vir inscriptus ignotus est. Libello in sermonem latinum converso nomen clandestinum Calvini, Passelius, subscriptum est. Ex corpore epistularum autem concludere non possumus Calvinum hoc nomine subscripto in certis personis usum esse (veluti nomine Despeville pro familia Falaisii), sed si epistula familiarier erat et de argumento difficili (publico) disserebatur. Itaque etiam ex hoc textui latino subscripto nomine – ut omittamus textus fidem atque veritatem – non de eo coniecturam facere possumus, quis epistolam acceperit.

De editione nostra.

1. Proferimus textum autographi gallici, qualis reperitur manuscriptus in codice Genavensi 145, fol. 107 sqq.

2. Cum autographo gallico contulimus textum in latinum translatum, quod et ipsum manuscriptum in eodem codice Genavensi 145 textum gallicum subsequens invenitur. Aequum manuscriptum offert Bibliotheca imperialis in Coll. Dupuy, vol. 102, fol. 55.

Aliam formulam gallicam invenimus in quattuor editionibus Epistolarum et responsorum[1] et in editione Amstelodamensi[2].

---

[1] Epistola et responsa ed. Beza, Genevae 1575, p. 355 sq., editio Lausannensis 1576, p. 664 sq., Hanoviae 1597, p. 747 sq., ed. Vignon et Chouet 1616, p. 488 sq. [2] Ioannis Calvini opera omnia, Amstelodami, apud Ioannem Iacobum Schipperum, 1667, p. 223 sq.

De l'Usure

Iehan Calvin a quelquun de ses amys.

Ie nay point encore experimente, mais ay appris par les exemples des aultres, combien il est perilleux de rendre response a la question de laquelle vous me demandes conseil, car si totallement nous defendons les usures nous estraignons les consciences d'un lien plus estroict que Dieu mesme. Si nous permettons le moins du monde, plusieurs aincontinent soubs ceste couverture prennent une licence effrenee dont ils ne peuvent porter que par aulcune exception on leur limite quelque mesure. Si iescrivoye à vous seul ie ne craindroye point telle chose, car vostre prudence et la moderation de vostre courage m'est bien cogneue, mais pource que vous demandez conseil pour un aultre ie crains que en prenant un mot il ne se permette quelque peu plus que ie ne desire. Au reste pource que ie ne doubte point que selon la nature de l'homme et la chose presente vous considererez bien ce qui est expedient et combien, ie vous declereray ce quil me semble.

Premierement il ny a point de tesmoignage es escritures par lequel toute usure soit totallement condamnee, car la sentence de Christ vulgairement estimee tres manifeste, cest ascavoir prestez[1], a este faulsement destournee en ce sens, car ainsi comme ailleurs reprenant les convives sumptueux et les conviements ambitieux des riches il commande plustost dappeller les aveugles, les boyteux, et aultres pauvres des rues qui[a] ne peuvent rendre la pareille[2], aussi en ce lieu voulant corriger la coustume vitieuse du monde, de prester argent, nous commande de prester principalement a ceux desquelz il ny a point d'espoir de recouvrer. Or nous avons de coustume de regarder premierement la ou largent se peut mettre seurement. Mais plustost il falloit ayder les pauvres vers lesquelz largent est en dangier. Par ainsi les parolles de Christ vallent autant a dire comme sil commendoit de survenir aux pauvres, plustost quaux riches. Nous ne voyons donc pas encore que toute usure soit deffendue. La loy de Moyse[3] est politique, laquelle ne nous astraint point plus oultre que porte equité et la raison d'humanité. Certes il seroit bien a desirer que les usures feussent chassees de tout le monde, mesmes que le nom en feust incogneu. Mais pource que

---

a) *MS falso:* quilz

1) Luc. 6, 34 sq. 2) Luc. 14, 12-14 3) Exod. 22, 25; Lev. 25, 25-28; Deut. 23, 19 sq.

cela est impossible il fault ceder a lutilité commune. Nous avons
des passages es prophetes et es Pseaulmes esquelz le sainct
Esprit se courrouce contre les usures: voila une louange d'une
ville meschante que es places dicelle on y treuve l'usure[1]. Mais
le mot Hebraique tok[a2], veu que generallement il signifie fraude,
il se peust aultrement exposer. Mais prenons le cas que le
Prophete parle la proprement des usures, ce nest de merveille
si es maulx principaulx il met que l'usure a son cours. La raison
est que le plus souvent avec le congé illicite de commettre usure
cruaulte est conioincte, et beaucoup de meschantes tromperies.
Que dy ie, mais usure a quasi tousiours ces deux compaignes
inseparables, ascavoir cruaulte tyrannique, et lart de tromper
dont il avient que ailleurs le S. esprit met entre les louanges de
lhomme sainct et craignant Dieu de s'estre abstenu[I] des usures,
tellement que cest un exemple bien rare de veoir ung homme
de bien et ensemble usurier.

Le Prophete Esechiel[3] passe encore plus oultre, car entre les
horribles cas, contre lesquelz la vengence de Dieu provocquee
avoit estee allumee contre les Iuifz, use de ces deux motz
hebraiques Nesec et Tarbit[4], cest a dire usure qui a este ainsi
dicte en Hebrieu pource qu'elle ronge. Le second mot signifie
acces ou addition ou surcroist et non sans cause, car chascun
estudiant a soy, et a son proffit particulier prenoit ou plustost
ravissoit un gain de la perte daultruy. Combien quil ny a point
de doubte que les prophetes nayent parle plus severement des
usures, pour autant que nommement elles estoyent defendues
aux Iuifz. Quant donc ilz se iettoyent contre le mandement expres de Dieu ilz meritoient d'estre plus durement reprins.

Icy on faict une obiection que auiourdhuy aussi les usures
nous seront illicites par une mesme raison quelles estoyent
defendues aux Iuifz, pource que entre nous il y a coniunction
fraternelle. A cela ie responds que en la coniunction politique
il y a quelque difference, car la situation du lieu auquel Dieu
avoyt colloque les Iuifz et beaucoup dautres circumstances
faisoient quilz traffiquoient entre eulx commodement sans
usures. Nostre coniunction na point de similitude. Parquoy ie ne
recognois pas encore que simplement elles nous soyent defendues, sinon entant quelles sont contraires a equité ou a charite.

---

a) *MS male:* tost

1) Ps. 55, 12   2) תֹּךְ; Vulgata: usura   3) Ezech. 22, 12   4) נֶשֶׁךְ וְתַרְבִּית

La raison de S. Ambroyse[1] laquelle aussi pretend Chrysostome[2] est trop frivolle a mon iugement, ascavoir que largent nengendre point largent. La mer, quoy ? la terre quoy ? Ie recois pension du louage de maison. Est ce pource que largent y croist ? Mais elles procedent des champs dou largent se faict. La commodite aussi des maisons se peust raschepter par pecune. Et quoy ? L'argent nest il pas plus fructueux es marchandises, que aulcunes possessions quon pourroit dire ? Il sera loysible de louer une aire en imposant tribut, et il sera illicite de prendre quelque fruict de l'argent ? Quoy ? Quand on aschepte un champ, ascavoir si largent nengendre pas largent ? Les marchands comment augmentent ilz leurs biens ? Ilz usent dindustrie, dires vous. Certes ie confesse ce que les enfans voyent, ascavoir que si vous enfermes largent au coffre, il sera sterile. Et aussi nul nempronte de nous a ceste condition affin quil supprime largent oyseux et sans le faire proffiter. Parquoy le fruict nest pas de largent mais du revenu. Il fault donc conclurre que telles subtilites de prime face esmeuvent. Mais si on les consydere de plus pres elles esvanouissent delles mesmes, car elles nont rien de solide au dedans. Ie concludz maintenant quil faut iuger des usures non point selon |quelque certaine et [248] particuliere sentence de Dieu, mais seullement selon la rigle dequite.

La chose sera plus claire par un exemple. Il y aura quelque riche homme en possessions et en revenus, il naura pas argent present. Il y en aura ung aultre mediocrement riche en chevance, pour le moins aulcunement plus bas. Mais lequel aura plus dargent tout prest. Sil ce presente quelque oportunite, voluntiers cestuy cy achepteroit une possession de son argent. Cependant celuy la premier luy demandera avec grande requeste quil luy preste argent. Il est en la puissance de cestuy cy soubs tiltre daschapt dimposer pension a sa chevance iusques largent luy soit rendu. Et en ceste maniere la condition seroit meilleur, neantmoins il sera content dusure. Pourquoy sera celle pache[3] iuste et honneste, ceste cy faulse et meschante ? Car il faict plus amiablement avec son frere en accordant de lusure que si il le contraignoit a hypothequer la piece. Quest cecy aultre chose sinon se iouer avec Dieu a la maniere denfant ? de estimer des noms et non pas de verite ce que se faict, comme sil estoit en nostre puissance, en changeant le nom, de vertus faire vices, ou

---

1) cf. Ambr., De Tobia c. 13 MSL 14, 759 sq. CSEL 32 II 542, 19 sqq.   2) cf. Aristot., Polit. I 10 p. 1258 b. 7   3) contractus

de vices vertus. Ie nay pas icy deliberé de disputer. Il suffit de monstrer la chose au doigt affin que vous la poisies plus diligemment en vous mesme. Ie vouldroye neantmoins que vous eussies tousiours cecy en memoire, ascavoir que les choses et non pas les parolles, ne les manieres de parler sont icy appellees en iugement.

Maintenant ie viens aux exceptions, car il fault bien regarder, comme iay dict au commencement, de quelle cautelle il est besoing, car pource que quasi tous cherchent un petit mot, affin quilz se complaisent oultre mesure, il convient user de telle preface, ascavoir que quand ie permetz quelques usures, ie ne les fay pourtant pas toutes licites. En apres ie nappreuve pas si quelcun propose faire mestier de faire gain dusure. En oultre ie nen concede rien sinon en adioustant certaines exceptions. La premiere est que on ne prenne usure du pauvre, et que nul totallement estant en destroict par indigence, ou afflige de calamite soit contrainct. La seconde exception est que celuy qui preste ne soit tellement intentif au gain quil defaille aux offices necessaires, ne aussi voulant mettre son argent seurement il ne deprise ses pauvres freres. La tierce exception est que rien nintervienne qui naccorde avec equite naturelle, et si on examine la chose selon la rigle de Christ, ascavoir ce que vous voules que les hommes vous fassent etc.[1], elle ne soit trouvee convenir partout. La quatriesme exception est que celuy qui emprunte face autant ou plus de gain de largent emprunte. En cinquiesme lieu que nous nestimions point selon la coustume vulgaire et receue, quest ce qui nous est licite, ou que nous ne mesurions ce qui est droict et equitable par liniquite du monde, mais que nous prenions une rigle de la parolle de Dieu. En sixiesme lieu que nous ne regardions point seulement la commodite privee de celuy avec qui nous avons affaire, mais aussi que nous considerions ce qui est expedient pour le public. Car il est tout evident que lusure que le marchand paye est une pension publique. Il fault donc bien adviser que la pache soit aussi utile en commun plustost que nuysible. En septiesme lieu que on nexcede la mesure que les loix publiques de la region ou du lieu concedent. Combien que cela ne suffit pas tousiours, car souvent elles permettent ce que elles ne pourroyent corriger ou reprimer en defendant. Il fault donc preferer equite laquelle retranche ce que il sera de trop. Mais tant sen fault que ie veulle valoir mon opinion vers vous, pour raison que ie ne

---

1) Matth. 7, 12

desire rien plus sinon que tous soyent tant humains quil ne soyt point besoing de rien dire de ceste chose. Iay briefvement compris ces choses plustost par un desir de vous complaire que par une confiance de vous satisfaire. Mais selon vostre benevolence envers moy, vous prendrez en bonne part ce mien office tel quel.

A Dieu homme tresexcellent et honoré amy. Dieu vous conserve avec vostre famille. Amen[1].

Traitté des usures en francois.

---

1) *Versio latina manu scripta:* una cum fratri tuo! Carolus passelius tuus.

Discours d'adieu aux mambres du petit conseil
Discours d'adieu aux ministres

Calvinus propinquum finem praesagiens cupiverat, ut sibi liceret aliquando apud Consilium Parvum dicere. Sed Consilium constituit, ,,qu'il ne sera pas bon quil vienne icy pour sa débilité" et a. d. V. Kal. Maias a. 1564, quattuor et viginti membra numero, ad virum mortifero morbo affectum se contulit, ut eius ultima verba exciperet[1]. Hoc alloquium Consilio auctore a scriba senatus in tabulis consignatum et actis senatus a. d. V. Kal. Maias additum est.

De editione nostra.

Offerimus textum, qualem tabulae publicae Genavae in ,,Registres du Conseil RC 59, 1564 du 6 février au 3 février 1565" possident. Ibi invenitur in folio (f. 37, bc), quod inter f. 37 et f. 38 insertum est.

A. d. IV. Kal. Maias, die postquam Consilium Parvum appellationem habuit Calvinus iam ultimum ad collegas, ministros Genavae, rettulit. Oratio a quodam ministrorum qui aderant, Ioannes Pinaut, litteris mandata est.

Autographum, quod prius Henricus Tronchin possidebat, editoribus CR praesto non fuit. Itaque orationem conversam praebuerunt, qualem J. Bonnet in Epistulis gallicis[2] attulerat. Cum bibliotheca Tronchin hodie in bibliotheca publica Genavensi adiri possit, iam idiographum offerre possumus, qualis in fol. 15 et 16 corporis Tronchin praebetur.

Oratio apud Consilium habita invenitur apud Bezam[3], cum ibi oratio apud ministros habita desit et huius loco oratio argumenti magis pii commemoretur. Versionem germanicam duarum orationum apud Henry[4] et Zahn[5] invenimus.

---

1) Reg. du Conseil ,,RC 59", f. 38 2) J. Bonnet, Lettres françaises de Jean Calvin. Paris 1854, vol. II p. 573 sqq. 3) Bezae, vita Calvini, versio latina CR XXI, 164 sqq., versio gallica ibid. p. 99 sqq. 4) Henry, Paul: Das Leben Johann Calvins des großen Reformators, Hamburg 1844, III, p. 583 sqq. 5) Zahn, Adolph: Die beiden letzten Lebensjahre von Johann Calvin, Stuttgart 1898, p. 279 sqq.

DISCOURS D'ADIEU AUX MAMBRES
DU PETIT CONSEIL

o l. 38r   *Estant proposé que le S. Jean Calvin, se sentant pressé de maladies iusques à la mort, a desiré d'estre ouy devant Messieurs, dautant quil ne sera pas bon quil vienne icy pour sa debilité: Arresté que Messieurs lallent trouver en son logis pour entendre ce quil voudra dire et apres luy presenter toute bonne affection et amitié, mesmes à ses parens apres son deces pour les agreables services quil a fait à la Seigneurie et ce quil sest aquité fidelement de sa charge.*

Fol. 37 bc   *Sensuivent les propos et exortations de spectable Ian Calvin ministre de la parolle de Dieu en ceste eglise tenus ce iourdhuy 27 dapvril 1564 à noz treshonorés seigneurs sindiques et conseil.*

Premierement apres avoir remercié Messieurs de la peine quil leur a pleu prendre de se transporter vers luy, combien que son desir eust esté deffaire porter en la maison de ville, il a declairé quil a touriours heu desir de parler a eux encor une fois, et combien que par cy devant il ayt esté bien bas, touttesfois il ne sest point voulu haster, dautant que Dieu ne luy donnoit pas advertiss(ement) si precis quil fait à present.

Puis apres il les a remercies de ce quil leur a pleuz luy faire dhonneur plus quil ne luy apartenoyt et le suporter en plusieurs endroitz comme il en avoyt bien besoin, et encore se tient dautant plus oblige a nosdits seigneurs de ce que tousiours ilz luy ont monstre tel signe damitié quilz ne pouvoient mieux faire. Vray est que pendant quil a esté icy il a eu plusieurs combatz et facheries qui ne ¹viennent de Messeigneurs. Comme il fault que touttes gens de bien soient exerces. Priant sil na fait ce quil debvoit quil plaise a Messeigneurs de prendre le vouloir pour leffect. Car il a desiré le bien de ceste ville et la procure mais il sen fault de beaucoup quil ne sen soit aquitté. Vray est quil ne nye pas que Dieu ne se soit servy de luy a ce peu quil a fait et sil disoit autrement il seroyt hipocrite. Priant encores destre excusé davoir fait si peu au pris de ce quil debvoit tant en public quen particulier. Estimant que Messeigneurs lont suporté en ses affections trop vehementes (esquelles il se deplait et en ses vices) comme Dieu a fait de son costé.

Oultre plus il a protesté devant Dieu et Messeigneurs quil a tasché de porter purement la parolle que Dieu luy avoit commis, sasseurant de navoir point chemine a ladventure ny en erreur. Autrement il attendroit une condamnation sur sa teste. Ne doubtant pas comme on voit que le diable qui ne tend qua pervertir ne suscite au monde de meschantes gens ayans espritz volages et frenetiques qui tendent à mesme fin.

Au reste il fault que Messeigneurs oyent quelque petit mot dexortation. Cest quilz voient lestat auquel ilz sont et quand ilz penseront estre bien asseures ou quilz seront menassés quil fault quilz estiment tousiours que Dieu veult estre honnore et quil se reserve de maintenir les estatz publicqz et touttes seigneuries et veult quon luy face ommage recognoissant quon depend entierement de luy. Allegans lexemple de David lequel confesse que quand il a esté paisible en son royaume ¹il sest oublié iusques a trebucher mortellement si Dieu neust heu pitié de luy¹.

Que si un homme tant excellent, riche et redoubte est trebuche, que sera ce de nous qui ne sommes rien. Nous aurons donc bien occasion de de nous humilier et cheminer en crainte et sollicitude nous tenans caches soubz les aisles de Dieu auquel toutte nostre asseurance doyt estre. Et combien que nous soions comme pendans dun fil que touttesfois il continuera comme· du passe a nous garder ainsi que desia nous avons experimenté quil nous a sauves en plusieurs sortes.

Si nostre seigneur nous donne prosperite nous nous esgaions. Mais quand nous sommes assallis de tous costes et quil semble quil y aye une centeine de maux autour, nous ne debvons pas laisser de nous asseurer en luy, et touttes fois et quantes que quelque chose surviendra, sachons que cest Dieu qui nous veult eveiller, affin de nous humilier et nous tenir caches soubz ses aisles.

Que si nous voulons estre maintenus en nostre estat il ne fault point que le siege auquel il nous a mis soit deshonore. Car il dit quil honorera ceux qui lhonoreront, et au contraire quil mettra en opprobre ceux qui le mespriseront².

Il ny a superiorite que de Dieu qui est Roy des Roix et Seigneur des seigneurs³.

Cecy est dit affin que nous le servions purement selon sa parolle et y pensions mieux que iamais. Car il sen fault beaucoup que nous ne nous acquitions pleinement et en telle integrité que nous debvrions.

Au surplus il a dit avoir cogneu en partie touttes noz meurs et fassons de faire, tellement que nous avons besoin destre

---

1) Psal. 32   2) 1. Sam. 2, 30   3) 1. Tim. 6, 15

exortes. Chascun a ses imperfections. Cest a nous de les considerer. Partant que chascun regarde a soy et les combatte.

[890] ¹Les uns sont froidz, adonnes a leurs negoces, ne se socians gueres de public.

Les autres sont adonnes a leurs passions.

Les autres, quand Dieu leur aura donne esprit de prudence, ne lemploieront pas.

Les autres sont adonnes a leurs opinions, voulans estre creuz aparoistre et estre en credit et reputation.

Que les vieux ne portent point denvie aux ieunes des graces quilz auront receues, mais quilz en soyent aises et louent Dieu qui les y a mises.

Que les ieunes se contiennent en modestie sans se vouloir trop avancer. Car il y a tousiours de la venterie en ieunesse qui ne se peult tenir de savancer en mesprisant les autres.

Quon ne se decorage point et quon ne sempesche point les uns les autres et quon ne se rende point odieux. Car quand on est pique on se debauche. Et que pour eviter ces inconveniens chascun chemine selon son degré et quil employe fidellement ce que Dieu luy a donné pour maintenir ceste Republique.

Quant au proces civilz ou criminelz quon reiette toutte faveur, hayne, traverses, recommandations, et quon renonce a soy tenant droiture et egualité. Et si on est tente de desvier quon resiste et soyt constant regardant a celuy qui nous a establis, le priant de nous conduire par son sainct esprit et il ne nous defaudra point.

Finalement apres avoir derechef prie destre tenu pour excusé et suporté en ses infirmités [lesquelles il ne veult pas nier, car puis que Dieu et ses anges les scavent il na pas honte des les confesser devant les hommes]ᵃ prenant en gre son petit labeur, il a prie ce bon Dieu quil nous conduise et gouverne tousiours et augmente ses graces sur nous et les fasse valoir a nostre salut et de tout ce paovre peuple.

---

a) lesquelles ... hommes: *in MS postscriptum*

DISCOURS D'ADIEU AUX MINISTRES

Du vendredy 28e iour d'apvril 1564, recueilli par J. P.[1] et escript au naïf autant qu'il se l'est peu remettre en memoire, et de mot à mot selon qu'il avoit esté prononcé, quoyque par quelqu'autre ordre en quelques mots et propos.

Mes freres, d'autant que i'ay eu à vous dire quelque chose qui concerne l'estat, non seulement de ceste Eglise mais aussi de plusieurs aultres qui quasi en dependent, il sera bon de commencer par la priere, afin que Dieu me face la grace de dire le tout sans ambition: mais tousiours regardant à sa gloire, et aussi que un chacun puisse retenir et faire son profit de ce qui sera dict.

Il pourroit sembler que ie m'advance beaucoup et que ie ne suis pas si mal que ie me fais accroire: mais ie vous asseure que combien que ie me suis trouvé autrefois fort mal, toutesfois ie ne me trouvay iamais en telle sorte ne si debile comme ie suis. Quant on me prend pour me mettre seulement sur le lict, la teste s'en va et m'esvanouis incontinent. Il y a aussi ceste courte haleine qui me presse de plus en plus. Ie suis en tout contraire aux autres malades, car quand ils s'approchent de la mort, leurs sens s'evanouissent et s'esgarent. De moy, vray est que ie suis bien hebeté: mais il semble que Dieu veuille retirer tous mes esprits dedans moy, et les renfermer, et pense bien que i'auray bien de la peine, et qu'il me coustera bien à mourir. Et ie pourray perdre le parler que i'auray encores bon sens; mais aussi en ay ie adverti, et ay dict ce que ie voulois qu'on me fist, et par ainsi i'ay bien voulu parler à vous devant que Dieu me retire, non pas que Dieu ne puisse bien faire autrement que ie ne pense. Ce seroit temerité à moy de vouloir entrer en son conseil.

Quand ie vins premierement en ceste Eglise, il n'y avoit quasi comme rien. On preschoit et puis c'est tout; on cerchoit bien les Idoles, et les brusloit on: mais il n'y avoit aucune reformation, tout estoit en tumulte. Il y avoit bien le bonhomme Mr. Guillaume, et puis l'aveugle Couraut (non pas né aveugle, mais il l'est devenu à Basle)[2]. D'advantage il y avoit Mr. Anthoine Saulnier[3]. Et ce beau prescheur Froment[4] qui ayant laissé son devantier s'en montoit en chaire, puis s'en retournoit à sa boutique ou il iasoit et ainsi il faisoit double sermon.

---

1) Jean Pinaut. 2) Vide: Index historicus CR op. Calv. XXII p. 311 3) Saunier, vide: ibid. p. 444 4) ibid. p. 340

I'ay vescu icy en combats merveilleux. I'ay esté salué par mocquerie le soir devant ma porte de 50 ou 60 coups d'arquebute. Que pensez-vous que cela pouvoit estonner un pauvre escholier [timide]ᵃ comme ie suis, et comme ie l'ay tousiours esté, ie le confesse?

Puis apres ie fus chassé de ceste ville et m'en allay à Strasbourg où, ayant demeuré quelque temps ie fus rappelé, mais ie n'eus pas moins de peine qu'auparavant en voulant faire ma charge. On m'a mis les chiens à la queue, criant Here, Here, Et m'ont prins par la robbe, et par les iambes. Ie m'en allay au Conseil des 200 quand on se combatoit, et retins les aultres qui y vouloyent aller, et qui n'estoyent pour faire cela, et quoy qu'on se vante d'avoir tout fait comme Monsieur de Saulx[1] ie me trouvay là, et en entrant on me disoit: Mr. retirez vous; ce n'est pas à vous qu'on en veult, ie leur dis, non feray, allez meschans, tuez moy, et mon sang sera contre vous, et ces bancqs mesmes le requerront. Ainsi i'ay esté parmy les combats, et vous en experimenterez qu'ils ne seront pas moindres, mais plus grands, car vous estes en une perverse et malheureuse nation, et combien qu'il y ait des gens de bien, la nation est perverse et meschante, et vous aurez de l'affaire! quand Dieu m'aura retiré, car encores que ie ne sois rien, si sçay-ie bien que i'ay empesché 3000 tumultes qui eussent esté en Geneve: mais prenez courage, et vous fortifiez, car Dieu se servira de ceste Eglise et la maintiendra, et vous asseure que Dieu la gardera.

I'ay eu beaucoup d'infirmités lesquelles il a fallu qu'ayez supportées, et mesmes tout ce que i'ay faict n'a rien valu. Les meschans prendront bien ce mot: mais ie dis encores, que tout ce que i'ay faict n'a rien vallu, et que ie suis une miserable creature: mais si puis ie dire cela, que i'ay bien voulu. Que mes vices m'ont tousiours despleu, et que la racine de la crainte de Dieu a esté en mon coeur, et vous pouvez dire cela que l'affection a esté bonne, et ie vous prie que le mal me soit pardonné: mais s'il y a du bien, que vous y conformiez, et l'ensuiviez.

Quant à ma doctrine, i'ay enseigné fidellement, et Dieu m'a faict la grace d'escripre, ce que i'ay faict le plus fidellement

---

a) *Hic pagina abscissa est.*

1) Nicolas de Gallars vel Salicetus, minister Genavensis, postea ministerio fungebatur Lutetiae, transiit Londinum ubi ministerium exercebat, Aureliae mortuus est. Vide: Index historicus CR op. Calv. XXII p. 341/342.

qu'il m'a esté possible, et n'ay pas corrompu un seul passage
de l'Escriture, ne destourné à mon escient, et quand i'eusse bien
peu amener des sens subtils, si ie me fusse estudié à subtilité,
i'ay mis tout cela soubs le pied, et me suis tousiours estudié à
5 simplicité. Ie n'ay escrit aucune chose par haine à l'encontre
d'aucun: mais tousiours ay proposé fidellement ce que i'ay
estimé estre pour la gloire de Dieu.

Quant à nostre estat interieur, vous avez esleu Mons.r de
Beze pour tenir ma place. Regardez de le soulager, car la charge
10 est grande, et a de la peine, en telle sorte qu'il faudroit qu'il
fust accablé soubs le fardeau: mais regardez à le supporter. De
luy, ie sçay qu'il a bon vouloir, et fera ce qu'il pourra.

Qu'un chacun regarde à l'obligation qu'il a, non seulement à
ceste Eglise, mais à la ville, laquelle avez promis de servir tant
15 en adversité qu'en prosperité, et ainsi qu'un chacun continue
sa vocation, et ne tasche point de se retirer, ne practiquer. Car
quand on va par dessoubs terre pour eschapper, on dira bien
qu'on n'y a pas pensé, et qu'on n'a sollicité cecy, ne cela: mais
qu'on regarde à l'obligation qu'avez icy devant Dieu.

20 Et regardez aussi qu'il n'y ait point de picques, ni de parolles
entre vous, comme quelquefois il y aura des brocards qui seront
ietez. Ce sera bien en riant: mais le coeur aura de l'amertume.
Tout cela ne vaut rien et mesmes il n'y a point de chrestienté.
Il se faut donc garder de cela, et vivre en bon accord, et toute
25 amitié sincerement.

[894] I'avois oublié ce point: Ie vous prie aussi ne! changer rien,
ne innover. On demande souvent nouveauté. Non pas que ie
desire pour moy par ambition que le mien demeure, et qu'on le
retienne sans vouloir mieux: mais par ce que tous changemens
30 sont dangereux, et quelquefois nuisent.

A mon retour de Strasbourg, ie fis le Catechisme à la haste,
car ie ne voulus iamais accepter le ministere qu'ils ne m'eussent
iuré ces 2 points, assavoir de tenir le Catechisme, et la discipline. Et en l'escripvant on venoit querir les petits morceaux de
35 papier large comme la main, et les portoit on à l'imprimerie.
Combien que Me. Pierre Viret fust en ceste ville, pensez vous
que ie luy en monstrasse iamais rien. Ie n'eus iamais le loisir, et
avois bien pensé quelquefois d'y mettre la main si i'eusse eu le
loisir.

40 Quant aux prieres des dimanches, ie prins la forme de Strasbourg, et en empruntai la plus grande partie. Des autres ie ne
les pouvois prendre d'eux, car il n'y en avoit pas un mot mais

ie prins le tout de l'Escriture; ie fus contrainct aussi de faire le formulaire du Baptesme estant à Strasbourg, et qu'on m'apportoit les enfans des Anabaptistes de 5 et de 10 lieues pour les baptiser. Ie fis alors ce formulaire rude, mais tant y a que ie ne vous conseille de ne changer.

Ce propos doibt estre mis cy dessus en quelque endroict duquel il ne me souvient L'Eglise de ......[1] a trahi ceste ci, et ils m'ont tousiours plus craint qu'aimé. Et ie veux bien qu'ils sçachent que ie suis mort en ceste opinion d'eux qu'ils m'ont plus craint qu'aimé, et encores me craignent plus qu'ils ne m'aiment, et ont tousiours eu peur que ie ne les troublasse en leur eucharistie.

Il usa de ces mots que dessus. Ie ne les ay point couchez en doubte et incertitude. Ie ne doubte pas qu'il ne les couchast mieux, et qu'il ne dist davantage, mais ce dont il ne m'est pas souvenu asseurément, ie l'ay omis. Il prinst honneste congé de tous les freres qui le toucherent en la main, l'un apres l'autre, fondans tous en larmes.

Escript le premier iour de may 1564, duquel mois et an il mourut le 27. iour.

---

1) Multos annos hanc sententian opinione Bonneti ad ecclesiam Bernensem spectare putabatur. Sed senatus Bernensis plus quam ecclesia Bernensis Calvinum impediverat. Exstincto examinato, opinione Petri Barth immo quaeratur num legendum sit: l'eglise de Saxe?

www.ingramcontent.com/pod-product-compliance
Lightning Source LLC
Chambersburg PA
CBHW050609300426
44112CB00013B/2141